# 古小說의 探究

우쾌제

국학자료원

# 목 차

## Ⅰ. 고소설 연구의 새로운 탐구 / 15

1. 고소설(古小說)의 현대적 이해 / 15
   * 고소설 연구의 필요성, 고소설의 현대적 이해 -

2. 고소설 연구사 개관 / 21
   * 연구사 시대구분, 각기의 특징 - 연구사의 기저(基底). 개척기, 공백기, 재건기, 안정기, 발전기, 급변기, 국제기

## Ⅱ. 가정소설의 새로운 탐구 / 73

1. 가정소설(家庭小說) 연구에 전제되는 문제 / 73
   * 개념규정, 형성배경, 유형분류 - 윤리적 갈등소설 (효행형, 정절형), 신분적 갈등소설 (계모형, 쟁총형)

2. 가정소설에 나타난 가족(家族) 의식 / 90
   * 가족의 개념. 가족구성의 형태적 특징 - 단순가족, 복합가족, 특수가족. 가족의 역할과 가족의식 - 가부장적 가족 통솔의식, 현모양처적 내조의식, 순종적 정절의식, 희생적 봉친의식

Ⅲ. 『열녀전』의 새로운 탐구 / 129

  1. 『열녀전(列女傳)』의 전래와 한국적 수용 / 129
    * 『열녀전(列女傳)』의 전래 - 수입, 번역, 한국적 수용 - 교훈서적 수용, 소설적 변용

  2. 『열녀전(列女傳)』적 전통과 여성의 성 문화(性 文化) / 157
    * 열녀전(列女傳)적 여성 - 정절적 여성, 얼폐적 여성, 전통적 성문화의 변모

  3. 열녀전(烈女傳)적 열행(烈行)의 현대적 갈등 / 186
    * 『열녀전(列女傳)』의 전래와 『열녀전(烈女傳)』, 『열녀전(烈女傳)』적 열행(烈行)의 갈등, 열녀의 열행 분류, 전통과 현대적 여성의 열행적 갈등

  4. 전통문화가 이민사회(移民社會)에 끼치는 영향 - 『열녀전(列女傳)』에 나타나는 여성의 성 문화를 중심으로 - / 206
    * 전통적 여성의 성 문화 - 정절적 여성, 얼폐적 여성, 여성의 양면적 성 문화의 가능성 - 정절형의 계승, 유녀형으로 변모

## Ⅳ. 『사씨남정기』의 새로운 탐구 / 235

1. 『사씨남정기(謝氏南征記)』의 목적성 문제 / 235
   * 목적성 주장의 근거, 목적성 주장의 전개, 제작 동기설의 쟁론화, 목적성 문제의 새로운 시각

2. 『사씨남정기』의 목적소설론과 식민사관적 시각 / 259
   * 이규경의 욕오성심(欲悟聖心)과 목적소설론, 청유남명(靑柳南冥)의 『사씨남정기』서(敍)와 식민사관적 시각

3. 『남정기』를 통해 본 작자의 고뇌(苦惱)와 문학적 대응 / 282
   * 서포의 생애와 학문적 계통, 지식인의 고뇌 - 조선시대의 차별화된 유가 지식인 - 문학적 대응 - 수용과 조화의 산물

4. 『사씨남정기』에 나타난 작가 의식 / 307
   * 형성 배경 - 모성 중심적 성격, 학문적 정치적 영향 - 작가 의식 - 배청 존명 의식, 친애 의식

5. 『사씨남정기』의 남정로(南征路) 고찰 / 336
   * 금성 순천부(順天府), 사천성 성도(成都), 악양(岳陽)의 악양루(岳陽樓)와 황학루(黃陵廟), 동정호(洞庭湖)의 군산(君山)

6. 『남정기』의 남정로(南征路)를 통해 본 서포의 중국 인식 / 355
 * 작품에 나타난 남정로(南征路), 서포(西浦)의 중국 인식 -『삼국지연의』를 통한 중국인식, 시제(詩題)를 통한 중국인식

7. 서포소설(西浦小說)에 나타난 '남해(南海)'의 의미 / 374
 * 서포의 유배생활 - 유배지 금성, 선천, 남해, 남해의 의미 -

8. 『남정기』에 나타난『열녀전(列女傳)』의 수용양상 / 406
 * 서포의 열녀전(列女傳) 수용 과정, 작품에 나타난 열녀전(列女傳) 수용양상

## V. 이비전설(二妃傳說)의 새로운 탐구 / 429

1. 고소설(古小說)에 끼친 이비전설(二妃傳說)의 영향 / 429
 * 이비전설(二妃傳說)의 형성과 구조, 고소설에 끼친 영향 - 효행형 소설, 정절형 소설

2. 이비전설(二妃傳說)의 문학적 수용 -『황릉몽환기(黃陵夢還記)』와의 관계를 중심으로 - / 459
 * 이비전설의 형성, 문학적 수용 -『황릉몽환기』구조 분석, 이비전설의 수용 양상

Ⅵ. 자료의 발굴과 새로운 탐구 / 479

1. 신 자료『우주영전(禹周榮傳)』연구 / 479
   * 저작 동기 및 배경, 작품 분석 - 가계, 주인공의 특징 - 천성적 효자, 자선(인)자, 화목자, 문학사적 의의

2. 역동(易東) 우탁(禹倬)의 사상과 문학 / 506
   * 생애와 인품, 사상 - 의이론(義理論), 성경론(誠敬論), 문학 - 최초의 단가(시조) 2수, 문학사적 위치

3. 관란(觀瀾) 원호(元昊)와 『원생몽유록(元生夢遊錄)』 / 533
   * 작자문제 - 임제(林悌) 및 김시습(金時習), 원호(元昊) 저작설, 지식인의 고뇌와 문학적 대응 - 은일지향적 생애, 저항정신의 우의적 표출

4. 유구(오끼나와)로 간 홍길동의 정체 / 561
   * 비밀의 문을 통해 본 홍길동 - 처형된 역사적 인물, 망명객 홍길동, 작자 및 공간배경, 추정되는 홍길동의 정체

5. 한강(漢江)일대의 누정(樓亭)과 문학 / 568
   * 한강일대의 누정 개관, 누정의 문화적 역할 - 제왕의 정치적 공간, 풍류문사의 문학적 산실- 누정과 누정문학 - 누정기의 표현적 특징, 누정과 누정시단

6. 한백윤(韓伯倫) 묘지(墓誌)의 출토(出土)와 그 의미 / 595
   * 가계(家系) 및 출토 현황, 묘지문(墓誌文)의 개관 및 특징, 문화재(文化財)적 가치

## Ⅶ. 고소설 연구의 국제화 탐색 / 619

1. 고소설 연구를 통한 국제 교류 방안 - 동아시아 서사문학을 중심으로 / 619
   * 한·중 문학의 이해와 국제 관계, 한·일문학의 이해와 국제 관계

   通過對東亞敍事文學的研究進行的國際交流方案考察 / 643
   - 韓中間的文學理解和國際關係, 韓日間的文學理解和國際關係

2. 『列女傳』的導入與對韓國的影響 / 653
   - 列女傳的傳入 - 列女傳之引進, 列女傳的飜譯, 對韓國的影響 - 對教訓書的影響 對小說的影響

3. 傳統文化の 理解を 韓.日 兩國關係 - 朝鮮硏究會の 古書珍書刊行を 中心に / 673
   - 朝鮮硏究會の組織, 役割. 古書珍書 刊行の 意義, 現況, 傳統文化の 理解と 國際關係

4. A Study of the Effect of Traditional Korean Culture on Immigrant Society - Focusing on Women' s Sexual Culture in the 『Yeolnyeo-Jeon』 / 699

- Traditional women's culture - The Culture of 'Chaste Women' The Sexual of 'Wicked Style women', Possibilities for the dual nature of women's sexuality / 702

- The Loyal Women of "The Eastern Nation of Propriety", Free Sexual Discourse and the Culture of "Yunyeo", Economic Considerations in Women's Sexual Discourse. / 705

## 머 리 말

'이야기는 재미있는 것이다.' 라는 명제는 옛 말이 되어 버린 지 오래다. 다정한 어머니의 무릎과 감칠맛 나는 손맛도 잊은 지 오래다. 더구나 할머니 할아버지는 말 할 것도 없다.

하루가 다르게 변해가는 현대 문명 속에서 화롯가에 둘러 앉아 오손 도손 옛이야기 듣던 시대는 지나갔다.

번쩍, 번쩍, 우르릉 - 쾅- 쾅- , 요란한 기계음과 알 수 없는 수많은 영상자료들로 모든 지식을 채워주고 고독하리만큼 조용하고 적막한 나만의 세계에서 사고하고, 행동하는 세대들에게 인류의 역사적 사건이나 정신문화 같은 것들은 언제나 필요에 의해서만 찾게 되는 한낱 도구로 전락 되었다.

과학문명의 발달은 편리하고 유용한 생활문화를 창출해 냈다. 그러나 최고의 지식과 지성인만을 요구하는 경쟁사회에서는 수많은 들러리를 세워놓고, 넘을 수 없는 벽처럼 달려가고 있다. 결국은 행복을 추구해 보지만 행복을 누리는 사람은 많지 못하고 전쟁을 막아 보려하지만 크고 작은 전쟁은 계속되고, 공허와 몰가치 속에서 환락과 좌절로 불행을 자초하고 있다.

현대사회의 특징을 짚어 보면 인간이 인간다워야 하는 인간성은 멀어지고, 물질만능주의에 경제중심주의가 판을 치고 있어 순수하고 깨끗해야 할 우리의 정서는 메말라가고 있다. 이제 우리는 새로운 삶에 대한 아름다운 이상과 희망을 찾는 노력이 필요 할 때다. 사람이 사람답게 살 수 있는 인간성의 회복과 정이 넘치며 서로가 이웃할 수 있는 새로운 삶의 모습을 찾기 위해 노력해야만 할 때다.

고소설은 인간의 삶에 대한 애환과 정서와 사상이 담긴 우리들의 이야기다. 비록 세월은 흘렀어도 변할 수 없는 근본적 가치가 있고, 원초적 형태가 남아 있어 이를 통한 새로운 삶의 방향을 모색 해 볼 수 있으며, 새로운 삶의 형태를 알아 낼 수 있는 보고와 같은 것이다. 감추어진 보물을 그대로 썩히고 있을 수는 없다.

과거를 알고 현재를 알면 미래를 예견 할 수 있는 지혜를 얻는 것은 우리의 고전 속에서 찾을 수 있는 평범한 진리다. 보다 훌륭한 삶의 길을 개척 할 수 있는 것은 오로지 선현들의 이야기를 통해서만 가능 한 것이다. 찾는 자만이 얻을 수 있는 보배임을 강조 해두고 싶다.

학문의 길에 들어선지 어언 40여년의 세월을 지내면서 항상 새로운 방향을 찾기 위해 노력 했던 흔적들을 모아 보고자 했다. 세계적 성인 공자께서도 이순(60세)을 넘기면서 고향에 돌아와 많은 자료들을 정리하여 후세에 넘기려 노력하신 것을 본다면 지금쯤 나에게도 꼭 필요한 때가 오지 않았나 생각 되었다.

마침 태평양의 무한히 넓고 푸른 바닷가에서 시원한 바람을 맞으며 쪽 빛 바닷물에 발을 담구고 한적한 시간을 가져볼 수 있어* 정리 할 시간을 허락 받았다 생각하고, 노트북을 열어 한 편 한 편 다시 살피면서 고소설 연구의 새로운 방향을 모색해 보는 의미를 담아 『고소설의 탐구』라는 제목을 붙이고 부끄러운 논문들을 몇 편 모아 책으로 엮어 보았다.

인간의 가장 소중한 영역은 가정이다. 가정을 중심으로 사람이 행복도 문화도 완성된다. 가정의 기초는 남녀의 결합(혼인)으로부터 출발한다. 이를 통해 혈연적 가족이 구성되고 사회적 기초를 놓게 되며 인류의 계승이 이루어진다. 가정소설 연구를 중심으로 애정이 중심이 되는 남녀간의 성 문제 등을 주로 탐색의 기본으로 삼았음을

---

* Faculty Member of Philippines Cebu Normal University( October 2005 - September 2006)

밝혀둔다.

  그동안 발표되었던 논문들을 중심으로 엮다 보니 자료의 중복도 많고, 주장도 겹쳐 세상에 내놓기 부끄럽지만 감출 수 없는 흔적들이기에 용기를 내어 출판키로 했다. 강호제현의 아낌없는 질정을 바라는 바이다.

  본서의 출판을 맡아 주신 국학자료원 정찬용 사장님께 감사를 드리며 원고 정리와 교정을 담당해준 인천대학교 이은봉, 김송죽, 임향란 교수에게도 감사를 드린다. 보잘 것 없는 책이지만 선·후배 동학들의 많은 성원 있어 주시기를 바라면서

2006. 무더운 여름

시원한 태평양 바닷가<br>
필피핀 세브랜드 세브시티 세브 국립사범대학(CNU)에서<br>
일위(一葦)우쾌제(禹快濟)

# I. 고소설 연구의 새로운 탐구

## 1. 고소설(古小說)의 현대적 이해
-고소설 연구의 필요성, 고소설의 현대적 이해

### 1) 들어가며

새 천년 21세기의 새로운 문화(文化)는 전통적 삶의 흔적이 담겨 있는 고소설(古小說)을 통해 '온고이지신(溫故而知新)'의 지혜(智慧)로부터 첫 번째 화두(話頭)가 시작되어야 한다.

21세기는 문화의 세기다. 시대의 변천은 생활의 변모를 가져오게 되고 생각의 변화를 가져오게 된다. 경제적 풍요와 사회적 안정은 고도의 문화를 요구하게 된다. 전통적 가치관은 시대에 따라 변모되면서 문화적으로는 심층적 근원(根源)의 공통분모(共通分母)로 남게 된다.

동양적 유교 문화권(儒敎 文化圈)에 속해 있는 우리로서는 또 다른 서양(西洋)의 근대적 물질문명(物質文明)에 크게 자극되어 많은 변화를 가져왔다. 그러나 세기적 불안을 가져오는 테러와 전쟁 같은 극도의 물질문명의 폐해를 배척할 수 있었던 것은 오직 온유(溫柔)와 겸손(謙遜)의 미덕(美德)은 물론 충의(忠義)와 같은 예절(禮節)을 숭상했던 선비정신을 소중하게 간직하고 인문학(人文學)을 계승 발전시켜 왔던 선인(先人)들이 있었기 때문이었다.

### 2) 고소설 연구의 필요성

 인문학자(人文學者)들의 노력은 문학작품(文學作品)을 통해 불가능하리라는 동서냉전(東西冷戰)의 종식을 가져오게 했고, 새로운 세계질서를 향한 인류의 소망을 이루게 했다. 한 때 인류도덕(人倫道德)이 강조되고 원칙을 지키며 인간답게 살아갈 수 있는 사회를 만들었던 것도, 문학작품들을 통한 정신적 무장에서만 가능했던 것이다. 뿐만 아니라 새로운 문명세계(文明世界)를 열어나가는 새로운 정신적 에너지는 항상 작품 속에서 그려보던 작가들의 창조적 에너지가 그대로 현실로 나타난 것임을 부정할 수 없다. 그러므로 해가 지지 않는다고 하던 대영제국(大英帝國)에서 대문호(大文豪) 셰익스피어만은 전 식민지와도 바꿀 수 없다고 하지 않았던가.
 세계사(世界史)의 흐름이 인문학자들의 이상(理想)과 꼭 같이 되지는 않는다 하더라도 오늘날 나타나고 있는 현실 속에서 모순된 사회를 변화시킬 수 있는 것은 오직 과학이나 발달된 물질문명만으로는 불가능한 것을 너무나 잘 알게 된다. 가진 자의 무한한 욕망(慾望)과 힘센 자의 지배욕으로 인간의 본성(本性)과 멀어진 갈등(葛藤) 속에서 예기치 않았던 세기적 불행의 조짐을 예감하게 하는 냉혹한 현실은 정신문화(精神文化)의 타락에서 나타나는 현상이다. 그러나 그 속에서도 인문학을 통한 인간 본성의 탐구는 새로운 문명의 세계를 열어 가는 지름길이 될 수 있는 것이다. 특히 자기 정체성

(正體性)을 밝힐 수 있는 전통문학(傳統文學)의 이해와 계승은 인간 본성(人間本性)을 회복하게 하는 가장 시급한 문제라고 본다. 그러므로 우리가 살아가고 있는 이 시대에 우리가 처한 이 현실에서 가장 먼저 해야 할 일은 우리문학의 원천인 고전문학(古典文學)의 깊이 있고 폭넓은 이해가 필요하다고 본다.

고전문학 중에서도 고소설(古小說)은 우리 선조들의 생활 모습과 삶의 지혜(智慧)가 담긴 서사문학(敍事文學)이다. 누구나 재미있게 이야기하는 가운데 자신도 모르는 사이에 자기의 정체성을 깨닫게 되고, 새로운 삶의 방향을 잡아가게 되며, 새로운 미래의 생활을 설계(設計)할 수 있기 때문이다.

우리는 우리만의 우리 고유브랜드를 찾아내야 한다. 그리고 우리의 고유브랜드를 우리 나름대로 새롭게 창조(創造)해 나가야 한다. 우리의 고전문학 그 중의 고소설 속에는 우리가 아무리 활용해도 차고 넘치는 무한한 힘이 그 속에 담겨져 있다. 그러므로 우리가 알아야 할 꼭 필요한 필수적 교과서(敎科書)가 될 것이다. 다만 오늘을 사는 많은 젊은이들에게 이해에 어려움이 있어 이를 좀더 쉽게 접할 수 있고, 쉽게 익힐 수 있게 하여 누구나 한국인(韓國人)이라면 자랑스럽게 우리의 고소설 내용을 재미있게 이야기할 수 있고, 자랑스럽게 재생산(再生産)해낼 수 있어야 한다. 그러므로 고소설의 현대적 이해를 통한 연구는 새 시대의 요구에 부응할 수 있는 가장 필요한 필수적 학문이라 볼 수 있다.

### 3) 고소설의 현대적 이해

고소설은 전통문학(傳統文學)의 대표적 장르중의 하나다. 고전문학(古典文學)을 공부하는 것은 우리 문학의 전통을 이해하여 현대문학(現代文學)을 꽃피워 장차 다가올 미래 사회에 새롭게 전개될 문학세계를 예견(豫見)하는데 그 의의가 큰 것이다. 그런데 요즘 젊은이들에게서 흔히 "고전문학은 어렵다. 어려워서 하기 싫다."라는 말을 쉽게 들을 수 있다. 이것은 우리의 고전문학을 잘못 이해하고 있는 속에서 살아왔기 때문이다. 우리나라 사람이 우리나라 문학을 어렵다고 생각하게 만든 것은 선학(先學)들의 책임이 크다고 하지 않을 수 없다. 한국(韓國)에서 태어나 한국에서 살면서 한국인(韓國人)으로 자라나는 과정 속에서 한국의 전통문학을 잘못 이해하고 잘못 인식하여 마치 특별한 것으로만 생각하여 특별한 사람만이 향유하는 것으로 자기와는 관계없는 것이라고 한다면, 그는 과연 한국 사람이며 한국인의 정신을 가지고 있다 할 수 있겠는가? 심히 염려되지만 우리들(선학들을 비롯한 우리 학자들 모두)의 과오 또한 크다고 하지 않을 수 없다.

그 동안 대학입시(大學入試)만을 목표로 했던 교육과정(敎育課程)의 오류만을 지적하지 않더라도 고전문학을 가장 변별력(辨別力)있는 과목으로 취급해 오면서 어려운 과목으로 인식하게 하여 고득점 전략과목(戰略科目)으로 교육해 왔기 때문은 아니었나 크게 반성할 필요가 있다. 그러므로 꼭 필요한 고전(古典) 과목을 공부하기 힘든 고전(苦戰) 과목으로 만들어 놓은 것은 아니었나 생각된다.

문학(文學)은 그 시대와 사회의 반영이다. 특히 우리 고소설(古小說)들은 일정한 작가 없이 오랜 세월을 지나면서 첨삭(添削)되고 개작(改作)되면서 민중(民衆)들의 정서를 그대로 반영하고 있는 것들이 많이 있다. 이것은 우리 선조들로부터 오랜 세월동안 전해진 우리들의 이야기로 기성세대(旣成世代)들에게는 너무나 익숙했던 것들이 많다. 이와 같은 작품들을 현대적 감각으로 재해석하고 그 정신을 계승시키는 것이야말로 현대를 살아가는 우리들의 몫이라 생각된다.

한 예를 들어보기로 한다. 대학축제(大學祝祭)에 법학과 학생들이 내 놓은 것 중에 하나는 우리의 대표적 고전작품인 고소설 『장화홍련전(薔花紅蓮傳)』을 중심으로 모의재판(模擬裁判)을 실시한 것이었다. 물론 이것은 장화와 홍련의 억울한 사정을 풀어나가는 현대적 재판과정을 적용한 것이었지만 고전을 현대적으로 해석했다는 점에서 관심의 대상일 뿐만 아니라 많은 관중들의 가슴에 와 닿은 감정(感情)의 도가 달랐던 것을 볼 수 있었다. 물론 이야기는 현대적으로 각색되었다. 내용은 장화와 홍련의 살해범을 찾아내어 현행 형법에 의해 처벌하는 모의재판으로 주인공 장화는 패물을 훔쳐간 도둑에다가 행실까지 바르지 못하여 사생아를 갖게 된 패륜아로 만들어 장쇠로 하여금 청부살인 한 것을 밝혀내어 처벌하게 하는 내용이었다. 그러므로 가문(家門)의 명예(名譽)를 훼손했을 뿐만 아니라 부친 배 좌수의 선거에 악영향을 끼치게 되어 정치적 생명까지 위협을 받게 되므로 그를 죽여 없애야 된다는 계모(繼母)의 주장으로 각색(脚色)되었던 것이다. 또한 재판 진행에 필요한 증인들을 설정하여 검사와 변호사의 치열한 공방전에 증인들을 적당히 출석시킴으로 흥미를 더하게 만들어 현대적 재판형태를 골고루 갖추게 만들었다. 결국 판결(判決)은 배 좌수와 배 장쇠는 각각 범죄계획에서 실행의 착수까지 행위부담(行爲負擔)이 인정되어 처벌을 받는 것으로 막을 내리게 했다.

이 작품은 송사소설(訟事小說)의 대표적 작품이다. 이것을 새삼스럽게 설명하지 않아도 우리의 고소설을 현대적으로 재해석하여 즐길 수 있었다는 점에서 전통적 문학작품의 가치를 다시 한번 인식(認識)하게 했다. 이와 같은 고전의 현대적 해석은 1970년대 초 『심청전(沈

淸傳』을 독일(獨逸)에서 오페라로 각색(脚色)하여 공연함으로 세계적 관심을 모았던 것도 중요한 사건으로 다시 한번 생각하게 된다.
　우리의 고소설에는 『장화홍련전』을 통한 부자(모녀)간의 윤리의식(倫理意識)의 제고(提高)는 물론 『심청전』에 나타나는 효행사상(孝行思想)이나 『춘향전』에 나타나는 정절사상(貞節思想) 및 『홍길동전』의 사회개혁(社會改革) 의지, 『흥부전』을 통한 형제간의 우애(友愛) 문제 등도 현대에 되살려 볼 충분한 가치가 있는 것들이라 생각된다.

### 4) 결 론

　한국(韓國)은 이제 세계를 향해 뻗어 나가는 21세기의 중심적인 국가로 부상(浮上)되고 있다. 세계 속의 한국을 만들기 위해서 우리는 우리의 것으로 세계를 향해 진출(進出)해야만 한다. 그러기 위해서는 우리의 자신을 먼저 찾아내야 한다. 우리의 고유한 전통을 현대에 되살려 세계적인 것으로 발전시키는 길만이 한국문학(韓國文學)을 세계문학(世界文學)으로 우뚝 서게 하는 확실한 길이라 생각된다. 우리의 고소설(古小說)에 나타난 우리민족의 삶의 애환(哀歡)이 현대적으로 재해석되어 계승되고 발전될 때, 세계적인 권위의 상징인 노벨 문학상(文學賞)도 우리 앞에 다가오게 될 것이다.
　새로운 세기에 세계 속의 한국이 되기 위해서는 가장 우리적인 것으로 세계에 도전하지 않으면 안 될 것이다. 특히 문학작품(文學作品)에 있어서 그 민족 고유의 전통이 가장 잘 살려진 것이 가장 세계적인 문학이 될 것은 너무나 분명한 사실이다. 그렇기 때문에 우리의 고전문학(古典文學)을 현대적(現代的)으로 재해석하고 발전시켜 나간다면 우리문학은 머지않아 훌륭한 세계문학(世界文學)의 반열에서 크게 빛을 발할 것이라 확신한다.

## 2. 고소설 연구사 개관

연구사 시대구분, 각기의 특징 - 연구사의 기저(基底),개척기,공백기,재건기,안정기,발전기,급변기,국제기-

1) 들어가며

국문학 연구와 국문학 연구사는 그 의미가 전혀 다른 개념을 갖고 있다. 즉, 국문학 연구는 우리 국민이 생산해 낸 국문학 작품이 그 대상이 되어 연구되지만 국문학 연구사는 그 동안에 있었던 국문학을 연구해 온 그 연구물이 대상이 된다.[1] 그러므로 국문학 연구사는 국문학 연구의 학설사라 할 수 있다. 다시 말하면 국문학을 연구한 성과를 찾아서 그 발전의 흐름을 밝히려는 학문이 국문학 연구사인 것이다.

고소설의 경우 고소설 연구사라 하면 그 동안 고소설의 연구가 어떤 사람에 의해 어떤 문제를 어떤 방법으로 어느 정도까지 연구했는가 하는 것을 고찰하여 사적으로 기술하는 것이다. 그러므로 국문학 작품을 대상으로 하는 국문학사와 국문학이론을 대상으로 하는 국문학 연구사와는 그 개념을 명확히 구분해야 한다. 국문학사는 국문학 작품을 대상으로 하여 문학적 현상의 변천을 연구하는 학문이라 한다면 국문학 연구사는 국문학 연구의 사적인 변천에 중점을 두고 더 나가서는 국문학 연구의 체계를 건설하는데 필요한 방법론적 개발에 역점이 주어지게 된다. 요컨대 양자의 차이는 연구대상이 다르다는 점을 분명히 지적할 수 있다. 즉, 국문학사는 국문학 작품이 대상이 되고 국문학 연구사는 국문학의 연구업적이 대상이 된다.[2]

---

1) 禹快濟, 『古代小說硏究의 史的考察』, 『우리文學硏究』 第5輯, 우리文學硏究會, 1981.

대체로 학문의 역사가 지닌 가치는 선진들이 고심한 흔적을 더듬어서 다시는 그와 꼭 같은 행고를 반복하는 염려를 덜자는 것이 역사의 일반적 해석이라 할 때, 연구사는 과거에서 현재에 이르는 연구의 대세를 알고 장차 이것을 전제로 하여 새로운 연구 방법을 모색하고 새로운 이론을 수립하면서 실증적 연구의 업적을 쌓는데 그 목적이 있다 하겠다.

이렇게 볼 때 고소설 연구를 위해 고소설 연구의 현황을 연구사적 입장에서 정리해 보는 것은 무엇보다 중요한 일이 아닐 수 없다. 왜냐하면 앞으로 고소설 연구를 어떤 방향으로 전개해 나아갈 것인가 하는 과제가 바로 연구사중에 객관적으로 존재하고 있으며 암시되어 있으므로 이에 대한 근본적 판단이 가능해 지기 때문이다. 또한 선학들의 고소설 연구에 대한 생각을 알아볼 수 있는 것은 바로 오늘 우리들의 새로운 연구 과제를 알아 낼 수 있는 계기가 될 수도 있고 새로운 연구방향을 설정할 수 있는 기초가 될 수도 있기 때문이다. 그러므로 고소설 연구의 사적 고찰을 통한 연구 현황의 파악은 고소설 연구자들에게는 자기연구의 출발점을 밝혀주는 지대한 관심사가 아닐 수 없게 된다.

고소설 연구가 올바른 궤도를 달리게 하기 위해서는 선학들의 연구에 대한 투철한 통찰로 그들이 쌓은 업적에 역사적 가치를 부여할 필요가 있다. 이 역사적 가치야말로 그 업적이 연구 발전에 얼마나 한 공로를 끼쳤는가 과오를 범했는가 하는 것을 결정지을 수 있게 하는 중요한 계기가 된다. 그러나 주의할 것은 언제라도 현 시점에서는 아무 것도 아닌 것처럼 여겨질 수 있는 연구물일지라도 그 연구가 이루어졌던 그 시대에 있어서 연구발전에 기여한 바가 있다면 충분한 역사적 가치를 지닌 것으로 보아야 할 것이다. 역사적 가치

---

2) 禹快濟,『古小說 硏究史 槪觀』,『韓國古小說論』, 亞細亞文化社, 1991.

를 무시한 절대적 가치만을 논한다면 연구사적 연구의 본의와는 거리가 생기게 된다.

그런데 이러한 문제를 놓고 연구사를 논하게 될 때 우선 느끼게 되는 것은 국문학의 역사에 비해 국문학의 연구사는 대단히 일천한 것을 알게 될 것이다. 과거 우리의 선학들은 국문학 작품의 창작은 있었으나 이에 대한 뚜렷한 문학론은 정립되어 있지 못했던 것이다. 즉, 국문학 연구 활동은 거의 흔적을 찾아 볼 수 없었던 것이다. 다만 국어학적인 연구 업적은 그런 대로 상당수 나타나고 있다. 즉, 훈민정음 창제 이전부터 우리의 사상 감정을 표현하던 언어와 함께 이것을 우리말 그대로 기록해 보려는 노력이 있어왔음에서 볼 수 있게 하고 있다. 한문 글자만을 사용해 오던 당시로서도 한문 식이 아닌 우리 식으로 한문 글자를 차용하여 우리 문학작품을 기록해 놓은 것 등을 볼 때, 훈민정음 창제와 더불어 거듭 발전을 보게 되어 오늘과 같은 문학작품들이 나오게 한 것을 보아도 알 수 있게 된다. 이제는 국문학 연구의 역사가 일천하다 할지라도 그 양적으로나 질적으로 상당한 수준에 도달하게 되었으며 또 그 역사도 100여년의 장족의 발전을 보게 된 이상 연구사의 학적 정립 단계가 충분히 되었다고 판단되어 이 방면의 연구에도 상당한 관심을 기우릴 때라고 생각된다.

고소설의 연구 현황을 연구사적 입장에서 고찰할 때 먼저 그 정리 방법이 문제가 된다. 이는 일종의 사적 정리라는 점을 감안할 때 무엇보다 그 전개 과정을 중요시하지 않을 수 없다. 그러므로 연구사의 시대를 구분하고 각기의 특징을 살펴 볼 필요가 있게 된다. 이를 위해 연구의 대체적인 경향을 분석 고찰해 낸 자료를 통해 우리 고소설이 어떤 방향에서 얼마나 연구되어졌는가 하는 것을 쉽게 알

아 볼 수 있게 했다.3)

마침 『한국고소설 연구사』를 많은 학자들과 함께 집필하여 간행한 바 있다.4) 그동안 정리 했던 『한국고소설 연구의 사적고찰』로부터 한국 『고소설 연구사 개관』에 이르기까지 일련의 논문을 재정리하여 이 책의 앞에 실었던 것을 여기에 옮겨 연구사의 개념과 시대 구분을 다루어 첫 장에 넣었다.

2) 연구사의 시대 구분

한국 고소설의 연구사는 그 고찰에 앞서 문제되는 것이 국문학의 개념 규정에 대한 논쟁이다. 즉, 한 때 국문학을 광의적 국문학과 협의적 국문학으로 규정5)했던 학자들이 있어 협의적 국문학은 우리 문자로 표현된 것만으로 하여 훈민정음 창제 이후 한글로 기록된 것으로 한정시켜 놓고 그 외 한문으로 기록된 모든 문학작품은 광의적 국문학이라 규정하여 국문학 연구 대상에서 제외했었다. 뿐만 아니라 모든 연구 업적도 순국문학에 관한 것만 취급하려 하여 우리 선조들이 남긴 연구 업적은 모두 뒤로 숨고 말았었다. 그러니 광의적 국문학 연구보다 협의적 국문학인 순국문학 연구가 더욱 활발할 수밖에 없었다.

그러나 우리 민족은 훈민정음 창제 이전부터도 우리의 사상 감정을 한문 글자를 빌어 자유자재로 표현하면서 문학 창작 생활을 영위해 왔던 것을 생각할 때 많은 연구 업적들이 있었을 것으로 생각되나 순 국문학적 입장에서 본다면 거의 연구 업적은 찾을 수 없게

---
3) 禹快濟, 『古小說 硏究史 槪觀』, 國文學硏究叢書, 『古小說硏究』 1. 國語國文學會 編, 太學社, 1997.
4) 『古小說 硏究史』, 一葦 禹快濟 博士 回甲記念論文集, 서울 圖書出版 月印, 2002.
5) 金台俊, 『朝鮮小說史』, 淸進書館, 1933.

된다. 훈민정음 창제 이후라 해도 조선시대 전체를 통해 문학이라면 한문학만을 문학이라고 생각했던 고정관념 하에 우리의 순국문학은 연구의 대상이라고 생각도 할 수 없어 연구 업적은 기대 해 볼 수도 없는 일이었던 것이다. 한문학이라 해도 문학 작품의 창작이 주였으며 시평이나 할 정도였고 문학론이라 할 만한 본격적인 연구는 찾아보기가 어려운 정도였다. 그러므로 한문학을 숭상했던 당시로서 한글로 기록된 우리 문학에 대한 연구는 생각조차 할 수 없는 실정이었을 것이다. 그런 중에서도 한글로 기록된 순국문학에 지대한 관심을 보였던 선각자적인 한학자들이 있어 본격적 국문학 연구라고 하기에는 미치지 못할지라도 의미 깊은 논의를 전개하고 있는 것을 볼 수 있다.

대표적인 예를 몇 분 들어보면 서포(西浦) 김만중(金萬重)의 『서포만필(西浦漫筆)』을 비롯하여 박인로(朴仁老)의 『노계집(盧溪集)』, 이수광(李粹光)의 『지봉류설(芝峰類說)』, 홍만종(洪萬宗)의 『순오지(旬五志)』, 김춘택(金春澤)의 『북헌집(北軒集)』 등과 같은 개인 문집이나 잡록(雜錄) 등에, 혹은 김수장(金壽長)의 『해동가요(海東歌謠)』와 같은 가집(歌集) 등의 서(序), 발문(跋文) 등에서 약간씩 언급이 있는 것을 볼 수 있다 이런 것들은 모두 하나의 여언(餘言)으로 짤막한 소견에 불과한 정도로 본격적인 이론 전개나 연구 비평은 되지 못하고 있다. 그러므로 국문학 연구를 본격적으로 시작하기 이전인 구한말(舊韓末)까지는 국문학 연구사로 볼 때, 시대 구분을 위한 기저(基低)에 해당되는 시대라 할 수 있다.

국문학 연구사에서 제1기는 1910년대에 이르러 서구적 연구 방법이 일본을 통해 들어오기 시작한 때로부터 1945년 일본이 패망하고 이 땅에서 물러간 8.15 해방까지를 잡는 것이 옳겠다. 이 때는 우리에게는 특별했던 시기였다. 일본에게 국권을 유린당한 채 국가를 잃은 민족 비운기였다. 이 시기는 어떤 의미에서는 매우 중요한 시기로 잡을 수 있으니 문화적인 면에서는 새로운 서구문화를 받아들여 수용하기 시작한 시기였으며, 국민적 자각과 단결을 절실하게 절감했던 시대였다. 그러기에 우리의 문화유산을 소중히 간직할 것을 강조하게 되었고 따라서 우리말과 글을 통한 민족운동이 활발하게 전개된 시기이기도 했다. 특히 많은 청년들이 일본 유학을 통하여 서구적인 문학 이론을 섭취하게 되었고, 또 그들은 이와 같은 자기 나름대로의 단편적인 학문적 지식을 국문학 연구에 활용하기 위한 과감한 시도를 하고 있는 것을 보게 된다. 그러면서 한편으로는 경성제국대학(京城帝國大學 : 현 서울대학교)에 조선어문학과(朝鮮語文學科 : 현 국어국문학과)가 설치되어 조선 문학 연구에 선편을 잡게 된다. 이곳을 통해 현대적 국문학 연구가 시작되었고, 그 졸업생들은 국문학 연구를 위해 활발한 활동을 전개하면서 한국 문학 연구의 새 장을 열게 된다. 그 후 많은 연구가 진행되어 오다가 1940년대에 들어서면서 일제의 가장 악랄했던 한민족 탄압정책인 한국어 말살 정책에 의해 국문학 연구는 어려움을 겪게 된다. 그러나 1945년 일본의 패망으로 독립을 보게 되었으니 이때부터의 국문학 연구는 새로운 장으로 전개될 수 있어 이 시기를 제 2기로 설정하고자 했다.

   제2기에 해당되는 시기로는 1945년 8.15의 민족 해방으로부터 1950년 6.25 동란까지로 볼 수 있다. 이 시기에는 일제 침략에서 벗어난 자주적 독립 정신으로 우리의 문학을 연구해 보려는 의욕에 찬 시기였다. 모든 정치, 문화, 경제, 사회 등 제반 현상들이 자주 독립의 정신으로 새롭게 전개되어 가던 때였으므로 문학 역시 같은 맥락에서 연구 발전되어 가고 있었던 시대였다. 즉, 제반 사회 여건이 자유로워지고 지금까지 억눌렸던 민족적 감정이 일시에 폭발하듯 솟아나기 시작하여 국문학 연구사에 분명한 전환기를 맞게 된 시기였다. 그러나 이 시기의 특징은 해방의 벅찬 기쁨과 무한한 자유 속에서 억눌렸던 감정을 승화시키면서 민족문화의 영원한 발전을 계획했다기보다 일제의 패망으로 빚어진 공백을 메우기 위한 분주한 기간이었고 그로 인한 문화적 공백을 메우기 위해 갑자기 조성되었던 부실함을 인정하지 않을 수 없는 시기였다. 그러므로 국문학 연구에 참여한 학자들도 몇 분 안 되는 소수일 수밖에 없었고, 연구 업적 또한 주목할 만한 것이 없었다. 당시로서는 가장 시급했던 교육용 국문학 자료의 정리에 급급할 수밖에 없었다. 특히 일제의 패망으로 그들이 물러간 뒤로 빚어지는 사회적 공백 상태는 경제적 곤란을 더욱 가중시켜 인쇄 시설의 부족으로부터 용지의 부족 등으로 학문 연구에 말할 수 없는 어려움을 더해 주게 되어 저서나 논문집 등의 간행이 어려울 수밖에 없었다. 다만 뜻있는 학자들에 의해 본격적인 연구를 위한 자료수집과 이를 정리하기 시작한 것들이 이 시기의 가장 큰 업적이라 할 수 있겠다. 그러나 이렇게 출발된 우리 학계의 연구 분위기도 제대로 걸음을 옮겨 보지도 못한 채 1950년 6.25라고 하는 민족적 비극을 맞아 귀한 자료들이 잿더미로 변해 버리고 그 위에서 다시 시작해야 되는 또 하나의 연구사적 획을 긋지 않을 수 없게 된다. 그러므로 이 시대를 제3기로 구분하고자 한다.

제3기는 1950년 6.25동란으로 인해 많은 자료를 잃고 전쟁의 폐허 위에 다시 재건하려는 시기로서 슬픈 상처 속에서 잿더미가 된 서재를 들추어내고 흐트러진 원고 뭉치를 찾아내며 학자들의 어수선한 붓끝으로 새로이 하나하나 연구물들을 정리해 가던 시기였다. 그러므로 이 시기의 특징으로는 많은 국문학 자료의 손실로 잃었던 자료를 다시 수집 정리해 나가며 연구 분위기를 되찾아 보려고 노력한 국문학 연구사에서의 재건기라고 할 수 있겠다. 전쟁으로 인한 파괴와 그로 인한 경제적 공황이 빚은 사회적 혼란 속에서 국문학 연구에 하나의 큰 성과가 있었다면 그것은 피난지 부산에서 발족된 국어국문학회의 탄생이었다. 뿐만 아니라 대한교련의 후원으로 서울사대 국문과 졸업생들이 중심이 된 국어교육 연구회의 출발도 제3기에 해당되고 있어 국어국문학 연구에 일익을 한 것을 볼 수 있다.

그 후 10여 년간의 파괴와 빈곤, 그리고 사회적 혼란 속에서도 새로운 연구의 의욕은 각종 연구회 등으로 대표되어 나타나기 시작했으나 역시 불안정한 사회 속에서 국문학 연구도 어느 정도 재건되어 본 궤도에 들어가게 된다. 이 때 정치적인 일대 변혁이 오면서 사회 안정을 최우선으로 경제 개발 계획이 수립되고 안정적 발전의 토대가 놓이게 되어 국문학 연구도 안정적 발전의 단계로 접어들게 된다. 그러므로 이것은 또 하나의 연구사적 획을 그을 수 있어 1961년을 기점으로 제 4기를 구분하고자 했다.

제4기는 1961년 군사혁명을 통해 정치, 경제, 문화 및 모든 사회적 변혁을 일으키기 시작한 시기로 국문학 연구도 안정적인 기반이 마련되기 시작한 것으로 볼 수 있는 시기라 하겠다. 한때 경제 부흥에 국민적 합의가 이루어져 온 국민이 생업에 열중하고 있을 때 학계에서도 맡은 바 연구에 충실하려 노력했기 때문에 안정을 찾아 발전의 계기가 마련되었던 것으로 볼 수 있는 시기였다. 그러므로 많은 연구 업적이 나오게 되었고, 새로운 연구의 시도가 강하게 보이기 시작한 시기이기도 했다. 이렇게 축적된 연구물들은 상당한 성과를 올리게 되어 1970년대로 들어서면서 새로운 연구의 계기가 될 수 있는 연구 논저 해제가 발행되기에 이른다. 그러므로 또 하나의 연구사적 획을 그어 제 5기로 넘어가게 하고 있다.

제5기는 1970년 고려대학교 민족문화 연구소에서 『한국논저해제(韓國論著解題)』를 간행함으로 개인적이며 소극적인 학계에 공개적이며 적극적인 연구의 분위기를 조성하게 한 것으로 본격적 연구사의 새 시대로 접어들게 한 시기를 말한다. 이 시기의 특징으로는 국문학 연구가 각 분야에서 활발하게 이루어지고 있어 세분화되고 다원화되어 그 방법도 대단히 많은 분야에서 시도되어진 것을 볼 수 있는 시기라 할 수 있다. 따라서 고소설 연구도 상당히 많은 업적을 보이고 있음을 알 수 있다. 그러므로 이시기를 안정기에서 좀 더 나간 발전기라 할 수 있다. 발전기적 특징은 연구의 다원화 단계를 거쳐 심화되면서 종합적 연구 단계로 발전되어 나갈 전망을 보이고 있는 것이다. 그러므로 국문학 연구 중에서도 특히 고소설 연구의 전망은 대단히 밝은 것으로 나타난 것을 볼 수 있다.

제6기는 1970년대를 넘어서면서 사회적 안정과 경제적 성장을 계기로 눈부신 사회 문화적 발전을 가져오게 된다. 1986년의 아시아 올림픽대회와 1988년의 세계 올림픽 대회를 한국에서 성공적으로 치러 낸 것은 우리의 국력이 그만큼 성장했음을 세계에 증명한 것이 되었다.

1990년대를 넘어서면서 다원화 단계를 거쳐 심화되었던 고소설 연구는 연구 매체의 발전과 사이버 문학의 등장이라고 하는 새로운 연구방법과 다양화된 연구단체의 활동으로 예기치 못하는 변화의 기회를 맞게 되어 이를 새로운 시대로 구분하여 급변기(急變期)라 분류해 보고자 했다.

제7기는 미래지향적 새로운 연구계기로 고소설의 국제화 시대를 열어가고자 하는 국제화시기로 구분해 보고자 한다. 새로운 천년이 열리던 2001년 한국고소설학회는 중국의 연변 과학기술대학에서 제1차 동아시아 서사문학 국제 학술대회를 개최하여 한국과 중국 및 일본 학자들의 논문 40여 편이 발표된 바 있다. 그리고 2002년에는 제2차 동아시아 서사문학 국제 학술대회를 일본의 교토(京都)에 있는 동지사대학(同志社大學)에서 개최하여 역시 한·중·일 학자들의 논문 40여 편이 발표된 것을 계기로 한국 고소설의 동아시아 적 연구의 기회가 열리게 된다. 이와 같은 국제적인 학술교류가 계속되는 것은 한국 서사문학 연구의 국제화 시대를 맞게 된 것으로 보고 새로운 시대로 구분했다.

이상 고소설 연구사의 시대를 구분하여 정리해 보면 다음과 같다.

1) 제1기(개척기) : 1910년~1945년
2) 제2기(공백기) : 1945년~1950년
3) 제3기(재건기) : 1950년~1960년
4) 제4기(안정기) : 1960년~1970년
5) 제5기(발전기) : 1970년~1990년
6) 제6기(급변기) : 1990년~2000년
7) 제7기(국제기) : 2001년~현재

3) 각 기의 특징

(1) 연구사의 기저(基底)

한국 고소설의 연구 현황 고찰에 있어 연구사적인 입장에서 볼 때, 구체적인 연구 업적은 없으나 국문학 연구의 전반적인 면에서는 연구사적 기저를 이룬 시대로 1910년 이전 시대를 잡아 볼 수가 있다. 이 때까지는 많은 국문학 작품이 생산되었지만 이에 대한 연구가 따르지 못했던 시대였다. 그러나 국문학 작품에 대한 간단한 언급이 있었음을 볼 수 있으니, 송강(松江) 정철(鄭澈)의 가사 작품에 대한 서포(西浦) 김만중(金萬重)의 비평과 같은 것에서 쉽게 찾아볼 수 있다. 즉,

"지금 우리나라의 시문은 자기 말을 버려두고 다른 나라 말을 배워서 표현한 것이니, 설사 아주 비슷하다 하더라도 이는 단지 앵무새가 사람의 말을

하는 것이다. 여염집 골목길에서 나무꾼이나 아낙네들이 에야디야 하며 서로 주고받는 노래가 비록 저속하다 하여도 그 진가를 따진다면 정녕 학사 대부들의 이른바 시부라고 하는 것과 같은 입장에서 논할 수는 없다. 하물며 이 삼별곡은 천기의 자발함이 있고 이 속의 비리함도 없으니 자고로 좌해의 문장은 이 세 편뿐이다."[6]

라고 하여 우리나라 시문(詩文)에 남의 나라 말을 배워 아무리 똑같이 써 놓는다고 해도 이것은 다만 앵무새에 불과한 것이라고 하여 우리의 문학 작품은 우리의 언어로 기록해야 한다고 강조한 것을 볼 수 있다. 그러므로 그는 송강 정철의 별곡 삼편(別曲 三篇)을 우리 문학 작품 중 진 문장으로 극찬하고 있다. 뿐만 아니라 이수광(李睟光) 같은 이도 정철의 가사 작품을 평하여 우리나라에서 가장 훌륭한 작품으로 후세에 성행하게 된 것이라 했다.[7] 또 북헌(北軒) 김춘택(金春澤)은 자기의 선조 서포 김만중에 대한 기록에서 그의 인격을 격찬하면서 그가 쓴 책 중에 언소(諺騷)라고 하는 것이 있어 국문학을 애호한 국문학자였음을 강조해 주고 있다.[8] 그러나 개별 작품에 대한 구체적 논평을 한 것은 찾아 볼 수 없다.

이렇게 볼 때, 순국문학 작품에 대한 연구는 충분한 업적을 찾을 수가 없다. 다만 한문학 작품에 관한 것은 상황이 달랐다. 모든 문학의 중심을 한 시문(漢 詩文)에 두어 왔기 때문에 문학에 대한 의

---

6) 金萬重, 『西浦漫筆』 下卷 159張.
 "今我國詩文 捨其言而學他國之言 設令十分相似 只是鸚鵡之人言 而閭巷間焦童汲婦 伊啞而相和者 雖曰鄙俚 若論眞假 則固不可與學士 大夫所謂詩賦者 同日而論 況此三別曲者 有天機之自發而無夷俗之鄙俚 自古左海眞文章只此三篇"
7) 李睟光, 『芝峰類說』
 "我國歌…鄭澈所作最善…關東別曲 思美人曲 續美人曲 盛行於後世"
8) 金春澤, 『北軒集』
 "其心忠 其志潔 其節貞 其辭雅而曲 其調悲而正 庶幾追配屈平之騷 而吾家西浦翁手嘗雨詞於一冊書其目曰諺騷蓋亦以爲可與日月爭光焉耳"

식 그 자체가 문장 학습으로 모두 일체화시켜 왔고, 학문한다는 것은 곧 한 시문을 학습하는 것으로 생각해 왔기 때문이었다. 그러므로 한 시문에 관한 한 그 비평 및 평가가 상당한 수준에 도달하고 있음을 볼 수 있다. 단편적이기는 하지만 우리의 문학 유산 중 최고의 시가 문학인 향가(鄕歌)에 대한 작품 평으로서도 경덕왕(景德王) 자신이 지 파랑을 찬미한 사뇌가(詞腦歌)에 대해 '기의심고(其意甚高 : 그 뜻이 매우 높다)'라고 평한 것을 볼 수 있다.9) 여기서 '기의심고(其意甚高)'라고 한 것은 이 노래를 매우 함축적이고도 인상적으로 평한 것이라 할 수 있다. 또한 백월산(白月山) 남사(南寺)의 연기설화(緣起說話)에 대해 불경(佛經) 『화엄경(華嚴經)』을 원용하여 이성(二聖 : 부득노힐과 달달박박)에 대한 찬양을 하면서 '유천선지취(有天仙之趣 : 마치 천선의 의취가 있다)'라고 간단히 평을 하고 있음을 볼 수 있다.10) 이같이 매우 요령 있는 적절한 비평들을 많이 찾아 볼 수 있다.

그러나 이와 같은 비평들은 비평 의식의 발전에서 볼 수 있는 것이 아니다. 다만 소박한 감상 정도로 볼 수밖에 없다. 비평의 본격적인 출현이라고 한다면 훨씬 후대로 내려와 고려 중기에서나 찾아볼 수 있다. 이규경(李奎報)의 『백운소설(白雲小說)』이나 이인로(李仁老)의 『파한집(波閑集)』, 최자(崔滋)의 『보한집(補閑集)』등을 들 수 있다. 이들은 아직 미분화된 초기 비평 양식인 잡문 적 서술로 보이기는 하지만 그 내용에 있어 『백운소설(白雲小說)』은 전편(全篇) 삼십이 화(話) 모두가 시(詩)에 관한 것이며 『파한집(波閑集)』은 팔십일 화 중 팔십 화가 그리고 『보한집(補閑集)』은 백삼십구 화

---

9) 一 然, 『三國遺事』 卷第二, 紀二. 景德王 忠談師 表訓大德條.
  "王曰 朕嘗聞師 讚耆婆郎詞腦歌 其意甚高 是其果乎"
10) 上揭書, 卷第二, 塔像 第四, 南白月二聖 努肹夫得 怛怛朴朴.
  "觀其投詞 哀婉可愛 宛轉有天仙之趣"

중 백삼십오 화가 시에 관한 것이란 점과, 이들 모두가 시 의식을 가지고 기술한 것이기 때문에 그 속에는 시의 원리를 말한 시론은 물론, 시를 평한 시평 및 시작 과정에서 생긴 시화들로 구성되어 있음을 볼 수 있다.11)

이러한 고려 중기 유산들은 후대로 전승되면서 순수한 시론과 비평을 담은 전문서 만도 서거정(徐居正)의 『동인시화(東人詩話)』12)를 비롯한 남용익(南龍翼)의 『호곡시화(壺谷詩話)』,13) 이재신(李在臣)의 『청강시화(淸江詩話)』, 허균(許筠)의 『성수시화(惺叟詩話)』, 홍만종(洪萬宗)의 『소화시평(小華詩評)』등의 출현을 들 수 있다. 이와 같은 것들은 거의 모두가 한시 문에 관한 것들로 순국문학에 관한 것은 찾아보기가 어렵다. 더욱 고소설에 관한 한학자들의 생각은 극히 부정적이었다. 이덕무(李德懋) 같은 이는 연의소설(演義小說)은 '음탕한 것을 가르쳐 간사하게 만드는 것(作奸誨淫)'이라 하여 자제들에게 보여서는 안 된다고 했다.14)

이와 같이 고소설에 관한 견해는 매우 부정적으로 나타나 새로운 시각에 의한 연구 분위기가 잡히기까지에는 연구 업적을 기대 할 수가 없었던 것을 볼 수 있다. 즉, 1910년대 서구적인 방법에 의해 새롭게 연구되기 시작하면서부터 연구사적 시기를 잡을 수 있게 된 것은 바로 이러한 연유에서라 하겠다. 다만 국문학 전반적인 연구사적 입장에서 볼 때 1910년대 이전 시대는 우리의 전통적 방법에 의한 단편적이면서 감상적 비평만이 있었던 기저로서의 연구 이전 시대라고 할 수 있다.

---

11) 崔信浩,『古典文學의 理論과 批評』,『古典文學을 찾아서』, 文學과 知性社, 1985.
12) 徐居正,『東人詩話』, 新羅時代로 부터 朝鮮初까지의 詩話를 모아 엮은 책, 朝鮮 成宗時 初刊, 仁祖時 重刊, 二卷一册.
13) 南龍翼,『壺谷詩話』, 詳細 簡明한 每人 二字評의 朝鮮 詩歌總評書.
14) 李德懋,『士小節』
   "演義小說 作奸誨淫 不可接目 切禁子弟 勿使看之"

(2) 각기의 특징

① 제1기(개척기)의 특징

가. 개관

고소설 연구사의 제1기에 해당하는 시기는 1910년에서부터 1945년 8.15 해방까지를 잡고 있다. 이 시기는 역사적으로 일본 침략자들에 의해 국권을 잃고 정치, 경제, 사회, 문화의 모든 면에서 일본의 통치를 받던 시대였다. 그러나 당시로서는 많은 일본 유학생들이 중심이 되어 서구 문명을 받아들이기 시작한다. 특히 국문학 연구는 새로운 국면을 맞게 된다. 즉, 서구적인 연구의 출발을 보게 된 것이 바로 이 때부터임을 알 수 있다. 서울에 경성제국대학(京城帝國大學 : 현, 서울대학교)이 설립되고, 조선어문학과(朝鮮語文學科)가 설치되어 국문학 연구의 새로운 움직임이 시작되었고, 한편으로 일본 유학생들의 서구 문학 이론의 섭취는 곧바로 우리 국문학 연구의 문을 여는 중요한 계기가 되었던 것을 보게 된다. 당시의 우리 문학에 대한 인식이 어느 정도였냐 하는 것을 보면 너무나도 놀라지 않을 수 없다. 그러나 그와 같은 과정을 통해 우리 문학이 이론적으로 정립되어 나간 것을 볼 때, 연구사적인 면에서는 반드시 짚고 넘어가야 할 중요한 요소들인 것이다.

춘원(春園) 이광수(李光洙)의 『사해공론(四海公論)』에 발표된 '조선 문학의 개념'이란 글을 보면 당시 경성제국대학 조선어문학과에서 조선 문학 교재로 선택한 교과서가 잘못되었음을 다음과 같이 지적하고 있는 것을 보게 된다.

"연전 경성제국대학 조선어문학과에서는 조선 문학 연습용 교과서로 『격몽요결(擊蒙要訣)』을 사용 하였다고 한다. 이는 그 대학 조선어문학과의 주임되는 모 교수의 선택이니 가장 권위 있는 선택이라야 할 것이다. 그러나 불행히 천견(淺見) 과문(寡聞)한 나로는 『격몽요결(擊蒙要訣)』이 조선 문학이란 말은 기상천외로 밖에는 아니 들린다."15)

라고 하여 격몽요결이 조선 문학이 될 수 없다는 론지를 펴 나가면서 그 결론 부분에서 올바른 조선 문학의 개념을 정립, 그 범위를 확정 지으려 한 것을 볼 수 있다. 그는 이 글에서 조선 문학의 범위를

"만일 조선에 문학이 있다 하고 그 대학에 조선 문학과가 있다 하면 거기에서 가르칠 것은 결코 『격몽요결(擊蒙要訣)』도 아니요 『구운몽(九雲夢)』도 아닐 것이다. 거기에서 가르칠 것은 신라 향가(新羅 鄕歌), 시조(詩調), 『춘향전(春香傳)』, 현대 조선 작가의 작품일 것이다."16)

라고 했다.

이것은 우리 문학에 대한 새로운 인식과 함께 국문학 연구의 문이 열리기 시작한 것이라 할 수 있는 일이다. 그러므로 한국에서 고소설 연구가 시작된 것은 대개 1920년대로 접어들면서부터였음을 알 수 있다. 즉, 안자산(安自山)의 『조선문학사(朝鮮文學史)』17)를 비롯, James. S. Gales이 『구운몽(九雲夢)』을 영문으로 번역하여 영국 런던에서 출판한18) 것이 계기가 된다.19) 그 후 1930년대에 들어

---

15) 李光洙, 『朝鮮 文學의 槪念』, 『四海公論』 第一卷, 1939, p. 30.
16) 上揭 論文.
 "文學은 결코 그 작자의 國籍을 닮아 어느 문학에 속한 것이 아니요 오직 그 쓰여진 國文을 닮아 어느 國籍에 속하는 것이다. 말하자면 문학의 國籍은 屬地도 아니요 屬人(作家)도 아니요 屬文(國文)이다……그러면 九雲夢은 어느 나라 문학인가 그것은 물론 支那文學이다. 그 取材가 支那에서라하야 支那文學이 아니라 그 文學이기 때문에 支那文學이다. 다만 作家가 朝鮮人일 따름이다."
17) 安自山, 『朝鮮文學史』, 韓一書店, 1922, p. 240.
18) James.S.Gales The Cloud Dream of the Nine, Daniel O'conner London, 1922.
 이 책은 西浦 金萬重과 九雲夢 英譯書로 序論과 內容 16回로 構成되었데 序論은 다시 書評, 飜譯者, 著者, 梗槪, 一夫多妻主義, 地上天國, 現譯本 等 七部로 되어 있다.

김태준(金台俊)의 『조선소설사(朝鮮小說史)』가 나왔고, 신명균(申明均)이 편찬한 『소설집(小說集)』[20]등이 간행된 바 있어 본격적인 연구 시대로 접어든다.

논문으로는 조윤제(趙潤濟)의 조선소설 발달사(1922)를 비롯한 이조 문학의 양면성(1933), 춘향전 이본 고(1939), 조선 소설 내용과 그 특질(1941) 등이 발표되었다. 그 외에도 최남선(崔南善)의 금오신화(金鰲新話) 해제(1927), 김태준(金台俊)의 염암소설(燕巖小說) 경개 (1932), 광한루악부(廣寒樓樂府) 해제(1935), 옥단춘전(玉丹春傳) 설고((1935), 장화홍련전(薔花紅蓮傳) 연구(1936) 및 이재욱(李在郁)의 춘향전의 전본에 취(就)하여(1939), 이병기(李秉岐)의 인현왕후전(仁顯王后傳) : 1940), 망양정인(望洋亭人)의 기인(奇人) 허생전(許生傳)(1941), 김영지의 해외에 소개된 춘향전과 이광수(李光洙)의 조선소설사, 조선 문학의 개념, 김태준의 소설의 정의 및 이준(李俊)의 춘향전의 맛과 같은 글들이 이때 보이고 있다.

이상의 내용을 크게 분류해 보면 사적인 정립을 위한 것과, 자료의 발굴, 소개에 그친 것, 그리고 이본 연구와 작품론 및 작가에 대한 연구가 시도된 것을 볼 수 있다.

### 나. 국문학사의 출현

1922년 안자산(安自山)의 『조선문학사(朝鮮文學史)』 출간으로 한국 최초의 국문학사가 나오게 된다. 이 책은 서울의 한일서점(韓一

---

19) 外國語 飜譯本中에는 그 以前에 日本人 靑柳綱太郞의 『燕巖外集 熱河日記』가 日語版으로 飜譯되어 1916년 刊行된 바 있으나 이는 순전한 飜譯일 뿐 硏究的인 면을 찾아볼 수 없어 硏究史의 意味를 가질 수 없다고 보았다.
20) 申明均 編, 『小說集』, 서울: 中央印書舘, 二卷 二册, 1936.
『朝鮮文學全集』 5, 6卷으로 1卷에는 春香傳, 謝氏南征記, 薔花紅蓮傳, 興夫傳, 장끼전, 2卷에는 彰善感義錄, 洪吉童傳, 劉忠烈傳, 朴氏傳, 토끼전이 收錄되어 있다.

書店) 출판으로 간기는 당시에 사용하던 대정(大正) 십일 년으로 되어 있고, 총 면수는 240면으로 되어 있다. 내용을 보면 조선 문학사 외에 조선인의 민족성과 조선 어원론을 함께 싣고 있다. 특히 이 책은 우리 문학사의 시대 구분을 처음으로 시도했다는 점에서 그 의의가 크다. 그는 우리 문학사의 시대를 다음과 같이 오기로 구분했다.

"기대세(其大勢)는 정치의 소장(消長)과 반(伴)함과 같은지라. 고로 정치사상의 시대를 중심으로 하야 문학사의 시대를 이하 오대기로 분구하노라.

1. 상고시대(上古時代), 단군(檀君)이 건국한 시로부터 삼국시대의 립하기 전에 지한 간에 지하기 범 이천 이백 년 간은 정치 기관의 소분립시대(小分立時代)인고로 차로 초기로 정한다.
2. 중고시대(中古 時代), 소분립 시대가 과하고 다시 구백 년 간은 삼국 또 삼국의 대분립시대(大分立 時代)로 되매 차를 제이기로 정하노라.
3. 근고시대(近古 時代), 대분립 시대가 과한 후 왕조의 범오백 년 간은 귀족 시대라 차를 제삼기로 정한다.
4. 근세시대(近世 時代), 귀족시대(貴族 時代)가 과하고 이조 오백 년 간의 독재정치 시대가 되니 차를 제사기로 정한다.
5. 감오경장(甲午更張)시로부터 금일에 지하야 신학문의 서광을 개한 현대를 위함이라."21)

라고 하면서 정치상의 변천이 문학사의 시대 구분에 절대적일 수는 없는 일이나 다만 그 안에서 수기로 분할 수밖에 없었음을 덧붙였으나 정치사적 시대에서 벗어나지 못하고 있다.

이 책에서 다루고 있는 고소설에 관한 부분만을 상고해 보면 제5장 근세 문학 편에서 '고소설은 선조 이전에도 있었지만 선조 이후부터 그 발달을 보게 되었다'고 논하고 있는 것으로부터 시작되고 있다. 거론된 작품으로는 『화사(花史)』, 『임진록(壬辰錄)』, 『소대성

---
21) 安自山, 『朝鮮文學史』, 韓一書店, 1922, pp. 3~4.

전(蘇大成傳)』,『이대봉전(李大鳳傳)』,『삼설기(三說記)』,『옥루몽(玉樓夢)』,『구운몽(九雲夢)』,『숙영낭자전(淑英娘子傳)』,『사씨남정기(謝氏南征記)』,『양풍운전(楊風雲傳)』,『장화홍련전(薔花紅蓮傳)』,『홍길동전(洪吉童傳)』,『운영전(雲英傳)』,『창선감의록(倡善感義錄)』,『백학선전(白鶴扇傳)』,『적성의전(翟成義傳)』등이었다. 그 가운데서도『화사(花史)』에 대하여서는 년대(선조 이후)와 작자(임백호)와 근원 설화(화왕계)를 밝혔고, 이는 임진란 이후 국민 전체의 감동을 위한 것이라 했다.

그리고 전란을 당하여 출전에 대공을 세워 입신양명 하는 것으로 임진록, 소대성전, 이대봉전을 논했고, 주인공의 인물됨을 유교의 교훈적 복선화음(福善禍陰)의 권계주의(勸戒主義)로 표현한 작품으로『창선감의록』,『백학선전』,『적성의전』과 같은 작품을 들고 있다. 또 불교적 인과설(因果說)로 열연된 작품은 삼설기, 옥루몽, 구운몽, 숙영낭자전 등을 들었다. 또 가정소설로 사씨남정기, 양풍운전, 장화홍련전을 들어 간단한 경개를 소개했고, 사회소설(社會小說)로 홍길동전을 들어 경개를 소개했으며, 순 비극 소설이라 하여 장화홍련전과『운영전』을 들었다. 그리고 소설에 대하여서는 다음과 같은 이론적 전개를 보이고 있다.

> "단미(單美)를 탄(歎)하고 정(情)을 소(掃)함에만 만족할 것이 아니라 소설 자신의 목적 이외에 도덕과 교훈의 극치를 사(寫)하야 선을 권하고 악을 징함으로 목적한 것이어라. 관컨대 일반 소설에 현한 바는 조선 고유한 정신의 조선 숭배와 국민사상을 묘사한 것이니 고로 무자하야는 신불에 칭하야 득하고 또 사건 발전에 취하야도 극난한 경우에 지하면 부모신 급 천신이 현시하야 조우한 일이 다하니라. 사컨대 차시대 소설을 중고 시대의 사상을 상사한 것이러라."[22]

---

22) 上揭書, p. 102.

Ⅰ. 고소설 연구의 새로운 탐구  39

라고 하여 일정한 사관이 형성되지 못한 채 고소설의 소개에 그 치고 만 감이 있다. 그는 다시 최근세 문학 편에서 신소설란을 설정 하여 이인직(李仁稙)의 『혈의 루』, 『귀의 성』, 『치악산』과 같은 작 품을 들어

> "이는 다 종래의 권징주의(勸懲主義)의 소설과 이(異)하야 인정을 주(主)하 니 주인공과 기외요 인물의 성격을 묘하고 기 심리 상태를 사함이 극히 정 묘의 경에 지한지라. 차가 종래 소설에 불견하든 바 신문학의 시러라."[23]

라고 하여 비로소 신문학의 시초임을 언급하였다. 그의 신소설에 대한 그 이상의 자세한 언급은 없으나 신소설의 규정은 소설사의 중 요한 구획이 아닐 수 없고, 그 의미 또한 큰 것이 아닐 수 없다. 그 러나 이 책에서는 주로 문학사를 문학사로 보기보다 정신적 지배사 로 종교적 사상의 흐름을 중시한 자각론(自覺論)을 끝에 붙이고 있 는 것이 특색이다.

> "말에 일언을 부흐니 조선 문학사의 명칭 하에 졸저의 서를 감논 함은 오 히려 불손하다. 연이나 본서를 저한 동기를 자각론의 서문을 대코자 함에 재한 것이라. 고로 기억을 위하야 기의를 속하노라."[24]

라고 하여 본서 저작 동기가 어떤 것이었나 하는 것을 알 수 있게 하고 있다. 그러므로 국문학사의 본격적인 논의에서는 거리가 먼 것들 이었음을 알 수 있다. 다만 최초의 국문학사라는 점에서는 그 의의가 크지만 국문학사의 정립에는 좀 더 뒷날을 기다릴 수밖에 없었다.[25]

---

23) 上揭書, p. 125.
24) 上揭書, p. 135.
25) 安自山의 『朝鮮文學史』는 각 時代的 特徵이나 史的 聯關性을 제대로 論述치 못하고 있어 最初의 國文學史로 硏究史的 意義는 至大할지라도 國文學史로서의 完璧은 기하 고 있지 못하다.

이 시기에는 국문학사의 논급이 그 이상 보이지 않고 다만 소설사의 정립을 위해 많은 논의가 있었음을 주목하지 않을 수 없게 된다.

### 다. 소설사의 정립

한국 소설사의 정립을 위한 논의는 1929년 『신생(新生)』지에 발표한 조윤제의 '조선소설 발달 개관'에서부터 비롯된다. 그러나 이는 필자의 지적대로 소문에 불과했고, 본격적인 소설사는 역시 김태준의 『조선소설사』(1933)였다. 당시의 조선소설사에 대한 문제를 조윤제는 다음과 같이 지적하고 있다.

> "내 십여 년 전에 '조선소설 발달 개관'이라는 소문을 당시 『신생』에 기고한 일이 있었다. 그러나 조선 문학의 연구는 나날이 진보하야 그 후 얼마 아니 있어 그를 개정하지 않으면 아니 될 것을 느끼게 되었다. 그러자 김태준의 『조선소설사』가 공간되고 또 개정판이 작년에 조선문고 본으로 나와 이 방면의 공헌이 적지 않았다. 그렇지마는 김씨의 소설사는 너무 방대하고 설명의 독창적 부분이 심하야 일반의 독물로는 다소 불편한 점이 없지 않다. 그래서 이것을 기회로 나의 전고를 근본적으로 개정하고 또한 조선소설의 발달 과정을 간략하고도 속임 없이 통속적으로 써 보고자 하던 년래의 희망도 있었으므로 이제 소문을 작고하였다. 다행히 현 문단인을 비롯 하야 일반 교양인의 한 상식이 되어 준다면 필자로서 행심함이 이에 지날 바이없겠다."[26]

라고 하여 그 동안의 소설사에 대한 문제를 몇 가지로 요약 지적하고 있다. 이를 정리해 보면,

첫째, 당시의 사정으로는 김태준의 『조선소설사』 이전에 이에 대한 논급이 있었다는 점과

---

[26] 趙潤濟, 『朝鮮小說史槪要』, 『文章』 二卷 七號, 1940, p. 169.

둘째, 김태준의 『조선소설사』공간은 이 방면에 커다란 공헌을 하게 되었다는 점.
셋째, 김태준의 저서는 너무 방대 하야 일반 독자의 독물로는 불편한 점이 있었다는 점.
넷째, 일반 교양인을 위해 통속적으로 조선 소설의 발달 과정을 기술할 필요가 있었다는 점 등이었다.

이에 첫 번째 문제는 조선 소설사에 대한 언급 정도가 있었지 커다란 업적으로는 평가할 수 없어 문제시되지 않으며, 둘째 번 문제로 김태준의 『조선소설사』 공간이 이 방면에 커다란 공헌을 한 것임을 인정하고 있어 여기에 중요한 의미를 부여한 것을 보게 된다. 즉, 김태준의 『조선소설사』가 한국 고소설 연구사에서 소설사 정립의 기초가 되었음을 입증해 주고 있기 때문이다. 또 셋째 번 지적에서 김태준의 저서가 너무 방대하여 일반 독자의 독물로는 불편한 점이 있다고 한 것은 그의 저서에 학적 논리를 인정한 것으로 평가되어 두번째 문제를 더욱 분명히 해 주고 있는 것이 되었다. 그리고 조윤제 자신의 '조선소설사 개요'는 통속적인 것으로 일반인의 교양 정도에 그치고 말아 학문적 연구 업적으로는 크게 평가할 수 없는 것임을 알게 했다. 그 외에도 춘원 이광수의 '조선 신문학 강좌 청강기 초'라 한 『조선소설사』가 있으나 주목할 만한 것이 되지 못하고 말았다.[27]

이렇게 보면 제1기에 고소설 연구사에서 가장 주목할 것은 김태준의 『조선소설사』 출현이다. 이는 한국 고소설사의 기점을 잡아 주는 중요한 역할을 했다고 평가할 수 있기 때문이다. 이 책의 출현으로 한국 고소설사가 정립된 것이라 할 수 있다. 그의 소설사를 통해

---
27) 李光洙,『朝鮮小說史』,『四海公論』第一卷, 1939, pp. 79~81.

고소설의 각 시대별 구분을 살펴보면 다음과 같다.

　　제1기 : 설화 시대(상고 - 려말), 삼국 설화, 고려의 패관 문학
　　제2기 : 전기소설시대 ( - 조선초), 금오신화
　　제3기 : 발흥기 ( - 임·병량란기), 화사, 홍길동전
　　제4기 : 란숙기 ( - 숙종기)
　　　1. 서포소설 : 구운몽, 사씨남정기
　　　2. 동화 전설의 소설화 : 토기간, 홍부전, 심청전, 삼설기, 적성의전
　　제5기 : 근대소설기 ( - 영·정시대)
　　　1. 연암소설 : 허생전, 호질, 양반전, 민옹전,
　　　2. 계모형 소설 : 장화홍련전, 어룡전, 장풍운전,
　　　3. 공안류 소설 : 옥낭자전, 진대방전,
　　　4. 련정류 소설 : 춘향전, 숙향전, 숙영낭자전, 백학선전, 량산백전, 옥단
　　　　　춘전
　　　5. 전대 계승적 소설 : 소운전, 옥소전, 석화룡전, 리학사전, 사대장전,
　　　　　장국진전, 금령전, 금산사몽유록, 배비장전, 채봉감별곡
　　제6기 : 신문학기 (갑오경장 이후)[28]

　　이상과 같은 그의 소설사 정립은 부분적으로 미흡한 곳도 있지만 많은 고소설 작품들을 사적인 체계 속에 넣어 정리해 놓은 점이 돋보인다.[29] 특히 그는 본서의 서론 부분에서 소설의 개념을 정리하고자 노력한 것을 볼 수 있는데 소설의 정의를 시대 변천에 따라 달리 그 개념을 정립해야 한다고 생각했다. 즉, 동서양의 소설 개념 변천을 그대로 수용하고 있는 것은 주목할 만한 일이라 하겠다. 그가 이 책에서 조선 소설의 개념을 규정하고 있는 것을 보면 다음과 같다.

　　　"예전 사람들의 율하던 소설의 정의로서 예전 소설을 고찰하고 소설이 발
　　　달하여 온 경로를 분명히 하고자 한다. 소설이라는 명칭이 시대를 따라 개

---

28) 金台俊, 『朝鮮小說史』, 淸進書館, 1933.
29) 이에 대해서는 많은 異論이 있다. 作者와 年代가 未詳인 作品이 多數인데 어떤 共通
　　的 特徵만을 中心으로 時代를 區分하여 함께 묶어 놓는다는 것은 무리가 있다고 본다.

념에 차가 있다는 것이다. …(중략)… 중국에서도 한대의 설화에서 당대의 전기, 송조의 사가 되었다가 원. 명 이후에야 상당한 체재와 내용을 가진 소설이 생긴 것 같이 대륙 문명의 영향을 받아 온 조선 소설의 발달도 이에 추수하는 바가 있으므로 소설의 명칭도 '이야기책' '전기'라는 칭호로 흔히 류행 된다."30)

라고 하여 현대적인 개념에서의 소설보다는 서구적 소설 정의에 따르는 Romans적인 내용으로 잡고 있다. 그러므로 허망한 괴담이나 소박한 수필적인 것까지도 모두 포함시켜 조선시대의 많은 작품들을 고찰하는 일에 힘썼던 것을 볼 수 있다. 또 이 책의 특징은 소설의 기원을 설화 문학에서부터 찾은 점이다. 그리고 각 시대별로 충분한 시대적 특징을 들어 개관해 놓음으로 소설사적인 가치를 더욱 높였다. 또한 각 작품별로는 작자와 년대 및 근원 설화를 추정하려 노력한 점은 많은 연구의 길잡이가 되어 준 것이라 하겠다. 그러나 이 책이 보다 확실하고 명확하게 시대를 구분하여 작품의 생성 발전에 영향을 끼친 사회 문화적 여건을 구체적으로 분석했다면 그 끼친 영향은 더욱 컸으리라 생각된다. 이 책은 한국 소설사를 정립시킨 최초의 역작으로 그 가치는 높게 평가받을 수 있었다고 본다.

### 라. 자료 발굴의 활성화

이 시기의 두드러진 특징은 우리 문학 자료의 발굴 정리 작업이었다. 초기의 국문학 연구에서 자료의 발굴 정리는 무엇보다 시급했던 작업이다. 잃어져 가고 있는 작품들을 모아서 연구의 대상으로 삼기 위한 가장 기초적이면서 기본적인 것이었다.

이 방면에 관심을 보인 것은 우리 학자들 보다 오히려 외국인들이었다. 즉, 우리 문학 작품을 번역하여 출간한 것이 모두 외국인에 의

---
30) 上揭書, pp. 13~14.

해 시작된 것을 보게 된다. 1916년 일본인 청유강태랑(靑柳綱太郞)에 의해 연암외집(燕巖外集)『열하일기(熱河日記)』가 일어판으로 번역 출간된다. 그리고 1922년에는 영국인 James. S. Gales에 의해 『구운몽(九雲夢)』의 영역본이 출간된다. 그러나 이것은 모두 외국인들에 의한 외국어 번역본이었다는 점에서 국문학 연구의 직접적인 자료 발굴 작업으로 볼 수는 없다. 다만 자료에 대한 관심을 갖게 했다는 점에서 중요한 업적 물로 볼 수는 있을 것이다.

국문학 자료의 발굴은 그 후 1927년 최남선에 의해 해제와 함께 전문이 수록된 『금오신화』의 소개에서부터 찾을 수 있다. 최남선은 이 금오신화 해제에서 조선 소설의 조(祖)를 찾기 위해 노력하던 중 한국에서는 서명만 전하고 볼 수 없던 김시습(金時習)의 『금오신화』를 일인 길전동오(吉田東伍)의 서가에서 보게 되어 초하였다가 후일 시중에서 한 질을 구하게 되어 이를 합본으로 해제와 함께 전문을 수록했다고 하면서 그 경로를 다음과 같이 적고 있다.

"『금오신화』는 어떻게 녹판 되었는지 아즉 고할 수 없으며 대개 경주에서 일듯 하나 또한 명증이 없으며 『동경잡기(東京雜記)』(권지2) 서적조에도 정혜사(淨惠寺) 소장판에 매월당 사유록(梅月堂 四遊錄)이 보일 뿐이다."[31]

라고 하여 『금오신화』의 판본을 찾지 못하고 있었음을 말 해 주고 있다. 그러나 이 책을 찾기까지의 경로를 다음과 같이 적고 있어 그 유포 과정이나 논자의 입수 과정을 알 수 있게 하고 있다.

"일본의 번각이 전후 양차에 급하니 초각은 그 승응(承應) 2년(1653)의 일본인데 『내각문고목록(內閣文庫目錄)』에 견 하얏으며 재각은 그 후 명치 17년(1884)에 대총(大塚) 모가 그 가장 본에 일대 문사 삼도(三島), 의전(依田), 만생(滿生), 소야(小野), 장곡(長谷) 등의 서, 발, 비평을 가하고 양

---
31) 崔南善,『金鰲新話 解題』,『啓明』第九號, 1927, p. 4.

권으로 개하야 목각한 것이라. 여 일즉 이것을 길전동오(吉田東伍)의 서가
에서 빌어 보려 하였더니 후에 일질을 시상에서 어드니……"[32]

라고 하여 우리나라에서 볼 수 없었던 이 책을 일본에서 찾아 볼 수 있었음을 알 수 있게 하고 있다. 그로 인해『금오신화』는 다시 우리나라에 소개되어 한국 소설의 효시적인 작품으로 자리를 굳혀 김태준의『조선소설사』에서 논급되기 시작, 현재까지 그대로 수정 없이 인정되어 오고 있다.

그 외 이 시기에 언급된 자료들을 보면 연암소설의 경개가『조선어문학회보』에 소개되었고,[33] 같은 해『춘향전』모델이『신조선』에 게재되었다.[34] 또한『광한루악부』해제가『학등(學燈)』에 발표되어[35] 춘향전에 대한 관심이 점차 높아지기 시작하여『원본 춘향전』,[36]『교주 춘향전』[37] 등의 단행본 출판을 비롯하여 본격적인 춘향전 이본에 대한 연구가 시작된다.[38] 한편『조선문학전집』제5, 6권에는 고소설 작품이 각각 5편씩 총 10편이 수록되어 있고,[39] 책머리에 각 작품의 해설과 경개가 붙어 있다.[40] 또 이 시기에 다루어진 자료로서 기인『허생전』이『조광』에 발표된 것을 들 수 있다.[41]

이상에서 살펴 본 바와 같이 이시기의 특징 중 자료의 발굴 정리는 특기할 만한 일이었다고 할 수 있다.

---

32) 上揭書, pp. 4～5.
33) 金台俊,『燕巖小說梗概』, <朝鮮語文學會報> 通卷 四號, 1932.
34) 權悳奎,『春香傳모델』,『新朝鮮』通卷 三號, 1932.
35) 金台俊,『廣寒樓樂府 解題』,『學燈』第三卷 一號, 1935.
36) 金台俊,『原本 春香傳』, 學藝社, 1939.
37) 趙潤濟,『校註 春香傳』, 博文書館, 1939.
38) 趙潤濟,『春香傳 異本考』,『震檀學報』通卷11號, 12號, 1939.
39) 申明均,『朝鮮文學全集』, 中央印書館, 1936.
40) 金台俊이 校閱을 보았으며, 책머리에 收錄된 作品 解說과 梗槪는 金台俊의『朝鮮小說史』의 內容과 同一한 것임.
41) 望洋亭人,『奇人 許生傳』,『朝光』第七卷 七號, 1941.

② 제2기(공백기)의 특징

제2기의 설정은 이렇다 할 특징이 없는 시기로 다만 역사적인 분기점을 만들기 위한 것이라 할 수 있다. 당시의 시대적 상황은 해방과 함께 찾아온 기쁨 뒤에 정치적 혼란이 몰아닥쳐 왔던 시기로 국가 백년대계의 교육적 이상만 높았지 현실은 난감하기 한 시대였다. 그러므로 국문학 연구뿐만 아니라 모든 분야에서 당면 문제의 해결이 어려웠기에 고소설 연구도 학적 논리보다 평이한 주석서나 개작 본 등으로 온 국민들에게 읽을거리를 제공해 주는 일에 주력한 시대였다.

이 시대의 중요 업적으로는 이병기씨의 『仁顯王后傳』주석서[42]와 같은 것으로부터 개작본인 김영석씨의 『이춘풍전』,[43] 박태원씨의 『홍길동전』[44] 등을 들 수 있다. 또 한문 소설 번역본으로 『양반전』[45]을 비롯한 『임진록』[46]과 교주 본으로 『한중록』,[47] 『배비장전』, 『옹고집전』[48] 등이 나오는 정도로 극히 개략적인 작품 소개에 그치고 말았다.

고소설 연구 업적으로는 제1기에 이어 소설사적인 면에서 약간의 움직임이 있었다. 주왕산의 『조선고대소설사』[49]가 정음사에서 6.25 사변이 나던 해인 1950년 2월에 간행되었고, 김태준의 『조선소설사』가 일본어로 번역되어 일본에 소개되고 있는 것을 볼 수 있다.[50]

그 외의 연구물로는 『민족문화』제2호에 발표된 정진석의 <조선문학론>[51]으로 『홍길동전』에 나타난 반항과 체념을 논한 것이 있

---

42) 李秉岐, 『仁顯王后傳』, 博文出版社, 1946.
43) 金永錫, 『李春風傳』, 朝鮮金融組合聯合會, 1947.
44) 朴泰遠, 『洪吉童傳』, 朝鮮金融組合聯合會, 1947.
45) 李奭永, 『兩班傳』, 朝鮮金融組合聯合會, 1947.
46) 李明善, 『壬辰錄』, 『民族文化叢書』第一輯, 國際文化館, 1948.
47) 李秉岐, 『閑中錄』, 白陽堂, 1947.
48) 金三不, 『裵裨將傳』, 『壅固執傳』, 『民族文化叢書』第六輯, 國際文化館, 1950.
49) 周王山, 『朝鮮古代小說史』, 正音社, 1950.
50) 金台俊, 『朝鮮小說史』, 『民主朝鮮』第一卷一號에서부터 第十六號까지, 李仁, 『日譯』, 東京 : 民主朝鮮社, 1946~1947.

고, 박종화의 <한양조 초기의 소설>[52]로 매월당과 『금오신화』에 대한 연구가 있었으며, 이명선의 <조선 문학의 최고봉>[53]이란 논문이 있어 『변강쇠전』의 연구가 시작된 것을 볼 수 있다. 또 송신용의 『조충의전』 연구[54]가 있다.

이렇게 해방 후 혼란했던 사회 속에서도 문학 연구의 맥락은 이어져 왔으나 본격적인 연구 활동은 시작해 보지도 못하고 6.25의 민족 비운을 맞게 되어 제2기는 공백기로 끝나게 된다.

③ 제3기(재건기)의 특징

가. 개관

사회적 안정 없이 이루어 질 수 없는 문학 연구는 계속되는 6.25 동란으로 인해 막대한 손상을 입게 된다. 많은 국문학 자료의 손실과 학자들의 수난은 연구에 막대한 지장을 초래할 수밖에 없었다. 그러나 전란 속에서도 굽히지 않고 연구의 불길이 솟아올라 피난지 부산에서 국어국문학회를 창립하게 된다. 당시 서울에 있는 모든 대학들이 부산에서 피난 생활을 하면서 국어 국문학자들이 뜻을 모아 연구회를 만들게 된 것이다. 이때 창립된 국어 국문학회는 창립과 동시에 학회지 『국어국문학』을 창간, 오늘날 놀랍게 발전한 기초를 마련하게 되었던 것이다. 물론 그 당시의 학회지는 지금 우리가 대할 수 있는 정도의 논문집은 못 되었었다. 사륙배판 16페이지 정도였었다. 국어국문학회의 학회지 창간의 의의와 당시의 고충을 편집 후기를 통해 살펴보면 다음과 같다.

---

51) 鄭鎭石, 『朝鮮文學論』, 『民族文化』 第二號, 1946.
52) 朴鍾和, 漢陽朝初期의 小說, 『白民』 第三卷 二號, 白民文化社, 1947.
53) 李明善, 『朝鮮文學의 最高峯』, 『新天地』 第四 卷六號, 서울신문사, 1947.
54) 송신용, 『趙忠毅傳』, 『한글』 통권 107호, 한글학회, 1949.

"사륙배판 십륙 페이지!
가난한 겨레일진대 그래도 내 학문을 저버리지 않고 있다는 자부심과 정성에서 본지를 세상에 내 놓으려고 하는 것입니다. 국내 출판 시설이 원래 불충분한데 가뜩이나 전란으로 인하여 거의 파괴되고 고어 활자가 전무한 오늘의 처지에서 그 애로란 한두 가지가 아니었습니다. 만난을 배제하고 비상한 노력의 절정으로 이 일이 강행된 것을 지극히 기쁘게 생각합니다. 권마다 국어국문학의 연구 자료로서 문헌을 연재하려고 계획했던바 이번에는 스페이스가 용서하지 않으므로 다음 권에 밀기로 했습니다. 우선 경판 春香傳을 실을 작정입니다. 동호 제위 앞에 내어놓기에 부끄럽기 짝이 없습니다. 초생아 <국어국문학>의 육성을 위하여 북돋고 또 물 주어야 하겠습니다. 앞으로 기탄없는 질정과 편달을 아끼지 마시고 더욱 살찌게 하시기 바랍니다. (若泉)"55)

라고 한 것으로 보아 당시의 애로를 짐작할 수 있게 하고 있다. 이때의 발행지를 보면 '부산시 동광동 이가 박문출판사' 로 되어 있고, 발행자는 양재연(梁在淵) 교수로 되어 있다. 이렇게 어려운 상황 속에서도 굽히지 않는 연구열은 국문학 연구는 물론 고소설 연구에도 상당한 업적을 보이기 시작한다. 이 시기에 나타난 연구 업적을 년도별 통계로 보면 다음과 같다.

제3기(1950~1960)의 고소설 연구 론저

| 구분\년도 | 51 | 52 | 53 | 54 | 55 | 56 | 57 | 58 | 59 | 60 | 계 |
|---|---|---|---|---|---|---|---|---|---|---|---|
| 단행본 | - | 1 | - | 1 | 1 | 5 | 4 | 3 | 6 | 3 | 24 |
| 소설론 | - | - | - | 1 | 3 | 3 | 1 | 6 | 7 | 5 | 26 |
| 작가론 | - | - | 1 | - | - | 1 | 1 | 4 | 3 | 1 | 11 |
| 작품론 | - | - | 4 | 2 | 11 | 3 | 4 | 17 | 14 | 12 | 67 |
| 합 계 | - | 1 | 5 | 4 | 15 | 12 | 10 | 30 | 30 | 21 | 128 |

---

55) 『국어국문학』 제1호, 편집후기, 국어국문학회, 1952.

나. 작품집의 간행

이 시기에 출간된 작품집으로는 김사엽(金思燁)의 『완판 춘향전 - 열녀춘향수절가』의 교주 본을 비롯하여 일본 암파서점(岩波書店) 역주 본까지 합하여 춘향전만도 7종이나 간행된다.56) 다음으로 『금오신화』번역본의 간행을 들 수 있다.57) 또 이가원의 『구운몽』교주본도 이 무렵에 간행된다.58) 한편 이민수에 의한 『연암선집』이 나왔으며59) 손낙범의 박씨부인전과 흥부전도 교주 본으로 나오게 된다.60)

그러나 이 시기에 가장 큰 업적중 하나라면 이화여대 한국 문화 연구원에서 펴낸 『한국고대소설총서』영인본이라 할 수 있다. 이것은 당시로서는 귀중 자료의 수집 및 보급에 지대한 공헌으로 보아야 하기 때문이다.61) 이 책에는 사본과 판본을 합하여 전4권에 17종을 수록해 놓았다. 작품 선정 기준은 지금까지 널리 간행되지 않은 소설을 우선적으로 했고 손낙범의 해제가 권말에 붙어 있었다. 이 책의 간행은 고소설의 원형을 그대로 밝혀 학문 연구의 자료를 제공하는데 목적이 있음을 오천석(吳天錫)은 간행사에서 거듭 강조하고 있는 것을 볼 수 있다.

---

56) 金思燁, 『春香傳』, 大洋出版社, 1952.
―――, 『烈女春香守節歌』, 大洋出版社, 1957.
趙相元, 『新稿 春香傳』, 玄岩社, 1956.
許南麒, 『春香傳之現代的 解析』, 日本 岩波書店, 1956.
趙潤濟, 『校註 春香傳』, 乙酉文化社, 1957.
李家源, 『春香傳』, 正音社, 1957.
姜漢永, 『春香傳(男唱 童唱)』, 新古典社, 1959.
57) 李家源, 『金鰲新話』, 通文館, 1954.
58) 李家源, 『九雲夢』, 德基出版社, 1955.
59) 李民樹, 『燕岩選集』, 通文館, 1956.
60) 孫洛範, 『朴氏夫人傳』, 豊國學園, 1956.
―――, 『興夫傳』, 文獻社, 1957.
61) 現在와 같은 複寫施設이 없는 時代였기때문에 貴重資料의 보급은 많은 硏究者들을 위해 커다란 貢獻이었다.

그 외에 강한영(姜漢榮)의 『계축일기(癸丑日記)』교주본,[62] 박성의 (朴晟義)의 『구운몽(九雲夢), 사씨남정기(謝氏南征記)』주해서,[63] 김기동(金起東) 임헌도(林憲道) 공저의 『한문소설선(漢文小說選)』과 역본 『한국소설선집』등이 나온다.[64] 이 같은 사실들로 보아 이 시기에 많은 단행본 고소설들이 나온 것을 알 수 있다.

### 다. 소설론과 소설사의 연구 진척

제3기의 고소설 연구는 전기에 나온 김태준의 『조선소설사』에 이어 박성의의 『한국고대소설사』[65]가 나오게 된다. 그러나 이 책은 소설사로 되어 있으나 그 내용에서는 소설론적인 성격을 강하게 띠고 있어 사와 론을 함께 쓴 것으로 볼 수 있다. 서론에서 고소설의 개념과 그 감상적인 시기를 밝히고, 다음으로 고소설의 일반적 형식과 구성 및 내용, 사상 등을 규명하고자 노력했다. 또한 고소설의 배경 및 중국 소설의 유입과 그 영향 관계를 논했다. 고소설에 끼친 여류의 공로를 언급했고, 한학과 유교의 소설에 대한 영향 등도 언급했다. 특히 그는 고소설사의 시대구분을 생물학적 사관에 입각하여 6기로 구분했다. "태동기(胎動期) - 형성기(形成期) - 발흥기(勃興期) - 난숙기(爛熟期) - 발전기(發展期) - 쇠퇴기(衰退期)"로 구분하여 일주기로 잡아 고소설의 종지부를 찍고 있다.

그 다음으로 나온 신기형(申基亨)의 『한국소설발달사(韓國小說發達史)』[66]는 고소설의 기원론으로 설화 문학에서부터 그 연구대상을

---

62) 姜漢永, 『癸丑日記』, 靑羽出版社, 1958.
63) 朴晟義, 『九雲夢』, 『謝氏南征記』, 正音社, 1959.
64) 金起東·林憲道, 『漢文小說選』.
　　──────, 『韓國小說選集』.
65) 朴晟義, 『韓國古代小說史』, 日新社, 1958.
66) 申基亨, 『韓國小說發達史』, 彰文社, 1960.

잡았고, 그 발달 단계로는 전통적 방법으로 "설화 문학 - 패관문학 - 가전체 문학"으로 연계성을 지었고, 그 발달을 추진시킨 것으로는 중국 문학의 영향을 들어 설명하고 있다. 이 책의 특징으로는 시대 순에 따라 대표적 작품을 연구 대상으로 삼아 소설 발달사를 꾸며 나간 점이라 할 수 있겠다. 또 책 끝에 고소설 총람과 국어국문학 논저 총람을 붙임으로 많은 초학자들에게 큰 도움을 주었던 것으로 볼 수 있다.

한편 소설사에 못지않게 소설론도 새로운 저서가 나오기 시작한다. 박성의(朴晟義)의 『한국고대소설사(韓國古代小說史)』에서도 소설론적인 면이 많이 다루어졌지만 본격적인 소설론으로 김기동(金起東)의 『한국고대소설개론(韓國古代小說概論)』이 나온다. 이 책은 3년 후 다시 개편되어 『이조시대소설론(李朝時代小說論)』으로 간행된다.[67] 이 책은 소설의 내용에 따라 전편을 유형적 특징에 따라 14장으로 분류하여 서술하고 있다. 특히 고소설을 주제별로 분류하여 각 작품마다 그 경개를 소개하고 작품의 해제를 붙였다. 부록으로 조선시대의 소설 일람표 및 참고문헌을 밝혀 놓고 있다.

이상과 같은 연구 업적으로 볼 때 제3기에는 고소설의 사적 연구와 함께 소설론적인 시도가 나타나고 있어 본격적인 문학 연구의 장을 열기 시작한 시기라 할 수 있다.

### 라. 작가 연구의 대두

제3기의 또 하나의 특징으로는 고소설 작가에 대한 관심이 높아지기 시작하여 연구가 시작되었던 점이다. 맨 처음 고소설 작가가 연구된 것은 작가 매월당 김시습(金時習)에 대한 연구 였다. 1947년

---

67) 金起東, 『韓國古代小說槪論』, 大昌文化社, 1956.
　　———, 『李朝時代小說論』, 精研社, 1959.

박종화가 『백민(白民)』에 발표했던 <한양초기의 소설>에서 매월당과 『금오신화』에 대한 논급이 있은 후, 정병욱에 의해 김시습 연구가 활기를 띠게 된다. 그는 『사상계(思想界)』에 <김시습(金時習)>이라 하여 "수학기(1~20세), 방랑기(21~30세), 금오기(31~36세), 실의기(37~48세)" 등으로 그의 생애를 구분, 연보를 밝혀냈을 뿐만 아니라 인물과 사상 등을 계속 탐구해 나갔다.[68] 한편 서포 김만중에 대한 연구도 이 시기에 시작된다. 1956년 현상종에 의해 제주대 <국문학보>에 '서포 김만중과 그의 문학'이 발표된다.[69] 이를 시발로 박성의의 <김만중론(金萬重論)>[70]을 비롯한 김무조의 『서포연구(西浦研究)』가 나오게 된다.[71] 물론 박성의나 김무조의 서포연구는 작가에 대한 것뿐만 아니라 작품론을 겸하고 있다. 김무조는 그의 논문에서 제1편 작가론으로 서포의 품격과 가계를 다루었고, 다음으로 서포의 생애에서 정치와 문학적 생활을, 그리고 서포의 종교적 사상으로 유교, 불교, 도교를 다루었다. 제2편에서는 작품론으로 서포소설의 형식, 내용, 문체 등을 논급하고 있다.

그 외 연구 대상이 된 작가로는 연암 박지원이 있다. 그에 대한 연구는 1957년 이우성이 '실학파의 문학'[72]에서 연암의 경우를 논함으로 시작된다. 다음으로 이가원(李家源)은 '연암(燕岩) 박지원(朴趾源)의 생애와 사상'을 『사상계』에 발표하여 본격적인 연구가 시작되게 한다.[73] 그러므로 조성항의 '양반전으로 본 연암의 문학 사상'[74]

---

68) 鄭炳昱, 『金時習年譜』, 『국어국문학』 제7호, 1953.
   ———, 『金時習』, 『思想界』 제6권 9호, 1958.
   ———, 『金時習研究』, 『서울대 논문집』 제7집, 1958.
69) 玄商鍾, 『西浦 金萬重과 그의 文學』, 『제주대 국문학보』 제1호, 1953.
70) 朴晟義, 『金萬重論』, 『思潮』 제1권 2호, 사조사, 1958.
71) 金戊祚, 『西浦研究』, 釜山大 大學院, 1959.
72) 李佑成, 『實學派의 文學』, 『국어국문학』 제16호, 국어국문학회, 1957.
73) 李家源, 『燕岩 朴趾源의 生涯와 思想』, 『思想界』 제6권 10호, 1958.
74) 趙成恒, 『兩班傳으로 본 燕岩의 文學思想』, 『成均』 제10호, 성균관대학교, 1959.

까지가 이 시기에 나온다.

　1950년대 말에 작가 연구의 대상이 된 작가는 허균을 들게 된다. 그에 대한 연구는 김동욱이 『사상계』에 발표했던 '이씨조선의 이방인 허균'이 있어 그의 생애와 도박, 그리고 허균과 국문학, 허균과 실학 및 그의 인간성 등이 연구되어지기 시작했다.[75]

　이상 고찰한 바에 의하면 이 시기에 관심의 대상이 되었던 고소설 작가로는 매월당 김시습과 서포 김만중, 연암 박지원, 교산 허균 등을 들 수 있다.

　④ 제4·5기(안정적 발전기)의 특징

　　가. 개관

　고소설 연구는 제3기 재건기를 넘어 제4기에 접어들면서 안정적 발전기를 맞는다. 전란의 상처도 가셔지게 되고 사회적 안정도 되찾게 되면서 문화적 발전 기대 속에 학문적 관심이 지대해 지기 시작한다. 그러므로 국문학 연구도 본 궤도에 오르게 되고 고소설에 대한 연구 의욕도 점점 팽배하게 되어 많은 업적이 쌓이게 된다. 이에 따라 몇몇 학자들의 전유물로만 알았던 국문학계에 새로운 바람이 불게 된다. 즉, 넘치는 교육열에 대학이 팽창하기 시작, 국문학과의 증설이 날로 눈에 띠게 나타나 신진 학자들이 배출되기 시작했다. 따라서 국문학 연구, 특히 고소설 연구는 전기에 비해 대단히 활발해 진다. 각 대학에는 대학원이 설치되었고, 국어 과목은 대학마다 법정 교양과목으로 전임 교수가 필요했고, 교수가 되기 위해서는 전공 논문이 필요했던 것이다. 그러므로 신진 학자들의 연구 열의는 높아만 갔고 연구 업적은 늘어 갈 수밖에 없었다.

---

75) 金東旭, 『李氏朝鮮의 異邦人 許均』, 『思想界』 제7권 3호, 1959.

또한 연구를 도울 수 있는 많은 장비가 함께 발전되기 시작했다. 우선 자료를 쉽게 얻어 볼 수 있는 것으로 복사기의 발달을 들 수 있다. 귀중한 자료라 할지라도 손상 없이 복사하여 자료로 활용할 수 있고, 또 널리 영인 간행하여 공유할 수도 있게 되었다. 한편 경제적 안정과 성장은 많은 인쇄물을 부담 없이 출판할 수 있게 되어 출판문화와 함께 학문하는 학자들의 활동 범위가 넓어지게 되었다. 한편 컴퓨터의 발달은 논문 자료의 관리는 물론 각종 통계자료의 처리를 빨라지게 하여 새로운 연구의 방법적 변화를 가져오게 했다.

안정적 발전기를 맞아 나타나는 특징을 몇 가지 지적해 본다면, 첫째 연구 인력의 저변 확대를 들 수 있고, 둘째 복사 자료의 성행, 셋째 학회의 활성화 전문화, 그리고 넷째로 연구의 심화와 확대 경향을 들 수 있겠다.

### 나. 연구 인력의 저변 확대

제4기에 들게 되면 사회적 안정 위에 경제적 발전을 가져오게 되어 학문도 본 궤도를 달리게 된다. 따라서 고소설 연구는 점점 더 활발해 지게 된다. 특히 높은 교육열로 인해 대학 교육이 일반화되기 시작하면서 많은 대학들이 새로 생기게 되고, 신설 대학마다 국문학과를 설치 운영하게 되어 국문학자의 수요가 갑자기 팽창하게 된다. 그러므로 대학원이 늘어나게 되고 국문학을 연구하는 학자들이 늘어나게 된다. 한편 대학 교육과정에서도 어학과 문학의 이분법으로 강의가 편성되면서 다시 문학은 현대문학과 고전문학으로 구분하고, 고전문학은 산문과 운문으로 구분하기에 이르렀다. 이때 산문은 소설이 주를 이루게 되어 고소설의 연구는 더욱 활기를 띠기 시작한다. 이시기에 나타난 고소설의 연구 논문을 중심으로 얼마나 많은 연구가 저변에 확대되어 나갔는가를 살펴보기로 한다. 우선 1970년까지 발표된 연구 업적을 정리한 고려대학교 민족문화 연구소에서 간행한 『논저해제(論著解題)』의 언어문학편[76]과 소재영(蘇在英)의 '고대소설 관계 논저총람'[77]과 1983년 『국어국문학』제93호 부록으로 수록된 '고소설 관계 연구 논저 목록(1890~1982)' 및 황패강(黃浿江)의 『고소설연구사(古小說研究史)』[78]의 자료를 중심으로 각기별 연구 논문 편수를 정리해 보면 다음과 같다.

각기별 고소설 연구 논문 편수[79]

| 기 별 | 논문 편수 | 취급 작품수 | 비 고 |
|---|---|---|---|
| 제1기(1910~1945) | 48 | 18 | |
| 제2기(1945~1950) | 13 | 11 | |
| 제3기(1950~1960) | 144 | 42 | |
| 제4기(1960~1970) | 286 | 70 | |
| 계 | 342 | 109 | 각기별 중복제외 |

위의 도표에 의하면 연구 논문이 발표된 작품 편수는 총 109종이며, 그 중 가장 많은 연구 논문이 나온 것은 『춘향전』으로 230여 편이 넘고 있다. 특히 제4기에 들면서 논문 편수의 급증은 연구 열의가 높아졌을 뿐만 아니라 연구 인구의 저변 확대가 이루어졌음을 보여 주는 자료라 하겠다.

---

76) 『韓國論著解題』, 言語文學篇, 高麗大學校 民族文化研究所, 1970.
77) 蘇在英, 『古代小說關係論著總覽』, 『月刊文學』 제22권 25호, 월간문학사, 1970.
78) 黃浿江, 『古小說研究史』, 檀國大學校出版部, 1985.
79) 統計資料는 取扱者에 따라서 달라질 수도 있다. 다만, 研究의 傾向을 파악 해 볼 수 있는 정도로 보면 좋겠다. (위에서 取扱한 資料들이 모든 論文을 다 包含했다고 볼 수 없기 때문이다.)

다. 고소설 전집류의 간행

　고소설 연구의 저변 확대와 함께 많은 자료의 일반화가 이루어지게 된다. 즉, 복사기의 발달은 우리의 귀중한 문화유산이었던 고소설 작품들을 원형 그대로 복사 간행해 냄으로 신진 학자들의 좋은 연구물이 될 수 있음은 물론 업자들의 수지에도 맞아 활발한 영인본 출판이 이루어지게 된다. 그러므로 많은 영인본들이 전집류로 출판되고 있다. 그 대표적인 것들을 들어보면 연세대학교 인문과학 연구소에서 김동욱(金東旭) 교수에 의하여 『목판본고소설전집(木板本古小說全集)』이 출간된다.[80] 이 책에는 국내외에 산재해 있던 현전 목판본 고소설을 수집, 영인하여 제1권에 17종 37책을 수록했고, 제2권에 22종 37책을 수록했고, 제3권에 14종 33책을 수록했고, 제4권에 17종 40책을 수록했고, 제5권에 18종 33책을 수록했다. 특히 제3, 4권은 국내 자료 외에 대영 박물관 소장본과 파리 동양어학교 소장본을 W. E. Skillend교수, D. Bouchez교수와 공편으로 간행한 것을 볼 수 있다. 물론 이 책의 간행으로 많은 고소설 연구자들의 이본 연구나 텍스트 연구 등의 교재가 된 것은 사실이다. 그러나 복사 상태가 선명하지 못한 부분이 많고 축약 복사로 인해 해독하기가 어려운 점이 많아 고소설의 일반 독자나 학부 학생들의 연구에는 널리 쓰이지 못한 점도 사실이다.

　그 후 동국대학교 한국학연구소에서 김기동(金起東) 교수에 의해 『활판본고전소설전집(活版本古典小說全集)』이 12권으로 간행된다.[81] 이 책은 60여종의 활판본을 수집 정리한 것으로 특히 연세대 인문과학 연구소에서 간행한 목판본 전집에 들어 있지 않은 것만을 골랐다고 했다. 간행사에서 보면

---

80) 金東旭, 『影印本古小說板刻本全集』, 延世大學校 人文科學研究所, 1975.
81) 金起東, 『活版本古典小說全集』, 東國大學校 韓國學研究所, 1976.

"해방 후 우리 국문학은 경이적인 발달을 하여 왔으나 그 연구 중 가장 부진한 상태에 있는 분야가 고전소설이다. 왜냐하면 문학 연구는 원본을 대상으로 해야 하는데 연구의 대상이 되는 원본(자료)의 수집과 정리가 완성되어 있지 않기 때문이다. 작년에 연대 인문과학 연구소에서 50여종 되는 목판본 고전소설을 정리하여 영인 해 냈을 뿐이다. 이에 우리 한국 문화 연구소에서는 활자본으로 출판된 작품 중에서 이미 목판본으로 나온 작품을 제외한 고전 소설을 수집 정리하여 아세아 문화사로 하여금 영인 출판해 냄으로서 국문학 연구의 광장을 넓혀 보려고 한다."[82]

라고 하여 활자본 중 목판본과 겹치지 않는 작품들을 수집 정리하여 간행한 것을 알 수 있다.

이렇게 하여 전집으로 묶인 우리의 고소설은 목판본 50여종과 활판본 60여종을 합한다 해도 110여종에 불과하다. 우리 고소설의 총량이 1,240여종이 넘는다고 할 때[83] 극히 일부만이 수집된 것임을 알 수 있다.

그 후 인천대학교(仁川大學校) 민족문화연구소(民族文化 硏究所)에서 필자(筆者)에 의해 『구활자본 고소설전집(舊活字本 古小說全集)』이 간행된다.[84] 이 책은 300여종에 달하는 구활자본(일명, 딱지본) 소설들을 수집하여 180여종을 33책으로 묶어 간행한 것이다. 간행사에 보면

"한 때 풍성했던 문학 유산들이 현대 문명에 밀려 현재로서는 또 다시 우리들 주변에서 사려져 가고 있던 중 다행스럽게도 몇 년 전 연세대학교 인문과학 연구소에 의하여 『목판본 고소설 전집』이 영인으로 간행되었고, 그 후 동국대학교 한국학 연구소에 의하여 『활판본 고전소설 전집』이 영인됨으로서 학계에 많은 공헌을 한바 있다. 그럼에도 우리 인천대학교 민족문

---

82) 金起東, 『活字本 古典小說全集』, 發刊辭.
83) 禹快濟, 『古小說 名稱, 總量 및 硏究傾向의 統計的 考察』, 『仁川語文學』 第5輯, 仁川大 國文科, 1989.
84) 禹快濟, 『舊活字本古小說全集』, 仁川大學校 民族文化硏究所, 1983.

화 연구소가 다시 고소설 전집을 간행하는 뜻은 앞의 두 책에 수록되지 않
은 많은 작품들이 발견되었기 때문이다. 이에 우선 자료를 정리하여 이미
간행된 활판본 고전소설 전집과의 중복된 작품을 피하고 한 때 많은 독자
층을 확보했던 순수한 우리 고소설을 비롯하여 중국 소설의 번역 및 번안
작품과 신소설 체 문장으로 된 저작 년대 미상의 고소설들을 모두 수집하
여 『구활자본 고소설 전집』이라 하고 『인천 대학 민족문화 자료 총서 ①』
로 했다."[85]

라고 하여 그 동안에 간행되었던 활판본 고전소설 전집과 중복되
지 않는 작품들을 수집 간행한 것을 알 수 있다. 그러므로 목판본과
활판본 고소설 전집들이 정리되어 간행됨으로 고소설 연구에 활기를
띠게 된다.

그 외 필사본들도 일부 업자들이 상업적 목적으로 간행한 바 있
으나 체계적으로 정리되어 나오지 못하고 있어 학계에서 책임 있는
정리 간행이 요청되고 있다.

### 라. 전공 학회의 활성화

학문 연구의 분위기가 잡혀지기 시작하면서 각종 학회 활동이 활
발해 지기 시작했다. 국문학 연구는 피난지 부산에서 시작된 국어국
문학회가 모체가 되어 40여 년 간 장족의 발전을 해 왔다. 그러던
중 70년대에 들어 고전문학 연구회가 발족되어 국문학 분야에서도
고전문학에 관한 전문적인 학회로 활동을 하게 된다. 초기에는 학회
지 대신 단행본으로 회원들의 연구 업적을 책으로 간행해 오면서 매
월 연구 발표회를 통해 고전문학 전반적인 연구 업적을 쌓아 갔다.
이것은 적어도 전공 학자들이 늘어남에 따라 연구의 세분화 현상의
하나로 파악될 수 있었다. 그러나 이제는 고전문학이라 하면 그 범

---

[85] 禹快濟, 『舊活字本古小說全集』, 刊行辭, 仁川大學校 民族文化硏究所, 1983.

위가 상당히 넓다. 설화 문학을 비롯하여 소설 문학, 시가 문학, 한문학 분야까지 포괄적으로 볼 수 있어 좀더 세부적이고 구체적인 논의가 가능한 학회의 필요를 느끼게 되었다.

그러므로 각 전공 학자들을 중심으로 하는 전공 학회가 탄생된다. 구비문학을 주로 하는 민속 학회를 비롯하여 시조학회 등이 나타나게 되었고, 고소설을 전공하는 고소설 전공 교수들이 중심이 된 고소설 연구회의 창립을 보게 된다.

한국 고소설 연구회는 1988년 2월 27일 서울 대학교 김진세(金鎭世) 교수를 초대 회장으로 창립된다. 제1차 연구 발표회를 4월에 서울 관광호텔에서 개최하면서 한국 고소설 연구의 몇 가지 문제를 거론하고 나오기 시작했다.86) 고소설 명칭(名稱)의 통일 문제를 비롯하여 고소설론 교재의 개발 문제 등이 구체적으로 거론되기 시작했다. 그러므로 제2차 대회에서 고소설의 명칭 통일 문제를 비롯한 고소설론 교재의 문제점과 새로운 교재의 편찬 방향 등을 검토하게 되었다.87) 이때 고소설의 명칭으로는 일반적인 통칭을 '고소설'로 하기

---

86) 韓國 古小說 硏究會, 第一次 硏究 發表 大會
　◎ 日時 : 1988年 4月 23日
　◎ 場所 : 서울 鐘路區 관훈동 서울 관광호텔
　◎ 發表 內容 및 發表者
　(1) 燕山君이 貿來下命한 中國小說考 : 柳鐸一(釜山大 敎授)
　(2) 韓國 古小說硏究의 몇 가지 問題-名稱. 總量. 硏究 傾向을 中心으로 : 禹快濟(仁川大 敎授)
87) 韓國 古小說 硏究會, 第二次 硏究發表大會, 88夏季 學術大會
　◎日時 : 1988年 7月 7~8日
　◎場所 : 公州 鷄龍山 東鶴山莊
　◎發表內容 및 發表者
　(1) 古小說의 名稱 統一問題 : 金光淳(慶北大 敎授)
　(2) 古小說의 類型 分類 問題 : 史在東(忠南大 敎授)
　(3) 古小說史의 時代區分 問題 : 丁奎福(高麗大 敎授)
　(4) 古小說論 敎材의 問題點 : 李樹鳳(忠北大 敎授)

로 했으며, 특수한 경우 즉, 고전적 가치가 인정되는 작품만을 거론할 때는 '고전소설'로 그리고 시대적 특징이 밝혀져 그 시대적 명칭이 필요할 때는 그 시대를 붙여 '조선시대 소설'이나 '고려 시대 소설' 또는 '고대 소설' 등의 명칭을 사용하기로 했다.[88]

그리고 이 때 발표된 '고소설론의 새로운 방향 모색'이란 논문에서는 현행 고소설론의 교재를 분석, 본격적 고소설론으로 시도된 것과 고소설 연구서로 시도된 것, 그리고 고소설론과 사의 통합 형태로 시도된 것들이 있으며, 소설사로 쓰인 교재가 상당수 있어 소설론 교재로 사용되고 있는 것을 알 수 있다고 했다. 이것을 구체적으로 살펴보면

첫째, 본격적 고소설론으로 시도된 것으로는 정주동(鄭柱東)의 『고대소설론(古代小說論)』[89]을 비롯하여 소재영(蘇在英)의 『고소설통론(古小說通論)』,[90] 김기동(金起東)의 『이조시대소설론(李朝時代小說論)』,[91] 손낙범(孫洛範)의 『한국고대소설론(韓國古代小說論)』[92]과 『한국고전소설론(韓國古典小說論)』[93] 등이 있음을 볼 수 있고,

둘째, 고소설 연구서로 시도된 것으로는 이능우(李能雨)의 『고소설연구(古小說研究)』,[94] 황패강(黃浿江)의 『조선왕조소설연구(朝鮮

---

(5) 古小說論 敎材의 改善方向 摸索 : 禹快濟(仁川大 敎授)
88) 金光淳, 『韓國小說硏究(1)-古小說 用語 定立을 中心으로-』, 『東洋文化硏究』 제1집, 慶北大, 1974.
―――, 『古小說 名稱 統一에 對하여』, 古小說硏究叢書, 『茶谷 李樹鳳敎授回甲記念 論文集』, 1988.
薛重煥, 『古小說(新話)의 名稱에 對한 試論』, 古小說硏究叢書, 위의 책.
89) 鄭柱東, 『古代小說論』, 螢雪出版社, 1969.
90) 蘇在英, 『古小說通論』, 二友出版社, 1984.
91) 金起東, 『李朝時代小說論』, 精硏社, 1959. (韓國古代小說槪論, 韓國古典小說硏究 等으로 改稱 刊行.)
92) 孫洛範, 『韓國古代小說論』, 新文印刷社, 프린트판.
93) 『韓國古典小說論』, 韓國古典小說 編纂委員會, 새문사, 1990.

王朝小說硏究)』,⁹⁵⁾ 이상택(李相擇), 성현경(成賢慶)의 『한국고전소설연구(韓國古典小說 硏究)』,⁹⁶⁾ 정규복(丁奎福), 소재영(蘇在英), 김광순(金光淳)의『한국고소설연구(韓國古小說硏究)』⁹⁷⁾ 등이 있다.

셋째, 고소설론과 사의 통합 형태로 시도된 것은 박성의(朴晟義)의 『한국고대소설론과 사(韓國古代小說論과 史)』⁹⁸⁾와 김광순(金光淳)의 『한국고대소설사와 론(韓國古小說史와 論)』⁹⁹⁾ 등이 있다.

이들을 분석해 볼 때 소설론으로 집필된 저서들은 거의가 공통적 이해를 갖기보다 개인적 학설을 주장한 것들로 편파적인 논리의 흐름이 문제가 되었다. 연구서로 시도된 교재들은 거의가 논문 모음으로 일관성이 결여된 것들이었다. 그러므로 고소설론의 종합적 정리가 시급히 필요하게 되었고 그 동안 생산된 많은 연구 업적들이 총 망라 될 수 있는 교재로서의 고소설론의 집필을 필요로 하게 되었다.

이와 같은 문제들이 전공 학회의 조직과 활성화에 의해 지적되고 그 해결을 위해 공동 노력하기에 이르게 되었다. 이것은 곧 학회의 새로운 바람이며 또한 필요한 요소라고 생각된다. 한국 고소설 연구회는 계속하여 관심 있는 공동 주제를 놓고 회원들의 연구 논문을 발표하는 동시에 토론을 통해 올바른 연구 방향을 잡아가고 있다.¹⁰⁰⁾

앞으로 좀더 구체화된 전공 학회의 출현을 예견해 볼 수 있다. 예를 든다면 춘향전 연구회라든지, 구운몽 연구회 등이 있을 수 있지

---

94) 李能雨,『古小說硏究』, 宣明文化社, 1974.
95) 黃浿江,『朝鮮王朝小說硏究』, 韓國學硏究院, 1978.
96) 李相澤, 成賢慶 編,『韓國古典小說硏究』, 새문사, 1983.
97) 丁奎福·蘇在英·金光淳 編,『韓國古小說硏究』, 二友出版社, 1983.
98) 朴晟義,『韓國古代小說論과 史』, 日新社, 1973.
99) 金光淳,『韓國古小說史와 論』, 새문사, 1990.
100) 韓國古小說硏究會 硏究發表大會 共同主題
　　釜山大會(1990년 1월) - 春香傳硏究의 綜合的 考察
　　서울大會(1990년 7월) - 古小說의 讀者와 作者
　　全州大會(1991년 1월) - 坊刻本古小說의 刊行과 流通

않을 가 생각된다. 그러나 학문 연구는 계속 세분화될 수만은 없을 것이다. 특히 문학 연구, 그 중에서도 고소설 연구는 전공별로 세분될 데까지 세분된 후 다시 유기적 관계를 연구하는 통합론적 연구가 이루어져야 될 것으로 본다. 전공 학회의 활성화는 많은 신진 학자들을 길러 내게 할 것이며 연구하는 범위도 점차 넓고 또 깊게 되어 한국에도 국문학, 아니 고소설 분야에서 만이라도 그 학자 층이 두껍게 형성되어 무한한 발전을 기대 해 볼 수 있으리라 생각된다.[101]

⑤ 제6・7기(급변적 국제화 시기)의 특징

가. 개관

제6・7기는 급변적 국제기로 시대적으로 매우 변화가 많은 시기였다. 70년대와 80년대를 안정적 발전기였다고 한다면 90년대는 세계사적 흐름으로 볼 때, 동서 양대 진영의 사상적 논쟁이 종말을 고하게 되어 소련이 붕괴되고 독일이 통일되는 커다란 변화가 일어난 시기였다. 한편 한국에서는 민주화운동이 성공을 거두게 되어 시민운동이 활발하게 일어난 시시였고, 88년 서울에서의 세계 올림픽이 동서화합의 장으로 열리게 되어 성공을 거두게 된 시기였다. 그리고 공산주의의 종주국이었던 소련과 중국과의 외교관계가 성립되어 인적 물적 교류가 활발하게 이루어지게 된 시기였다.

시대적인 변화추세에 맞추어 고소설 연구도 획기적인 변화를 가져오게 된다. 개인적인 연구는 물론 학회차원의 기획주제를 통한 연구발표 대회가 계속되고 연구 논문집이 계속 간행[102]되면서 연구의 질

---

101) 禹快濟,『古小說硏究史 槪觀』, 위의 論文에 安定的 發展期까지의 論文統計가 收錄되어 있음.
102) 韓國 古小說學會 論文集『古小說硏究』第13輯이 2002年 6月 刊行되어, 學術振興財團 審査에서 2000年 A等級 登載 候補 評價를 받았고, 2002년 A等級 登載 學術誌로 評價 받음으로 學會의 位相을 확실하게 했다.

이 한층 높아지게 된다.

특히 현대 문명의 최고 산물이라 하는 컴퓨터의 발전은 학문하는 새로운 세대에게 커다란 변화의 요소가 되어 연구논문의 작성에서 원고지가 사라지게 된다. 복사기의 발달로 자료의 교환이 용이해 졌고, 컴퓨터에 의한 논문작성이 일반화되고, 이-메일의 발달로 정보의 교환이 빨라지게 되어 많은 자료의 검색 및 교환이 가능해 지게 되면서 연구의 양도 대형화하게 된다. 특히 이 시기에 나온『고소설 연구자료총서(古小說硏究資料叢書)』[103)의 간행이나『고소설 줄거리 집성』[104)은 또 하나의 커다란 업적으로 지적하지 않을 수 없게 된다. 이 때를 맞아 고소설 연구의 방법도 급변하게 되면서 새로운 국제화 시대가 열리게 된다.

### 나. 매체활용의 다양화(복사기, 컴퓨터)

제6·7기에 해당하는 1990년대를 넘어서게 되면 새로운 문명의 이기들이 발달하게 되어 복사기는 물론 컴퓨터와 이-메일(E-mail)이 일반화된다. 그러므로 이때까지 사용되었던 논문자료의 카드화가 퇴색되고 만다. 누가 더 많은 자료를 카드로 만들어서 쉬운 방법으로 찾아 볼 수 있느냐 하는 연구의 방법이 완전히 달라지게 된 것이다. 연구총람에 나와 있는 자료를 얼마나 빨리 검색하고 더 많이 아느냐 하던 시대도 점점 사라지게 되었다.

논문자료를 컴퓨터에 저장하고, 컴퓨터로 작성하고, 컴퓨터로 출력하고, 컴퓨터로 전송하는 시대로 급변된다. 이것이 1990년대에 나타난 획기적인 연구자들에게 불어온 새로운 바람이며 새로운 연구시대로 구분 지을 수 있는 특징이라 하겠다.

---

103) 曺喜雄,『古典小說 硏究資料叢書』1, 2, 3卷, 集文堂, 1999.
104) 曺喜雄,『古典小說 줄거리 集成』1, 2卷, 集文堂, 2002.

다. 새로운 연구(국제화)시대의 개막

새로운 2000년과 함께 국제화 시대의 속도는 더욱 빨라지고 있다. 마침 한국에서 개최된 2002년 세계축구대회는 전 세계인의 주목을 집중시키기에 충분했다. 한국과 일본이 공동으로 개최하는 국제대회로 과연 잘 치러질 수 있을 가하는 회의적 시각도 컸지만 상상외로 조직화된 진행이나 전통 있는 문화의 소개는 물론 한국 축구의 세계 4강이라고 하는 신화의 창조는 완전히 국제적 일원으로 충분한 자격을 만천하에 보여 준 것이 되었다.

이와 때를 맞추어 한국 고소설 학회에서는 2001년 중국 연변 과학기술대학 한국학 연구소와 공동으로 제1차 동아시아 서사문학 국제학술대회[105]를 개최하여 한·중·일 학자들의 논문 40여 편이 발

---

105) 第1次 동아시아 敍事文學 國際學術大會
　◎日時 : 2001년 7월 8일(日) ～ 7월 15일(日)
　◎場所 : 延邊科學技術大學 韓國學研究所 (133-000中國 吉林省 延吉市
　☎ 86-433-291-2617)
　名譽大會長 : 김진경 총장(연변 과학기술대학)
　大會長 : 우쾌제 교수(한국고소설학회 회장, 인천대 교수)
　황패강 교수(동아시아 고대학회 회장, 단국대 명예교수)
　■논문 발표 및 토론
　▶기획주제 발표(대강당) 진행 : 김상조(제주대) 좌장 : 김광순(경북대)
　고소설 연구를 통한 국제교류 방안 모색…우쾌제(인천대)
　중국 조선족 문학사에서 제기되는 문제점…권철(연변대)
　한국문학사의 시대구분 문제에 대하여…岡山善一郞(天理大)
　팽이形 土器에 새겨진 아사달 紋樣의 사회사적 의미…신용하(서울대)
　▶개별주제 발표
　■제1분과(대강당) 진행 : 김석기(과학기술대) 좌장 : 정하영(이화여대)
　羅末麗初 傳奇小說 형성과정 고찰…소인호(고려대)
　『금오신화』의 미학적 성취와 그 작가론적 기반…장효현(고려대)
　『만복사저포기』의 심리학적 연구…설중환(고려대)
　朝鮮刊本『금오신화』舊所藏者 養安院 藏書印 고찰…邊 恩田(關西外大)
　『태평광기상절』과 『태평통재』의 편찬에 대하여…이래종(경산대)
　『동선기』의 장르적 성격…윤재민(고려대)

표되었다.

그동안 중국에서 외롭게 알아주는 사람 없이 오랫동안 한국어와 한국문학을 연구해오고 있었던 학자들에게는 매우 좋은 기회가 되었

17세기 筆記類와 夢遊錄의 전란 대응 양상…신선희(장안대)
이본 변이 양상을 통해서 본 『홍길동전』의 주제…박일용(홍익대)
이조시기 애정소설에 나타난 미의식 연구…채미화(연변대)
■ 제2분과(회의실)진행 : 손정일(과학기술대) 좌장 : 박용식(건국대)
『사씨남정기』의 미학…이금희(상지대)
초기 가문소설과 여성-『창선감의록』을 중심으로…양민정(한국외대)
조선조 궁중문학의 장르 재조명…정은임(강남대)
조선조 연작소설의 연작양상…최길용(전주대)
『옥환기봉』 연구…임치균(정문연)
『양산백전』 연구…심치열(성신여대)
『심청전』을 통해 본 父權·父權 喪失…장경남(숭실대)
『홍보전』의 인물형상…김진영(경희대)
문제제기를 통한 고소설 교육의 방법 試論…권순긍(세명대)
■ 제3분과(207강의실) 진행 : 김만용(과학기술대) 좌장 : 신재홍(경원대)
한중 문방사우 가전의 비교 연구…유기옥(우석대)
명말청초 번안소설과 한국소설의 거리…송성욱(가톨릭대)
『구운기』의 개작원리와 작가의식…육재용(김포대)
『소지연나삼재합기연』과 『강릉추월전』의 비교…김재웅(계명대)
조선시대 역학서와 중국 번역소설의 차용어에 대하여…박재연(선문대)
淺談先秦史傳在中國小說史上的地位和影響…諸海星(계명대)
18세기 한중 민간외교-홍대용의 경우…이상돈(과학기술대)
야래자전설의 전승변이 考…김동훈(연변대)
심련수 작품론…김경훈(연변대)
■ 제4분과(208강의실) 진행 : 김종식(과학기술대) 좌장 : 황패강(단국대)
현 시기 중국조선족의 혼례풍습…유병수(연변대)
한중 제비보은고사의 비교…김종식(과학기술대)
이류행실도 형제도에 형상화된 우애의 의미…조춘호(경산대)
俗談을 통해 본 日本人의 性格 硏究…윤영수(경기대)
萬葉の『多日夜取(宿)』と 中國詩文の『客宿』…고용환(경남정보대)
古事記に見る母と子…齊藤麻子(명지대)
七夕傳說과 七夕歌에 대하여…이상준(인천전문대)
야담소설에서 보여지는 만주족의 형성…김관웅(연변대)
北方地域에 대한 滿洲 祭文…박상규(경원대)

다고 볼 수 있다. 한국문학을 우리들만이 훌륭한 문학이라고 하는 것보다는 이웃하고 있는 중국이나 일본에 있는 학자들이 함께 연구하여 중국이나 일본에서 한국문학을 가르칠 수 있게 하는 것만이 우리문학의 국제화를 가져 올 수 있는 길이라 믿고 있기 때문에 국제학술대회는 정말 가치 있는 일이었다고 보여 진다. 더구나 중국에서는 2001년부터 한국어가 제2외국어로 인정받게 되어 한국학 연구는 더욱 활발해 질 수 있는 계기가 되고 있기 때문에 더욱 가치 있는 행사였던 것이다.

그리고, 2002년에는 일본의 교토(京都) 동지사대학(同志社大學)에서 제2차 동아시아 서사문학 국제학술대회를 개최하게 되어 역시 한・중・일 학자 40여명의 논문이 발표되는 쾌거를 거두게 되었다. 제2차 동아시아 서사문학 국제 학술대회106)의 의의를 대회장의 대회

---

106) 第2次 東亞細亞 敍事文學 國際學術大會
　　◎日 時 : 2002年 7月 13日(土) ~ 7月 18日(木)
　　◎場 所 : 日本 京都 同志社大學
　　◎大 會 長 : 禹快濟 (韓國古小說學會 會長, 仁川大 教授)
　　■論文 發表 및 討論者
　　▶企劃主題 發表 座長 : 金光淳(慶北大)
　　宇宙起源神話에 나타난 宇宙觀-韓・中日神話를 中心으로…黃浿江(韓國 檀國大)
　　中國에서의 韓國學 硏究 現況…蘇在英(中國 延邊科學技術大 韓國學硏究所長)
　　日本에 있어서의 韓國文學…大村益夫(日本 早稻田大)
　　朝鮮民主主義人民共和國의 文學…金學烈(日本 朝鮮大)
　　▶個別主題 發表
　　■第1分科 座長 : 杜鎭求(關東大)
　　『醉遊浮碧亭記』와『騰穆醉遊聚景園記』對比硏究…朴逸勇(弘益大)
　　『蘇賢聖錄』에 나타난 女家長의 登場과 그 意味…梁珉禎(外國語大)
　　岳飛와 林慶業의 人物 形象…許원기(精文硏)
　　北京大本『熱河日記』에 對하여…梁承敏(中國 社會科學院)
　　韓國 漢文敍事의 傳統과 그 變貌 - '廣文'이라는 人物의 事例를 中心으로…陳在敎(成均館大)
　　『破睡椎』硏究…金埈亨(高麗大)
　　沈能淑의『李山隱傳』에 對하여…張孝鉉(高麗大)

### 사를 통해 살펴보면

"제2차 동아시아 서사문학 국제학술대회를 역사와 전통이 빛나는 이곳 일본 교토(京都)의 명문 동지사대학(同志社大學)에서 가지게 된 것을 매우

『洛東野言』에 對하여…鄭炳浩(慶北大)
* 綜合討論 : 申載弘(暻園大), 沈載淑(高麗大), 權友荐(東亞大), 徐仁錫(嶺南大)
■ 第2分科 座長 : 李樹鳳(忠北大)
『列女傳』과 東亞細亞的 女性文化…禹快濟(仁川大)
日本 歷史 속의 韓國 女性…車玉德(韓國 鄕土 女性文化 硏究院長)・齊藤麻子(明知大)
山의 傳承과 龍信仰…丸山 顯德(日本 花園大)
日本の物語『宇治拾遺物語』と 昔話『瘤取爺』…廣田 收(日本 同志社大)
記紀哀傷挽歌 硏究-紀114番歌를 中心으로…李相俊(仁川市立專門大)
和歌 發生論 再考…尹永水(京畿大)
法螺拔けほらぬけ - (法螺貝ほらがい)が 災害を 起こすという 日本の 傳說について…齊藤 純(日本 天理大)
琉球國察度王統始祖傳說…原田信之(新見公立短期大)
* 綜合討論 : 黃浿江(檀國大), 蘇在英(中國 延邊科技大)
■ 第3分科 座長 : 洪順錫(江南大)
草衣意恂의 茶禪一如 思想-茶神傳과 東茶頌을 中心으로…裵奎範(慶熙大)
『三國史記』의 漢文學的 檢討…李東根(大邱大)
徐居正의 初期 詩에 對하여…安炳鶴(高麗大)
硯滴의 文學的 變容과 意味…柳基玉(又石大)
韓國文學에 表象된 고양이…孫璨植(忠南大)
申維翰의『海游錄』에 나타난 紀行文學的 特性…申仙姬(長安大)
18世紀 漢詩 속의 流球國 劍…李知洋(成均館大)
朝鮮後期 文學藝術에 있어서 構成에 對한 認識…鄭雨峰(高麗大)
* 綜合討論 : 禹應順(高麗大), 金光燮(高慮大), 金東協(東國大)
■ 第4分科 座長 : 韓錫洙(忠北大)
滿洲文獻의 解釋과 小考-北海祭文과 흘방해를 中心으로…朴相圭(暻園大)
三國遺事 老翁의 正體…李昌植(世明大)
판소리의 붙임새 硏究…李姃恩(國立國樂院)
『토끼전』의 人物 形象과 諷刺…權純肯(世明大)
『水宮歌』의 人物 形象…金鎭英(慶熙大)
『홍부전』은『興夫傳』인가-漢字表記考…邊恩田(日本 關西外國語大)
『朴文秀傳』의 性格과 形成原理…陸宰用(金浦大)
판소리의 再創造 方向…金基珩(德成女大)
* 綜合討論 : 金錫會(仁荷大), 金東建(慶熙大), 高銀芝(高麗大)

기쁘게 생각합니다. 돌이켜 보면 지난해 여름 제1차 국제학술대회를 중국의 연변 과학기술대학에서 개최했을 때, 한. 중. 일 삼국 학자들의 주옥같은 논문 40여 편이 발표되어 학계에 기여함은 물론 중국에서 묵묵히 한국학 연구에 혼신의 노력을 다하고 계셨던 많은 학자님들에게 큰 보람의 기회였을 것으로 생각됩니다. 또한 오늘 이 자리에서 40여 편의 논문이 발표됨은 문학연구를 통한 한. 일 문화교류에 새 章이 열리는 역사적인 계기가 될 것이라 확신합니다. … (중략) … 금번 학술대회에 아무런 지원도 없이 자진하여 여행비를 부담하면서 논문을 발표해 주시고 또 토론에 참가해 주신 회원들은 물론 불편을 감수하면서까지 이 자리에 함께 해 주신 모든 분들에게 거듭 감사를 드리는 바입니다. 본 대회가 원만하게 끝나고 몇 백배의 좋은 성과를 거두게 되어 한국문학 연구가 이곳 일본에서도 활발하게 꽃이 필 것을 기대하는 바입니다. "[107]

라고 하여 2002년부터 일본에서도 한국어가 제2 외국어로 인정받게 되는 중요한 시기에 우리 학회의 역할이 지대함을 다시 한번 강조해 본 것이라 하겠다. 이와 같은 국제교류를 통한 서사문학에 대한 학술대회는 오로지 한국문학을 중심으로 하는 동 아시아적 공동 연구의 장을 만들었다는 점에서 국제화의 계기를 마련한 것이라 할 수 있겠다.

그러므로 한국 고소설 연구는 급변하는 1990년대를 지나면서 2000년대로 접어들면서 국제화의 길로 들어섰다고 볼 수 있어 급변적 시대를 거쳐 국제화시기로 구분해 보고자 했다.

4) 결론

한국 고소설 연구사는 국문학사와는 다르다. 국문학사는 국문학 작품을 대상으로 연구한 것이라면 국문학 연구사는 그 동안의 국문

---

107) 禹快濟,『東亞細亞 敍事文學 硏究』제2輯, 제2次 國際學術大會 大會辭, 日本 京都 同志社 大學, 2002.7.14.

학 연구에 대한 업적을 대상으로 하는 학설사라 할 수 있다.

이에 본고에서는 국문학 연구, 그 중에서도 고소설 연구사에 대한 개념 규정 및 연구사의 시대구분을 시도, 연구 이전 시대와 연구시대로 구분하고, 연구 시대를 다시 일곱 단계로 구분하여 각기의 특징을 밝혀 보고자 했다. 이를 정리해 보면 다음과 같다.

첫째, 우리문학에 대한 전통적 방법에 의한 단편적이면서 감상적 비평만이 있었던 1910년대 이전의 시대를 통틀어서 연구사의 기저로 잡아 보았다.

둘째, 연구사의 시대를 칠기로 구분했다. 제1기는 개척기로 1901년부터 1945년까지로 했고, 제2기는 공백기로 1945년에서 1950년으로 했으며, 제3기는 재건기로 1950년부터 1960년까지로 했고, 제4기는 안정기로 1960년부터 1970년까지로 했으며, 제5기는 발전기로 1970년부터 1990년까지로 했다. 그리고 제6기는 급변기로 1990년부터 2000년까지로 했으며, 제7기는 국제화시기로 2000년부터 현재와 그 이후로 구분했다. 이에 각기의 특징을 정리해 보면 다음과 같다.

제1기 개척기는 1910년 이후 서구적 방법에 의한 문학연구가 시작된 시기로서 국문학사가 출현되면서 소설사가 정립된다. 그중 김태준의 『조선소설사』는 이 시기의 대표적 업적이라 하겠다. 또한 우리 소설 작품들이 새롭게 발굴되어 간행된 것은 커다란 업적 중의 하나라 하겠다.

제2기는 8.15 광복과 함께 우리 문학 작품 연구에 새로운 계기가 마련되면서 의욕적인 활동이 일어 난 시기였지만 뚜렷한 성과를 거두지 못하고 6.25 전쟁으로 인한 엄청난 재난에 봉착하게 되어 많은 문화유산인 고전문학 작품들의 손실을 가져온 공백기라 하겠다.

제3기는 재건기라 할 수 있으니 전쟁의 잿더미 위에서 굴하지 않고 문학연구는 계속된다. 이 시기의 특기할만한 일로는 피난지 부산에서 국어국문학회가 창립되고 4.6배판 16페이지로 소략하지만 논문집『국어국문학』창간호가 발행되기 시작한 점이다. 뿐만 아니라 고소설 작품들이 단행본으로 간행되기 시작하여『춘향전』을 비롯한『금오신화』,『구운몽』,『박씨부인전』,『흥부전』, 및『연암선집』과『한국고대소설총서』영인본이 나오고, 계속해서 고소설 교주 본들이 간행되어 새로운 연구의 장을 열어가고 있음을 알 수 있었다. 한편 소설론과 사의 통합적 연구도 상당한 진척을 보여 김태준(金台俊)의『조선소설사(朝鮮小說史)』이후『한국고대소설사(韓國古代小說史)』,『한국소설발달사(韓國小說發達史)』와 함께『한국고대소설개론(韓國古代小說槪論)』및『이조시대소설론(李朝時代小說論)』등이 나와 소설론과 사의 새로운 장을 열게 된다. 그리고 문학작품의 연구만이 아닌 작가 연구가 대두되기 시작한다.『금오신화』의 작가 김시습(金時習)을 비롯하여, 서포(西浦) 김만중(金萬重)과 교산 허균(許筠) 및 연암(燕岩) 박지원(朴趾源) 등이 연구의 대상이 되어 논문들이 나오게 된다.

 제4기는 1960년 사회적 안정을 되찾아 가면서 문학 연구도 안정기로 접어들어 제5기의 발전기를 맞게 된다. 이 시기에는 많은 대학에 국어국문학과가 설치되며 대학원에 국문학 전공과정이 개설되어 국문학 전공자가 늘어나게 되어 연구 인력의 저변확대를 가져오게 된다. 따라서 이 시기에 나온 논문편수만 보아도 1960년부터 1970년까지 10년 사이에 발표된 논문의 배에 가까운 많은 업적이 나오고 있다. 연구된 작품 수에서 배를 넘는 팽창을 보이기 시작한 것으로 나타나고 있다. 이것은 그만큼 연구가 활발히 이루어 졌음을 증명해 준 것이라 하겠다. 한편 복사 술이 발달되면서 고소설 전집류의 간행이 활발히 이루어져 귀중 자료들이 원형대로 보급되어 풍부한 연구 자료를 제공하게 된다. 대표적인 것으로는 김동욱(金東旭)의 『목판본고소설전집(木板本古小說全集)』이 연세대학교 인문과학 연구소에서 간행되었고, 김기동(金起東)의 『활판본고전소설전집(活版本古典小說全集)』이 동국대학교 한국학 연구소에서 나왔으며, 우쾌제(禹快濟)의 『구활자본 고소설전집(舊活字本古小說全集)』이 인천대학교 민족문화 연구소에서 나오게 되어 자료의 일반적 공개와 함께 고소설 연구에 활기를 불어넣게 된다. 그리고 학문연구의 중심적 역할을 하는 전공학회도 활성화되기 시작한다. 부산에서 시작된 국어국문학회를 중심으로 한국문학연구가 진행되던 것이 1970년대에 들어서면서 고전문학연구회가 발족되어 고전문학 전반에 관한 연구 성과를 올리면서 1980년도 말에는 다시 세분화된 고소설학회의 창립을 보게 된다.

한국 고소설학회(韓國古小說學會)는 창립과 동시에 고소설 연구의 기초적인 문제들을 거론하기 시작하여 명칭 통일 문제, 유형 분류 문제, 소설사 시대 구분 문제 등을 비롯하여 대학에서의 고소설론 교재 문제를 들고 나와 『한국고소설론(韓國古小說論)』을 공동 집필하기에 이른다. 또한 년4회의 연구대회를 개최하여 전공 학자들의 새로운 연구 토론의 장을 마련하였으며, 각 기별 전국대회에서는 공통주제를 중심으로 발표 및 토론을 거쳐 고소설 연구총서를 간행, 학계의 움직임을 쉽게 알 수 있도록 했고, 논문집 『고소설연구(古小說硏究)』도 간행하게 되어 고소설 연구의 새로운 장이 열리게 했다.

제6기는 1990년부터 2000년까지로 컴퓨터와 이 메일의 발달로 인해 논문작성의 방법이 달라져 많은 변화를 겪게 된다. 그러므로 이 시기를 급변기로 보고 2000년대가 되면서부터는 한국 문학의 국제화 시대를 열기 위한 노력들이 나타나기 시작하면서 세계적 관심을 갖게 된다.

　제7기는 새천년이 시작된 2000년대부터 구분하여 국제화시기로 보고자 했다.

　한국 고소설학회에서는 2001년 중국의 연변 과학기술 대학의 한국학 연구소와 공동으로 동아시아 서사문학 국제학술대회를 중국의 연변에서 개최하면서 한·중·일의 많은 학자들이 참가하여 40여 편의 논문이 발표된다. 그리고 2002년에는 일본의 교도(京都)에 있는 동지사대학(同志社大學)에서 제2차 동아시아 서사문학 국제 학술대회를 개최하여 한·중·일의 학자들의 40여 편 논문이 발표된다. 이것은 앞으로 열리게 될 미래지향적 국제화의 시대를 개막한 것으로 볼 수 있어 고소설 연구사의 한 획을 그을 수 있는 국제화 시기로 구분하고자 했다.

　전공학회의 활성화로 전공분야 학자들의 성장과 심도 있는 학문연구를 통해 연구사의 무한한 발전을 기대해 보며, 계속되는 연구사 정리는 정지될 수 없는 작업으로 그 개관만을 언급, 본격적 연구사에는 접근도 해보지 못한 우를 범했음을 부끄럽게 생각하면서 많은 분들의 수고로 이루어진 『고소설연구사(古小說 硏究史)』의 앞부분에 싣고, 이를 다시 고소설의 새로운 연구를 위한 『고소설의 탐구』 첫 장에 올린다.

## Ⅱ. 가정소설(家庭小說)의 새로운 탐구

### 1. 가정소설 연구에 전제되는 문제

개념규정, 형성배경, 유형분류 - 윤리적 갈등소설 (효행형, 정절형), 신분적 갈등소설(계모형, 쟁총형)

#### 1) 들어가며

가정이란 인간이 인간답게 살아갈 수 있는 공동생활의 출발점이다. 그러므로 인류가 추구해 온 행복의 근원지인 동시에 사회 형성의 최소 기본 단위로 인류의 영원한 계승과 발전을 위한 신성한 성역(聖域)이기 때문에 그 중요성은 동서고금을 통해 강조되지 않은 때가 없었다.

특히 동양적인 유교적 지도이념은 가정을 기초로 국가나 천하를 통치할 수 있다는 수신제가치국평천하(修身齊家治國平天下)를 강조하고 있어 가정문제가 얼마나 중시되었는가 하는 것을 알 수 있게 한다. 이와 같은 우리의 전통은 문학에서도 그대로 반영되고 있어 가정 중심의 많은 작품들이 나타나고 있음을 볼 수 있다.

　우리의 전통적 문학관은 쾌락적 심미주의만을 따르지 않고 도를 숭상하며, 성현들의 교훈을 중히 여겨 삼강오륜(三綱五倫)과 같은 교훈적 목적을 달성하고자 하는 의도가 강했기 때문에 소설문학이 많은 유학자들에 의해 한편으로는 배척되었던 것 같으면서도 다른 측면으로는 권장되어 규중 부녀자들의 가정 독물로 자리를 굳혀 가게 되었던 것을 알 수 있다. 그러므로 고소설의 대부분 작품들은 조선시대 유학자들이 추구했던 도에 가까운 효행과 정절이 강조된 작품들이 다수를 점하게 되었고, 이들은 한결같이 가정 윤리의 제고에 기여한 작품으로 나타나고 있다. 즉 조선시대에 규중 부녀자들이 즐겨 읽었던 대부분의 소설들은 가정윤리의 실천을 강조하기 위한 것들로 유학자들의 묵시적 비호를 받으며 암암리에 권장된다. 특히 고소설 중에서는 가정소설의 비중이 컸으며, 또한 그 영향이 지대하여 소설문학의 커다란 주류를 형성하고 있어 이 분야의 정리 및 활발한 연구의 필요성이 강조된다.

　2) 가정소설의 개념 규정문제

　가정소설은 소설유형의 하위분류에 속한 것으로, 이를 최초로 설정했던 안자산(安自山)은 계모자(繼母子) 간의 갈등이나 시앗싸움(처첩간의 쟁총)을 다룬 작품을 가정소설이라 하여 계모형(繼母型) 소설과 처첩형(妻妾型) 소설만으로 규정했다.

　그러나 그 후 많은 학자들에 의해 가정소설은 소설의 하위분류로 설정되게 되었으며, 그 개념규정도 각자의 견해에 따라 다양하게 내려진 바 있다. 그 중 대표적인 것을 들어보면 정형용(鄭亨容)은 가족간의 충돌과 조화 및 희비극 등의 경위를 소재로 한 이야기책으로 가정 중심의 독물을 말하는 것이며, 이는 조화보다는 갈등을 희극보다는 비극을 소재로 하고 있으나 원래 가정소설 그 자체가 건전한 도덕을 기조로 하는 것으로 그 특징을 들고 있다.

또 한편으로 (鄭鉒東)은 가정소설의 개념을 광의적 개념과 협의적 개념으로 구분하고, 광의적 개념으로는 가족 구성원(종적으로는 부모 對 자식, 횡적으로는 부부, 형제, 자매 등) 사이에 일어난 여러 가지 희비에 얽힌 사건을 표현한 것이라 하여 효(孝), 열(烈), 우애(友愛) 등과 같은 가정윤리 제고를 위한 모든 작품들을 포함시키고 있다. 그리고 협의적 가정소설로는 동양적 가정생활에 있어서의 모순, 갈등, 비극 등을 표현한 것이라 하여 부자(父子)와 구고(舅姑)간의 알력, 처첩(妻妾)간의 갈등, 계모와 전처소생간의 불화 등을 들고 있다.

또한 김기동(金起東)은 가정 내의 생활을 주로 표현한 작품을 말함은 물론이나, 특히 가정생활에 있어서의 모순과 갈등과 알력과 비극을 표현한 것들로 부자간의 알력, 형제간의 불화, 처첩간의 갈등, 동서간의 시기, 구고간의 다툼, 계모와 전처소생간의 갈등 따위는 으레 풍파와 비극을 초래했던 것으로 이와 같은 가정생활 가운데서도 처첩간의 비극과 계모와 전처소생의 자녀 간에 일어나는 비극을 조선 중기 작가들이 주로 다루게 되어 이것들이 가정소설로 남게 되었다고 보고 있다.

이렇게 조선시대 많은 작가들에 의하여 가정윤리 제고를 위해 이에 역행되는 사례들마저 작품화함으로 현장 고발적 성격을 띤 작품들을 통해 선악을 판단하게 하는 기준으로 삼게 하여 실생활에서 효행이나 정절과 같은 윤리적 가치를 그래도 실천할 수 있게 하는 데 커다란 영향을 미치게 하고 있다.

이를 종합해 보면 가정소설이란 작품 배경을 가정 내로 했고, 작중인물은 가족 구성원으로 했으며, 사건은 부모를 위한 자식의 효성, 남편을 위한 부인의 정절, 형제간의 우애와 같은 윤리적 문제를 다룬 것을 비롯하여 계모자간의 갈등, 부자간의 알력, 처첩간의 갈등, 형제간의 불화 등과 같은 반윤리적 문제를 함께 다루고 있으나 주제는 건전한 가정도덕을 표현한 것으로 하고 있다.

이와 같은 가정소설의 개념규정은 가정구성의 인적, 물적, 정신적 기본요소와 일치되는 것으로 이를 대응시켜 보면 다음과 같다.

첫째, 가정구성의 인적 요소를 충족시켜 줄 수 있는 것으로 작품의 작중인물이 가족 구성원으로 한정되고 있는 것을 볼 수 있다. 즉 가정의 기초가 남녀의 결합이 전제된 혼인을 통한 양친과 그 출생된 자녀로 형성된다는 점을 중시할 때, 이는 부부를 중심으로 하는 친자 및 그 혈연적 근친자로 가족적 집단이 구성되어 감정적으로 긴밀히 융합된 공동체임을 강조한 것이라 할 수 있겠다.

둘째, 가정구성의 물적 요소를 충족시킬 수 있는 것으로 가정을 배경으로 한 것은 가정을 경제적 공동체로 삼은 것이라 할 수 있다. 즉 가정은 한정된 공간을 기초로 하는 가족의 안식처이며, 의식주를 공동으로 영위하기 위한 곳이란 의미가 포함되어 있으며, 이것은 가정을 혈연적 공동 외에 경제적 공동체로 인식한 것으로 풀이될 수 있다.

셋째, 가정구성의 정신적 요소를 충족시킬 수 있는 것을 들 수 있다. 즉, 가족집단은 인류역사와 더불어 시작된 사회의 최소집단인 점을 중시할 때, 동물적 가족인 동시에 역사적 가족이요, 자연적 가족인 동시에 문화적 가족으로 도덕이나 사회적 제재력에 의하여 그 영속성을 유지할 수 있었던 것을 알 수 있다. 그러므로 이때 인간이 인간답지 못한 행위에 대해 금수와 비교하려는 것은 건전한 윤리를 기초로 하는 문명인으로서의 당연한 인간관인 것이다. 이렇게 볼 때 가정소설이 그 주제를 건전한 가정 윤리에 두고 있는 것은 가정구성의 기본적 요소인 정신적 요소를 충실히 반영한 것이라 할 수 있겠다.

이상과 같은 가정구성의 삼대요소가 충족된 소설들을 가정소설의 범주에 넣을 수 있을 것이며, 그 구성상의 특징은 항상 동일 가정 내에 선악의 갈등구조를 형성시켜 선승악패(善勝惡敗)의 시원스런 쾌감을 갖게 하여 충분한 교훈적 효과와 문학적 효과를 동시에 거둘 수 있게 하고 있다는 점이다. 즉 가정소설 작품에는 항상 선악의 이치적 가치개념이 대립되어 사건을 전개시키면서 삼강오륜과 같은 유교적 윤리를 최고의 가치로 삼아 이에 합하게 되면 선이 되고 이에 위배되면 악으로 처리되고 있다.

그러므로 가정소설은 가정을 배경으로 가족 구성원 간에 야기된 효, 열과 같은 윤리적 갈등에서 비롯되어, 계모나 첩과 같은 이질적 가족집단에 의한 신분적 갈등으로 구체화되며, 선악의 이치적 가치 개념을 대립시켜 선승악패의 구조로 형성된 작품을 말한다.

3) 가정소설의 형성과정 문제

가정소설이 건전한 가정윤리의 제고를 목적으로 하여 효, 열과 같은 유교적인 윤리를 중시한 것에서부터 출발되었다고 본다면 그 연원은 적어도 여말 정주학(程朱學)의 전래와 보급에서부터 찾을 수 있겠다. 즉 동양예속의 조종인 삼예(三禮 : 주예, 예기, 의례)가 송대(宋代)에 이르러 주자가례(朱子家禮)로 정착되고, 주자학(程朱學)의 전래와 함께 우리나라에 전래되어 조선시대의 새로운 예속(禮俗)으로 확립되기에 이르게 되어 이때부터 가정 윤리에 대한 관심은 고조되고 있다. 물론 조선시대의 예속이 주자가례에 의한 것만은 아니었다. 고래로부터 전래되던 유교의식(儒敎儀式)에 고려시대 불교의식(佛敎儀式)이 가미되고 조선건국 이후에는 유학(儒學)을 숭상한 나머지 주자가례를 독신하기에 이르러 그 영향이 가장 컸던 것을 알 수 있다. 이것은 조선건국과 함께 새로운 예속을 통한 신흥국가로서의 국풍(國風)을 새롭게 다져 나가려고 새로운 정책을 채택한 것에서도 충분히 알 수 있다. 그 결과로 효행을 강조, 가부장제(家父長制)의 확립과 장자상속(長子相續)의 후사계승(後嗣繼承) 전통이 더욱 강화되어 가정문제에서 사회문제로까지 발전되기에 이른다. 또한 부녀자들의 정절을 강요하기에 이르러 이를 여성의 최고 미덕으로 하는 가정윤리를 확립시켜 효자와 열녀가 속출하게 된다.

　이와 같이 정주학의 전래와 보급은 조선을 동방예의지국(東方禮義之國)으로 한층 격상시키게 되는 중요한 정신적 역할을 담당하고 있다. 한편 중국 전한(前漢)시 유향(劉向)에 의해 저술된 『고열녀전(古列女傳)』이 고려 시대로부터 전래되어 읽혀오다가 조선 태종대에는 명나라 해진(解縉) 등에 의해 재편된 『고금열녀전(古今列女傳)』이 수입되어 보급된다. 이렇게 전래된 열녀전은 제일차적으로 각종 여성 교훈서에 직접 수용되고 있다. 그 예로는 조선 초 세종(世宗)대에 편찬 간행된 『삼강행실도(三綱行實圖)』<열녀편(烈女篇)>에 중국 열녀전(列女傳 : 『고열녀전』 및 『고금열녀전』)의 내용이 다수 수용되어 나타난다. 이와 같은 현상은 조선조가 정주학(程朱學)의 영향을 받아 억불숭유(抑佛崇儒) 정책을 채택함에 따라 실천적 유교설화집(儒敎說話集)으로 각광을 받아 출현된 것이라 하겠다.

　그 후 성종(成宗)대에 이르게 되면 일반 부녀자들의 실행이 많다 하여 특별히 『언해 열녀도(諺解 烈女圖)』가 별도로 간행되는 등 여성 교훈서로 이 책이 널리 활용된 예를 쉽게 찾아 볼 수 있다. 뿐만 아니라 성종 대에 소혜왕후(昭惠王后) 한씨(韓氏)에 의하여 저술된 『내훈(內訓)』만 보아도 중국 열녀전의 내용이 다수 수용되어 여성 교훈서로 활용되고 있었음을 보게 되며, 조선중기 이후 영조(英祖)대에 영빈 이씨에 의하여 저술된 『여범(女範)』에서도 중국 열녀전의 다수 수용을 찾아보기 어렵지 않다. 이렇게 중국 열녀전은 우리나라에 전래되면서 여성 교훈서에 직접 수용되어 여성 교육에 활용된 많은 예를 남기고 있다.

이 같은 여성 교훈서들은 한결같이 여성들의 정절을 강조하고 있어 조선시대 여성들은 정조를 생명보다 중하게 여기는 열녀왕국(烈女王國)으로 변모되고 있는 것을 보게 된다. 즉 정주학의 전래 보급과 함께 예속(禮俗)을 확립하여 충, 효, 열을 강조한 윤리적 가치관은 국가의 위난기를 제외하고서는 효, 열과 같은 가정윤리만이 강조되어 많은 효자와 열녀를 속출케 한 것을 알 수 있다. 그러므로 이와 같은 효자, 열녀에 대한 실화들은 가능한 한 조사되고 이를 널리 알려 더욱 강조하는 의미로 기록 간행되어 전파되기에 이른다. 현전하는 자료에 의하면 광해군 대에 편찬 간행된 『동국신속삼강행실도(東國新續三綱行實圖)』를 들 수 있으니, 이 책은 선조(宣祖)대 임란(任亂)시 정절을 지킨 열녀들의 훌륭한 전기집이라 할 수 있다.

한편 중국으로부터 전래된 열녀전은 여성 교훈서로서 직접 수용되어 많은 열녀를 속출케 했을 뿐만 아니라 창의성이 뛰어난 우리민족은 이를 수용하되 그 정신을 더욱 중시하여 효행이나 정절을 강조하는 문학작품으로 변형, 수용하기에 이른다.

즉, 중국 역대 여성들의 전기인 열녀전에 나타나는 훌륭한 여인상을 소설적 주인공으로 변형시켜 우리 문학작품으로 형상화시키게 된다. 그 대표적인 것을 서포(西浦)의 『사씨남정기(謝氏南征記)』에서 찾아 볼 수 있다. 원래 서포 김만중은 유복자(遺腹子)로 태어나 모부인 윤씨로부터 직접 소학(小學), 사략(史略)과 같은 학문의 기초를 익히게 된다. 그때 외증조모(外曾祖母) 정혜옹주로부터 궁중 예도(禮度)를 전수받은 모부인 윤씨는 이미 열녀전 내용을 익혔을 것이며, 이것은 곧 아들 서포에게 전수되었을 것으로 보인다.

그러므로 서포는 남다른 여성에 대한 깊은 이해를 갖게 되었고 여성을 중심으로 하는 많은 작품을 남기게 된다. 물론 그의 창작 소설『사씨남정기』는 그 중의 대표적인 작품으로 그가 평소에 가지고 있던『고열녀전』에 나오는 반첩여(班婕妤)에 대한 관심이 그의 시를 통해서도 나타나고 있지만『반첩여전(班捷妤傳)』과『조비련전(趙飛燕傳)』의 내용이 상당부분『사씨남정기』에 변형 수용되어 나타나고 있음을 볼 수 있다.

이렇게 가정소설은 그 연원이 정주학의 전래와 보급에 따라 예속의 확립으로부터 가정윤리 제고라는 측면에서 시작되어 열녀전의 전래에 따른 수용으로부터 형성된 것을 알게 된다. 즉 열년전의 전래에 따른 제1차적 직접 수용은 여성 교훈서를 통한 새로운 윤리적 가치관을 형성, 정절을 강조하게 되어 많은 열녀를 탄생케 했으며, 제2차적인 문학적 변용은 당대 예학의 대가에서 태어난 서포에 의해 후사(後嗣)문제를 중심으로 처첩(妻妾)간의 갈등이 그려진 가정소설의 대표적 작품으로 평가되고 있는『사씨남정기』의 출현으로 본격적인 가정소설의 형성을 보게 된 것이라 하겠다.

4) 가정소설의 유형분류 문제

가정소설의 유형은 효행이나 정절과 같은 가정윤리를 중심으로 하는 윤리적 갈등이 주제가 된 것과, 계모나 첩과 같은 이질적 가족집단에 의해 야기되는 신분적 갈등을 주제로 하는 작품 군으로 분류할 수 있다. 즉 전자를 윤리적 갈등소설이라 할 수 있고, 후자를 신분적 갈등소설이라 할 수 있다. 이에 윤리적 갈등소설은 다시 효행형 가정소설과 정절형 가정소설로 세분할 수 있고, 신분적 갈등소설은 계모형 가정소설과 쟁총형 가정소설로 세분할 수 있어 구체적으로 살펴보면 다음과 같다.

(1) 윤리적 갈등소설
① 효행형 가정소설

효행형 가정소설은 부모를 위해 자기의 몸을 파는 매신효행 담(賣身孝行談)을 비롯하여 부모의 수명이 다한 것을 알고 자기의 목숨과 바꾸려는 수명치환 담(壽命置換談)이 이에 속하며, 또 탕자(蕩子)가 회개(悔改)하여 지극한 효성을 다한 탕자개효 담(蕩子改孝談) 및 부친의 원한을 복수하려는 부원복수 담(父怨復讐談) 등이 이에 속한다.

매신 효행 담으로는 대표적인 것이 부친의 눈을 고치기 위해 제물로 팔려가 살신성효(殺身成孝)하는 출천대효 심청의 이야기를 기록한 『심청전』이 있으며, 부친의 상사(喪事)후 부친의 시신을 선산에 이장하기 위하여 매신치산(賣身治山)하는 여소저의 이야기를 기록한 『숙녀지기』가 이에 속한 것이며, 자부로서 시부의 상사에 장례비용을 마련키 위하여 몸을 파는 매신치상 담(賣身治喪談)인 『이해룡전』등을 들 수 있다.

또 수명 치환 담으로는 부친의 수명을 연장시키기 위하여 숯불 속에 들어가 타죽으면 자신의 수명만큼 대신하여 부친의 수명을 연장시켜 주겠다는 상제의 명에 의해 숯불로 뛰어드는 계룡의 효행 담을 기록하고 있는 『이계룡전』을 들 수 있고, 탕자 개효 담으로는 불효였던 탕자 대방이 관가에 잡혀가 엄중 문초를 받고 선인이 되어 효행이 지극한 효자로 바뀐 이야기를 기록한 『진대방전』을 들 수 있겠으며, 부원 복수 담으로는 간신의 참소로 유배된 부친의 원수를 갚는 이야기가 기록된 『곽해룡전』을 들 수 있다.

이상과 같이 효행형 가정소설은 『심청전』, 『숙녀지기』를 비롯하여 『이해룡전』, 『이태경전』, 『이계룡전』, 『진대방전』, 『곽해룡전』등이 이에 해당된 작품으로 내용 전체가 효행 담으로 구성된 것을 정격(正格) 효행형이라 할 수 있고, 이에 속한 것은 『심청전』을 비롯하여 『이해룡전』과 『진대방전』을 들 수 있다. 또 효행 담에 부인의 정절을 그린 열녀 담이나 국가에 충성을 강조한 충성 담 등과 같은 내용들이 복합적으로 표현된 작품들은 비정격(非正格) 효행형이라 할 수 있고, 이에 속한 작품은 『이계룡전』을 비롯하여 『곽해룡전』과 『숙녀지기』및 『이태경전』을 들 수 있다.

② 정절형(貞節型) 가정소설

정절형 가정소설은 대부분 남녀간의 혼사장애(婚事障碍)를 극복한 혼사 성취 담(婚事成就談)이 주를 이루고 있으며, 남편의 원수를 갚는 부원 복수 담(夫怨復讐談)이 이에 속한다 하겠다. 혼사성취담의 대표적 작품은 신분을 초월, 남녀간의 애정성취를 목적으로 죽음을 각오한 열녀 담인 『춘향전』을 들 수 있다. 또 이와 유사한 『옥단춘전』을 들 수 있고, 전반부에서 생사초월 혼사 성취 담을 기록하고 있는『유문성전』을 들 수 있다. 그리고 투옥된 남편을 대신하여 무죄한 신부가 남복으로 변장하고 옥중으로 찾아가 남편 대신으로 처형을 받으려는『옥낭자전』등이 있다.

즉, 춘향전과『옥단춘전』을 비롯한『유문성전』이나『옥낭자전』의 여주인공들은 애정을 위해 목숨을 바치기로 결심하는 순절적(殉節的) 여인상으로 그려진 생사 초월적 결혼 성취담의 여주인공들임을 알 수 있다.

다음으로 장애 극복형 혼사 성취 담을 들 수 있으니『이대봉전』에서 대봉과 약혼한 장소저가 그의 미모를 탐낸 왕승상의 음모에도 굴하지 않고 장애를 극복하고 결혼을 성취한 것을 비롯하여『양주봉전』에서 고아가 된 장소저의 명성을 듣고 납치해 가려는 음모에 시비(侍婢) 경랑(瓊娘)과 함께 남복으로 변장하고 위기를 극복하여 약혼자 주봉과 혼사를 성취한 것이나, 선녀가 준 구슬로 혼사방해를 물리치고 황제의 주선으로 혼사를 성취하는『쌍주기연』이 있다. 또 『월영낭자전』의 전반부에서도 최희성이 호월영과 혼약했으나 호상서 부부의 갑작스런 죽음으로 고아가 되었을 때, 월영은 재색을 탐해 청혼한 소주자사의 음모를 물리치고 약혼자 희성과 혼사를 성취하는 것으로 되어 있다.

『소대성전』에서도 기몽(奇夢)을 얻은 이상서가 고아가 된 대성의 비범함을 발견하고 가족들의 반대에도 불구하고 차녀인 채봉과 약혼을 시켜놓고 성사치 못한 채 득병하여 세상을 떠나게 되자 대성이 쫓겨나게 된다. 이 때 채봉은 가족들의 반대에도 끝까지 굴하지 않고 약혼자 대성과 혼사를 성취한다. 또『유연전』은 예조좌랑을 지낸 정몽세가 장안 명기(名妓) 유연과 백년가약을 맺고 병자호란을 당하여 헤어지게 된다. 그러나 호병에게 끌려간 유연이 끝까지 정절을 지켜 다시 만나게 되는 것으로 전란의 장애를 물리친 혼사 성취담으로 나타난다. 또한『숙영낭자전』의 경우에는 선군이 과거 길에 올랐을 때 그들의 애정을 시기하던 시비 매월에 의해 숙영이 부정한 여자로 조작되어 자결하기에 이르게 되었으나 선군이 돌아와 매월의 죄상을 밝혀내어 처리하고 선약으로 숙영을 회생시켜 미진한 정을 잇고 백년해로한 것으로 되어 있다. 이것은 남녀의 사랑이 어떤 장애에도 꺾일 수 없다고 하는 장애 극복형 혼사 성취담의 하나로 볼수 있겠다. 또『유승상전(柳丞相傳)』은 창복과 그의 부인 진씨 사이에 금슬이 좋지 않았던 차에 부인을 죽음에서 살려내게 됨으로 금슬이 좋아지는 애정결함의 장애요소를 극복한 혼사성취담의 일종이라 하겠다.

이상과 같은 장애극복형 혼사 성취 담에 속한 작품들은『이대봉전』을 비롯하여『양주봉전』,『쌍주기연』,『월영낭자전』,『소대성전』,『유연전』,『숙영낭자전』,『유승상전』 등을 들 수 있으며, 이들 작품은 다시 그 구성이 정절만을 강조한 단일구성으로 되어진 것은 정격 정절형이라 할 수 있고 이에 속한 작품은『춘향전』과『옥단춘전』그리고『옥낭자전』,『유연전』,『숙영낭자전』을 들 수 있다. 또 작품구성이 여성의 정절을 강조한 것 외에 영웅적 군담과 같은 내용이 복합된 작품들을 비정격 정절형이라 하고, 이에 속한 작품은『유문성전』,『소대성전』,『이대봉전』,『양주봉전』,『쌍주기연』,『유승상전』 등을 들 수 있다.

(2) 신분적 갈등(身分的葛藤)소설

① 계모형(繼母型) 가정소설

계모형 가정소설은 전실 자식과 계모와의 사이에서 일어난 갈등을 표현한 작품으로 그 사건 내용에 따라 다시 둘로 구분된다. 하나는 전실 자식과 계모와의 갈 과 다른 하나는 전실 자식을 살해하지는 않으나 음모를 꾸며 가정에서 추방하는 전실 자식 축출형(逐出型)으로 구분된다. 또한 계모의 피해 당사자에 따라 생가 쪽이나 처가 쪽(여주인공을 중심으로 보면 여주인공의 생가)이냐 하는 구분도 가능해진다.

이를 좀 더 구체적으로 살펴보면 전실 자식 살해형은 그 대표적인 작품이 『장화홍련전(薔花紅蓮傳)』으로 배좌수 댁에 들어온 계모 허씨는 전실 소생 장화와 홍련 형제를 모함하여 모두 살해하고 있다. 이와 같은 작품내용은 『김인향전』에서도 볼 수 있으니 김좌수가 부인인 왕씨가 죽고 정씨를 후처로 맞이하게 되자 정씨는 전처소생 인향과 인함을 모두 살해하고 있다. 또 『콩쥐팥쥐전』도 전실 자식 살해형이다. 또한 『정을선전(鄭乙善傳)』에서 여주인공 추년의 계모 노씨는 추년의 혼인날 흉계를 꾸며 추년이 억울한 누명을 쓰고 자결하게 하여 전실 자식을 죽게 하는 전실 자식 살해형이다.

다음으로 계모와 전실자식간의 갈등이 빚어내는 가정파괴의 한 형태로 전실 자식 축출형(逐出型)을 들 수 있다. 이에 속한 작품으로 『어룡전(魚龍傳)』의 경우를 보면 어처사가 상경하고 집에 없는 틈을 타서 계모 강씨는 용의 남매를 축출하고 있다. 또 『양풍운전』에서는 풍운 남매가 계모로부터 축출되며, 『김취경전』에서는 계모 안씨가 취경 남매를 기출같이 사랑하다가 자기 몸에서 남매를 낳게 되자 부친의 사랑이 전처소생에 더한 것을 시기하여 전실 자식을 축출하고 있다.

그 외에 『황월선전』의 월선이나 『음양옥지환』의 수영이 모두 의하여 축출되고 있다. 또 『현수문전』에서 수문이는 병화를 당하여 부모와 이별하고 남악산에서 일광도사에게 수학하다가 참지정사 석광위를 만나게 되어 그의 전처소생 운채와 결혼하고 그 댁에 머물고 있을 때 석공이 홀연 세상을 떠나게 된다. 그러자 계모 방씨의 학대로 축출되고 있는 것을 볼 수 있다. 또한 『장풍운전』에서도 가달의 난에 부모와 이별한 풍운이 이운경의 구조를 받아 그의 딸 경패와 결혼하여 처가에 머물고 있을 때 운경이 죽게 되자 계모 호씨의 구박에 못 이겨 축출되고 만다. 그리고 『임호은전』에서도 호은을 다섯째 부인 계화가 계모의 학대로 축출된 것을 살려내어 가연을 맺은 것으로 나타나고 있다.

이상과 같이 계모형 가정소설에 속한 것은 『장화홍련전』을 비롯하여 『김인향전』, 『콩쥐팥쥐전』, 『정을선전』, 『어룡전』, 『양풍운전』, 『김취경전』, 『황월선전』, 『음양옥지환』, 『현수문전』, 『장풍운전』, 『임호은전』등이 있고, 그 중 계모에 의해 가정문제가 야기된 순전한 작품은 『장화홍련전』과 『김인향전』그리고 『콩쥐팥쥐전』으로 이를 정격(正格) 계모형(繼母型)이라 하고, 그 외에 출세 담이나 영웅담 등이 복합된 작품들로 『정을선전』을 비롯한 『어룡전』, 『양풍운전』, 『김취경전』, 『황월선전』, 『음양옥지환』, 『현수문전』, 『장풍운전』, 『임호은전』 등은 비정격(非正格) 계모형에 속한다 하겠다.

② 쟁총형(爭寵型) 가정소설

쟁총형 가정소설은 그 갈등대상에 따라 남편과 부인과의 관계에서 부부간의 애정쟁취를 목적으로 일어나는 처첩간의 대립 외에 모정(母情)쟁취를 위한 형제간의 대립 및 시부모를 중심으로 한 동서간의 대립적 갈등이 모두 이에 속한다 하겠다.

이렇게 볼 때 쟁총형 가정소설은 처첩 간에 벌어지는 애정쟁취

담(愛情爭取談)과 형제간에 벌어지는 친정쟁취 담(親情爭取談)으로 구분할 수 있다. 이에 애정 쟁취 담에 속한 것을 보면 처첩간의 쟁총 담인 『옥린몽』을 들 수 있으니, 이는 범 공자를 중심으로 여부인이 유 부인을 모함하여 유배시키는 것을 그리고 있다. 또 『조생원전』에서는 조생원의 아들 혜성이 김 소저와 결혼하게 되자 전처였던 군주가 남편에게 개심환(改心丸)을 먹여 남편의 애정을 쟁취한 것이 그려져 있고, 『일락정기』에서는 천상선계에서 하강한 서공자가 함께 하강한 권, 정 양 소저를 만나 결혼하고 과거 길에 올라 상경 도중에 위 소저를 만나게 되어 권, 정, 위 삼 소저를 모두 부인으로 삼았으나 위 부인이 시비 난향과 짜고 서학사를 모함하여 유배시키고 권, 정 양부인을 제거해버릴 온갖 흉계를 다 꾸민다.

또 『사씨남정기』를 보면 결혼한 지 십 년이 넘도록 후사가 없는 사씨가 남편 유한림을 권하여 교녀를 첩으로 맞이하게 되면서 처첩간에 벌어진 교녀의 애정 쟁취 담을 그리고 있어 쟁총적 가정소설의 대표적 위치를 점하고 있다. 그리고 『김진사전』에서도 정 공자가 박, 최 양 소저와 결혼하고 일지를 애첩으로 두게 되면서 처첩간의 쟁총적 사건은 최, 박 양부인이 축출되는 것으로 그려지고 있다. 그 외 『창선감의록(彰善感義錄)』도 병부상서 화욱을 중심으로 정부인과 심씨 사이에 벌어진 쟁총적 사건이 전반부에 나타나고 있어 쟁총적 가정소설의 성격을 띠고 있다 하겠다.

이와 같은 부부간의 애정쟁취 뿐만 아니라 부자간에 나타나는 친정 쟁취 담에 속한 것으로 『홍길동전(洪吉童傳)』을 들 수 있으니, 이는 길동이 홍판서의 천첩소생이란 점에서 호부호형하지 못한 신분 갈등으로부터 출발된 신분적 상승을 목표로 한 길동가의 친정 쟁취 담으로 볼 수 있기 때문이다. 물론 이 작품은 길동의 어미 곡산모의 입장에서 보게 되면 처첩간의 쟁총적 사건도 그려지고 있다 할 수 있겠다. 또 『적성의전』에서는 모친의 병을 고치기 위해 도사의 도움으로 선약(仙藥)을 구해 오는 동생 성의를 도중에서 만나 눈을 쳐서 물에 던져버리고 선약을 빼앗아 모친의 병을 고쳐 그 공로를 혼자서 차지하려는 항의의 행위는 형제간의 친정 쟁취 담이라 하겠다. 또 『위씨절행록』은 시부를 중심으로 위씨의 세 자부 사이에서 벌어진 친정 쟁취 담을 그리고 있다.

이상과 같이 쟁총형 가정소설에 속한 것으로 『옥린몽』, 『조생원전』, 『일락정기』, 『사씨남정기』, 『정진사전』, 『창선감의록』, 『홍길동전』, 『적성의전』, 『위씨절행록』 등을 들 수 있으며, 이들 작품 중 순수한 가정문제만으로 야기된 쟁총사건을 다룬 『조생원전』과 『사씨남정기』 및 『정진사전』, 『위씨절행록』을 정격(正格) 쟁총형(爭寵型)으로 볼 수 있고, 영웅적 군담이나 출세담과 같은 내용이 복합된 『옥린몽』을 비롯하여 『일락정기』, 『창선감의록』, 『홍길동전』, 『적성의전』 등은 비정격(非正格) 쟁총형이라 할 수 있겠다.

이상과 같은 가정소설의 유형별 분류를 표로 작성해 보면 다음과 같다.

| 區 分 | | 作 品 名 | |
|---|---|---|---|
| | | 正 格 | 非 正 格 |
| 倫理的葛藤小說 | 孝行型 | ①沈淸傳 ②李海龍傳 ③陳大方傳 | ①淑女知己 ②李泰景傳 ③李季龍傳 ④郭海龍傳 |
| | 貞節型 | ①春香傳 ②玉丹春傳 ③玉娘子傳 ④柳綠傳 ⑤淑英娘子傳 | ①柳文星傳 ②蘇大成傳 ③李大鳳傳 ④楊朱鳳傳 ⑤雙珠奇緣 ⑥柳丞相傳 ⑦月影娘子傳 ⑧張韓節孝記 |
| 身分的葛藤小說 | 繼母型 | ①薔花紅蓮傳 ②金仁香傳 ③콩쥐팥쥐전 | ①鄭乙善傳 ②漁龍傳 ③楊風雲傳 ④金就景傳 ⑤黃月仙傳 ⑥陰陽玉指環 ⑦玄壽文傳 ⑧張豊雲傳 ⑨林虎隱傳 |
| | 爭寵型 | ①趙生員傳 ②謝氏南征記 ③鄭進士傳 ④衛氏節行錄 | ①玉麟夢 ②一樂亭記 ③彰善感義錄 ④洪吉童傳 ⑤翟成義傳 |

## 5) 결 론

 가정 파괴 현상이 심하게 나타나고 있는 오늘의 시대에 살면서 가정소설은 우리에게 시사하는 바가 크다고 하지 않을 수 없다. 가정소설은 항상 가정윤리(家庭倫理) 제고라고 하는 윤리적 가치관이 중심이 되어 이를 실천하기 위한 작가의식이 밑바탕에 깔려있는 것을 볼 수 있기 때문이다. 그러므로 그 구성 면에서는 선승악패(先勝惡敗)라고 하는 전통적 방법에 의해 인간이 인간답게 살아갈 수 있는 기본적인 성역(聖域)인 가정을 제일로 표현하고 있다. 그리고 가족 구성원들 사이에 일어나는 여러 가지 갈등을 다루면서 혼인을 통한 부부를 중심으로 이루어지는 혈연적집단(血緣的集團)을 소중하게 여겼던 것을 보게 된다. 가정파괴 현상이 그 어느 때보다 심각하게 나타나고 있는 오늘을 살고 있는 우리들의 현실 속에서 작가들의 무책임한 창작활동을 통한 문학작품들로 인해 신성한 가정을 구해 내지 못한다면 후세에 그 책임을 누가 질 수 있겠는가? 함께 고민하면서 위에서 제기했던 몇 가지 전제된 것들을 중심으로 가정소설의 적극적이며 새로운 연구 영역을 넓혀 나가야 할 것이라 생각된다.

## 2. 가정소설에 나타난 가족의식(家族意識)

　　가족의 개념. 가족구성의 형태적 특징 - 단순가족, 복합가족, 특수가족. 가족의 역할과 가족의식 - 가부장적 가족 통솔의식, 현모양처적 내조의식, 순종적 정절의식, 희생적 봉친의식

### 1) 들어가며

　가족은 가정을 구성하는 기본 요소로 가정소설에서의 중요한 등장인물이 된다. 가정이란 인간과 인간 사이에 형성 된 공동생활의 출발점이며 인류가 추구 해 온 행복의 근원이 된다. 사회적으로는 사회 구성의 기초이며, 인류의 영원한 계승과 발전을 기대하는 신성한 성역(聖域)이다. 인간은 본래 남녀의 결합을 통해 가정의 기초를 이루고, 부부의 윤리적 기반 위에서 가공도체(家共同體)를 형성, 혈연적 가족집단을 이루면서 발전해 온 것을 보게 된다.[1]

　그러므로 모든 인류의 역사는 가정을 통하여 가정으로부터 시작되었기 때문에 문학에 있어서도 가족 구성원 간에 야기되는 가정 이야기들은 처음부터 있어 왔고, 항상 흥미와 관심의 대상이 되어 설화나 소설 작품으로도 많이 나타나고 있는 것을 보게 된다.

　이에 가정소설에 나타나는 부부의 역할과 가족의식을 고찰하기 위해, 가족의 개념을 정리 해 보고, 가족 구성의 기초가 되는 남녀 결합을 통한 부부의 성립으로부터 자녀의 출생 및 가계 형성에서 부부의 역할과 가족의식을 살펴보고자 한다.

---

[1] 禹快濟,『韓國家庭小說研究』, 高麗大學校 民族文化研究所, 1988.

## 2) 가족(家族)의 개념

가족의 개념을 규정하기 위해 가족에 대한 정의를 살펴보면 가족을 연구하는 많은 사회학자들 사이에서도 각기 다른 견해를 보이고 있는 것을 보게 된다. 김두헌(金斗憲)은 가족이라 함은 일반으로 영속적인 결합에 의한 부부와 거기에서 생긴 자녀로서 된 생활 공동체라고 전제하고 " 가족이란 친애의 정으로써 서로 접근하기 쉽게 되어 있는 일정한 범위의 혈통 관계자의 집단이다."[2]라고 하여 부부와 그에게서 출생한 혈연집단으로 생활 공동체를 형성하고 있는 그 구성원을 이르는 것으로 보고 있다. 또한 최재석(崔在錫)은 "가계(家計)를 공동으로 하는 친족집단"[3]이라 하여 경제적 유대관계와 혈연적 친족관계를 들고 있다. 한편 이광규(李光奎)는 "가족이란 공동의 거주, 경제적 협력, 그리고 생식(生殖)이란 특성을 갖는 사회집단이다. 가족은 성 관계(性關係)를 허용 받은 최소한의 성인 남녀와 그들에게서 출생하였거나 양자로 된 자녀로서 이루어진다."[4]라고 한 머더덕의 고전적 정의[5]를 인용하면서 레비스트로스의 다음과 같은 정의를 소개하고 있다.

" (1) 가족은 결혼에 의해 출발한다.
 (2) 부부와 그들의 결혼에 의해 출생한 자녀로써 구성되지만 그중 핵 집단에 따른 근친자가 포함될 수도 있다.
 (3) 가족 구성원은 법적 유대, 경제적, 종교적 그리고 그 외의 다른 권리와 의무, 성적 권리와 금제, 애정, 존경, 경외 등 다종다양 한 심리적 정감으로 결합되어 있다. "[6]

---
2) 金斗憲, 『韓國家族制度研究』, 서울대 출판부, 1969, P. 321.
3) 崔在錫, 『韓國家族研究』, 民衆書館, 1966 P. 19.
4) 李光奎 ,『韓國家族의 構造分析』, 一志社, 1975, P. 23.
5) Murdock,G.P. 『Social strucure』, N.Y.Free press, 1966.
6) 李光奎. 앞의 책. P. 28.

라고 하여 결혼에 의해 출생한 자녀를 중심으로 한 핵 집단에 따른 근친자를 구성원으로 하여 법적, 경제적, 종교적 권리와 의무뿐만 아니라 성적 권리와 금지 및 애정과 존경 등 심리적 정감까지 결합될 수 있는 관계7)를 말하고 있음을 본다. 그러기에 가족은 공동체적 유대를 형성하면서 후사 계승을 위한 가장 보편적이면서 가장 기본적인 형태의 가정을 이루면서 생활해 나가게 된다. 이것은 인간 누구나가 가지고자하는 본능이며 최소한의 욕구이지만 체계화 되고 의식화 될 때 가족주의(家族主義)라는 한국 특유의 뿌리 깊은 문화형태로 나타나게 된다. 이에 대해

"가족주의란 개인이나 다른 어떤 집단보다도 가족집단을 중시하면서 그것의 유지 및 번영을 추구하며, 가족의 질서를 다른 사회의 질서로 확대하는 태도 또는 가치체계를 뜻한다."8)

라고 한 최재석(崔在錫)의 '대표적인 한국인의 사회적 성격'9)과 함께 정의하고 있음을 볼 수 있다. 이와 같이 한국문화가 가족주의적 특성을 지니고 있음에 비추어 볼 때, 한국문학 특히 고소설에서는 그 핵심이 가족을 중심으로 하는 가정소설을 들지 않을 수 없다.

이때 한국 가정소설에서는 한 남자와 둘 이상의 여자가 동시에 부부관계를 형성하는 축첩제(畜妾制)나 다처제(多妻制)와 같은 가족구성의 문제가 제기되어 복잡한 가정문제를 야기 시키고 있기도 하다. 이에 대해 이원수(李元洙)는

"한 쌍의 부부와 그들 사이에서 태어난 자녀들을 가족구성의 기본단위로 볼 때 축첩제, 다처제, 후처제하의 가족은 사실상 여러 단위가족들이 모여

---

7) 朴泰相, 朝鮮朝家庭小說硏究, 延世大學校,博士學位論文, 1988.
8) 최시한,『가정소설연구』. 민음사, 1993. P. 14.
9) 崔在錫,『韓國人의 社會的性格』, 開文社, 1985. P. 23.

이루어진 집합가족의 성격을 띠고 있다는 점에서도 완전히 일치된다. 이들
은 아버지 중심으로 볼 때는 하나의 혈연공동체인 단일가족이지만 어머니
중심으로 볼 때는 혈연을 달리하는 복수가족의 집합체에 지나지 않기 때문
이다." 10)

 라고 하여 부계 중심으로 가족의 형성을 살피고 있음을 볼 수 있
다. 물론 이와 같은 복잡한 가족구성에 따라 복잡한 가정문제들이
야기되어 처첩간의 갈등을 비롯한 전실 자식과 후처와의 사이에서
일어나는 갈등을 다룬 계모형 가정소설들이 나타나게 된다.
 가족을 중심으로 한 가정이란 가장을 중심으로 한 부모와 자식간
에 맺어진 최소한의 사회적 집단으로 인적, 물적, 윤리적 측면에서
그 기본을 찾을 수 있어 이를 정리 해 보면 다음과 같다.
 첫째, 가족을 중심으로 하는 인적 구성 요소는 남녀의 결합이 전
제된다. 즉, 인간가족이라고 하는 것은 혼인을 기초로 한 남녀의 성
적결합에 그치지 않고 그에 의해 출생된 자녀를 포함하게 되고, 가
정은 양친과 그 자녀로 구성 된다. 그러므로 가족이란 친애의 정으
로 서로 접근하기 쉽게 되어있는 일정한 범위의 혈연관계 집단이다.
그러나 그 집단은 근친자에 한정되어 있어 그 구성원은 몹시 협소
해 진다. 이점에 있어서 가족은 씨족 또는 친족과 다르게 된다. 그
것이 다른 집단과 구별 되는 가족 집단의 특징이다. 그러므로 소수
의 근친자가 감정적으로 긴밀히 융합되어 이해를 떠난 공산적 공동
체를 이루게 되어 인적요소 못지않게 물적 구성 요소가 중시 된다.
 둘째, 가족을 중심으로 하는 가정은 공동생활을 영위하기 위한 경
제적 공동체이다. 이것은 '가정'이라고 하는 용어의 의미 속에서 쉽
게 찾아 볼 수 있다. 즉, '가정'이라고 하는 의미 속에는 경제공동체

---

10) 李元洙, 家庭小說 作品世界의 時代的 變貌, 慶北大學校 博士學位論文, 1991.p.10.

(經濟共同體)라는 뜻이 내포되어 '살림' 또는 '살림살이'로 표현되는 경제적 생계를 영위하는 말로, 가정의 실체를 나타내는 추상어로 사용되고 있음을 볼 수 있다. 이와 같이 한정된 공간을 기초로 하는 가정은 가족의 안식처이며 의식주를 공동으로 영위하는 곳임을 의미한다. 따라서 가족은 가정의 형상적 구조에 의하여 제한된 필연적 관계에 의한 집단이라 할 수 있다. 그러므로 가족적 결합의 요소는 혈연적 공동 외에 경제적 공동체로서의 인식은 동일 가정 내에 거주하면서 의식주의 일상생활을 공동으로 영위한다는 점과, 재산을 공동으로 사용하는 집단이란 점에서 확인 될 수 있다. 한편 가족은 공유를 기초로 삼아 긴밀히 집단화 되는 것을 볼 수 있으니 막스 웨버 (Max Weber)가 '부양의 공동이라는 경제기능을 가족의 특질로 삼아 가공동체 (House Gemein Schaft)라고 규정'[11]한 것이 바로 이에 해당된 것이라 하겠다. 이것은 가정을 경제적 공동을 기초로 삼는 가족 전체의 공동 공유 재산에 의하여 성립된 경제공동체로 물적 공유집단 임을 의미한 것이라 하겠다.

셋째, 가족을 중심으로 하는 가정은 최소의 사회집단으로 그 유지에 필요한 기본적 요소는 가정 윤리라 할 수 있다. 원래 가족집단은 인류의 역사와 더불어 원시적 생활로부터 시작 된다. 그러므로 동물적 가족으로부터 문화적 가족으로 발전되어 오면서 보편적 가족 형태로 정착 된다. 이와 같은 인간가족은 동물적 가족과 달리 도덕이나 법률과 같은 사회적 제재력에 의해 영속성을 유지하게 된다. 이런 점으로 보아 인간은 자연적 성정 외에 문화적 기능을 가진 생물학적 필요 이상으로 문화전승에 기원을 둔 것이다. 이것은 인간이 인간답지 못한 행위를 '금수만도 못한 행위'로 규정 할 수 있는 윤리적 규범을 존중하게 한 인간관에서 비롯된 것이라 하겠다.

---

11) 金斗憲, 『韓國家族制度硏究』 앞의 책, P. 335에서 再引用.

가족을 중심으로 하는 가정은 혈연적 집단으로서의 인적조건과, 경제공동체로서의 물적 공유 집단이라는 점과, 가정윤리의 제고를 통한 가족간에 맺어진 윤리적 공동체로 되어진 것을 들 수 있다.[12]

3) 가족의 구성과 형태적 특징

(1) 가족의 구성

가족 구성의 기본 요소는 혼인을 통한 남녀의 결합으로부터 출발된다. 이에 남녀의 결합을 혼인 관계를 다룬 혼속의 변모를 통해 살펴 볼 수 있다. 고대 인류 사회는 무질서한 성관계의 원시 난혼으로부터 시작 된다.그리고 다음 단계로 혈족혼이라 할 수 있는 집단혼으로 바뀌고 있다.

이에 대한 언급을 보면

"한 집단 안에 있어서의 세대 혼(世代婚)의 혼인관계, 부모의 세대, 자식의 세대별의 잡혼에 바탕을 둔 혈족혼으로 바뀌고 다시 다음 단계에는 반 혈족 혼(半血族婚)이라 할 수 있는 집단혼(集團婚)으로 변했다는 것이다. 즉, 처(妻)를 공유한 형제집단과 그 남편을 공유하는 자매(姉妹)들 사이에서 이루어지는 타 씨족간의 집단혼이 있었고 형제관계는 상당히 먼 촌수에 이르는 종형제(從兄弟) 관계에까지 미치었다."[13]

라고 하여 원시 난혼에서 집단혼으로 바뀌고 있음을 지적하고 있다. 즉, 동성혼, 혹은 혈족혼(血族婚)이라 할 수 있는 혼속에 대한 기록은 『구당서(舊唐書)』<신라전(新羅傳)>에 '나라에는 김(金), 박(朴) 양성의 사람이 많은데 다른 성과는 혼인하지 않는다'[14] 라고

---

12) 禹快濟,『韓國家庭小說研究』, 위의 책, P. 19.
13) 金用淑,『韓國女俗史』, 民音社, 1990. P. 20.
14) "國人多金朴兩姓 異姓不爲婚"(『舊唐書』, <新羅傳>)

하여 동성혼(同姓婚)에 대한 언급을 볼 수 있고, 또한 왕족이나 높은 신분의 사람들의 혼속에 대한 규정을 보면

> "그 족명(族名)을 보면 제일골과 제이골은 저절로 구별이 되고 형제나 딸, 고종, 이종 남매간에 모두 혼인 한다. 왕족이 제일골이 되고, 그 아내도 역시 왕족으로 친다. 여기에서 아들을 나도 모두 제일골이 된다. 이들은 제이골의 딸들과는 혼인하지 아니한다. 비록 아내를 맞아도 이는 첩으로 친다." 15)

라고 한 것이 있다. 이와 같은 혈족혼(血族婚)인 근친혼(近親婚)은 고려에서도 계속 되고 있었으니 덕종(德宗)은 같은 날 두 누이동생을 왕비로 맞아 들였고, 광종(光宗)과 문종(文宗)도 누이를 왕비로 삼는다. 고려 왕실의 세계(世系)에 나타난 왕비의 출신 성분만을 보아도 왕녀와 종실(宗室)을 합하여 동성혼이 51명중 22명이나 된다. 그 유형으로는 친 여동생을 왕비로 삼은 광종, 덕종, 문종을 비롯하여 종자매(從姉妹)를 비로 삼은 경종(景宗), 성종(成宗), 예종(睿宗)과 종형(從兄)의 딸을 비로 삼은 현종(顯宗)과 부의 종제의 딸을 비로 삼은 공종(高宗) 등을 들 수 있다.16) 이와 같은 근친혼은 왕실에서만 있어 온 것은 아니었다. 고려 제11대 문종(文宗) 33년 이조판서 최석의 상주로 진사로 뽑힌 노준(魯準)이 그 부모가 대공친(사촌간)사이의 근친혼을 해서 태어난 소생이라 하여 종신 금고법(禁錮刑)에 처하자는 등 논란 끝에 결국 관직을 삭탈 당하는 것17)만 보아도 알 수 있다.

이렇게 근친혼은 민간에게까지 성행 되면서 한편으로는 이의 금지를 강하게 주장하고 나온 것을 볼 수 있다.18)이렇게 되면서 집단혼

---

15) 『唐書』,東夷傳, 新羅條,(『朝鮮傳』, 李民樹 譯, 探求堂, 1983, P. 339.
16) 崔在錫,『韓國家族制度硏究』, 高麗大學校 民族文化硏究所,1971, P. 455.
17) 『高麗史 節要』, 卷五, 文宗 三十五年 六月條.
18) 金用淑,『韓國女俗史』, 앞의 책, P. 20.

이라 할 수 있는 혈족혼 내지 반 혈족혼에 속하는 근친혼은 사라지게 되고, 타 씨족의 한 쌍 남녀가 마음대로 맺어지고 마음대로 해소할 수 있는 불안정한 일부일처 혼으로서 대우혼 제도가 확립 된다. 이때 여자에 대한 인식이 달라지 게 되면서 오히려 '다처 혼(多妻婚)에 바탕을 둔 가부장(家夫長)적 가족의 출현'19)을 보게 된다. 이와 같은 축첩제(蓄妾制)는 고려 시대에는 대소 관리에게 일처 일첩을 허락하여 적서 차별 없이 계사할 수 있도록 한 것을 볼 수 있게 된 다 이것이 조선시대로 넘어오면서 주자학의 전래로 인한 예속의 확립은 가부장제 및 장자상속(長子相續)의 후사 계승 전통의 강화와 함께 사대부가에서는 일부다처제(一夫多妻制)를 수용하면서 여성의 정절을 더욱 강화하기에 이른다. 특히 조선시대의 까다로운 통혼 조건을 보면 동성동본은 물론 이성 간에도 동근일 때는 혼인을 하지 않는 철저한 족외혼제(族外婚制)와 양반, 상민, 천민 등 엄격한 신분제에 따른 계급내혼제(階級內婚制) 및 치열해진 당쟁으로 인한 정파간 내혼제 등을 들 수 있고, 사족들의 정략혼(政略婚)과 조혼(早婚)의 폐습도 적지 않았다. 한편 축첩제에 따른 처첩간의 갈등이나 계모자간의 갈등은 가정 내에서의 많은 문제점을 야기 시키고 있음을 보게 된다.

(2) 형태적 특징

① 단순가족(單純家族)

인간은 혼인이라고 하는 남녀의 결합을 통해 생물적 존재 이상으로 문화적 가족을 형성 할 수 있는 기초를 만들어 놓고 있다. 그렇기 때문에 이것은 인류가족의 보편적 형태이며 또한 기본적 형태임

---

19) 『高麗史』, 志 卷第 三十八 刑法 一. 戶婚.
  "無嫡子則嫡孫 無嫡孫則同母弟 無同母第則庶孫 ---"

을 알 수 있다. 원시 씨족사회에서도 가정이라고 하는 제한된 공간 속에서 일부일처의 단혼적 가족생활이 영위되고 있었음을 알 수 있다. 이에 대해 그롯세(E. Grosse)는

> "씨족제도 하에 있어서도 개별혼인과 개별 가족이 엄연히 존재 하였고 씨족의 결합이 아무리 긴밀하여 그 직분이 광범한 범위에서 만사 공동으로 행하였다 할지라도 처의 공유는 하지 않았다."[20]

라고 하여 혼인 관계에 있는 남녀를 중심으로 하는 가족의 기초를 지적하고 있다. 이와 같이 혼인은 가족의 기초가 되어 육체적으로나 정신적으로나 통일체적 융합을 이루면서 자녀를 출생하게 됨으로 가족을 형성하게 된다. 헬발트(Hellwald)는 人間 가족의 요소를 '부와 모와 자녀'라고 했다. 혼인을 기초로 한 남녀의 성적 결합에 의해 출생된 자녀는 그 양친과 함께 가족을 구성한다. 결혼한 남녀는 그 자녀의 출생과 함께 친자라는 가족관계를 형성, 양친이라는 새로운 신분을 얻음으로 새로운 가정이 형성 된다. 이러한 원시적 가족 형태를 '단순가족(單純家族)'이라 칭하며 이와 같은 단순가족은

> "친애의 정으로써 서로 접근하기 쉽게 되어 있는 일정한 범위의 혈통 관계자의 집단이다. 그러나 그 족적 관계자는 근친자에 한정되어 그 구성원이 몹시 한정 되어 있다. 이 점에 있어서 가족은 씨족 또는 친족과도 다르고 그 성원일 수 있는 자는 부부, 친자 및 그 혈연적 근친자에 한정 된다."[21]

라고 하여 단순 가족을 가족 구성의 가장 기본으로 삼아 혼인한 남녀에 의해 출생된 자녀로 혈연적 집단을 이루는 개별가족이라 했다. 그러므로 이것은 모든 인류에게 공통적으로 존재하는 친족 조직의 최소 형태라 하겠다.

---

20) E. Grosse : Die Formen der Familie und Formen der Wirtschaft. S. 147
21) 金斗憲, 위의 책, P. 321

② 복합가족(複合家族)

복합가족이라 함은 이른바 대가족이라 할 수 있는 집합가족(集合家族)을 이르는 것이지만, 또 다른 의미의 처첩 및 양처에 의한 친자가족까지를 이에 포함시켜 보고자 한다. 이때 대가족이라 함은

" 수 세대에 걸친 다수 가족 성원이 한 집(家)안에서 공동생활을 하는 것이요 친족은 단순가족 또는 집합가족이 집(家)을 달리하면서 한 개의 공동사회를 이루고 있는 것이다."[22]

라고 하여 수 세대를 통한 다수 가족 구성원이 공동으로 생활해 나가는 것을 말한다고 했다. 이와 같은 복합가족(複合家族)에서는 단순가족은 하나의 세포와 같은 것으로 가장적 통솔 하에 집합체를 형성하고 있는 셈이다. 이때 가장적 가족에 속한 이들은 부부관계 및 친자관계에 있는 자를 중요한 가족의 성원으로 하는 외에 또 그 근친자를 포함하게 된다. 즉, 친자관계의 형제, 자매에 있는 자가 세대를 거듭하며 친자관계를 생하게 되고 거기에 가족의 구성원으로는 형제의 부부, 자질, 손, 증손, 숙부모, 조부모, 종형제의 부부, 증조부모, 고모 등 혈연이 짙은 근친자가 포함 되게 된다. 이때 가족은 같은 조상 아래서 전체의식을 가지고 감정적 융합으로 일체화 되어 연대적 의식을 가지고 생활의 공유와 재산의 공유가 영위 된다. 이에 대해 휘이야칸트 (A.Vierkandt)는 대가족의 특질을 다음과 같이 지적하고 있다.

" (1) 경제적 공동사회로서 가족의 물적 생활을 보장하기 위하여 자족자급에 의한 봉쇄적 가족 경제를 영위하는 것.

---

[22] 위의 책, p. 323

(2) 대외적으로 일체가 되어 연대적 관계를 형성하는 것.
(3) 성원 각자의 개인적 분화를 불허하여 선악예훼 간에 전원이 공동 책임을 가지고 한 전체를 형성 하는 것.
(4) 종교적 공동체로서 조선을 숭배하고 조손을 통한 영속적 집단인 것
(5) 내적 감정적 요구가 강렬하여 상호 밀접한 집단을 형성하는 것."23)

 이라 하여 경제적 공동체를 형성하고 대내외적으로 연대를 유지하며 개인적 분화를 허용하지 않은 전체로서 조상을 숭배하는 종교적 공동체는 물론 내적 감정까지 밀접한 집단으로 가장권의 통솔 하에 집단적 통일을 유지 해 가면서 살아가는 것을 대가족 즉 집단적 가족 형태라 했다. 이때 가장권은 반드시 부에 국한된 것은 아니고 가족 내의 최고 존속이 되는 경우가 많다. 그러므로 '가장' 또는 '존장'이라 불리는 경우가 많으며 방계친, 고용노복에 대하여서도 가장의 권위는 인정되었던 것이다. 이것이 대가족 형태의 가족구성원간에 있었던 한 특징이라 하겠다.

 ③ 특수가족(特殊家族)

 특수 가족이라 함은 일반적인 가족의 구성에서는 논의되지 않는 것으로 기본적으로는 단순가족에 속하면서 복합적인 요소를 가진 특수한 가족 형태를 말한다. 즉, 모계중심으로 동모이부(同母異父)로 구성되는 모(부)자관계의 가족이거나, 부계중심으로 볼 때, 동부이모(同父異母)로 구성되는 부(모)자 관계는 모두 단순가족에 해당되는 친자관계로 구성된 가족이다. 그러나 그들 사이에는 언제나 이질적인 요소가 있어 순수한 단순가족적 특성에서 볼 수 있는 친애의 정만이 있는 것은 아니다. 일부다처로 인한 처첩간의 애정쟁탈과 같은 쟁총적 사건은 물론 전실 자식과 후처와의 사이에서 일어나는 가정

---

23) A.Verkandt : Gesellschaftlehre. S. 442 - 460.

적 불화 등이 심하게 나타나고 있는 것들이 특징이라 하겠다. 이와 같은 일부다처제에 의한 특수가족은 일부 사대부가에만 해당되는 것은 아니었다. 축첩제나 다부제 및 후처제 등에서 나타나는 특징임을 알 수 있겠다. 특히 계모와 전처자식간의 갈등이 문제가 되는데 이 때 그 배경에 대해

> "축첩제는 기본적으로 사대부 계층에게만 허용된 제도였던 만큼 처-첩 갈 등은 축첩을 용인하는 다부제하의 사대부가에서만 문제되는 일이었다. 이에 비해 후처제는 사대부 층과 서민층 모두에게 관련된 제도로서 계모의 영입 은 다부제나 일부제 어느 경우에도 이루어 질 수 있었던 만큼 계모와 전처 자식간의 갈등은 어느 시대 어느 계층에서나 일어날 수 있는 문제였다."[24]

라고 하여 남녀의 결혼을 통해 출생된 자녀손으로 구성되는 단순적 가정이면서 동부이모(同父異母)의 특수한 가족에서 일어날 수 있는 문제들을 지적하고 있다. 이와 같은 특수가족은 한국 고소설 중 쟁총형 가정소설이나 계모형 가정소설들에 많이 나타나고 있어 이를 특별한 가족 구성 형태로 구분해 보고자 했다.

### 4) 가족의 역할(役割)과 가족 의식
#### (1) 부(夫)의 역할과 가족 의식
##### ① 가부장권(家夫長權)적 가족 통솔 의식

원시적 씨족사회에서는 여성이 중심이 되는 모권사회였다. 농경(農耕)과 방직(紡織)및 양잠(養蠶)이 여성 노동에 의해 이루어 졌고, 출산에 따른 자녀교육도 여성에 의해 이루어졌기 때문이다. 그러나 농경이 진전되어 도작(稻作)농업이 발달함에 따라 농기구의 사용이

---
24) 李元洙, 앞의 논문, P. 22.

남자 노동의 주무적 역할을 담당하게 되면서부터 가부장적 부계사회 (父系社會)로 변모 된다. 이렇게 확립된 가부장권은 처자를 비롯한 자녀들과 노비까지에도 절대적 통솔권을 갖게 된다. 이때 통솔이라 함은 가족구성원인 자녀들을 비롯한 모든 식솔들에 대한 제반사를 책임지고 처리해야 했던 것을 보게 된다.

『남정기』에서 유연수의 혼인을 정할 때에 있어서도 매파를 사씨댁에 보내어 규수의 허락을 얻지 못해 거절을 당하게 되자 유연수의 부친 유소사는 친히 사소저가 살고 있는 신성현에 군수를 찾아가 부탁하는 것을 보게 된다.

> "소새 친히 신성현에 가 지현을 보고 갈오대 결친코자 하야 사가에 매파를 보내엿더니 그 쇼답이 여차여차 하야 허혼치 아니하니 이제 선생이 나를 위하야 한번 사가에 감을 사양치 말나"25)

라고 하여 자녀에 대한 부친의 적극적인 청혼 과정을 보게 된다. 뿐만 아니라 노비에 대해서도 절대적인 통솔권을 갖고 있음을 볼 수 있으니 한림이 유배지에서 천자의 대사를 입고 돌아오는 길에 옛날 노비였던 설매를 만난다. 설매는 동청에게 쫓기고 있는 위험한 중에서도 옛 주인을 위해 눈물을 흘리며 그동안의 경과를 보고하고 있는 것을 볼 수 있다.

> " 설매 황망히 한림을 뫼셔 사람 업난 곳의 가 눈물을 흘리며 왈 엇지 한림으로 다 알외오리잇가 ------ 한림이 청파에 어린 듯 하야 반향 후 문 왈 세새 여차하미 잇나냐 아모케나 종두지미를 자세이르라 하니 설매 고두체읍 왈 소비 하날을 속이고 주인을 저바린 죄 천지에 가득하오니 사죄를 청하나이다. 한림 왈 전사난 뭇지 아니하리니 실진 무은하라. "26)

---

25) 『謝氏南征記』.舊活字本 古小說全集, 第4卷, 仁川大學校 民族文化硏究所 1983. P.467. ( 현대철자법으로 고쳐썼음 - 필자 )

라고 하여 한때는 배반한 일도 있었지만 옛 주인에 대해서 절대적인 행동을 보인 것을 볼 수 있다. 이와 같은 예는 다른 작품에서도 쉽게 찾아 볼 수 있다.

『숙영낭자전』에서 선군이 과거 길에 올랐을 때 노비 매월이 간부와 짜고 숙영을 음해하였을 때, 억울함을 밝히기 위해 자결 한다. 선군이 과거에서 돌아와 억울한 루명을 쓰고 죽은 것을 알고, 이를 밝히기 위해 노비들을 치죄 하는 것만 보아도 가장으로서의 절대적 통솔권을 행사하고 있는 것을 보게 된다.

" 선군이 매월의 소원 줄 알고 불승분노하야 급히 외당에 나와 형구를 버리고 모든 노복을 차례로 장문하니 소범업난 비복이야 무삼 말로 승복 하리오 이에 매월을 잡아 문초할 새 간악한 년이 즉조치 아니하다가 일백 장에 이르니 비록 철석가튼 혈육인들 제 엇지 능히 견디리오 " 27)

라고 하여 죄인이 매월인 것을 알고서도 모든 비복들을 한가지로 문초하고 있는 것을 본다. 이것은 죄인을 잡는다고 하는 명분도 있지만 비복들에 대한 가장의 절대적 통솔권을 행사한 예라고 볼 수 있겠다.

『홍길동전』에서는 길동의 부친 홍판서가 용꿈을 꾸고 貴子를 나을 길몽이라 생각하고 부인을 친압하려 했을 때, 부인이 말을 듣지 않자 시비 춘섬을 보고 친압하여 길동을 낳게 된다.

" 선시에 공이 길동을 나을 때에 일몽을 어드니 문득 천상으로서 뇌성벽력이 진동하며 청룡이 수염을 거사리고 공에게 향하야 달아들거날 놀라 깨달으니 남가일몽이라 공이 심중에 대희하야 생각하되 이제 용몽을 어드스니

---

26) 『謝氏南征記』, 위의 책, P. 518
27) 『淑英娘子傳』. 舊活字本 古小說全集,제5권, 仁川大學校 民族文化研究所. 1983.P. 281.

반다시 귀자를 나흐리라 하고 즉시 내당에 드르가니 부인 류씨 일어 맞거
날 공이 흔연히 그 옥수를 잡고 정히 친압코자 한대 부인이 정색왈 상공이
체중하시거날 소년경박자의 비루함을 행코자 하시니 첩은 봉행치 못하리소
이다 하고 언파에 손을 떨치거날 공이 가장 무류하야 외당에 나와 부인의
지식업슴을 한탄하더라 맛참 시비 춘섬이 차를 올니거날 공이 그 고음을
보고 인하야 춘섬을 이끌고 협실로 들어가 친압하니 이때 춘섬의 나이 십
팔이라 한번 몸을 허한후 문에 나지 아니하고 타인을 취할 뜻이 업거날 공
이 기특이 여겨 인하야 잉첩을 삼았더니 그달부터 태기있어 십삭만에 일개
옥동을 생하니 기골이 비범 하야 진짓 영웅호걸이라. "28)

라고 하여 노비는 아무런 부담 없이 소유 할 수 있는 것과 같이
표현 해 놓고 있다. 가장으로서 가속에 대한 통솔은 물론, 자유롭게
소유하고 있는 것을 알 수 있겠다.

② 가계(家系) 계승(繼承) 의식

가부장(家父長)적 가정에서의 가장권은 가계 계승이라고 하는 상
속제의 확립에서 잘 나타난다. 가계 계승의 상속은 원칙적으로 가산
의 상속과 제사의 상속으로 나누어지고 있다. 이때 가산 상속에 따
른 가산제의 형성29)을 보면 고대 삼국 시대 이전으로부터 시작된
것을 보게 된다. 한편 제사의 상속은 혈연집단의 씨족 공동체 의식
을 강화하는 계기로 삼았던 것을 볼 수 있으니, 원시 부족사회에서는
강천자로서의 전설적 조상신에 대한 천제이거나 귀신제의 형식이었
던 것에서 가부장적 가족제도의 성립 이후로는 직계자손에 의해 직

---
28) 『洪吉童傳』, 舊活字本 古小說全集, 第17卷, 仁川大學校 民族文化研究所. 1983, P. 163.
29) 夫餘에서는 '竊盜一責十二(東夷傳,夫餘條)'라하여 타인의 재산을 竊盜한 자에게 십이
배의 배상책임을 지웠 으며, 高句麗에서는 '無大倉庫 家家自有小倉名之孚京(東夷傳,
高句麗條)'이라 했으며, 新羅, 百濟도 이와 같은 실정이라 한 것을 볼 수 있어 家産
保護에 규정이 있어 家産制의 확립을 알게 해 준다.

계조상에 대한 제사로 변해 간 것을 보게 된다.

그러므로 가부장적 가족제도 하에서의 후사 계승은 장자상속을 원칙으로 삼고 있었지만 장자 상속제만은 아니었던 것을 볼 수 있으니 차자상속이나 형제상속도 적지 않았던 것을 알 수 있다[30]. 또한 고려 시대에는 남성만이 아닌 여손 계사[31] 현상까지 나타나고 있는 것을 볼 수 있다. 그러나 고려 말 정주성리학의 전래와 함께 주자가례의 정착은 장자상속의 후사 계승 전통을 확립 시킨다. 이것은 부계의 가계 계승 의식이 강하게 작용된 것으로 한국 고소설 어디에서나 쉽게 찾아볼 수 있는 사건으로 나타나고 있다.

효행형 소설의 대표적인 작품『심청전』에 보면 심봉사 현철한 곽씨 부인으로 말미암아 눈 못 보는 것도 재산 없는 것도 문제 되지 않으나 오직 혈육 없어 조상향화 끊게 되는 것을 가장 걱정하고 있는 것을 보게 된다.

> "가난과 병신은 조금도 허물될 것 업고 상하면 사람들이 불어하고 층찬하는 소래에 재미있게 세월을 보내더라 그러나 그가치 지내난 중에도 심학규의 가삼에는 한갓 억울한 한을 품은 것은 실하에 일점 혈육이 업슴으로 -------- 그러나 내 마음에 지원한 일이 잇소 우리가 년광이 사십이나 실하에 일점 혈육이 업스니 조상향화를 끈케 되니 죽어 황천에 도라간들 무삼 면목으로 조상을 대하오며 ---- "[32]

---

30) 『三國志』<東夷傳>이나『三國史記』등에 나타난 것을 보면 適者가 없을 때 庶子에게도 王位를 繼承(夫餘 位 居의 아들 麻余)한 것이 있고, 동생에게 王位를 繼承(高句麗 新大王 伯固, 山上王 延優)한 경우도 있다.
31) 『高麗史』卷八十四, 刑法 志 <戶婚條>.
"凡人無後者 無兄弟之子 則收他人三歲前棄爲子 卽從其姓 繼後付籍已有成法其子孫及兄弟之子 -- "
『高麗史節要』卷六十四, 靖宗 十二年 二月條
" 凡人民依律文立嗣 以適 適子有故立庶孫 無適孫立同弟 無母弟立庶孫 無男孫者 亦許女孫 -----"
32) 『沈淸傳』, 舊活字本 古小說全集, 第8卷, 仁川大學校 民族文化研究所. 1983, P 230.

이것은 가장으로서 후사 계승이라고 하는 것을 가장 중요한 문제로 거론 한 것이라 하겠다. 그런데 이 작품에서 특기 할만한 것은 기대하던 아들을 얻지 못하고 딸을 얻은 후 심봉사와 곽씨 부인 하는 것을 보면

" 좌불안석 급한 마음 순산하기 바랄적에 향취가 진동하며 채운이 두르더니 혼미중에 탄생하니 선녀갓흔 딸이로다 ········· 곽씨 부인 정신 차려 여보시오 서방님 순산은 하얏스나 남녀간에 무엇이오 심봉사의 깃분마 음 아기를 더듬어 삿흘 만저 보아 한참을 만지더니 웃으며 하난 말이 아기 삿흘 만저 보니 아마 아들은 아닌가보오 배태하기 전에는 배태나 하기 희망이오 배태나 한 후난 아달되기 희망하난 마음은 내외가 일반이라 곽씨 부인 설워 하야 만득으로 나온 자식 딸이라니 절통하오 심봉사 대답하되 마누라 그 말마오 딸이 아달만 못하다 해도 아달도 잘못두면 욕급선조 할 것이오 딸자식도 잘 두우면 못된 아달과 밧구릿가 우리 이딸 고히 길너 예절 몬저 가라치고 침선방적 잘 갈아쳐 요조숙녀 조흔배필 군자호구 잘 가리어 금슬우지 즐기오고 종사우·진진하면 외손봉사는 못하릿가 "33)

라고 하여 아들을 바라는 심정을 그대로 표현 해 놓고 있다. 그러나 딸도 잘만 되면 외손으로 후사를 이어 조상의 봉제사를 할 수 있다34)고 하는 생각도 하고 있는 것을 보게 된다.

또한 가부장제하에서 후사 계승 문제는 항상 부권에 속한 것으로 인류의 영원한 계승을 위한 본능과도 같은 것이라 할 수 있겠다. 그러므로 작품의 서두에서 언제나 문제 되는 것은 '슬하에 일점혈육 없음'을 한탄하는 것임을 보게 된다. 『남정기』에서도 남주인공 유한림의 탄생부터 '공이 최씨로 금슬은 조흐나 사속이 업서 근심하더니 늦게야 일자를 생하고'35)라고 하여 후사를 염려한 것을 보게 된

---

33) 위의 책, P. 232 - 233.
34) 『高麗史節要』 註 (139) 參照
35) 『謝氏南征記』, 앞의 책, P. 461.

다. 그러나 정작 사씨 부인이 결혼한 지 십년이 넘도록 자식을 얻지 못하여 교녀를 천거 할 때 유 한림에게 하는 말을 보면

> " 첩이 기질이 허약하고 원기 정일치 못하여 상공으로 더불어 동주 수십 년의 일점혈육이 업스니 불효삼천의 무후위대라 하오니 첩의 무자한 죄 존문의 용납지 못할 것이오나 상공의 광흥하신 덕을 입사와 지우금 부지하오나 생각건대 상공이 누대 독신으로 류씨 종사의 위태하미 급 하온지라 상공은 첩을 개렴치 마르시고 언진 가인을 취하여 농장지경을 보시면 문호의 경사 적지 아니 하고 첩이 또한 죄를 면 할 가 하나이다." 36)

라고 하여 첩을 들일 것을 권한다. 물론 여기서 주목 할 것은 가부장제하에서 가장권을 인정하는 부인의 태도라고 본다. 후사를 계승 시키지 못한 것을 가장 큰 불효라고 생각 하고 자기의 가장 중요한 남편을 다른 여자에게 선뜻 내어 주었다고 하는 것은 당시의 가치개념으로 보지 않고는 쉽게 이해 할 수 없는 일이었다고 보여진다. 결국 부의 가계 계승 의식은 거의 일반화 된 상식적 윤리 개념이었음을 알게 된다.

(2) 처(妻)의 역할과 가족 의식

① 현모양처(賢母良妻)적 내조(內助) 의식

여성의 최고 미덕은 항상 현모양처였다. 현모의 표준은 중국 주나라 문왕과 무왕의 어머니였던 태임과 태사(太似)의 덕을 갖춘 여성으로 삼았던 것을 볼 수 있다. 이와 같은 점은 많은 고소설 작품에 그대로 나타나고 있다. 이를 『남정기』에서 찾아보면 유 한림의 혼처를 구할 때, 매파가 신부 감에 대해 이야기하는 것을 보면

---

36) 위의 책, P. 469.

" 소녜 매파로 다니온지 삼십여 년에 왕공재렬에 모든 재상 댁을 다니며 신부를 만히 보앗스되 이갓치 요조현철한 소져는 본바 처음이요니 두번 묻지 마르소서 소새왈 이난 색을 취함이 아니라 덕행이 있어야 하리로다 매파 왈 소져난 정정유한하고 임사지덕이 출어 외모 하오니 ----- "37)

라고 하여 매파가 사씨를 소개 할 때부터 외모에 임사지덕(姙似之德)이 그대로 나타난다 했고, 또 성혼 후 유소사 사씨를 칭찬하는 대목에서도

" 유공과 두부인이 눈을 드러 신부를 보매 용뫼 아름다움은 일으도 말고 현숙한 덕성이 외모에 나타나 주가 팔백년을 일우던 임사지덕이 가잔하니 공이 즐겨 하언을 사양치 아니하더라. " 38)

라고 하여 역시 중국 주대의 태임(太姙) 태사(太似)를 전범으로 삼아 여성의 인격을 평가하고 있는 것을 볼 수 있다. 물론 중국과 한국은 역사적으로 많은 문화의 교류를 통해 영향 받은 바가 적지 않다.39) 이와 같은 임사지덕을 갖춘 현모양처에 대한 가치개념은 많은 여성 교훈서40)를 통해서도 강조되고 있어 현모양처는 여성들이 갖추어야 될 부덕의 으뜸으로 그 가치를 높이 평가 하고 있을 뿐만 아니라 실천을 통해 생활에 그대로 옮기고 있는 것을 볼 수 있다.

그 대표적인 인물로 『심청전』의 곽씨 부인을 들지 않을 수 없다. 그는 가난하고 눈먼 심봉사를 받들고 섬기기를 지극히 한다. 작품에서 곽씨 부인의 인물 표현을 보면

---

37) 위의 책, p. 462.
38) 위의 책, P. 468.
39) 韋旭昇, 『中國文學在朝鮮』 中國 花城出版社.
　　禹快濟,李海山 共譯, 『韓國文學에 끼친 中國文學의 影響』 亞細亞文化社, 1994.
40) 世宗代에 編纂 刊行했던 『三綱行實圖』를 비롯하여 成宗代 昭惠王后 韓氏가 著述한 『內訓』및 英祖代 映嬪李 氏의 『女範』등 많은 女性 教訓書가 있다.

" 곽씨 부인 또한 현철하야 임사의 덕과 장강과 색과 목란의 절개와 예기
가에 내측편과 주남 소남 관저시를 모를 것이 바이없고 봉제사 접빈객과
인리에 화목하고 가장공경 치산범절 백집사 가감이라." [41]

라고 하여 임사지덕은 물론 장강(莊姜)[42]의 색과 목란(木蘭)[43]의
절개와 풍부한 지식을 갖춘 여성으로 등장한다. 그러면서도 그는 가
난하고 눈먼 심봉사를 지극하게 섬긴다. 이를 작품에서 보면

" 가련한 곽씨 부인 몸을바려 품을 팔제 ----- 춘추시향 봉제사와 압못보난 가
장 공경 시종이 여일하니 가난과 병신은 조금도 허물될 것 없고 상하면 사람
들이 불어하고 층찬 하난 소래에 재미 있게 세월을 보내더라."[44]

라고 하여 현처로서의 곽씨 부인을 알게 하고 있다. 뿐만 아니라
자식에 대해서는 더 없는 현모의 자애로움을 표현하고 있는 것을 보
게 된다. 사십 넘어 얻은 심청이를 순산하고 산후별증이 일어 세상
을 하직하게 될 때, 오래 살지 못할 것을 알고 심봉사에게 유언하는
말을 보면 家君 신세 걱정이며, 그동안 모아놓은 재산정리며, 미진
된 일거리를 차질 없이 처리 할 것과 아울러 갓 태어난 심청이에
대한 애절한 사연이 함께 이야기 되고 있다.

" 천지도 무심하고 귀신도 야속하다 네가 진작 생겼거나 내가 조금 더 살
거나 너나차 나죽으니 한량없난 구천지통 너로하야 품게 되니 죽은 어미
산 자식이 생사간에 무삼 죄냐 아가 내 젓 망종 먹고 어서 어서 잘 살아라
봉사다려 아차 내가 이젓소 이애 일홈을랑 청이라 불러 주오 이애 주랴고
지은 굴레진 옥판홍수 울진주드림 부쳐달아 함 속에 너엇으니 업치락 뒤치

---

41) 『沈淸傳』, 앞의 책, P. 229.
42) 莊姜 : 中國 衛나라 莊公의 妻 姜氏로 容貌가 아름답고 婦德이 높은 女子로 알려진
   人物.
43) 木蘭 : 옛 中國의 孝女로 이름있는 女人, 아버지를 대신해서 전쟁에 나가 싸움에 승리
   하고 돌아온 인물로 유명함.
44) 위의 책, P. 229 - 230.

락 하거들랑 나 본 듯이 씨워 주오 "45)

라고 한 것으로 보아 남편 심 봉사에게는 현처의 도리를 다했고, 자식 심청에게도 어머니로서의 자상함과 세심한 사랑은 양모의 도리를 다 한 것이라 생각 된다.

② 순종(順從)적 정절(貞節) 의식

가. 정절관의 확립

가정소설에서 여성의 정절관 확립은 정주성리학의 전래와 보급으로부터 찾을 수가 있다. 즉, 고려 말에 문란했던 풍속이 주자학적 예속의 확립으로 새롭게 여성 정절을 강조하게 된다. 조선시대 이전의 성 관념은 자유롭다고 하기보다 오히려 문란했던 것을 볼 수 있으니 <한림별곡(翰林別曲)>,이나 <만전춘별사(萬殿春別詞)>,및 <쌍화점(雙花店)>과 같은 시가(詩歌) 작품들에 잘 나타나 있다.46) 그러나 조선왕조의 창건은 새 왕조의 순수성을 추구하기 위해 당시에 신흥사조였던 주자학을 받아 들여 유교윤리적 입장에서 '명강상(明綱常)'을 교화의 목표로 삼아 '집집마다 효순지자요, 사람마다 충진지신(忠盡之臣)이요, 부녀마다 정절지부(貞節之婦)'라는 야망을 실천하려 했던 것을 보게 된다.47)

그런데 그중에서도 '충신불사이군(忠臣不事二君), 열녀불경이부(烈女不更二夫)'라고 하는 양대 가치 개념은 항상 표리를 이루며 동반되는 절의였다. 그러나 평화 시에는 불사이군보다 불갱이부의

---

45) 위의 책, P 235 - 236.
46) 池憲英, 井邑詞硏究, 亞細亞硏究,第三卷一號, 高麗大學校, 1961.
   文在球, 韓國現代文學에 나타난 性 問題 硏究, 中央大 博士論文, 1987.
47) 金龍德, 婦女守節考,『李朝女性硏究』, 淑大 亞細亞女性問題硏究所, 1976, P. 138.

여성 정절이 더욱 강조 되었던 것을 볼 수 있다. '부부는 인륜지시(人倫之始)며 만복지원(萬福之源)이라'하여 남녀지도를 제일로 한 것은 부부가 있은 다음에 부자가 있고, 부자가 있은 다음에 군신이 있는 것으로 '수신제가치국평천하(修身齊家治國平天下)'의 유학적 지도이념과 일치 한 것이라 생각된다.

그러나 고려 말 신진 주자학도들의 주장에 의해 부녀의 정절을 강조하기 위한 재가(再嫁)문제를 법령으로 정하자[48]는 움직임이 일기 시작했지만 좀처럼 정착 되지 않는다. 조선 초 태조(太祖)시에도 명문 거족의 부녀들이 개가하여 실행하는 것을 개탄한 유신의 상소가 있자[49] 대사헌 남재(南在) 등의 구습 제거를 위한 의견을 받아들여 양반의 정처(正妻)로 삼가(三嫁)한 여자는 자녀안(恣女案)에 기록하게 하여 신분을 종으로 격하시키고 있다[50]. 이와 같은 녀성 정절에 관한 문제는 세종 대에 이르러 부도를 더욱 엄격하게 하기위해 간부(姦婦)에 대해서는 실형으로 참형을 내리고 있다.[51] 이렇게 부녀의 정절에 대한 예속을 법으로 강요하는 동시에 교화 장려에도 힘써 고금의 충신, 효자, 열녀로 그 행실이 모범 될만한 행적을 골라『삼강행실도(三綱行實圖)』를 편찬 간행하여 부녀자들과 유아에 이르기까지 쉽게 배우게 했고 또 열녀, 효자들을 매년 선발, 예조에 보고케하여 상을 주고 탁월한 자에게는 정문을 내려 표창한 것을 볼 수 있다.

그 결과 임란과 같은 대 전란이 있은 뒤 국가가 조사하여 정문을 내려 표창한 효자, 충신, 열녀의 숫 적인 면에서만 보아도 정절을 지키려다 순절(殉節)한 열녀가 압도적으로 많아 열녀왕국으로 변한

---

48)『高麗史』, 卷八十四, 刑法 一.
49) 朴剛生, 淸齋先生忠節錄, 洪起文,『朝鮮文化叢書』P. 117
50)『太祖實錄』, 卷 八, 太祖四年, 十二月 庚子.
　　『太宗實錄』, 卷 十一, 太宗六年, 丁卯.
51)『世宗實錄』, 卷二十二, 世宗 五年 乙卯. 卷二十三, 世宗 六年 九月 丁卯.

것을 볼 수 있다.52) 이를 『동국신속삼강행실도(東國新續三綱行實圖)』53) <열녀편>을 분석, 열행의 유형을 보면, 전체 열녀 744명중 순절적 열녀가 무려 70%이상을 점하고 있으며, 청상과부(靑孀寡婦) 수절(守節)적 열녀가 20%정도이고, 병부동거(病夫同居)적 열녀 및 기타 열녀가 10%미만으로 나타나 있다.54) 이것은 조선왕조가 표방했던 예속의 일환으로 여성정절을 강조한 것이 그 실효를 거두게 되어 열녀왕국의 칭호를 듣기에 충분했다.

## 나. 열녀(烈女)의 유형적 특징

### 가) 순절적(殉節的) 열녀

순절적 열녀라 함은 정절을 지키기 위해 목숨을 버린 여성으로 남편이 죽으면 따라 죽는 순절의 경우는 물론, 위기를 당했을 때 몸을 더럽히지 않으려고 스스로 자결하거나 아니면 타살되는 경우를 모두 이에 포함 시킬 수 있겠다. 그러나 작품에서는 정절을 지키다 죽는 것은 그리 많지를 않고55)죽음을 각오하고 정절을 지킨 작품들이 있어 이에 해당 된다고 보았다. 죽음 앞에서 정절을 굽히지 않았던 대표적인 작품은 『춘향전』을 들 수 있고, 『옥단춘전』을 비롯하여 『옥낭자전』, 『월영낭자전』, 『숙영낭자전』과 같은 작품들이 이에 속한다 하겠다.

---

52) 禹快濟,貞節型 家庭小說硏究, 仁川大學校 論文集, 第17輯 ,1992. P. 16.
53) 『東國新續三綱行實圖』는 壬丙兩亂後 光海君代(光海 6年, 1614年)亂中 亂後를 통하여 발생한 忠孝,烈의 행적을 수집한 자료를 中宗時 編纂한 『東國續三綱行實圖』와 합하여 先代의 例에따라 圖說과 國譯을 가한 천수백인의 巨帙略傳
54) 禹快濟, 위의 논문, P. 22.
55) 주로 작품의 주인공들이기 때문에 죽음으로 무대에서 사라지게 하는 것은 작품 구성상 피한 것으로 생각된다. 그러므로 죽음 직전에 구출되는 즉, 죽음을 각오하고 정절을 지킨 작품들을 모두 이에 포함시켰다.

Ⅱ. 가정소설(家庭小說)의 새로운 탐구  113

『춘향전』에서 춘향은 이도령과 맺은 백년가약을 지키기 위해 목숨까지라도 버릴것을 굳게 다짐한다.

> " 자나 깨나 죽으나 사나 일편단심 이도령을 위하여 비록 부월이 당도하여도 훼절치 아니 할 집심이어날 ----- 아모리 감언이설로 유인한들 일호나 동념함이 있으리 "56)

라고 하여 어떠한 유혹에도 일편단심 춘향의 마음은 변할 수 없음을 나타내고 있다. 그렇기 때문에 변사도 생일잔치에서 죽임을 당할 줄 알면서도 끝까지 수청을 거부하고 거지꼴이 되어 찾아온 암행어사 이도령에게 자기의 최후를 부탁하고 있는 것을 볼 수 있다.

> "들으니 명일이 본관 생신 잔치라 잔치 끝에 나를 올녀 죽인다고 사정에서 분부하여 형장 많이 깎아 올리라 하였으니 나는 내일 죽는 사람이라 ----- 나를 죽여 내치거든 다른 사람 손길 대지 말고 서방님이 달려들어 나의 시체 두리쳐 업고 내집에 도라와 시상받쳐 누인 후에 ---- "57)

라고 하여 죽음을 대비해서 유언하고 있다. 이렇게 춘향은 정절을 지키기 위해 수청을 거절, 죽음에 이르게 된다. 다만 작품에서 극적 전환으로 이도령의 암행어사 출도가 아니었더라면 죽음을 면치 못했을 것이다. 춘향의 정절 의식은 분명 정절을 지키다 목숨을 버리는 순절적 정절 의식임에 틀림이 없다.

『옥단춘전』에서는 자기가 모시는 감사를 버리고 그 친구 이혈룡을 사랑하다 죽음에 이르게 되지만 조금도 후회하지 않고 사랑하는 낭군의 죽음만을 더 안타까워하며 자기의 죽음은 당연한 것으로 받

---

56) 『春香傳』, 舊活字本 古小說全集, 第15卷, 仁川大學校 民族文化研究所. 1983, P. 373.
57) 위의 책, P. 418.

아들이고 있다.

> " 나는 지금 죽더라도 원통할 것 업건마는 낭군님은 대장부로 생겨나서 공
> 명한번 못해 보고 황천객이 되었단 말인가 원통하고 가련하다 ----- 후세에
> 다시 만나 미진한 우리 정을 백년해로 사라 보사이다." 58)

라고 하여 자기의 사랑하는 낭군을 위해 죽는 것이 당연한 것으로 생각하고 있다. 역시 이 작품도 혈룡의 암행어사 출도로 극적 전환을 가져오지 않았다면 정절을 지키다 순절한 것으로 볼 수밖에 없다. 그러므로 주인공 옥단춘의 정절 의식도 분명 정절을 지키다 목숨을 버리는 순절적 정절 의식임에 틀림없다고 하겠다.

『옥낭자전』에서는 옥중에 있는 남편을 살려내기 위해 남장여인으로 옥에 찾아가 정혼한 남편 시업과 바꾸어 자기가 죄인으로 처형되겠다고 자청하나 남편이 듣지 않는다. 이때 옥랑은 자기의 굳은 결심을 이렇게 나타내고 있다.

> " 옛글에 일럿스되 여필종부라 하오니 비록 군자를 따라 죽는다 할지라도
> 또한 불가하옴이 업삽거던 하물며 군자를 위하여 대병함이리오 ---- 군자
> 청종치 아니하시니 ----- 차라리 이곳에서 자결하야 진정을 표하리리다 하
> 고 품속으로 단도를 끄어내어 자결코자 하거날 ---- " 59)

라고 하여 결연하게 나타내 보임으로 시업은 이를 만류하다 다른 묘책을 찾으리라 생각하고 낭자의 옷을 갈아입고 옥문을 나오게 된다. 다음날 부사가 죄인을 잡아들여 문초할 때 사람이 바뀐 것을 알고 그 사정을 감사에게 보고하고 감사는 조정에 장계를 올려 보고하니 상이 들으시고 크게 기뻐하시며 그 절행을 높이 칭찬 하시고,

---

58)『玉丹春傳』, 活字本 古典小說全集, 第4卷, 亞細亞文化社, 1976, P. 500.
59)『玉娘子傳』, 活字本 古小說全集, 第4卷, 亞細亞文化社, 1976, P. 452.

살인죄를 모두 사해 주신다. 이렇게 옥랑은 죽음을 각오한 절행으로 시업을 살려 낸다. 그가 죽지는 않았지만 죽을 수밖에 없었던 상황이었다. 그가 살아난 것은 상왕의 특별한 은총으로 극적 전환이 이루어졌기 때문으로 볼 수밖에 없다. 역시 옥낭은 남편을 위해 자기의 목숨을 바치기로 한 순절적 정절 의식을 가진 여인임을 알 수 있다.

나) 청상과부(靑孀寡婦) 수절(守節)적 열녀

청상과부 수절적 열녀라 함은 일찍 남편과 사별하고 청상과부가 되어 어려움을 이겨내고 끝까지 정절을 지키며 살아간 여성을 이른다. 그런데 조선시대에 오게 되면 대부분의 여성들은 과부로서 정절을 지키며 살아가는 것은 문제로 생각되지 않았던 것 같다. 과부의 수절은 여성으로서는 당연한 것으로 생각 했던 것인지도 모른다. 연암(燕岩)의 『열녀함양박씨전(烈女咸陽朴氏傳)』에서 보면

> " 우리나라 사백년 이내로 백성들은 벌써 오랫동안 내려오는 교화에 젖어서 그들 여자는 계급의 귀천도 없이 겨레의 높낮이도 없이 과부의 절개를 지키지 않는 이가 없었다. ---- 그들은 과부로서 늙는 것 만으로서는 절개될 것이 없다는 생각에서 가끔 광명한 햇빛을 싫어하고 남편을 따라 저승길 걷기를 원하며 ----- "[60]

라고 하여 과부의 실태를 잘 설명해 주고 있다. 이것으로 미루어 보아 청상과부가 절개만 지키면서 살아가는 것은 열녀로서 이야기 거리가 될 수 없었던지 고소설 작품에서 많이 나타나지 않고 있다.

『장한절효기(張韓節孝記)』에 보면 남양 태수 오세신이 장필한의 부인 한씨의 미색을 탐하여 장공을 죽이고 부인 한씨를 탈취하려 한다. 이때 부인 한씨는 망부의 원수를 갚기 위해 거짓으로 허락[61]하

---

[60] 『烈女咸陽朴氏傳』, 李朝漢文小說選, 李家源 譯篇, 民衆書館, 1961, P. 258.

고 오태수를 살해 한 뒤 정절을 지키기 위해 절에 들어가 중이 되어 평생을 지내는 것으로 되어 있어 청상과부 수절형의 대표적 작품이라 할 수 있다. 물론 한씨 부인은 목숨을 끊어 순절적 열녀가 될 수도 있었지만 자식을 그리는 모정으로 살아남아 후일 성공한 아들과 산사에서 상봉의 기쁨을 맞게 된다. 이를 작품에서 보면

" 이의 오신 자사상공이 이장 공자시니이다 자사 법당 안에서 이 소리를 듣고 대경하야 하거날 ----- 급히 다라 들어 붓들고 통곡 왈 소자는 곳 영이 로소이다 부인이 영이를 안고 구을며 왈 영아 내 죽어 너를 봄이냐 하고 애호 일성의 인하야 혼절하니 ------- "62)

라고 하여 남편과 사별하고 남편의 원수를 갚아 복수한 뒤에 산사에 머물면서 오직 자식만을 기다리다 상봉하게 된다.

이와 같은 남편과 사별하거나, 경우에 따라 이별한 관계에서 어려움을 극복하기 위해 중이 된 경우는 『위씨절행록(衛氏節行錄)』의 위씨 등에서도 찾아 볼 수 있어 이에 해당 된다고 하겠다. 당시 청상과부로 정절을 지키며 살아간다고 하는 것이 얼마나 어려운 일이었나 하는 것은 연암의 『열녀함양박씨전』 모두에서 성공한 자식들을 놓고 참기 어려웠던 과거를 회상하는 글 속에서 쉽게 찾아 볼 수 있다.

" 이것이야말로 네 어미가 죽음을 참은 부적이다. 내 이걸 십년동안이나 손으로 모색해서 다 닳았구나 대저 사람의 혈기는 음양에 근본 되고 정욕은 혈기에 심어 으며 사상은 고독에 나고 슬픔은 사상에서 나는 법이 아니냐

---

61) 烈不烈說話와 같은 構成을 보이고 있으나 靑孀으로 寡婦가 되어 貞節을 지키기 위해 중이 된 것으로 볼 수 있어 靑孀寡婦 守節的 烈女로 보고자 했다.
62) 『張韓節孝記』, 舊活字本 古小說全集, 第13卷, 仁川大學校 民族文化硏究所. 1983, P. 12.

이제 과부란 고독에 살며 슬픔으로서는 지극할 것이 아니냐 그리고 혈기란 때를 따라 왕성한즉 어찌 과부라 해서 정욕이 없겠느냐 ---- 졸음도 없는 그 깊은 밤에 누구에게 나의 고충을 하소연 하려고 내 그제야 이 돈을 끄집어내어 굴리기 시작하여 ----- 혈기가 이미 쇠진해지매 나는 다시 이 돈을 구을리지 못했던거야 그러나 나는 오히려 이 돈을 열 번이나 싸서 간직한지도 스무남은 해를 지난 것은 그 공을 잊지 않을뿐더러 역시 가끔 이것으로서 스스로 깨우치곤 하는 거야 "[63]

라고 하여 당시 과부들이 수절하기 힘들었던 점을 그대로 보여주고 있다. 그러면서도 청상과부들의 수절은 보편적 가치로 받아 들여졌고 또 예사로 있어온 것이었음을 알 수 있어 열녀의 정절 의식을 알게 하고 있다.

다) 병부동거(病夫同居)적 열녀

병부동거적 열녀라 함은 병든 남편을 받들면서 개가할 생각 없이 어려움을 참고 견디며 정절을 지켜온 것을 표현한 작품들을 말한다. 조선시대 열녀의식은 남편이 죽으면 따라 죽거나 위기를 당했을 때 정절을 지키기 위해 목숨을 버리는 순절적 열녀가 절대다수였기에 병든 남편을 섬기며 고통을 참고 견뎌낸 열녀의 이야기는 문제가 되지 않아서인지 이에 대한 작품도 그리 많지 않다. 병든 남편을 위해 부인이 목숨까지 내어 놓겠다는 굳은 결심을 보이면서 난관을 극복하고 영약을 구해 남편의 병을 낫게 했다고 하는『이계룡전(李季龍傳)』이 이에 해당된 작품이라 하겠다. 이 작품에서 부인 이씨는 효성이 지극한 남편의 병을 고치기 위해서 호랑이에게 자기의 목숨을 내어 놓기로 약속할 때, 그 정성에 탄복한 산신의 도움을 얻어 영약(靈藥)을 얻어 남편의 병을 고치게 된다. 이를 작품에서 보면

---

[63] 『烈女咸陽朴氏傳』, 앞의 책, P. 260 - 261 .

"큰 범이 엉금엉금 나려와 앞에 안지며 바구리 같은 대가리를 설설 흔들며 천연히 말하여 갈오대 네 몸으로 네의 가장의 병을 대신하기로 축원하니 내 너를 잡아먹고 약을으되 네 가장의 병을 낫게 하리라 하니 ----- 가장만 쾌차함을 내 눈앞에 보게하여 주면 죽어도 한이 업슬 터이오니 어서 밧비 가장의 병만 낫게 하여 주옵소서 "64)

라고 하여 병든 남편을 위해서는 몸이라도 드리겠다고 하는 부인의 열녀 의식을 보게 된다. 뿐만 아니라 『열녀함양박씨전』에서 박씨는 늙은 아전을 통해 자기의 과거를 말하는 대목에서 병부 동거적 열녀임을 쉽게 알 수 있다.

" 그가 시집가기 전 몇 달 전 일입니다. 어떤이가 전하기를 '술중의 병이 골수에 들어 살길이 만무한즉 어찌 혼인날을 물리지 않느냐 '고 했답니다. 그리하여 그의 할범과 할멈이 가만히 그녀에게 일렀더니 그녀는 묵묵히 대답이 없었답니다. ----- 술중은 비록 얼굴은 아름다우나 폣병이 들어 기침하며 마치 버섯이 서있는듯 그림자가 걸어 다니는 것 같았답니다. 그 집에선 크게 두려워하여 다른 중매인을 초대하려 했더니 그녀는 얼굴빛을 가다듬고 '앞서 마른 옷은 누구의 몸에 맞게 한 것이며 또 누구의 옷이라 불렀습니까 전 처음 지은 옷을 지키렵니다.' 하기에 그 집에선 그의 뜻을 알아채고 약속대로 사위를 맞이했으니 비록 합근을 했다지만 그 실은 빈 옷만 지키었을 뿐이었다는 것입니다." 65)

라고 한 것으로 보아 결혼 전 약혼 시에 이미 불치병에 걸려 있는 것을 알면서도 결혼한 것임을 알 수 있다. 그는 결혼하여 병든 남편을 정성 것 모셨으니 병부 동거적 열녀라 하지 않을 수없다. 그 후 남편이 죽게 되자 삼년상을 무사히 치르고 남편의 뒤를 따라 자결함으로 순절적 열녀가 된다. 이와 같은 사건에 대해 당대의 많은 사람들은 그를 칭송하며 전을 짓는 사람이 많았다 했다.

---

64)『李季龍傳』, 金東旭 所藏 筆寫 唯一本, 韓國精神文化硏究院, 影印本.
65)『烈女咸陽朴氏傳』, 앞의 책, P. 264 - 265.

" 함양 군수 윤후 광석이 밤에 이상한 꿈을 꾸고 느껴서 열녀전을 지었고, 산청 현감 이후 면제도 역시 전을 지었고, 거창에 살고 있는 신돈항은 글을 쓰는 선비였는데 박씨를 위해서 그 절의를 서술했다."[66]

라고 하여 열녀에 대한 의식이 어느 정도였나 하는 것을 알게 해 준다. 이렇게 열녀 의식은 매우 뿌리 깊은 우리의 전통적 가치로 자리 잡아 간 것을 알 수 있다. 현대에도 우리는 '미망인(未亡人)'이란 말을 많이 쓰고 있다. 이것은 '남편이 죽었을 때 따라 죽지 못한 여인'이란 뜻으로 한국 여성들의 순절적 열녀 의식의 계승에서 온 것이라 생각 된다. 그러므로 작품 속에서 죽음으로서만 정절을 지키려는 의식, 그것이 대표적인 한국 여성들의 전통적 열녀 의식[67]이 아닌가 생각 된다.

### (3) 자녀의 역할과 가족 의식

① 희생적(犧牲的) 봉친(奉親) 의식

가정은 남녀의 결합으로 이루어진 부부 사이에서 출생한 자녀 손으로 구성된 혈연 공동체[68]임으로 부부의 역할과 가족의식 뿐만 아닌 자녀의 역할과 의식, 또한 중요한 가족의식의 하나라 할 수 있다.

그러므로 대부분의 작품들은 그 서두에서부터 자녀를 얻기 위한 대단한 노력을 볼 수 있다.『심청전』의 심 봉사 앞 못 보는 맹인으로 부인의 덕에 살아가면서도 자식 없어 한탄하고 있다. 이를 보면

" 사람이 세상에 나서 부부야 뉘 없을 가마는 이목구비 성한 사람도 불칙 계집을 얻어 부부불화 많거니와 마누라는 전생에 나와 무삼 은혜 있어 이

---

66) 위의 책, P. 265.
67) 禹快濟, 貞節형 家庭小說 硏究, 仁川大學校 論文集, 第17輯, 1992.
68) 禹快濟, 韓國家庭小說硏究, 앞의 책, p. 17.

생에 부부 되어 앞 못 보는 가장 나를 한시 반 때 놓지 않고 불철주야 벌어 드려 어린 아해 받들듯이 행여나 치워할 가 배 곱파할 가 의복음식 때를 맞추어 지성으로 봉양하니 나는 편타 하려니와 마누라 고생사리 도로여 불안하니 괴로운 일 너무 말고 사는 대로 사웁시다. 그러나 내 마음에 지원한 일이 있소 우리가 연광이 사십이나 실하에 일점혈육이 없으니 … " 69)

라고 하여 생업도 중요하지만 일점혈육 없음을 근심하고 있는 것을 볼 수 있다. 이렇게 하여 얻은 자녀들은 부모를 위해서는 자신의 몸까지도 받치는 헌신적 생활을 하게 되어 효행형 소설의 대표적 작품으로 남게 된다.

희생적 봉친의식이 강한 작품을 유형별로 분류해 보면 부모를 위해 자신의 몸까지 파는 매신효행 담(賣身孝行談)을 비롯하여, 부모의 수명이 다한 것을 알고 자기의 목숨과 바꾸려는 수명치환 담(壽命置換談)이 있으며, 탕자가 회개하여 지극한 효성을 다하는 탕자효행 담(蕩子孝行談) 및 부친의 원한을 복수하려는 부원복수 담(父怨復讐談) 등이 있다.70)

희생적 봉친의식이 가장 잘 나타나있는 매신효행담의 대표적 작품은 『심청전』을 들 수 있다. 심봉사 몽운사 화주승에게 공양미 삼백 석을 약속하고 근심할 때, 출천대효 심청이는 상인들께 몸을 팔아 공양미 삼백 석을 몽운사에 시주한다. 이때 상인들을 만나 자기의 사정을 말하는 것을 보면

" 나는 본촌 사람으로 우리부친 안맹하야 세상을 분별 못하기로 평생에 한이 되어 하나님 전 축수하더니 몽운사 화주승이 공양미 삼백 석을 불전에 시주하면 눈을 떠서 보리가 하되 가세가 지빈하야 주선할 길 없삽기로 내 몸을 망매하야 발원하기 바라오니 나를 사미 었더하오 "71)

---

69) 『沈淸傳』, 舊活字本 古小說全集, 第8卷, 仁川大 民族文化硏究所, 1983. p. 230.
70) 禹快濟, 앞의 책, p. 33.

라고 하여 자기 몸을 팔아서라도 부친의 지원한 소망을 풀어드리려 하는 것을 보게 된다. 또한 『숙녀지기(淑女知己)』에서는 부친의 상사 후 부친의 시신을 선산에 이장하기 위해 자기의 몸을 종으로 팔려고 하는 매신 효행 담을 볼 수 있다. 주인공 여 소저는 원지에서 자객에게 죽임을 당한 부친의 시신을 고향에 안장하기 위한 비용을 마련할 길이 없어 자신의 몸을 팔기로 결심한다.

> " 마음에 효성이 감발하니 문득 일계를 생각하고 심중에 혜오대 내 한번 죽으면 평생수욕을 면하나 야야의 체백을 안장치 못 할지라 차라리 나의 몸을 팔아 천역을 감심할지언정 부공을 안장하고 그날로 죽은들 무삼 여한이 있으리요" 72)

라고 하여 자신을 몸을 팔아 부친의 장례를 모시기로 하고 있는 것을 보게 된다. 뿐만 아니라 자부로서 시부모의 상사에 장례비용을 마련할 길이 업자 이를 위해 몸을 파는 매신효행 담을 볼 수 있으니 『이해룡전(李海龍傳)』에서 심씨 부인의 경우를 들 수 있다. 해룡의 모친 장씨 부인이 나이 팔십에 병이 침중해도 수중에 푼 전의 변통 없어 약치료도 못하고 세상을 하직한다. 이때 진사부부 애통하나 장례 치룰 길이 업자 부인 심씨 말하기를

> " 우리 이러틋 방중에서만 애통한들 타인이 알리 없고 설혹 안다하여도 푼전을 추대치 못하리니 점점 불효막심지라 백이 사량하야도 초종을 치를 길이 없으니 이제 첩이 일문에 팔니어 모친의 신체를 감장하는 것이 좋을듯 하고 지금 이런 망조한 때를 당하여 어찌 명분을 지키어 몸을 도라 보리 있고" 73)

---

71) 『沈淸傳』, 앞의 책, p. 252.
72) 『淑女知己』, 活字本 古典小說全集, 第4卷, 亞細亞文化社, 1976, p. 11.
73) 『李海龍傳』, 活字本 古典小說全集, 第5卷, 亞細亞文化社, 1976, p. 490.

라고 하여 시부모의 장례를 위하여 자기의 몸을 팔고자 한다 더욱 이런 어려운 때에는 진사의 명분만을 도라 보고 있을 수 없음을 강조하며 초종장례를 치르기 위래 자신의 신분을 종으로 위장하여 팔려 가는 것을 볼 수 있게 된다.

『심청전』에서 자신의 몸을 인당수 제물로 팔아 부친의 눈을 뜨게 한 심청이나, 『숙녀지기』에서 부친의 장례를 위해 자신의 몸을 판 여 소저를 비롯하여 『이해룡전』에서 시부모의 장례비용을 마련하기 위해 몸을 팔은 심씨 부인 등은 부모를 위해 몸을 받친 희생적 효행의 의식이 강한 주인공들이라 하겠다. 뿐만 아니라 부친의 수명을 연장하기 위해 자신의 몸을 내어놓는 『이계룡전』은 부친의 수명이 다한 것을 안 계룡이 숯불 속에 뛰어 들어가 부친을 대신해서 타 죽으면 자신의 수명만큼 부친의 수명을 연장할 수 있다는 상제의 약속을 받고, 거침없이 숯불로 뛰어드는 것은 수명 치환 담으로 부친을 위한 희생적 가족 의식의 발로[74]라 하지 않을 수 없다.

이렇듯 자녀들의 부모에 대한 의식은 자신의 목숨까지라도 받치려는 절대적 효행과 신분적 명분을 버려서라도 자식 된 도리(사후의 초종장례)를 다하려는 것을 볼 수 있어 희생적 봉친 의식으로 해석할 수 있다.

② 가문(家門) 창달(暢達) 의식

가정소설에서 자녀들이 갖는 가족의식에서 희생적 봉친의식과 함께 가문 창달의식을 들 수 있다. 이것은 자식을 두고자 하는 부모의 의식에서도 함께 찾을 수 있는 것으로 단순한 자녀의 출산이 아닌 자녀를 통한 가문이라고 하는 씨족공동체의 발전적 계승의식을 볼 수 있다. 『심청전』의 심봉사 자식 없어 한탄하며 자식 두기 원하는

---

74) 禹快濟, 『韓國家庭小說研究』, 앞의 책, p. 289.

뜻을 보면

> " 슬하에 일점혈육 없으니 조상향화를 끊게 되니 죽어 황천에 도라 간들
> 무삼 면목으로 조상을 대하 오며 ````` " 75)

　라고 하여 조상을 생각하는 마음에서 자식을 두려하고 있는 것을 볼 수 있다 그러므로 심청이 임당수에 제수 되어 팔려 갈 때, 먼저 사당에 하직하며 축원하고 있는 것을 볼 수 있다.

> " 사당에 하직차로 세수를 정히 하고 눈물흔적 없앤 후에 정한 의복 갈아
> 입고 후원에 돌아가서 사당문 가만히 열고 주과를 차려 놓고 통곡재배 하
> 직할 때 불효여식 심청이는 부친 눈을 띄우랴고 남경장사 선인들께 삼백
> 석에 몸이 팔려 임당수로 돌아가니 소녀가 죽더라도 부친의 눈 띄여 착한
> 부인 작배하야 아들 낳고 딸을 낳아 조상향화 전케 하오 " 76)

　라고 하여 자기의 죽음은 오히려 한 차원 높인 부친의 눈 띄우는 일과 함께 착한 부인 작배하여 아들과 딸을 낳아 가문의 창달을 가져오게 하겠다는 그의 의식의 단면을 볼 수 있게 한다. 그러므로 그는 결국 황후가 되어 심봉사의 눈을 뜨게 한다. 이를 보면

> " 심황후 이 말을 들으시매 말을 마치기 전에 벌써 눈에 피가 두르고 뼈가
> 녹는 듯하여 부친을 붙들어 일으키며 애고 아버지 눈을 떠서 나를 보옵소서
> 이 말을 심봉사 듣고 어떻게 반가웠던지 두눈 번쩍 뜨이니 ````` " 77)

　라고 했다.

---

75) 『沈淸傳』, 위의 책, p. 230.
76) 『沈淸傳』, 위의 책, p. 256.
77) 『沈淸傳』, 위의 책, p. 290.

그리고 결말 부분에서 보면 안씨 맹인을 맞아 칠십에 생남하게 하여 가문을 계승하게 하는 것으로 끝을 맺게 하고 있어, 이것은 분명 심청의 희생이 다른 한편으로 새로운 심씨 가문의 가문창달을 가져오게 한 일련의 사건이었음을 알 수 있게 된다.

『남정기』에서도 주인공 유한림, 간신의 모함으로 귀양길에 올랐다가 다시 사면되어 돌아와 전일의 잘못을 뉘우치고 사씨를 모셔오고, 겸하여 임씨부인을 얻어 삼자를 두게 된다. 이때 벼슬이 좌승상에 오르게 되고, 그 자녀들 또한 병부, 이부, 호부를 두루 점하게 하는 일대 가문의 영광을 모두 차지하게 하여 혁혁한 가문창달의 대 파노라마가 전개됨을 보게 한다.

" 상이 유상서를 돋우어 좌승상을 하이시고 황휘 사부인에게 청덕을 들으시고 자조 인견 하시니 유문의 영광이 무비하고 또 사주관이 높은 벼슬에 이르니 그 성만함이 일세에 극 하더라 승상 부뷔 팔십 여세를 안향하고 그 후대 공자는 병부상서에 이르고 유공은 이부상서를 하고 준아는 호부시랑을 하고 난아는 태상경을 하여 조정에 벌렸으니 ‥‥‥ " 78)

라고 하여 한결같이 유씨 가문의 대대계승 가문창달의 내용을 그대로 나타내고 있음을 볼 수 있다. 이와 같은 가문 창달 의식은 『구운몽』의 양소유나 『홍길동전』의 길동의 경우에서도 쉽게 찾아 볼 수 있다.

『구운몽』의 양소유 그 탄생하는 과정을 보면 전생의 성진이 사자를 따라 이른 곳은 울타리 초가지붕이 수목사이로 보일락 말락 하는 여나문 집이 있는 한적한 시골에 한미한 양처사집이었다. 인도하던 사자 말하기를

---

78) 『沈淸傳』, 위의 책, p. 536.

"이 땅은 곳 대당국 회남도 수주현이오 이곳은 양처사집이니 처사는 너의 부친이요 그 부인 류씨는 너의 모친이라 네가 전생인연으로 이 집 아들이 되니 너는 속히 들어가 좋은 때를 잃지 말라."79)

라고 한다. 이렇게 성진이는 이생으로 적거되면서 한미한 양처사의 집안에 탄생하게 된다. 그러나 그가 성장하여 과거 길에 오르게 될 때부터 가문창달에 대한 강한 집념이 보이기 시작한다. 소유 그 어머니께 과거에 응하겠다는 자신을 뜻을 말하는 것을 보면

"부친이 하늘에 올라가실 때에 문호 영귀함을 소자에게 부탁하신지라 이제 가세 빈한 하야 노모께서 근로하시니 소자 만일 집 지킨 개가 되고 꼬리 끄는 거북이 되어 세상공명을 구치 아니하면 문호를 빛내지 못하고 노모님의 말씀을 위로치 못하겠으니 이는 부친의 바라시던 뜻을 어김이로소이다. 이제 듯사온 즉 시방 날에서 설과 하야 인재를 택용한다 하오니 소자 잠시 모친슬하를 떠나 과거를 보러 가려 하나이다."80)

라고 하여 세상공명을 구함은 물론 문호를 빛내고자 하는 가문창달의식에서 과거를 보러 가겠다는 것을 알 수 있게 하고 있다. 그러므로 그는 결국 초나라의 적은 고을에서 한미한 처사의 아들로 태어나 벼슬이 장상에 이르며 이처육첩을 거느리고 부귀영화를 누린 것으로 표현되고 있다.

"소유 초땅의 적은 선비로 은덕을 성군께 입고 벼슬이 장상에 이르며 또 부인과 낭자 여러분으로 더불어 만나 도탑고 깊은 정이 늙도록 더욱 친밀하니--"81)

이렇게 양소유의 일생을 통한 양가 가문의 창달을 볼 수 있다. 이것은 역시 가정소설에 나타나는 자녀의 역할 중 가문 창달의식을 나

---
79) 『九雲夢』, 舊活字本 古小說全集, 第2卷, 仁川大學校, 民族文化硏究所, 1983. p. 14.
80) 『九雲夢』, 위의 책, p. 16.
81) 『九雲夢』, 위의 책, p. 237.

타낸 것이라 생각된다. 이와 같은 가문 창달의식은 『홍길동전』의 홍 판서 댁 이야기에서도 변형적이기는 하지만 서자로 태어난 길동이가 병조판서가 되기도 하고 율도국의 군왕이 되어 부친의 호화로운 장례까지 모시는 것 등은 모두 가문창달의 의식에서 나온 가족의식이라 볼 수 있겠다.

5) 결 론

인류의 영원한 계승과 발전을 기대하는 신성한 성역인 가정을 무대로 한 가정소설을 통해 부부의 역할과 가족 의식을 고찰, 다음과 같이 정리 할 수 있었다.

첫째, 가족은 결혼에 의해 출발하는 부부를 중심으로 그들에 의해 출생된 자녀가 법적, 경제적, 종교적 유대 하에 권리와 의무 및 애정, 존경, 경외 등 다양한 심리적 정감으로 결합된 인적, 물적, 윤리적 공동체를 말한다.

둘째, 가족의 구성은 남녀의 결합이 전제되는 혼속의 변모를 통해 볼 때, 원시 난혼에서 잡혼에 바탕을 둔 혈족혼으로 바뀌고, 다시 반 혈족혼이라 할 수 있는 집단혼으로 변했다. 고려시대까지만 해도 혈족혼인 근친혼이 성행하다가 점차 법으로 규제하기 시작, 일부일처제의 대우혼 제도가 확립되지만 다처 혼에 바탕을 둔 가부장적 가족의 출현은 축첩제를 만들게 된다. 특히 조선시대의 혼속으로는 동성동본은 물론 이성 간에도 동근일 때는 혼인을 금하는 철저한 족외혼제와 신분에 따른 계급 내혼제 및 당쟁으로 인한 정파 혼, 사족간의 정략혼, 조혼 등의 폐습이 많았다.

가족의 형태로는 일부일처의 단혼적 가정을 중심으로 그에서 출생한 자녀들로 구성되는 단순가족과, 수 세대에 걸친 다수 가족 구성원이 집합가족 형태의 대가족을 이룬 복합가족이 대표적 이었다. 그러나 동모이부(同母異父)이거나, 동부이모(同父異母)로 구성되는 부(모)자 관계는 친자로 구성된 단순가족 형태라 할 수 있지만, 이부(모)에 대한 이질적 요소가 있어 단순가족과는 달리 특수가족으로 분류 할 수 있었다.

셋째, 부의 가장적 역할과 가족의식을 보면, 원시 모권 사회에서 가부장(家夫長)적 부계(父系)사회로 바뀌면서 가부장적 가족 통솔권이 강하게 나타나고 있는 것을 보게 된다. 『남정기』나 『홍길동전』 등에서는 가장의 통솔력이 약화 될 때 가정에 혼란이 야기되고 있다. 그리고 『남정기』를 비롯한 『심청전』등에서 후사 없음을 염려하는 것이 중심 문제로 다루어지고 있는 것은 강한 가계 계승 의식에서 나타난 것으로 볼 수 있다.

넷째, 부인의 현모양처 의식은 중국 주대의 태임(太姙)과 태사(太似)를 전범으로 삼아 여성의 최고 미덕으로 삼아왔던 것을 알 수 있다. 대표적인 인물로 『남정기』의 사씨를 비롯하여 『심청전』의 곽씨 부인을 들 수 있다. 그리고 여말 정주성리학의 전래로 주자학적 예속의 확립에 따라 여성의 정절이 강조되기 시작하여 순절적 열녀의 속출로 동방예의지국으로서의 위치를 확고히 하게 되면서 열녀에 대한 기록들이 작품으로 나타나게 된다. 대표적으로 『춘향전』을 비롯하여 『옥단춘전』, 『옥낭자전』, 『월영낭자전』, 『숙영낭자전』, 『열녀함양박씨전』 등을 들 수 있다.

다섯째, 자녀의 역할과 가족의식으로 부모에 대한 희생적 봉친 의식과 가문 창달 의식을 들 수 있다. 희생적 봉친 의식의 대표적인 작품은 『심청전』으로 남경장사 선인들에게 몸을 팔아 부친의 눈을 뜨게 하는 것과, 『숙녀지기』나 『이해룡전』과 같은 작품에서 부친의 시신을 장례하기 위해 신분을 종으로 파는 매신효행 담이나,『이계룡전』에서 부모의 수명을 연장하기 위해 자기의 목숨을 바치겠다는 것 등은 희생적 봉친 의식에서 나오는 자녀들의 행위임을 알 수 있다.

또한 가문 창달 의식을 보면『구운몽』의 양 소유는 한미한 양처사 집에 태어나 입신양명하여 양씨 가문의 일세를 이루고 있으며,『심청전』의 경우도 그의 죽음으로 다시 태어난 심 황후는 안맹하신 부친을 모셔다 눈을 뜨게 하고 안씨 부인을 모셔 들여 칠십에 생남케 하며 황후로서 심씨 가문의 혁혁한 창달을 보이고 있음을 보게 한다.

가정소설에서 구성원들의 역할과 의식을 보면, 부부는 가족을 구성하는 기본적 요소로 부의 가장 적 가족통솔 의식 및 후사 계승 의식과, 모의 현모양처 의식 및 정절적 열녀 의식을 볼 수 있고, 자녀들의 희생적 봉친 의식과 가문 창달 의식 등이 강하게 나타나고 있는 것을 을 볼 수 있다.

이와 같은 가정소설에 나타난 가족 의식은 한국사회를 유지해 오던 가정 중심의 전통적 가치관에 의한 세계관으로 조상들의 현명한 지혜가 담긴 것이라 하겠다. 그러므로 고소설 작품들을 통해 전달되고 확산되어졌던 전통적 가치관은 현대의 가정윤리 부재시대에 훌륭한 자료로 계승 발전시킬 필요가 있다고 본다.

# III. 열녀전의 새로운 탐구

## 1.『열녀전(列女傳)』의 전래와 한국적 수용양상

『열녀전(列女傳)』의 전래 - 수입, 번역. 한국적 수용 - 교훈서적 수용, 소설적 변용


### 1) 들어가며

한국과 중국은 지리적으로 인접 국이면서 역사적으로 나 문화적으로 많은 교류가 있어 상호 영향 관계에 있어왔다. 21세기에는 더 활발한 세계적 교류가 이루어 질 것으로 예견되어 한·중 양국간의 문화관계 논의는 매우 의미 있는 일이라 생각된다.

특히 유학을 중심으로 한·중 양국문화에 끼친 영향을 논의하는 것은 새로운 세기의 새로운 이념을 창출해 낼 수 있는 중요한 계기라 생각되어 더욱 그 의미가 크다고 본다.

원래 한국은 고래로부터 '동방예의지국(東方禮義之國)'이라 했다. 이것은 충과 효와 열과 같은 유학적 사상이 이념화되어 일상적

생활을 통해 그대로 나타난 것이었다. 이와 같은 유학적 사상이 한국문학에 어떻게 반영되어 있는지를 살펴봄으로 한·중 양국 문화에 끼친 유학의 영향을 밝혀 볼 수 있을 것이라 생각된다.

그 동안 한·중 문화관계 연구는 다방면에서 이루어져 왔다. 문학적 연구로는 한국 소설에 끼친 중국 소설의 영향을 중심으로 연구한 것[1]을 비롯하여, 한국 문학에 끼친 중국 문학의 영향[2] 등을 들 수 있다. 이와 같은 문학연구를 통해 중국 유학사상의 근간인 충·효·열 사상의 문학적 수용을 밝혀, 한·중 유학의 영향 관계를 살펴 볼 수 있겠다.

본 고에서는 유학의 대표적 사상인 충·효·열 사상 중 열 사상만을 국한시켜 살펴보고자 했다. 열 사상의 대표적 여인상으로 나타나고 있는 정절적 여인의 효시[3]를 중국의 『열녀전(列女傳)』에서부터 찾아보고자 했다. 『열녀전(列女傳)』의 한국 전래[4]는 곧 한국 여성들을 정절적 여인인 열녀로 만들어 동양의 대표적 열녀왕국[5]이란 이름을 갖게 한다.

이 책은 중국 전한대 유향(劉向)의 『고열녀전(古列女傳)』이 그 효시(嚆矢)로 일찍부터 한국에 수입되어 많은 영향을 끼쳤다. 이에 대해 김태준(金台俊)은 그의 『조선소설사(朝鮮小說史)』에서

"『열녀전(列女傳)』이 조선에 들어오기는 조선 태종 4년(명 영락2년)이다. 『대명회전(大明會典)』에는 '영락간 사조선국왕 열녀전(永樂間 賜朝鮮國

---

1) 丁奎福, '韓國小說에 끼친 中國小說의 影響'『韓.中關係 硏究論集』 高大亞細亞問題硏究所, 1983.
2) 韋旭昇『中國文學在朝鮮』, 中國文學在國外叢書, 花城出版社, 中國, 1990.
   禹快濟, 李海山 共譯,『韓國文學에 끼친 中國文學의 影響』, 亞細亞文化社, 1994.
3) 禹快濟 '古小說에 끼친 二妃傳說의 影響 考察 ' 仁川大學校 論文集, 第20輯, 1995.
4) 禹快濟 '列女傳의 韓國 傳來本 考' 韓南語文學, 第15輯, 韓南大學校 國語國文學科, 1987.
5) 禹快濟 '貞節型 家庭小說 硏究 ' 仁川大 論文集, 第17輯, 1992.

王 列女傳)'이라 하였고,『청장관전서(青莊館全書)』에는 ' 중국서입(中國書入) 본조자(本朝者) 태종4년 유열녀전(太宗四年 有列女傳) '이라 하였다. 그런데 중국에서는 열녀전이 수상본(繡像本)의 효시(嚆矢)이었다고 한즉(『서림청화(書林清話)』, 권8 ) 아마 조선에서도 열녀전이 삽화본(插畫本)의 비조(鼻祖)가 될 듯하다. 오늘날 여항(閭巷)에 유전하는 유향의 한문 열녀전 64편은 조선문 열녀전과 공통되는 것이 30여편 있을 따름이다." [6]

라고 하여 『열녀전(列女傳)』에 대해 최초로 언급하고 있다. 그러나 그 번역은 실체가 밝혀지고 있지 못하다. 그러므로 『열녀전(列女傳)』 연구에서도 한국은 중국[7]이나 일본[8]에 비해 크게 진전되지 못하고 있었다.

그러므로 본 고에서는 『열녀전(列女傳)』의 한국 전래를 중심으로 전이 시기와 종류를 밝혀 중국의 유학적 이념의 하나인 열 사상이 한국 여성의 정절 문제에 어떻게 수용되어 나타나고 있는지 고찰 해 보고자 했다.

2) 『열녀전(列女傳)』의 전래(傳來)

(1) 『열녀전(列女傳)』의 수입(輸入)

중국 『열녀전(列女傳)』의 한국 전래에 대해 김태준(金台俊)은 영락(永樂) 2년(1404년)의 기록[9]을 인용하여 최초로 전래되어진 시기[10]를 조선 태종(太祖) 4년으로 잡고 있다. 그러나 이것이 유향(劉

---

6) 金台俊,『朝鮮小說史』, 學藝社, 1937. p. 64.
7) 張 敬, 列女傳與其作者,『中國婦女史論文集』, 商務印書館, 臺灣, 1982.
8) 笠井清 '假名草子に及はしに 列女傳の影響 '比較文學, 第4卷, 日本 比較文學會, 1961. 山崎純一 '近世における列女傳の變遷' 中國古典研究, 第12輯, 日本早稻田大學 中國古典研究會, 1964.
9)『大明會典』, ' 永樂間 賜朝鮮國王 列女傳 ----- '
『青莊館全書』, ' 中國書入 本朝者 太宗四年 有列女傳 ------ '
10) 金台俊, 前揭書, p. 64.

向)의 『고열녀전(古列女傳)』인지 명(明)대에 신편된 『고금열녀전(古今列女傳)』인지를 분명하게 밝히지 않고 있음에 비해 박성의(朴晟義)는 『해동역사(海東繹史)』를 인용11) 당시에 수입된 『열녀전(列女傳)』은 유향의 『고열녀전』이 아닌 『고금열녀전』이었음을 분명히 밝히고 있다.12)

중국 『열녀전(列女傳)』의 한국 전래에 대한 최초의 기록으로는 『조선왕조실록(朝鮮王朝實錄)』에 태조(太祖) 4년 유향(劉向)의 『고열녀전(古列女傳)』이 아닌 명대에 해진(解縉) 등에 의해 신편 된 『고금열녀전(古今列女傳)』이 재차로 수입 되었음을 분명히 밝히고 있다. 즉 '선몽반사열녀전(先蒙頒賜列女傳) 분산부주재여오백부(分散不周再與五百部)' 라 한 것13)으로 보아 그보다 먼저 들어온 것이 있어 두루 나누어 주다 보니 모자라 다시 500부를 신청했던 것으로 볼 수 있기 때문이다.

원래 중국에서 『고금열녀전(古今列女傳)』의 간행 년대를 보면 명 영락(永樂) 원년(1403년)으로 나타나고 있다. 이로 미루어 볼 때, 서적 수입과 장서열이 왕성했던 조선에는 이미 1차 수입(기록에는 나타나 있지 않으나)되었고, 재차 수입된 것이 태종(太宗) 4년(1404년)이었던 것으로 볼 수 있게 된다.

유향의 『고열녀전』 수입은 분명한 기록을 찾을 수 없으나 중국에서의 『고열녀전』 간행 연대와 고려 시대 문헌들에 나타난 기록들을 중심으로 추정해 볼 수 있겠다. 즉, 『고려사(高麗史)』에 보면 고려 제13대 선종(宣宗) 8년(송 철종 6년, 1091년)에 중국에서 없어진 책

---

11) 『海東繹史』, 卷四十四 <藝文志> 三 ' 太宗四年 明宗 賜古今列女傳 ----- '
12) 朴晟義, 『韓國古代小說論과 史』, 日新社, 1973. p. 72 .
13) 『太祖實錄』 卷八, 探求堂(影印本), pp. 313 - 314.
  " 十一月 己亥朔 進賀使李至 趙希閔 賫帝賜列女傳 ---------- 與王用 來의使臣告說 先蒙頒賜列女傳 分散不周再與五百部 欽此藥材 列女傳交付 差來使臣李至等 麝香二斤 朱砂六斤 沈香五斤 蘇合油一十兩 龍腦一斤 白花蛇三十條 古今列女傳五百部 ---- "

들을 고려조를 통해 역수입하고자하여 제시한 서적목록[14)에 나타나 있다. 그 중에 유향의 『신서(新序)』, 『설원(說苑)』 등과 함께 『유향 칠록(劉向七錄)』[15)이라는 서목이 올라 있는 것으로 보아 유향의 『고 열녀전』도 수입되었을 가능성은 배제 할 수 없다. 중국에서 유향의 『신서』, 『설원』, 『유향칠록』 등을 역수입하고자 서목을 제시하고 있는 시기가 『고열녀전』의 전래본 중에서 최고본으로 나타난 가우본 (嘉祐本 : 1063년)의 간행 후 30여년을 격한 시기이고 보면 유향의 여타 저서들과 함께 『고열녀전』 가우본(嘉祐本)의 수입이 충분히 있었을 것으로 볼 수 있기 때문이다.[16) 이에 대해 김태준은

" 고종(高宗)조에 패관문학(稗官文學)이 일어난 원인도 여러 가지로 볼 수 있으니 송원문화(宋元文化)의 수입됨을 좇아 송원의 수필, 설화, 혹은 설화집과 같은 『태평광기(太平廣記)』, 『열녀전(列女傳)』, 등이 조고자(操觚者) 간에 극히 유행됨으로써 그 영향을 받아 풍부한 국내의 자료를 필단에 하기한 것 ---- "[17)

이라 하여 고려 고종(高宗)대(1241 - 1259년)에 패관문학(稗官文學) 발생원인의 하나로 『열녀전(列女傳)』의 영향을 지적하고 있다. 그렇다면 이미 그 이전에 『열녀전(列女傳)』이 수입되어 많이 읽혀졌을 것이란 견해가 되고 이것은 그 당시로서는 유향의 『고열녀전』 가우본(嘉祐本)만이 간행된 사실로 보면 이 책이 고려 중기 이전에 이미 수입되었을 것으로 볼 수 있다. 이에 대해 같은 견해를 밝히고 있는 정주동(鄭鉒東)은

---

14) 『高麗史』, 世家 第十, 宣宗八年條, 延大 東方學硏究所 影印本, 1981, p. 212 .
15) 劉向의 著書로 傳해지고 있는 것으로는 『洪範五行傳』, 『列女傳』, 『列仙傳』, 『新序』, 『說苑』 등이 있으나 『劉向七錄』은 찾아 볼 수 없어 어떤 책이었는지 자세히 알 길이 없다. 『列女傳』七篇을 말하는 것인지도 알 수 없다.
16) 禹快濟 ' 列女傳의 韓日傳來와 그 受容樣相 考察 ' 語文硏究, 第21輯, 1991.
17) 金台俊, 前揭書, p. 40.

"중국인이 우리나라에 이서(異書)가 많음을 말하고 있는데 이들 이서 중에는 많은 신선담(神仙譚), 귀신담(鬼神譚), 청담(淸譚), 전기소설(傳奇小說)도 한목 끼어 있었을 것이나 다만, 전기『고려사(高麗史)』에 몇 개의 구체적인 이름이 보일 따름이다. 이것은 중국이 자기 나라에 없는 것을 우리나라에 구하는 이름이고 또 그들에게 절실히 필요한 책만 구하다 보니 몇 가지 이름밖에 없는 것이지 실상은 보다 많은 여러 패관소설을 간수하고 있었을 것이다.『설원(說苑)』등 유향의 작품이 많이 수입된 것으로 보아『열녀전(列女傳)』도 수입되었을 것이고 ---" 18)

라고 하여『열녀전(列女傳)』수입시기를 고려대로 보고 있다. 이때 수입된 것은 가우본(嘉祐本 : 1063년) 이었을 것이며, 그 후 계속해서 수입되었을 것이니 고려 고종 원년에 간행 된 가정본(嘉定本 : 1214년) 의 수입도 있었을 것은 쉽게 알 수 있는 일이다.

이렇게 볼 때 후대에 간행된 가정본(嘉靖本 : 명종 7년, 1552년)과 만력본(萬曆本 : 선조 39년, 1606년) 및 도광본(道光本 : 순조 24년, 1824년)과 왕조원(王照圓)의『열녀전보주(列女傳補注)』: 임신본, 1912년), 양서(梁瑞)의『열녀전교주본(列女傳校注本)』계사 본, 1833년), 유개(劉開)의『광열녀전교주본(廣列女傳校注本)』: 기미본, 1919년) 및 『열녀전교독본(列女傳校讀本)』: 갑술 본, 1874년), 그리고 작자와 년대 미상의『전고열녀전(典故列女傳)』등이 현전19)하고 있는 점으로 볼 때, 이들의 수입이 활발하게 전개되었던 것을 알 수 있게 한다.

이상에서 제시한 것을 종합하여 우리나라에『열녀전(列女傳)』이 수입된 시기와 그 종류를 밝혀 보면 다음과 같다.

첫째,『고려사(高麗史)』의 기록에 의해 유향(劉向)의『고열녀전

---

18) 鄭鉒東,『古代小說論』螢雪出版社, p. 27.
19) 禹快濟 '列女傳의 韓國 傳來本 考' 韓南語文學, 第5輯, 韓南大學校 國語國文學科, 1987.

(古列女傳)』가우본(嘉祐本 : 1063년)의 수입이 있었던 것으로 추정해 볼 수 있다.

둘째, 고려(高麗) 고종(高宗)조에 일어난 패관문학(稗官文學) 발생 요인의 하나로『열녀전(列女傳)』의 영향이 컸던 것으로 볼 수 있어 유향(劉向)의『고열녀전(古列女傳)』가우본(嘉祐本 : 1063년)을 비롯한 가정본(嘉定本 : 1214년)의 수입도 있었을 것으로 추정된다.

셋째,『조선왕조실록(朝鮮王朝實錄)』의 기록에 의하면 조선 태종(太宗) 4년(1404년)에『고금열녀전(古今列女傳)』500부를 재수입한 것이 확실하게 나타나고 있어, 태종(太宗) 3년(1403년) 명대 해진(解縉) 등에 의해 신편 된『고금열녀전(古今列女傳)』(영락본, 1403년)의 1차 수입이 있었을 것이 분명해 진다.

넷째, 현전하는 이본들을 중심으로 보면 조선조 명종 대(1546 - 1567년)에 간행된『고열녀전(古列女傳)』의 가정본(嘉靖本 : 1553년)과 선조 대(1568 - 1608년)에 간행된 만력본(萬曆本 : 1606년)의 수입이 있었을 것으로 추정된다.

다섯째, 청(淸)대에 간행된 도광본(道光本 : 1824년)『고열녀전(古列女傳)』을 비롯하여『열녀전보주본(列女傳補注本)』과『열녀전교주본(列女傳校注本)』, 그리고『열녀전교독본(列女傳敎讀本)』,『광열녀전(廣列女傳)』및『전고열녀전(典故列女傳)』등의 현전본이 있어 이들의 간행과 동시에 수입되었을 것이 분명하다.

(2)『열녀전(列女傳)』의 번역

중국으로부터 수입된 많은 전적들은 훈민정음(訓民正音) 창제이후 언해되기 시작하여 중종 대에 이르러서는 왕명에 의해『열녀전(列女傳)』의 번역사업이 열리게 된 기록을 찾아 볼 수 있다.

어숙권(魚叔權)의 『패관잡기(稗官雜記)』에 보면 계묘(癸卯)년(중종 38년, 1543년)에 중종께서 유향(劉向)의 『열녀전(列女傳)』을 예조(禮曹)에게 명하여 언문으로 번역하게 한다.20) 이에 대해 김태준은

" 외국문학을 흡수하는 일 방법으로서 번역이 시작되며 조선 성종 때까지에 사림에 넓게 애독되는 서면은 대개 번역되었다. 중종 38년에는 『열녀전(列女傳)』이 번역되었으며 --- " 21)

라고 하여 어숙권(魚叔權)의 『패관잡기(稗官雜記)』를 인용 『열녀전(列女傳)』의 번역 간행에 대해 지적하고 있다.

그리고 그는 또 『열녀전(列女傳)』의 번역으로 말미암아 조선시대에 소설 번역 사업이 활발히 진행되었고 선조 이후의 창작 계에 지대한 영향을 끼치게 되었다고 했으며, 박성의(朴晟義)도 『패관잡기(稗官雜記)』를 그대로 인용하여 다음과 같이 기술하고 있는 것을 볼 수 있다.

" 『열녀전(列女傳)』을 가정(嘉靖) 계묘(癸卯 : 중종 38년, 1543년)에 상명으로 신정(申珽) 유항(柳沆) 등을 시켜 번역케 하고 유이손(柳耳孫)으로 글씨를 쓰게 하고 이상좌(李上佐)로 하여금 그림을 그리게 하여 간행케 한 것을 알 수 있다." 22)

라고 했다. 또 정주동(鄭鉒東)도 『열녀전(列女傳)』의 수입과 번역에 대해 다음과 같이 언급하고 있다.

---

20) 魚叔權,『稗官雜記』民族文化推進會 刊, 1982. p. 774.
　"嘉靖 癸卯 中廟出 劉向列女傳 令禮曹飜以諺文 禮曹啓請 申珽 柳沆 飜譯 柳耳孫 寫字 舊本本顧愷之畵 而歲久刻說 殊失筆格 令李上佐略倣古畵而更畵之旣成誤依 舊本書於每卷之首日 漢劉向編撰 晋顧愷之畵 正猶班固至今血食之文使此書傳於後世 則孰知其爲李上佐之畵乎"
21) 鄭鉒東, 前揭書, p. 44.
22) 朴晟義, 前揭書, p. 93.

" 한글 반포 이전인 태종 4년(1404년)에 중국 한시 유향이 지은 『열녀전(列女傳)』이 수입되고 가정(嘉靖) 계묘(癸卯 : 중종 38년, 1543년)에 상명에 의하여 번역되어 국문 『열녀전(列女傳)』이 나왔던 것이다." [23)]

라고 하여 중종(中宗) 38년 가정(嘉靖) 계묘(癸卯 : 1543년)년간에 번역되어 간행된 것으로 보고 있다.

이에 『열녀전(列女傳)』 번역에 대한 내용을 기록한 『패관잡기(稗官雜記)』를 중심으로 다음과 같은 내용을 알 수 있어 정리 해 볼 수 있게 한다.

첫째, 번역 년대가 가정(嘉靖) 계묘(癸卯 : 중종 38년, 1543년)년이라는 것과

둘째, 번역본의 대본이 유향(劉向)의 『고열녀전(古列女傳)』 [24)] 이었다는 점과

셋째, 번역자와 필사자 및 도화자(圖畵者)의 이름이 밝혀져 있어 인물을 알 수 있다는 점, 등이다.

그러나 이 글에서 번역본의 간행에 대한 언급은 전혀 찾아 볼 수 없다. 그렇다면 『열녀전(列女傳)』의 번역본 간행은 이루어졌을까? 하는 의문이 제기 될 수 있다. 왜냐하면 조선 초기의 서적 간행 사업은 그리 용이한 것이 아니었기 때문에 번역본의 완성이 그대로 간행과 동일한 것으로 볼 수 없는 것이다. 『조선왕조실록(朝鮮王朝實錄)』 중종 38년 11월의 기록에 분명히 『열녀전(列女傳)』을 간행하기에는 공역이 적지 않으니 이 일을 마친 뒤에 농서(農書)를 간행하겠다는 대제학(大提學) 성세창(成世昌)의 장계(狀啓)에 전교(傳敎)가 있은 것[25)]으

---

23) 鄭鉒東. 前揭書, p. 44.
24) 劉向의 『古列女傳』 嘉祐本(1063年)이나 嘉定本(1214年)일 可能性이 높다.
25) 『中宗實錄』, 卷一百一, 三十八年 十一月條, 國史編纂委員會 影印本, p. 21.
"大提學 成世昌啓曰 東魯王氏農書 令見之農桑之要備載其中 雖與我國之事似異然亦無可法之事 但今聞刊烈女傳 工役不小事畢後開刊何如 傳曰 知道 "

로 보아『열녀전(列女傳)』간행 사업이 진행된 것은 분명하나 반포에 대한 언급을 찾을 수 없고, 현재로서는 당시에 간행된 실체를 구해 볼 수 없기 때문이다.

그러므로 김태준은 그의『조선소설사(朝鮮小說史)』에서 일본인 북촌계음(北村季吟)의 일본어판 번역본에 의지하여 논의했음을 보게 된다.

> " 일본에서도 북촌계음(北村季吟)이가 명력(明曆 : 조선 효종 시) 만치(萬治 : 현종 시)년간에『열녀전(列女傳)』을 번역하였다고 보니 조선보담 140년 가량 뒤져서 번역되었다. 북촌(北村)씨의 번역한『열녀전(列女傳)』은 모의(母儀), 현명(賢明), 인지(仁智), 정순(貞順), 절의(節義), 변통(辯通), 얼폐(孼嬖), 속열녀전(續列女傳) 등 8권(64편)임으로 조선에서 보는 한문열녀전과 일치되는 책인 듯하다." 26)

라고 하여 일본에서의 번역본이 64편이었다는 점을 지적하고 있어 한문본과 일본어 번역본만을 보았음을 알 수 있다.

이렇게 볼 때, 중종 대에 번역되었다고 하는 유향의『고열녀전』은 그 간본을 발견하지 못하고 있어 혹 궁중에서만 전수되어 오면서 왕비를 비롯한 궁녀들의 교훈서적 역할을 담당해 오다가 없어진 것이 아닌가 생각된다. 다만 현전하는 것으로는 한글 번역본 중 최고본으로 추정되는 필사본인 국립중앙도서관본(A)을 들 수 있을 뿐이다. 이 책은 유향의『고열녀전』의 내용을 가장 충실히 직역한 것으로 중종 대 번역본에서 그림을 뺀 고본이었을 가능성이 높다. 그리고 또 다른 국립중앙도서관본(B)는 그 구성체제가『전고열녀전(典故列女傳)』과 비슷하여 이를 재편한 것으로 직역본 계통에서 속열녀전(續列女傳)을 수록하고 있는 것이 특징이다.27)

그 외 구활자본의 경우는 그 내용이『고열녀전』번역본의 일부

---

26) 金台俊, 前揭書, p. 65.
27) 禹快濟 '『列女傳』韓國傳來本 考' 前揭論文.

또는 축약한 것들로 볼 수 있어 유향의 『고열녀전』을 비롯한 『고금열녀전』, 『전고열녀전』 등이 시대와 역자를 알 수 없으나 수차 번역되어 그 중 일부 또는 발췌본(拔萃本)으로 축약되어 현재 전해 오고 있는 것으로 추정되고 있다.

3) 한국적 수용

(1) 교훈서(敎訓書)적 수용

① 『삼강행실도(三綱行實圖)』 <열녀편(烈女篇)>

조선 조 세종 대에 편찬 간행된 『삼강행실도(三綱行實圖)』는 유교문화의 창달을 위한 세종대왕(世宗大王)의 문화정책에 따라 나타난 것이었다. 즉, 세종대왕께서는 일찍이 종학(宗學)을 설치하여 종친을 교육했고 원자(元子 : 문종), 원손(元孫 : 단종)의 입학식을 성균관(成均館)에서 거행하여 강서를 받게 하는 등 유학의 장려에 노력했다. 그러므로 그는 『효행록(孝行錄)』과 함께 『삼강행실도(三綱行實圖)』를 간행 보급하여 유교 윤리를 고취하는 한편 민간 의례(儀禮)에 『주자가례(朱者家禮)』의 준행을 신칙하기도 했다. 그리고 성균관과 사부의 학당에는 『효행록(孝行錄)』을 나누어주어 선비들에게 강륜(綱倫)의 정신을 실천하도록 권장했고, 예조에게 명하여 효자(孝子), 절부(節婦), 순손(順孫)의 행적을 조사 보고하게 하여 그 행적에 따라 정표(旌表)의 문을 세워 세상에 알리고 벼슬을 주어 표창하게 하는 등 유교 윤리를 통한 민간 교화에 특별히 노력한 것을 보게 된다.[28]

세종대왕께서 선덕(宣德) 신해(辛亥)년(세종13, 1431) 여름에 근신들에게 명하여 군신(忠), 부자(孝), 부부(烈)간의 윤리를 밝힐 수 있

---

28) 李相栢, 『韓國史』, 近世朝鮮篇, 乙酉文化社, 1981, P. 681.

도록 그림을 그리고 찬(讚)을 부치고 노래까지 부를 수 있도록 책을 만들게 했다.29) 이 책에서 효자편은 중국의 효순 사실과 고려의 『효행록(孝行錄)』을 참고로 했으나 충신(忠臣), 열녀(烈女)편은 기간서가 없어 정사나 내외제서에서 수록하게 했고 시찬(詩讚)은 새로 지은 것30)으로 한 것을 볼 수 있다.

이렇게 편찬된 책은 세종대왕 이후에도 여러 차례 간행 된다. 특히 성종 대에는 부녀들의 실행이 많다하여 부녀들에게 읽히기 위한 언해(諺解)<열녀도(烈女圖)>를 별도로 간행하여 경중(京中) 오부(五部)와 제도(諸道)에 나누어주어 촌부(村婦) 항녀(巷女)에게 강습하게 함으로31) 부녀 교훈서로 충분히 활용하고 있다.

이 책의 내용을 보면 중국 『열녀전(列女傳)』을 직접 수용하고 있어 목차를 중심으로 비교 검토하여 특징을 정리 해 보면 다음과 같다.

첫째, 중국 『고열녀전(古列女傳)』의 체재와 『고금열녀전(古今列女傳)』의 내용을 직접 수용하고 있다. 즉, 이 책에 수록된 인물 중 『고열녀전(古列女傳)』과 『고금열녀전(古今列女傳)』에 공통적으로 수록된 인물보다 『고금열녀전(古今列女傳)』에만 나오는 인물이 다수 수록되어 있어 내용면에서는 『고열녀전(古列女傳)』 보다 『고금열녀전(古今列女傳)』을 더 많이 수용한 것을 알 수 있다. 그러나 체제면에서는 『고금열녀전』(영락본)이 본문본임에 비해 『고열녀전』은 수상본으로 되어 있어 『고금열녀전』 보다 『고열녀전』의 영향을 받고 있음을 알 수 있게 한다.

둘째, 제녀(諸女)적 성격의 여성 열전에서 열녀전적 성격으로 변모된 점을 알 수 있다. 즉, 이 책의 내용을 열행별로 분석해 볼 때, 정절을 지키기 위해 순사한 경우가 전체 인물 중 70%로 가장

---

29) 『三綱行實圖』序文, 世宗大王 紀念事業會, 影印本, 1982.
30) 權採, 『三綱行實圖』序.
31) 金元龍, '三綱行實圖에 對하여' 『三綱行實圖』上揭書

많으며, 청상과부(靑孀寡婦)로 수절(守節)한 경우가 11%, 그리고 병든 남편을 위한 병부동거(病夫同居)형 열녀가 1% 정도에 그치고 있어 열녀형 인물이 82%를 점하고 있음을 볼 수 있다.

셋째, 문장 표현에서도 중국의 『열녀전(列女傳)』에서 원문을 직접 인용하거나 축약 인용하고 있어 직접적으로 수용한 것을 알 수 있다.[32]

② 소혜왕후(昭惠王后) 한(韓)씨의 『내훈(內訓)』

이 책은 조선 성종(成宗)대 덕종(德宗)의 비였던 소혜왕후(昭惠王后 : 인수대비) 한(韓)씨(1437 - 1504)에 의해 저술 된 것이다. 그는 세종대왕의 자부로 항상 효부라 칭함을 들었으며, 세종대왕께서 효부도서(孝婦圖書)를 만들어 하사까지 했다.[33] 이렇게 효성이 지극했던 한씨는 자녀들의 교육은 물론 모든 부녀자들에게 그 맡은 바 도리를 바르게 할 것을 강조하기 위해 이 책을 저술 한다.[34] 그리고 백성들이 자식들을 훌륭하게 가르치기 위해 『소학(小學)』, 『열녀(烈女)』, 『여교(女敎)』, 『명감(明鑑)』 등을 한글로 옮겨 쉽게 깨우칠 수 있도록 한다.[35] 이렇게 그는 민간의 우매한 부녀자들에 이르기까지 그 내용을 쉽게 익힐 수 있게 하는 서민 교육에 대한 큰 뜻이 있었다.

이 책은 조선 성종 6년(1475년)에 고본이 完成 되어 중종 대에 출간 된다. 그 후 계속 간행되어 선조(宣祖) 6년(1573년), 광해군(光海君) 2년(1611년), 효종(孝宗) 7년(1656년), 영조(英祖) 12년(1736년)에 각각 인쇄된 기록이 있다.[36] 이것은 교훈서로서의 가치가 높

---

32) 禹快濟 ' 朝鮮時代 家庭小說의 形成要因硏究 '- 列女傳의 傳來와 受容을 中心으로- 高麗大學校 大學院, 博士學位論文 1986.
33) 尙儀 曹氏, 『內訓』 跋文, 亞細亞文化社 影印本, 1974, P. 141.
34) 上揭書, P. 1.
35) 昭惠王后 韓氏, 『內訓』 序文, 上揭書, p. 1.
36) 許 雄, '內訓 女四書 解題' 『內訓 女四書』, 亞細亞文化社, 1974.

이 평가되어 많은 여성들의 수신서로 풍속교화에 널리 활용되었기 때문이다.

이 책의 구성을 보면 제1장은 언행장(言行章), 효친장(孝親章), 혼례장(婚禮章)으로 했고, 제2장은 부부장(夫婦章)으로 했으며, 제3장은 모의장(母儀章), 돈목장(敦睦章), 염검장(廉儉章)으로 했다. 그리고 그 내용에서는 중국 유향(劉向)의 『고열녀전(古列女傳)』을 그대로 인용하고 있다. 특히 그는 초(楚)나라 장희(莊姬)나 번희(樊姬)의 공을 높이 평가하면서 달기(妲己), 포사(褒姒), 여희(驪姬), 비련(飛燕) 등을 한심스럽게 생각[37]하고 있다. 그런데 이와 같은 인물들에 대한 내용은 모두 유향의 『고열녀전』에 수록되어 있는 것[38]이다. 이로 볼 때 『고열녀전』의 가우본(嘉祐本 : 고려 문종 17년, 1063년)이나 가정본(嘉定本 : 고려 고종 1년, 1214년)이 이미 우리나라에 수입되어 있어 궁중 내에서 자유롭게 읽을 수 있어 이를 수용한 것이라 생각된다.

그러나 이 책의 저술 목적이 부녀자들의 교육에 있었으므로 얼폐전(孼嬖傳)에서는 한편도 인용되지 않고 『고열녀전(古列女傳)』과 『고금열녀전(古今列女傳)』에서 10편을 수록하고 있는데 그 중 부부장에서 인용한 <화희등후(和熹鄧后)>편은 『고금열녀전(古今列女傳)』에만 나오고 있으며, 모의장(母儀章)에 보이는 <왕계비태임(王季妃太任)>이나 <문왕비태사(文王妃太姒)>는 『고열녀전(古列女傳)』의 <주실삼모(周室三母)>편을 『고금열녀전(古今列女傳)』에서 분리 수록한 것을 그대로 인용하고 있어 『고열녀전(古列

---

37) 『內訓』前揭書, p. 1.
"周文之化 益廣於太姒之明 楚莊之霸 多在於樊姬之功 事君夫 孰勝於此 余讀書而至於妲己之朕 褒姒之寵 驪姬之泣 飛燕之讒 未嘗不廢書寒心 ---- "
38) 劉 向의 『古列女傳』에 妲己는 <殷紂妲己>에 褒姒는 <周幽褒姒>에 驪姬는 <晉獻驪姬>에 그리고 飛燕은 續列女傳인 <漢趙飛燕>에 나오고 있다.

女傳)』뿐만 아니라 『고금열녀전(古今列女傳)』에서도 인용한 것을 알 수 있다. 수록된 문장도 『열녀전(列女傳)』에서 그대로 옮기고 한글로 토만 달아 놓은 것을 볼 수 있다. 그 예를 <초장번희(楚莊樊姬)>에서 보면 『내훈(內訓)』에 나오는 문장은

> " 번희(樊姬)는 초장왕지부인야(楚莊王之夫人也)시니라 장왕(莊王)이 즉위(卽位)하샤 호수렵(好狩獵)이어시날 번희간(樊姬諫)하시니 부지(不止)어시날 내불식금수지육(乃不食禽獸之肉)하신대 왕(王)이 개과(改過)하샤 근어정사(勤於政事)하시니라 " 39)

로 되어 있고 『열녀전(列女傳)』에 나오는 문장을 보면

> "번희초장왕지부인야(樊姬楚莊王之夫人也) 장왕즉위(莊王卽位) 호수렵번희간불지(好狩獵樊姬諫不止) 내불식금수지육(乃不食禽獸之肉) 왕개과근어정사(王改過勤於政事)" 40)

로 나오고 있어 『고열녀전』과 『고금열녀전』을 그대로 인용 수용하고 있음을 볼 수 있다.

특히 『고열녀전』의 <주실삼모(周室三母)>가 『고금열녀전』에서는 <태왕비태강(太王妃太姜)>, <왕계비태임(王季妃太任)>, <문왕비태사(文王妃太姒)>로 삼분되어 수록되어 있고, 다시 『내훈(內訓)』에서는 <왕계비태임>과 <문왕비태사>만 수록하고 있어, 『고열녀전』에서 『고금열녀전』으로, 『고금열녀전』에서 『내훈』으로 수용되면서 여성 교훈서로 활용된 것을 알 수 있게 한다.

---

39) 『內訓』 卷二. 夫婦章, 前揭書 p. 55.
40) 『古列女傳』(萬曆本) 第二卷 賢明篇 <楚莊樊姬>와 『古今列女傳』(永樂本) 卷之二 <楚莊樊姬>篇에 共通的으로 收錄되어 있다.

### (3) 영빈이씨(暎嬪李氏)의 『여범(女範)』

이 책은 장헌세자(莊憲世子 : 사도세자)의 친모이며 영조의 빈(嬪)이셨던 선희궁(宣禧宮) 영빈이씨(暎嬪李氏)가 여성교육의 본이 될만한 자료들을 골라 국문으로 기술 해 놓은 필사본[41]이다. 그 내용을 보면 중국 역대 여성들의 행적을 덕목별로 분류, 123人의 전기를 8편 부2편으로 구성하고 있다. 그런데 각권 각화의 내용을 목차를 중심으로 살펴보면『고열녀전(古列女傳)』소재 이야기가 43화,『고열녀전(古今列女傳)』소재 이야기가 45화,『회도본열녀전(繪圖本列女傳)』이야기가 35화로 나타나고 있어 중국 유향의『고열녀전』과 명대 해진(解縉) 등에 의해 신편된『고금열녀전』및 신안왕씨((新安汪氏) 증집본(增輯本)인『회도본열녀전(繪圖本列女傳)』에서 인용하고 있는 것을 알 수 있다.

특히 문장 내용에서도 권지일 성후편의 <성모태사(聖母太姒)>는『고열녀전』권지일 모의전 <주실삼모(周室三母)>의 일부분에 해당하는 태사의 이야기만을 줄여 쓴『고금열녀전』의 <문왕비태사(文王妃太姒)>를 그대로 번역한 것임을 알 수 있다. 이 부분의 문장을 대비해 보면 영빈이씨(暎嬪李氏)의 『여범(女範)』에

" 쥬태샤난 무왕지뫼시니 우유신자시의 녀라 인명유덕하샤 졍일하시고 단쟝하시니 문왕이 가지하샤 친히 위에가 마쟈실졔 조쥬의냥하시니라 드르시 매밋쳐난 태강과 태임긔 괴이샤 됴셕의 근노하샤 이진부도하시니라 생생십삼남하샤 곡진이가라치샤 맛참내 쥬덕을일우시니 덕이 듕외에 퍼지시고 교홰원근의 행하니라 --- "[42]

---

[41) 이 筆寫本은 親筆本으로 傳해 오다가 日本으로 流出되어 東京大學 圖書館 南葵文庫에 所藏되어 있던 것을 1977年 韓國의 大提閣에서 複寫 影印하여 學界에 紹介하면서부터 널리 알려진 책이다.
42) 暎嬪李氏『女範』卷之一 <聖后篇>, <聖母太姒>, 大提閣 影印本, 1977.

라 했다. 이 부분에 해당되는 부분을 『고금열녀전(古今列女傳)』
에서 찾아보면

"　태사자무왕지모우후유화사씨지녀(太姒者武王之母禹後有華姒氏之女)
인이명도문왕가지(仁而明道文王嘉之) 친영우위조주위량급입태사사미태강
태임단석근로이진부도(親迎于渭造舟爲梁及入太姒思媚太姜太任旦夕勤
勞以進婦道) 태사호왈문모문왕치외문모치내(太姒號曰文母文王治外文母
治內) 태사생십남(太姒生十男) --- "43)

라고 했다.

이상의 두 문장 비교를 통해 『여범(女範)』이 『고열녀전(古今列女
傳)』의 문장에 토를 달아 언해하고 있는 것을 볼 수 있다. 또 체제
면의 분류 편명을 대비해 보면 『고열녀전』이 모의전(母儀傳), 현명
전(賢明傳), 인지전(仁智傳) 등으로 분류하고 있는데 『여범(女範)』에
서도 성후편(聖后篇), 모의편(母儀篇), 효녀편(孝女篇), 변녀편(辯女
篇), 문녀편(文女篇), 정녀편(貞女篇), 열녀편(烈女篇) 등으로 분류하
고 있다.

이와 같이 내용과 체제면에서 살펴 볼 때, 『고열녀전』과 『고금열
녀전』 및 『회도본열녀전』에서 직접 수용한 것임을 알 수 있다.

(2) 소설(小說)적 변용(變容)

① 여성열전(女性列傳)의 출현

열전(列傳)은 중국 전한 시 사마천(司馬遷 : 기원전 145 - 68년)
의 『사기(史記)』에서 군신제가(群臣諸家)들의 사적을 전기체적 방법
으로 인물의 일대기를 기술한데서부터 시작되어 고소설 형성의 중요
한 계기를 만들게 된다.44) 그런데 『사기(史記)』<열전(列傳)>이 남

---
43) 『古今列女傳』(永樂本) 卷之一 周文王之太姒

성 중심인데 비해 유향(劉向)의 『고열녀전(古列女傳)』은 여성 중심의 열전이란 점이 특징이라 할 수 있다.

이와 같은 <열전>은 고려시대로부터 영향을 받아 『구삼국사(舊三國史)』가 『삼국사기(三國史記)』로 개편되는 과정에서 이미 중국 『사기(史記)』의 격식에 따라 <렬전>을 갖추게 되어 역사와 문학이 거리를 좁히면서 인물의 일생에 대해 구체적인 관심을 갖는 서술방식을 갖가지로 모색, 새로운 창작 소설의 길을 열게 된다.

그런데 중국 최초의 여성열전인 『고열녀전(古列女傳)』은 일반여성들에 대한 제녀(諸女)적 전기였으나 명대에 신편 된 『고금열녀전(古今列女傳)』이나 청대에 증집된 『회도본열녀전(繪圖本列女傳)』 등에서는 당대의 많은 정열 순절부인들의 전기를 수록하고 있어 제녀적 성격의 『열녀전(列女傳)』에서 열녀적 성격의 열녀전으로 변모된 것을 보게 된다. 그러므로 후대에 소설이나 창극 등에서 열녀전이라면 항상 정절을 강조하는 부덕을 갖춘 열녀(烈女)의 개념으로 전이되고 있음을 알 수 있다.

이렇게 하여 『열녀전(列女傳)』은 후대에 전래되면서 여성의 절대적 가치를 정절에 두게 했고, 이로써 여성의 선악 판단에 기준을 삼게 함으로 모든 여성들을 열녀로 만들고 있다. 그러므로 많은 여성들이 『열녀전(列女傳)』의 영향을 받아 정절을 지키게 되었고, 이것은 기록으로 남아 후대까지 여성열전으로 전해지고 있다. 이와 같은 여성열전으로는 『삼국사기(三國史記)』 <열전(列傳)>에 나오는 <설씨녀(薛氏女)>를 비롯하여 『동문선(東文選)』에 나오는 <열녀전(烈女傳)> 및 세종(世宗)대 편찬된 『삼강행실도(三綱行實圖)』 <열녀편(烈女篇)> 등이 있다.

---

44) 趙鍾業, '古代小說 形成上의 史傳體와 變文' 轉移와 受容, 東方文學比較研究會 編, 學文社, 1986, p. 257.

② 서포소설(西浦小說)의 등장

가. 서포(西浦)의 『열녀전(列女傳)』수용

　조선 중기에 이르러 임·병 양란을 겪고 난 후 혼란했던 사회가 안정을 되찾게 되자 국가의 위난기에 충성만을 강조하던 분위기가 일신되면서 효·열의 가정윤리가 강조된다. 따라서 문학표현에서도 자아의 각성과 함께 급속한 산문화 현상이 나타난다. 이 때 예학의 대가에서 서포(西浦) 김만중(金萬重)이 나오게 된 것은 그를 통해 문학과 예학(禮學)의 접합으로 우리 문학의 새로운 경지가 열리게 되는 중요한 계기가 마련된다.

　서포 김만중(1637 - 1692)은 당대 예학의 대가였던 광산(光山) 김씨 사계(沙溪) 김장생(金長生)의 증손으로 부친 김익겸(金益兼)이 병자호란(丙子胡亂)시 강화도에서 순절(殉節)한 후 유복자로 태어난 인물이다. 그가 출생하던 당시의 가정형편은 말 할 수 없이 어려웠지만 모부인 윤씨의 지극한 정성으로 두 아들(만기와 만중)을 훌륭하게 교육[45]한다. 이것은 오직 조선시대 여성들에게서 볼 수 있었던 효. 열사상의 실현에서 온 것으로 가사를 돌보면서도 부모에게 효성을 다한 대표적인 인물이라 하겠다. 그리고 한편으로 남편과 사별한 후 애비 없는 과부의 자식들이란 소리를 듣지 않게 하려고 자식들을 훌륭히 길러 후사를 튼튼하게 한다. 이것은 남편을 향한 정절의 표현으로 조선조가 추구해 온 집집마다 효자요, 부녀마다 절부라는 기본적 윤리에 부합된 모범적 여인의 삶을 살아간 것임을 알게 해 준다.

---

45) 金萬重,『西浦集』卷十 行狀 < 先妣貞敬夫人行狀 >通文館 影印本, 1971, p. 360.
　　西浦 金萬重의 母夫人 尹氏는 五歲 밖에 안된 兄 萬基와 함께 두 아들을 데리고 親庭에 寄居하면서 안으로는 洪夫人(西浦의 外祖母)을 도와 家事를 돌보며 밖으로는 尹參判(西浦의 外祖父)을 받들어 가며 두 아들을 교육시켰다.

이와 같이 어려운 생활을 꾸려나가면서도 모범적 여인상을 잃지 않고 서포 형제를 훌륭히 교육시킬 수 있었던 정경부인(貞敬夫人) 윤씨는 무남독녀로 태어나 할머니 정혜옹주(貞惠翁主)의 사랑을 독차지하며 궁중법도에 맞는 교육을 받으며 성장한다. 서포는 모부인 윤씨 행장에서 모부인 윤씨는 어릴 때 정혜옹주로부터 입으로 외워서 가르치는 소학을 배웠고, 또 출가 후에도 부도를 어기는 일이 없도록 하라는 훈계를 받았다고 적고 있다.46)

이것은 모부인 윤씨의 가계가 누대에 걸쳐 명환이 배출된 해평 윤씨의 가문이라는 점과 시가 역시 예학의 대가인 사계 김장생의 후예라는 점을 들어 예법가문임을 강조한 것으로 서포의 예학적 근본을 알 수 있게 한다. 이렇게 모부인 윤씨는 조부 문목공(文穆公 : 선조대왕의 부마)과 정혜옹주(貞惠翁主)를 통해 궁중예법을 익히게 되었고, 이것은 다시 서포에게 전수되어 서포는 궁중예법에 의한 예학적 기초가 완성된다. 그러므로 정혜옹주가 궁중에서 읽었던 소혜왕후(昭惠王后)의 『내훈(內訓)』을 비롯한 『열녀전(列女傳)』과 같은 교훈서들은 손녀인 모부인 윤씨에게 그대로 교육 전수47)되었고, 다시 서포에게 전수되어 서포문학을 통해 나타나게 되므로 서포의 『열녀전(列女傳)』 수용 과정은 '정혜옹주 - 윤씨부인 - 서포'로 정리될 수 있다.

서포문학에서 『열녀전(列女傳)』의 전이를 입증할 수 있는 자료로는 그의 시문학 중 <반첩여전(班捷妤傳)>과 관계되는 작품48)이 2수가 보이고 있다. 뿐만 아니라, 모부인 윤씨에 대한 행장이나 소설 『사씨

---

46) 金萬重, 上揭書, p. 253.
　　"參判公無他子女 貞惠翁主無他孫 唯大夫人一人 故主親抱養之 口授小學書 大夫人 聰明夙 惠一敎輒上口 主常曰惜哉 其爲子女也 ------ "
47) 金戊祚, 西浦小說硏究, 螢雪出版社, 1981, p. 31.
48) 金萬重, 西浦集 卷之一 雜詩四首와 卷之二 賦一首

남정기(謝氏南征記)』는 여성의 일대기적 기록으로 일반여성을 교훈하기 위한 교훈서적 성격의 여성열전으로 발전한 것이라 생각된다.

### 나. 『사씨남정기(謝氏南征記)』의 『열녀전(列女傳)』 수용

『사씨남정기(謝氏南征記)』의 『열녀전(列女傳)』수용 양상은 두 가지 측면에서 살필 수 있다. 그 하나는 저작 동기 면에서의 對比를 통한 수용 관계를 살필 수 있고, 또 다른 하나는 내용면에서의 수용 관계를 살필 수 있다. 먼저 저작 동기 면에서 살펴보면 그 동안 많은 학자들에 의해 숙종께서 인현왕후를 무고히 폐출하고 장희빈(張禧嬪)을 왕비로 맞아들인 것이 잘못 되었음을 풍자적으로 표현하여 성심을 회오시키고자 하는 목적으로 저작된 작품이라 하여 목적소설론이 제기된 이래 '욕오성심(欲悟聖心)'이라는 목적소설로 이해 되어왔다.

그러나 이에 대한 반론[49]에 따른 논쟁[50]이 있었지만 가족제도의 모순을 지적한데서 나온 것과 같은 작가의 사상적 배경으로부터 형성요인에 대한 깊이 있는 논의는 거의 없었다. 특히 서포의 『구운몽(九雲夢)』은 중국의 <침중기(枕中記)>나 <남가태수전(南柯太守傳)>을 비롯한 많은 설화들의 영향을 받은 것으로 간주[51]하면서 『사씨남정기』는 오직 가문회복을 위한 수단으로 민비 폐출사건의 소재를 교묘히 엮어 소설화시킨 실화로 중국적 영향이 전혀 희박한 것으로 취급했다.[52]

그러나 서포의 여성인식 등 그의 내면적 사상을 살펴보면 새로운 해석이 가능해 진다. 즉, 그가 예학의 대가에서 태어나 모친을 통한

---

49) 金鉉龍 '『謝氏南征記』研究 - 目的小說이라는 見解에 대하여, 文湖, 第5輯, 建國大學校 國語國文學會, 1969.
50) 丁奎福 '『謝氏南征記』의 著作動機에 대하여 - 金鉉龍氏의 <謝氏南征記硏究>를 읽고' 成大文學, 第15,16 合輯, 成均館大學校 國語國文學會, 1970.
51) 丁奎福, '九雲夢의 比較文學的 考察' 人文論集, 第16輯, 高麗大學校 文理大, 1971.
52) 金戊祚, 前揭書, p. 202.

교육으로 여성 편향적 성품의 형성은 아상적인 일부다처제의 합리화를 위한 『구운몽(九雲夢)』과 같은 작품을 저술하게 한다. 그리고 숙종의 민비 폐출 사건과 같은 역사적 사건을 보고 한나라 성제(成帝)의 반첩여(班捷妤)와 같은 현숙한 여인을 동경, 이를 시문에 올리게 되었고53), 같은 시대에 얼총적(孼寵的) 사건을 그린 <조비련전(趙飛燕傳)>을 보면서 장희빈의 얼총적 사건과 연결시켜 『사씨남정기』를 저술하게 된다. 54) 그러므로 『열녀전(列女傳)』(반첩여전, 조비연전)과 『사씨남정기』와의 관계를 대비해 보는 것은 그 관계가 어떻게 이루어졌는가 하는 것을 알 수 있는 중요한 근거가 된다.

첫째, 서포의 생애와 위인 면에서 여성 편향적인 인품은 그의 유년 시 모부인 윤씨로부터 받은 교육의 영향이었다. 즉, 정혜옹주(貞惠翁主 : 외증조모)로부터 『열녀전(列女傳)』을 전수받는 과정이었음을 알 수 있다. 그러므로 그는 그 후 모부인 윤씨를 위해 『구운몽』을 저술 했고, 또 그를 위해 <모부인윤씨행장(母夫人尹氏行狀)>을 비롯하여 여성 일대기적인 『사씨남정기』를 저술하게 된다.

둘째, 강직한 직언으로 일관된 관직생활을 볼 수 있다. 그는 계속되는 당쟁 속에서도 그의 관직생활은 직언으로 화를 입는 등 끝까지 왕에 충간한 것을 볼 수 있다. 이것은 『고열녀전』의 작자인 전한 시 유향(劉向)의 생애와 비교 해 볼 때, 매우 유사한 점을 발견 할 수 있어 이에서 받은 영향이 있었던 것으로 생각된다.

셋째, 문학을 통한 민중 계몽의식이 강했던 것을 알 수 있다. 그는 역사적 사실의 기록보다 통속적인 내용의 기록을 통해 많은 사람들에게 감동을 줄 수 있다고 생각하여 통속소설의 효용론을 펴고 있는 것을 볼 수 있다. 55) 그러므로 그는 자기가 살아 온 생애 속에

---
53) 金萬重, 西浦集, 卷之一 雜詩四首와 卷之二. 賦一首.
54) 禹快濟 '列女傳의 受容樣相考察 -『謝氏南征記』를 中心으로 -' 石軒 丁奎福教授 還曆記念論叢, 1987.

서 직접 체험했던 많은 역사적 사건들을 정사체로 기록하는 것 보다 소설로 기록하여 많은 사람들에게 감동을 줄 수 있게 되기를 원했던 것이다. 이와 같은 그의 문학관에 비추어 볼 때 당시의 역사적 사건을 통해 부부 윤리가 가정의 기초가 됨을 강조하기 위해 처첩간의 갈등적 사건으로 야기된 가정문제를 중심으로 여성을 경계하고자 하는 교훈적 목적과 아울러 왕에게도 경계하도록 하는 목적에서 이 작품이 저작된다. 특히 그는 『고열녀』의 내용뿐만 아니라 그 서문에서 언급56)된 것과 같이 이를 보고 그대로 실천하고자 했을 것이다. 즉, 중국 유향이 한 성제 시 광록대부(光祿大夫)로 있으면서 조비련(趙飛燕) 자매의 얼총적 사건을 보고 이를 풍간, 『열녀전(列女傳)』을 지어 올린 것과 같이 숙종 시에 있었던 민비 폐출 사건을 보고 이를 풍간, 『사씨남정기』를 지어 올리려 했던 것이라 생각된다.

그러므로 『사씨남정기』의 저작 동기는 중국 전한 시에 있었던 대정치가였고 문인이었던 유향이 '여덕선악계어가국치난지효자(女德善惡繫於家國治亂之效者)' 라고 생각한 것과 같이 숙종 시의 지식인으로 정치가였으며, 문인이었던 서포 자신이 가정이나 국가의 어려움을 다스리는데 역시 부녀자의 선악이 영향하는 바가 크다는 것을 깨닫고 숙종의 민비 폐출 사건을 교훈으로 삼아 왕을 권계하는 한편 일반 부녀자들을 교훈하기 위한 목적으로 이 작품이 저작된 것으로 볼 수 있어 욕오성심의 목적에서 좀 더 확대 해석 해 볼 수 있다.

원래 문학이란 작가의 가치 있는 체험의 기록이란 점에서 서포가

---

55) 金萬重, 前揭書 p. 650.
"聽說古話 至說三國事 聞劉玄德敗 嚬蹙有出涕者 聞曹操敗 卽喜唱快 步其羅氏演義之權與乎 今以陳壽史傳 溫公 通鑑 聚衆講說 人未必有出涕者 此通俗小說之所以作也"

56) 王回, 古列女傳, 序 ( 萬曆本 )
"向爲漢成帝光祿大夫 當趙后姊妹嬖寵時 奏此書以諷宮中 其文美刺詩書已來 女德善惡繫於家國治亂之效者"

『열녀전(列女傳)』을 통한 간접체험을 기반으로 당대의 역사적 사건이 소재가 되어 문학의 교훈적 목적성[57]이 강조된 허구적 인물 사씨의 일대기를 여성 열전적 성격으로 표현한 작품이라 하겠다.

다음으로 내용면에서 그 수용 양상을 살펴보면 『사씨남정기』는 한 가정을 중심으로 후사를 얻기 위해 야기된 처첩간의 갈등을 그리고 있는 작품이다. 여주인공 사씨나 교씨를 설정하여 민비와 장희빈을 풍자, 선악의 대립적 여인상으로 표현[58]하려 한 것은 <반첩여전(班婕妤傳)>이나 <조비련전(趙飛燕傳)>의 복합적 구성으로 볼 수 있다. 이를 여주인공 사씨의 행적과 교씨의 행적만을 분리시킨다면 분명히 『사씨전(謝氏傳)』과 『교녀전(喬女傳)』이라 할 수 있는 여성열전으로 성립된다.

이때 『사씨전』은 <반첩여전(班婕妤傳)>과, 그리고 『교녀전』은 <조비련전(趙飛燕傳)>과 대비 될 수 있다. 다시 이를 역사적 인물이었던 민비를 중심으로 그의 행적을 기록한 <민비전(閔妃傳)>(『인현왕후전』이 있음)과 장희빈의 행적을 기록한 <장희빈전>(가칭)과 같은 여성열전과도 대비될 수 있을 것이다. 즉, 선인으로 표현되고 있는 여주인공은 ' 반첩여 - 민비 - 사씨 '로 나타나고 있으며, 악인으로 표현되고 있는 여주인공은 ' 조비연 - 장희빈 - 교녀 '의 관계로 나타나고 있는 것을 볼 수 있다. 이것은 『사씨남정기』에서 설정한 선악의 대립적 인물인 사씨와 교녀가 모두 『고열녀전』의 인물들과 관련되어 있음을 말해 주는 것이라 할 수 있다.

그러므로 『사씨남정기』는 『열녀전(列女傳)』의 <班반첩여전(婕妤傳)>과 <조비련전(趙飛燕傳)>의 복합적 구성으로 당대의 역사적 사건을 통해 선악의 대립적 여인상을 설정한 『열녀전(列女傳)』의 변

---

[57] 崔載瑞,『文學과 知性』人文社, 1938, p. 18.
[58] 禹快濟 ' 『謝氏南征記』의 構造的 特徵 考察 ' 仁川大 論文集, 第5輯, 1984.

형적 수용에 의해 창작된 작품이라 할 수 있다.

또한 『열녀전(列女傳)』의 <주실삼모(周室三母)>에 나오는 태임(太任)이나 태사(太似)와 같은 부덕(婦德)을 갖춘 여성의 전고를 활용하여 신부를 고르고 있는 것도 볼 수 있다. 59) 즉, 주대의 번영을 이루게 했던 태임·태사의 덕을 비유로 하여 사씨를 칭찬하고 즐거워하는 것을 볼 수 있다.

이렇게 태임·태사의 고사를 자연스럽게 수용했을 뿐만 아니라 남순 길에 올랐던 순임금이 창오산(蒼梧山)에서 죽자 그를 따르던 이비 아황(娥皇)과 여영(女英)이 피눈물을 뿌리며 소상강(瀟湘江) 가에서 죽은 이야기가 기록60)된 <유우이비전(有虞二妃傳)>에 대한 내용도 자연스럽게 보편화되어 나타나고 있는 것을 볼 수 있다. 61)

이렇게 『열녀전(列女傳)』적 고사를 소설에 수용하여 표현한 것은 여성을 주인공으로 하는 가정소설에 더욱 두드러지게 나타나고 있어62) 서포소설 형성의 중요한 요인으로 작용되었음을 알 수 있게 한다.

### 4) 결 론

지리적으로 인접국인 한국과 중국은 역사적 문화적 상호 교류로 인한 영향 중 대표적인 것으로 유학(儒學)을 들 수 있다. 한국을 '동방예의지국(東方禮義之國)'이라 하는 것은 충·효·열과 같은 유학적

---

59) 『謝氏南征記』, 仁川大 民族文化硏究所, 1983. P. 468.
   "눈을 드러 신부를 보매 용의 아름다오문 일으도 말고 현숙한 덕성이 외모에 나타나 주가 팔백년을 일우던 임 사지덕이 가잔하니 공이 즐겨 형언을 시양치 아니하더라"
60) 上揭書, P. 500.
   "날 녈국의 초나라 지경이라 우순이 순행하사 창오 들에 붕하사 이비 아황여영이 미처 가지 못하야 상수가 에 울으시니 눈물이 화하야 피되야 대수풀에 뿌리시니 피 점점이 아롱으니 이른바 쇼상반이라."
61) 禹快濟 '二妃傳說의 小說的 受容考察' 『古小說硏究』, 第一輯, 韓國古小說學會, 1995.
62) 禹快濟 『韓國家庭小說硏究』 高麗大學校 民族文化硏究所. 1998.

사상이 이념화되어 일상생활을 통해 나타난 열 사상만을 중심으로 한국문학에 반영된 유학의 영향을 밝혀 보았다.

한국문학에 나타난 열녀는 중국 유향(劉向)의 『고열녀전(古列女傳)』을 효시(嚆矢)로 한국에 수입되어 많은 영향을 끼쳤다. 이에 『열녀전(列女傳)』의 한국 전래를 중심으로 전이 시기와 종류를 밝혀 중국의 유학적 리념의 하나인 열 사상이 한국 여성의 정절 문제에 어떻게 수용되어 나타나고 있는 지 고찰해 보았다. 이를 정리 해 보면 다음과 같다.

첫째, 『열녀전(列女傳)』의 수입과 번역을 살펴보면 조선 태조 4년(명 영락 2년, 1404년)중국 『열녀전(列女傳)』의 수입에 관한 기록이 있다. 그러나 이때 수입된 것은 유향의 『고열녀전』이 아닌 명대에 해진(解縉) 등에 의해 신편 된 『고금열녀전(古今列女傳)』으로 일차가 아닌 재차임을 알 수 있다. 그렇다면 이는 『고금열녀전』이 간행된 시기가 명 영락(永樂)원년(1403년)이니 그 해에 일차 수입(기록에는 나타나 있지 않으나)되었고 재차 수입된 것이 태종 4년(1404년)이었던 것으로 볼 수 있다.

또한 유향의 『고열녀전』 수입에 대한 기록은 없지만 고려 고종대(1241 - 1259년)에 패관문학 발생원인의 하나로 『열녀전(列女傳)』의 영향을 지적하고 있어 고려 중기 이전에 가우본(嘉祐本 : 1063년)이나 가정본(嘉定本 : 1214년)의 수입을 추정 해 볼 수 있다.

이렇게 볼 때 후대에 간행된 가정본(嘉靖本 : 명종 7년, 1552년)과 만력본(萬曆本 : 선조 39년, 1606년) 및 도광본(道光本 : 순조 24년, 1824년)과 왕조원(王照圓)의 『열녀전보주(列女傳補注)』(임신본, 1912년), 양서(梁瑞)의 『열녀전교주본(列女傳校注本)』(계사본, 1833년), 유개(劉開)의 『광열녀전교주본(廣列女傳校注本)』(기미본, 1919년) 및 『열녀전교독본(列女傳校讀本)』(갑술본, 1874년), 그리고 작자와 년대 미상의 『전고열녀전(典故列女傳)』 등이 현전하고 있어 이들의 수입을 알 수 있게 한다.

다음으로 번역에 관한 것을 보면 훈민정음(訓民正音) 창제이후 많은 전적들의 언해와 함께 중종 38년 가정(嘉靖) 계묘(癸卯 : 1543년)연간에 『열녀전(列女傳)』 번역에 대한 기록을 보게 된다. 이에 의해 번역 년대와 대본 및 번역자, 필사자, 도화자(圖畵者) 등을 알 수 있다. 그러나 『열녀전(列女傳)』 간행에 대한 언급만 있고 반포에 대한 언급이 없어 현재로서는 중종 대에 번역된 간본을 발견하지 못하고 있다. 다만 현전하는 것으로는 한글 번역본 중 최고본으로 추정되는 필사본인 국립중앙도서관본(A)(B)와 직역본 계통의 『속열녀전(續列女傳)』이 있을 뿐이다. 그 외 시대와 역자를 알 수 없는 발췌 축약본이 현전하고 있어 수차 번역되었던 것으로 추정된다.

둘째, 한국적 수용에 대한 것은 두 가지로 정리된다. 하나는 교훈서적 수용이며 다른 하나는 소설적 변용이다.

먼저 교훈서적 수용으로는 『삼강행실도(三綱行實圖)』 <열녀편(烈女篇)>과 소혜왕후(昭惠王后 : 인수대비) 한씨의 『내훈(內訓)』과 영빈이씨(暎嬪李氏)의 『여범(女範)』을 들 수 있다. 『삼강행실도』 <열녀편>은 조선조 세종대왕께서 유교문화의 창달을 위해 편찬 간행한 것으로 <효자편(孝子篇)>은 중국의 효순(孝順) 사실과 고려의 『효행록(孝行錄)』을 참고로 했으나 <충신편(忠臣篇)>이나 <열녀편(烈女篇)>은 기간서가 없어 정사(正史)나 내외 제서에서 수록하게 했고 시찬(詩讚)은 새로 짓게 했다. <열녀편>은 그 내용을 중국 『열녀전(列女傳)』에서 직접 수용하고 있음이 밝혀졌다.

그리고 성종 대 소혜왕후(昭惠王后 : 인수대비) 한씨(1437 - 1504)의 『내훈(內訓)』과 영조 대 선희궁(宣禧宮) 영빈이씨(暎嬪李氏)의 『여범(女範)』에서는 유향(劉向)의 『고열녀전(古列女傳)』이나 명대 해진(解縉) 등에 의해 신편 된 『고금열녀전(古今列女傳)』 및 신안왕씨(新安汪氏) 증집본(增輯本)인 『회도본열녀본(繪圖本列女傳)』등을 인용 여성교육의 본이 될만한 자료들을 골라 국문으로 기술 해 놓음으로 여성 교훈서에 직접 수용하고 있음을 알 수 있다.

또 다른 하나는 소설적 변용으로 서포(西浦)의 『사씨남정기(謝氏南征記)』를 들 수 있다. 한국 소설문학의 발전과정에서 중국 전한 시 사마천(司馬遷 : 기원전 145 - 68년)의 『사기(史記)』<열전(列傳)>과 함께 여성중심의 『열녀전(列女傳)』은 고려시대로부터 많은 영향을 끼치게 된다. 즉, 역사와 문학이 거리를 좁히면서 인물의 일대기적 서술방식의 새로운 창작소설의 길을 열게 한다.

그러던 것이 조선 중기에 이르러 임. 병 양란 후 혼란했던 사회가 안정을 되찾게 되자 국가의 위난기에 충성만을 강조하던 분위기가 일신되고 효. 열의 가정윤리가 강조됨에 따라 문학표현에서도 자아의 각성과 함께 급속한 산문화 현상이 나타난다. 이 때 예학의 대가에서 서포 김만중이 나오게 되어 문학과 예학의 접합으로 우리 문학의 새로운 경지가 열리게 된다.

서포 김만중(1637 - 1692)은 당대 예학의 대가였던 광산 김씨 사계 김장생의 증손으로 부친 김익겸이 병자호란 시 강화도에서 순절한 후 유복자로 태어나 모부인 윤씨로부터 교육을 받으며 외증조모 정혜옹주를 통해 모부인 윤씨가 익혔던 궁중예법을 배우게 되어 '정혜옹주 - 윤씨부인 - 서포'의 과정으로 『열녀전(列女傳)』이 전수 된다.

그러므로 그의 시문학 중에는 『열녀전(列女傳)』에 나오는 <반첩여전(班捷妤傳)>과 관계되는 작품이 2수나 있으며, 모부인 윤씨에 대한 행장과 소설 『사씨남정기』에서 여성의 일대기적 기록으로 여성열전 적 작품을 저술하고 있다.

그의 『사씨남정기』에서 『열녀전(列女傳)』요소를 보면 후사를 얻기 위해 야기된 처첩 간 갈등을 『열녀전(列女傳)』의 <반첩여전(班婕妤傳)>과 <조비련전(趙飛燕傳)>에서 변용하고 있다. 즉, 여주인공 사씨나 교씨는 실제적 인물 민비와 장희빈을 풍자한 것으로 선악의 대립적 여인상을 설정, 복합적 구성을 한 것으로 볼 수 있다. 이때 선인으로 표현되고 있는 여주인공은 '반첩여 - 민비 - 사씨'로 볼 수 있고, 악인으로 표현되고 있는 여주인공은 '조비연 - 장희빈 - 교녀'로 볼 수 있어 『사씨남정기』에서 설정한 선악의 대립적 인물인 사씨와 교녀는 모두 『고열녀전』의 인물들과 관련되어 있다.

또한 『열녀전(列女傳)』의 <주실삼모(周室三母)>에 나오는 태임이나 태사와 같은 부덕을 갖춘 여성의 전고(典故)를 그대로 활용하고 있다. 이렇게 서포소설의 많은 부분에서 중국 『열녀전(列女傳)』의 정절적 여인상을 변형 수용하고 있는 것을 찾아 볼 수 있어 중국 유학사상의 한국적 수용을 알 수 있다.

## 2. 『열녀전(列女傳)』적 전통과 여성의 성 문화(性文化)

열녀전(列女傳)적 여성 - 정절적 여성과 얼폐적 여성의 성 문화, 전통적 여성 - 정절형 여성과 본능적 여성의 성 문화

### 1) 들어가며

새로운 21세기는 인간 중심의 전통문화를 중심으로 민족이면 민족, 국가면 국가로서의 정체성을 살려 다양한 외래문화와 조화를 이

루면서 다원화된 새로운 문명을 만들어 나갈 때 한 차원 높은 새로운 문화가 생성 발전 되게 될 것이다.

우리는 반만년의 유구한 역사적 전통을 지닌 문화민족으로 열녀적 여성문화는 현대에 조명 해 볼 만한 중요한 가치가 있는 것이라 하겠다. 동양적 유교 문화권에서 중국 유향의 『열녀전(列女傳)』은 후대에 이르러 『열녀전(烈女傳)』으로 변모되면서 전통적 여성의 성 문화에 지대한 영향을 끼치고 있다.[63]

원래 『열녀전(列女傳)』은 중국 전한(漢) 성제(成帝)시 유향(劉向)[64]이 여성의 부덕(婦德)을 강조, 유교적 가치관으로 위기에 처한 국가를 구해 보고자 역대 여성들의 전기를 모아 찬술[65]하여 여성 교훈서로 삼고자 한 것이다.

『열녀전(列女傳)』은 유향의 『고열녀전(古列女傳)』이 시초가 되어 한 나라 성제 이전의 역대 여성들의 전기를 수록한 것으로 선악의 대표적 인물을 총 망라하여[66] 각 편마다 도(圖)와 찬(讚)을 붙여 만든 것으로 수상본(繡像本)의 효시이기도 하다. 그러나 그 후 명대에 『고금열녀전(古今列女傳)』이 신편 되고, 청대에는 『회도본열녀전(繪圖本列女傳)』이 간행되면서 『고열녀전』의 내용은 계승하나 <얼폐전(孼嬖傳)>을 삭제하고 당대 녀성 중 정절, 순절 부인의 전기를 다수 수록하여 제녀(諸女)적 성격의 『열녀전(列女傳)』에서 열녀적 성격의 『열녀전(烈女傳)』으로 변모된다.[67]

---

63) 禹快濟, 儒家學說對中韓兩國文化的影響, 第二十一屆 中韓學者會議, 中韓文化基金會 並韓中教育 基金會共同主催, 中華民國 臺北, 2000. 7. 21.
64) 劉向(BC.77 - AD.6) : 中國 前漢 成帝 時, 儒教의 經學 博士로 高祖 劉邦의 異腹 동생인 劉交의 四世孫으로 皇室의 圖書를 校勘, 整理하는 責任者였다. 그는 昭帝, 宣帝, 元帝, 成帝의 四代에 걸쳐 官職에 있으면서 國家의 興旺을 함께 하다가 宦官과 外戚이 權力을 掌握하게 되고 后妃들의 橫暴로 國家가 衰落해 지는 것을 보게된다.
65) 禹快濟, 列女傳 著作動機 考察, 우리文學硏究, 第5輯, 우리文學硏究會, 1985.
66) 母儀, 賢明, 仁智, 貞順, 節義, 辯通, 孼嬖의 七編으로 分類하여 規範의 女人像을 提示했다.

III. 열녀전의 새로운 탐구   159

　『열녀전(列女傳)』은 동양의 최초 여성 열전으로 고대의 여성상을 유형화하여 집약적으로 제시함으로 동양 여성의 원형적 이미지 창조에 결정적 역할[68]을 한 것으로 여성 문화의 특징을 잘 드러내고 있다.
　『열녀전(列女傳)』의 중국 전래 본은 그 고본의 추정이 불가능하다. 수서(隋書)『경적지(經籍志)』의 기록에 의하면 송(宋)대에 이르러 전사된『열녀전(列女傳)』의 고본은 볼 수 없게 되었다[69]고 밝힌 것으로 보아 현전 판본을 중심으로 전래 본을 살필 수밖에 없다. 이를 살펴보면 ①남송건안여씨각본(南宋建安余氏刻本 : 만권당장서(萬卷堂藏書) ②장사엽씨명간본(長沙葉氏明刊本 : 관고당장본(觀古堂藏本) ③청원복모각송본(淸阮福摹刻宋本) ④명신안왕씨(明新安汪氏)증집십육권본(增輯十六卷本)이 있고, 교주(校注)본으로는 ①양서(梁端) 교주본 ②왕조원(王照圓) 보주(補注)본 등이 있다.
　이상의 판본(板本) 중 유향의『고열녀전』계에 속한 것[70]으로는 ①②③이 있고, ④는 청대의『회도본열녀전(繪圖本列女傳)』[71]이다. 그 외 명대에 신편 된『고금열녀전』[72]을 비롯하여 연대 미상의

---

67) 張敬, 列女傳與其作者, 中國婦女史論文集, 商務印書館, 臺灣, 1982.
68) 동아시아 女性의 類型, 그 이미지의 系譜學 -『列女傳』에 對한 女性學的 探究 -, 中國語文學會. 韓國女性硏究院. 女性神學硏究所 主催 學術大會, 梨花女大 人文館, 2001. 12. 1.
69) 張敬, 列女傳與其作者, 前揭論文, p. 56.
70)『古列女傳』系에 속한 것으로는 異本의 體裁에 따라 ① 繡像本, ② 校註本, ③ 本文本이 있고, ①繡像本은 刊行 年代에 따라 嘉祐(1063년), 嘉定本(1214년), 萬曆本(1606년), 道光本(1825년)이 있다. ②校註本은 名稱에 따라 校註本, 補註本, 交讀本으로 分類되며 刊行 年代에 따라 壬申本(1812년), 癸巳本(1833년), 己未本(1919년), 甲戌本(1874년) 등이 있다. 그리고 ③本文本으로는 嘉靖(1552년) 年間에 刊行된 것이 嘉祐本(1036년)系의 後代本으로 圖가 없는 現傳 異本 中 最先本이다.
71)『繪圖本列女傳』系에 속한 것으로는 明代 新安 汪氏에 의해 增輯되고 仇英[1]이 그림을 그린 16卷本[1]이 전해 오고 있다. 이 책의 刊行 年代는 乾隆 四十有四年으로 淸 高宗代(1776년, 己亥)로 볼 수 있는 乾隆本이 있다.
72)『古今列女傳』系에 속한 것으로는 明 永樂 元年 成祖 時 仁孝王后의 請에 의해 解縉 等에 命하여 새로 編纂한 上·中·下 삼권으로 된 永樂本이 있다.

『전고열녀전(典故列女傳)』73) 등이 현전하고 있다.

『열녀전(列女傳)』은 중국 최초의 여성 열전으로 한국 및 일본에 전래74)되어 여성 교훈서의 역할을 담당하게 된다. 그러므로 그 방사적(放射的) 영향은 동양적 여성문화 형성에 주요한 요인으로 작용하여 많은 『열녀전(烈女傳)』을 남기게 하고 있다. 75)

### 2) 『열녀전(列女傳)』적 여성의 성 문화

#### (1) 정절(貞節)적 여성의 성 문화

『열녀전(列女傳)』은 모의전(母儀傳), 현명전(賢明傳), 인지전(仁智傳), 정순전(貞順傳), 절의전(節義傳), 변통전(辯通傳), 얼폐전(孼嬖傳)의 총 칠 권으로 110名의 여성들에 대한 전기(傳記)를 수록하고 있어 양모(良母), 현처(賢妻), 숙녀(淑女), 정녀(貞女), 재녀(才女), 효녀(孝女), 요부(妖婦) 등의 동양적 여인의 기본적 원형상(原型像)을 제시해 놓고 있다. 그 중 독특하게 부각되는 여인상으로는 정순(貞順), 절의(節義)편에 나타나는 현부(賢婦) 정녀(貞女)형의 열녀상(烈女像)과 얼폐전(孼嬖傳)에 나타나는 악녀상(惡女像)을 들 수 있다.

정순, 절의편에 등장하는 여인들은 대부분 정절(貞節)76)과 예의

---

73) 『典故列女傳』은 作者와 年代 未詳으로 『古列女傳』의 內容을 縮約시키거나 變改시켰으며, 『女誡』, 『女典』, 『家訓』, 『女範』, 『內則』, 『內訓』 등1)에서 典故를 취해 再 構成하여 女性 敎育을 目的으로 傳記의 性格을 除外하고 敎訓性만을 强調하여 經書와 같은 位置로 높여 놓고 있다.
74) 禹快濟, 列女傳의 韓. 日傳來와 그 受容樣相 考察, 語文硏究, 第21輯, 語文硏究會, 1991.
75) 禹快濟, 韓國家庭小說硏究, 高麗大學校 民族文化 硏究所, 1988. pp. 56 - 89.
76) 李淑仁, 烈女談論의 哲學的 背景 - 女性 섹슈얼리티의 문제로 보는 烈女 -, 朝鮮時代의 烈女談論, 韓國古典女性文學會, 月印, 2002. 6. p.43.
" 貞과 節이 연용되어 貞節이 되면 남편에 대한 精神的 肉體的 純潔과 나와 관계맺고 있는 他人에 대한 충실성을 포괄하는 槪念이 된다. 다시 말해 貞節은 남자에 대한 義務 槪念일 뿐 아니라 남편과는 별도로 社會的 槪念을 包括하는 槪念이다."

(禮儀)를 지키기 위해 자신을 희생하는 순절(殉節)적 여인들로 결백함을 밝히거나 난국을 타개하기 위해 죽음을 택하고 있는 것으로 나타난다. 대표적인 작품을 찾아보면 『정순전』에서 <송공백희(宋恭伯姬)>, <제효맹희(齊孝孟姬)>, <식군부인(息君夫人)>, <제기양처(齊杞梁妻)>, <초소정강(楚昭貞姜)>을 들 수 있고, 『절의전(節義傳)』에서 <대조부인(代趙夫人)>, <노추결부(魯秋潔婦)>, <양절고매(梁節姑姉)>, <합양우제(郃陽友娣)>가 있다.

이들이 죽음을 선택한 이유를 보면 예법을 지키기 위한 것이 있다. 정순편에 <송공백희>는 궁중에 불이 났는데도 보모(保姆)가 없다는 이유로 도망가지 않고 그 자리에서 불에 타 죽는다. 또한 <제효맹희>는 예를 갖추지 않은 수레를 탔다는 이유로 자살을 시도한다. 다음으로 정절을 지키기 위한 것이 있다. <식군부인>은 식나라를 점령한 초나라 임금이 처로 삼고자 하자 이를 거절하고 자결한다.[77] 또 <제기양처>는 남편 기량이 죽자 정절을 지키기 위해 물에 투신하여 자결한다. 이렇게 예를 지키기 위하거나, 정절을 지키기 위해 목숨을 버린 순절적 열녀상을 그대로 보여 주고 있다. 뿐만 아니라 절의편에서는 동생이 남편을 죽이자 남편에 대한 절의와 동생과의 인의사이에서 고민하다 자결하는 <대조부인>을 비롯하여 의롭지 못한 남편에 대해 수치감을 느껴 자결한 <노추결부>와 오빠를 죽인 것이 남편인 것을 알고 동생과 남편에 대한 절의와 인의로 고민하다 자결한 <합양우제> 등이 있고, 불이 난 상황에서 자신의 아들만 구하게 되자 의롭지 못하다는 말을 듣게 될까 염려되어 불에 타 죽은 <양절고자>를 들 수 있다.

---

77) 劉向, 古列女傳, 息君夫人
　　" 夫人者 息君之夫人也 楚伐息破之 虜其君 使守門 將妻其夫人而納之于宮 ---- 乃作詩曰 '穀則異室 死則同穴 有如不信死如暾日' 息君止之 夫人不聽 遂自殺 "

이들의 죽음은 자신들의 선택이었다고 하겠지만, 당시 사회를 지배하는 거대한 유교정신의 발현이라고 하는 어쩔 수 없는 가치관에서 이루어진 현상으로 자기 해체적 욕망이거나 주체성의 혼란이라는 측면에서 해석할 수 있어 남성중심의 이데올로기와의 갈등에서 그 근원적인 원인을 찾을 수 있다. [78]

이것은 수 세기 동안 중국을 포함한 동아시아 지역에서 여성들이 자행해 온 죽음에 대한 원형이 남성중심의 유교적 이데올로기에서 비롯된 것을 입증해 주는 것으로 그 예를 <제기양처>[79]에서 살펴보면

" 지금 나는 위로는 아버지도 가운데로는 남편도 아래로는 아들도 없다. ---- 그
렇다고 내가 어떻게 다시 시집갈 수 있겠는가? 역시 죽음뿐이로구나 " [80]

라고 하여 삼종지의(三從之義) 법도를 따라 남편이 죽고 아들과 아버지가 없으니 자결의 길을 택할 수밖에 없음을 기록 해 놓고 있어 순절적 열녀의 본을 보이고 있다. 그 외 <대조부인>의 경우 친정 동생인 조나라 양자가 남편인 대나라 임금을 살해한 후 대 나라를 점령하자 남편과 동생에 대한 인의(仁義) 사이에서 고민하다 기량의 처와 같이 자결한다. 인의를 최우선으로 하는 순절적 열녀상을 보인 것이라 할 수 있다.

---

78) 趙淑子, 古代 女人의 죽음과 그 그림자. 동아시아 女性의 類型 그 이미지의 系譜學, -『列女傳』에 對한 女性學的 探究 - 梨花女大, 2001. 5. 12
79) 齊杞梁妻는 孟姜女란 이름으로 民間文學과 民間信仰 속에서 文學的 宗敎的 象徵으로그 生命力이 繼承 되어지고 있다.
80) 劉向 古列女傳, 卷四 貞順編, 齊杞梁妻.
" 今吾上則無父 中則無夫 下則無子 ----- 吾豈能更二哉 亦死而已 "

### (2) 얼폐(孼嬖)적 여성의 성 문화

『열녀전(列女傳)』의 중요한 특징 중에 하나는 <얼폐전(孼嬖傳)>을 설정하여 역사적으로 문제가 많다고 인식했던 당시로서는 최고의 악질적 여성에 속한 음녀(淫女)적 여성들을 함께 거론했다는 점이다. 중국 초기의 역사서들은 여성을 정치와 권력에서 소외시켜 남성에 비해 여성에 대한 기록은 극소하게 나타난다. 현전 기록으로는 다만 한대 사마천(司馬遷 : B.C. 145 - 86 ?)의 『사기(史記)』에 <여태후본기(呂太后本紀)>와 <외척세가(外戚世家)>가 있어 여성에 대한 관심을 보였다고 볼 수 있으나 이는 오직 남성위주의 권력세계에 진입했던 여태후(呂太后 : ? - B.C. 180)만을 취급했다는 점에 주목하지 않을 수 없다. 이에 대응하는 본격적인 여성 열전으로 유향의『열녀전』이 나타난다.

유향은 여성들을 7가지 유형으로 분류하여 그 덕목을 칭송하면서 나라와 집안을 망친 여인들에 관한 기록까지 마지막 장인 <얼폐전>에 수록하여 패덕에 대한 경계를 삼고 있다.

유향이 <얼폐전>에서 다룬 여인들은 각 왕조의 마지막 제왕의 여인들로 미모로서 제왕을 미혹하게 하여 국가와 사직을 도탄에 빠뜨린 악녀로 하(夏)나라 걸왕(桀王)의 비였던 말희(末喜)를 비롯하여 은(殷)나라 주왕(紂王)의 비였던 달기(妲己), 주(周)나라 유왕(幽王)의 왕후였던 포사(褎姒) 등을 거론했다. 그리고 그 외에 군주나 대부의 부인들로 음란했거나 나라를 혼란으로 몰고 간 여인들[81]을 모두 여기에 포함시켜 놓고 있다.

---

81) 이에 該當한 女人들로는 衛나라 宣公의 夫人 姜氏를 비롯하여 魯나라 桓公의 夫人 文姜, 魯나라 莊公의 夫人 哀姜, 晉나라 獻公의 夫人 麗嬉, 魯나라 宣公의 夫人 穆姜, 陳나라 女子 夏姬, 齊나라 靈公의 夫人 聲姬, 齊나라 棠公의 妻 東郭姜, 衛나라의 두 淫亂한 女子 南子와 衛伯嬉, 趙나라 武靈王의 王后 吳女, 趙나라 悼襄王의 王后 倡后가 있다.

그 중 <진녀하희(陳女夏姬)> 같은 경우를 보면 미모가 뛰어나 남자를 유혹하는 묘를 갖고 있었으며, 늙어서도 여전히 젊어 보였다고 했다. 그러므로 세 번이나 왕후의 자리에 올랐고, 일곱 차례나 다른 남자의 부인이 되었다고 했다. 왕이나 제후들은 하희(夏姬)를 한번만 보면 반하여 정신을 잃지 않는 이가 없었다고 했다. 결국은 진(陳)나라 대부인 공손령(公孫寧)과 의행부(義行父)를 비롯하여 군주 영공(靈公)과 정을 통하고 있었다고 했다.

이것은 얼마나 자유롭게 성을 즐기고 있었나 하는 것을 보여주는 좋은 자료가 된다. 그 외에도 <노환문강(魯桓文姜)>에서는 환공(桓公)의 부인 문강(文姜)이 제(齊)나라에 있을 때부터 그녀의 오빠 양공(梁公)과 은밀히 정을 통하고 있었음을 서술해 놓고 있다.82) 또 노(魯)나라 선공(宣公)의 부인 목강(穆姜)은 총명하며 지혜로웠지만 행실이 난잡하여 성공(成公 : 선공의 아들)이 어렸을 때 숙손선백(叔孫宣伯)과 정을 통하고 있었고,83) 위(衛)나라의 두 음란한 여자의 경우에 남자(南子)는 송(宋)나라 여자로 위(衛)나라 영공(靈公)의 부인인데 송나라 출신 자조(子朝)와 정을 통하는 사이였고, 공문자(孔文子)의 처이며 공희(孔悝)의 어머니인 위나라 백희(伯姬)는 죽은 남편의 심부름을 하던 혼양부와 정을 통했다84)고 하여 자유로운 여

---

82) 劉向, 古列女傳, 陳女夏姬,
 "陳女夏姬者 陳大夫夏徵舒之母也 其狀美好無匹 內挾技術 蓋老而復壯者 三爲王后 七爲夫人 公侯爭之 莫不迷惑失意 夏姬之子徵舒爲大夫 公孫寧儀行父與陳靈公 皆通于夏姬"
82) 上揭書, 魯桓文姜,
 "文姜者 齊侯之女 魯桓公之夫人也 內亂其兄齊襄公"
83) 上揭書, 魯宣穆姜
 "聰慧而行亂 故謚曰穆 初成公幼 穆姜通于叔孫宣伯 ----"
84) 上揭書, 衛二亂女
 "南子者 宋女 衛靈公之夫人 通于宋子朝 ----- 衛伯姬者 蒯聵之姉也 孔文子之妻 孔悝之母 悝相出公 文子卒 姬與孔氏之豎渾良夫淫"

성들의 성문화에 대해 기술하고 있다. 그리고 노나라 장공(莊公)의 부인 애강(哀姜)은 노나라에 시집오기 전에도 장공이 누차 제나라에 가서 애강과 정을 통했다85)고 하여 혼전성교까지 이루어지고 있었던 것86)을 보여주고 있다.

이와 같은 <열폐전(孼嬖傳)>의 여성들을 통해 볼 수 있었던 여성들의 성문화는 예에서 벗어난 음행으로 당시 정권을 둘러싸고 벌어졌던 심상치 않은 권력 다툼과도 무관하지 않다. 즉 자신이 낳은 아들을 태자로 세우고자 한다든 가, 자신과 불륜의 관계를 맺고 있는 사람을 군주로 삼고자 하는 등, 정권 장악에 야망을 갖고 도전하다 실패한 여성들을 사회 혼란의 원흉으로 보고 국가 멸망의 책임을 물어 모두 악녀로 규정87)한 것은 유교문화권의 동양적 여성문화의 한 특징으로 상당 기간 지속되어 온 것을 보게 된다.

### 3) 전통(傳統)적 여성의 성 문화

#### (1) 정절형(貞節型) 여성의 성 문화

중국 전래 『열녀전(列女傳)』의 효시가 된 유향(劉向)의 『고열녀전(古列女傳)』에서는 국가나 가정의 흥망이 여덕의 선악에 달려 있음88)을 강조하고 선악의 규범적 여성상을 제시함은 물론 악녀들의 악행까지도 일일이 열거하여 경계의 대상으로 삼게 한다. 그러나 후대로 내려올수록 악녀에 대한 것은 삭제되고 선행을 행한 여성은 물

---

85) 上揭書, 魯莊哀姜
" 初哀姜未入時 公數數如齊 與哀姜淫 "
86) 上揭書, 魯莊哀姜.
" 哀姜者 齊侯之女 魯莊公之夫人 初哀姜未入時 公數數如齊 與哀姜淫 "
87) 송진영, 칼을 차고 丈夫의 마음을 품다. - 동아시아의 惡女 -, 동아시아 女性의 類型, 그 이미지의 系譜學, -『列女傳』에 對한 女性學的 探究 - 梨花女大, 2001. 12. 1.
88) 劉向 古列女傳 序文 " 女德善惡繫於家國治亂之效 "

론 점점 정절을 강조하는 『열녀전(烈女傳)』으로 변모되면서 한국과 일본에 전래되어 많은 영향을 끼치게 된다.[89]

한국은 조선 초 세종(世宗)대에 편찬 간행된 『삼강행실도(三綱行實圖)』<열녀편(烈女篇)>에서 정절적 열녀상을 강조하기위해 중국의 『열녀전(列女傳)』이 적극적으로 수용된다. 그리고 임란 후 광해군(光海君)대에 편찬 간행한 『동국신속삼강행실도(東國新續三綱行實圖)』<열녀편(烈女篇)>에는 조선의 열녀 700여명을 수록하고 있어 열녀왕국으로 통하는 동방예의지국(東方禮儀之國)이라 칭함을 듣게 된다.[90]

조선의 『열녀전(烈女傳)』은 조선조 이전부터 있어왔으나 그 기록은 많지 않았다.[91] 다만 임병양란 후에 많은 열녀가 나타났으며 그 후 조선조 후기까지 열녀에 대한 기록은 계속 나타나고 있다.[92] 특히 조선시대 후기의 고소설 『춘향전』이나 연암 박지원의 『열녀함양박씨전』은 여성의 정절을 강조하는 대표적인 『열녀전』이다. 이중 『열녀함양박씨전』에서 죽음을 참고 이겨낸 수절한 과부의 애끓는 절규가 담긴 인사부(忍死符)에 대한 이야기를 보면,

" 외로운 호롱불이 그림자를 비추면 홀로 지새는 밤이라 잘 새지도 않는데 혹시 비라도 처마에 쓸쓸히 내리거나, 창에 달빛이 희거나, 뜰 가에 나뭇잎이 바람에 불리거나, 짝지은 기러기가 하늘을 날아가거나, 먼데 닭 우는 소리 없고 어린 종년이 코를 고는데, 마음 둘 바 없어 잠을 이루지 못하였으니 누구를 원망하겠느냐? 내 그럴 때면 이 돈을 꺼내서 방바닥에 굴리고 다시 찾아 굴리고 했느니라. 그리고 나면 어느새 창가가 훤히 밝아 오더라. "[93]

---

[89] 禹快濟, 列女傳의 韓.日 傳來와 그 受容樣相 考察, 語文硏究, 第21輯, 語文硏究會, 1991.
[90] 禹快濟, 貞節型 家庭小說 硏究, 仁川大 論文集, 第17輯, 1992.
[91] 李惠順, 金庚美, 韓國의 烈女傳, 圖書出版 月印, 2000. 4.
[92] 金庚美, 開化期 烈女傳 硏究, 國語國文學, 第132輯, 2002. 12. 30. pp. 187 - 211.

라고 하여 어떠한 어려움에도 자신의 정절을 버릴 수 없어 인고의 날을 보내면서 수절했던 것을 알게 하고 있다.

뿐만 아니라 외세의 위협 앞에서도 흔들리는 윤리를 바로 잡아 서양이나 일본보다 도덕적 우위에 있음을 강조하고 있는 유인석(柳麟錫)의 <열부유인 이씨전(烈女孺人 李氏傳)>에 보면 원주 가정리의 열부 경주 이씨의 이야기를 기록해 놓고 끝에 가서 평하기를

> " 우리나라에는 남편을 따라 죽은 사람이 천백이나 되며 또 이씨 같은 사람도 있다. 내가 일찍이 『동국풍화록』을 지어 도학사업을 펼치고 충, 효, 열을 기록하여 천하 후세에 남기고 아울러 만국의 오랑캐들에게도 보여서 우리나라를 공경하며 따르게 하려 했다. 이씨의 열행을 외국 오랑캐들의 짐승 같은 풍속에서 본다면 어찌 놀라며 혀를 내두르지 않겠는 가 ! 그런 사람들이 천백이나 있다고 하면 놀라서 감동하기를 마지않을 것이다. 아아, 사람들이 있어 나라의 빛이 되는 구나 ! " 94)

라고 하여 오랑캐의 짐승 같은 풍속에 대응하는 순절한 열녀의 절행을 높이 평가하고 있다. 그러면서 한편으로 시대적 변모에 따른 세태를 '여자들이 대회를 열고 아내가 남편을 무시하는데 하물며 열행을 하겠는 가'95) 라고 하면서 개탄하고 있음을 보게 된다.

우리나라의 열녀에 대한 기록은 고려 말부터 조선조 말까지 개인 문사들의 개인문집에만 일백여편이 수록되어 전해지고 있다.96) 이를 기록한 작가는 대부분 사대부들로 실재했던 여성들을 친히 보았거나 이야기를 전해 듣고 감동하여 그들의 삶을 재구, 후세에 남겨주려는 교훈적 의도에서 이루어진 것을 알 수 있다.

---

93) 朴趾源, 烈女咸陽朴氏傳, 李朝漢文小說選, 民衆書館, 1961. p. 260.
94) 柳麟錫, 烈婦孺人李氏傳, 韓國의 烈女傳, 月印, 2002. 4.
95) 柳麟錫, 孝烈婦梁氏傳, 義庵集, 第30卷,
" 女作大會 以婦蔑夫 지有烈行矣乎 吾之言孺人也 其將警世夫 "
96) 李惠順, 朝鮮朝 烈女傳의 展開와 類型, 韓國의 烈女傳, 月印, 2002. 4.

(2) 본능적 여성의 성 문화

① 어울우동(於乙宇同)적 음녀(淫女)의 성 문화

유교적 가치에 구속되어 정절을 목숨보다 귀하게 여겼던 조선시대에도 성을 자유롭게 즐기며 살아간 유녀(遊女)를 통해 여성문화의 일면을 찾아 볼 수 있겠다. 조선 초 세종 대에는 『삼강행실도』를 編纂 간행하여 충·효·열을 강조하게 되면서부터 중국의 제녀적 성격의 『열녀전(列女傳)』이 정절을 강조하는 『열녀전(烈女傳)』으로 변용 수용된다. 그 후 성종(成宗)대에 『삼강행실도』<열녀편>만을 다시 간행 보급하게 되면서 정절을 중시하는 열녀왕국으로까지 발전하게 된다.

그러나 중국 『고열녀전』의 입전 대상이 되었던 <얼폐전(孼嬖傳)>의 음녀적 여성상을 모두 삭제한 『삼강행실도』<열녀편>과는 대조적으로 음행을 일삼는 악덕의 여성들은 계속 나타나고 있어 이를 주목하지 않을 수 없게 된다.

조선 세종 대의 호색녀 유감동(俞甘同)과 성종 대의 어울우동(於乙宇同)은 대표적인 <얼폐전(孼嬖傳)>적 음녀로 조정에서 논의된 내용들을 『조선왕조실록(朝鮮王朝實錄)』의 기록을 통해 찾아 볼 수 있다.

세종 대 사족으로 검한성(檢漢城) 유구수(俞龜壽)의 딸 유감동(俞甘同)은 평강(平康) 현감(縣監) 최중기(崔仲基)의 부인이었으나 음란한 행실을 하다가 남편에게서 버림을 받은 여성으로 이승(李升), 황치신(黃致身), 전혜생(田穗生), 김여달(金如達), 이돈(李敦) 등과 간통했을 뿐만 아니라 몰래 간통한 사람은 그 수를 다 기록할 수 없다고 했다.

"간부는 이승, 황치신, 전수생, 김여달, 이돈 등과 같은 사람이고, 기타의 몰래 간통한 사람은 이루 다 기록할 수 없으며, 본 남편은 지금 평강 현감 최중기입니다. 중기가 무안 군수가 되었을 때에 거느리고 가서 부임 했는데, 이 여자가 병을 핑계하고 먼저 서울에 와서는 음란한 행실을 마구 하므로 중기가 이를 버렸습니다. 그 아비는 검한성 유구수이니 모두 사족 입니다."  97)

라고 하여 유감동의 음행 사실이 기록되어 있는 것을 볼 수 있다. 이 문제는 당시로서는 대단히 충격적인 일로 사헌부의 건의를 받아들여 남편을 배반하고 스스로 창기라 일컬으면서 서울과 외방에서 멋대로 행동했으므로 간통한 간부들과 함께 직첩을 회수하고 형문에 처하여 추국을 받고98) 먼 지방에 안치하게 된다. 99)

그리고 이어서 대사헌 최부 등이 상소를 통해 '사람으로서 윤상을 어지럽힌다면 죄가 그보다 더 큰 것은 없음'을 지적한다. 그리고 홍양생이란 자는 몰래 사촌누이인 유연생을 간음하여 금수와 같은 짓을 함부로 했으니 대대로 벼슬하는 집안의 딸인 사족으로 극도로 추악함이 이에 이르렀음을 걱정하면서 천역에 귀속시키어 길이 뒷사람의 거울이 되게 하고, 극형에 처하여 더러운 풍속을 바로잡게 하자는 것이었다.100)

이 같은 사건을 통해 알 수 있는 것은 당시 유교윤리가 강조되고 집집마다 효자와 충신과 열녀를 강조했던 특수한 시대적 상황에서도 음행을 일삼고 있는 여성들이 있었다는 점이다. 조정에서의 논의된 기록은 정절적 열녀와 함께 성생활의 자유를 만끽하고 있는 음녀적인 유녀의 존재를 알 수 있게 해 주는 것이라 하겠다.

다음으로는 성종 대에 있었던 음부 어을우동에 관한 기록이다. 어

---

97) 『朝鮮王朝實錄』, 第3集 87面, 世宗 9年 8月 17日字, 倫理
98) 上揭書, 87面, 世宗 9年 8月 18日字, 倫理 / 司法-彈劾
99) 上揭書, 第3集, 126面, 世宗 10年 閏4月 1日字, 司法 - 行刑, 倫理
   領敦寧으로 치사한 李枝의 아내 金氏를 釋放할 것과, 楊自敷・今音同・兪甘同의 賤役을 免除하여 먼 地方에 安置할 것을 命하였다.
100) 上揭書, 第3集, 127面, 世宗 10年 閏4月 3日字, 司法-行刑, 倫理, 身分-賤人.

을우동은 태강수의 아내로 있을 때에 방산수 이란과 수산수 이기(李
驥)가 간통하여 죄를 받고 있는 여인이다. 101)

이 문제 또한 의금부의 상소뿐만 아니라 경연에서도 논의가 되고
있다. 어유소(魚有沼), 노공필(盧公弼), 김세적(金世勣) 등이 어을우
동을 간통한 일이 있어 이를 국문 할 것을 간청하고 있다. 102) 그리
고 이들 외에 옥사에서 드러난 간통자로 김칭, 정숙지, 김휘의 이름
이 드러나기도 했다. 103) 그러므로 이 문제에 대한 논의는 계속 확
장되어 집의(執義) 이덕숭(李德崇), 정언(正言) 유찬(劉瓚)104)과 사
헌부 장령(掌令) 김윤종(金潤宗) 105)등도 논의에 가담하게 된다.

결국 이 문제는 의금부의 상소106)를 받아들여 결론을 내리게 된
다. 즉, 정창손(鄭昌孫)은 어을우동은 종친의 처이며 사족의 딸로서
음욕을 자행한 것이 창기와 같으니, 마땅히 극형에 처할 것을 주장
했고, 심회(沈澮)는 사족의 부녀로서 음행이 이와 같은 것은 강상에
관계되는 일로 극형에 처하여 뒷사람의 감계가 되게 하자고 했다.
그러나 김국광(金國光)과 강희맹(姜希孟) 같은 이는 중국 조정의 례
에 의하여 저자[市]에 세워 도읍의 사람들로 하여금 모두 보고서 징
계가 되게 한 연후에 율에 따라 멀리 유배하자고 하기도 했다.

그러나 임금은 승지의 뜻에 따라 어을우동은 귀천과 친척을 논하
지 않고 모두 간통을 하였으니, 마땅히 극형에 처하여 나머지 사람
을 경계하는 것으로 결론을 짓는다.

---

101) 上揭書, 第10集, 147面, 成宗 11年 7月 9日字, 人事-管理, 司法, 倫理-綱常.
102) 上揭書, 147面, 成宗11年 7月 14日字, 人事-管理, 司法, 倫理-綱常.
103) 上揭書, 第10集 152面, 王室-經筵, 人事-任免, 司法-法制, 裁判, 身分-中人
104) 上揭書, 第10集, 152面.
105) 上揭書, 153面. 成宗 11年 8月 4日
106) 上揭書, 第10集, 160面. 成宗 11年 9月 2日字, 司法-裁判, 倫理-綱常, 歷史-故事.
　　 "泰江守 李수이 버린 妻 於乙于同이 守山守 李驥와 方山守 李瀾, 內禁衛 具詮,
　　 學諭 洪燦, 生 員 李承彦, 書吏 吳從連, 甘義亨, 生徒, 朴强昌, 良人 李謹之, 私奴
　　 知巨非와 姦通한 죄는 律 이 決杖 1백대에, 流 2천里에 해당합니다."

"어을우동은 음탕하게 방종하기를 꺼림이 없게 하였는데, 이런데도 죽이지 않는다면 뒷사람이 어떻게 징계되겠느냐? 의금부에 명하여 사율(死律)을 적용하여 아뢰게 하라." [107]

라고 하여 결국은 사형으로 결론을 내려 당시의 음행에 대한 사회적 대처를 보게 했다.

물론 이 문제는 다른 문학 작품이나 여성열전과 같은 것으로 형상화 되어 전해지지 않고 다만 역사적 사건의 기록으로만 남아 있는 것이 또한 특징이라 하겠다.

### ② 자유로운 성 담론과 유녀(遊女)문화

여성의 성문화는 그 여성이 차지하고 있는 사회적 지위와 활동에 따라 다르게 나타나고 있는 것을 볼 수 있다. 특히 일본 여성들은 일찍부터 천황의 자리에 올라 있으면서 섭정을 통해 고대 율령제(律令制)를 확립하기도 한다.[108] 여성의 사회 진출이 활발했던 헤이안(平安) 시대(794 - 1192)는 아직 남성 중심사회가 확립되기 전으로 여성에 대한 차별도 없었던 시대였다. 그러므로 모계존속이 천황을 후견하는 섭정정치의 영향으로 여성적인 귀족문화가 꽃을 피우게 된다.

이 후 지배자가 부계(父系)로 바뀌는 원정(院政)을 바탕으로 하는 봉건제도가 뿌리를 내리고 가부장제 가족제가 하급 지배층으로 침투해 들어가면서 12세기에 이르러 조금씩 혼인형태가 일부일처제인 단혼제가 성립되고 사회적으로 여성들이 제약을 받게 된다.[109]

---

107) 上揭書, 第10集, 160面, 成宗 11년 9月 2日字, 司法-裁判, 倫理-綱常.
108) 日本 歷史에서 最初로 天皇의 자리에 오른 것은 스이코(推古)였다. 그는 조카인 쇼토쿠(聖德) 太子에게 攝政을 맡겨 古代 律令制를 確立한다. 그 後 7 - 8世紀에 이르는 동안 스이코(推古), 고교쿠(皇極), 사이메이(齊明), 지토(持統), 겐메이(元明), 겐쇼(元正), 고켄(孝謙), 쇼토쿠(稱德), 간무(桓武) 等 8代가 女皇帝였다.
109) 이경덕 편저, 性風俗으로 보는 日本文化, 가람기획, 1999. P. 118.

그러나 성해방기라 할 수 있는 헤이안(平安) 시대의 대표적 여성 작가 이즈미 시키부(和泉式部)는 <이즈미 시키부 일기(和泉式部日記)>와 <이즈미 시키부 문집(和泉式部集)>으로 널리 알려져 있다. 뿐만 아니라 화려한 남성 편력으로도 유명하다. 그에게는 네 명의 남자가 등장하는데 그 가운데는 태자와 그의 남동생도 들어있어 당시 최고 권력자였던 후지와라 미치나가(藤原道長)는 그녀를 창녀라고까지 불렀다고 한다.

이 시대에는 자유로운 성 생활 뿐만 아니라 성의 담론도 풍성하게 이루어졌는데 그 대표적인 것이 무라사키 시키부(紫式部)[110]가 쓴 『겐지 모노가다리(源氏物語)』를 들 수 있다. 이 작품은 주인공 히카루 겐지(光源氏)를 중심으로 궁중 속에서 일어나는 사랑과 풍류, 권력과 음모 등을 섬세하게 묘사한 장편소설이다. 그 경개를 간단히 살펴보면, 겐지는 천황의 총애를 받은 후궁 기리쓰보오의 여관에게서 태어난 용모가 뛰어난 왕자로 그를 낳고 바로 죽은 어머니 기리쓰보오 때문에 화려한 여성 편력에 나선다. 그 와중에는 황후와 정을 통해 몰래 아이를 낳기도 하는 등 정치 권력 속에서 사랑이라는 변함없는 주제로 살아가는 히카루 겐지(光源氏)의 일대기로 이루어져 있으면서 당시 권력자인 후지와라 미치나가(藤原道長)를 암암리에 비판하는 구도로 되어 있다.

이 작품 외에도 이 시기에는 여성의 역할 중에 권력과 관계되는 내용이 상당히 많이 나타난다. 대표적인 인물로 허수아비 천황 다카쿠라(高倉)의 실력자 다이라 기요모리(平淸盛)를 들 수 있다. 다카쿠라의 어머니는 기요모리의 처제였고, 그의 아내는 기요모리의 딸인

---

[110] 무라사키 시키부(紫式部)는 日本 歷史上 가장 뛰어났던 日本의 女流 作家이다. 그러나 그녀의 生沒年代와 本名은 알려져 있지 않다. 大略 그녀가 活動한 內容으로 보아 약 45年 정도 삶을 享有한 것으로 推測 될 뿐이다.

도쿠코(德子)였다. 기요모리의 권력욕으로 인해 다카쿠라는 8세에 황제의 자리에 올랐다. 꼭두각시로서의 그의 인생은 예정되어 있었다. 모든 것은 기요모리의 결정에 따라야 했던 것이다.[111]

그 외에 어릴 때 아버지를 여의고 불우하게 성장한 기오(祇王)는 어머니에 의해 당시 유행하던 시라뵤시(白拍子)[112]가 된다. 그의 나이는 18세로 얼굴도 예쁘고 춤도 잘 추었다. 다이라 기요모리(平淸盛)는 술좌석에서 춤추는 기오를 보고 한눈에 반하여 妾을 삼고, 그가 원하는 것은 무엇이든 들어주어 많은 여자들의 부러움을 샀다. 그 무렵 또 하나의 뛰어난 시라뵤시가 나타났다. 그의 이름은 호토케(佛)로 16세의 아름다운 여인이었다. 그녀는 당돌하게도 당시의 실력자 기요모리를 찾아간다. 이때 부름이 없이 찾아온 여자는 집에 들이지 않는 관례를 깨고 기오에 의해 남편에게 소개되어 춤과 노래를 보여 주게 된다. 그러자 남편 기요모리는 기오(祇王)를 버리고 호토케(佛)를 택하게 되자 기오는 중이 되어 슬픈 날을 보내게 된다. 이 때 어느 날 갑자기 변복을 하고 찾아온 것은 호토케였다. 그들은 함께 중이 되어 운명을 스스로 결정할 수 없는 여성의 기구함을 한탄하며 지내게 된다.[113]

이것은 여성의 남성에 대한 의존적 생활형태로 후에 매춘으로 발전한 것을 보게 된다. 매춘은 가장 오래된 직업이며 세계 어느 곳에나 존재하는 것으로 음탕한 남녀의 욕망에 합치되는 것이기 때문에 근절은 불가능하다는 것이다.

" 고대 일본에는 손님에게 딸을 내 주는 습관이 있었다. 이것이 훗날 자색

---

111) 性風俗으로 보는 日本文化, 前揭書. p. 127.
112) 시라뵤시(白拍子)는 헤이안(平安) 말기에 流行한 歌舞의 一種으로 춤을 추는 遊女를 가리키는 말이었다. 즉, 술자리가 벌어지면 그 곳에 나가서 춤을 추고 收入을 챙기어 돈을 버는 女子들을 말한다.
113) 性風俗으로 보는 日本文化, 前揭書, pp. 130 - 135.

이 뛰어나고 가무에 능한 여성을 뽑아 대신하게 되었는데 이들이 유녀이다. 이후 전문화된 유녀가 등장하게 되면서 매춘으로 발전하게 되었다. 그렇다면 성의 제공은 결코 수치스러운 일은 아니었을 것이다." 114)

라고 지적한 것을 볼 수 있다.

일본의 대표적인 민속학자 야나기다 구오니(柳田國男)는 매춘의 기원을 무녀에서 찾았고, 무녀가 영락해서 유녀가 되었다고 지적하고 있다. 그러므로 일본에서는 대도시와 상업지역 뿐만 아니라 어촌이나 벽촌 등에도 공인된 유곽이 있고, 사회적 평판이 좋은 사람들도 이곳을 방문하기에 그 지방에서 가장 화려하고 아름다운 집 가운데 하나라는 것이다.

특히 막부시대에 매춘부들을 일정한 장소에 모아놓고 관리할 필요를 깨달아 교토(京都)에 시마바라(島原)와 같은 유곽(遊廓)을 건설했고, 도쿄(東京)에는 요시와라(吉原)에 1600년경에 매춘가를 건설하여 국가가 운영하는 공창으로 1946년 공창제도가 폐지될 때까지 유명했었다.

자유로운 성 담론을 보면 정형(貞享) 3年(1686) 당시 45세의 이하라 사이카쿠(井原西鶴)는 『호색오인녀(好色五人女)』를 출판한다.115) 그는 『호색일대남(好色一代男)』, 『호색이대남(好色二代男)』과 같이 호색시리즈의 세 번째 작품으로 당시의 히트작이 되기도 했다. 그가 쓴 호색이란 한자 용어는 '남녀가 성행위를 좋아하는 것'이라 할 수 있는데 일본에서는 귀족문화가 발달했을 때, 미야비(雅 : 우아, 풍아)라는 귀족의 미의식과 문학, 음악 같은 교양을 합하여 성행위보다 성행위 전에 생긴 분위기를 가리킨 말이었다.116) 이하라 사이카쿠(井原西鶴)는 호색시리즈를 만들면서 미의식이나 예절에 의해 성행

---

114) 上揭書. p. 193.
115) 井原西鶴 著, 暉峻康隆 譯註, 『好色五人女』, 日本, 小學館, 1992.
116) 上揭書, p. 7.

위를 미화시켜 색도(色道)라는 도에 이를 정도로 만들었다. 이는 귀족문화의 호색 개념과 비슷하게 되어 상황을 심각하지 않고 즐길 수 있도록 초점을 맞추어 미화할 수 있는 여유를 둔 것이었다.

그러나『호색오인녀』의 호색은 일반적 개념과 다른 평범한 가정의 딸이나 평범한 유부녀의 연애 이야기를 주제로 한 소설이다. 당시에는 약혼자가 없는 아가씨의 경우라도 마음대로 남자와 사귀게 되면 그 자체가 불의밀통이라는 낙인이 찍히게 되어 추방, 유배, 사형까지 당하는 일이 있었다. 더구나 유부녀의 경우 남편이 불륜현장을 잡게 되면 부인을 죽여도 무방한 시대상황으로 신분제도와 가족제도를 잘 지키기 위해 설정된 도덕이나 법률이 엄격하던 시대였다. 그럼에도 불구하고 끔찍한 파국을 알면서도 사랑의 성취를 위해 오로지 사랑하는 남자에게 자기의 몸을 바치는 것이 다섯 여자의 사랑(愛)이고, 아름다움(美)이었다. 그러므로 호색의 오인녀는 타협이나 에고로서 끔찍한 파국을 쉽게 피하려고만 생각하는 현대인들에게도 큰 충격을 줄만한 박력을 보여주고 있는 작품이다.

이하라 사이가쿠(井原西鶴)는 엄한 봉건제도의 윤리나 법에 얽매이고 있는 무가(武家)사회의 연애를 비판적으로 다루면서 연애를 불의밀통(不義密通)이라 하여 처형하는 무가사회의 비정한 법을 작품에서 공주의 입을 통해 비판하기도 한다. 그리고 작가는 주인공인 여자들을 사랑한다는 기쁨과 사랑함으로서 생기는 책임을 잘 아는 여성들로 그리고 있다. 다시 말하면 거기에 등장되는 여성들은 모두 책임감을 갖고 스스로 그 사랑을 선택하며, 스스로 죽음을 선택한다. 그것은 그가 " 여자는 사랑에 있어서 주체적인 존재로 있어 달라 "는 원망이었고, 또 그런 여성의 모습이 당시 사회가 원하는 여인상이었다는 것을 보여준 것이라 하겠다.[117]

뿐만 아니라 이 시기에 해당되는 명력(明曆) 원년(1655)에는 일본
적 여성열전(列傳)으로 처첩만이 아닌 기녀들을 포함한『본조열녀전
(本朝列女傳)』이 만들어졌고, 연보(延寶) 6년(1678)에는 전18권으로
간행된『색도대경(色道大鏡)』중 제17권에 수록된 경도(京都), 강호
(江戶), 대판(大阪)의 삼도(三都)에서 활동하던 태부(太夫) 19名의
명기들의 열전이 기록되어 명기전(名技傳)으로 여성열전이 만들어지
기도 했다.118) 그리고 연보(延寶) 9년(1681)『명여정비(名女情比)』
는 5권으로 간행된 여성 열전으로 1권에서 4권까지는 상류 여성들
의 연애물이며, 5권은 유녀들의 애정쟁취 담으로 흥미본위의 호색적
내용119)으로 되어 있어 일본적 열녀전(烈女傳)이 계속 간행된 것을
알 수 있다.

③ 경제논리(經濟論理)적 여성의 성 문화

여성의 성을 경제적 논리로 생각하게 된 것은 극히 근래의 사건
들에서 보게 된다. 한국의 6.25전쟁을 겪으면서 미군기지 주변의 미
병촌(美兵村)에는 양색시 양공주라고 불리는 여성들이 생존을 위해
외국인에게 성을 팔아 생활을 누려가고 있는 모습이 실재했던 사실
이고 또 작품을 통해 잘 나타나고 있다. 당시의 상황을 잘 그리고
있는 작품들을 보면

" 막 정문을 나서려고 하는데 저쪽 한국인 캠프에서 절뚝이가 '어이 쇼리"하
고 부르며 따라 나온다 '너 양갈보하고 삼칠 빠이로 나눠 먹느냐 고부 고부로

---

117) 上揭書, p 9 -10.
118) 禹快濟, 列女傳의 韓日傳來와 그 受容樣相 考察, 語文硏究, 第21輯, 語文硏究會, 1991.
119) 笠井淸, 假名草子に及はした列女傳のの 影響, 比較文學, 第4卷, 日本 比較文學會, 1961.

나눠 먹느냐' '너 고부 고부로 먹는다면 오백 딸러는 모았겠구나, 내 원 딸러에 두 장(2만원)씩 줄테니 바꾸자' 하며 징글맞게 싱글거린다 " 120)

" 양 색시는 철둑을 순찰하는 양키보조한테 가서 수작을 붙이는 거야. 꽁무니를 빼는 놈덜두 있지만 양키들은 대개 헤벌레 해지게 마련이지. 양색시가 둑 아래 풀밭으로 양키를 끌고 내려와 입으로 그걸 빨아주는 동안 재빨리 파이프에 달라붙어 낫도를 푸는 거지. 숭의동 양색시는 누구나 한번씩 그걸 해야 한다고 선언했대. 양색시들은 죽어도 못하겠다고 애걸을 하지만 소용읍지 " 121)

이 두 작품에 나타나는 양색시는 경제적 궁핍에 살길이 없어 생존을 위해 몸을 파는 여성들이다. 그야말로 여성의 성 문제를 윤리적 가치관이나 인간의 존엄성 같은 것으로 문제 삼을 수 없는 오직 경제적 논리로만 가능한 성의 상품화과정을 보게 된다.

이와 같은 사건은 한국이 일본의 폭압에 의한 식민지 시대를 지나면서 1950년대 전쟁이라고 하는 혹독한 시련 속에서 일어난 사건이었다면 이와 비슷한 식민지 시대를 지낸 아프리카에서도 같은 현상들이 나타나고 있음을 볼 수 있다.122) 아프리카 나이지리아의 부치 에메체타(Buchi Emecheta)의 작품에 보면 여성의 비극을

" 여자의 운명이란 태초부터 이렇게 고달프기만 했을까. 아니 이 뒤로 몇십 만년을 두고 여자는 늘 이렇게 슬프기만 할 건가. 그렇다면 그것은 여자에게 자궁이란 달갑지 않은 주머니 한 개가 더 달린 까닭이 아닐 가. 수없이 많은 여자의 비극이 자궁으로 해서 생기는 것이라면 그놈의 것을 도려내는 것도 좋으련만 " 123)

---

120) 宋炳洙, 쇼리.김, 『한국전후문예작품집』 1. 신구문화사, 1960, p. 187.
121) 李元圭, 천사의 날개, 문학과 지성사, 1994. p. 120.
122) 김의락, 억압과 지배논리의 폭력성 : 한국여성, 아프리카 여성, Compartive Korean Studies, Vol. 10. No.2. Dec 2002. p. 129.
123) 부치 에메체타, 어머니(김의락 위의 논문에서)

라고 하여 여성에게만 있는 자궁이 여성들로 하여금 슬픈 운명을 영위하게 하기 때문에 달갑지 않은 주머니라 했다. 그러므로 수많은 여성들의 비극이 자궁으로부터 생긴다고 했다. 이것은 인간문명이 남성에 의해 지배되고 여성은 억압과 희생의 대상으로 생각하는 데서부터 나타나는 현상이다. 그러나 경제적 어려움에서는 성이라고 하는 여성의 유일한 무기를 팔아 생활의 수단으로 삼은 것을 보게 된다.

이와 같은 전통적 가치관이 전쟁을 통한 가난이라고 하는 어려운 환경에서 쉽게 무너지고 깨지는 것을 볼 때, 이민사회의 혹독한 경쟁 사회에서 전통문화의 보존과 전통문화를 통한 자기 정체성의 존속을 위해서는 상당한 노력이 있어야 할 줄로 안다. 우리 민족이 각국에 거주하고 있는 재외 동포들은 150여 개 국에 6백 여 만 명에 이르고 있다.[124] 재외동포가 가장 많이 거주하고 있는 미국에서는 1909년부터 교포단체가 창간한 <신한민보>에 해방 전 까지만도 소설과 희곡이 40여 편이 넘게 발표되어 작품 활동이 활발하게 이루어진 것을 보게 된다.[125]

그러나 이 작품들은 대부분 조국을 그리며 조국으로 돌아가고 싶은 심정을 토로한다든지 한국인으로서의 정체성을 상실하지 않으려는 몸부림으로 대표되고 있다.[126] 작품에 보면

> " 나는 지금까지 아버지의 민족과 함께 생활하지 않고 이 나라의 다른 민족들과 생활해 왔어요. 내가 함께 살고 있는 사람과 내가 그들을 위해 일해야 할 사람들은 다른 사람들이에요. 미국인, 백인, 신교, 사회가 내게 요구하는 것과 나의 조상이 내게 요구하는 것이 다르다는 거지요. "[127]

---

124) 외교통상부 산하 재외동포재단(1997년 설립)에서 조사 발표한 자료(2001년 7월)에 의하면 151개국에 5,663,809명으로 미국에만 2,123,167명이 거주하는 것으로 나타나 있다.
125) 趙圭益, 解放前 在美韓人 移民文學, 1권 - 6권, 도서출판 月印. 1999.
126) 林善愛, 美洲 韓人 소설 <토담> 硏究, 語文學, 第78輯, 韓國語文學會, 2002. 12. p. 504.

라고 하여 이민 2세들의 고민이 그려지고 있는 것을 볼 수 있다. 그러나 그들은 새로운 사회의 적응을 통해 절망을 희망의 공간으로 바꿔 가는 민족의 저력을 보여 주고 있다. 아메리칸 드림을 품고 미국으로 이민 간 우리 민족들에게는 경제적 풍요라고 하는 유혹의 사조 외에 민족정기를 잃지 않으려는 강인한 민족정신의 이상이 이는 한 전통문화는 계승 발전 될 것이며 전통적 성문화 역시 높은 가치를 인정받게 될 것이다.

여성에게 있는 성의 양면적 특성 중 도덕적 가치를 중시하는 우리민족의 전통성에 기초하게 될 때, 정절을 중시하는 고상한 성문화가 유지 될 것이다, 그러나 오직 가난과 역경 속에서 경제적 논리만을 내세우며 삶을 영위하기 위한 수단으로 전락 될 때, 음녀적 특성을 그대로 들어 낼 것으로 생각된다. 앞으로 더 많은 작품 분석을 통한 연구가 이루어질 것을 기대 해 본다.

④ 현대적 여성의 성 문화

현대적 여성문화를 대표하는 사회적 흐름은 매우 다른 양상으로 나타나고 있다. 2000년도 오늘의 작가상을 수상한 이만교(李萬敎)의 작품『결혼은 미친 짓이다』[128]는 젊은이들에게 인기 있는 작품으로 팔려 나갔다.

작가는 이 작품에서 한 여자가 두 남자를 번갈아 만나면서 그 중의 한 남자를 택하는 장면을 이렇게 표현하고 있다.

" '나 말야'
섹스가 끝난 후 그녀가 말했다.

---

127) 김난영, 토담 (임선애 위의 논문에서)
128) 李萬敎, 結婚은 미친 짓이다, 2000년 오늘의 作家賞 受賞作, 민음사, 2000.

'두 사람 중에 하나를 택할 거야. 의사 아니면 ----- 너!'
----- (중략) -----
'아직 결정한 게 아냐. 너와 할지, 그 의사와 할지는 '" 129)

이 작품은 드디어 영화화되어 성공적 흥행을 가져오기도 했다. 이를 특집으로 다루고 있는 주간지의 기사를 보면

" 이중생활 꿈꾸는 여자들 "이란 제목 하에 " 몸 따로 마음 따로 --- 결혼은 미친 짓이다 " 라고 해 놓고 " 외도 남성 전유물서 여성도 보편적인 일로 진행 중 --- 가부장적 결혼제도 의미 퇴색 부부학 다시 써야 할 판 " 130)

이라 하여 너무나 충격적인 표현들로 기사화되고 있다.

또한 이 글에서 적고 있는 것을 보면 남녀의 성문화가 동등한 입장으로 다 같이 맞 대응하여 외도를 하고 있는 TV드라마에 많은 여성 주부들의 관심이 쏠리고 있는 것도 우연이 아니라는 것이다. 이를 보면

" 미혼 여성들이 영화 '결혼은 미친 짓이다' 에서처럼 결혼과 사랑에 대한 이중적 가치관을 일상적인 현상으로 받아들이고 있는 만큼, 기혼여성들도 비슷한 갈등으로 혼란을 겪고 있다. 바로 결혼과 애인을 따로따로 관리하는 이중생활이다. 중년부부의 맞 바람이 주제인 TV드라마 '위기의 남자'가 20% 이상의 시청률을 기록하며 주부들에게 큰 화제를 불러 모으는 것은 결코 우연이 아니다. " 131)

라하고 있어 우리가 살고 현재적 사회에서 성문화의 급속한 변모를 실감하게 된다.

---

129) 上揭書. p. 173.
130) 週刊東亞, 特輯, 二重生活 꿈꾸는 女子들, donga.com. 2002. 5. 24. pp 1 - 17.
131) 上揭書, p. 2.

1990년대만 해도 연세대 교수였던 마광수(馬光洙)의 『즐거운 사라』가 문제되어 판매가 금지되었고, 결국 작자는 대학 강단에서 물러나야 하는 사건이 있었던 것을 쉽게 기억할 수 있는 일이다. 그러나 그 후 10여년이 지난 2000년대에는 자유로운 성문화를 표현한 작품이 대상을 받을 정도로 사회 분위기는 바뀌고 있음을 실감하게 된다.[132] 1950년대 정비석(鄭飛石)의 『자유부인(自由婦人)』이 발표되어 사회적으로 물의를 빚었던 것과 비교해 보면 너무나 격세지감이 아닐 수 없다.

이와 같은 것들은 중국 『열녀전(列女傳)』의 전래와 수용에 따라 형성되었던 정절을 중시하는 유교문화의 영향권[133]에서 벗어나는 변모과정에서 나타나는 현상으로 정절형 여성문화의 퇴조가 아닌가 생각된다.

### 5) 결 론

새로운 21세기는 인간 중심의 전통문화를 중심으로 민족이면 민족, 국가면 국가로서의 정체성을 살려 다양한 외래문화와 조화를 이루면서 다원화된 새로운 문명을 만들어 나갈 때 한 차원 높은 새로운 문화가 생성 발전 되게 될 것이다.

우리는 반만년의 유구한 역사적 전통을 지닌 문화민족으로 열녀적 여성문화는 현대에 조명 해 볼 만한 중요한 가치가 있는 것이라 하겠다. 동양적 유교 문화권에서 중국 유향의 『열녀전(列女傳)』은 후대에 이르러 『열녀전(烈女傳)』으로 변모되면서 전통적 여성의 성문화에 지대한 영향을 끼치고 있다.

---

132) 두 作品의 文學的 價値 評價의 比較 問題는 別途로 하고, 다만 女性의 性 文化에 對한 認識만을 중점으로 한 것임을 밝힌다.
133) 禹快濟, 列女傳的導入與對韓國的影響, 仁川語文學, 第16輯, 仁川語文學會, 2000.

중국의 『열녀전(列女傳)』은 전한시 제녀(諸女)적 성격의 유향(劉向)의 『고열녀전(古列女傳)』에서 후대의 열녀(烈女)적 성격의 『열녀전(烈女傳)』으로 변모된다. 그러므로 정절형(貞節型) 열녀뿐만 아닌 얼폐적(孼嬖的) 음녀형의 유녀(遊女)까지 나타나 있는 동양적 여성문화의 일단을 밝혀 볼 수 있다.

첫째, 중국의 『열녀전(列女傳)』은 유향(劉向)의 『고열녀전(古列女傳)』계와 명(明)대에 신편 된 『고금열녀전(古今列女傳)』 및 청(淸)대의 『회도본열녀전(繪圖本列女傳)』을 비롯하여 년대 미상의 『전고열녀전(典故列女傳)』 등이 현재 전해지고 있는 것을 알 수 있다.

둘째, 『열녀전(列女傳)』에는 여성문화의 특징으로 절의(節義)와 정절(貞節)을 강조하는 여인상과 얼폐적(孼嬖的) 음녀의 악녀상이 함께 나타나 있다.

정순(貞順), 절의(節義)편에 등장하는 여인들은 대부분 정절과 예의를 지키기 위해 자신을 희생하는 순절(殉節)적 여인들로 <송공백희(宋恭伯姬)>, <제효맹희(齊孝孟姬)>, <식군부인(息君夫人)>, <제기양처(齊杞梁妻)>, <초소정강(楚昭貞姜)>을 비롯하여 <대조부인(代趙夫人)>, <로추결부(魯秋潔婦)>, <양절고매(梁節姑姉)>, <합양우제(郃陽友娣)>가 있다.

이에 반해 <얼폐전(孼嬖傳)>에서 다룬 여인들은 미모로서 제왕을 미혹하게 하여 국가와 사직을 도탄에 빠뜨린 악녀로 하(夏)나라 걸왕(桀王)의 비였던 말희(末喜)를 비롯하여 은(殷)나라 주왕(紂王)의 비였던 달기(妲己), 주(周)나라 유왕(幽王)의 왕후였던 포사(褒姒) 등이 있다. 그리고 미모가 뛰어나 남자를 유혹하는 묘를 갖고 있었으며, 늙어서도 여전히 젊어 보여 일곱 차례나 다른 남자의 부인이 되었고, 왕이나 제후들은 한번만 보면 반하여 정신을 잃지 않는 이가 없었다고 하는 <진녀하희(陳女夏姬)>를 비롯하여 오빠 양공과 은밀히 정을 통한 <노환문강(魯桓文姜)>과 죽은 남편의 심부름을 하던 혼양부와 정을 통한 위나라 백희(伯姬), 혼전성교까지 자유롭게 했던 노나라 장공(莊公)의 부인 애강(哀姜) 등이 있어 자유로운 여성들의 성문화에 대한 기록을 볼 수 있다.

이와 같은 <얼폐전(孼嬖傳)>의 여성들의 음행은 당시 정권을 둘러싸고 벌어졌던 심상치 않은 권력다툼과도 무관하지 않다. 즉 자신이 낳은 아들을 태자로 세우고자 한다든 가, 자신과 불륜의 관계를 맺고 있는 사람을 군주로 삼고자 하는 등, 정권 장악에 야망을 갖고 도전 하다 실패한 여성들을 사회 혼란의 원흉으로 지목하여 국가멸망의 책임을 묻기 위해 모두 악녀로 규정한 것은 유교문화권의 동양적 여성문화의 한 특징이라 하겠다.

셋째, 『열녀전(列女傳)』의 수용을 통한 정절적 열녀문화와 얼폐적 음녀문화의 공존을 볼 수 있는 동아시아적 여성문화의 특징으로 자유로운 성 담론과 함께 유녀의 등장을 볼 수 있다. 유향의 『고열녀전』에서는 국가나 가정의 흥망이 여덕의 선악에 달려 있음을 강조하고 선악의 규범적 여성상으로 악녀들의 음행까지도 열거하여 경계의 대상으로 삼게 한다. 그러나 후대로 내려올수록 악녀에 대한 것은 삭제되고 정절을 강조하는 열녀전으로 변모시킨다.

그러나 조선시대의 유감동(兪甘同)과 어울우동(於乙宇同)과 같은 음녀가 나타나 사회적으로 문제가 되기도 한다. 유교적 가치에 구속되어 정절을 목숨보다 귀하게 여겼던 조선시대에도 성을 자유롭게 즐기며 살아간 유女를 통해 동양적 여성의 성 문화를 찾아 볼 수 있다. 그것도 조선 초 『삼강행실도』를 편찬 간행하여 충·효·열을 강조하던 세종 대와 성종 대에 있었다는 것은 여성들에 대한 교육만으로 인간의 근본적 욕망을 억제하게 할 수 없었던 것을 알 수 있게 해 주는 것이라 하겠다.

일본에서의 자유로운 성 담론과 유녀문화는 성해방기라 할 수 있는 헤이안(平安) 시대의 대표적 여성 작가 이즈미 시키부(和泉式部)의 작품들로부터 알 수 있다. 그녀의 화려한 남성 편력과 이 시대의 풍성한 성 담론은 무라사키 시키부(紫式部)의 『겐지 모노가다리(源氏物語)』에서도 잘 나타난다. 주인공 히카루 겐지(光源氏)의 궁중 속에서 일어나는 사랑과 풍류, 권력과 음모 등은 당시 권력자인 후지와라 미치나가(藤原道長)를 암암리에 비판하는 글로 평가 받고 있다.

이 작품 외에도 이 시기에는 권력과 관계되는 대표적인 여성은 허수아비 천황 다카쿠라(高倉)의 실력자 다이라 기요모리(平淸盛)를 들 수 있다. 그리고 시라뵤시(白拍子) 기오(祇王)와 호토케(佛)와의 관계에서 여성의 남성에 대한 의존적 생활형태를 보게 된다. 이것은 후에 매춘으로 발전하여 녀성의 직업과 같이 되어 전문화된 유녀의 등장을 보게 된다.

일본의 대표적인 민속학자 야나기다 구오니(柳田國男)는 매춘의 기원을 무녀에서 찾았고, 무녀가 영락해서 유녀가 되었다고 지적, 일본에서는 대도시와 상업지역 뿐만 아니라 어촌이나 벽촌 등에도 공인된 유곽이 있고, 사회적 평판이 좋은 사람들도 이곳을 방문하기에 그 지방에서 가장 화려하고 아름다운 집 가운데 하나라는 것이다.

특히 막부시대에 매춘부들을 일정한 장소에 모아놓고 관리할 필요를 깨달아 교토(京都)에 시마바라(島原)와 같은 유곽을 건설했고, 도쿄(東京)에는 요시와라(吉原)에 1600년경에 매춘가를 건설하여 국가가 운영하는 공창으로 1946년 공창제도가 폐지될 때까지 유명했다.

자유로운 성 담론으로 정형(貞享) 3년(1686) 당시 45세의 이하라 사이카쿠(井原西鶴)가 쓴 『호색오인녀(好色五人女)』를 비롯하여 명력(明曆) 원년(1655)에는 일본적 여성열전으로 처첩만이 아닌 기녀들을 포함한 『본조열녀전(本朝列女傳)』, 연보(延寶) 6년(1678)에는 전 18권으로 간행된 『색도대경(色道大鏡)』중 제17권에 수록된 경도(京都), 강호(江戶), 대판(大阪)의 삼도에서 활동하던 태부 19명의 명기들의 열전이 記錄되어 명기전으로 여성열전이 만들어졌고, 연보(延寶) 9년(1681)에는 5권으로 간행된 여성 열전 『명여정비(名女情比)』가 나와 이 책 1권에서 4권까지는 상류 여성들의 연애물을 싣고, 5권은 유녀들의 애정쟁취 담을 실어 흥미본위의 호색적 내용의 저작물들이 나왔다. 이와 같은 저작물들을 통해 자유로운 성 담론이 이루어지고 있어 여성의 양면적 성문화는 인간 본능의 솔직한 욕구 표현으로 동양적 여성의 성 문화에도 그대로 나타난 것을 알 수 있다.

그리고 근래의 사건들에서는 여성의 성을 경제적 논리로 생각해 가는 것을 볼 수 있었다. 한국의 6.25전쟁을 겪으면서 미군기지 주변의 미병촌에는 양색시 양공주라고 불리는 여성들이 생존을 위해 외국인에게 성을 팔아 생활을 누려가고 있는 모습이 실재했던 사실이고 또 작품을 통해 나타나고 있다.

여성의 성 문제를 윤리적 가치관이나 인간의 존엄성 같은 것으로 문제 삼을 수 없는 오직 경제적 논리로만 가능한 성의 상품화 과정을 보게 된다. 시대적 비극을 지닌 성의 상품화는 일본이나 한국, 중국뿐만 아니라 아프리카 나이지리아 등에서도 볼 수 있는 일로 여성의 여성성마저 저주하고 있다.

현대적 여성문화를 대표하는 사회적 흐름은 매우 다른 양상으로 나타나고 있다. 2000년도 오늘의 작가상을 수상한 이만교의 작품『결혼은 미친 짓이다』는 젊은이들에게 인기 있는 작품으로 팔려나갔다. 우리가 살고 있는 현재적 사회에서 성문화의 급속한 변모를 실감하게 된다. 1950년대 정비석의『자유부인』, 1990년대 마광수의『즐거운 사라』

가 문제되었던 것이 그 후 10여년이 지난 2000년대에는 자유로운 성문화를 표현한 작품이 대상을 받을 정도로 사회 분위기는 바뀌고 있음을 실감하게 된다.

이와 같은 것들은 중국 『열녀전(烈女傳)』의 전래와 수용에 따라 형성되었던 정절을 중시하는 유교문화의 영향권에서 벗어나는 변모 과정에서 나타나는 현상으로 볼 수 있겠다.

여성에게는 도덕적 가치를 중시하는 전통적 열녀상(烈女像)과 본능적 음녀상(淫女像)의 속성이 있음을 알 수 있다. 열녀적 여성의 성문화는 많은 교훈서를 통해 만들어 진 가치에 의한 것이라면 음녀적 여성의 성문화는 본능적 속성에 의해 만들어진 여성의 성문화임을 알 수 있겠다. 여성의 양면적 성문화는 시대와 환경에 따라 다르게 나타나고 있어 어떤 것이 어떤 방향으로 계승되고 발전되어 나갈 것이냐 하는 것은 앞으로의 연구 과제로 남겨 놓을 수밖에 없다.

## 3. 열녀전(烈女傳)적 열행(烈行)의 현대적 갈등 양상

『열녀전(烈女傳)』의 전래와 『열녀전(烈女傳)』, 열행(烈行)의 갈등 양상, 열녀의 열행 분류, 전통과 현대적 여성의 열행적 갈등-

### 1) 들어가며

새로운 세기가 시작되면서 지구상에는 예기치 못한 일들이 계속 나타나고 있다. 평화를 갈망하는 인류의 소망과는 달리 테러와 전쟁이 그치지 않고, 인종이나 종교와 같은 해결하기 어려운 문제들이 표면화되면서 정치를 뛰어 넘는 어려운 상황이 전개되고 있기도 하다. 그러나 제일 중요한 문제는 인간 중심의 전통 문화를 살려 내어 민족이나 국가의 정체성(正體性) 위에 다원적(多元的) 문화 창조가 필요한 시기가 도래하고 있다는 점이다. 특히 반만년의 유구한 역사적 전통을 지닌 한민족(韓民族)의 열녀적 여성문화는 현대적 조명을 통해 그 가치를 다시 한번 고찰해 볼 필요가 있다고 생각된다.

『열녀전』은 개가(改嫁)하지 않은 여인이 행한 여성의 열행을 기록한 여성 열전이다. 중국 유향(劉向)의 『열녀전(列女傳)』은 제녀(諸女)적 성격의 여성 열전(列傳)으로 후대에 열녀전(烈女傳)적 여성의 전통 문화에 지대한 영향을 끼쳤다.

한국에서는 조선 초 간행된 『고려사(高麗史)』에서 처음으로 열녀를 논하기 시작하여 세종(世宗)대에 편찬된 『삼강행실도(三綱行實圖)』에서는 <열녀편(烈女篇)>을 따로 두어 많은 열녀에 대한 기록을 글과 그림으로 남기고 있다. 그 후 성종(成宗)대에는 <열녀편(烈女篇)>만 따로 간행하여 여성 교훈서로 활용하게 하여 가정윤리(家庭倫理)를 제고하고 있다.[134] 이에 열녀전에 나타나는 여성의 열행을 분석하여 그 의미를 고찰 해 보고자 한다.

### 2) 『열녀전(列女傳)』의 전래와 열녀전(烈女傳)

『열녀전(列女傳)』은 중국 전한(前漢) 성제(成帝) 시 유향(劉向)[135]이 여성의 부덕을 강조, 유교적 가치관으로 위기에 처한 국가를 구해 보고자 역대 여성들의 전기를 모아 찬술[136]하여 여성 교훈서로 삼고자 한 것이다.

---

134) 禹快濟, 韓國家庭小說研究, 高麗大學校 民族問題研究所, 1998.
135) 劉向(BC.77 - AD.6) : 中國 前漢 成帝 時, 儒敎의 經學 博士로 高祖 劉邦의 異腹 동생인 劉交의 四世孫으로 皇室의 圖書를 校勘, 整理하는 責任者였다. 그는 昭帝, 宣帝, 元帝, 成帝의 四代에 걸쳐 官職에 있으면서 國家의 興旺을 함께 하다가 宦官과 外戚이 權力을 掌握하게 되고 后妃들의 橫暴로 國家가 衰落해 지는 것을 보게된다.
136) 禹快濟, 列女傳 著作動機 考察, 우리文學研究, 第5輯, 우리文學研究會, 1985.

『열녀전(列女傳)』은 유향(劉向)의 『고열녀전(古列女傳)』이 시초가 되어 한(漢) 나라 성제(成帝) 이전의 역대 여성들의 전기를 수록한 것으로 선악의 대표적 인물을 총 망라하여[137] 각 편마다 도(圖)와 찬(讚)을 붙여 만든 것으로 수상본(繡像本)의 효시(嚆矢)이기도 하다. 그러나 그 후 명(明)대에 『고금열녀전(古今列女傳)』이 신편 되고, 청(淸)대에는 『회도본열녀전(繪圖本列女傳)』이 간행되면서 『고열녀전(古列女傳)』의 내용은 계승하나 <열폐전(孼嬖傳)>을 삭제하고 당대 여성 중 정절(貞節), 순절(殉節) 부인의 전기를 다수 수록하여 제녀(諸女)적 성격의 『열녀전(列女傳)』에서 열녀(烈女)적 성격의 『열녀전(烈女傳)』으로 변모된다.[138]

『열녀전(列女傳)』은 동양의 최초 여성 열전으로 고대의 여성상을 유형화하여 집약적으로 제시함으로 동양 여성의 원형(原型)적 이미지 창조에 결정적 역할[139]을 한 것으로 여성문화의 특징을 잘 드러내고 있는 작품이다.

『열녀전(列女傳)』의 중국 전래 본은 그 고본의 추정이 불가능하다. 수서(隋書) 『경적지(經籍志)』의 기록에 의하면 송(宋)대에 이르러 전사(傳寫)된 『열녀전(列女傳)』의 고본은 볼 수 없게 되었다[140]고 밝힌 것으로 보아 현전 판본을 중심으로 전래본을 살필 수밖에 없다. [141]

현전 판본 중 유향의 『고열녀전(古列女傳)』계에 속한 것[142]으로

---

[137] 母儀, 賢明, 仁智, 貞順, 節義, 辯通, 孼嬖의 七編으로 分類하여 規範的 女人像을 提示했다.
[138] 張 敬, 列女傳與其作者, 中國婦女史論文集, 商務印書館, 臺灣, 1982.
[139] 동아시아 女性의 類型, 그 이미지의 系譜學 -『列女傳』에 對한 女性學的 探究 -, 中國語文學會. 韓國女性研究院. 女性神學研究所 主催 學術大會, 梨花女大 人文館, 2001. 12. 1.
[140] 張敬, 列女傳與其作者, 앞의논문, p. 56.
[141] 현전 판본을 보면 ①南宋建安余氏刻本(萬卷堂藏書) ②長沙葉氏明刊本(觀古堂藏本) ③淸阮福摹刻宋本 ④明新 安汪氏增輯十六卷本이 있고, 校注本으로는 ①梁端 校注本 ②王照圓 補注本 등이 있다.

는 ①남송건안여씨각본(南宋建安余氏刻本 : 萬卷堂藏書) ②장사엽씨명간본(長沙葉氏明刊本 :觀古堂藏本) ③처원복모각송본(淸阮福摹刻宋本)이 있고, 명(明) 신안왕씨증집(新安汪氏增輯) 16권 본은 청(淸)대의 『회도본열녀전(繪圖本列女傳)』[143]이다. 그 외 명대에 신편 된『고금열녀전(古今列女傳)』[144]을 비롯하여 년대 미상의 『전고열녀전(典故列女傳)』[145] 등이 현전하고 있다.

『고열녀전(列女傳)』은 중국 최초의 여성 열전으로 한국 및 일본에 전래[146]되어 여성 교훈서의 역할을 담당하게 된다. 그러므로 그 방사(放射)적 영향은 동양적 여성문화 형성에 주요한 요인으로 작용하여 많은 열녀전(烈女傳)을 남기게 하고 있다.[147]

---

142) 『古列女傳』系에 속한 것으로는 異本의 體裁에 따라 ① 繡像本, ② 校註本, ③ 本文本이 있고, ①繡像本은 刊行 年代에 따라 嘉祐本(1063년), 嘉定本(1214년), 萬曆本(1606년), 道光本(1825년)이 있다. ②校註本은 名稱에 따라 校註本, 補註本, 交讀本으로 分類되며 刊行 年代에 따라 壬申本(1812년), 癸巳本(1833년), 己未本(1919년), 甲戌本(1874년) 등이 있다. 그리고 ③本文本으로는 嘉靖(1552년) 年間에 刊行된 것이 嘉祐本(1036년)系의 後代本으로 圖가 없는 現傳 異本 中 最先本이다.
143) 『繪圖本列女傳』系에 속한 것으로는 明代 新安 汪氏에 의해 增輯되고 仇英[1]이 그림을 그린 16卷本[1]이 전해 오고 있다. 이 책의 刊行 年代는 乾隆 四十有四年으로 淸 高宗代(1776년, 己亥)로 볼 수 있는 乾隆本이 있다.
144) 『古今列女傳』系에 속한 것으로는 明 永樂 元年 成祖 時 仁孝王后의 請에 의해 解縉 等에 命하여 새로 編纂한 上.中.下 삼권으로 된 永樂本이 있다.
145) 『典故列女傳』은 作者와 年代 未詳으로 『古列女傳』의 內容을 縮約시키거나 變改시켰으며, 『女誡』, 『女典』, 『家訓』, 『女範』, 『內則』, 『內訓』 等에서 典故를 취해 再構成하여 女性 敎育을 目的으로 傳記的 性格을 除外하고 敎訓性만을 强調하여 經書와 같은 位置로 높여 놓고 있다.
146) 禹快濟, 列女傳의 韓. 日傳來와 그 受容樣相 考察, 語文硏究, 第21輯, 語文硏究會, 1991.
147) 禹快濟, 앞의 책, pp. 56 - 89.

3) 열녀전(烈女傳)적 열행의 갈등 양상
(1) 열녀의 열행 분류
① 순절(殉節)적 열녀

조선시대 정주성리학을 통한 예속의 확립은 여성의 정절을 일방적으로 강조하여 열녀의 절행(節行)을 풍교(風敎)의 일환으로 보고 유학자들은 이를 칭송의 대상으로 삼았다. 그러므로 열녀들에 대한 열전이 입안되고 새로운 열녀상을 정립하게 됨으로 많은 여성들이 정조(貞操)를 지키기 위해 목숨을 바친 경우가 많아 이와 같은 사실은 실화(實話)나 열전(列傳)으로 기록되어 전해지게 되었다.

이에 정절형 작품을 중심으로 그 열행에 따라 열녀의 유형을 분류 해 보면 정절을 지키다 목숨을 잃은 순절형(殉節型)과 청상과부(靑孀寡婦)로서 끝까지 수절(守節)한 청상과부 수절형 및 병든 남편을 극진히 간호하며 끝까지 정절을 지키는 병(病夫) 동거형으로 나눌 수 있겠다. [148]

순절형(殉節型)이라 함은 정절을 지키기 위해 목숨을 바친 것으로 남편이 죽게 되었을 때 스스로 목숨을 끊어 순사(殉死)하는 것을 비롯하여 위기를 당하여 몸을 더럽히지 않기 위해 스스로 자결하거나 아니면 타살을 당하게 되는 경우를 모두 포함 할 수 있겠다. 이와 같은 순절적 열녀는 조선 시대 여성들의 실천적 생활이 그대로 반영된 것으로 『동국신속삼강행실도(東國新續三綱行實圖)』[149] <열녀편(烈女篇)>을 분석해 보면 당시 여성들의 열행이 잘 나타나 있다.[150] 조선 시대의 열녀는 신라나 고려 시대에 비해 그 수가 급격

---

[148] 위의 책, pp. 191 - 192.
[149] 『東國新續三綱行實圖』는 壬·丙兩亂을 겪고난 光海君代(1641년)에 난중 난후를 통하여 발생한 忠孝烈의 행적을 수집한 자료를 中宗朝에 편찬한 『東國續三綱行實圖』와 합하여 선대의 예를 따라 圖說과 國譯을 가한 천수백인의 거편 略傳이다.

히 증가하여 조선조가 표방했던 예속의 일환으로 여성의 정절을 강조, 그 실효를 거두게 되어 열녀왕국의 칭호를 듣게 된다. 열행을 분석해 보면 순절적 열녀가 70%이상이며 청상과부 수절이나 병부동거와 같은 열행은 그 수가 얼마 되지 않아 크게 문제가 되지 않았던 것으로 해석된다. 151)

순절적 열녀의 증가는 국가적으로도 문제가 되어 중국에서는 공식적으로 이를 금하는 명을 내리기까지 한다.152) 그러나 우리나라의 경우는 국가가 공식적으로 순절만을 열녀로 정하여 장려함으로 더욱 강화시켜 많은 순절적 열녀가 나오게 된다.153)

대표적 인물로는 고려 말 이숭인(李崇仁 : 1347 - 1392)의 『도은집(陶隱集)』에 수록된 『배열부전(裵烈婦傳)』과 정이오(鄭以吾 : 1347 - 1434)의 『동문선(東文選)』에 수록된 『열부최씨전(烈婦崔氏傳)』을 비롯하여 조선시대 이정암(李廷馣 : 1541 - 1600)의 『사유재집(四留齋集)』에 수록된 『삼절부전(三節婦傳)』과 나해봉(羅海鳳)의 『남간집(南磵集)』에 수록된 『이열녀전(二烈女傳)』 및 이영인(李榮仁 : 1611 - 1669)의 『송담집(松潭集)』에 수록된 『박낭자전(朴娘子傳)』등이 있어 임란을 비롯한 정유재란시 정절을 지키기 위해 절사의 길을 택한 여인들의 전기를 보게 된다.

그 외에도 남편을 따라 목숨을 버린 여인들로 죽는 것을 집에 돌아가듯 한 『양열부전(楊烈婦傳)』154) 을 비롯하여 유복자를 낳아 길

---

150) 禹快濟, 앞의 책, p. 193.
151) 위의 책, 193.
152) 淸의 康熙帝는 殉節을 금하는 명을 내리고 있으나『淸史稿』< 烈女傳>에 기록된 烈女는 434명으로 전체의 60,61%를 차지하고 있다고 한다. (王春梅, 從淸代烈女看儒敎文化及其影響, 1996.)
153) 李惠順, 朝鮮朝 烈女傳의 展開와 類型, 朝鮮朝 烈女傳 硏究, 省谷論叢, 第3輯, 1999.
154) 李埈(1560 - 1630)의『蒼石集』에 수록되어 있는 작품으로 병사한 남편을 따라 죽은 최

러놓고 남편을 다라 죽은 『열부유인하씨전(烈婦孺人河氏傳)』[155]과 시아버지의 만류도 뒤로 하고 똑바로 앉아서 죽은 『열부유인한씨전(烈婦孺人韓氏傳)』[156]등 많은 작품이 전해오고 있어 가문의 명예와 자신의 정절을 더럽히지 않으려고 한 점을 보게 된다.

(2) 수절(守節)적 열녀

조선왕조의 정주학적 명분 의이론은 군주에 대한 충성을 강조하는 유교적 사회를 건설함으로 절대적인 부가장권(父家長權)적 왕권으로 모든 국민의 가정생활까지 지배하여 여성들에게는 '여필종부(女必從夫)'를 지상계율로 장려하려 했다.[157] 이것은 고려시대까지에서 볼 수 있었던 자유분방했던 남녀관계[158]를 문란한 것으로 규정한 것은 새 왕조의 왕권으로 바로 잡아 보려는 의도에서 나온 것임을 알 수 있다. 그러므로 조선왕조에 들어 유교윤리적 입장에서 교화의 목표로 삼았던 '명강상(明綱常)'으로 집집마다 효순지자(孝順之子)요, 사람마다 충진지신(忠盡之臣)이요, 부녀마다 절부(節婦)라는 야망을 달성하려 했던 것으로 그 중에서도 남녀관계는 '인륜지시(人倫之始)며 만복지원(萬福之源)'이라 하여 가장 중요시 하고 있었던 것을 알 수 있다.

고려 대에 시작된 혈족간의 금혼령과 같은 남녀문제를 법제화한 것으로부터 조선 태조(太祖) 원년(1392)에는 재가 금지를 법제화하기에 이른다. 그 후 태종(太宗)대에 다시 강화되어 양반 부녀자들은

---

초의 순절적 여인 열전으로 남편을 하관하기 전에 자결하여 함께 묻힌 이야기를 기록해 놓고 있다.
155) 柳宜健(1687 - 1760)의 『花溪集』에 수록되어 있다.
156) 李用休(1708 - 1782)의 『惠寰集』에 수록 되어 있다.
157) 金龍德, 婦女守節考, 李朝女性硏究, 淑大 亞細亞問題硏究所, 1976. p. 138
158) 三國時代는 물론 高麗朝에 이르러서도 男女關係는 항상 自由로워 여름에는 시냇가에서 男女 구별 없이 목욕을 즐겼고, 再嫁 같은 것은 문제시 되지도 않았으니 成宗王妃 劉氏는 弘德院君에게 시집갔다가 成宗에게 改嫁했고, 忠宣王妃 許氏는 七男妹를 둔 寡婦로 忠宣에게 改嫁한 사실 등의 記錄이 있다.(高麗史 卷八十九, 后妃二)

가까운 친척 외에 다른 남자와는 왕래 교제하는 것을 금하고 양반의 이혼은 왕의 승인을 얻도록 했다. 또 양반의 정처(正妻)로 삼가한 여자는 자녀안(恣女案)에 기록하게 하여 신분을 종으로 격하시키는 등 많은 규제를 가하게 했다.159) 세종(世宗)대에 이르러서는 간부(姦婦)에 대한 실형으로 참형(斬刑)에 처하게까지 하여 부도(婦道)를 엄격하게 다스리고 있다.160)

이렇게 예속을 법으로 강요하는 동시에 교화 장려에 힘쓴 결과 임란과 같은 대 전란을 겪으면서 정절을 지켜 순절한 부녀자들이 속출하게 되어 효자, 충신, 열녀 중 열녀가 압도적으로 많아 열녀왕국으로 변모하기에 이른다. 그 중 대부분 순절한 열녀들이 많지만 청상과부로 수절한 열녀들의 행적도 많이 남아 있는 것을 볼 수 있다.

대표적인 인물로는 고려 말 이곡(李穀 : 1298 - 1351)의 『가정집(稼亭輯)』에 수록된 『절부조씨전(節婦曺氏傳)』을 들수 있다. 절부 조씨는 고려 충렬왕 때 사람으로 부모와 남편을 잃은 후 홀로 살면서 여공에 힘써 집안 제반사의 비용을 손수 마련하여 딸과 손주를 키운 여인으로 당대까지만 해도 남편 사후 개가하지 않고 집안을 잘 다스린 여인이 드물었기에 절부로 입전의 대상이 되었다고 보여 진다. 그리고 조선 시대에 들어서도 죽은 남편의 신주를 잘 모신 만호 홍중량의 딸을 입전 대상으로 한 『홍절부전(洪節婦傳)』161)을 비롯하여 남편 사후 일생을 피눈물로 지내면서 두 가문을 홀로 지킨 『여녀정씨전(烈女鄭氏傳)』162)과 제주 양씨 언식의 딸로 남편이 죽자 미망인으로 자처하고 평생을 고행하듯 살아간 『열부유인양씨전(烈婦孺人梁氏傳)』등 많은 작품이 수록되어 남아있다. 163)

---

159) 『太宗實錄』卷八, 太宗四年, 十一月 庚子.
160) 『世宗實錄』, 卷一, 世宗元年 九月 丁卯.
161) 姜希孟(1424 - 1483)의 『私淑齋集』에 수록되어 있다.
162) 柳夢寅(1559 - 1623)의 『於于集』에 수록되어 있다.

수절한 열녀의 열행은 순절에 비해 그 강도가 약하다고 생각되지만 평생을 죄인처럼 살아간다든지, 홀로 사는 과부로서 제사를 정성껏 받들었다든지, 혼인하던 해에 남편을 잃고, 평생을 시부모를 모시고 양자를 기른다든지 하는 등 개가하지 않고 청상과부로 흠 없이 잘 지낸 여성들을 수절적 열행의 주인공으로 입전의 대상으로 삼았음을 볼 수 있다.

(2) 전통(傳統)과 현대적 여성의 열행(烈行)적 갈등
① 전통적 여성의 성 문화
가. 정절형(貞節型) 여성의 성 문화

『열녀전(列女傳)』은 모의전(母儀傳), 현명전(賢明傳), 인지전(仁智傳), 정순전(貞順傳), 절의전(節義傳), 변통전(辯通傳), 얼폐전(孼嬖傳)의 총 7권으로 110명의 녀성들에 대한 전기를 수록하고 있어 양모(良母), 현처(賢妻), 숙녀(淑女), 정녀(貞女), 재녀(才女), 효녀(孝女), 요부(妖婦) 등의 동양적 여인의 기본적 원형상(原型像)을 제시해 놓고 있다. 그 중 독특하게 부각되는 여인상으로는 정순, 절의편에 나타나는 현부 정녀형의 열녀 상과 얼폐전(孼嬖傳)에 나타나는 악녀 상을 들 수 있다.

정순, 절의편에 등장하는 여인들은 대부분 정절[164]과 예의를 지키기 위해 자신을 희생하는 순절적 여인들로 결백함을 밝히거나 난국을 타개하기 위해 죽음을 택하고 있는 것으로 나타난다. 대표적인 작품을 찾

---
163) 李惠順, 金庚美, 韓國의 烈女傳, 앞의 책.
164) 李淑仁, 烈女談論의 哲學的 背景 - 女性 섹슈얼리티의 문제로 보는 烈女 -,『朝鮮時代의 烈女談論』, 韓國古典女性文學會, 月印, 2002. 6. p.43.
 " 貞과 節이 연용되어 貞節이 되면 남편에 대한 精神的 肉體的 純潔과 나와 관계맺고 있는 他人에 대한 충실성을 포괄하는 槪念이 된다. 다시 말해 貞節은 남자에 대한 義務 槪念일 뿐 아니라 남편과는 별도로 社會的 槪念을 包括하는 槪念이다. "

아보면 정순전에서 <송공백희(宋恭伯姬)>, <제효맹희(齊孝孟姬)>, <식군부인(息君夫人)>, <제기양처(齊杞梁妻)>, <초소정강(楚昭貞姜)>을 들 수 있고, 절의전에서 <대조부인(代趙夫人)>, <로추결부(魯秋潔婦)>, <양절고자(梁節姑姉)>, <합양우제(郃陽友娣)>가 있다.

이들이 죽음을 선택한 이유를 보면 예법을 지키기 위한 것이 있다. 정순편에 <송공백희>는 궁중에 불이 났는데도 보모가 없다는 이유로 도망가지 않고 그 자리에서 불에 타 죽는다. 또한 <제효맹희>는 예를 갖추지 않은 수레를 탔다는 이유로 자살을 시도한다. 다음으로 정절을 지키기 위한 것이 있다. <식군부인>은 식 나라를 점령한 초나라 임금이 처로 삼고자 하자 이를 거절하고 자결한다.[165] 또 <제기양처>는 남편 기량이 죽자 정절을 지키기 위해 물에 투신하여 자결한다. 이렇게 예를 지키기 위하거나, 정절을 지키기 위해 목숨을 버린 순절적 열녀상을 그대로 보여 주고 있다. 뿐만 아니라 절의편에서는 동생이 남편을 죽이자 남편에 대한 절의와 동생과의 인의(仁義)사이에서 고민하다 자결하는 <대조부인>을 비롯하여 의롭지 못한 남편에 대해 수치감을 느껴 자결한 <노추결부>와 오빠를 죽인 것이 남편인 것을 알고 동생과 남편에 대한 절의와 인의로 고민하다 자결한 <합양우제> 등이 있고, 불이 난 상황에서 자신의 아들만 구하게 되자 의롭지 못하다는 말을 듣게 될까 염려되어 불에 타 죽은 <양절고자>를 들 수 있다.

이들의 죽음은 자신들의 선택이었다고 하겠지만, 당시 사회를 지배하는 거대한 유교정신의 발현이라고 하는 어쩔 수 없는 가치관에서 이루어진 현상으로 자기 해체적 욕망이거나 주체성의 혼란이라는

---

[165] 劉向,『古列女傳』, 息君夫人
 "夫人者 息君之夫人也 楚伐息破之 虜其君 使守門 將妻其夫人而納之于宮 ---- 乃作詩曰 '穀則異室 死則同穴 有如不信死如噭日' 息君止之 夫人不聽 遂自殺"

측면에서 해석할 수 있어 남성중심의 이데올로기와의 갈등에서 그 근원적인 원인을 찾을 수 있다. 166)

이것은 수 세기 동안 중국을 포함한 동아시아 지역에서 여성들이 자행해 온 죽음에 대한 원형이 남성중심의 유교적 이데올로기에서 비롯된 것을 입증해 주는 것으로 그 예를 <제기양처>167)에서 살펴보면

"지금 나는 위로는 아버지도 가운데로는 남편도 아래로는 아들도 없다. ---- 그렇다고 내가 어떻게 다시 시집갈 수 있겠는가? 역시 죽음뿐이로구나" 168)

라고 하여 삼종지의(三從之義) 법도를 따라 남편이 죽고 아들과 아버지가 없으니 자결의 길을 택할 수밖에 없음을 기록 해 놓고 있어 순절적 열녀의 본을 보이고 있다. 그 외 <대조부인>의 경우 친정 동생인 조나라 양자가 남편인 대나라 임금을 살해한 후 대 나라를 점령하자 남편과 동생에 대한 인의(仁義) 사이에서 고민하다 기량의 처와 같이 자결한다. 인의를 최우선으로 하는 순절적 열녀상을 보인 것이라 할 수 있다.

### 나. 얼폐적(孼嬖的) 여성의 성 문화

『열녀전(列女傳)』의 중요한 특징 중에 하나는 <얼폐전(孼嬖傳)>을 설정하여 역사적으로 문제가 많다고 인식했던 당시로서는 최고의 악질적 여성에 속한 음녀(淫女)적 여성들을 함께 거론했다는 점이다. 중국 초기의 역사서들은 여성을 정치와 권력에서 소외시켜 남성에

---

166) 趙淑子, 古代 女人의 죽음과 그 그림자. 동아시아 女性의 類型 그 이미지의 系譜學, -『列女傳』에 對한 女性學的 探究 - 梨花女大, 2001. 5. 12
167) 齊杞梁妻는 孟姜女란 이름으로 民間文學과 民間信仰 속에서 文學的 宗敎的 象徵으로그 生命力이 繼承 되어지고 있다.
168) 劉向『古列女傳』, 卷四 貞順編, 齊杞梁妻.
"今吾上則無父 中則無夫 下則無子 ----- 吾豈能更二哉 亦死而已"

비해 여성에 대한 기록은 극소하게 나타난다. 현전 기록으로는 다만 한대 사마천(司馬遷 : B.C. 145 - 86 ?)의 『사기(史記)』에 <여태후본기(呂太后本紀)>와 <외척세가(外戚世家)>가 있어 여성에 대한 관심을 보였다고 볼 수 있으나 이는 오직 남성위주의 권력세계에 진입했던 여태후( ? - B.C. 180)만을 취급했다는 점에 주목하지 않을 수 없다. 이에 대응하는 본격적인 여성 열전으로 유향(劉向)의 『열녀전(列女傳)』이 나타난다. 유향은 여성들을 7가지 유형으로 분류하여 그 덕목을 칭송하면서 나라와 집안을 망친 여인들에 관한 기록까지 마지막 장인 <얼페전(孼嬖傳)>에 수록하여 패덕(悖德)에 대한 경계를 삼고 있다.

유향이 <얼페전>에서 다룬 여인들은 각 왕조의 마지막 제왕의 여인들로 미모로서 제왕을 미혹하게 하여 국가와 사직을 塗炭에 빠뜨린 악녀로 하(夏)나라 걸왕(桀王)의 비였던 말희(末喜)를 비롯하여 은(殷)나라 주왕(紂王)의 비였던 달기(妲己), 주(周)나라 유왕(幽王)의 왕후였던 포사(褒姒) 등을 거론했다. 그리고 그 외에 군주나 대부의 부인들로 음란했거나 나라를 혼란으로 몰고 간 여인들[169]을 모두 여기에 포함시켜 놓고 있다.

그 중 <진녀하희(陳女夏姬)> 같은 경우를 보면 미모가 뛰어나 남자를 유혹하는 묘를 갖고 있었으며, 늙어서도 여전히 젊어 보였다고 했다. 그러므로 세 번이나 왕후의 자리에 올랐고, 일곱 차례나 다른 남자의 부인이 되었다고 했다. 왕이나 제후들은 하희를 한번만 보면 반하여 정신을 잃지 않는 이가 없었다고 했다. 결국은 진나라

---

169) 이에 該當한 女人들로는 衛나라 宣公의 夫人 姜氏를 비롯하여 魯나라 桓公의 夫人 文姜, 魯나라 莊公의 夫人 哀姜, 晉나라 獻公의 夫人 麗嬉, 魯나라 宣公의 夫人 穆姜, 陳나라 女子 夏姬, 齊나라 靈公의 夫人 聲姬, 齊나라 棠公의 妻 東郭姜, 衛나라의 두 淫亂한 女子 南子와 衛伯嬉, 趙나라 武靈王의 王后 吳女, 趙나라 悼襄王의 王后 倡后가 있다.

대부인 공손녕과 의행부를 비롯하여 군주 영공과 정을 통하고 있었 다고 했다.170)

이것은 얼마나 자유롭게 성을 즐기고 있었나 하는 것을 보여주는 좋은 자료가 된다. 그 외에도 <노환문강(魯桓文姜)>에서는 환공(桓 公)의 부인 문강이 제나라에 있을 때부터 그녀의 오빠 양공과 은밀 히 정을 통하고 있었음을 서술해 놓고 있다.171) 또 노나라 선공의 부인 목강(穆姜)은 총명하며 지혜로웠지만 행실이 난잡하여 성공(成 公：宣公의 아들)이 어렸을 때 숙손의백(叔孫宣伯)과 정을 통하고 있었고,172) 위(衛)나라의 두 음란한 여자의 경우에 남자(南子)는 송 (宋)나라 여자로 위나라 영공(靈公)의 부인인데 송나라 출신 자조(子 朝)와 정을 통하는 사이였고, 공문자(孔文子)의 처이며 공희(孔僖)의 어머니인 위나라 백희(伯姬)는 죽은 남편의 심부름을 하던 혼량부 (渾良夫)와 정을 통했다173)고 하여 자유로운 녀성들의 성문화에 대 해 기술하고 있다. 그리고 노나라 장공(莊公)의 부인 애강(哀姜)은 노나라에 시집오기 전에도 장공이 누차 제나라에 가서 애강과 정을 통했다174)고 하여 혼전성교까지 이루어지고 있었던 것175)을 보여주

---

170) 劉向, 『古列女傳』, 陳女夏姬,
"陳女夏姬者 陳大夫夏徵舒之母也 其狀美好無匹 內挾技術 蓋老而復壯者 三爲王 后 七爲夫人 公侯爭之 莫不迷惑失意 夏姬之子徵舒爲大夫 公孫寧儀行父與陳靈公 皆通于夏姬"
171) 上揭書, 魯桓文姜,
"文姜者 齊侯之女 魯桓公之夫人也 內亂其兄齊襄公"
172) 上揭書, 魯宣穆姜,
"聰慧而行亂 故諡曰穆 初成公幼 穆姜通于叔孫宣伯 ----"
173) 上揭書, 衛二亂女,
"南子者 宋女 衛靈公之夫人 通于宋子朝 ----- 衛伯姬者 蒯聵之姉也 孔文子之妻 孔悝之母 悝相出公 文子卒 姬與孔氏之竪渾良夫淫"
174) 上揭書, 魯莊哀姜,
"初哀姜未入時 公數數如齊 與哀姜淫"
175) 上揭書, 魯莊哀姜,
"哀姜者 齊侯之女 魯莊公之夫人 初哀姜未入時 公數數如齊 與哀姜淫"

고 있다.

이와 같은 <얼폐전(孼嬖傳)>의 여성들을 통해 볼 수 있었던 여성들의 성문화는 예에서 벗어난 음행으로 당시 정권을 둘러싸고 벌어졌던 심상치 않은 권력 다툼과도 무관하지 않다. 즉 자신이 낳은 아들을 태자로 세우고자 한다든 가, 자신과 불륜의 관계를 맺고 있는 사람을 군주로 삼고자 하는 등, 정권 장악에 야망을 갖고 도전하다 실패한 여성들을 사회 혼란의 원흉으로 보고 국가 멸망의 책임을 물어 모두 악녀로 규정[176]한 것은 유교문화권의 동양적 여성문화의 한 특징으로 상당 기간 지속되어 온 것을 보게 된다.

② 현대적 여성의 성 문화

가. 경제논리(經濟論理)적 성 문화

여성의 성을 경제적 논리로 생각하게 된 것은 극히 근래의 사건들에서 보게 된다. 한국의 6.25전쟁을 겪으면서 미군기지 주변의 미 병촌에는 양색시, 양공주라고 불리는 여성들이 생존을 위해 외국인에게 성을 팔아 생활을 누려가고 있는 모습이 실재했던 사실이고 또 작품을 통해 잘 나타나고 있다. 당시의 상황을 잘 그리고 있는 작품을 보면

" 막 정문을 나서려고 하는데 저쪽 한국인 캠프에서 절뚝이가 '어이 쇼리"하고 부르며 따라 나온다 '너 양갈보하고 삼칠 빠이로 나눠 먹느냐 고부 고부로 나눠 먹느냐' '너 고부 고부로 먹는다면 오백 딸러는 모았겠구나, 내 원 딸러에 두 장(2만원)씩 줄테니 바꾸자' 하며 징글맞게 싱글거린다 " [177]

---

176) 송진영, 칼을 차고 丈夫의 마음을 품다. - 동아시아의 惡女 -, 동아시아 女性의 類型, 그 이미지의 系譜學, -『列女傳』에 對한 女性學的 探究 - 梨花女大, 2001. 12. 1.
177) 宋炳洙, 쇼리.김, 『한국전후문예작품집』1. 신구문화사, 1960, p. 187.

" 양 색시는 철둑을 순찰하는 양키보조한테 가서 수작을 붙이는 거야. 꽁무니를 빼는 눔덜두 있지만 양키들은 대개 헤벌레 해지게 마련이지. 양색시가 둑 아래 풀밭으로 양키를 끌고 내려와 입으로 그걸 빨아주는 동안 재빨리 파이프에 달라붙어 낫도를 푸는 거지. 숭의동 양색시는 누구나 한번씩 그걸 해야 한다고 선언했대. 양색시들은 죽어도 못하겠다고 애걸을 하지만 소용읍지 " 178)

이 두 작품에 나타나는 양색시는 경제적 궁핍에 살 길이 없어 생존을 위해 몸을 파는 여성들이다. 그야말로 여성의 성 문제를 윤리적 가치관이나 인간의 존엄성 같은 것으로 문제 삼을 수 없는 오직 경제적 논리로만 가능한 성의 상품화 과정을 보게 된다.

이와 같은 사건은 한국이 일본의 폭압에 의한 식민지 시대를 지나면서 1950년대 전쟁이라고 하는 혹독한 시련 속에서 일어난 사건이었다면 이와 비슷한 식민지 시대를 지낸 아프리카에서도 같은 현상들이 나타나고 있음을 볼 수 있다.179) 아프리카 나이지리아의 부치 에메체타(Buchi Emecheta)의 작품에 보면 여성의 비극을

" 여자의 운명이란 태초부터 이렇게 고달프기만 했을까. 아니 이 뒤로 몇 십 만년을 두고 여자는 늘 이렇게 슬프기만 할 건가. 그렇다면 그것은 여자에게 자궁이란 달갑지 않은 주머니 한 개가 더 달린 까닭이 아닐 가. 수없이 많은 여자의 비극이 자궁으로 해서 생기는 것이라면 그놈의 것을 도려내는 것도 좋으련만 " 180)

라고 하여 여성에게만 있는 자궁이 여성들로 하여금 슬픈 운명을 영위하게 하기 때문에 달갑지 않은 주머니라 했다. 그러므로 수많은 여성들의 비극이 자궁으로부터 생긴다고 했다. 이것은 인간문명이 남

---

178) 李元圭, 천사의 날개, 문학과 지성사, 1994. p. 120.
179) 김의락, 억압과 지배논리의 폭력성 : 한국여성, 아프리카 여성, Compartive Korean Studies, Vol. 10. No.2. Dec 2002. p. 129.
180) 부치 에메체타, 어머니(김의락 위의 논문에서)

성에 의해 지배되고 여성은 억압과 희생의 대상으로 생각하는 데서부터 나타나는 현상이다. 그러나 경제적 어려움에서는 성이라고 하는 여성의 유일한 무기를 팔아 생활의 수단으로 삼은 것을 보게 된다.

이와 같은 전통적 가치관이 전쟁을 통한 가난이라고 하는 어려운 환경에서 쉽게 무너지고 깨지는 것을 볼 때, 이민사회의 혹독한 경쟁 사회에서 전통문화의 보존과 전통문화를 통한 자기 정체성(正體性)의 존속을 위해서는 상당한 노력이 있어야 할 줄로 안다. 우리 민족이 각국에 거주하고 있는 재외 동포들은 150여 개 국에 6백 여만 명에 이르고 있다. 181) 이제 이민 이세들의 고민은 새로운 사회의 적응을 통해 절망을 희망의 공간으로 바꿔 가는 민족의 저력이 필요하다고 본다. 아메리칸 드림을 품고 미국으로 이민 간 우리 민족이나, 민족독립을 위해 중국으로 건너온 우리 민족들은 강인한 민족정기로 전통적 열녀문화의 높은 가치를 보존 발전시킴으로 새로운 여성문화를 창조 할 수 있어야 할 것이다.

여성에게 있는 성의 양면적 특성 중 윤리적 가치를 중시하는 우리 민족의 전통성에 기초하게 될 때, 정절을 중시하는 고상한 성문화가 유지 될 것이다. 그러나 오직 가난과 역경 속에서 경제적 논리만을 내세우며 삶을 영위하기 위한 수단으로 전락 될 때, 음녀적 특성도 그대로 나타날 것으로 본다.

### 나. 자유방임(自由放任)적 성 문화

현대적 여성문화를 대표하는 사회적 흐름은 매우 다른 양상으로 나타나고 있다. 2000년도 오늘의 작가상을 수상한 이만교(李萬敎)의 작품 『결혼은 미친 짓이다』182)는 젊은이들에게 인기 있는 작품으로

---

181) 외교통상부 산하 재외동포재단(1997년 설립)에서 조사 발표한 자료(2001년 7월)에 의하면 151개국에 5,663,809명으로 미국에만 2,123,167명이 거주하는 것으로 나타나 있다.

팔려 나갔다.
  작가는 이 작품에서 한 여자가 두 남자를 번갈아 만나면서 그 중의 한 남자를 택하는 장면을 이렇게 표현하고 있다.

" ' 나 말야 '
  섹스가 끝난 후 그녀가 말했다.
  ' 두 사람 중에 하나를 택할 거야. 의사 아니면 ----- 너 ! '
  ----- ( 중략 ) -----
  ' 아직 결정한 게 아냐. 너와 할지, 그 의사와 할지는 ' " 183)

  이 작품은 드디어 영화화되어 성공적 흥행을 가져오기도 했다. 이를 특집으로 다루고 있는 주간지의 기사를 보면

  " 이중생활 꿈꾸는 녀자들 " 이란 제목 하에 " 몸 따로 마음 따로 --- 결혼은 미친 짓이다 " 라고 해 놓고 " 외도 남성 전유물서 여성도 보편적인 일로 진행 중 --- 가부장적 결혼제도 의미 퇴색 부부학 다시 써야 할 판 " 184)

  이라 하여 너무나 충격적인 표현들로 기사화되고 있다.
  또한 이 글에서 적고 있는 것을 보면 남녀의 성문화가 동등한 입장으로 다 같이 맛 대응하여 외도를 하고 있는 TV드라마에 많은 녀성 주부들의 관심이 쏠리고 있는 것도 우연이 아니라는 것이다. 이를 보면

  " 미혼 여성들이 영화 '결혼은 미친 짓이다' 에서처럼 결혼과 사랑에 대한 이중적 가치관을 일상적 현상으로 받아들이고 있는 만큼, 기혼여성들도 비슷한 갈등으로 혼란을 겪고 있다. 바로 결혼과 애인을 따로따로 관리하

---

182) 李萬敎, 『結婚은 미친 짓이다』, 2000년 오늘의 作家賞 受賞作, 민음사, 2000.
183) 위의 책. p. 173.
184) 週刊東亞, 特輯, 二重生活 꿈꾸는 女子들, donga. com. 2002. 5. 24. pp 1 - 17.

는 이중생활이다. 중년부부의 맛 바람이 주제인 TV드라마 '위기의 남자'가 20% 이상의 시청률을 기록하며 주부들에게 큰 화제를 불러 모으는 것은 결코 우연이 아니다. " 185)

라하고 있어 우리가 살고 현재적 사회에서 성문화의 급속한 변모를 실감하게 된다.

1990년대만 해도 연세대 교수였던 마광수(馬光洙)의 『즐거운 사라』가 문제되어 판매가 금지되었고, 결국 작자는 대학 강단에서 물러나야 하는 사건이 있었던 것을 쉽게 기억할 수 있는 일이다. 그러나 그 후 10여년이 지난 2000년대에는 자유로운 성문화를 표현한 작품이 대상을 받을 정도로 사회 분위기는 바뀌고 있음을 실감하게 된다.186) 1950년대 정비석(鄭飛石)의 『자유부인(自由婦人)』이 발표되어 사회적으로 물의를 빚었던 것과 비교해 보면 너무나 격세지감이 아닐 수 없다.

이와 같은 것들은 중국 『열녀전(列女傳)』의 전래와 수용에 따라 형성되었던 정절을 중시하는 유교문화의 영향권187)에서 벗어나는 변모과정에서 나타나는 현상으로 정절형 여성문화의 퇴조가 아닌가 생각된다.

## 5) 결 론

새로운 세기의 시작은 새로운 문화 시대의 예고로 인간 중심의 전통 문화를 중심으로 다원적 문화 창조가 필요한 시기다. 반만년의 유구한 역사적 전통을 지닌 한민족의 열녀적 여성문화는 현대적 조

---

185) 上揭書, p. 2.
186) 두 作品의 文學的 價値 評價의 比較 問題는 別途로 하고, 다만 女性의 性文化에 對한 認識만을 중점으로 한 것임을 밝힌다.
187) 禹快濟, 列女傳의 導入與對韓國的影響, 仁川語文學, 第16輯, 仁川語文學會, 2000.

명을 통해 그 가치를 다시 한번 고찰해 볼 필요가 있다고 생각되어 열녀전(烈女傳)에 나타나는 여성의 열행을 분석하고 그 의미를 고찰해 보았다.

열녀전에 절대적 영향을 끼친 중국 유향(劉向)의 『열녀전(列女傳)』은 전 한시 제녀(諸女)적 열전의 정절형 열녀뿐만 아닌 얼폐(孼嬖)적 음녀(淫女)형의 여인까지 기록하고 있어 동양적 여성의 성문화가 그대로 나타나고 있음을 밝혀 볼 수 있었다.

또한 한국의 열녀전을 중심으로 열행 분석을 통해 밝힐 수 있는 것으로 순절적 열녀와 수절적 열녀를 볼 수 있어 이를 중심으로 대표적 인물들의 열행을 고찰 했다. 그리고 전통적 여성문화의 중심을 이루고 있는 유향의 『열녀전(列女傳)』에 나타나는 열행을 정절형(貞節型)과 얼폐형(孼嬖型)으로 분류하여 여성의 성문화적 갈등양상을 고찰 했다 그리고 끝으로 현대적 여성문화의 갈등 요인이 되고 있는 성 문화의 양상을 경제적 빈곤으로부터 성의 상품화 현상 문제와 자유분방한 현대 여성의 성 문화에 대한 것을 고찰 했다.

한국의 열녀전은 조선시대 정주성리학을 통한 예속의 확립과 함께 여성의 절행을 풍교의 일환으로 강조함으로 많이 나타나게 된다. 이를 그 열행에 따라 분류 해 보면 정절을 지키다 목숨을 잃은 순절형과 청상과부로서 끝까지 수절한 청상과부 수절형이 있다. 순절적 열녀는 조선 시대 여성들의 실천적 생활의 반영으로 신라나 고려 시대에 비해 그 수가 급격히 증가하여 열녀왕국의 칭호를 듣게까지 된다.

대표적 인물로는 『배열부전(裵烈婦傳)』과 『열부최씨전(烈婦崔氏傳)』을 비롯하여 『삼절부전(三節婦傳)』, 『이열녀전(二烈女傳)』, 『박낭자전(朴娘子傳)』등이 있어 임란을 비롯한 정유재란(丁酉再亂)시 정절을 지키기 위해 절사(節死)의 길을 택한 녀인들과 남편을 따라 목숨을 버린 여인으로 『양열부전(楊烈婦傳)』, 『열부유인하씨전(烈婦孺人河氏傳)』, 『열부유인한씨전(烈婦孺人韓氏傳)』등이 전해오고 있어 가문의 명예와 자신의 정절을 더럽히지 않으려고 한 점을 보게 된다.

청상과부(靑孀寡婦)로 수절(守節)한 열녀들의 행적으로는 고려 말 이곡(李穀)이 쓴 『절부조씨전(節婦曺氏傳)』과 조선 시대에 죽은 남편의 신주를 잘 모신 『홍절부전(洪節婦傳)』을 비롯하여 남편 사후 일생을 피눈물로 지내면서 두 가문을 홀로 지킨 『열부조씨전(烈女鄭氏傳)』과 평생을 고행하듯 살아간 『열부유인양씨전(烈婦孺人梁氏傳)』등이 있다. 수절의 열행은 순절에 비해 그 강도가 약하지만 개가하지 않고 청상과부로 흠 없이 잘 지낸 여성들의 열행도 열녀전의 입전 대상으로 삼았음을 알 수 있다.

그리고 근래의 사건들에서는 여성의 성을 경제적 논리로 생각해 가는 것을 볼 수 있었다. 한국의 6.25전쟁을 겪으면서 미군기지 주변의 미병촌에는 양색시 양공주라고 불리는 여성들이 생존을 위해 외국인에게 성을 팔아 생활을 누려가고 있는 모습이 실재했던 사실이고 또 작품을 통해 나타나고 있다.

여성의 성 문제를 윤리적 가치관이나 인간의 존엄성 같은 것으로 문제 삼을 수 없는 오직 경제적 논리로만 가능한 성의 상품화 과정을 보게 된다. 시대적 비극을 지닌 성의 상품화는 일본이나 한국, 중국뿐만 아니라 아프리카 나이지리아 등에서도 볼 수 있는 일로 여성의 여성성마저 저주하고 있다.

현대적 여성문화를 대표하는 사회적 흐름은 매우 다른 양상으로 나타나고 있어 2000년대에는 자유로운 성문화를 표현한 작품이 오늘의 작가상이라는 대상을 받을 정도로 사회 분위기는 바뀌고 있다.

이와 같은 것들은 중국 『열녀전(列女傳)』의 전래와 수용에 따라

형성되었던 정절을 중시하는 유교문화의 영향권에서 벗어나는 변모
과정에서 나타나는 현상으로 볼 수 있다.
  그러나 항상 여성에게는 도덕적 가치를 중시하는 전통적 열녀상과
본능적 음녀상의 속성이 있음을 알 수 있다. 열녀적 여성의 성문화
는 많은 교훈서를 통해 만들어 진 가치에 의한 것이라면, 음녀적 여
성의 성문화는 본능적 속성에 의해 만들어진 여성의 성문화임을 알
수 있다.
  여성의 양면적 성문화는 시대와 환경에 따라 다르게 나타나고 있
지만 언제 어디서 어떤 방향으로 어떤 형태가 되어 나타날지 모르는
것이다. 다만 앞으로 어떤 방향으로 어떻게 계승되고 발전되어 나갈
것이냐 하는 것은 연구 과제로 남겨 놓을 수밖에 없다.


## 4. 전통문화가 이민사회(移民社會)에 끼치는 影響
### -『열녀전(列女傳)』에 나타나는 여성의 성 문화를 중심으로 -

    『열녀전』의 전통적 여성의 성 문화- 정절적 여성, 얼폐적 여성, 여성
    의 양면적 성 문화의 가능성 - 정절형의 계승, 유녀형으로 변모


### 1) 들어가며

  21세기 새로운 문화시대에 전통문화가 이민사회에 끼칠 영향에
대해 고찰 해 보고자 한다. 미국 이민 100주년, 우리 민족은 전세계
에 진출하여 많은 외국문화와 접하게 되었다. 전통적 자국문화에 익
숙했던 이민자들은 이민국의 새로운 문화에 적응되기까지는 많은 어

려움이 있게 된다. 전통문화는 그 민족의 뿌리이며 정체성이 실린 불멸의 생명과도 같은 것으로 타문화에 가려 없어진 것 같으면서도 다시 살아나는 것이 특징이다.

2002년 뉴베리상에 선정된 린다수 박의 『사금파리 한 조각(A Single Shard)』188)만 보아도 이민자의 정신 속에 뿌리 깊은 전통문화의 속성을 알게 된다. 이 책은 12세기 고려청자를 빚는 전북 부안의 줄포 마을을 배경으로 도공이 되기를 간절히 바라는 고아 소년 목이의 이야기다. 배경을 한국으로 한 이 동화는 인내와 장인정신에 받치는 감동적인 선물로 한국의 장인들이 불후의 명작을 만들기 위하여 자신의 삶을 받치던 모습은 물론 주인공 목이의 정신적 성장과정이 생생하게 펼쳐지는 작품이라는 평(퍼블리셔스 위클리)을 들을 정도로 한국의 문화적 전통이 그대로 나타난 작품으로 세계적 평가를 받은 바 있다.

우리는 반만년의 유구한 역사적 전통을 지닌 문화민족이라 자부할 수 있다. 그 중에 많은 전통문화를 지니고 있다. 현대에 조명 해 볼 만한 중요한 것으로 열녀적 여성문화를 생각해 볼 수 있다. 동양적 남성중심의 전통사회가 점차 양성(兩性 : 남·녀)평등 문화시대로 바뀌고 있어 더욱 관심의 대상이 되고 있다. 특히 유교 문화권에서 남성 중심으로 형성된 여성문화의 독특성은 우리 민족의 정체성과도 관계가 깊다. 그러므로 이를 중국의 『열녀전(列女傳)』으로부터 조선 후기 『열녀전(烈女傳)』에 이르기까지 일관되게 나타나는 전통적 여성의 성문화를 살펴 현대 이민사회에 끼칠 영향을 고찰 해 보고자 했다.

---

188) 박명진(린다 수 박)의 사금파리 한조각(A Single Shard)은 2002년 1월 뉴베리상(안데르센상과 함께 세계최고의 아동문학상)의 수상작으로 선정되었다. 작가 린다 수 박은 재미동포 2세로 지극히 미국적인 서구방식으로 자랐으나 자신의 아이들에게 한국에 대해 많은 것을 들려 주기 위해 한국의 역사와 문화에 대한 글을 읽고 한국을 배경으로 이 작품을 쓰게 되었다고 서문에서 밝히고 있다.

## 2) 『열녀전(列女傳)』과 『열녀전(烈女傳)』

『열녀전(列女傳)』은 중국 전한 성제 시 유향(劉向) 저술한 작품이다. 그는 녀성의 부덕을 강조, 유교적 가치관으로 위기에 처한 국가를 구해 보고자 역대 여성들의 전기를 모아 이 책을 찬술[189]하여 여성 교훈서로 삼고자 했다.

원래의 『열녀전(列女傳)』은 유향의 『고열녀전(古列女傳)』이 시초가 되어 한 나라 성제(成帝) 이전의 역대 여성들의 전기를 수록한 것으로 선악의 대표적 인물을 총 망라하여[190] 各 편마다 도(圖)와 찬(讚)을 붙여 만든 것으로 수상본(繡像本)의 효시(嚆矢)이기도 하다. 그러나 그 후 명(明)대에 『고금열녀전(古今列女傳)』이 신편되고, 청(淸)대에는 『회도본열녀전(繪圖本列女傳)』이 간행되면서 『고열녀전(古列女傳)』의 내용은 계승하나 <얼폐전(孽嬖傳)>을 삭제하고 당대 여성 중 정절, 순절 부인의 전기를 다수 수록하여 제녀(諸女)적 성격의 『열녀전(列女傳)』에서 열녀적(烈女的) 성격의 『열녀전(烈女傳)』으로 변모된다.[191]

『열녀전(列女傳)』은 동양의 최초 여성 열전으로 고대의 여성상을 유형화하여 집약적으로 제시함으로 동양 여성의 원형적 이미지 창조에 결정적 역할[192]을 한 것으로 여성문화의 특징을 잘 드러내고 있다.

『열녀전(列女傳)』의 중국 전래 본은 그 고본의 추정이 불가능하다. 수서(隋書) 『경적지(經籍志)』의 기록에 의하면 송대에 이르러

---

189) 禹快濟, 列女傳 著作動機 考察, 우리文學硏究, 第5輯, 우리文學硏究會, 1985.
190) 母儀, 賢明, 仁智, 貞順, 節義, 辯通, 孽嬖의 七編으로 分類하여 規範的 女人像을 提示했다.
191) 張 敬, 列女傳與其作者, 中國婦女史論文集, 商務印書館, 臺灣, 1982.
192) 동아시아 女性의 系譜學 -『列女傳』에 對한 女性學的 探究 -, 中國語文學會. 韓國女性硏究院. 女性神學硏究所 主催 學術大會, 梨花女大 人文館, 2001. 12. 1.

전사된 『열녀전(列女傳)』의 고본은 볼 수 없게 되었다[193]고 밝힌 것으로 보아 현전 판본을 중심으로 전래 본을 살필 수밖에 없다.[194]

이상의 판본 중 유향의 『고열녀전』계에 속한 것[195]과 청대의 『회도본열녀전』[196], 그리고 명대에 신편된 『고금열녀전』[197]을 비롯하여 년대 미상의 『전고열녀전』[198] 등이 현전하고 있다.

『열녀전(列女傳)』은 중국 최초의 여성 열전으로 한국 및 일본에 전래[199]되어 여성 교훈서의 역할을 담당하게 된다. 그러므로 그 방사적(放射的) 영향은 동양적 여성문화 형성에 주요한 요인으로 작용하여 많은 『열녀전(烈女傳)』을 남기게 하고 있다. [200]

---

193) 張敬, 列女傳與其作者, 前揭論文, p. 56.
194) 이를 살펴보면 ①南宋建安余氏刻本(萬卷堂藏書) ②長沙葉氏明刊本(觀古堂藏本) ③清阮福摹刻宋本 ④明新安汪 氏增輯十六卷本이 있고, 校注本으로는 ①梁端 校注本 ②王照圓 補注本 등이 있다.
195) 『古列女傳』系에 속한 것으로는 異本의 體裁에 따라 ① 繡像本, ② 校註本, ③ 本文本이 있고, ①繡像本은 刊行 年代에 따라 嘉祐本(1063년), 嘉定本(1214년), 萬曆本(1606년), 道光本(1825년)이 있다. ②校註本은 名稱에 따라 校註本, 補註本, 交讀本으로 分類되며 刊行 年代에 따라 壬申本(1812년), 癸巳本(1833년), 己未本(1919년), 甲戌本(1874년) 등이 있다. 그리고 ③本文本으로는 嘉靖(1552년) 年間에 刊行된 것이 嘉祐本(1036년)系의 後代本으로 圖가 없는 現傳 異本 中 最先本이다.
196) 『繪圖本列女傳』系에 속한 것으로는 明代 新安 汪氏에 의해 增輯되고 仇英[1]이 그림을 그린 16卷本[1]이 전해 오고 있다. 이 책의 刊行 年代는 乾隆 四十有四年으로 淸 高宗代(1776년, 己亥)로 볼 수 있는 乾隆本이 있다.
197) 『古今列女傳』系에 속한 것으로는 明 永樂 元年 成祖 時 仁孝王后의 請에 의해 解縉 等에 命하여 새로 編纂한 上.中.下 삼권으로 된 永樂本이 있다.
198) 『典故列女傳』은 作者와 年代 未詳으로 『古列女傳』의 內容을 縮約시키거나 變改시켰으며, 『女誠』, 『女典』, 『家訓』, 『女範』, 『內則』, 『內訓』 등[1]에서 典故를 취해 再構成하여 女性 敎育을 目的으로 傳記的 性格을 除外하고 敎訓性만을 強調하여 經書와 같은 位置로 높여 놓고 있다.
199) 禹快濟, 列女傳의 韓. 日傳來와 그 受容樣相 考察, 語文硏究, 第21輯, 語文硏究會, 1991.
200) 禹快濟, 韓國家庭小說研究, 高麗大學校 民族文化 硏究所, 1988. pp. 56 - 89.

### 3) 『열녀전(列女傳)』과 전통적 여성의 성 문화

#### (1) 정절(貞節)적 여성의 성문화

『열녀전(列女傳)』은 모의전(母儀傳), 현명전(賢明傳), 인지전(仁智傳), 정순전(貞順傳), 절의전(節義傳), 변통전(辯通傳), 얼폐전(孼嬖傳)의 총 7권으로 110명의 여성들에 대한 전기를 수록하고 있어 양모(良母), 현처(賢妻), 숙녀(淑女), 정녀(貞女), 재녀(才女), 효녀(孝女), 요부(妖婦) 등의 동양적 여인의 기본적 원형상을 제시해 놓고 있다. 그 중 독특하게 부각되는 여인상으로는 정순(貞順), 절의(節義)편에 나타나는 현부(賢婦) 정녀(貞女)형의 열녀(烈女)상과 얼폐전(孼嬖傳)에 나타나는 악녀(惡女)상을 들 수 있다.

정순(貞順), 절의(節義)편에 등장하는 여인들은 대부분 정절[201]과 예의(禮儀)를 지키기 위해 자신을 희생하는 순절(殉節)적 여인들로 결백함을 밝히거나 난국을 타개하기 위해 죽음을 택하고 있는 것으로 나타난다.[202] 이들이 죽음을 선택한 이유를 보면 예법(禮法)을 지키기 위한 것이 있다. 정순편에 <송공백희(宋恭伯姬)>는 궁중에 불이 났는데도 보모(保姆)가 없다는 이유로 도망가지 않고 그 자리에서 불에 타 죽는다. 또한 <제효맹희(齊孝孟姬)>는 예를 갖추지 않은 수레를 탔다는 이유로 자살을 시도한다. 다음으로 정절(貞節)을 지키기 위한 것이 있다. <식군부인(息君夫人)>은 식(息)나라를 점

---

201) 李淑仁, 烈女談論의 哲學的 背景 - 女性 섹슈얼리티의 문제로 보는 烈女 -, 朝鮮時代의 烈女談論, 韓國古典女性文學會, 月印, 2002. 6. p.43.
" 貞과 節이 연용되어 貞節이 되면 남편에 대한 精神的 肉體的 純潔과 나와 관계맺고 있는 他人에 대한 충실성을 포괄하는 槪念이 된다. 다시 말해 貞節은 남자에 대한 義務 槪念일 뿐 아니라 남편과는 별도로 社會的 槪念을 包括하는 槪念이다. "
202) 대표적인 作品을 찾아보면 貞順傳에서 <宋恭伯姬>, <齊孝孟姬>, <息君夫人>, <齊杞梁妻>, <楚昭貞姜>을 들 수 있고, 節義傳에서 <代趙夫人>, <魯秋潔婦>, <梁節姑姉>, <邰陽友娣>가 있다.

령한 초(楚)나라 임금이 처로 삼고자 하자 이를 거절하고 자결한다.203) 또 <제기량처(齊杞梁妻)>는 남편 기량(杞梁)이 죽자 정절을 지키기 위해 물에 투신하여 자결한다. 이렇게 예를 지키기 위하거나, 정절을 지키기 위해 목숨을 버린 순절(殉節)적 열녀상을 그대로 보여 주고 있다. 뿐만 아니라 절의(節義)편에서는 동생이 남편을 죽이자 남편에 대한 절의와 동생과의 인의(仁義)사이에서 고민하다 자결하는 <대조부인(代趙夫人)>을 비롯하여 의롭지 못한 남편에 대해 수치감을 느껴 자결한 <노추결부(魯秋潔婦)>와 오빠를 죽인 것이 남편인 것을 알고 동생과 남편에 대한 절의(節義)와 인의(仁義)로 고민하다 자결한 <합양우제(郃陽友娣)> 등이 있고, 불이 난 상황에서 자신의 아들만 구하게 되자 의롭지 못하다는 말을 듣게 될까 염려되어 불에 타 죽은 <양절고자(梁節姑姉)>를 들 수 있다.

이들의 죽음은 자신들의 선택이었다고 하겠지만, 당시 사회를 지배하는 거대한 유교정신의 발현이라고 하는 어쩔 수 없는 가치관에서 이루어진 현상으로 자기 해체적 욕망이거나 주체성의 혼란이라는 측면에서 해석할 수 있어 남성중심의 이데올로기와의 갈등에서 그 근원적인 원인을 찾을 수 있다. 204)

이것은 수 세기 동안 중국을 포함한 동아시아 지역에서 여성들이 자행해 온 죽음에 대한 원형이 남성중심의 유교적 이데올로기에서 비롯된 것을 입증해 주는 것으로 그 예를 <제기량처(齊杞梁妻)>205)에서 살펴보면

---

203) 劉向, 『古列女傳』, 息君夫人
 "夫人者 息君之夫人也 楚伐息破之 虜其君 使守門 將妻其夫人而納之于宮 ---- 乃作詩曰 '穀則異室 死則同穴 有如不信死如皦日' 息君止之 夫人不聽 遂自殺"
204) 趙淑子, 古代 女人의 죽음과 그 그림자. 동아시아 女性의 類型 그 이미지의 系譜學, -『列女傳』에 對한 女性學的 探究 - 梨花女大, 2001. 5. 12
205) 齊杞梁妻는 孟姜女란 이름으로 民間文學과 民間信仰 속에서 文學的 宗敎的 象徵으로 그 生命力이 繼承 되어지고 있다.

" 지금 나는 위로는 아버지도 가운데로는 남편도 아래로는 아들도 없다. ---- 그렇다고 내가 어떻게 다시 시집갈 수 있겠는가? 역시 죽음 뿐 이로구나 " 206)

라고 하여 삼종지의(三從之義) 법도를 따라 남편이 죽고 아들과 아버지가 없으니 자결의 길을 택할 수밖에 없음을 기록 해 놓고 있어 순절적 열녀의 본을 보이고 있다. 그 외 <대조부인(代趙夫人)>의 경우 친정 동생인 조나라 양자(梁子)가 남편인 대(代)나라 임금을 살해한 후 대나라를 점령하자 남편과 동생에 대한 인의(仁義) 사이에서 고민하다 기량(杞梁)의 처와 같이 자결한다. 인의를 최우선으로 하는 순절(殉節)적 열녀(烈女)상을 보인 것이라 할 수 있다.

(2) 얼폐(孼嬖)적 여성의 성 문화

『열녀전(列女傳)』의 중요한 특징 중에 하나는 <얼폐전(孼嬖傳)>을 설정하여 역사적으로 문제가 많다고 인식했던 당시로서는 최고의 악질적 여성에 속한 음녀적 여성들을 함께 거론했다는 점이다. 중국 초기의 역사서들은 여성을 정치와 권력에서 소외시켜 남성에 비해 여성에 대한 기록은 극소하게 나타난다. 현전 기록으로는 다만 한대 사마천(B.C. 145 - 86 ?)의 『사기(史記)』에 <여태후본기(呂太后本紀)>와 <외척세가(外戚世家)>가 있어 여성에 대한 관심을 보였다고 볼 수 있으나 이는 오직 남성위주의 권력세계에 진입했던 여태후(? - B.C. 180)만을 취급했다는 점에 주목하지 않을 수 없다. 이에 대응하는 본격적인 여성 열전으로 유향(劉向)의 『열녀전(列女傳)』이 나타난다. 유향은 여성들을 7가지 유형으로 분류하여 그 덕목을 칭송하면서 나라와 집안을 망친 여인들에 관한 기록까지 마지막 장인 <얼폐전(孼嬖傳)>에 수록하여 부덕(悖德)에 대한 경계를 삼고 있다.

---

206) 劉向『古列女傳』, 卷四 貞順編, 齊杞梁妻.
" 今吾上則無父 中則無夫 下則無子 ----- 吾豈能更二哉 亦死而已 "

Ⅲ. 열녀전의 새로운 탐구   213

　유향이 <얼폐전>에서 다룬 여인들은 각 왕조의 마지막 제왕의 여인들로 미모로서 제왕을 미혹하게 하여 국가와 사직을 도탄에 빠뜨린 악녀로 하나라 걸왕의 비였던 말희(末喜)를 비롯하여 은나라 주왕의 비였던 달기(妲己), 주나라 유왕의 왕후였던 포사(褒姒) 등을 거론했다. 그리고 그 외에 군주나 대부의 부인들로 음란했거나 나라를 혼란으로 몰고 간 여인들207)을 모두 여기에 포함시켜 놓고 있다.

　그 중 <진녀하희(陳女夏姬)> 같은 경우를 보면 미모가 뛰어나 남자를 유혹하는 묘를 갖고 있었으며, 늙어서도 여전히 젊어 보였다고 했다. 그러므로 세 번이나 왕후의 자리에 올랐고, 일곱 차례나 다른 남자의 부인이 되었다고 했다. 왕이나 제후들은 하희를 한번만 보면 반하여 정신을 잃지 않는 이가 없었다고 했다. 결국은 진(陳)나라 대부인 공손영(公孫寧)과 의행부(義行父)를 비롯하여 군주 영공(靈公)과 정을 통하고 있었다고 했다.208)

　이것은 얼마나 자유롭게 성을 즐기고 있었나 하는 것을 보여주는 좋은 자료가 된다. 그 외에도 <노환문강(魯桓文姜)>에서는 환공(桓公)의 부인 문강(文姜)이 제(齊)나라에 있을 때부터 그녀의 오빠 양공(梁公)과 은밀히 정을 통하고 있었음을 서술해 놓고 있다.209) 또 노(魯)나라 선공(宣公)의 부인 목강(穆姜)은 총명하며 지혜로웠지만

---

207) 이에 該當한 女人들로는 衛나라 宣公의 夫人 姜氏를 비롯하여 魯나라 桓公의 夫人 文姜, 魯나라 莊公의 夫人 哀姜, 晉나라 獻公의 夫人 麗嬉, 魯나라 宣公의 夫人 穆姜, 陳나라 女子 夏姬, 齊나라 靈公의 夫人 聲姬, 齊나라 棠公의 妻 東郭姜, 衛나라의 두 淫亂한 女子 南子와 衛伯嬉, 趙나라 武靈王의 王后 吳女, 趙나라 悼襄王의 王后 倡后가 있다.
208) 劉向, 『古列女傳』, 陳女夏姬,
 　"陳女夏姬者 陳大夫夏徵舒之母也 其狀美好無匹 內挾技術 蓋老而復壯者 三爲王后 七爲夫人 公侯爭之 莫不迷惑失意 夏姬之子徵舒爲大夫 公孫寧儀行父與陳靈公 皆通于夏姬"
209) 上揭書, 魯桓文姜,
 　"文姜者 齊侯之女 魯桓公之夫人也 內亂其兄齊襄公"

행실이 난잡하여 성공(成公 : 선공의 아들)이 어렸을 때 숙손선백(叔孫宣伯)과 정을 통하고 있었고,210) 위(衛)나라의 두 음란한 여자의 경우에 남자(南子)는 송나라 여자로 위나라 영공의 부인인데 송나라 출신 자조(子朝)과 정을 통하는 사이였고, 공문자(孔文子)의 처이며 공희(孔悝)의 어머니인 위나라 백희(伯姬)는 죽은 남편의 심부름을 하던 혼량부(渾良夫)와 정을 통했다211)고 하여 자유로운 여성들의 성문화에 대해 기술하고 있다. 그리고 노나라 장공(莊公)의 부인 애강(哀姜)은 노나라에 시집오기 전에도 장공이 누차 제나라에 가서 애강과 정을 통했다212)고 하여 혼전성교(婚前性交)까지 이루어지고 있었던 것213)을 보여주고 있다.

이와 같은 <얼폐전(孼嬖傳)>의 여성들을 통해 볼 수 있었던 여성들의 성문화는 예에서 벗어난 음행으로 당시 정권을 둘러싸고 벌어졌던 심상치 않은 권력 다툼과도 무관하지 않다. 즉 자신이 낳은 아들을 태자로 세우고자 한다든 가, 자신과 불륜의 관계를 맺고 있는 사람을 군주로 삼고자 하는 등, 정권 장악에 야망을 갖고 도전하다 실패한 여성들을 사회 혼란의 원흉으로 보고 국가 멸망의 책임을 물어 모두 악녀로 규정214)한 것은 유교문화권의 동양적 여성문화의 한 특징으로 상당 기간 지속되어 온 것을 보게 된다.

---

210) 上揭書, 魯宣穆姜
 " 聰慧而行亂 故諡曰穆 初成公幼 穆姜通于叔孫宣伯 ---- "
211) 上揭書, 衛二亂女
 " 南子者 宋女 衛靈公之夫人 通于宋子朝 ----- 衛伯姬者 蒯聵之姊也 孔文子之妻 孔悝之母 悝相出公 文子卒 姬與孔氏之堅渾良夫淫 "
212) 上揭書, 魯莊哀姜
 " 初哀姜未入時 公數數如齊 與哀姜淫 "
213) 上揭書, 魯莊哀姜.
 " 哀姜者 齊侯之女 魯莊公之夫人 初哀姜未入時 公數數如齊 與哀姜淫 "
214) 송진영, 칼을 차고 丈夫의 마음을 품다. - 동아시아의 惡女 -, 동아시아 女性의 類型, 그 이미지의 系譜學, -『列女傳』에 對한 女性學的 探究 - 梨花女大, 2001. 12. 1.

## 4) 여성의 양면적 성 문화의 가능성

### (1) 정절형(貞節型) 여성 문화의 계승

중국 전래 『열녀전(列女傳)』의 효시가 된 유향(劉向)의 『고열녀전(古列女傳)』에서는 국가나 가정의 흥망이 여덕의 선악에 달려 있음[215]을 강조하고 선악의 규범적 여성상을 제시함은 물론 악녀들의 악행까지도 일일이 열거하여 경계의 대상으로 삼게 한다. 그러나 후대로 내려올수록 악녀에 대한 것은 삭제되고 선행을 행한 여성은 물론 점점 정절을 강조하는 『열녀전(烈女傳)』으로 변모되면서 한국과 일본에 전래되어 많은 영향을 끼치게 된다.[216]

한국은 조선 초 세종 대에 편찬 간행된 『삼강행실도(三綱行實圖)』<열녀편(烈女篇)>에서 정절적(貞節的) 열녀상(烈女像)을 강조하기 위해 중국의 『열녀전(列女傳)』이 적극적으로 수용된다. 그리고 임란 후 광해군대에 편찬 간행한 『동국신속삼강행실도(東國新續三綱行實圖)』<열녀편(烈女篇)>에는 조선의 열녀 700여명을 수록하고 있어 열녀왕국으로 통하는 동방예의지국(東方禮儀之國)이라 칭함을 듣게 된다.[217]

조선의 『열녀전(烈女傳)』은 조선조 이전부터 있어왔으나 그 기록은 많지 않았다.[218] 다만 임병양란 후에 많은 열녀가 나타났으며 그 후 조선조 후기까지 열녀에 대한 기록은 계속 나타나고 있다.[219] 특히 조선시대 후기의 고소설 『춘향전』이나 연암(燕巖) 박지원(朴趾源)의 『열녀함양박씨전(烈女咸陽朴氏傳)』은 여성의 정절을 강조하

---

215) 劉向 『古列女傳』 序文 " 女德善惡繫於家國治亂之效 "
216) 禹快濟, 列女傳의 韓.日 傳來와 그 受容樣相 考察, 語文研究, 第21輯, 語文研究會, 1991.
217) 禹快濟, 貞節型 家庭小說 研究, 仁川大 論文集, 第17輯, 1992.
218) 李惠順, 金庚美, 『韓國의 烈女傳』, 圖書出版 月印, 2000. 4.
219) 金庚美, 開化期 烈女傳 研究, 國語國文學, 第132輯, 2002. 12. 30. pp. 187 - 211.

는 대표적인 『열녀전』이다. 이중 『열녀함양박씨전』에서 죽음을 참고 이겨낸 수절한 과부의 애끓는 절규가 담긴 인사부(忍死符)에 대한 이야기를 보면,

" 외로운 호롱불이 그림자를 비추면 홀로 지새는 밤이라 잘 새지도 않는데 혹시 비라도 처마에 쓸쓸히 내리거나, 창에 달빛이 희거나, 뜰 가에 나뭇잎이 바람에 불리거나, 짝지은 기러기가 하늘을 날아가거나, 먼데 닭 우는 소리 없고 어린 종년이 코를 고는데, 마음 둘 바 없어 잠을 이루지 못하였으니 누구를 원망하겠느냐? 내 그럴 때면 이 돈을 꺼내서 방바닥에 굴리고 다시 찾아 굴리고 했느니라. 그리고 나면 어느새 창가가 훤히 밝아 오더라."220)

라고 하여 어떠한 어려움에도 자신의 정절을 버릴 수 없어 인고의 날을 보내면서 수절했던 것을 알게 하고 있다.

뿐만 아니라 외세의 위협 앞에서도 흔들리는 윤리를 바로 잡아 서양이나 일본보다 도덕적 우위에 있음을 강조하고 있는 유인석(柳麟錫)의 『열녀유인이씨전(烈女孺人李氏傳)』에 보면 원주 가정리의 열부 경주 이씨의 이야기를 기록해 놓고 끝에 가서 평하기를

" 우리나라에는 남편을 따라 죽은 사람이 천백이나 되며 또 이씨 같은 사람도 있다. 내가 일찍이 『동국풍화록』을 지어 도학사업을 펼치고 충, 효, 열을 기록하여 천하 후세에 남기고 아울러 만국의 오랑캐들에게도 보여서 우리나라를 공경하며 따르게 하려 했다. 이씨의 열행을 외국 오랑캐들의 짐승 같은 풍속에서 본다면 어찌 놀라며 혀를 내두르지 않겠는 가 ! 그런 사람들이 천백이나 있다고 하면 놀라서 감동하기를 마지않을 것이다. 아아, 사람들이 있어 나라의 빛이 되는 구나 ! " 221)

라고 하여 오랑캐의 짐승 같은 풍속에 대응하는 순절한 열녀의

---

220) 朴趾源, 烈女咸陽朴氏傳, 『李朝漢文小說選』, 民衆書館, 1961. p. 260.
221) 柳麟錫, 烈婦孺人李氏傳, 韓國의 烈女傳, 月印, 2002. 4.

절행을 높이 평가하고 있다. 그러면서 한편으로 시대적 변모에 따른 세태를 '여자들이 대회를 열고 아내가 남편을 무시하는데 하물며 열행을 하겠는 가'222) 라고 하면서 개탄하고 있음을 보게 된다.

우리나라의 열녀에 대한 기록은 고려 말부터 조선조 말까지 개인 문사들의 개인문집에만 일백여편이 수록되어 전해지고 있다.223) 이를 기록한 작가는 대부분 사대부들로 실재했던 여성들을 친히 보았거나 이야기를 전해 듣고 감동하여 그들의 삶을 재구, 후세에 남겨주려는 교훈적 의도에서 이루어진 것을 알 수 있다.

(2) 유녀(遊女)적 여성 문화의 변모

① 어울우동(於乙宇同)적 음녀(淫女)의 여성문화

유교적 가치에 구속되어 정절을 목숨보다 귀하게 여겼던 조선시대에도 성을 자유롭게 즐기며 살아간 유녀(遊女)를 통해 여성문화의 일면을 찾아 볼 수 있겠다. 조선 초 세종 대에는 『삼강행실도(三綱行實圖)』를 편찬 간행하여 충. 효. 열을 강조하게 되면서부터 중국의 제녀적 성격의 『열녀전(列女傳)』이 정절을 강조하는 『열녀전(烈女傳)』으로 변용 수용된다. 그 후 성종 대에 『삼강행실도(三綱行實圖)』<열녀편(烈女篇)>만을 다시 간행 보급하게 되면서 정절을 중시하는 열녀왕국으로까지 발전하게 된다.

그러나 중국 『고열녀전(古列女傳)』의 입전 대상이 되었던 <얼폐전(孽嬖傳)>의 음녀적 여성상을 모두 삭제한 『삼강행실도(三綱行實圖)』<열녀편(烈女傳)>과는 대조적으로 음행을 일삼는 악덕의 여성들은 계속 나타나고 있어 이를 주목하지 않을 수 없게 된다.

---

222) 柳麟錫, 孝烈婦梁氏傳, 『毅庵集』, 第30卷.
　　" 女作大會 以婦蔑夫 지有烈行矣乎 吾之言孺人也 其將警世夫 "
223) 李惠順, 朝鮮朝 烈女傳의 展開와 類型, 『韓國의 烈女傳』, 月印, 2002. 4.

조선 세종 대의 호색녀 유감동(俞甘同)과 성종 대의 어울우동(於乙宇同)은 대표적인 <얼폐전(孽嬖傳)>적 음녀로 조정에서 논의된 내용들을 『조선왕조실록(朝鮮王朝實錄)』의 기록을 통해 찾아 볼 수 있다.

세종 대 사족으로 검한성(檢漢城) 유귀수(俞龜壽)의 딸 유감동(俞甘同)은 평강(平康) 현감 최중기(崔仲基)의 부인이었으나 음란한 행실을 하다가 남편에게서 버림을 받은 여성으로 이승, 황치신, 전수생, 김여달, 이돈 등과 간통했을 뿐만 아니라 몰래 간통한 사람은 그 수를 다 기록할 수 없다고 했다. 224)

이 문제는 당시로서는 대단히 충격적인 일로 사헌부(司憲府)의 건의를 받아들여 남편을 배반하고 스스로 창기라 일컬으면서 서울과 외방에서 멋대로 행동했으므로 간통한 간부들과 함께 직첩을 회수하고 형문에 처하여 추국을 받고225) 먼 지방에 안치하게 된다. 226)

그리고 이어서 대사헌 최부 등이 상소를 통해 '사람으로서 윤상을 어지럽힌다면 죄가 그보다 더 큰 것은 없음'을 지적한다. 그리고 홍양생(洪陽生)이란 자는 몰래 사촌누이인 유연생을 간음하여 금수와 같은 짓을 함부로 했으니 대대로 벼슬하는 집안의 딸인 사족으로 극도로 추악함이 이에 이르렀음을 걱정하면서 천역에 귀속시키어 길이 뒷사람의 거울이 되게 하고, 극형에 처하여 더러운 풍속을 바로잡게 하자는 것이었다.227)

이 같은 사건을 통해 알 수 있는 것은 당시 유교윤리가 강조되고 집집마다 효자와 충신과 열녀를 강조했던 특수한 시대적 상황에서도 음행을 일삼고 있는 여성들이 있었다는 점이다. 조정에서의 논의된

---

224) 『朝鮮王朝實錄』, 第3集 87面, 世宗 9年 8月 17日字, 倫理.
225) 上揭書, 87面, 世宗 9年 8月 18日字, 倫理 / 司法-彈劾
226) 上揭書, 第3集, 126面, 世宗 10年 閏4月 1日字, 司法 - 行刑, 倫理.
  領敦寧으로 치사한 李枝의 아내 金氏를 釋放할 것과, 楊自敷・今音同・俞甘同의 賤役을 免除하여 먼 地方에 安置할 것을 命하였다.
227) 上揭書, 第3集, 127面, 世宗 10年 閏4月 3日字, 司法-行刑, 倫理, 身分-賤人.

기록은 정절적 열녀와 함께 성생활의 자유를 만끽하고 있는 음녀적인 유녀의 존재를 알 수 있게 해 주는 것이라 하겠다.

다음으로는 성종 대에 있었던 음부 어울우동(於乙宇同)에 관한 기록이다. 어을우동은 태강수(泰江守)의 아내로 있을 때에 방산수(方山守) 이란(李瀾)과 수산수(守山守) 이기(李驥)가 간통하여 죄를 받고 있는 여인이다. [228]

이 문제 또한 의금부의 상소뿐만 아니라 경연에서도 논의가 되고 있다. 어유소(魚有沼), 노공필(盧公弼), 김세적(金世勣) 등이 어을우동을 간통한 일이 있어 이를 국문 할 것을 간청하고 있다. [229] 그리고 이들 외에 옥사에서 드러난 간통자로 김청, 정숙지, 김휘의 이름이 드러나기도 했다. [230] 그러므로 이 문제에 대한 논의는 계속 확장되어 집의 이덕숭(李德崇), 정언 유찬(劉瓚)[231]과 사헌부 장령 김윤종(金潤宗) [232]등도 논의에 가담하게 된다.

결국 이 문제는 의금부의 상소[233]를 받아들여 결론을 내리게 된다. 즉, 정창손(鄭昌孫)은 어을우동은 종친의 처이며 사족의 딸로서 음욕을 자행한 것이 창기와 같으니, 마땅히 극형에 처할 것을 주장했고, 심회(沈澮)는 사족의 부녀로서 음행이 이와 같은 것은 강상(綱常)에 관계되는 일로 극형에 처하여 뒷사람의 감계가 되게 하자고 했다. 그러나 김국광과 강희맹 같은 이는 중국 조정의 례에 의하여 저자[市]에 세워 도읍의 사람들로 하여금 모두 보고서 징계가 되게

---

228) 上揭書, 第10集, 147面, 成宗 11年 7月 9日字, 人事-管理, 司法, 倫理-綱常.
229) 上揭書, 147面, 成宗11年 7月 14日字, 人事-管理, 司法, 倫理-綱常.
230) 上揭書, 第10集 152面, 王室-經筵, 人事-任免, 司法-法制, 裁判, 身分-中人.
231) 上揭書, 第10集, 152面.
232) 上揭書, 153面, 成宗 11年 8月 4日.
233) 上揭書, 第10集, 160面. 成宗 11年 9月 2日字, 司法-裁判, 倫理-綱常, 歷史-故事.
 "泰江守 李소이 버린 妻 於乙宇同이 守山守 李驥와 方山守 李瀾, 內禁衛 具詮, 學諭 洪燦, 生員 李承彦, 書吏 吳從連, 甘義亨, 生徒, 朴强昌, 良人 李謹之, 私奴, 知巨非와 姦通한 죄는 律이 決杖 1백대에, 流 2천里에 해당합니다."

한 연후에 율에 따라 멀리 유배하자고 하기도 했다.
 그러나 임금은 승지의 뜻에 따라 어을우동은 귀천과 친척을 논하지 않고 모두 간통을 하였으니, 마땅히 극형에 처하여 나머지 사람을 경계하는 것으로 결론을 짓는다.

> "어을우동은 음탕하게 방종하기를 꺼림이 없게 하였는데, 이런데도 죽이지 않는다면 뒷사람이 어떻게 징계되겠느냐? 의금부에 명하여 사율을 적용하여 아뢰게 하라." 234)

라고 하여 결국은 사형으로 결론을 내려 당시의 음행에 대한 사회적 대처를 보게 했다.
 물론 이 문제는 다른 문학 작품이나 여성열전과 같은 것으로 형상화 되어 전해지지 않고 다만 역사적 사건의 기록으로만 남아 있는 것이 또한 특징이라 하겠다.

② 자유로운 성 담론(性談論)과 유녀(遊女)문화

여성의 성 문화는 그 여성이 차지하고 있는 사회적 지위와 활동에 따라 다르게 나타나고 있는 것을 볼 수 있다. 특히 일본 여성들은 일찍부터 천황의 자리에 올라 있으면서 섭정을 통해 고대 율령제를 확립하기도 한다.235) 여성의 사회 진출이 활발했던 헤이안(平安)시대(794 - 1192)는 아직 남성 중심사회가 확립되기 전으로 여성에 대한 차별도 없었던 시대였다. 그러므로 모계존속이 천황을 후견하는 섭정정치의 영향으로 여성적인 귀족문화가 꽃을 피우게 된다.

---

234) 上揭書, 第10集, 160面, 成宗 11년 9月 2日字, 司法-裁判, 倫理-綱常.
235) 日本 歷史에서 最初로 天皇의 자리에 오른 것은 스이코(推古)였다. 그는 조카인 쇼토쿠(聖德) 太子에게 攝政을 맡겨 古代 律令制를 確立한다. 그후 7 - 8世紀에 이르는 동안 스이코(推古), 고교쿠(皇極), 사이메이(齊明), 지토(持統), 겐메이(元明), 겐쇼(元正), 고켄(孝謙), 쇼토쿠(稱德), 간무(桓武) 等 8代가 女皇帝였다.

이 후 지배자가 부계로 바뀌는 원정을 바탕으로 하는 봉건제도가 뿌리를 내리고 가부장제 가족제가 하급 지배층으로 침투 해 들어가면서 12세기에 이르러 조금씩 혼인형태가 일부일처제인 단혼제가 성립되고 사회적으로 여성들이 제약을 받게 된다.236)

그러나 성해방기라 할 수 있는 헤이안(平安) 시대의 대표적 여성 작가 이즈미 시키부(和泉式部)는 『이즈미 시키부 일기(和泉式部 日記)』와 『이즈미 시키부 문집(和泉式部集)』으로 널리 알려져 있다. 뿐만 아니라 화려한 남성 편력으로도 유명하다. 그에게는 네 명의 남자가 등장하는데 그 가운데는 태자와 그의 남동생도 들어있어 당시 최고 권력자였던 후지와라 미치나가(藤原道長)는 그녀를 창녀라고까지 불렀다고 한다.

이 시대에는 자유로운 성 생활 뿐만 아니라 성의 담론도 풍성하게 이루어졌는데 그 대표적인 것이 무라사키 시키부(紫式部)237)가 쓴 『겐지 모노가다리(源氏物語)』를 들 수 있다. 이 작품은 주인공 히카루 겐지(光源氏)를 중심으로 궁중 속에서 일어나는 사랑과 풍류, 권력과 음모 등을 섬세하게 묘사한 장편소설이다. 그 경개를 간단히 살펴보면, 겐지는 천황의 총애를 받은 후궁 기리쓰보오의 여관에게서 태어난 용모가 뛰어난 왕자로 그를 낳고 바로 죽은 어머니 기리쓰보오 때문에 화려한 여성 편력에 나선다. 그 와중에는 황후와 정을 통해 몰래 아이를 낳기도 하는 등 정치 권력 속에서 사랑이라는 변함없는 주제로 살아가는 히카루 겐지(光源氏)의 일대기로 이루어져 있으면서 당시 권력자인 후지와라 미치나가(藤原道長)를 암암리에 비판하는 구도로 되어 있다.

---

236) 이경덕 편저, 『性風俗으로 보는 日本文化』, 가람기획, 1999. P. 118.
237) 무라사키 시키부(紫式部)는 日本 歷史上 가장 뛰어났던 日本의 女流 作家이다. 그러나 그녀의 生沒年代와 本名은 알려져 있지 않다. 大略 그녀가 活動한 內容으로 보아 약 45年 정도 삶을 享有한 것으로 推測 될 뿐이다.

이 작품 외에도 이 시기에는 여성의 역할 중에 권력과 관계되는 내용이 상당히 많이 나타난다. 대표적인 인물로 허수아비 천황 다카쿠라(高倉)의 실력자 다이라 기요모리(平淸盛)를 들 수 있다. 다카쿠라의 어머니는 기요모리의 처제였고, 그의 아내는 기요모리의 딸인 도쿠코(德子)였다. 기요모리의 권력욕으로 인해 다카쿠라는 8세에 황제의 자리에 올랐다. 꼭두각시로서의 그의 인생은 예정되어 있었다. 모든 것은 기요모리의 결정에 따라야 했던 것이다.[238]

그 외에 어릴 때 아버지를 여의고 불우하게 성장한 기오(祇王)는 어머니에 의해 당시 유행하던 시라뵤시(白拍子)[239]가 된다. 그의 나이는 18세로 얼굴도 예쁘고 춤도 잘 추었다. 다이라 기요모리(平淸盛)는 술좌석에서 춤추는 기오를 보고 한눈에 반하여 첩을 삼고, 그가 원하는 것은 무엇이든 들어주어 많은 여자들의 부러움을 샀다. 그 무렵 또 하나의 뛰어난 시라뵤시가 나타났다. 그의 이름은 호토케(佛)로 16세의 아름다운 여인이었다. 그녀는 당돌하게도 당시의 실력자 기요모리를 찾아간다. 이때 부름이 없이 찾아온 여자는 집에 들이지 않는 관례를 깨고 기오에 의해 남편에게 소개되어 춤과 노래를 보여 주게 된다. 그러자 남편 기요모리는 기오(祇王)를 버리고 호토케(佛)를 택하게 되자 기오는 중이 되어 슬픈 날을 보내게 된다. 이 때 어느 날 갑자기 변복을 하고 찾아온 것은 호토케였다. 그들은 함께 중이 되어 운명을 스스로 결정할 수 없는 녀성의 기구함을 한탄하며 지내게 된다.[240]

이것은 여성의 남성에 대한 의존적 생활형태로 후에 매춘으로 발

---

[238] 『性風俗으로 보는 日本文化』, 前揭書. p. 127.
[239] 시라뵤시(白拍子)는 헤이안(平安) 말기에 流行한 歌舞의 一種으로 춤을 추는 遊女를 가리키는 말이었다. 즉, 술자리가 벌어지면 그 곳에 나가서 춤을 추고 收入을 챙기어 돈을 버는 女子들을 말한다.
[240] 『性風俗으로 보는 日本文化』, 前揭書, pp. 130 - 135.

전한 것을 보게 된다. 매춘은 가장 오래된 직업이며 세계 어느 곳에나 존재하는 것으로 음탕한 남녀의 욕망에 합치되는 것이기 때문에 근절은 불가능하다는 것이다.

> " 고대 일본에는 손님에게 딸을 내 주는 습관이 있었다. 이것이 훗날 자색이 뛰어나고 가무에 능한 여성을 뽑아 대신하게 되었는데 이들이 유녀(遊女)이다. 이후 전문화된 유녀가 등장하게 되면서 매춘으로 발전하게 되었다. 그렇다면 성의 제공은 결코 수치스러운 일은 아니었을 것이다. " 241)

라고 지적한 것을 볼 수 있다.

일본의 대표적인 민속학자 야나기다 구오니(柳田國男)는 매춘의 기원을 무녀에서 찾았고, 무녀가 영락해서 유녀가 되었다고 지적하고 있다. 그러므로 일본에서는 대도시와 상업지역 뿐만 아니라 어촌이나 벽촌 등에도 공인된 유곽(遊廓)이 있고, 사회적 평판이 좋은 사람들도 이곳을 방문하기에 그 지방에서 가장 화려하고 아름다운 집 가운데 하나라는 것이다.

특히 막부시대(幕府時代)에 매춘부들을 일정한 장소에 모아놓고 관리할 필요를 깨달아 교토(京都)에 시마바라(島原)와 같은 유곽을 건설했고, 도쿄(東京)에는 요시와라(吉原)에 1600년경에 매춘가를 건설하여 국가가 운영하는 공창으로 1946년 공창제도가 폐지될 때까지 유명했었다.

자유로운 성담론을 보면 정형(貞享) 3년(1686) 당시 45세의 이하라 사이카쿠(井原西鶴)는 『호색오인녀(好色五人女)』를 출판한다.242) 그는 『호색일대남(好色一代男)』, 『호색이대남(好色二代男)』과 같이 호색시리즈의 세 번째 작품으로 당시의 히트작이 되기도 했다. 그가

---

241) 上揭書. p. 193.
242) 井原西鶴 著, 暉峻康隆 譯註, 『好色五人女』, 日本, 小學館, 1992.

쓴 호색이란 한자 용어는 '남녀가 성행위를 좋아하는 것'이라 할 수 있는데 일본에서는 귀족문화가 발달했을 때, 미야비(雅 : 우아, 풍아)라는 귀족의 미의식과 문학, 음악 같은 교양을 합하여 성행위보다 성행위 전에 생긴 분위기를 가리킨 말이었다.[243] 이하라 사이카쿠(井原西鶴)는 호색시리즈를 만들면서 미의식이나 예절에 의해 성행위를 미화시켜 색도(色道)라는 도에 이를 정도로 만들었다. 이는 귀족문화의 호색 개념과 비슷하게 되어 상황을 심각하지 않고 즐길 수 있도록 초점을 맞추어 미화할 수 있는 여유를 둔 것이었다.

그러나 『호색오인녀(好色五人女)』의 호색은 일반적 개념과 다른 평범한 가정의 딸이나 평범한 유부녀의 연애 이야기를 주제로 한 소설이다. 당시에는 약혼자가 없는 아가씨의 경우라도 마음대로 男子와 사귀게 되면 그 자체가 불의밀통이라는 낙인이 찍히게 되어 추방, 유배, 사형까지 당하는 일이 있었다. 더구나 유부녀의 경우 남편이 불륜현장을 잡게 되면 부인을 죽여도 무방한 시대상황으로 신분제도와 가족제도를 잘 지키기 위해 설정된 도덕이나 법률이 엄격하던 시대였다. 그럼에도 불구하고 끔찍한 파국을 알면서도 사랑의 성취를 위해 오로지 사랑하는 남자에게 자기의 몸을 바치는 것이 다섯 여자의 사랑(愛)이고, 아름다움(美)이었다. 그러므로 호색의 5인녀는 타협이나 에고로서 끔찍한 파국을 쉽게 피하려고만 생각하는 현대인들에게도 큰 충격을 줄만한 박력을 보여주고 있는 작품이다.

이하라 사이가쿠(井原西鶴)는 엄한 봉건제도의 윤리나 법에 얽매이고 있는 무가사회의 연애를 비판적으로 다루면서 연애를 불의밀통이라 하여 처형하는 무가사회의 비정한 법을 작품에서 공주의 입을 통해 비판하기도 한다. 그리고 작가는 주인공인 여자들을 사랑한다는 기쁨과 사랑함으로서 생기는 책임을 잘 아는 여성들로 그리고 있

---

[243] 上揭書, p. 7.

다. 다시 말하면 거기에 등장되는 여성들은 모두 책임감을 갖고 스스로 그 사랑을 선택하며, 스스로 죽음을 선택한다. 그것은 그가 "여자는 사랑에 있어서 주체적인 존재로 있어 달라"는 원망이었고, 또 그런 여성의 모습이 당시 사회가 원하는 여인상이었다는 것을 보여준 것이라 하겠다.[244]

뿐만 아니라 이 시기에 해당되는 명력(明曆) 원년(1655)에는 일본적 여성열전으로 처첩만이 아닌 기녀들을 포함한 『본조열녀전(本朝列女傳)』이 만들어졌고, 연보(延寶) 6년(1678)에는 전18권으로 간행된 『색도대경(色道大鏡)』중 제17권에 수록된 경도, 강호, 대판의 삼도(三都)에서 활동하던 태부 19명의 명기들의 열전이 기록되어 명기전으로 여성열전이 만들어지기도 했다.[245] 그리고 연보(延寶) 9년(1681) 『명녀정비(名女情比)』는 5권으로 간행된 여성 열전으로 1권에서 4권까지는 상류 여성들의 연애물이며, 5권은 유녀들의 애정 쟁취 담으로 흥미본위의 호색적 내용[246]으로 되어 있어 일본적 열녀전이 계속 간행된 것을 알 수 있다.

③ 경제논리(經濟論理)적 여성의 성문화

여성의 성을 경제적 논리로 생각하게 된 것은 극히 근래의 사건들에서 보게 된다. 한국의 6.25전쟁을 겪으면서 미군기지 주변의 미병촌(美兵村)에는 양색시 양공주 라고 불리는 여성들이 생존을 위해 외국인에게 성을 팔아 생활을 누려가고 있는 모습이 실재했던 사실이고 또 작품을 통해 잘 나타나고 있다. 당시의 상황을 잘 그리고

---

244) 上揭書, p 9 -10.
245) 禹快濟, 列女傳의 韓日傳來와 그 受容樣相 考察, 語文研究, 第21輯, 語文研究會, 1991.
246) 笠井淸, 假名草子に及はした列女傳의 影響, 比較文學, 第4卷, 日本 比較文學會, 1961.

있는 작품들을 보면

" 막 정문을 나서려고 하는데 저쪽 한국인 캠프에서 절뚝이가 '어이 쇼리"하고 부르며 따라 나온다 '너 양갈보하고 삼칠 빠이로 나눠 먹느냐 고부 고부로 나눠 먹느냐' '너 고부 고부로 먹는다면 오백 딸러는 모았겠구나, 내 원 딸러에 두 장(2만원)씩 줄테니 바꾸자' 하며 징글맞게 싱글거린다 " 247)

" 양 색시는 철둑을 순찰하는 양키보조한테 가서 수작을 붙이는 거야. 꽁무니를 빼는 눔덜두 있지만 양키들은 대개 헤벌레 해지게 마련이지. 양색시가 둑 아래 풀밭으로 양키를 끌고 내려와 입으로 그걸 빨아주는 동안 재빨리 파이프에 달라붙어 낫도를 푸는 거지. 숭의동 양색시는 누구나 한번씩 그걸 해야 한다고 선언했대. 양색시들은 죽어도 못하겠다고 애걸을 하지만 소용읍지 " 248)

이 두 작품에 나타나는 양색시는 경제적 궁핍에 살길이 없어 생존을 위해 몸을 파는 여성들이다. 그야말로 여성의 성 문제를 윤리적 가치관이나 인간의 존엄성 같은 것으로 문제삼을 수 없는 오직 경제적 논리로만 가능한 성의 상품화 과정을 보게 된다.

이와 같은 사건은 한국이 일본의 폭압에 의한 식민지 시대를 지나면서 1950년대 전쟁이라고 하는 혹독한 시련 속에서 일어난 사건이었다면 이와 비슷한 식민지 시대를 지낸 아프리카에서도 같은 현상들이 나타나고 있음을 볼 수 있다.249) 아프리카 나이지리아의 부치 에메체타(Buchi Emecheta)의 작품에 보면 여성의 비극을

" 여자의 운명이란 태초부터 이렇게 고달프기만 했을까. 아니 이 뒤로 몇 십만 년을 두고 여자는 늘 이렇게 슬프기만 할 건가. 그렇다면 그것은 여자

---

247) 宋炳洙, 쇼리.김,『한국전후문예작품집』1. 신구문화사, 1960, p. 187.
248) 李元圭, 천사의 날개, 문학과 지성사, 1994. p. 120.
249) 김의락, 억압과 지배논리의 폭력성 : 한국여성, 아프리카 여성, Compartive Korean Studies, Vol.10.No.2. Dec 2002. p. 129.

에게 자궁이란 달갑지 않은 주머니 한 개가 더 달린 까닭이 아닐 가. 수없이 많은 여자의 비극이 자궁으로 해서 생기는 것이라면 그놈의 것을 도려내는 것도 좋으련만 " 250)

라고 하여 여성에게만 있는 자궁이 여성들로 하여금 슬픈 운명을 영위하게 하기 때문에 달갑지 않은 주머니라 했다. 그러므로 수많은 여성들의 비극이 자궁으로부터 생긴다고 했다. 이것은 인간문명이 남성에 의해 지배되고 여성은 억압과 희생의 대상으로 생각하는데서부터 나타나는 현상이다. 그러나 경제적 어려움에서는 성이라고 하는 여성의 유일한 무기를 팔아 생활의 수단으로 삼은 것을 보게 된다.

이와 같은 전통적 가치관이 전쟁을 통한 가난이라고 하는 어려운 환경에서 쉽게 무너지고 깨지는 것을 볼 때, 이민사회의 혹독한 경쟁 사회에서 전통문화의 보존과 전통문화를 통한 자기 정체성의 존속을 위해서는 상당한 노력이 있어야 할 줄로 안다. 우리 민족이 각국에 거주하고 있는 재외 동포들은 150여 개 국에 6백 여 만 명에 이르고 있다.251) 재외동포가 가장 많이 거주하고 있는 미국에서는 1909년부터 교포단체가 창간한 <신한민보>에 해방 전 까지만도 소설과 희곡이 40여 편이 넘게 발표되어 작품 활동이 활발하게 이루진 것을 보게 된다.252)

그러나 이 작품들은 대부분 조국을 그리며 조국으로 돌아가고 싶은 심정을 토로한다든지 한국인으로서의 정체성을 상실하지 않으려는 몸부림으로 대표되고 있다.253) 작품에 보면

---

250) 부치 에메체타, 어머니(김의락 위의 논문에서)
251) 외교통상부 산하 재외 동포 재단 ( 1997년 설립 )에서 조사 발표한 자료( 2001년 7월)에 의하면 151개국에 5,663,809명으로 미국에만 2,123,167명이 거주하는 것으로 나타나 있다.
252) 趙圭益, 解放前 在美韓人『移民文學』, 1권 - 6권, 도서출판 月印, 1999.
253) 林善愛, 美洲 韓人 小說 <토담> 硏究, 語文學, 第78輯, 韓國語文學會, 2002. 12. p.504.

" 나는 지금까지 아버지의 민족과 함께 생활하지 않고 이 나라의 다른 민족들과 생활해 왔어요. 내가 함께 살고 있는 사람과 내가 그들을 위해 일해야 할 사람들은 다른 사람들이에요. 미국인, 백인, 신교, 사회가 내게 요구하는 것과 나의 조상이 내게 요구하는 것이 다르다는 거지요. " [254]

라고 하여 이민 2세들의 고민이 그려지고 있는 것을 볼 수 있다. 그러나 그들은 새로운 사회의 적응을 통해 절망을 희망의 공간으로 바꿔 가는 민족의 저력을 보여 주고 있다. 아메리칸 드림을 품고 미국으로 이민 간 우리 민족들에게는 경제적 풍요라고 하는 유혹의 사조 외에 민족정기를 잃지 않으려는 강인한 민족정신의 이상이 이는 한 전통문화는 계승 발전 될 것이며 전통적 성문화 역시 높은 가치를 인정받게 될 것이다.

여성에게 있는 성의 양면적 특성 중 도덕적 가치를 중시하는 우리민족의 전통성에 기초하게 될 때, 정절을 중시하는 고상한 성문화가 유지 될 것이다, 그러나 오직 가난과 역경 속에서 경제적 논리만을 내세우며 삶을 영위하기 위한 수단으로 전락 될 때, 음녀적 특성을 그대로 들어 낼 것으로 생각된다. 앞으로 더 많은 작품 분석을 통한 연구가 이루어질 것을 기대 해 본다.


5) 결 론

미국 이민 100주년, 이민사회의 전통문화에 대한 관심은 매우 중요한 연구대상이 된다. 전통문화는 한 민족의 뿌리이며 정체성이 실린 불멸의 생명과도 같은 것이기 때문이다. 지난해(2002) 뉴베리상에 선정된 린다수 박의 『사금파리 한 조각(A Single Shard)』은 바로 이를 입증해 준 것이라 하겠다.

---

254) 김난영, 토담 (임선애 위의 논문에서)

우리는 반만년의 유구한 역사적 전통을 지닌 문화민족이다. 유교 문화권에서 남성중심으로 형성된 여성문화는 양성(남녀)평등의 새로운 시대에 새롭게 조명 해 볼만한 의미가 있다고 보았다. 중국의 『열녀전(列女傳)』과 한국의 『열녀전(烈女傳)』을 통해 열녀의 성격을 밝혀보고, 전통적 여성의 성(性)문화가 이민사회(移民社會)에 끼칠 영향에 대해 고찰 해 보았다.

중국의 『열녀전(列女傳)』은 전한 시 제녀적 성격의 유향(劉向)의 『고열녀전(古列女傳)』에서 후대의 열녀(烈女)적 성격의 『열녀전(烈女傳)』으로 변모된다. 그러므로 정절형 열녀뿐만 아닌 얼폐적(孼嬖的) 음녀형(淫女型)의 유녀(遊女)까지 나타나 있는 동양적 여성문화의 일단을 밝혀 볼 수가 있어 정리 해 보면 다음과 같다.

첫째, 중국의 『열녀전(列女傳)』은 유향(劉向)의 『고열녀전(古列女傳)』계와 명대에 신편 된 『고금열녀전(古今列女傳)』 및 청대(淸代)의 『회도본열녀전(繪圖本列女傳)』을 비롯하여 년대 미상의 『전고열녀전(典故列女傳)』 등이 현재 전해지고 있는 것을 알 수 있다.

둘째, 『열녀전(列女傳)』에는 여성문화의 특징으로 절의(節義)와 정절(貞節)을 강조하는 여인상(女人像)과 얼폐적(孼嬖的) 음녀(淫女)의 악녀상(惡女像)이 함께 나타나 있다.

정순(貞順), 절의(節義)편에 등장하는 여인들은 대부분 정절과 예의를 지키기 위해 자신을 희생하는 순절(殉節)적 여인들로 <송공백희(宋恭伯姬)>, <제효맹희(齊孝孟姬)>, <식군부인(息君夫人)>, <제기량처(齊杞梁妻)>, <초소정강(楚昭貞姜)>을 비롯하여 <대조부인(代趙夫人)>, <노추결부(魯秋潔婦)>, <양절고매(梁節姑姉)>, <합양우제(郃陽友娣)>가 있다.

이에 반해 <얼폐전(孼嬖傳)>에서 다룬 여인들은 미모로서 제왕을 미혹하게 하여 국가와 사직을 도탄에 빠뜨린 악녀로 하(夏)나라 걸왕(桀王)의 비였던 말희(末喜)를 비롯하여 은(殷)나라 주왕(紂王)의 비였던 달기(妲己), 주(周)나라 유왕(幽王)의 왕후였던 포사(褒姒) 등이 있다. 그리고 미모가 뛰어나 남자를 유혹하는 묘를 갖고 있었으며, 늙어서도 여전히 젊어 보여 일곱 차례나 다른 남자의 부인이 되었고, 왕이나 제후들은 한번만 보면 반하여 정신을 잃지 않는 이가 없었다고 하는 <진녀하희(陳女夏姬)>를 비롯하여 오빠 양공과 은밀히 정을 통한 <노환문강(魯桓文姜)>과 죽은 남편의 심부름을 하던 혼량부(渾良夫)와 정을 통한 위(衛)나라 백희(伯姬), 혼전성교까지 자유롭게 했던 노나라 장공의 부인 애강(哀姜) 등이 있어 자유로운 여성들의 성 문화(性文化)에 대한 기록을 볼 수 있다.

이와 같은 <얼폐전(孼嬖傳)>의 여성들의 음행은 당시 정권을 둘러싸고 벌어졌던 심상치 않은 권력다툼과도 무관하지 않다. 즉 自身이 낳은 아들을 태자로 세우고자 한다든 가, 자신과 불륜의 관계를 맺고 있는 사람을 군주로 삼고자 하는 등, 정권 장악에 야망을 갖고 도전하다 실패한 여성들을 사회 혼란의 원흉으로 지목하여 국가멸망의 책임을 묻기 위해 모두 악녀로 규정한 것은 유교문화권의 동양적 여성문화의 한 특징이라 하겠다.

셋째, 『열녀전(列女傳)』의 수용을 통한 정절적(貞節的) 열녀문화와 얼폐적(孼嬖的) 음녀문화의 공존을 볼 수 있는 동아시아 적 여성문화의 특징으로 자유로운 성 담론과 함께 유녀(遊女)의 등장을 볼 수 있다. 유향의 『고열녀전』에서는 국가나 가정의 흥망이 여덕의 선악에 달려 있음을 강조하고 선악의 규범적 여성상으로 악녀들의 음행까지도 열거하여 경계의 대상으로 삼게 한다. 그러나 후대로 내려올수록 악녀에 대한 것은 삭제되고 정절을 강조하는 열녀전으로 변모시킨다.

그러나 조선시대의 유감동(俞甘同)과 어울우동(於乙宇同)과 같은 음녀가 나타나 사회적으로 문제가 되기도 한다. 유교적 가치에 구속되어 정절을 목숨보다 귀하게 여겼던 조선시대에도 성(性)을 자유롭게 즐기며 살아간 유녀를 통해 동양적 여성의 성 문화를 찾아 볼 수 있다. 그것도 조선 초 『삼강행실도(三綱行實圖)』를 편찬 간행하여 충. 효. 열을 강조하던 세종 대와 성종 대에 있었다는 것은 여성들에 대한 교육만으로 인간의 근본적 욕망을 억제하게 할 수 없었던 것을 알 수 있게 해 주는 것이라 하겠다.

일본에서의 자유로운 성 담론과 유녀 문화는 성 해방기라 할 수 있는 헤이안(平安) 시대의 대표적 여성 작가 이즈미 시키부(和泉式部)의 작품들로부터 알 수 있다. 그녀의 화려한 남성 편력과 이 시대의 풍성한 성 담론은 무라사키 시키부(紫式部)의 『겐지 모노가다리(源氏物語)』에서도 잘 나타난다. 주인공 히카루 겐지(光源氏)의 궁중 속에서 일어나는 사랑과 풍류, 권력과 음모 등은 당시 권력자인 후지와라 미치나가(藤原道長)를 암암리에 비판하는 글로 평가 받고 있다.

이 작품 외에도 이 시기에는 권력과 관계되는 대표적인 여성은 허수아비 천황 다카쿠라(高倉)의 실력자 다이라 기요모리(平淸盛)를 들 수 있다. 그리고 시라뵤시(白拍子) 기오(祇王)와 호토케(佛)와의 관계에서 여성의 남성에 대한 의존적 생활형태를 보게 된다. 이것은 후에 매춘으로 발전하여 여성의 직업과 같이 되어 전문화된 유녀의 등장을 보게 된다.

일본의 대표적인 민속학자 야나기다 구오니(柳田國男)는 매춘의 기원을 무녀에서 찾았고, 무녀가 영락해서 유녀가 되었다고 지적, 일본에서는 대도시와 상업지역 뿐만 아니라 어촌이나 벽촌 등에도 공인된 유곽이 있고, 사회적 평판이 좋은 사람들도 이곳을 방문하기에 그 지방에서 가장 화려하고 아름다운 집 가운데 하나라는 것이다.

특히 막부시대에 매춘부들을 일정한 장소에 모아놓고 관리할 필요를 깨달아 교토(京都)에 시마바라(島原)와 같은 유곽을 건설했고, 도쿄(東京)에는 요시와라(吉原)에 1600년경에 매춘가를 건설하여 국가가 운영하는 공창으로 1946년 공창제도가 폐지될 때까지 유명했다.

자유로운 성 담론으로 정형(貞享) 3년(1686) 당시 45세의 이하라 사이카쿠(井原西鶴)가 쓴 『호색오인녀(好色五人女)』를 비롯하여 명력 원년(1655)에는 일본적 여성열전으로 처첩만이 아닌 기녀들을 포함한 『본조열녀전(本朝列女傳)』, 연보(延寶) 6년(1678)에는 전18권으로 간행된 『색도대경(色道大鏡)』중 제17권에 수록된 경도, 강호, 대판의 삼도에서 활동하던 태부 19명의 명기들의 열전이 기록되어 명기전으로 여성열전이 만들어졌고, 연보(延寶) 9년(1681)에는 5권으로 간행된 여성 열전 『명녀정비(名女情比)』에 1권에서 4권까지는 상류 여성들의 연애물을 싣고, 5권은 유녀들의 애정쟁취 담을 실어 흥미본위의 호색적 내용의 저작물들이 나왔다. 이와 같은 저작물들을 통해 자유로운 성 담론이 이루어지고 있어 여성의 양면적 성 문화는 인간 본능의 솔직한 욕구 표현으로 동양적 여성의 성 문화에도 그대로 나타난 것을 알 수 있다.

그리고 근래의 사건들에서는 여성의 성을 경제적 논리로 생각해 가는 것을 볼 수 있었다. 한국의 6.25전쟁을 겪으면서 미군기지 주변의 미병 촌에는 양색시 양공주라고 불리는 여성들이 생존을 위해 외국인에게 성을 팔아 생활을 누려가고 있는 모습이 실재했던 사실이고 또 작품을 통해 나타나고 있다.

여성의 성 문제를 윤리적 가치관이나 인간의 존엄성 같은 것으로 문제 삼을 수 없는 오직 경제적 논리로만 가능한 성의 상품화 과정을 보게 된다. 시대적 비극을 지닌 성의 상품화는 일본이나 한국, 중국뿐만 아니라 아프리카 나이지리아 등에서도 볼 수 있는 일로 여성의 여성성 마저 저주하고 있다.

이와 같은 전통적 가치관이 전쟁을 통한 가난이라고 하는 어려운 환경에서 쉽게 무너지고 깨지는 것을 볼 때, 이민사회의 혹독한 경쟁 사회에서 전통문화의 보존과 전통문화를 통한 자기 정체성의 존속을 위해서는 상당한 노력이 있어야 할 줄로 안다.

# IV. 『사씨남정기』의 새로운 탐구

## 1. 『사씨남정기(謝氏南征記)』의 목적성 문제

목적성 주장의 근거, 목적성 주장의 전개, 제작 동기설의 쟁론화, 목적성 문제의 새로운 시각

### 1) 들어가며

『사씨남정기(謝氏南征記)』는 서포(西浦) 김만중(金萬重 : 1637 - 1692)이 지은 소설로『구운몽(九雲夢)』과 함께 우리 소설사에 중요한 위치를 점하고 있는 작품[1]으로 한국 최초의 국문학사인 안자산(安自山)의 『조선문학사(朝鮮文學史)』에서부터 논의가 시작되어 김태준(金台俊)의 『조선소설사(朝鮮小說史)』에서는 작품의 경개 소개와 함께 이 소설의 성격을 숙종(肅宗)의 민비 폐출(閔妃廢黜) 사건을 풍자(諷刺)코자 한 목적소설(目的小說)이라 규정하기에 이른다.[2]

---

1) 禹快濟,『謝氏南征記』硏究의 綜合的 考察, 仁川大學校 論文集, 第19輯, 1994. p. 2.
2) 金台俊,『朝鮮小說史』, 學藝社, 1939. p. 123.

그 후 많은 연구자들은 『사씨남정기』를 목적소설로 규정 숙종의 민비 폐출 사건과의 관련을 중심으로 저작 동기에 중점을 두고 작품을 해석한 것이 대부분이었다. 3)

그러나 본 작품을 목적소설인 풍자소설로 규정하는 근거가 되어 있는 제작 동기 자체를 다시 검토 해 보고자4)하여 이 소설의 내용 및 당시의 역사적 사건 등을 고찰하여 본 작품의 제작에 있어서 어떤 사실을 풍자하기 위하여 지어졌다는 목적성이라는 것을 비판하기 위한 논문5)이 나오자 이에 반박하는 논문6)이 나와 학문적 논쟁이 전개된 일이 있어 한 때 주목을 끌기도 했다.

필자는 이 문제에 대 해 일찍이 논문을 통해 작자의 생애와 작품과의 관계를 중심으로 체험과 상상의 관계를 설정하여 작품을 분석한 바 있다. 이로 보면 작가가 살아온 시대에 있었던 역사적 사건과 작품에서 볼 수 있는 사건의 유사성 등으로 볼 때, 당시 사회현실에 비춘 풍자성을 띤 목적소설이라 하기보다는 작자의 잠재의식 세계의 발로로 이루어진 순수한 문학작품으로 해석하는 것이 타당할

---

3) 周王山, 『朝鮮古代小說史』, 1950. pp. 157 - 176.
 金起東, 『韓國古代小說槪論』, 1956. pp. 292 - 294.
 ----, 『李朝時代小說論』, 1959. pp. 303 - 307. 496.
 朴晟義, 『古代小說史』, 1958. pp. 292 - 293.
 ----, 『九雲夢·謝氏南征記』, 1964. pp. 267 - 268.
 申基亨, 『韓國小說發達史』, 1960. pp. 194 - 195.
 丁奎福, 南征記 論攷, 國語國文學, 第26輯, 1963. pp. 291 - 307.
 ----, 南征記의 著作動機에 대하여, 成大文學, 第15·16合輯, 1970. pp. 1 - 5.
4) 禹快濟, 韓國 古小說學會 '99 冬季學術大會에서 發表한 바 있음, 西江大學校 茶山館, 1999.
5) 金鉉龍, 謝氏南征記硏究 - 目的性 小說이라는 見解에 對하여 - , 文湖, 第5輯, 建國大學校, 1969. pp. 136.
6) 丁奎福, 南征記의 著作動機에 대하여 - 金鉉龍씨의 謝氏南征記硏究를 읽고 - , 成大文學, 第15,16合輯, 成均館大學校, 1970. pp. 1 - 5.

것이라 주장했다.[7]

 그 후 이 작품에 대한 새로운 평가가 계속 나타나고 있어 역사적 사건이 의식된 것 못지않게 서포의 창의적 혜안이 씨와 날로 결어져 빚어낸 작품[8]이라 하여 서포의 창의적 성격을 강하게 강조하고 있는 점을 볼 수 있다. 뿐만 아니라 『사씨남정기』를 독립된 하나의 예술작품으로 보지 않고 문학외적 목적을 위한 수단으로 간주함으로써 『사씨남정기』연구의 한계 요인이 되어 왔다고 주장하면서 진정한 문학적 의미를 파악하기 위해서는 문학외적 요인인 목적성 여부에 구애됨이 없이 작품 자체의 치밀한 분석에 바탕 한 연구가 심화 되어야한다[9]는 주장이 나오기도 했다.

 한 때 중국에서는 『사씨남정기』를 중국소설로 오인[10]하는 일이 일어나기도 할 정도로 중국적인 요소가 많이 나타나고 있어 당시 서포의 중국에 대한 인식을 알아 볼 수 있는 대표적인 작품으로 서포의 중국인식을 고찰[11]한 바도 있다.

 그러므로 『사씨남정기』의 올바른 이해와 연구를 위해 목적성의 문제를 재검토하는 것은 대단한 의미가 있다고 생각되어 본고에서는 목적성 문제의 제기에서부터 그 전개과정을 중심으로 이 문제에 대한 새로운 시각에 접근 해 보고자 했다.

---

7) 禹快濟, 謝氏南征記硏究, 崇田語文學, 創刊號, 1972. pp. 49 - 68.
8) 蘇在英, 『古小說通論』, 二友出版社, 1983, p. 178.
9) 李元洙, 謝氏南征記의 反省的 考察, 『文學과 言語』, 第3輯, 1982. pp. 135 - 158.
10) 朱眉叔, 南行記의 發現與評價, 『明淸小說論叢』, 第3輯, 中國 靑風文藝出版社, 1985.
11) 禹快濟, 西浦小說의 中國認識 考察, 『省谷論叢』, 第28輯, 省谷學術文化財團, 1997.

## 2) 목적성 주장의 근거

### (1) 이규경(李圭景)의 『오주연문장전산고(五洲衍文長箋散稿)』

『사씨남정기』의 목적성 문제를 최초로 제기한 것은 조선 후기의 실학자였던 오주(五洲) 이규경(李圭景)[12]의 『오주연문장전산고(五洲衍文長箋散稿)』에서 비롯된 것을 볼 수 있다. 그는 이 책에서

" 여항간(閭巷間)에 유행하는 것으로 다만 『구운몽』이 있으니 서포(西浦) 김만중(金萬重)이 찬하여 초했으나 의의가 있다. 『남정기』는 북헌(北軒) 김춘택(金春澤)이 지은 바이다. 세상에 전해 오기를 서포는 찬류시 대부인의 근심을 녹이기 위하여 하룻밤에 만들었고, 북헌은 숙종(肅宗)이 인현왕후(仁顯王后) 민씨(閔氏)의 손위한 것에 대하여 임금님의 마음을 깨우쳐 주고자하여 만든 것이다. " [13]

라고 했다.

이를 근거로 목적소설론을 주장한 것은 김태준(金台俊)의 『조선소설사(朝鮮小說史)』에서 였다. 그는 이 책에서 이규경의 『오주연문장전산고』문장을 인용하면서

" 이것을 보면 숙종(肅宗)께서 민비(閔妃)를 폐출(廢黜)함을 풍간(諷諫)코저한 완곡(婉曲)한 수단인 듯 하며 또 북헌의 작이라고 와전(訛傳)한 것은 한자(漢字)를 진서(眞書)라고 한 고인의 습관으로서 북헌의 한역(漢譯)이라고 하여야 할 것을 북헌의 저작이라고 한 것이다. " [14]

---

12) 李圭景(1788 - ? ) 朝鮮 憲宗時의 學者, 字는 伯揆, 號는 五洲 또는 嘯雲, 李德懋(1741 - 1793)의 孫子, 著書로는 六十卷의 방대한 『五洲衍文長箋散稿』등이 있어 寫本으로 傳하고 있다.
13) 李圭景, 五洲衍文長箋散稿, 卷七, 小說辨證說, 明文堂 影印本, 1982. p. 229.
" 閭巷間流行者 只有九雲夢西浦金萬重所撰稍有意義 南征記北軒金春澤所著 世傳西浦竄流時爲 大夫人銷愁一夜製之 北軒則爲肅廟仁顯王后閔氏異位 欲悟聖心而製者云 "
14) 金台俊, 『朝鮮小說史』, 앞의 책, pp. 111 - 112.

라고 하여 오주가 『남정기』의 작자를 북헌(北軒) 김춘택(金春澤)으로 한 것은 한문으로 번역한 것을 그대로 본 것이며, 숙종의 민비 폐출 사건을 풍간한 것이라 했다. 그리고 '남정기 소고'에서 『남정기』의 경개를 간단히 소개하고 폐비 민씨를 다시 복위하게 하고 임시로 비위를 빼앗고 있던 장씨를 다시 희빈(嬉嬪)을 삼아 방축(放逐)하였다고 하며 이와 같은 목적소설이 적지 않다고 지적했다.

> " 이 소설은 필경 숙종(肅宗)의 마음을 감동시켜 폐비민씨를 다시 복위케 하고 임시로 비위(妃位)를 빼앗고 있던 장씨(張氏)로부터 희빈(嬉嬪)을 삼아 방축(放逐)하였다 하니 대저 조선에는 이와 같은 목적소설이 적지 아니하다. " 15)

그런데 여기서 몇 가지 문제점을 지적 할 수 있다.

첫째, 작자 문제를 들 수 있다. 『구운몽』의 작자를 김만중으로, 『사씨남정기』의 작자를 김춘택으로 본 이규경의 『오주연문장전산고』내용 중 『사씨남정기』의 작자만을 북헌에서 서포로 바꾸고 그 외의 것은 그대로 무비판적으로 수용한다면 단순한 실수였다는 것밖에 아니지만 그 문맥을 자세히 살펴보면 반드시 그런 것만은 아닌 것 같다.

즉, 작자에 대해서는 사실 그대로를 기록했다면 저작 동기에 대한 것은 세상에서 전해 오는 것들을 적어 놓은 것이 되어 그 확실성의 빈도가 다를 수 있기 때문이다.

둘째, 저작동기에 대한 문제를 들 수 있다. 먼저 『구운몽』의 저작 동기에 대한 기록을 보면 어머니의 근심을 덜어드리기 위해 '하룻밤에 지었다 (一夜製之)'고 하는 세상에 전해오는 이야기를 기록하면서 '임금님의 마음을 깨우쳐드리기 위하여(欲悟聖心)' 『사씨남정기』

---

15) 金台俊, 위의 책, pp. 122 - 123.

를 지었다고 하는 것을 기록하고 있어 정말 어느 것을 진실로 믿고 어느 것에 의심을 두어야 할지 문제가 되지 않을 수 없다. 정말 서포가 『구운몽』을 하룻저녁에 지을 수 있었을까? 하는 것과 『사씨남정기』가 임금님의 마음을 깨우쳐드리기 위하여 지어졌을까? 하는 것이 문제로 등장하게 된다.

즉, 『구운몽』에서의 '일야제지(一夜製之)'와 『사씨남정기』에서의 '욕오성심(欲悟聖心)'은 이규경의 말대로 '세전(世傳)' 그대로 라고 밖에 볼 수 없어 실제적인 사실과는 거리가 있는 내용으로 해석되어 재고 해 볼 필요가 있다고 생각된다. 그렇다면 이를 근거로 언급한 김태준의 『조선소설사』의 목적소설론적인 견해에 대해서도 역시 재고 할 필요가 있다고 생각된다.

그리고 김태준의 『조선소설사』가 간행될 당시에 참고한 자료들과 영향을 받은 것들은 어떤 것들이었을까? 이것 또한 매우 중요한 문제의 핵심이 되지 않을 수 없다고 본다.

그런데 김태준의 『조선소설사』초판 간행이 1933년이었다면 그보다 20여 년 전인 1914년에 이미 일본인들에 의해 조선 고전 작품들이 간행되기 시작하여 조선연구회 고서진서(古書珍書)간행 제1집으로 원문(原文) 화역(和譯) 대조 청유남명(靑柳南冥)의 『사씨남정기(謝氏南征記)·구운몽(九雲夢)』이 나오면서 『사씨남정기』서문으로 숙종이 민비를 폐출하고 장희빈을 왕비로 삼았던 우리의 역사적 사건을 소상하게 기록해 놓고 있어[16] 주목할 필요가 있게 한다.

---

16) 禹快濟, 傳統文化의 理解와 韓·日兩國關係 - 朝鮮硏究會의 古書珍書刊行 中心에
 -『朝鮮學報』, 第178輯, 日本 朝鮮學會, 2001. 1.

IV. 『사씨남정기』의 새로운 탐구  241

(2) 청유남명(靑柳南冥)의 『사씨남정기』서(敍)

청유남명(靑柳南冥)의 『사씨남정기(謝氏南征記)』서가 있는 이 책은 표제를 원문 화역(原文和譯) 대조(對照) 『사씨남정기(謝氏南征記)・구운몽(九雲夢)』전(全)이라 한 조선연구회(朝鮮硏究會) 고서진서간행(古書珍書刊行) 제1집(第一輯)으로 되어 있다. 그리고 간기를 보면 대정(大正) 3년 3월 13일 인쇄, 대정3년 3월 13일 발행으로 되어 있고 편집 겸 발행인은 청유강태랑(靑柳綱太郞)이며 발행소를 경성(京城) 영락정(永樂町) 3정목(丁目) 조선연구회(朝鮮硏究會)로 되어있다.

이 책의 첫 장에는 '『사씨남정기(謝氏南征記)』서(敍) '라 하여 청유남명(靑柳南冥)이 쓴 글이 4페이지정도 장황하게 수록되어 있고 목차가 나오고 ' 이조지신(李朝之臣) 김춘택(金春澤) 원저(原著) '라 한 한문본『사씨남정기』본문을 싣고 일어 번역문을 싣고 있다. 그리고 『사씨남정기』가 끝나고 다음으로 『구운몽(九雲夢)』이 나오는데 『구운몽』에 대해서는 해설 같은 것은 실려 있지 않고, 작품의 내용만을 간단히 한 페이지도 못되게 적어놓고 저자도 밝히지 않은 채 각 권별 목차를 싣고, 한문 원본을 싣고, 일어 번역문을 실었다.

일인 청유남명(靑柳南冥)은 원문 화역 대조『사씨남정기・구운몽』전(全)을 첫 번째 작품으로 선정한『사씨남정기』의 서(敍)에서

" 조선 제19대 숙종 임금께서 삼십이 되도록 후사가 없자 서인 장씨를 후궁으로 앉히게 되었는데 장씨는 절세의 미인으로 교언영색에 능하여 임금님의 총애를 받아 숙원으로 봉하게 된다. 그러자 임금께서는 점점 왕비와 소원해지게 되어 폐위하는 일이 일어나게 된다. 이때 간관 한성우(韓聖佑)가 이르기를 송(宋)나라 인종황제(仁宗皇帝)의 고사(故事)를 인용하며 눈물을 흘리며 간했지만 임금님께서는 듣지 않으시고 한성우에게 죄를 주어 그 직에서 물러나게 한다. " [17]

라 했고, 이어서 조선시대 숙종(肅宗)대에 있었던 역사적 사건인 민비 폐출 사건과 장희빈(張禧嬪)의 왕자 탄생 등에 관한 내용을 기술 해 놓고 있다.

즉, 이 때 동평군(東平君) 항(杭 : 선대 효종왕의 동생의 아들로 숙종의 숙부에 해당)이 왕의 총애를 받고 출입한 일, 이판 박세채(朴世采)가 글로서 진언한 일, 영상 남구만(南九萬)이 왕의 진로를 사서 유찬(流竄)된 일 등, 장씨가 임신하여 아들(후의 경종)을 낳을 때까지 있었던 내용들, 그리고 장씨가 분만할 때가 되어 그 어미가 일개 천인으로 가마를 타고 드나드는 것이 옳지 않다고 한 지평(持平) 이익수(李益壽)를 죽인 일이나 궁중의 비사를 적나라하게 기록 하고 있을 뿐만 아니라 영의정 김수항(金壽恒), 이조판서 남용익(南龍翼) 등을 불러 왕자의 명호를 정하라 하고 장씨를 희빈으로 삼았을 때, 유신(儒臣) 송시열(宋時烈)이 상소를 올려 반대 했다가 제주도로 유찬되고 남인 서인으로 붕당이 갈려 영의정 김수항은 파직되어 사사된 일, 그리고 남인의 천하가 되어 정실 민비를 폐서인으로 안국동 사저로 내 보내고 장씨를 왕비로 책봉한 일과 그 부친 장형(張炯)을 옥산부원군(玉山府院君), 그 어미를 파산부부인(坡山府夫人)을 제수하고, 그 다음해에 원자를 책봉하여 왕세자를 삼은 일, 그리고 실권한 서인과 김춘택(金春澤)이 간사한 무리들을 몰아내기 위해 숙종을 풍자해서 쓴 사실소설이란 점과 김춘택이 일면으로 소설에 의탁하고

---

17) 原文 和譯 對照『謝氏南征記・九雲夢』全, 朝鮮研究會 古書珍書刊行 第一輯, 1914. p. 1.
"李朝十九代の肅宗王御歲三十にして未た儲嗣無く庶人張氏容れて後宮に置けり,張氏を絶世の美人也巧言令色能く王の意を迎ふ, 王は張氏の容色に溺れて寵愛度なく遂に張氏を封して淑媛と爲し漸く王妃を疎んするに至れり, 流言涵久しからすして當に廢位の事あるべしと, 是に於し諫官韓聖佑と云へる人宋の仁宗皇帝流涕して王德用進むる所の女み放逐するの故事を引きて王を諫めけれとも聽かれず聖佑は却て罪を得て其職み轉せられけり."

일면으로 한중혁(韓重爀) 등과 공모하여 폐후민씨의 복원을 꾀하여 남인파 거두 우상 민암(閔黯)을 죽여 정권의 뿌리를 흔들어 놓고 서인파 남구만(南九萬)을 세워 영상을 삼아 남인내각을 조직, 폐위 민씨를 복위시키고 장씨를 희빈으로 삼은 일, 민비가 복위되어 2년 후 병을 얻었을 때 장희빈이 신당을 설치하여 근친과 노복들로 저주하게 하여 일찍 죽게 한 일이 발각되어 장씨는 사사되고, 장씨와 통한 연고로 동평군도 사사되고, 내인 설향(雪香)과 무녀 등이 모두 목베임을 당한 일, 지명과 인명을 명나라에서 취한 것은 필화를 피하기 위한 일이란 것 등이 소상하게 기술되어 있다.

그리고 끝으로 편자는 숙종과 같은 실질적인 역사가 축소된 것 같은 이 책의 권두에 이와 같은 것을 붙이는 것은 독자들에게 편의를 제공하기 위한 것이라 했다. [18]

이상『사씨남정기』의 해설에서 볼 수 있는 것은 작품 내적인 문제 보다 작품 외적인 매우 지엽적인 문제들을 거론하여 역사적 당파싸움으로 인한 궁중내의 비극적 사건들을 소상하게 밝혀 놓고 있는 것에 주목하지 않을 수 없게 한다.

그런데 이와는 정 반대로 문학적 가치가 높이 평가 되고 있는『구운몽』에 대해서는 전혀 다른 태도를 취하고 있어 더욱 주목하게 된다.『구운몽』에 대해서는 서문 자체가 없이 그대로『구운몽』이라 해 놓고

> " 혹 고승의 제자가 계를 파하고 팔선녀를 희롱한 죄를 얻어 속세에 내려오니 선녀도 또한 같이 인간계로 떨어졌다. 승은 귀공자로 태어나고 선녀는 혹 양가의 영양이나 혹은 예기로 태어나 인간계에서 해후하며 즐기다가 다시 천상계로 돌아가는 것으로 끝맺는 일종의 심리소설로 원본은 육권 삼책의 간본이다. " [19]

---
18) 原文 和譯 對照『謝氏南征記 · 九雲夢』全, 朝鮮研究會 古書珍書刊行 第一輯, 1914. pp. 1 - 4

라고 한 것이 전부이다.

그렇다면 이 책이 의미하는 것이 어떤 것이었겠는가 하는 것이 가히 짐작이 간다 하겠다. 이에 이 책의 몇 가지 문제점들을 들어 당시의 상황과 그 영향을 분석 해 보고자 한다.

첫째, 본 전집의 간행 의도에 주목 해 볼 필요가 있다. 본 전집은 고서 정리를 통해 한국의 인문을 연구하기 위한 것이라 했으니 한국인의 어떤 점을 연구 했다는 것인지 의문을 제기 할 수밖에 없다. 이 책의 끝에 붙어 있는 제2기 회원모집 광고에서 한국의 고서 정리 사업의 방향과 그 경과를 제시 하고 있는 것을 볼 수 있다.

> " 조선의 인문을 연구하여 풍속, 제도, 구습, 전례를 조사하여 그로써 자료로 제공하는 것이 이 시대의 요구이다. 나는 이 요구를 향해 공헌하기 위해 조선의 고서를 간행하고 혹은 저술하는 일에 종사한지 이미 3년의 세월이 지났다. " 20)

라고 하여 한국의 풍속, 제도, 구습, 전례를 조사하기위한 자료로 삼기 위해 이 책을 간행한다는 것이었다.

이에 가장 적합한 것으로 본 전집의 제1권에 한국문학의 대표적인 작품으로 선정된 것이 『사씨남정기』라는 점은 쉽게 납득 되지 않는다. 즉, 그들의 의도가 어디에 있었는가 하는 것을 충분히 알

---

19) 위의 책.『九雲夢』p. 1.
 " 或高僧の弟子誡を破て八仙女と戯れ罪を得て俗界に下れり, 仙女も亦同しく人間界に落ちて,　僧は貴公子と生れ代はり仙女は或は良家の令嬢に或は藝妓に生れ代はり皆人間界に邂逅して淫遊を壇まにし再ひ欲心して天上界に終る一種の心理小説にして原本は六卷三册刊本也 "
20) 위의 책, 刊記 後面 廣告欄.
 " 朝鮮の人文を研究し風俗, 制度, 舊習, 典例を調査し以て啓發の資に共するは方今時代の要求なり,　吾人は此要求に向て貢獻せんか爲め朝鮮の古書を刊行し或は著述に從ひ旣三年の星霜を經たり "

수 있게 해 주는 증거가 된다하겠다. 많은 한국문학 작품 중에서 그들의 의도에 가장 적합한 작품으로 『사씨남정기』를 뽑게 되었다는 점이다. 물론 이 작품이 한국문학의 대표적 작품이 될 수 없다는 것은 아니다. 그러나 이 작품이 꼭 한국문학에 대표적인 작품이라고 자신 있게 말할 수는 없는 것이 그때나 지금이나 같은 문제라고 생각 된다. 더구나 『구운몽』과 함께 수록하면서 이 작품을 한국문학의 대표적인 작품인양 제일 앞에 수록하고 있는 것은 매우 석연치 않은 숨은 의도가 있었다고 보여 지기 때문이다.

둘째, 『구운몽』에 대해서는 작자나 저작동기 등 일체의 언급이 없이 간단한 작품 경개만을 언급하고 작품 해설도 없다는 점이다. 정말 『구운몽』의 작자는 밝힐 필요도 없고 저작동기 등에 대한 언급은 물론 작품해설 및 문학적 가치 등을 서술할 자료적 가치가 없었단 말인지? 또는 언급 할 필요가 없었다는 것인지? 문제로 지적해 볼 수 있겠다. 즉 『사씨남정기』에 비해 문학적 가치가 미치지 못한 작품으로 평가 될 수 있었다는 것인지? 아니면 그들이 추구하고자 하는 한국의 인문연구에 도움이 될 수 없었다는 것인지? 하는데 문제가 있다고 보여 진다.

셋째, 본 전집을 간행한 조선연구회의 실체에 대한 문제를 들 수 있다. 본 전집을 간행한 조선연구회는 청유남명(靑柳南冥)이 주간으로 있으며 사무소를 서울에 두고 일본인들로 구성된 모임 체라는 점에서 그 실체를 짐작하게 하고 있다. 그렇다면 그들이 추구하고 그들이 목적한 것이 무엇이란 것을 쉽게 알 수 있게 하고 있다.

즉, 본 전집을 간행한 조선연구회의 회원들의 신분이나 그 위치로 보아 본 전집의 간행이 우리 사회에 끼친 영향 또한 지대했음은 자명한 일이다. 회원들 중 중심적 역할을 담당했던 인물들로는 20명으로 구성된 평의원들을 들 수 있다. 그들의 면면을 살펴보면, 문학박사가 4명으로 제국대학(帝國大學) 문과교수 추야유지(萩野由之)와 삼상참차(三上參次)를 비롯하여 조도전대학(早稻田大學)강사 길전동오(吉田東伍), 광도고등사범학교(廣島高等師範學校) 교장 폐원단(幣原担)이 있고, 법학박사로 조선총독부참사관(朝鮮總督府參事官) 추산아지개(秋山雅之介)가 있고, 언론인으로 경성일보(京城日報) 사장 길야태좌위문(吉野太左衛門)과 조선신문(朝鮮新聞)사장 추곡주부(萩谷籌夫), 안동신문(安東新聞)사장 남부중원(南部重遠)이 있고, 교육계 인사로 한성고등사범학교(漢城高等師範學校)교감 고교형(高橋亨)과 동양협회전문학교(東洋協會專門學校) 경성분교(京城分校) 강사로 점패방지진(鮎貝房之進)과 하합홍민(河合弘民), 한성고등보통학교(漢城高等普通學校)교유(敎諭) 학무편집관(學務編輯官) 상전중일랑(上田俊一郞)이 있고, 총독부(總督府) 관리로 조선총독부의 사무관 소전성오(小田省吾)와 통역관 복전간차랑(福本幹次郞)이 있고, 대구민단장(大邱民團長) 국지겸양(菊池謙讓)과 저술가 산로애산(山路愛山)과 복본일남(福本日南)이 있고, 동경의 정상아이(井上雅二) 등으로 구성되어 있어 이들이 한국문화의 연구를 위한 것 보다 식민사적 문화기술에 앞장섰던 인물들이 아니었나 하는 의구심을 갖게 하는 자들이다.

  이상과 같은 문제점들을 중심으로 정리 해 본다면 『사씨남정기』를 『구운몽』보다 우위에 놓고 한국의 역사적 사건을 부각시켜 당쟁을 앞세운 역사적 사실을 우선 시 하려는 역사주의적 문학해석으로 목적성이 강조되었던 것이 아닌가 생각된다.

## 3) 목적성(目的性) 주장의 전개

『사씨남정기』제작 동기에 대한 목적성을 주장한 것은 오주(五洲) 이규경(李圭景)에서 부터 시작되어 일인 청유남명(靑柳南冥)의 『사씨남정기』서를 비롯하여 김태준(金台俊)의 『조선소설사』등이 있었고, 이어 많은 학자들이 비판 없이 거의 같은 의견을 제시하고 있어 이를 정리하여 그 전개 과정을 살펴보면 다음과 같다.

고소설 연구사로 볼 때 제2기[21)]에 속한 1950년에 나온 주왕산(周王山)의 『조선고대소설사(朝鮮古代小說史)』에서는

> "『남정기(南征記)』는 북헌(北軒)이 ----- 숙종대왕(肅宗大王)이 민비(閔妃)를 폐출(廢黜)한 것을 풍간(諷諫)하려는 의도에서 지은 것이다. ---- 서포는 명나라의 인명과 지명을 빌어 써서 숙종의 마음을 돌이키려고 한 것이다. 어느 날 숙종은 궁인으로 하여금 이야기책을 읽히고 들으니까 이 『사씨남정기』였다. 숙종도 무죄한 본실을 내 쫓는데 가서는 유한림을 '천하의 고약한 놈이라'고 까지 욕했다고 한다."[22)]

라고 하면서 가정 내의 시앗싸움을 그린 최초의 가정소설이라 할 수 있으며 궁중생활의 내면을 폭로한 최초의 작품으로 중국을 무대로 하여 중국소설을 번안 혹은 번역한 것 같은 느낌을 주나 사실은 궁정비극을 측면에서 공격한 풍자소설이라고 지적했다.

다음으로 제3기에 속한 한국전쟁 이후에 나온 김기동(金起東)의 『한국고대소설개론(韓國古代小說槪論)』에서는

> "숙종 대왕이 계비(繼妃) 인현왕후(仁顯王后)를 폐출시키고 장희빈(張嬉嬪)을 왕비로 맞아들인데 대하여 성심(聖心)을 회오(悔悟) 시키고자 풍간

---

21) 禹快濟, 古小說研究史 槪觀, 『古小說研究』, 國語國文學會, 1997.
22) 周王山, 『朝鮮古代小說史』, 1950. p. 175.

(諷刺)하여 지은 작품임을 알 수 있다. ----- 『사씨남정기』는 처음부터 뚜렷한 목적을 가지고 지은 목적소설로서 유한림 가문의 쟁총으로 야기되는 가정적인 비극을 묘사한 가정소설이며 중국을 배경으로 하게 된 것은 궁중의 비극과 비행을 정면으로 묘사해서 풍간할 수 없기 때문에 부득이 중국을 무대로 한 풍자소설이라고도 할 수 있다. " 23)

라고 하면서 숙종이 어느 날 궁녀로 하여금 소설을 읽어 달라고 하였는데 이 작품을 읽어주었더니 숙종께서 들으시다가 유한림을 천하의 고약한 놈이라고 했다는 이야기를 함께 적어놓고 있어 이것은 위에서 살펴 본 주왕산의 『조선고대소설사』와 같은 내용임을 알 수 있으며, 그 후에 나온 그의 저서 『이조시대소설론』24)이나 『고전소설론(古典小說論)』25)에서도 그대로 목적소설론에 변함이 없음을 볼 수 있다.

그리고 박성의(朴晟義)는 그의 저서 『고대소설사(古代小說史)』에서

" 흔히 『남정기』를 북헌의 소작이라고 하나 이것은 잘못이고 이 글을 통하여 제작목적이 숙종 대왕이 민비를 폐출한 것을 풍간하려는 의도에서 완곡한 수단으로 지은 것임을 알 수 있다. ----- 이와 같이 사연에 눈이 어두운 숙종대왕의 안광을 다시 빛나게 하려고 서포는 명나라의 인명과 지명을 빌어 써서 숙종의 마음을 돌이키려고 한 것이다. " 26)

라고 하면서 궁녀가 책을 읽어 줄 때, 유한림을 고약한 놈이라고 했다는 이야기와 함께 이 소설은 목적소설이며 궁중 비극을 측면에서 공격한 풍자소설로 기술하고 있으며, 역시 그 후에 나온 『구운몽・사씨남정기』주석본27) 이나 『한국고대소설론과 사』에서도 같은

---
23). 金起東, 『韓國古代小說槪論』, 1956, p. 292.
24) 金起東, 『李朝時代小說論』, 精研社, 1959.
25) 金起東, 『古典小說論』, 敎學社, 1983.
26) 朴晟義, 『古代小說史』, 1958. p. 292.

견해를 보이고 있어 선학들과 같은 논지를 펴고 있음을 볼 수 있다.
　뿐만 아니라 신기형(申基亨)도 그의 저서 『한국소설발달사(韓國小說發達史)』에서

> " 서포의 『사씨남정기』저작은 순연히 정치적 목적성을 띤 것이라 하니 할 수 없다. 그러므로 『남정기』는 그 내용의 검토로 보아 목적소설이요, 풍자소설이요, 정치소설이요, 가정소설이라 하겠다. 『구운몽』의 취의와 구상과를 견주어 보면 『사씨남정기』는 그 판이함을 알 수 있다.
> 『구운몽』의 사상이 서포의 확고한 인생관이요 종교관이라면 『사씨남정기』와 같은 처첩제도로 인하여 가정이 분란 되었다 다시 갱생, 화목, 영화를 누린다는 소설을 쓰지는 않았을 것이다. " [28]

라고 하여 목적소설론을 그대로 따르고 있음을 볼 수 있다.
　이상에서 언급된 내용들은 거의 한결 같이 오주 이규경이나 김태준의 지론인 제작동기에 대한 목적소설론에 대해 비판 없이 그대로 따르고 있음을 알 수 있게 된다.

### 4) 제작 동기설(製作動機說)의 쟁론화(爭論化)

(1) 해천(海川 : 金鉉龍)의 새로운 주장

　『사씨남정기』는 한국의 봉건가족제도에서 필연적으로 나타나는 시앗싸움의 비극을 소재로 한 가정소설이며, 동시에 숙종의 기사환국(己巳換局) 처사에 일침을 놓은 풍자소설이며 목적소설[29]이라는 견해가 지배적일 때, 김현룡(金鉉龍)은 새로운 주장을 폈다.
　즉, 작품 연구에서 배경을 연구하여 작품이해의 도움으로 삼기도

---
27) 朴晟義,『九雲夢・謝氏南征記』, 註釋本, 1964.
28) 申基亨,『韓國小說發達史』, 1960. p. 195.
29) 丁奎福, 南征記論攷,『國語國文學』, 第26輯, 1963. p. 291.

하고 작자의 생애를 통하여 작품의 사상연구에 많은 자료를 얻기도 하지만, 작품은 그 작품 내용 자체로서 생명을 갖는 것이기 때문에 내용 자체에 중점을 두어 연구하는 것은 매우 중요한 일이란 관점에서 볼 때,『사씨남정기』연구에서 배경에 중점을 두어 제작 동기설을 숙종의 마음을 돌리기 위하여 쓰여 진 목적소설이요 풍자소설이라고 규정짓고 있는 일은 문제가 있다고 보고 이에 대하여

> " 작품을 보는데 있어서 때에 따라서는 배경이 매우 중요시 될 수 있으므로 그것을 그르다는 것은 아니고 다만 본 작품을 목적소설인 풍자소설로 규정하는 큰 근거가 되어 있는 제작 동기설 자체를 다시 검토 해 보고 이 소설의 내용 및 당시의 역사적 사건 등을 고찰하여 본 작품의 제작에 있어서 어떤 사실을 풍자하기 위하여 지어졌다는 다시 말하면 목적성이라는 그 것을 비판 해 보는 것이 이에 시도하는 바라고 할 수 있다. " 30)

라고 하여 최초로 목적소설론에 새로운 견해를 보이게 된다.

그는 이 논문에서 제작 동기설에 대한 근거로 제시했던 선학들의 주장을 들어 비판하면서 작품 내용을 고찰하면서 역사적 사실과의 관계를 밝혀 보려 했으며『구운몽』과의 관계도 밝히면서『사씨남정기』에 있어서의 목적소설이며, 풍자소설이라는 종래의 입장을 부정하는 면으로 결론을 내리고 있다.

> " 첫째로 본 소설을 숙종의 민비 사건과 결부시켜 풍자소설이라고 보는 견해는『오주연문(五洲衍文)』과『북헌잡설(北軒雜說)』의 기록을 토대로 한 것인데 이는 전술한 대로『오주연문』의 기록에만 언급된 것으로 북헌을 서포로 고쳐 놓고 보는 입장인데『북헌잡설』과 비교할 때에 기록 그대로를 가지고 보면 서포의 작품을 북헌이 목적성을 가지고 이용했거나 뒷사람들이 그렇게 생각했으리라고 보는 것이 더 타당하겠으며,

---

30) 金鉉龍, 謝氏南征記研究 - 目的性 小說이라는 見解에 대하여 - ,『文湖』, 第5輯, 建國大學校, 1969. pp. 136.

둘째로 본 소설의 내용은 전혀 목적소설인 풍자소설이라고 주장하기는 어려우며 교녀의 사건과 폐비사건을 결부시켜 본다고 하더라도 복위를 위하여 성심을 회오시키기 위한 것이라고 보기는 너무나 일면적인 견해라고 하지 않을 수 없다.
셋째로 본 소설은 제작 동기가 숙종의 마음을 돌리기 위한 목적의식이 없었던 것이 우연의 일치였을 가능성이 크다고 생각된다. 소설의 중심사상은 아무래도 이러한 목적의식과 거리가 먼데, 작자의 당시 사항과 사회적인 조건이 본 소설의 내용을 그렇게 생각 할 수 있다고 느껴지기 때문이다. 이것은 소설에서 첩에 의하여 정실이 쫓겨나고 다시 본 부인을 맞아들이게 되는 것이 인현왕후가 쫓겨났다가 다시 복위되는 것과 유사하다고 생각 한 데에서 오는 것으로 결과를 가지고 자구만 제작동기에다 결부시키려는 과오를 범하고 있는 것이다." [31]

라고 하여 본 소설의 제작 동기가 인현왕후를 내친 숙종의 마음을 돌려 민비의 복위를 꾀하려는 목적 하에서 지어졌으므로 목적소설이요 풍자소설이라는 견해는 시정되어야 할 문제라고 새롭게 문제를 제기하고 나온다.

이에 대한 학계의 반응은 대단했다. 같은 문제를 가지고서도 그 보는 견해에 따라 새로운 결론을 내릴 수 있다는 점에서 신선한 충격으로 받아들여졌고, 곧 바로 이 문제에 대한 반박 논문이 나와 학문적 논쟁으로 발전되는 계기가 된다.

이에 대표적인 정규복(丁奎福)의 논문 '『남정기』의 저작동기에 대하여 - 김현룡씨의 『사씨남정기 연구』를 읽고 -'[32]를 중심으로 목적소설론에 대한 주장과 그 문제점을 찾아 볼 수 있겠다.

---

31) 위의 논문, pp. 145 - 146.
32) 丁奎福,『南征記』의 著作動機에 對하여 - 金鉉龍氏의『謝氏南征記硏究』를 읽고 - ,『成大文學』, 第15 ·16 合集, 成均館大學校, 1970. pp. 1 - 5.

(2) 석헌(石軒 : 丁奎福)의 반론

석헌(石軒) 정규복(丁奎福)은 오늘날까지 출간된 모든 한국 소설사나 론에서 언급되고 있는 학설을 중심으로 『사씨남정기』는 서포 김만중이 숙종의 무고한 민비 인현왕후를 폐출하고 간요한 장희빈을 왕후로 맞아들인데 대하여 성심을 개오키 위해 풍자한 목적소설이라고 주장하면서 해천(海川) 김현룡(金鉉龍)의 논문에 대해 반론을 전개하고 있다.

이를 살펴보면 북헌의 한역 목적이 성심의 회오에 있다는 것은 온당한 견해가 못된다는 것으로 서포 문중에 전해오는 가전설화(家傳說話)를 소개하고 있다.

" 서포가 숙종께서 민비를 폐출하고 장희빈을 왕후로 맞아들인데 대하여 풍자 내지 성심을 회오키 위해 『남정기』를 국문으로 적어 그의 종손 북헌 김춘택을 시켜 궁중에 퍼뜨리게 하였다. 북헌이 『남정기』를 읽어보고 그대로 퍼뜨렸다간 더욱 대변을 당할 것을 생각하여 북헌이 이를 한역하여 작자를 중국인으로 위장하기 위하여 사신을 시켜 중국에서 출판하여 국내로 가져오게 한 후에 『남정기』를 궁중에 퍼뜨렸다 한다. 일일은 숙종께서 궁정을 산책하다가 궁녀가 『남정기』를 읽는 것을 보고 그 이야기가 자기의 민비 폐출 처사와 흡사한지라 그 소설의 출처를 알아 봤더니 그 원본이 중국소설임을 알고 일이 무사했다 한다. "[33]

라고 한 것을 소개하면서 이것은 사실로 받아들여 질 수는 없지만 그렇다고 부정 할 근거도 없는 것으로 산재된 문헌적 기록을 뒷 받침해 줄 수 있는 자료로 작자 및 저작동기를 알 수 있는 것이라 했다.

그리고 앞서 해천 김현룡이 주장한 이규경이나 일인 청유남명(靑柳南冥)의 북헌 제작설에 대해서는 한역본만을 읽은 것으로 서포

---

33) 위의 논문, p. 2. ( 西浦先生 第10代孫 金大中氏-大田居住-談)

제작설과 양면을 추측케 하는 것은 부당한 것임을 지적했다. 그러나 『오주연문』에서 『구운몽』에 대한 제작 동기는 자세히 언급하고 있으며, 사회적으로 중요한 위치를 차지한 사건과 관계가 있는 『사씨남정기』에 대해서는 하등의 언급이 없다는 점에 대해서는 『북헌집』의 '돈민이 패세교자(敦民彝 稗世敎者)'를 들어 감계주의(鑑戒主義)적 주제를 대변한 것으로 보아야 할 것이라 하여 분명한 증거를 대지 않고 있다. 다만 『사씨남정기』의 저작목적인 숙종의 민비폐출에 대한 풍자가 극비밀에 속한 이상 당시 문헌인 『서포집(西浦集)』이나 『북헌집(北軒集)』에 나타날 까닭이 없을 것이라 했다. 또한 기사환국(己巳換局)에 대한 역사적 사건과 거리가 있다는 점에 대해서는 사실(Fact)과 허구(Fiction)의 분별로 설명하면서 작자의 창작의식으로 보아야 할 것이라 했다. [34]

그러므로 『북헌집』에 기록된 서포의 뜻과, 『오주연문장전산고』의 기록과, 서포문중의 가전설화가 있는 한 오늘날의 통설을 부정할 도리가 없을 것이라 했다.

> "서포에 의하여 쓰여 지고 『구운몽』과 달리 심미의식에서 저작된 것이 아니라 순연한 윤리의식, 좀더 부언하면 당시 귀족계급의 모순된 이면 생활을 풍자와 암유로 폭로한 것이며, 나아가서는 가족제도의 모순의 근본적 시정에 있다고 볼 수 있으며, 좀 더 좁혀 말한다면, 숙종이 민비를 무고하게 폐출시키고 간요한 장희빈을 왕후로 맞아들인데 대한 풍자 내지 성심을 돌리기 위한 목적소설이라는 오늘의 통설을 부정할 도리가 없을 것이다." [35]

라고 결론을 내리고 있어 해천 김현룡의 제작 동기 면에서 목적성이 없었던 것을 후대에 목적소설로 이용한 것이라는 목적성 부정론에 대한 대반격으로 작자의 확정은 물론, 저작 동기가 『구운몽』과

---

34) 위의 논문, p. 4.
35) 위의 논문, p. 5.

달라 윤리의식을 강조한 것으로 숙종의 민비 폐출 사건을 풍자하여 성심을 돌리기 위한 것이라는 기존의 학설을 분명하게 확인시켜 주고 있다.

### 5) 목적성 문제의 새로운 시각

『사씨남정기』는 그 작품의 제작 동기가 숙종의 마음을 돌려 인현왕후의 복위를 꾀하려는 목적의식에서 쓰여진 목적소설(目的小說)이라는 견해와 그와 같은 목적의식이 없었으나 당시의 역사적 사건과 흡사한 점을 들어 목적성을 가지고 이용했거나 뒷사람들이 그렇게 생각했으리라 보는 견해가 있어 일방적인 결론을 내리기에는 중요한 문제들이 남아 있다.[36]

『사씨남정기』의 내용이 당시 역사적인 사회현실과 무관하다고 할 수는 없겠지만 반드시 역사적 사건이었던 숙종의 민비 폐출 사건에 대한 풍자를 목적으로 지어졌다고 보는 데는 문제가 있다. 즉, 작자의 생애를 통한 모든 체험이 작자의 내면세계에 정착되어 잠재의식으로 침잠되어 있다가 작품으로 표출되는 것이므로 서포 김만중이 살아왔던 생애를 통해 체험한 역사적 사건들이 작품으로 나타난 것이라 할 수 있겠다. 그러므로 본 작품의 저작동기에 대해서는 작자 자신이나 한역한 북헌 김춘택도 이에 대한 구체적인 언급이 없었던 것으로 볼 수 있다.

다만 이 작품이 목적소설로 거론되기 시작한 것은 백여 년 후대인이었던 오주(五洲) 이규경(李圭景)이었으며 이를 가장 신나게 활용하기 시작한 것은 바로 일본인 청유남명(靑柳南冥)에 의한 조선연구회(朝鮮硏究會)였음이 밝혀졌다. 그 후 김태준을 비롯한 많은 학

---

36) 禹快濟, 謝氏南征記 硏究, 『崇田語文學』, 創刊號, 1972. pp. 49 - 68.
　　----, 謝氏南征記의 構造的 特徵 考察, 仁川大 論文集, 第5輯, 1983. pp. 89 - 109.

자들은 『사씨남정기』의 목적성에 대한 비판보다는 그를 뒷받침 할 수 있는 문헌적 증거를 찾기에 노력했고, 이에 대한 새로운 견해에 귀를 기울이지 않았다.

특히 『오주연문장전산고』에서는 작자를 북헌 김춘택으로 보고 있으면서 세전되고 있는 것들을 기록 해 놓고 있어 『사씨남정기』의 제작 동기가 '위인현왕후민씨손위욕오성심(爲仁顯王后閔氏巽位欲悟聖心)'이라 했고, 그 앞에서는 『구운몽』의 제작 동기를 '위대부인소수일야제지(爲大夫人銷愁一夜製之)'라 하고 있어 한낱 원문대로 세상에 전해 오는 말일 뿐 그 실제적 내용을 그대로 믿을 수는 없는 것이라 생각된다.

따라서 이를 서포문중의 가전설화와 연결해서 살펴보면, 소설이 쓰인 년대가 숙종 15년에서 18년 사이(1689 - 1692)[37]로 이때 북헌 김춘택은 19세에서 22세였다. 당시 그 집안은 크게 화를 입어 유배 또는 투옥된 시기였고[38] 민비가 복위된 것은 숙종 20년(1694년, 북헌의 나이 24세)이었다. 그런데 서포가문의 가전설화에 의하면 '서포가 이를 국문으로 지어 종손인 북헌 김춘택을 시켜 궁중에 퍼뜨리라 하여 북헌이 읽어보고 그대로 퍼뜨렸다가는 더욱 대변을 당할 것을 생각하여 이를 한역하고 작가를 중국인으로 위장하기 위해 사신을 시켜 중국에서 출판하여 국내로 가져오게 한 후 궁중에 퍼뜨려 숙종께서 친히 궁녀로 하여금 그 읽는 소리를 듣고 주인공 유한림을 죽일 놈이라고 욕했다'는 이야기가 있다고 했으니, 이 작품이 쓰인 년대로 보아 1692년에서 1694년 사이에 북헌이 한역을 해서 중국 사신으로 하여금 중국에서 출판, 국내에 들여와 궁중에까지 들어가도록 하여

---

37) 朴晟義,『九雲夢・謝氏南征記』校註本, p. 269.
　　金戊祚, 西浦小說의 問題點, 東亞論叢, 第4輯, 釜山 東亞大學校, 1968. p. 191.
38) 金春澤(1670 - 1717) : 肅宗 15년 己巳換局으로 西人이 除去되자 그 집안이 크게 禍를 입어 그도 여러번 流配 또는 投獄되었다.

궁녀들이 자유로이 읽을 수 있도록 되었다는 이야기가 된다.

　이렇게 보면 오늘과 같은 교통수단이 있는 것도 아니고, 인쇄술이 발달된 것도 아니었으며 1689년(숙종15년)부터 1694년(숙종 20년) 사이에는 북헌의 나이도 어렸지만(19세 - 24세) 그의 형편은 기사환국으로 인하여 온 집안이 크게 화를 입어 유배 또는 투옥생활을 할 때였으니, 중국 사신을 통해 책을 출판 해다가 궁중에 퍼뜨렸다는 것은 당시로서는 불가능한 일이었다.39)

　뿐만 아니라『번언남정기(翻諺南征記)』가 발견40) 됨으로 역자 김춘택이『남정기』를 한역한 연기와 장소를 적확하게 알려 주고 있어41) 더욱 가전설화의 신빙성은 떨어지고 있다.『번언남정기』는 의령남씨(宜寧南氏) 남기홍(南基泓)옹(1889 - 1976)의 소장본으로 서장에 서포의 국문본『남정기』를 번역한데 대한 과정과 결말에 '세기축중추영주적사인(歲己丑仲秋瀛州謫舍引)'이라 기록되고 있으며, 필사년도와 필사자는 적혀 있지 않으나 필적이 김춘택의 필적이라는 증언42)이 있고 보면 김춘택이『남정기』를 한역한 것은 제주 유배시 숙종 35년(1709년) 가을에 이루어졌다43)는 것이 분명 해 진다.

　이렇게 볼 때, 본 작품을 북헌이 한역하여 출판했다는 것은 사실일지 모르나, 그 번역된 시기가 숙종 35년이라면 인현왕후 복위 이후 15년이 경과된 후의 일임이 분명 해 지며, 목적소설 운운한 것도 백여 년 후대인이었던 이규경에 와서 당시 사회현실과 흡사한 점 등을 들어 세전되어 오는 이야기들을 수집하면서 학자적 추측을 가미

---

39) 禹快濟, 앞의 논문, p. 94.
40)『翻諺南征記』는 宜寧南氏 南基泓翁(1889 - 1976)의 所藏本으로 南翁의 夫人 光山 金氏(1889 - 1945)가 그 親家인 忠南 論山에서 시집 올 때 媤家로 가져 온 것이라고 함.
41) 丁奎福, 翻諺南征記攷, 淵民李家源博士 六秩頌壽紀念論叢, 汎學圖書, 1977. pp. 17 - 26.
42) 淵民 李家源 博士의 證言. (丁奎福의 위의 논문, p. 18 )
43) 丁奎福, 위의 논문, p. 24.

하여 기록 한 것임이 분명한 사실로 나타나고 있어 목적소설론에 대한 새로운 시각의 해석은 피할 수 없는 일이라 생각된다.
그러므로 본 작품은 인현왕후의 복위를 꾀하여 숙종 대왕의 마음을 돌리기 위해 쓰여 졌다고 하는 것보다는 당시의 사회적 현실이었던 자신의 생활체험을 토대로 작가적인 시점을 통해서 얻어진 주제에 입각하여 제작된 순수한 문학작품으로 보는 것이 타당 할 것이라 생각된다.
이것은 곧 일제의 식민사관과의 관계를 청산할 수 있는 길이며, 문학적 해석에서도 그 한계를 극복할 수 있는 계기가 될 수 있는 길이라 생각된다.

### 6) 결 론

『사씨남정기』의 제작 동기를 숙종이 민비를 폐출한 역사적 사건을 풍자하여 숙종의 마음을 돌려 인현왕후를 복위케 하고자 한 목적에서 쓰여진 목적소설로 규정 해 오고 있어, 이의 근거가 된 기록을 살펴보고, 그 전개과정을 고찰 해 보았다.
『사씨남정기』에 대한 목적소설론을 최초로 제기한 것은 오주(五洲) 이규경(李圭景)이었다. 그는 그의 '소설변증설(小說辨證說)'에서 『구운몽』과 『사씨남정기』를 함께 논하면서 『구운몽』의 작자 서포는 분명하게 밝혀 놓았지만 『사씨남정기』의 작자는 북헌 김춘택으로 오인 하면서 이 두 작품의 제작 동기에 대하여 기술 해 놓고 있다. 그리고 일인 청유남명(靑柳南冥)도 『사씨남정기』에 대해서만은 오주와 동일한 견해를 가지고 작자를 북헌 김춘택으로 하고, 작품 내용 면에서도 숙종시 있었던 역사적 사건과 관련을 지어 구체적으로 해석하고 있으며 한국고전의 수작으로 다루어지고 있다.

그런데도 우리 선학들은 한국 고소설사나 소설론에서 조선 후기 오주 이규경이나 일인 청유남명(靑柳南冥)의 논리를 무비판적으로 수용하면서 저자는 한문본만을 보고 오인 한 것이라고 너그럽게 받아들이고, 제작 동기에 대하여서는 잘못된 것을 지적하지 않은 채 목적소설론을 그대로 따르고 있었다. 그러던 중 이에 대해 새로운 견해를 제시하여 문제를 제기한 것은 해천(海川) 김현룡(金鉉龍)으로 그는 『사씨남정기』가 목적소설이며 풍자소설이라는 종래의 입장을 부정하고 있다. 그러자 이에 다시 반론을 제기하여 북헌 김춘택의 『북헌집(北軒集)』과 오주 이규경의 『오주연문장전산고(五洲衍文長箋散稿)』에 남아있는 기록과 서포가문의 가전설화를 들면서 목적소설론을 확고하게 옹호한 것은 석헌(石軒) 정규복(丁奎福)이었다.

이에 본고에서는 일인 청유남명(靑柳南冥)의 조선연구회의 실체를 밝혀, 그들이 의도했던 것이 무엇 이었겠는가 하는데 문제의 초점을 맞추고 보니, 우리의 역사적 사건 중에서도 조선시대에 서인과 남인 간의 당파적 경쟁이 심하게 나타나는 숙종대의 궁중사건을 풍자적으로 소설화한 것이라 하여 역사적 사건을 더욱 확실하게 부각시키고자 했던 일종의 식민사관적 문학관에서 이용된 것을 무비판적으로 수용한 우를 범했던 것이 아닌가 생각되었다.

그러므로 『북헌집』에서 분명한 언급이 없고[44] 『오주연문장전산고』에서 작자에 대한 오류[45]가 인정 된다면 목적성 문제도 한번쯤은 의문을 제기 해 볼만한 일이라 생각되어 새로운 시각으로 접근 해 보았다. 즉, 『사씨남정기』와 관련된 서포 가문의 가전설화와 작품의 저작 년대 및 한역연대 등을 고찰 해 보면, 서포가 이 작품을 저술한 것은 서포의 생존시인 숙종 15년(1689)에서 숙종 18년(1692)으로

---

44) 金鉉龍, 앞의 논문. p. 145.
45) 『謝氏南征記』의 作者를 北軒 金春澤으로 한 점.

볼 수 있으며, 북헌 김춘택에 의해 한역된 것은 숙종 35년(1709년)으로 확인됨으로 가전설화의 허구성이 얼마나 강한가 하는 것을 알게 되어 신빙성이 적은 한낱 세상에 떠도는 이야기 정도로 작품해석에 절대적 기준으로 삼을 수 없음을 알게 되었다.

본 작품은 인현왕후의 복위를 꾀하여 숙종 대왕의 마음을 돌리기 위해 쓰여 졌다고 하는 것보다는 당시의 사회적 현실이었던 자신의 생활체험을 토대로 작가적인 시점을 통해서 얻어진 주제에 입각하여 제작된 순수한 문학작품으로 보는 것이 타당 할 것이며, 이것은 곧 일제의 식민사관(植民史觀)과의 관계를 청산할 수 있는 길이고 문학적 해석상의 한계를 극복할 수 있는 계기가 될 수 있는 길이라 생각된다.

## 2. 『사씨남정기』의 목적소설론과 식민사관적 시각

이규경의 욕오성심(欲悟聖心)과 목적소설론(오주연문장전산고), 청유 남명(靑柳南冥)의 『사씨남정기』서(敍)와 식민사관적 시각

### 1) 들어가며

『사씨남정기』는 서포(西浦) 김만중(金萬重 : 1637 - 1692)이 지은 작자와 연대가 분명한 작품으로 『구운몽』과 함께 우리 소설사에 중요한 위치를 점하고 있어 그 동안 많은 연구가 이루어져 왔다.[46] 안자산(安自山)의 『조선문학사(朝鮮文學史)』에서부터 논의가 시작되어 김태준(金台俊)의 『조선소설사(朝鮮小說史)』에서는 이 작품의 성격을 숙종의 민비 폐출 사건을 풍자코자 한 목적소설이라 규정[47]한

---

46) 禹快濟, 『謝氏南征記』研究의 綜合的 考察, 仁川大學校 論文集, 第19輯, 1994. p. 2.

후 대부분의 연구자들은 『사씨남정기』를 목적소설로 규정한 저작동기에 중점을 두고 논의가 전개되어 왔다.

그러나 최근 필자에 의해 제기된 청유남명(靑柳南冥)의 『사씨남정기』서(敍)를 통한 식민사관적 시각[48]의 문제는 그 동안 논의되었던 목적소설론의 허실을 다시 한번 짚어 볼 수 있게 한다. 즉, 청유남명(靑柳南冥)은 조선연구회에서 간행한 고서진서 제1집(1914년) 원문 화역(原文和譯) 대조(對照) 『사씨남정기(謝氏南征記), 구운몽(九雲夢)』에서 『사씨남정기』서를 통해 한국문학의 고전 작품들을 식민사관적 문학관으로 활용하기 위한 시각을 드러내고 있는 것이 분명했기 때문이다.

이에 본 작품이 역사적 사건을 풍자한 목적소설이라 규정한 근거가 되었던 오주 이규경의 욕오성심(欲悟聖心)론을 찾아보고 과연 목적소설론의 전개가 타당했었는가 하는 문제를 다시 한번 살펴 볼 필요가 있다고 본다. 그러기 위해서는 먼저 제작 동기[49] 자체만을 가지고 이 작품을 목적소설이라고 지목할 필요가 있겠는가 하는 것을 문제로 삼을 수 있겠다.[50]

이 작품에 대한 평가는 그 동안 여러 견해가 있어왔다. 즉, 역사적 사건이 의식된 것 못지않게 서포의 창의적 혜안이 씨와 날로 결어져 빚어낸 작품[51]이라 하여 서포의 창의적 성격을 강하게 강조하고 있는 점을 볼 수 있다. 뿐만 아니라 『사씨남정기』를 독립된 하나

---

47) 金台俊, 『朝鮮小說史』, 學藝社, 1939. p. 123.
48) 禹快濟, 傳統文化의 理解와 韓. 日 兩國關係 - 朝鮮研究會의 古書珍書 刊行을 中心으로 -, 『朝鮮學報』第 178 輯, 日本 朝鮮學會, 2001. pp. 181 - 205.
49) 禹快濟, 韓國 古小說學會 '99 冬季學術大會에서 發表, 西江大學校 茶山館, 1999.
50) 金鉉龍, 謝氏南征記研究 - 目的性 小說이라는 見解에 對하여 - 『文湖』, 第5輯, 建國大學校, 1969. pp. 136.
  丁奎福, 南征記의 著作動機에 대하여 - 金鉉龍씨의 謝氏南征記研究를 읽고 -, 『成大文學』, 第15,16합輯, 成均館大學校, 1970. pp. 1 - 5.
51) 蘇在英, 『古小說通論』, 二友出版社, 1983, p. 178.

의 예술작품으로 보지 않고 문학외적 목적을 위한 수단으로 간주함으로써 『사씨남정기』연구의 한계 요인이 되어 왔다고 주장하면서 진정한 문학적 의미를 파악하기 위해서는 문학외적 요인인 목적성 여부에 구애됨이 없이 작품 자체의 치밀한 분석에 바탕 한 연구가 심화되어야 한다[52]는 주장이 나오기도 했다.

또한 중국에서는 『사씨남정기』를 중국소설로 오인[53]하는 일이 일어나기도 할 정도로 중국적인 요소가 많이 나타나고 있어 당시 서포의 중국에 대한 인식을 알아 볼 수 있는 대표적인 작품으로 서포의 중국인식을 고찰[54]한 바도 있다.

그러므로 이는 작자의 생애와 작품과의 관계를 중심으로 작품을 분석 해 볼 때 체험과 상상의 관계로 작가가 살아온 시대에 있었던 역사적 사건을 소재로 한 작자의 잠재의식 세계의 발로로 이루어진 순수한 문학작품임을 알 수 있는 작품이다.[55] 더구나 최근에 밝혀진 조선연구회에서 간행한 고서진서(古書珍書) 제1집(1914년) 원문 화역 대조 『사씨남정기・구운몽』에 의하면 『사씨남정기』를 식민사관적 문학관으로 활용한 것으로 보면 더욱 목적소설론을 내세울 이유가 없다. 다만 『사씨남정기』의 올바른 이해와 연구를 위해 목적성의 문제를 재검토하여 식민사관적 문학관에서 비롯된 것임이 밝혀진다면 저작동기에서 목적성이 있었다고 해도 그것을 강조할 필요가 없다고 본다. 그러므로 본고에서는 목적소설론의 전개과정과 함께 『사씨남정기』의 식민사관적 시각의 문제점을 집중적으로 고찰 해 보고자 했다.

---

52) 李元洙, 謝氏南征記의 反省的 考察, 『文學과 言語』, 제3輯, 1982. pp. 135 - 158.
53) 朱眉叔, 南行記의 發現與評價, 『明淸小說論叢』, 제3輯, 中國 靑風文藝出版社, 1985.
54) 禹快濟, 西浦小說의 中國認識 考察, 『省谷論叢』, 제28輯, 省谷學術文化財團, 1997.
55) 禹快濟, 謝氏南征記硏究, 『崇田語文學』, 創刊號, 1972. pp. 49 - 68.

## 2) 이규경(李圭景)의 욕오성심(欲悟聖心)과 목적소설론

### (1) 이규경의 『오주연문장전산고(五洲衍文長箋散稿)』

『사씨남정기』의 목적성 문제에 최초의 원인을 제공한 것은 조선 후기의 실학자였던 오주(五洲) 이규경(李圭景)[56]의 『오주연문장전산고』에 나오는 '욕오성심(欲悟聖心)'에서 비롯된 것이라 하겠다. 그는 이 책에서

" 여항간(閭巷間)에 유행하는 것으로 다만 『구운몽』이 있으니 서포(西浦) 김만중(金萬重)이 찬하여 초했으나 의의가 있다.『남정기(南征記)』는 북헌 (北軒) 김춘택(金春澤)이 지은 바이다. 세상에 전해 오기를 서포는 찬류시 대부인의 근심을 녹이기 위하여 하룻밤에 만들었고, 북헌은 숙종이 인현왕 후 민씨의 손위한 것에 대하여 임금님의 마음을 깨우쳐 주고자하여 만든 것이다. "[57]

라고 하여 세전의 말들을 인용하여 욕오성심론을 펴고 있다.

이를 근거로 목적소설론을 주장한 것은 김태준의 『조선소설사』에서 였다. 그는 이 책에서 이규경의 『오주연문장전산고』문장을 인용하면서

" 이것을 보면 숙종께서 민비를 폐출함을 풍간코자 한 완곡한 수단인 듯 하며 또 북헌의 작이라고 와전한 것은 한자를 진서라고 한 고인의 습관으로서 북 헌의 한역이라고 하여야 할 것을 북헌의 저작이라고 한 것이다. "[58]

---

56) 李圭景(1788 - ? ) 朝鮮 憲宗時의 學者, 字는 伯揆, 號는 五洲 또는 嘯雲, 李德懋 (1741 - 1793)의 孫子, 著書로는 六十卷의 방대한 『五洲衍文長箋散稿』등이 있어 寫本 으로 傳하고 있다.
57) 李圭景,『五洲衍文長箋散稿』, 卷七, 小說辨證說, 明文堂 影印本, 1982. p. 229.
" 閭巷間流行者 只有九雲夢西浦金萬重所撰稍有意義 南征記北軒金春澤所著 世傳西浦 竄流時爲大夫人銷愁一夜製之 北軒則爲肅廟仁顯王后閔氏巽位 欲悟聖心而製者云 "
58) 金台俊,『朝鮮小說史』, 앞의 책, pp. 111 - 112.

라고 하여 오주가 『남정기』의 작자를 북헌 김춘택으로 한 것은 한문으로 번역한 것을 그대로 본 것이며, 숙종의 민비 폐출 사건을 풍간한 것이라 했다. 그리고 '남정기 소고'에서 『남정기』의 경개를 간단히 소개하고 폐비 민씨를 다시 복위하게 하고 임시로 비위를 빼앗고 있던 장씨를 다시 희빈을 삼아 방축하였다고 하며 이와 같은 목적소설이 적지 않다고 지적했다.

> " 이 소설은 필경 숙종의 마음을 감동시켜 폐비 민씨를 다시 복위케 하고 임시로 비위를 빼앗고 있던 장씨로부터 희빈을 삼아 방축하였다 하니 대저 조선에는 이와 같은 목적소설이 적지 아니하다. " 59)

그런데 여기서 몇 가지 문제점을 지적 할 수 있다.

첫째, 작자 문제를 들 수 있다. 『구운몽』의 작자를 김만중으로, 『사씨남정기』의 작자를 김춘택으로 본 이규경의 『오주연문장전산고』내용 중 『사씨남정기』의 작자만을 북헌에서 서포로 바꾸고 그 외의 것은 그대로 무비판적으로 수용한다면 단순한 실수였다는 것밖에 아니지만 그 문맥을 자세히 살펴보면 반듯이 그런 것만은 아닌 것 같다.

즉, 작자에 대해서는 사실 그대로를 기록했다면 저작 동기에 대한 것은 세상에서 전해 오는 것들을 적어 놓은 것이 되어 그 확실성의 빈도가 다를 수 있기 때문이다.

둘째, 저작동기에 대한 문제를 들 수 있다. 먼저 『구운몽』의 저작 동기에 대한 기록을 보면 어머니의 근심을 덜어 들이기 위해 '하룻밤에 지었다 (一夜製之)'고 하는 세상에 전해오는 이야기를 기록하면서 '임금님의 마음을 깨우쳐 들이기 위하여(欲悟聖心)' 『사씨남정기』를 지었다고 하는 것을 기록하고 있어 정말 어느 것을 진실로 믿고 어느 것에 의심을 두어야 할지 문제가 되지 않을 수 없다. 정말 서

---

59) 金台俊, 위의 책, pp. 122 - 123.

포가 『구운몽』을 하룻저녁에 지을 수 있었을까? 하는 것과 『사씨남정기』가 임금님의 마음을 깨우쳐 들이기 위하여 지어졌을까? 하는 것이 문제로 등장하게 된다.

즉, 『구운몽』에서의 '일야제지(一夜製之)'와 『사씨남정기』에서의 '욕오성심(欲悟聖心)'은 이규경의 말대로 '세전(世傳)' 그대로 라고 밖에 볼 수 없어 실제적인 사실과는 거리가 있는 내용으로 해석되어 재고 해 볼 필요가 있다고 생각된다. 그렇다면 이를 근거로 언급한 김태준의 『조선소설사』의 목적소설론적인 견해에 대해서도 역시 재고 할 필요가 있다고 생각된다.

그리고 김태준의 『조선소설사』가 간행될 당시에 참고한 자료들과 영향을 받은 것들은 어떤 것들이었을까? 이것 또한 매우 중요한 문제의 핵심이 되지 않을 수 없다고 본다.

그런데 김태준의 『조선소설사』초판 간행이 1933년이었다면 그보다 20여 년 전인 1914년에 이미 일본인들에 의해 조선 고전 작품들이 간행되기 시작하여 조선연구회 고서진서간행 제1집으로 원문 화역 대조 청유남명의 『사씨남정기・구운몽』이 나오면서 『사씨남정기』서문으로 숙종이 민비를 폐출하고 장희빈을 왕비로 삼았던 우리의 역사적 사건을 소상하게 기록해 놓고 있어 주목하지 않을 수 없게 된다.

(2) 목적소설론의 허실(虛實)

① 목적소설론(目的小說論)의 전개

『사씨남정기』제작 동기에 대한 목적 설을 주장한 것은 오주(五洲) 이규경(李圭景)에서부터 시작되어 일인 청유남명(靑柳南冥)의 『사씨남정기』서를 비롯하여 김태준(金台俊)의 『조선소설사(朝鮮小說史)』 등이 있었고, 이어 많은 학자들이 비판 없이 거의 같은 의견을 제시하고 있어 이를 정리하여 그 전개과정을 살펴보면 다음과 같다.

IV. 『사씨남정기』의 새로운 탐구  265

고소설 연구의 제2기[60]에 속한 1950년에 나온 주왕산(周王山)의 『조선고대소설사(朝鮮古代小說史)』에서는

" 『남정기』는 북헌이 ----- 숙종 대왕이 민비를 폐출한 것을 풍간하려는 의도에서 지은 것이다. ---- 서포는 명나라의 인명과 지명을 빌어써서 숙종의 마음을 돌이키려고 한 것이다. 어느 날 숙종은 궁인으로 하여금 이야기책을 읽히고 들으니까 이 『사씨남정기』였다. 숙종도 무죄한 본실을 내쫓는데 가서는 유한림을 ' 천하의 고약한 놈이라 '고 까지 욕했다고 한다. "[61]

라고 하면서 가정 내의 시앗싸움을 그린 최초의 가정소설이라 할 수 있으며 궁중생활의 내면을 폭로한 최초의 작품으로 중국을 무대로 하여 중국소설을 번안 혹은 번역한 것 같은 느낌을 주나 사실은 궁정비극을 측면에서 공격한 풍자소설이라고 지적했다.

다음으로 제3기에 속한 한국전쟁 이후에 나온 김기동(金起東)의 『한국고대소설개론(韓國古代小說槪論)』에서는

" 숙종 대왕이 계비 인현왕후를 폐출시키고 장희빈을 왕비로 맞아들인데 대하여 성심을 회오 시키고자 풍자하여 지은 작품임을 알 수 있다. ----- 『사씨남정기』는 처음부터 뚜렷한 목적을 가지고 지은 목적소설로서 유한림 가문의 쟁총으로 야기되는 가정적인 비극을 묘사한 가정소설이며 중국을 배경으로 하게 된 것은 궁중의 비극과 비행을 정면으로 묘사해서 풍간할 수 없기 때문에 부득이 중국을 무대로 한 풍자소설이라고도 할 수 있다. "[62]

라고 하면서 숙종이 어느 날 궁녀로 하여금 소설을 읽어 달라고 하였는데 이 작품을 읽어주었더니 숙종께서 들으시다가 유한림을 천하의 고약한 놈이라고 했다는 이야기를 함께 적어 놓고 있어 이것은

---

60) 禹快濟, 古小說研究史 槪觀, 『古小說研究』, 國語國文學會, 1997
61) 周王山, 『朝鮮古代小說史』, 1950. p. 175.
62) 金起東, 『韓國古代小說槪論』, 1956, p. 292.

위에서 살펴 본 주왕산의 『조선고대소설사』와 같은 내용임을 알 수 있으며, 그 후에 나온 그의 저서 『이조시대소설론』[63]이나 『고전소설론』[64]에서도 그대로 목적소설론에 변함이 없음을 볼 수 있다.

그리고 박성의(朴晟義)는 그의 저서 『고대소설사(古代小說史)』에서

" 흔히 『남정기』를 북헌의 소작이라고 하나 이것은 잘못이고 이 글을 통하여 제작목적이 숙종 대왕이 민비를 폐출한 것을 풍간하려는 의도에서 완곡한 수단으로 지은 것임을 알 수 있다. ------ 이와 같이 사연에 눈이 어두운 숙종 대왕의 안광을 다시 빛나게 하려고 서포는 명나라의 인명과 지명을 빌어 써서 숙종의 마음을 돌이키려고 한 것이다. " [65]

라고 하면서 궁녀가 책을 읽어 줄 때, 유한림을 고약한 놈이라고 했다는 이야기와 함께 이 소설은 목적소설이며 궁중 비극을 측면에서 공격한 풍자소설로 기술하고 있으며, 역시 그 후에 나온 『구운몽·사씨남정기』주석본[66] 이나 『한국고대소설론과 사』에서도 같은 견해를 보이고 있어 선학들과 같은 논지를 펴고 있음을 볼 수 있다.

뿐만 아니라 신기형(申基亨)도 그의 저서 『한국소설발달사(韓國小說發達史)』에서

" 서포의 『사씨남정기』저작은 순연히 정치적 목적성을 띤 것이라 하니 할 수 없다. 그러므로 『남정기』는 그 내용의 검토로 보아 목적소설이요, 풍자소설이요, 정치소설이요, 가정소설이라 하겠다. 『구운몽』의 취의와 구상과를 견주어 보면 『사씨남정기』는 그 판이함을 알 수 있다.
『구운몽』의 사상이 서포의 확고한 인생관이요 종교관이라면 『사씨남정기』와 같은 처첩제도로 인하여 가정이 문란 되었다 다시 갱생, 화목, 영화를 누린다는 소설을 쓰지는 않았을 것이다. " [67]

---

[63] 金起東, 『李朝時代小說論』, 精研社, 1959.
[64] 金起東, 『古典小說論』, 敎學社, 1983.
[65] 朴晟義, 『古代小說史』, 1958. p. 292.
[66] 朴晟義, 『九雲夢·謝氏南征記』, 註釋本, 1964.

라고 하여 목적소설론을 그대로 따르고 있음을 볼 수 있다.

이상에서 언급된 내용들은 거의 한결 같이 오주 이규경이나 김태준의 지론인 제작 동기에 대한 목적소설론에 대해 비판 없이 그대로 따르고 있음을 알 수 있게 된다.

② 목적소설론(目的小說論)의 쟁론화

『사씨남정기』는 한국의 봉건가족제도에서 필연적으로 나타나는 시앗싸움의 비극을 소재로 한 가정소설이며, 동시에 숙종의 기사환국(己巳換局) 처사에 일침을 농한 풍자소설이며 목적소설[68]이라는 견해가 지배적일 때, 김현룡(金鉉龍)은 새로운 주장을 폈다.

즉, 작품 연구에서 배경을 연구하여 작품이해의 도움으로 삼기도 하고 작자의 생애를 통하여 작품의 사상연구에 많은 자료를 얻기도 하지만, 작품은 그 작품 내용 자체로서 생명을 갖는 것이기 때문에 내용 자체에 중점을 두어 연구하는 것은 매우 중요한 일이란 관점에서 볼 때, 『사씨남정기』연구에서 배경에 중점을 두어 제작 동기설을 숙종의 마음을 돌리기 위하여 쓰여진 목적소설이요 풍자소설이라고 규정짓고 있는 일은 문제가 있다고 보고 이에 대하여

" 작품을 보는데 있어서 때에 따라서는 배경이 매우 중요시 될 수 있으므로 그것을 그르다는 것은 아니고 다만 본 작품을 목적소설인 풍자소설로 규정하는 큰 근거가 되어 있는 제작 동기설 자체를 다시 검토 해 보고 이 소설의 내용 및 당시의 역사적 사건 등을 고찰하여 본 작품의 제작에 있어서 어떤 사실을 풍자하기 위하여 지어졌다는 다시 말하면 목적성이라는 그것을 비판 해 보는 것이 이에 시도하는 바라고 할 수 있다. "[69]

---

67) 申基亨, 『韓國小說發達史』, 1960. p. 195.
68) 丁奎福, 南征記攷, 『國語國文學』, 第26輯, 1963. p. 291.
69) 金鉉龍, 謝氏南征記研究 - 目的性 小說이라는 見解에 대하여 - , 『文湖』, 第5輯, 建國大學校, 1969. pp. 136.

라고 하여 최초로 목적소설론에 새로운 견해를 보이게 된다.

그는 이 논문에서 제작 동기설에 대한 근거로 제시했던 선학들의 주장을 들어 비판하면서 작품 내용을 고찰하면서 역사적 사실과의 관계를 밝혀 보려 했으며『구운몽』과의 관계도 밝히면서『사씨남정기』에 있어서의 목적소설이며, 풍자소설이라는 종래의 입장을 부정하는 면으로 결론을 내리고 있다.

> " 첫째로 본 소설을 숙종의 민비 사건과 결부시켜 풍자소설이라고 보는 견해는『오주연문』과『북헌잡설』의 기록을 토대로 한 것인데 이는 전술한 대로『오주연문』의 기록에만 언급된 것으로『북헌』을『서포』로 고쳐 놓고 보는 입장인데『북헌잡설』과 비교할 때에 기록 그대로를 가지고 보면 서포의 작품을 북헌이 목적성을 가지고 이용했거나 뒷사람들이 그렇게 생각했으리라고 보는 것이 더 타당하겠으며,
> 둘째로 본 소설의 내용은 전혀 목적소설인 풍자소설이라고 주장하기는 어려우며 교녀의 사건과 폐비사건을 결부시켜 본다고 하더라도 복위를 위하여 성심을 회오시키기 위한 것이라고 보기는 너무나 일면적인 견해라고 하지 않을 수 없다.
> 셋째로 본 소설은 제작 동기가 숙종의 마음을 돌리기 위한 목적의식이 없었던 것이 우연의 일치였을 가능성이 크다고 생각된다. 소설의 중심사상은 아무래도 이러한 목적의식과 거리가 먼데, 작자의 당시 사항과 사회적인 조건이 본 소설의 내용을 그렇게 생각 할 수 있다고 느껴지기 때문이다. 이것은 소설에서 첩에 의하여 정실이 쫓겨나고 다시 본 부인을 맞아들이게 되는 것이 인현왕후가 쫓겨났다가 다시 복위되는 것과 유사하다고 생각 한데에서 오는 것으로 결과를 가지고 자구만 제작 동기에다 결부시키려는 과오를 범하고 있는 것이다. " 70)

라고 하여 본 소설의 제작 동기가 인현왕후를 내친 숙종의 마음을 돌려 민비의 복위를 꾀하려는 목적 하에서 지어졌으므로 목적소설이요 풍자소설이라는 견해는 시정되어야 할 문제라고 새롭게 문제

---

70) 위의 논문, pp. 145 - 146.

를 제기하고 나온다.

　이에 대한 학계의 반응은 대단했다. 같은 문제를 가지고서도 그 보는 견해에 따라 새로운 결론을 내릴 수 있다는 점에서 신선한 충격으로 받아들여졌고, 곧 바로 이 문제에 대한 반박 논문이 나와 학문적 논쟁으로 발전되는 계기가 된다.

　이에 대표적인 정규복(丁奎福)의 논문 '『남정기』의 저작동기에 대하여 - 김현룡씨의 『사씨남정기 연구』를 읽고 -'[71)]를 중심으로 목적소설론에 대한 주장과 그 문제점을 찾아 볼 수 있겠다.

　석헌(石軒) 정규복(丁奎福)은 오늘날까지 출간된 모든 한국 소설사나 론에서 언급되고 있는 학설을 중심으로 『사씨남정기』는 서포 김만중이 숙종의 무고한 민비 인현왕후를 폐출하고 간요한 장희빈을 왕후로 맞아들인데 대하여 성심을 개오키 위해 풍자한 목적소설이라고 주장하면서 해천(海川) 김현룡(金鉉龍)의 논문에 대해 반론을 전개하고 있다.

　이를 살펴보면 북헌의 한역 목적이 성심의 회오에 있다는 것은 온당한 견해가 못된다는 것으로 서포문중에 전해오는 가전설화를 소개하고 있다.

"　서포가 숙종께서 민비를 폐출하고 장희빈을 왕후로 맞아들인데 대하여 풍자 내지 성심을 회오키 위해 『남정기』를 국문으로 적어 그의 종손 북헌 김춘택을 시켜 궁중에 퍼뜨리게 하였다. 북헌이 『남정기』를 읽어보고 그대로 퍼드렸다간 더욱 대변을 당할 것을 생각하여 북헌이 이를 한역하여 작자를 중국인으로 위장하기 위하여 사신을 시켜 중국에서 출판하여 국내로 가져오게 한 후에 『남정기』를 궁중에 퍼뜨렸다 한다. 일일은 숙종께서 궁정을 산책하다가 궁녀가 『남정기』를 읽는 것을 보고 그 이야기가 자기의 민비 폐출 처사와 흡사한지라 그 소설의 출처를 알아 봤더니 그 원본이 중국소설임을 알고 일이 무사했다 한다. "[72)]

---

71) 丁奎福, 南征記의 著作動機에 對하여 - 金鉉龍氏의 『謝氏南征記研究』를 읽고 - , 『成大文學』, 第15·16 合集, 成均館大學校, 1970. pp. 1 - 5.

라고 한 것을 소개하면서 이것은 사실로 받아들여 질 수는 없지만 그렇다고 부정 할 근거도 없는 것으로 산재된 문헌적 기록을 뒷받침 해 줄 수 있는 자료로 작자 및 저작동기를 알 수 있는 것이라 했다.

그리고 앞서 해천 김현룡이 주장한 이규경이나 일인 청유남명의 북헌 제작설에 대해서는 한역본만을 읽은 것으로 서포 제작설과 양면을 추측케 하는 것은 부당한 것임을 지적했다. 그러나『오주연문』에서『구운몽』에 대한 제작 동기는 자세히 언급하고 있으며, 사회적으로 중요한 위치를 차지한 사건과 관계가 있는『사씨남정기』에 대해서는 하등의 언급이 없다는 점에 대해서는『북헌집』의 '돈민이패세교자(敦民彝 稗世敎者) '를 들어 감계주의(鑑戒主義)적 주제를 대변한 것으로 보아야 할 것이라 하여 분명한 증거를 대지 않고 있다. 다만『사씨남정기』의 저작목적인 숙종의 민비 폐출에 대한 풍자가 극비밀에 속한 이상 당시 문헌인『서포집』이나『북헌집』에 나타날 까닭이 없을 것이라 했다. 또한 기사환국에 대한 역사적 사건과 거리가 있다는 점에 대해서는 사실(Fact)과 허구(Fiction)의 분별로 설명하면서 작자의 창작의식으로 보아야 할 것이라 했다. [73]

그러므로『북헌집』에 기록된 서포의 뜻과,『오주연문장전산고』의 기록과, 서포문중의 가전설화가 있는 한 오늘날의 통설을 부정할 도리가 없을 것이라 했다.

" 서포에 의하여 쓰여지고『구운몽』과 달리 심미의식에서 저작된 것이 아니라 순연한 윤리의식, 좀더 부언하면 당시 귀족계급의 모순 된 이면생활을 풍자와 암유로 폭로한 것이며, 나아가서는 가족제도의 모순의 근본적 시정에 있다고 볼 수 있으며, 좀 더 좁혀 말한다면, 숙종이 민비를 무고하게 폐출시키고 간요한 장희빈을 왕후로 맞아들인데 대한 풍자 내지 성심을 돌리기 위한 목적소설이라는 오늘의 통설을 부정할 도리가 없을 것이다. "[74]

---

72) 위의 논문, p. 2. ( 西浦先生 第10代孫 金大中氏-大田居住-談)
73) 위의 논문, p. 4.

라고 결론을 내리고 있어 해천 김현용의 제작 동기 면에서 목적성이 없었던 것을 후대에 목적소설로 이용한 것이라는 목적성 부정론에 대한 대반격으로 작자의 확정은 물론, 저작 동기가 『구운몽』과 달라 윤리의식을 강조한 것으로 숙종의 민비 폐출 사건을 풍자하여 성심을 돌리기 위한 것이라는 기존의 학설을 분명하게 확인시켜 주고 있다.

### 3) 청유남명(靑柳南冥)의 『사씨남정기』서와 식민사관적 시각

#### (1) 청유남명(靑柳南冥)의 『사씨남정기』서

청유남명(靑柳南冥)의 『사씨남정기』서가 있는 이 책은 표제를 원문 화역(原文和譯) 대조(對照) 『사씨남정기(謝氏南征記)‧구운몽(九雲夢)』전(全)이라 한 조선연구회 고서진서(古書珍書)간행 제1집으로 되어 있다. 그리고 간기를 보면 대정(大正)3년 3월 13일 인쇄, 대정3년 3월 13일 발행으로 되어 있고 편집 겸 발행인은 청유간태랑(靑柳綱太郎)이며 발행소를 경성(京城) 영락정(永樂町) 3정목 조선연구회로 하고 있다.

이 책의 첫 장에는 '『사씨남정기』서'라 하여 청유남명(靑柳南冥)이 쓴 글이 4페이지정도 장황하게 수록되어 있고 목차가 나오고 '이조지신(李朝之臣) 김춘택(金春澤) 원저'라 한 한문본 『사씨남정기』본문을 싣고, 일어 번역문을 싣고 있다.

그리고 『사씨남정기』가 끝나고 다음으로 『구운몽』이 나오는데 『구운몽』에 대해서는 해설 같은 것은 실려 있지 않고, 작품의 내용만을 간단히 한 페이지도 못되게 적어놓고 저자도 밝히지 않은 채 각 권별 목차를 싣고, 한문 원본을 싣고, 일어 번역문을 실었다.

---
74) 위의 논문, p. 5.

일인 청유남명(青柳南冥)은 원문 화역 대조『사씨남정기·구운몽』
전의 첫 번째 작품으로 선정한 『사씨남정기』의 서에서

> " 조선 제19대 숙종 임금께서 삼십이 되도록 후사가 없자 서인 장씨를 후
> 궁으로 앉히게 되었는데 장씨는 절세의 미인으로 교언영색에 능하여 임금
> 님의 총애를 받아 숙원으로 봉하게 된다. 그러자 임금께서는 점점 왕비와
> 소원해지게 되어 폐위하는 일이 일어나게 된다. 이때 간관 한성우(韓聖佑)
> 가 이르기를 송나라 인종황제(仁宗皇帝)의 고사를 인용하며 눈물을 흘리며
> 간했지만 임금님께서는 듣지 않으시고 한성우에게 죄를 주어 그 직에서 물
> 러나게 한다. " 75)

라 했고, 이어서 조선시대 숙종 대에 있었던 역사적 사건인 민비 폐
출 사건과 장희빈의 왕자 탄생 등에 관한 내용을 기술 해 놓고 있다.
즉, 이 때 동평군 항(杭 : 선대 효종왕의 동생의 아들로 숙종의
숙부에 해당)이 왕의 총애를 받고 출입한 일, 이판(吏判) 박세채(朴
世采)가 글로서 진언한 일, 영상 남구만(南九萬)이 왕의 진로를 사
서 유찬(流竄)된 일 등, 장씨가 임신하여 아들(후의 경종)을 낳을 때
까지 있었던 내용들, 그리고 장씨가 분만할 때가 되어 그 어미가 일
개 천인으로 가마를 타고 드나드는 것이 옳지 않다고 한 지평(持平)
이익수(李益壽)를 죽인 일이나 궁중의 비사를 적나라하게 기록하고
있을 뿐만 아니라 영의정 김수항(金壽恒), 이조판서 남용익(南龍翼)
등을 불러 왕자의 명호를 정하라 하고 장씨를 희빈으로 삼았을 때,

---

75) 原文 和譯 對照『謝氏南征記·九雲夢』全, 朝鮮研究會 古書珍書刊行 第一輯,
1914. p. 1.
"李朝十九代の肅宗王御歳三十にして未だ儲嗣無く庶人張氏容れて後宮に置けり,張
氏を絶世の美人也巧言令色能く王の意を迎ふ, 王は張氏の容色に溺れて寵愛度なく
遂に張氏を封して淑媛と爲し漸く王妃を疎んするに至れり, 流言涵久しからすし
て當に廢位の事あるべしと, 是に於て諫官韓聖佑と云へる人宋の仁宗皇帝流涕し
て王德用進むる所の女み放逐するの故事を引きて王を諫めけれとも聽かれず聖佑
は却て罪を得て其職み轉せられけり."

유신(儒臣) 송시열(宋時烈)이 상소를 올려 반대했다가 제주도로 유찬되고 남인 서인으로 붕당이 갈려 영의정 김수항은 파직되어 사사된 일, 그리고 남인의 천하가 되어 정실 민비를 폐서인으로 안국동 사저로 내 보내고 장씨를 왕비로 책봉한 일과 그 부친 장형(張炯)을 옥산부원군(玉山府院君), 그 어미를 파산부부인(坡山府夫人)을 제수하고, 그 다음해에 원자를 책봉하여 왕세자를 삼은 일, 그리고 실권한 서인파 김춘택이 간사한 무리들을 몰아내기 위해 숙종을 풍자해서 쓴 사실소설이란 점과 김춘택이 일면으로 소설에 의탁하고 일면으로 한중혁(韓重爀) 등과 공모하여 폐후민씨의 복원을 꾀하여 남인파 거두 우상(右相) 민암(閔黯)을 죽여 정권의 뿌리를 흔들어 놓고 서인파 남구만을 세워 영상을 삼아 남인내각을 조직, 폐위 민씨를 복위시키고 장씨를 희빈으로 삼은 일, 민비가 복위되어 2년 후 병을 얻었을 때 장희빈이 신당을 설치하여 근친과 노복들로 저주하게 하여 일찍 죽게 한 일이 발각되어 장씨는 사사되고, 장씨와 통한 연고로 동평군도 사사되고, 내인 설향과 무녀 등이 모두 목 베임을 당한 일, 지명과 인명을 명나라에서 취한 것은 필화를 피하기 위한 일이란 것 등이 소상하게 기술되어 있다. 그리고 끝으로 편자는 숙종과 같은 실질적인 역사가 축소된 것 같은 이 책의 권두에 이와 같은 것을 붙이는 것은 독자들에게 편의를 제공하기 위한 것이라 했다. [76]

이상 『사씨남정기』의 해설에서 볼 수 있는 것은 작품 내적인 문제 보다 작품 외적인 매우 지엽적인 문제들을 거론하여 역사적 당파 싸움으로 인한 궁중내의 비극적 사건들을 소상하게 밝혀 놓고 있는 것에 주목하지 않을 수 없게 한다.

그런데 이와는 정 반대로 문학적 가치가 높이 평가되고 있는 『구운몽』에 대해서는 전혀 다른 태도를 취하고 있어 더욱 주목하게 된

---

76) 위의 책. pp. 1 - 4

다. 『구운몽』에 대해서는 서문 자체가 없이 그대로 『구운몽』이라
해 놓고

> " 혹 고승의 제자가 계를 파하고 팔선녀를 희롱한 죄를 얻어 속세에 내려
> 오니 선녀도 또한 같이 인간계로 떨어졌다. 승은 귀공자로 태어나고 선녀
> 는 혹 양가의 영양이나 혹은 예기로 태어나 인간계에서 해후하며 즐기다가
> 다시 천상계로 돌아가는 것으로 끝맺는 일종의 심리소설로 원본은 6권 3책
> 의 간본이다. " 77)

라고 한 것이 전부이다.

그렇다면 이 책이 의미하는 것이 어떤 것이었겠는가 하는 것이 가히 짐작이 간다 하겠다. 이에 이 책의 몇 가지 문제점들을 들어 당시의 상황과 그 영향을 분석 해 보고자 한다.

첫째, 본 전집의 간행 의도에 주목 해 볼 필요가 있다. 본 전집은 고서 정리를 통해 한국의 인문을 연구하기 위한 것이라 했으니 한국인의 어떤 점을 연구했다는 것인지 의문을 제기 할 수밖에 없다. 이 책의 끝에 붙어 있는 제2기 회원모집 광고에서 한국의 고서 정리 사업의 방향과 그 경과를 제시하고 있는 것을 볼 수 있다.

> " 조선의 인문을 연구하여 풍속, 제도, 구습, 전례를 조사하여 그로써 자료
> 로 제공하는 것이 이 시대의 요구이다. 나는 이 요구를 향해 공헌하기 위해
> 조선의 고서를 간행하고 혹은 저술하는 일에 종사한지 이미 3년의 세월이
> 지났다. " 78)

---

77) 위의 책. 『九雲夢』p. 1.
" 或高僧의 弟子誡를 破하고 八仙女와 戲れ罪를 得て俗界에 下れり, 仙女도 亦同しく人間
界에 落ちて, 僧은 貴公子と生れ代はり仙女는 或은 良家의 令孃에 或은 藝妓에 生れ代
はり 皆人間界에 邂逅して淫遊를 壇まにし再ひ欲心して天上界에 終る一種의 心理小
説にして原本은 六卷三册刊本也 "
78) 위의 책, 刊記 後面 廣告欄.
" 朝鮮의 人文을 硏究し風俗, 制度, 舊習, 典例를 調査し以て啓發의 資에 供するは方

라고 하여 한국의 풍속, 제도, 구습, 전례를 조사하기 위한 자료로 삼기 위해 이 책을 간행한다는 것이었다.

이에 가장 적합한 것으로 본 전집의 제1권에 한국문학의 대표적인 작품으로 선정된 것이 『사씨남정기』라는 점은 쉽게 납득되지 않는다. 즉, 그들의 의도가 어디에 있었는가 하는 것을 충분히 알 수 있게 해 주는 증거가 된다하겠다. 많은 한국문학 작품 중에서 그들의 의도에 가장 적합한 작품으로 『사씨남정기』를 뽑게 되었다는 점이다. 물론 이 작품이 한국문학의 대표적 작품이 될 수 없다는 것은 아니다. 그러나 이 작품이 꼭 한국문학에 대표적인 작품이라고 자신있게 말할 수는 없는 것이 그때나 지금이나 같은 문제라고 생각된다. 더구나 『구운몽』과 함께 수록하면서 이 작품을 한국문학의 대표적인 작품인양 제일 앞에 수록하고 있는 것은 매우 석연치 않은 숨은 의도가 있었다고 보여 지기 때문이다.

둘째, 『구운몽』에 대해서는 작자나 저작동기 등 일체의 언급이 없이 간단한 작품 경개만을 언급하고 작품 해설도 없다는 점이다. 정말 『구운몽』의 작자는 밝힐 필요도 없고 저작동기 등에 대한 언급은 물론 작품해설 및 문학적 가치 등을 서술할 자료적 가치가 없었단 말인지? 또는 언급 할 필요가 없었다는 것인지? 문제로 지적해 볼 수 있겠다. 즉 『사씨남정기』에 비해 문학적 가치가 미치지 못한 작품으로 평가 될 수 있었다는 것인지? 아니면 그들이 추구하고자 하는 한국의 인문연구에 도움이 될 수 없었다는 것인지? 하는데 문제가 있다고 보여 진다.

셋째, 본 전집을 간행한 조선연구회의 실체에 대한 문제를 들 수 있다. 본 전집을 간행한 조선연구회는 청유남명(靑柳南冥)이 주간으

今時代の要求なり、 吾人は此要求に向て貢獻せんか爲め朝鮮の古書を刊行し或は著述に從ひ旣三年の星霜を經たり"

로 있으며 사무소를 서울에 두고 일본인들로 구성된 모임 체라는 점에서 그 실체를 짐작하게 하고 있다. 그렇다면 그들이 추구하고 그들이 목적한 것이 무엇이란 것을 쉽게 알 수 있게 하고 있다.

즉, 본 전집을 간행한 조선연구회의 회원들의 신분이나 그 위치로 보아 본 전집의 간행이 우리 사회에 끼친 영향 또한 지대했음은 자명한 일이다. 회원들 중 중심적 역할을 담당했던 인물들로는 20명으로 구성된 평의원(評議員)들을 들 수 있다. 그들의 면면을 살펴보면, 문학박사가 4명으로 제국대학(帝國大學) 문과교수 추야유지(萩野由之)와 삼상참차(三上參次)를 비롯하여 조도전대학(早稻田大學) 강사 길전동오(吉田東伍), 광도고등사범학교(廣島高等師範學校) 교장 폐원단(幣原担)이 있고, 법학박사로 조선총독부 참사관 추산아지개(秋山雅之介)가 있고, 언론인으로 경성일보 사장 길야태좌위문(吉野太左衛門)과 조선신문 사장 추곡주부(萩谷籌夫), 안동신문 사장 남부중원(南部重遠)이 있고, 교육계 인사로 한성고등사범학교(漢城高等師範學校) 교감 고교형(高橋亨)과 동양협회전문학교(東洋協會專門學校) 경성분교 강사로 점패방지진(鮎貝房之進)과 하합홍민(河合弘民), 한성고등보통학교(漢城高等普通學校) 교유 학무편집관 상전준일랑(上田俊一郎)이 있고, 총독부 관리로 조선총독부의 사무관 소전성오(小田省吾)와 통역관 복본간차랑(福本幹次郎)이 있고, 대구 민단장 국지겸양(菊池謙讓)과 저술가 산노애산(山路愛山)과 복본일남(福本日南)이 있고, 동경의 정상아이(井上雅二) 등으로 구성되어 있어 이들이 한국문화의 연구를 위한 것 보다 식민사적 문화기술에 앞장섰던 인물들이 아니었나 하는 의구심을 갖게 하는 자들이다.

이상과 같은 문제점들을 중심으로 정리 해 본다면 『사씨남정기』를 『구운몽』보다 우위에 놓고 한국의 역사적 사건을 부각시켜 당쟁을 앞세운 역사적 사실을 우선 시 하려한 역사주의적 문학해석으로 목적성이 강조되었던 것이 아닌가 생각된다.

  (2) 목적소설론과 식민사관적 시각

  『사씨남정기』는 그 작품의 제작 동기가 숙종의 마음을 돌려 인현왕후의 복위를 꾀하려는 목적의식에서 쓰여진 목적소설소설이라는 견해와 그와 같은 목적의식이 없었으나 당시의 역사적 사건과 흡사한 점을 들어 목적성을 가지고 이용했거나 뒷사람들이 그렇게 생각했으리라 보는 견해가 있어 일방적인 결론을 내리기에는 중요한 문제들이 남아 있다.79)

  『사씨남정기』의 내용이 당시 역사적인 사회현실과 무관하다고 할 수는 없겠지만 반드시 역사적 사건이었던 숙종의 민비 폐출 사건에 대한 풍자를 목적으로 쓰여졌다고 보는 데는 문제가 있다. 즉, 작자의 생애를 통한 모든 체험이 작자의 내면세계에 정착되어 잠재의식으로 침잠되어 있다가 작품으로 표출되는 것이므로 서포 김만중이 살아왔던 생애를 통해 체험한 역사적 사건들이 작품으로 나타난 것이라 할 수 있겠다. 그러므로 본 작품의 저작동기에 대해서는 작자 자신이나 한역한 북헌 김춘택도 이에 대한 구체적인 언급이 없었던 것으로 볼 수 있다.

  다만 이 작품이 목적소설로 거론되기 시작한 것은 백여 년 후 대인이었던 오주 이규경 이었으며 이를 가장 신나게 활용하기 시작한 것은 바로 일본인 청유남명(青柳南冥)에 의한 조선연구회였음이 밝혀졌다. 그 후 김태준을 비롯한 많은 학자들은 『사씨남정기』의 목적성에 대한 비판보다는 그를 뒷받침할 수 있는 문헌적 증거를 찾기에

---

79) 禹快濟, 謝氏南征記 研究,『崇田語文學』, 創刊號, 1972. pp. 49 - 68.
　　-----, 謝氏南征記의 構造의 特徵 考察, 仁川大 論文集, 第5輯, 1983. pp. 89 - 109.

노력했고, 이에 대한 새로운 견해에 귀를 기울이지 않았다.

특히 『오주연문장전산고』에서는 작자를 북헌 김춘택으로 보고 있으면서 세전되고 있는 것들을 기록 해 놓고 있어 『사씨남정기』의 제작 동기가 '위인현왕후민씨손위욕오성심(爲仁顯王后閔氏巽位欲悟聖心)'이라 했고, 그 앞에서는 『구운몽』의 제작 동기를 '위대부인소수일야제지(爲大夫人銷愁一夜製之)'라 하고 있어 한낱 원문대로 세상에 전해 오는 말일 뿐 그 실제적 내용을 그대로 믿을 수는 없는 것이라 생각된다.

따라서 이를 서포문중의 가전설화와 연결해서 살펴보면, 소설이 쓰인 년대가 숙종 15년에서 18년 사이(1689 - 1692)[80]로 이때 북헌 김춘택은 19세에서 22세였다. 당시 그 집안은 크게 화를 입어 유배 또는 투옥된 시기였고[81] 민비가 복위된 것은 숙종 20년(1694년, 북헌의 나이 24세)이었다. 그런데 서포가문의 가전설화에 의하면 '서포가 이를 국문으로 지어 종손인 북헌 김춘택을 시켜 궁중에 퍼뜨리라 하여 북헌이 읽어보고 그대로 퍼뜨렸다가는 더욱 대변을 당할 것을 생각하여 이를 한역하고 작가를 중국인으로 위장하기 위해 사신을 시켜 중국에서 출판하여 국내로 가져오게 한 후 궁중에 퍼뜨려 숙종께서 친히 궁녀로 하여금 그 읽는 소리를 듣고 주인공 유한림을 죽일 놈이라고 욕했다'는 이야기가 있다고 했으니, 이 작품이 쓰인 년대로 보아 1692년에서 1694년 사이에 북헌이 한역을 해서 중국 사신으로 하여금 중국에서 출판, 국내에 들여와 궁중에까지 들어가도록 하여 궁녀들이 자유로이 읽을 수 있도록 되었다는 이야기가 된다. 이렇게 보면 오늘과 같은 교통수단이 있는 것도 아니고, 인쇄술

---

80) 朴晟義, 『九雲夢・謝氏南征記』 校註本, p. 269.
　　金戊祚, 西浦小說의 問題點, 東亞論叢, 第4輯, 釜山 東亞大學校, 1968. p. 191.
81) 金春澤(1670 - 1717) : 肅宗 15년 己巳換局으로 西人이 除去되자 그 집안이 크게 禍를 입어 그도 여러번 流配 또는 投獄되었다.

IV. 『사씨남정기』의 새로운 탐구   279

이 발달된 것도 아니었으며 1689년(숙종15년)부터 1694년(숙종 20년) 사이에는 북헌의 나이도 어렸지만(19세 - 24세) 그의 형편은 기사환국으로 인하여 온 집안이 크게 화를 입어 유배 또는 투옥생활을 할 때였으니, 중국 사신을 통해 책을 출판 해다가 궁중에 퍼뜨렸다는 것은 당시로서는 불가능한 일이었다.[82]

뿐만 아니라 『번언남정기(翻諺南征記)』가 발견[83] 됨으로 역자 김춘택이 『남정기』를 한역한 연기와 장소를 적확하게 알려 주고 있어[84] 더욱 가전설화의 신빙성은 떨어지고 있다. 『번언남정기』는 의령남씨(宜寧南氏) 남기홍(南基泓)옹(1889 - 1976)의 소장본으로 서장에 서포의 국문본 『남정기』를 번역한데 대한 과정과 결말에 '세기축중추영주적사인(歲己丑仲秋瀛州謫舍引)'이라 기록되고 있으며, 필사년도와 필사자는 적혀 있지 않으나 필적이 김춘택의 필적이라는 증언[85]이 있고 보면 김춘택이 『남정기』를 한역한 것은 제주 유배시 숙종 35년(1709년) 가을에 이루어졌다[86]는 것이 분명 해 진다.

이렇게 볼 때, 본 작품을 북헌이 한역하여 출판했다는 것은 사실일지 모르나, 그 번역된 시기가 숙종 35년이라면 인현왕후 복위 이후 15년이 경과된 후의 일임이 분명 해 지며, 목적소설 운운한 것도 백여 년 후대인이었던 이규경에 와서 당시 사회현실과 흡사한 점 등을 들어 세전되어 오는 이야기들을 수집하면서 학자적 추측을 가미하여 기록 한 것임이 분명한 사실로 나타나고 있어 목적소설론에 대한 새로운 시각의 해석은 피할 수 없는 일이라 생각된다.

---

82) 禹快濟, 앞의 논문, p. 94.
83) 『翻諺南征記』는 宜寧南氏 南基泓翁(1889 - 1976)의 所藏本으로 南翁의 夫人 光山金氏(1889 - 1945)가 그 親家인 忠南 論山에서 시집 올 때 媤家로 가져 온 것라고 함.
84) 丁奎福, 翻諺南征記攷, 『淵民李家源博士 六秩頌壽紀念論叢』, 汎學圖書, 1977. pp. 17 - 26.
85) 淵民 李家源 博士의 證言. (丁奎福의 위의 논문, p. 18 )
86) 丁奎福, 위의 논문, p. 24.

그러므로 본 작품은 인현왕후의 복위를 꾀하여 숙종 대왕의 마음을 돌리기 위해 쓰여졌다고 하는 것보다는 당시의 사회적 현실이었던 자신의 생활체험을 토대로 작가적인 시점을 통해서 얻어진 주제에 입각하여 제작된 순수한 문학작품으로 보는 것이 타당 할 것이라 생각된다.

이것은 곧 일제의 식민사관과의 관계를 청산할 수 있는 길이며, 문학적 해석에서도 그 한계를 극복할 수 있는 계기가 될 수 있는 길이라 생각된다.


4) 결 론

『사씨남정기』의 제작 동기를 숙종이 민비를 폐출한 역사적 사건을 풍자하여 숙종의 마음을 돌려 인현왕후를 복위케 하고자 한 목적에서 쓰여진 목적소설로 규정 해 오고 있어, 이의 근거가 된 기록과 그 전개과정을 고찰하면서 최근에 발표된 조선연구회에서 간행한 고서진서 제1집(1914년) 『원문화역 대조 사씨남정기・구운몽』을 통한 식민사관적 시각 문제에 주목하여 고찰한 것을 다음과 같이 정리 할 수 있겠다.

『사씨남정기』에 대한 목적소설론을 최초로 제기한 것은 오주 이규경이었다. 그는 그의 '소설변증설(小說辨證說)'에서 『구운몽』과 『사씨남정기』를 함께 논하면서 『구운몽』의 作者 서포는 분명하게 밝혀 놓았지만 『사씨남정기』의 작자는 북헌 김춘택으로 오인 하면서 이 두 작품의 제작 동기에 대하여 기술 해 놓고 있다. 그리고 일인 청유남명(靑柳南冥)도 『사씨남정기』에 대해서만은 오주와 동일한 견해를 가지고 작자를 북헌 김춘택으로 하고, 작품 내용면에서도 숙종 시에 있었던 역사적 사건과 관련을 지어 구체적으로 해석하고 있으며 한국고전의 수작으로 다루고 있다.

그런데도 우리 선학들은 한국 고소설 사나 소설론에서 조선 후기 오주 이규경이나 일인 청유남명(靑柳南冥)의 논리를 무비판적으로 수용하면서 저자는 한문본만을 보고 오인 한 것이라고 너그럽게 받아들이고, 제작 동기에 대하여서는 잘못된 것을 지적하지 않은 채 목적소설론을 그대로 따르고 있었다. 그러던 중 이에 대해 새로운 견해를 보이면서 문제를 제기하여 『사씨남정기』가 목적소설이며 풍자소설이라는 종래의 입장을 부정하자 이에 다시 반론을 제기하여 북헌 김춘택의 『북헌집』과 오주 이규경의 『오주연문장전산고』에 남아있는 기록과 서포가문의 가전설화를 들면서 목적소설론을 확고하게 옹호하는 등 쟁론이 있었지만 당시의 서포 가문의 사정과 가전설화 등의 허실이 밝혀지게 된다.

그리고 일인 청유남명(靑柳南冥)의 조선연구회의 실체를 밝혀, 그들이 의도했던 것이 무엇이었겠는가 하는데 문제의 초점을 맞추고 보니, 우리의 역사적 사건 중에서도 조선시대에 서인과 남인 간의 당파적 경쟁이 심하게 나타나는 숙종 대의 궁중사건을 풍자적으로 소설화한 것이라 하여 역사적 사건을 더욱 확실하게 부각시키고자 했던 일종의 식민사관적 문학관으로 이용, 이를 무비판적으로 수용한 것이 목적소설론의 강조였음을 알 수 있게 되었다.

그러므로 『북헌집』에서 분명한 언급이 없고 『오주연문장전산고』에서 『사씨남정기』의 작자를 북헌 김춘택으로 한 오류가 인정 된다면 목적성 문제는 분명 문제가 있다고 생각되어 새롭게 접근할 필요가 있다고 본다. 즉, 『사씨남정기』와 관련된 서포 가문의 가전설화와 작품의 저작 년대 및 한역연대 등을 고찰 해 보면, 서포가 이 작품을 저술한 것은 서포의 생존시인 숙종 15년(1689)에서 18년(1692)으로 볼 수 있으며, 북헌 김춘택에 의해 한역된 것은 숙종 35년(1709년)으로 확인됨으로 가전설화의 허구성이 얼마나 강한가 하는 것을 알게 된다. 신빙성이 없는 한낱 세상에 떠도는 이야기를 들어 작품해석에 절대적 기준으로 삼을 수는 없는 일임을 알게 된다.

본 작품은 인현왕후의 복위를 꾀하여 숙종 대왕의 마음을 돌리기 위해 쓰여졌다고 하는 것보다는 당시의 사회적 현실이었던 자신의 생활체험을 토대로 작가적인 시점을 통해서 얻어진 주제에 입각하여 제작된 순수한 문학작품으로 보는 것이 일제의 식민사관과의 관계를 청산할 수 있는 길이고 문학적 해석상의 한계를 극복할 수 있는 계기가 될 수 있는 길이라 생각된다.

## 3.『남정기』를 통해 본 작자의 고뇌(苦惱)와 문학적 대응

서포의 생애와 학문적 계통, 지식인의 고뇌 - 조선시대의 차별화된
유가 지식인, 문학적 대응 - 수용과 조화의 산물

### 1) 들어가며

『사씨남정기(謝氏南征記)』는 『구운몽(九雲夢)』과 함께 서포(西浦) 김만중(金萬重 : 1637 - 1692)이 지은 우리 소설사에 중요한 위치를 점하고 있는 작품이다. 한국 고소설의 대부분이 작자와 년대 미상으로 전해지고 있는 것에 비하여『사씨남정기』나『구운몽』은 작가가 분명히 밝혀지고 있어 이에 대한 연구가 매우 활발하게 이루어져 많은 성과를 거둔 바 있다. 87)

특히『사씨남정기』는 한국 최초의 국문학사인 안자산(安自山)의

---

87) 金炳國, 九雲夢 硏究의 現況과 問題點,『韓國學報』第5輯, 一志社, 1976.
禹快濟, 謝氏南征記 硏究의 綜合的 檢討,『仁川大 論文集』第19輯, 仁川大學校, 1994.

『조선문학사(朝鮮文學史)』에서부터 논의가 시작되어 김태준(金台俊)의 『조선소설사(朝鮮小說史)』에서는 작품의 경개 소개와 함께 이 소설의 성격을 숙종의 민비폐출 사건을 풍자코자 한 목적소설이라 규정하기에 이른다.[88]

그 후 많은 연구자들은 『사씨남정기』를 목적소설로 규정하여 숙종의 민비 폐출 사건과의 관련을 중심으로 저작동기에 중점을 두고 작품을 해석한 것이 대부분이었다. [89]

그러나 본 작품을 목적소설인 풍자소설로 규정하는 근거가 되어 있는 제작 동기 자체를 다시 검토해 보고자하여 이 소설의 내용 및 당시의 역사적 사건 등을 고찰, 본 작품의 제작의도에는 목적성이 없던 것을 후대에 어떤 목적을 가지고 이용된 것이라 하여 목적성에 대한 비판적 논문[90]이 나오고, 이에 반박 논문[91]이 나와 학문적 논쟁이 전개된 일이 있어 한 때 주목을 끌기도 했다.

그 후에도 『남정기』 연구는 계속 나타나고 있어 역사적 사건이 의식된 것 못지않게 서포의 창의적 혜안이 씨와 날로 결어져 빚어낸[92] 서포의 창의적 성격이 강하게 나타난 것임을 밝혀낸 것을 비롯하여 진정한 문학적 의미를 파악하기 위한 치밀한 분석을 시도하

---

88) 金台俊, 『朝鮮小說史』, 學藝社, 1939. p. 123.
89) 周王山, 『朝鮮古代小說史』, 1950. pp. 157 - 176.
    金起東, 『韓國古代小說槪論』, 1956. pp. 292 - 294. 『李朝時代小說論』, 1959. pp. 303 - 307. 496.
    朴晟義, 『古代小說史』, 1958. pp. 292 - 293. 『九雲夢·謝氏南征記』, 1964. pp. 267 - 268.
    申基亨, 『韓國小說發達史』, 1960. pp. 194 - 195.
    丁奎福, 南征記 論攷, 『國語國文學』, 第26輯, 1963. pp. 291 - 307.
90) 金鉉龍, 謝氏南征記硏究 - 目的性 小說이라는 見解에 對하여 - , 『文湖』第5輯, 建國大學校, 1969. pp. 136.
91) 丁奎福, 南征記의 著作動機에 대하여 - 金鉉龍씨의 謝氏南征記硏究를 읽고 - 『成大文學』, 第15 16合輯, 成均館大學校, 1970. pp. 1 - 5.
92) 蘇在英, 『古小說通論』, 二友出版社, 1983, p. 178.

는 등 많은 연구가 이루어진 바 있다.

이 문제에 대해 필자는 일찍이 논문을 통해 작가의 생애와 작품과의 관계를 중심으로 체험과 상상의 관계를 설정하여 작품을 분석, 작가가 살아온 시대에 있었던 역사적 사건과 작품에서 볼 수 있는 사건과의 유사성을 들어 당시 사회현실에 비춘 풍자성을 띤 목적소설이라 하기보다는 작자의 잠재의식 세계의 발로로 이루어진 문학작품으로 해석하는 것이 타당한 것이라 주장했고.[93] 최근에 일본인들의 식민사관에서 목적성이 강조되었던 것임을 밝힌 바 있다.[94]

그러나 본고에서는 『사씨남정기』의 목적성 문제를 일단 접어두고 그의 생애와 학문적 계통을 중심으로 그가 조선시대의 많은 유가 지식인들과 어떻게 차별화 될 수 있는지 고뇌에 찬 작가의 흔적을 찾아보고자 했으며, 수용과 조화의 산물로 형상화되어 나타난 그의 문학적 대응에 대해 고찰 해 보고자 했다.

### 2) 서포(西浦)의 생애와 학문적 계통

서포의 생애와 학문적 계통을 살펴보기 위해서는 그의 출생과 성장에 대해서 먼저 알아 볼 필요가 있다. 그가 살았던 시대적 상황을 중심으로 탄생에서부터 성장과정 및 교육과정을 살핌으로 그의 사상 형성의 배경과 현실적 인식 및 대응 태도를 이해 할 수 있어 그의 문학을 이해하는데 중요한 의미가 있다고 생각된다.

먼저 그의 출생과 성장을 살펴보면 병자호란 시 강화도의 피난길에서 유복자로 태어나[95] 모부인 윤씨의 직접적인 교육을 받으며 성

---

[93] 禹快濟, "謝氏南征記硏究", 『崇田語文學』 創刊號, 1972. pp. 49 - 68.
[94] 禹快濟, 『南征記』의 目的 小說論에 對하여, 古小說學會 第42次 發表大會 發表論文, 西江大學校, 1999.2.10.
[95] 朴晟義, 『九雲夢의 思想的 背景 硏究』, 亞細亞硏究, 第36輯, 高麗大學校 亞細亞問

장한다.

당시의 역사적 상황을 보면 중국 대륙에 청나라가 새로이 건국되고 세력을 팽창해 나가던 병자년(인조14년, 1636년) 12월에 청나라가 조선을 침공해 오자 서포의 집안은 한편으로는 대왕을 모시고 남한산성으로, 한편으로는 내행을 모시고 강화로 피난을 가게 되어 졸지에 어려움을 당하게 된다. 이 때의 사정을 알 수 있도록 하고 있는 기록을 보면

" 병자년 12월에 건주[96] 오랑캐가 졸지에 닥치니 (부군의)할아버지 참판공[97]과 두째 아버지 창주공[98]은 임금의 수레를 모시어 남한산성으로 가고 아버지 생원공[99]은 할머니 서부인을 모시고 강화도에 들어가서 성중에 거처하고 어머니 윤부인[100]은 바야흐로 부군을 배어 당신의 할아버지 해숭공[101]이 거처 하는 바깥 마을에 있었다. " [102]

라고 했다.

그리고 다음해 정월에 적들이 강을 건너려 할 때 서포의 부친 김익겸(金益兼)은 사우를 규합하고 관군을 도와서 죽음으로 지킬 계책을 꾀하였다가 22일 성이 함락되려 하자 선원(仙源) 김상공(金相

---

題研究所, 1968.
96) 建州는 南滿洲에 있던 옛 地名, 渤海 時代에 率賓府에 속한 三府의 하나인 綏芬河 近處로 추측됨. 明나라에서 는 衛名으로 쓰였으며 淸나라가 이곳으로부터 일어났기 때문에 建州라 함은 淸나라를 홀대하여 이른 것임.
97) 參判公은 金槃(1580 - 1640)을 가리킴. 字는 士逸, 號는 虛舟, 沙溪 金長生의 三男이며, 愼獨齋 集의 아우.
98) 滄洲公은 金益熙(1610 - 1656)를 가리킴. 字는 仲文, 號는 滄洲, 諡號는 文貞公, 槃의 二男을 말함.
99) 生員公은 金益兼(1614 - 1636)을 가리킴. 字는 汝男, 西浦의 父親을 말함.
100) 尹夫人은 西浦의 母親 尹氏夫人을 말하며, 그의 本은 海平으로 尹墀의 따님이다.
101) 海崇公은 尹新之(1582 - 1657)를 가리킴. 字는 仲又, 號는 燕超齋, 1596년 宣祖의 따님인 貞惠翁主와 結婚 하여 海嵩尉에 봉해진 분을 말함.
102) 『西浦年譜』, 金炳國外二人 共譯, 서울 대학교 出版部, 1992. p. 27.

公)¹⁰³⁾을 쫓아 남문루에서 분신 자결하고 이튿날에 부군의 할머니 서부인도 거처에서 자결함으로 집안에 일대 혼란이 온다. 그러나 모부인 윤씨는 바깥 마을에 있었으므로 이 소식을 듣지 못한 채 군사를 피한 사녀들이 많이 마니산(摩尼山)으로 올라가는 것을 보고 서석공(瑞石公) 만기(萬基)를 데리고 갯가로 가서 배를 얻으면 살 것이요, 얻지 못하면 마땅히 물에 몸을 던져 적에게 욕을 보지 아니하리라 마음먹고 나갔을 때 마침 물러나 돌아가는 영남 전선¹⁰⁴⁾을 얻어 타게 되어 배에서 서포를 해산한 것으로 나타나있다.

> " 2월에 부군이 배 위에서 태어나니 어릴 적 이름을 선생(船生)이라 하였다. 부군은 자신이 난리 때에 태어나서 나면서부터 아버지의 얼굴을 보지 못함을 종신토록 지극한 아픔으로 여겼다." ¹⁰⁵⁾

라고 하여 서포가 강화 나루를 건너면서 철수하고 있던 영남 전선인 배 위에서 태어난 사실과 그가 평생 동안 아버지의 얼굴을 보지 못하여 지극한 아픔을 간직하고 살게 된 사실을 알게 된다. 즉, 그는 아버지가 자결한 것도 모르고 회선하는 전선 위에서 유복자로 태어나게 된다. 모부인 윤씨는 형 만기와 갓 태어난 서포를 데리고 교동으로 옮겼다가 대부도로 옮기어 난리가 그친 후에 서울에 돌아와 외가¹⁰⁶⁾에서 자란다.

---

103) 金相公은 金尙容(1561 - 1637)을 가리킴. 字는 景擇, 號는 仙源, 諡號는 文忠公, 領議政 金尙憲의 兄임.
104) 嶺南 戰船을 얻어 탈 수 있었던 것은 江華島 守臣이었던 金慶徵(1589 -1637) 등이 '오랑캐쯤은 걱정 할게 못 된다' 하고 구원하러 온 三南 水軍으로 하여금 甲串津을 방비하지 말라고 했기 때문에 돌아가는 중에 있었다 고 함. 金慶徵은 江華 守備에 失敗한 罪로 彈劾을 받아 賜死 당했다.
105) 『西浦年譜』, 앞의 책, p. 28.
106) 西浦의 外家는 河濱公 尹墀(1600 - 1644)의 집으로 會賢坊 小公主洞으로 現在 小公洞 地域으로 推定됨.

그리고 그가 형 만기(萬基)와 함께 모부인 윤씨로부터 친히 엄한 가정교육과 글을 배우며 성장해 가고 있는 것을 볼 수 있다.

> " 부인이 명석하여 경서(經書)와 사시(史記)에 통달하였으므로 부군이 젖먹이 때부터 구송(口誦)하여 글을 가르쳤다. 부군도 슬기롭고 숙성하여 곁에서 서석공이 읽는 것을 듣기만 하고서도 문득 그 대강의 뜻을 깨쳤다. 『소학(小學)』과 『사략(史略)』과 『당시(唐詩)』 같은 것들도 부인이 다 스스로 가르쳤는데 비록 자애로움이 매우 남달랐으나 읽기를 부과함이 지극히 엄하였다. 늘 말하기를 '너희들은 다른 사람에게 견줄게 아니니 반드시 다른 날에 재주와 학문이 남보다 한 등급은 뛰어나야 겨우 남과 나란히 설 수 있느니라. 사람들이 행실 없는 이를 꾸짖을 적에 반드시 과부의 자식이라 하나니 이 말을 너희들은 마땅히 뼈에 새길지어다' 하였다. " 107)

라고 하여 소학, 사략, 당시와 같은 중국의 고전을 친히 모부인 윤씨로부터 직접 배워 온 사실을 기록 해 놓고 있다. 그러면서 더욱 아버지 없이 홀어머니에게서 자라 '과부의 자식'이라 없인 여김을 받지 않도록 더욱 노력할 것을 강요받고 있다. 이것은 서포에게 있어 아버지에 대한 그리움과 유복자로 태어난 아픔을 일깨워 주는 사실로 병자호란 시 부친의 절사로 인해 사무친 원한은 후에 그의 배청사상에 깊은 뿌리가 되어진 것으로 볼 수 있겠다.

다음으로 그의 학문적 전통을 통한 사상적 형성과정을 살펴보면 서포는 예학의 대가인 사계(沙溪) 김장생(金長生)의 증손(曾孫)으로 태어나 그의 학문 계통을 이어 받는다. 유년 시에는 그는 형 만기와 함께 모친으로부터 자애롭고 엄한 가르침을 통해 『소학(小學)』, 『사략(史略)』, 『당시(唐詩)』같은 기초적인 교육을 받았고, 자라서는 숙부인 김익희(金益熙)를 통해 가르침을 받았으며108) 형 만기(萬基)에게서도

---

107) 『西浦年譜』, 앞의 책. p. 29.
108) 『瑞石集』, 卷十三, 金益熙 行狀.

가르침을 받는다.109) 또한 그의 연보에 보면 그가 18세가 되면서부터 고시(古詩)·악부(樂府)에 관심을 갖게 된 것을 알 수 있다.

> "부군이 점점 자라면서 재주가 더욱 뛰어났다. (부군은) 고체(古體)를 짓는 이가 남긴 법칙을 좇고자 하여 한·위(漢·魏)의 악부(樂府)와 『이소(離騷)』와 『문선(文選)』등 제가에 힘썼으니 이해로부터 비로소 저술이 있다." 110)

라고 하여 옛사람들이 남긴 본보기를 좇기 위해 한나라 위나라의 악부와 이소와 문선에 힘쓴 것을 알 수 있게 해 주고 있다. 뿐만 아니라 그는 구류(九流)의 제방기(諸方技)에도 능통하여 산수(算數)·음악(音樂)·천문(天文)·지리(地理) 등의 학문에까지 통할 뿐 아니라 불교(佛敎)·도교(道敎)에도 능통하고 패관소설(稗官小說)까지도 능통한 박학자였음을 알 수 있다. 111)

특히 그는 천문(天文)·역법(曆法)에도 지대한 관심이 있었음을 알 수 있다. 그의 저술 가운데 『의상질의(儀象質疑)』나 『지구고증(地球考證)』은 서양 역법을 수용하여 그 이론이 확실하다는 것을 논리적으로 증명하고 있으며 지구가 둥글다는 사실을 받아들이지 못하는 사대부들의 의식을 꾸짖고 있는 것을 볼 수 있다.112)

> " 오직 서양의 지구설은 땅을 하늘에 기준을 두어 지역을 360도로 구획하였다. 경도는 남북 극의 고하를 살피고 위도는 이를 일월식에 증험하여 그 이치가 확실하고 그 기술이 정확하다. 믿지 않아서는 안 될 뿐만 아니라 믿지 않을 수도 없다. 오늘날의 학사 대부들은 혹은 지구가 둥글다면 생물들

---

109) " 萬基卽早孤 而府君之所敎育者也 賴府君口授以書 持畵爲詞 以之占科 名升朝列式 "
『西浦集』, 卷九, 先伯氏 『瑞石先生集』 跋에 보면 " 萬重自童年 學於先生 ····· "
110) 『西浦年譜』, 앞의 책, p. 34.
" 甲午府君十八歲 有古體諸詩 府君稍長 才益超軼 欲追古作者遺軌 肆力於漢魏樂府 騷選 諸家自是歲 始有著述 "
111) 朴晟義, 『韓國古小說史와 論』, 日新社, pp. 272 - 273.
112) 金炳國, "西浦年譜의 文獻的 價値", 『西浦年譜』, 앞의 책, p. 16.

은 둥근 고리에 붙어사는 것이라고 의심하지만 이것은 우물 안 개구리나
여름 벌레와 같은 견해다. " 113)

라고 하여 지구가 둥글다는 서양의 이론을 논리적으로 수용하고
있는 것을 볼 수 있다.

또한 그는 세교(世交)를 중시하면서도 주자학의 절대적 권위를 인
정하지 않고 학문에 대한 객관적, 합리적 태도를 보이고 있음을 볼
수 있다. 즉, 그는 당대 지식인들이 그토록 신성시하는 맹자, 주희의
진정한 학문 정신이 그들이 실천했던 학문 방법론에 구현되어 있음
을 강조함으로써 지식인들의 안이한 태도를 비판하면서 진보적 학문
인식 태도를 보이고 있다.

" 성현이 교시를 함에는 때에 따라 달랐다. 맹자의 성선설은 공자의 한언설
(罕言說)과는 달랐고 그 기설(氣說)은 공자 문하에서는 나타나지 않은 것
이다. 주자는 중용의 성, 도, 교를 훈몽서(訓蒙書)에 맨 먼저 내세웠고 근사
록(近思錄)의 제일 장은 정자가 일찍이 고제자(高弟子)에게도 보여 주지
않았던 것이다. 대저 전인이 비밀에 붙여 홀로 전하던 것이 후인에게는 문
득 진부한 말이나 일상적인 방법이 되었다. 이것이 어찌 고의적으로 이설
을 만든 것이랴? 아마도 부득불 그렇게 되었던 것뿐이다. " 114)

라고 하여 맹자(孟子)를 맹자답게 주자(朱子)를 주자답게 만든 것
은 공자, 정자의 학문을 맹종하지 않고 끊임없는 정진과 탐구를 거

---

113) 『西浦漫筆』, 洪寅杓 譯註, 一志社, 1987. p. 203.
" 惟西洋地球說 以地準於天 畵地爲三百六十度 經度視南北極高下 緯度驗之於日月
蝕 其理實其術核 非但不可不信 亦不容不信也 今之學士大夫 或以其地形球圓生齒
環居爲疑 此則井蛙夏蟲之見也 "
114) 『西浦漫筆』, 앞의 책, p. 159.
" 聖賢立敎 隨時不同 孟子之道性善 異於孔子之罕言 而其說氣 又孔門之所未發也
朱子以中庸性道敎 首揭於訓蒙 之書 而近思錄第一章 又程子之未嘗示諸大弟子者也
大抵前人之密付單傳 在後人便性陣談常法 此豈故相立異哉? 殆 有不得不爾者耳. "

쳐 학문 대상과 범위를 확대한 데서 찾는 것으로 스승이 밝히지 못한 것을 제자가 들어내는 것이 학문의 궁극적 목표임을 지적하고 있다. 이것을 이설이라고 배척하고 기존의 수준에 안주한다면 학문의 진보는 있을 수 없음을 분명히 하고 있다.115) 그러므로 그는 당대에 널리 퍼져 있던 주희의 학문 태도마저 비판하고 나섰으니 주희 자신의 말을 빌려 주자적 해석만을 맹신하고 있음을 다음과 같이 지적하고 있다.

> " 주문공이 경전을 해석한 것은 왕통이 이른바 천명을 해치는 것은 후학들이 문득 이동의 설을 내세워 광참의 죄를 범해서는 안 된다고 한 것과 같다. 그러나 만약 그 의견이 편벽되고 막히어서 안자처럼 말하지 못할 것이 없는 자와 같을 수 없다면 스스로 그것을 뽑아 내 기록하여 그 견해가 발전되기를 기다리는 것도 무방하니 이것 역시 학문의 한 방편인 것이다. 물명이나 자의 및 이와 같은 구두간의 자잘한 일에 있어서는 황채(黃蔡)116) 제공도 일찍이 스승의 주장을 다 사용하지 않았다." 117)

라고 하여 당시에 절대적이었던 주희의 경전 해석에도 의문의 제기와 다양한 논의의 필요성을 주장 할 만큼 진보적인 학문적 태도를 보이고 있음을 볼 수 있다. 이것은 무조건적으로 스승의 학문을 추종하던 유학자들과는 다른 것으로서 자기의 주장을 분명히 하면서 새로운 정신적 세계를 개척해 보려는 서포의 독특한 태도로 그의 사상적 배경이 되고 있음을 알 수 있다.

---

115) 禹應順, "金萬重의 學問 態度와 文學論의 性格",『金萬重 文學 硏究』, 國學資料院, 1993. p. 31.
116) 黃蔡는 元의 常熟人 黃公望(字는 子久, 號는 一峯)과 宋의 蔡沈(字는 仲黙, 號는 九峯)이 經史에 博通하여 이 들을 부를 때 黃蔡라 했다고 한다.
117)『西浦漫筆』, 앞의 책, p. 97.
 " 文公之析理解經 殆王通所謂敵天命者 後學不當輒爲異同之說 以犯狂譖之罪而若其意見偏滯不能如顔子之無所不 說者 不妨私自箚錄以待見解之長進 是亦問學之一端 黃蔡之公 亦未嘗盡用師說矣 "

이상에서 살펴 본 바와 같이 그는 병자호란의 와중 속에서 유복자로 태어나 모부인 윤씨의 지극한 사랑 속에서 가문의 명예와 전통을 중시하며 성장했다. 그러므로 당시의 역사적 사건이었던 민비 폐출 사건에 대해서도 정도를 지키며 왕에게 충간을 서슴지 않았으며 모부인 윤씨에 대해서는 지극한 효성을 다 바쳤던 것을 볼 수 있다. 즉 현실에 대한 적극적 수용으로 효성과 우애는 물론 진보적 사상가였으며 청렴결백한 실천인[118]으로 역사적 사건을 현실적으로 적극 수용했음을 알 수 있다.

### 3) 지식인(知識人)의 고뇌(苦惱)
### - 조선시대의 차별화된 유가(儒家) 지식인(知識人) -

서포(西浦) 김만중(金萬重)이 살았던 17세기는 한마디로 당쟁의 시대였다. 인조반정(1632년)이나 기해예송(己亥禮訟 : 1659)과 같은 정치적 혼란이 계속되던 때였다.[119] 인조반정을 계기로 정권을 잡은 서인은 경인예송(庚寅禮訟 : 1668)으로 잠시 남인에게 정권을 빼앗겼다가 경신대출척(庚申大出陟 : 1680)으로 다시 정권을 잡게 되었으나 이때는 남인 허이(許爾)의 처벌에 대한 견해차로 노론 소론으로 분당이 이루어지게 된다.

경신대출척 이후 서인의 노론 계열이 자리를 잡아 갈 무렵 기사환국(己巳換局 : 1689)이 일어나게 된다. 기사환국은 숙종이 왕자

---

118) 金炳國, 西浦金萬重의 人品 - 그의 逝去 300周年에 즈음하여 - 西浦 金萬重 逝去 300周年 紀念 學術大會, 發表論文, 1992. 7. 22.
119) 仁祖反正은 1632년 西人이 주도하여 政治權力을 잡은 것이라면, 己亥禮訟은 1659년 仁祖의 次子인 孝宗이 昇遐하자 仁祖의 繼妃인 慈懿大妃의 服喪問題로 西人은 朞年服을 주장, 南人은 三年服을 주장, 西人의 주장이 받아들여졌으나 그 후 다시 孝宗妃인 仁宣王后 昇遐 時(甲寅禮訟) 西人은 大功을 주장, 南人은 朞年을 주장하다 南人의 주장이 받아들여지면서 西人이 政權에서 물러나게 된 歷史的 사건이다.

정호를 종묘사직에 고하고 왕자의 생모인 숙원 장씨를 희빈으로 삼고자 하는 것에서부터 시작된다. 이것은 노론의 몰락과 남인의 득세를 의미하는 것이었다. 희빈장씨의 배후에는 남인이 있었기 때문이었다. 이 사건으로 송시열(宋時烈)을 비롯한 대다수의 노론이 유찬 또는 사사되었다. 이 때 서포도 남해(南海)로 유배를 가게 된다. 이 해에 민비가 서인으로 폐위되고 다음 해에 원자가 세자로 책봉되었으며 희빈 장씨는 왕비로 책봉된다. 그 후 갑술환국(甲戌換局 : 1694)으로 남인이 제거되고 노론이 정권을 잡자 인현왕후는 폐비 6년 만에 복위되고 왕비 장씨는 희빈으로 강등된다. 이때 정권에서 밀려난 남인은 이후 다시는 그 세력을 회복하지 못한다. 수없이 반복된 환국은 서인과 남인의 대립으로 서포의 생애에 중요한 역할을 한다. 서포는 예학(禮學)의 대가 김장생(金長生)의 증손으로 당대 벌열층(閥閱層)의 일원이었으며 당색은 우암(尤庵) 송시열(宋時烈)을 중심으로 한 서인이었다.

그는 현종 6년(1665년) 29세 때, 문과에 급제하여 10여 년 간 정언(正言), 부수찬(副修撰), 헌납(獻納), 사서(司書) 등 벼슬을 역임, 35세 때에는 그의 질녀(김만기의 딸)가 세자빈(숙종비 인경왕후)에 책봉되는 등 영화를 누리게 된다. 그러나 이와 같은 영화는 오래 가지 못하고 계속되는 유배생활이 시작된다.

그 첫째 번 유배생활은 그가 38세 되던 해 정월(현종15년, 1674년) 효종비(孝宗妃) 인선왕후(仁宣王后)가 승하하자 인조(仁祖) 계비(繼妃)의 복상(服喪) 문제로 남인의 기년설(朞年說)과 서인의 대공설(大功說)로 예송(禮訟)이 일게 되자, 효종은 서인의 대공설이 근거가 미숙하다 하여 남인의 기년설을 받아들임으로 서인이 몰락하기 시작한 때부터라 할 수 있다. 그 해(현종 15년, 1674년) 어전에서 영의정 허적(許積 : 1610 - 1680)을 논박한 송준길(宋浚吉)의 상소를 두둔하며 대담하게 영의정의 파직을 주장하다 주상으로부터 당색이 짙은 언사라는 질책을 받고 진노를 사게 되어 금성(金城)[120]으로 유배된다.[121]

그러나 그해 4월 서포의 논박을 받았던 허적은 대왕께 아뢰기를

> "김 아무개의 일을 신이 일찍 우러러 아뢰고자 하였으나 …… 김 아무개의 경우는 그가 아뢴 말이 비록 신의 신상에 꼭 들어맞는 것인지는 알 수 없으나, 그 자체로서는 '생각이 있으면 반드시 아뢴다'는 뜻이었습니다. 말이 쓸만하면 쓸 것이요, 쓸만하지 아니하면 쓰지 아니할 따름이거늘 저렇게 도형에 처하고서 귀양을 보내시니 단지 신하에게 죄 하나를 더할 뿐만이 아닙니다. 어찌 성덕에 누가 됨이 있지 않겠습니까. 벌은 이미 시행한 터요 또 모자가 서로 떨어져 있으니 인정과 도리로 보아 불쌍하기 짝이 없습니다."[122]

라고 하여 모자의 이별을 인정과 도리에 어긋나는 일이라 지적하면서 풀어줄 것을 간청, 윤허를 받아 제1차 귀양에서 풀려나게 된다.

그 후 그는 귀양에서 돌아와 그 해 현종이 승하하고 숙종이 등극하면서 다시 영달을 누리게 되어 공조(工曹), 예조(禮曹), 병조(兵曹) 판서를 비롯하여 홍문관(弘文館), 예문관(藝文館) 대제학(大提學) 등을 역임하기도 한다.

서포의 두 번째 유배 생활은 그의 나이 51세 때(숙종 13년, 1687년) 있었던 정치적 사건으로 인한 선천(宣川)으로의 유배에서 비롯된다. 당시 김수항(金壽恒)이 영의정으로 있으면서 왕명을 받아 우의정을 가려 천거할 때 다섯 번씩이나 사람을 바꾸어 천거해도 숙종은 허락하지 않고 결국은 조사석(趙師錫)을 직접 지명하는 일이 있

---

120) 江原道 高城에 있는 地名.
121) 『西浦年譜』, 金炳國外二人 譯, 서울대 出版部, 1992. P. 93.
122) 『西浦年譜』, 앞의 책, p. 94.
 "許積이 曰金某事를 臣이 曾欲仰達이오나 …… 至於金某하야는 所達之言이 雖未至親合於臣身이나 自是有懷必 達之意니 言可用則用오 不可用則不用而已어늘 至彼徒配하시니 則非但添臣一罪요 豈不有累於聖德乎이까"

었다. 그런데 이때는 후궁 장씨가 숙의로 있으면서 숙종의 총애를 받고 있는 때였다. 장씨는 바로 조사석의 처비(妻婢) 소생이었던 관계로 사석이 젊었을 때 사통한 일이 있었고, 자주 사석의 집을 왕래하는 사이였기 때문에 그의 승상 지명은 옳지 못하다는 항간의 논의가 물 끓듯 하고 있었다. 서포는 이 사실을 잘 알고[123]있었음으로 상의 심사를 헤아리지도 않고 이와 같은 사실을 직언으로 아뢰어 화를 입게 된다.

> " 신이 이런 따위의 말이 만에 하나라도 믿을만하다 여기어 군부께 의심을 두고 있는 것은 아닙니다만, 외간에서는 후궁 장씨의 어머가 조사석과 서로 친하게 지냈기 때문에 사석이 의정 벼슬을 받은 것은 이러한 연줄 때문이라고 합니다. "[124]

라고 했다. 이에 상께서는 대로하시면서 언근(言根)을 밝히라 하나 서포는 상의 진노를 사서 귀양길에 오르면서도 궁액에 관계된 일이라 하여 이를 밝히지 않는다.[125]

그러자 상께서는 '만일 엄중히 추궁하지 않으면 인주(人主)의 위엄은 차차로 깎이어 약해지고 나라의 형세는 날로 위태로워 망하게 된 뒤에야 그칠 것이니 원찬(遠竄)하라 ' 명하여 선천(宣川) 적소(謫所)로 떠나게 되어 두 번째 유배 길에 오르게 된다.

이 때 선천에 도착한 서포는 그의 심정을 다음과 같은 시로 읊고 있다.

---

123) 『西浦年譜』, 위의 책. p. 199. " 閭巷이 又盛言 師錫이 拜相은 因緣私逕이라 …… "
124) 『西浦年譜』, 위의 책, p. 205 - 206.
   " 臣이 非以此等說로 爲萬一可信하여 而致疑於君父也로되 外間이 以爲後宮張氏之母 與趙師錫으로 相親하니 師錫이 大拜는 有所因緣이라 "
125) 『西浦年譜』, 위의 책. p. 224.
   " 自是閭巷間流轉之言일새 元無可指之處니 雖被沒身之誅라도 實無以指的仰對니이다.…此言이 流轉이 已久하니 人孰不聞이리오마는 而曾無一人仰達 宸聽者는 誠以言無根據하고 事關根掖이어늘 … "

" 또 망발인줄 알면서
어찌 깊은 어짊에 보답한단 말인가?
아직도 구구한 뜻이 남았는데
펴보지 못할 가 두려워지누나. " 126)

라고 하여 자신의 아직 남은 열정을 아쉬워하고 있다. 이것은 그가 다시 복귀하여 더 많은 일을 해 보고 싶어 하는 의욕을 보인 것이라 생각된다. 그러므로 그의 두 번째 유배지인 선천(宣川)에서는 많은 활동을 하고 있는 것을 보게 된다. 우선 개인적으로는 어머니의 생신을 맞아 그리운 회포를 시로 읊은 사친시(思親詩)를 이 때에 남기게 된다.127) 또 모부인 윤씨의 소일거리를 삼게 하기 위하여 '일체의 부귀영화가 모두 몽환(夢幻)'이라는 요지의 글128)을 지어 부쳐드린다. 그리고 또 이 지방의 이름을 따서 스스로 '서포(西浦)'라는 호를 짓기도 했다.

" 부군이 이미 귀양지에 이르러 윤 부인의 생신을 맞이했다. 시를 지어 이렇게 말했다. '멀리 어머님께서 아들을 그리며 눈물 흘리실 것을 생각하니 하나는 죽어 이별이요, 하나는 생이별이로다, ' 또 글을 적어 부쳐서 윤 부인의 소일거리를 삼게 하였는데 이 글의 요지는 '일체의 부귀영화가 모두 몽환이다'는 것이었으니 또한 부군이 뜻을 넓히고 슬픔을 달래기 위한 것이었다. 귀양살이하는 지방의 이름을 따라 스스로 서포(西浦)라 호를 지었다. " 129)

---

126) 『西浦文集』, 第三卷, 九月十三日 出禁府赴宣川配所.
" 情知又妄發 何足報深仁 尙有區區意 從玆恐莫伸 "
127) 『西浦文集』, 第六卷, 九月二十五日 謫中詩 三首
128) 『西浦年譜』, 앞의 책, p. 227 의 註釋에서 金炳國은 이 책을 『九雲夢』으로 풀이하고 있다. (이는 『九雲夢』 著作 時期에 對한 重要한 根據가 되는 部分이기도 하다.)
129) 『西浦年譜』, 앞의 책, p. 227.
" 父君이 旣倒配에 値尹夫人生朝하야 有詩曰 遙想北堂思子淚하니 半緣死別이요 半生離로다. 又著書寄送하여 비作消遣之資하니 其旨는 以爲一體富貴榮華 都是夢幻이니 亦所以廣其意而慰其悲也라 因謫寓之地하여 自號 西浦라 "

또 한편으로 그 지역을 위하여서는 관리들에게 위엄과 모범을 보이셨으며, 문자를 알지 못하는 고을 사람들에게 글을 가르쳐 많은 인재가 나오게 한 것을 알 수 있다.130)

그러므로 이곳에는 서포 김만중을 모신 사당인 서포사(西浦祠)가 일찍부터 있어 왔다. 이 사당은 숙종 22년(1696년) 현감을 지낸 전처형(田處炯)과 차성우(車星遇) 등의 건의에 따라 부사 남오성(南五星)이 사교서원(四敎書院)의 하나였던 북서원(北書院)에 서포(西浦) 김만중(金萬重)을 배향하면서 설립된 사당이다. 김만중이 인현왕후를 폐하고 희빈 장씨를 왕후로 책봉 할 때 남인들의 참소로 선천에 유배되어 귀양살이를 하면서 그곳에 끼친 영향이 지대하였으므로 그가 죽은 후 장씨가 사사되고 인현왕후가 복위되자 그의 위업을 기리기 위해 세워진 것으로 전해지고 있다.131)

원래 선천은 평안북도 서남해안에 위치한 지역으로 안화, 통천, 선주로 불렸던 곳이다. 동쪽은 정주군, 구성군과 인접해 있고, 서쪽은 철산군, 남쪽은 황해, 북쪽은 구성군 위주군과 인접해 있다. 이 지방의 자연환경을 보면 북부와 동부는 강남산맥의 여맥이 뻗어내려 대목산(349m)과 문수산(741m) 등이 솟아 있고, 평야의 곳곳에는 마성산(262m), 좌이산(383m), 대원산(203m) 등의 잔구가 솟아있다. 그리고 이 지역 중앙에는 검산(345m)이 있는데 봉우리가 칼끝같이 뾰족하다 하여 붙여진 이름으로 상토봉과 월은봉, 검무봉이 주봉이나, 산세가 험하고 산꼭대기에는 기암괴석이 벼랑을 이루며 솟아 있어 경치가 뛰어난다.

---

130) 『西浦年譜』, 위의 책, p. 227.
　　" 邊俗이 始不知文字러니 如宣川과 定州와 及根邑人士 多造門請業하여 賴府君扇導하니 其後에 多成科하고 亦以行誼로 見稱하다 "
131) 『宣川郡邑誌』, 宣川郡. 1854.

역사적으로는 고구려가 평양 천도 후 발해만을 통한 대외 교역로의 중심이었으며, 평양과 요동지방을 연결하는 길목이 되기도 했다. 고려시대에는 북진기지로, 조선시대 특히 임란 시 선조가 의주로 몽진했을 때는 이곳에 행재소를 정하여 하루를 머물렀던 곳이기도 하다. 그러므로 유적 유물로는 이민족의 침입을 막기 위해 건축된 동림산성을 비롯하여 정묘·병자호란 시 피난처였던 검산성 등이 있고, 사찰로는 임란 시 조선왕조실록을 보관하던 보련사(寶錄寺)132)가 있으며, 명나라 후금 정벌에 참전하여 양하(深河)에서 전사한 선천부사 김응하의 충절을 기리는 요동백비(遼東伯碑)가 있다. 동림산성 안에는 홍화진 별장 양규(楊規), 구주별장 김숙홍(金淑興)과 유백부(庾伯符)를 제향하는 삼충사(三忠祠)가 있고, 향교의 서편에 서포(西浦) 김만중(金萬重)을 제향하는 서포사(西浦祠)와 김응하 정기남을 배향하는 의열사(義烈祠), 그리고 의주부윤(義州府尹)과 청북수군방어사(淸北水軍防禦使)를 겸하면서 검산성(劍山城) 축성에 공이 컸던 임경업 장군과 정묘호란 때 순절한 월봉팔의사(月峰八義士)를 함께 배향하던 충민사(忠愍祠) 등이 있는 곳이기도 하다. 그러므로 이 지역의 자연과 역사 속에서 그의 문학적 혜안은 훌륭한 명작을 남기고도 남을만한 곳이었음을 알 수 있게 한다.

서포의 관직 생활은 계속되는 당쟁과 그의 굽힐 줄 모르는 강직함으로 그를 다시 귀양길로 오르게 한다. 세 번째 귀양길에 올랐던 곳은 우리나라 최남단에 위치한 섬 남해였다. 그의 나이 53세 시(숙종 15년, 1689년) 정월 상께서 원자의 위호를 정하라 명했을 때, 여러 신하들은 중궁의 춘추가 한창이며 왕자가 탄생한지 겨우 몇 달이니 일이 너무 급하다 하여 반대하니 원자를 달갑게 여기지 않는다는

---

132) 寶錄寺, 壬辰倭亂 때 『朝鮮王朝實錄』을 이곳에 보관하게 되면서 원래 普光寺 이던 절 이름을 寶錄寺로 改稱 했다고 함.

모함이 있었다. 이 때 우암(尤庵) 송시열(宋時烈)이 소(疏)를 올려 거조가 너무 급박함을 아뢰어 여러 신하들의 본심을 밝히자 상감께서는 진노하여 말하기를

" 송시열이 산림의 영수로서 감히 이의를 제기하니 장수 없던 무리들이 (이제야 장수를 만났다고) 잇달아 일어나는 구나 " 133)

라고 하시면서 송시열을 제주에 전극134)할 것을 특별히 명하신다. 이렇게 되자 조정이 아주 달라져 흉악한 무리들이 대거 진입, 일시에 사류들이 귀양가게 되어 소멸되자 상감께서는 다시 조사석의 문제를 거론하고 나온다. 이 때 대간들이 계를 올려 서포에게 벌을 내릴 것을 주청하여 말하기를

" 전 판서 김 아무개는 본래 송시열의 심복으로서 그의 참독한 행실을 끼고 돌았으며, 심기를 다하여 착한 이들을 해쳤습니다. 그리하여 그의 기량으로 명성과 위세를 한껏 펴서 조정을 흐려놓고 어지럽히는 것은 단지 여벌로 하는 일일뿐입니다. 지난해에 와서는 망극한 말을 지어내서 방자하게도 연석에서 아뢰어 성상을 속이고 동조까지 모함하였으니, 생각하면 지금도 마음과 뼈가 서늘해집니다. ····· 오늘 전하의 신하된 자를 위하여 엄중히 토죄하는 전법을 가하여 군부의 모함을 시원히 씻어내지 않으면 아니 될 것입니다. 청컨대(아무개를)극변에 위리안치 하십시오" 135)

---

133)『西浦年譜』, 앞의 책, p. 235.
　　" 宋時烈 以山林領袖 敢生異議 無將之徒 接跡而起 "
134) 귀양간 사람이 있는 집의 담이나 울타리 밖으로 가시나무를 둘러치게 하는 일.
135).『西浦年譜』, 위의 책, p. 333.
　　" 前判書金某 本以時烈之腹心 挾其慘毒之行 費盡心機 장害善類 乃其技倆 虛張聲勢 濁亂朝廷 特其餘事 及至 上年 做出罔極之言 肆然陳達於筵席 矯誣聖躬 誣逼東朝 思之 至今心骨俱寒 ····· 爲今日 殿下之臣者 不可不 嚴如討罪之典 快雪 君父之誣 請極邊安置 "

라고 하여 결국 남해의 적소로 귀양을 가게 된다. 이 때 모부인 윤씨는 귀양길에 오른 아들을 남성 밖에서 전송하며 이르기를 '나는 차마 네가 길 떠나는 것을 보지 못하겠으니 먼저 돌아가겠다' 하고 가마에 오르니 서포 또한 가마 앞에 절하여 하직하고 손수 가마의 주렴을 매어 드리고 문 곁에 서서 바라보다가 길이 구부러져서 가마가 보이지 아니하자 눈물이 흘러 얼굴에 가득해져서 비로소 자리에 돌아가 앉았다고 한다. 136)

이렇게 떠난 것이 모부인 윤씨와 영원한 이별이 되었고, 서포 자신도 불귀의 객이 되고 만 최후의 유배지가 되고 만다.

서포는 이렇게 어려운 경우를 여러 차례 당하면서도 그의 의지를 굽히지 않고 역사적 사건에 대해 현실적으로 수용하면서 관인으로서의 태도를 잃지 않고 현실적으로 적절하게 대응 해 나간 유가 지식인의 고뇌를 찾아 볼 수 있다.

이것은 세조대의 동봉(東峰) 김시습(金時習)의 방외인적 현실부정과도 다르고, 광해군 대의 교산(蛟山) 허균(許筠)의 모반자(謀反者)적 현실비판과도 다른 관인(官人)적 수용태도를 보인 것137)이란 점에서 서포만의 현실대응에 따른 유가 지식인의 고뇌였음을 알 수 있다.

4) 문학적 대응 - 수용과 조화의 산물 -

서포가 살았던 시대는 조선 중기의 임·병 양란을 겪고 난 후 혼란했던 사회가 점차 안정을 되찾아가던 때였다. 그러므로 국가적 위난 기에 충성만을 강조하던 분위기가 점차 변하면서 효나 열과 같은

---

136) 『西浦年譜』, 위의 책, p. 245.
" 赴南海謫所 …… 夫人曰 吾不忍見汝發程 當先歸 乃登轎 府君 拜辭轎前 親結轎簾 立門側而望之 路廻不見轎 則流淚忽滿面 而始入座 "
137) 嚴基珠, " 儒家의 小說的 對應樣相에 關한 硏究", 成均館大學校 博士論文, 1992.

가정윤리가 강조되는 한편 문학 표현에서도 자아의 각성으로 급속한 산문화의 경향이 나타난 시대였다.138) 이 때 예학의 대가에서 서포가 나오게 된 것은 그를 통해 문학과 예학의 접합으로 우리문학의 새로운 경지가 열리게 되는 중요한 계기가 마련된다.

　예학의 대가에서 태어난 그는 모친에게서 직접 교육을 받음으로 그의 성품 중 여성 편향적139)이라 할 정도로 여성에 대한 남다른 애착을 갖게 되어 모부인 윤씨의 일생을 그린『윤씨행장(尹氏行狀)』은 물론 이상적인 일부다처제의 합리화를 위한『구운몽』과 같은 작품을 저술하기에 이른다.140) 뿐만 아니라 숙종의 민비 폐출 사건과 같은 역사적 사건을 보고 그대로 있을 수가 없어 그 부당함에 대한 충간을 서슴지 않았을 것이다. 특히 그는『열녀전(列女傳)』의『반첩여전(班捷妤傳)』에서 한(漢)나라 성제(成帝)의 왕비 반첩여(班捷妤)와 같은 현숙한 여인을 항상 동경했고,『조비련전(趙飛燕傳)』에 나오는 비련(飛燕)과 같은 여인을 항상 경계해 오고 있었던 것 같다. 그런데 바로 궁중에서 민비 폐출과 장희빈의 왕비 영입과 같은 일이 일어나게 되자 전한시대에 있었던 반첩여와 조비련 사건과 너무나 흡사하여 그는 민비를 옹호고 희빈 장씨를 경계하게 된 것이 아닌가 생각된다. 그러므로 수차에 걸쳐 민비 폐출의 부당함을 숙종께 충간 했으나 통하지 않고 오히려 화만 당하는 결과를 가져오게 된다. 바로 여기에 당대의 대학자요, 정치가요, 지식이었던 서포의 무한한 고

---

138) 蘇在英,『壬丙兩亂과 文學意識』, 韓國硏究院, 1980.
139) 西浦의 生涯를 通해 그의 爲人面에서 女性 偏向的인 人品을 지니게 된 계기를 살펴 보면 幼年時 母夫人 尹氏로부터 직접 敎育을 받으면서 家門의 名譽를 소중히 할 것을 强要받게 된다. 이것은 後日 母親에 대한 지극한 孝誠으로 證明 되어지고 있다.
140) 母親을 통한 敎育은 貞惠翁主(外曾祖母)로 부터 직접 전수된 宮中禮法의 基礎가 되었던『列女傳』을 비롯한 女性敎訓書들의 전수과정을 통해 女性에 대한 偏向的 性格으로 나타나 母夫人 尹氏를 위해 八仙女의 이야기를 통한 人生無常을 그리고 있는『九雲夢』을 著述했으며, 또 母夫人 尹氏의 行狀을 記錄한 것 등을 보게 된다.

뇌의 흔적을 보게 된다. 마치 이것은 『고열녀전(古列女傳)』의 작자 유향(劉向)의 생애와 너무나 유사한 점을 발견 할 수 있어 전 한시의 한 지식인의 고뇌를 당대에 재현하고 있는 것이 아니었을 가 착각하게 된다.[141] 이렇게 강직한 충간에도 효과가 업자 민비의 현숙함과 장씨의 얼총적 사건을 연결시켜 한 가정에서 처첩간의 갈등이 빚어낸 사건으로 허구화 한 소설 작품 『사씨남정기』를 저술하기에 이른 것이 아닌가 생각된다.

통속소설의 효용론[142]을 편 바 있는 서포는 문학을 통한 민중 계몽의식이 강했기 때문에 당시의 역사적 사실 기록보다 통속적인 내용의 기록을 통해 많은 사람들에게 감동을 줄 수 있다고 생각하였던 것 같다. 그러므로 그는 자기가 살아 온 생애 속에서 직접 체험했던 많은 역사적 사건들을 정사체로 기록하는 것 보다 소설로 기록하여 많은 사람들에게 감동을 줄 수 있게 되기를 원했던 것이다. 이와 같은 그의 문학관에 비추어 볼 때 당시의 역사적 사건을 통해 부부윤리가 가정의 기초가 됨을 강조하기 위해 처첩간의 갈등적 사건으로 야기 된 가정문제를 중심으로 여성을 경계하고자 하는 교훈적 목적과 아울러 왕에게도 경계토록 하기 위해 이 작품을 저술한 것이라 생각된다.

그는 『고열녀전』을 저술 한 중국 전한 대에 유향이 한 성제 시 광록대부로 있으면서 조비련 자매의 얼총적 사건을 보고 이를 풍간, 『열녀전(列女傳)』을 지어 올린 것과 같이 숙종 시에 있었던 민비 폐출 사건을 보고 이를 풍간, 『사씨남정기』를 지어 올리려 했던 것

---

141) 禹快濟, 『韓國家庭小說研究』, 高麗大學校 民族文化研究所, 1988.
142) 金萬重, 『西浦漫筆』 p. 650.
　　" 聽說古話 至說三國事 聞劉玄德敗 嚬蹙有出涕者 聞曹操敗 卽喜唱快 步其羅氏演義之權輿乎 今以陳壽史傳 溫公通鑑 聚衆講說 人未必有出涕者 此通俗小說之所以作也 "

이 아닌가 생각된다.

그러므로 『남정기』는 중국 전한 시에 있었던 대 정치가였고, 문인이었던 당대 최고의 지식인이었던 유향(劉向)이 '여덕선악계어가국치난지효자(女德善惡繫於家國治亂之效者)'[143]라고 생각한 것과 같이 숙종 시의 지식인으로 정치가로써, 문인이었던 서포 자신이 가정이나 국가의 어려움을 다스리는데 역시 부녀자의 선악이 영향하는 바가 크다는 것을 깨닫고 숙종의 민비 폐출 사건을 교훈으로 삼아 왕을 권계하는 한편 일반 부녀자들을 교훈하기 위하여 이 작품이 저작된 것으로 볼 수 있어 '욕오성심(慾悟聖心)'만을 목적으로 했다는 것보다 부터 좀 더 확대 해석 할 수 있겠다.

원래 문학이란 작가의 가치 있는 체험의 기록이란 점에서 서포가 『열녀전』을 통한 간접체험을 기반으로 당대의 역사적 사건이 소재가 되어 문학의 교훈적 목적성[144]이 강조된 허구적 인물 사씨의 일대기를 여성전의 성격으로 표현한 작품으로 저작된 것이라 할 수 있다.

그러므로 그 내용에 있어서는 한 가정을 중심으로 후사를 얻기 위해 야기된 처첩간의 갈등에서 선한 정실부인이 악의 화신으로 대표되는 첩의 모함을 받아 쫓겨나고 남편까지 유배되어 일가가 파탄지경에 이르렀다가 다시 정실부인을 맞아들이게 되어 가운이 회복되는 가정소설로 표현된다. 그러나 이는 숙종의 민비 폐출 사건과 관련시켜 볼 때 역사적 사건을 소설로 기록하여 교훈으로 삼고자 했던 점으로 『열녀전』의 저작동기와 같은 것으로 볼 수 있다. 특히 여주인공 사씨나 교씨를 설정하여 민비와 장희빈을 풍자, 선악의 대립적 여인상으로 표현하려 한 것은 『반첩여전』이나 『조비연전』의 복합적

---

143) 王回, 『古列女傳』, 序 ( 萬曆本 )
 "向爲漢成帝光祿大夫 當趙后姉妹孼寵時 奏此書以諷宮中 其文美刺詩書已來 女德善惡繫於家國治亂之效者"
144) 崔載瑞, 『文學과 知性』, 人文社, 1938, p. 18.

구성으로 볼 수 있어 이를 여주인공의 대조적인 성격에 따라 사씨의 행적만으로 볼 수 있는 내용을 분리시키고 교씨의 행적만으로 볼 수 있는 내용을 분리시킨다면 이는 분명한 『사씨전(謝氏傳)』과 『교녀전(喬女傳)』이라 할 수 있는 여성열전으로 성립될 것이다. 이때 『사씨전』은 『반첩여전』과, 그리고 『교녀전』은 『조비연전』과 대비 될 수 있을 것이며 이는 또한 역사적 인물이었던 민비를 중심으로 그의 행적을 기록한 『민비전(閔妃傳)』(『인현왕후전(仁顯王后傳)』이 있음)과 장희빈의 행적을 기록한 『장희빈전(張嬉嬪傳)』(가칭)과 같은 여성열전과도 대비될 수 있을 것으로 본다.

이렇게 『열녀전(列女傳)』의 내용이 역사적 사건을 통한 실재인물로 대비될 때, 이것이 다시 문학적 창작을 통해 작품으로 나타난 것이라 할 수 있다. 즉, 선인으로 표현되고 있는 여주인공은 '반첩여 - 민비 - 사씨'로 나타나고 있어 『열녀전』의 변용 과정으로 볼 수 있을 것이며, 악인으로 표현되고 있는 여주인공은 '조비련 - 장희빈 - 교녀'의 관계로 나타나고 있어 역시 『열녀전』의 변용 과정으로 볼 수 있다. 145)

이렇게 서포는 당대의 대학자요, 정치가요, 최고의 지식인으로 현실적으로 표출된 문제를 현실이 아닌 이상적인 문학적 수단으로 조화롭게 풀어 보려고 노력한 것이 아닌가 생각된다. 그러므로 그에게서는 역대 문학가들 중에서 모반이나 반항이 아닌 현실 수용적인 입장에서 조화를 이루고자 한 현실 대응 양상의 일면을 찾아 볼 수 있겠다.

---

145) 이것은 『南征記』에서 設定한 善惡의 對立的 人物인 謝氏와 喬女가 모두 『古列女傳』의 人物들과 關聯되어있음을 말해 주는 것이라 하겠다.

5) 결 론

『사씨남정기』는 『구운몽』과 함께 서포 김만중(1637 - 1692)이 지은 우리 소설사에 중요한 위치를 점하고 있는 작품으로 그 동안 많은 연구가 이루어 졌다. 특히 조선조 숙종 대에 있었던 역사적 사건이었던 민비 폐출과 희빈 장씨 사건과 관련이 있다하여 욕오성심(慾悟聖心)의 목적소설론이 제기되었던 작품이다.

본고에서는 이 작품의 목적성 문제에 대한 것은 접어두고 작자 서포의 생애와 학문적인 계통을 통해 당시의 대 정치가요, 학자요, 최고의 지식인으로서의 역사적 사건에 대처하는 지식인의 고뇌와 문학적 대응양상을 살펴보고자 했다. 이를 정리 해 보면 다음과 같다.

첫째, 그의 생애와 학문적 계통을 보면 그는 병자호란시 강화도(江華島)의 피난길에서 돌아오다 배위에서 출생하여 선생(船生)이란 아호가 있을 정도로 기구한 운명의 유복자로 태어나 유년 시 모부인 윤씨의 지극한 사랑을 받으며 『소학(小學)』, 『당시(唐詩)』, 『사략史略』과 같은 기초적인 지식을 직접 교육받는다. 자라서는 숙부나 형 만기(萬基)에게서 가르침을 받아 당시 예학(禮學)의 대가였던 사계(沙溪) 김장생(金長生)의 증손으로 학문적 계통을 이어받으며 고시(古詩), 악부(樂府) 등을 비롯하여 천문(天文), 역법(曆法) 등에도 지대한 관심을 보인다. 그러므로 그는 서양역법을 수용하여 그 이론의 확실성을 논리적으로 증명했고, 지구가 둥글다는 사실을 받아들이지 못하는 사대부들의 의식을 꾸짖기도 했다. 뿐만 아니라 당대 지식인들이 신성시하던 주자학의 절대적 권위를 인정하려하지 않았으며 주희의 경전해석에도 의문을 제기하여 다양한 논의의 필요성을 주장할 만큼 진보적인 학문적 태도를 보이고 있었음을 알 수 있다.

둘째, 그가 살았던 시대적 배경에서 지식인으로서의 고뇌를 읽을 수 있게 된다. 그가 살았던 17세기는 한마디로 당쟁의 시대였다. 인조반정(1632년)이나 기해예송(己亥禮訟 : 1659년)과 같은 정치적 혼란과 기사환국(己巳換局 : 1689년)이나 갑술환국(甲戌換局 : 1694년)과 같은 정변이 계속되면서 노론의 몰락과 남인의 득세로 서인에 속했던 서포도 유배되고 만다.

서포 유배 생활의 첫 번째는 그의 38세(1674년) 때 효종비(孝宗妃) 복상(服喪) 문제로 서인의 몰락과 함께 어전에서 영의정의 파직을 주장하다 당색이 짙은 언사라는 질책을 받고 금성으로 유배되었다가 서포의 논박을 받았던 허적의 간청으로 풀려나게 된다.

그리고 두 번째 유배 생활은 그의 나이 51세(1687년) 때 숙종 13년에 있었던 정치적 사건 때문이었다. 즉, 후궁 장씨와 관계가 있는 조사석의 영의정 지명에 대해 항간의 논의를 그대로 대왕께 직언 하다 화를 입어 선천(宣川)으로 유배된 것이다. 그는 선천 유배 생활에서 남은 열정을 아쉬워하며 복귀할 날을 기다리며 어머니를 그리워하는 사친시를 비롯하여 구운몽을 저술하고 지방민들을 교육하는 일을 게을리 하지 않아 많은 인재를 배출했으며 후일 이곳 사람들에 의해 그의 위업을 기리고자 설립한 서포사(西浦祠)가 남아 전해지고 있기도 하다.

다음으로 세 번째 유배 생활은 그의 나이 53세(1689년) 때, 원자의 위호를 정하라는 명에 거역하다 대간들의 계에 의해 남해 적소로 귀양길을 떠나게 된다. 이것은 모부인 윤씨와 영원한 이별이 되었고 불귀의 객이 된 최후의 유배지가 되고 만다.

서포는 이렇게 어려운 경우를 여러 차례 당하면서도 그의 의지를 굽히지 않고 현실적 사건들에 대해 관인으로서의 태도를 잃지 않았으며 적절하게 대응해 나갔다. 그럼으로써 세조대에 방외인적 현실

부정 적 입장에 섰던 동봉(東峰) 김시습(金時習)이나 광해군(光海君)대에 모반(謀反)적 현실 비판적 입장에 섰던 교산(蛟山) 허균(許筠)과 다른 관인(官人)적 수용(受容)과 조화(造化)의 현실 대응 태도를 보인 것은 서포만의 차별화 될 수 있는 유가 지식인의 고뇌였다고 말 할 수 있다.

  셋째, 그의 문학적 대응 양상을 보면 그가 살았던 시대가 충성만을 강조하던 국가적 위난기에서 벗어나 효·열과 같은 가정윤리가 강조되는 한편 문학 표현에서도 자아의 각성으로 급속한 산문화의 경향이 나타나던 때였다. 이와 같은 시대에 예학의 대가에서 태어난 그는 예학과 문학을 결합하여 우리문학의 새로운 경지가 열어가게 된다. 특히 그는 모부인 윤씨를 통해 받은 교육을 통해 여성 편향적 성품의 형성으로 모부인 윤씨의 일생을 그린 『윤씨행장(尹氏行狀)』을 비롯하여 이상적 일부다처제의 합리화를 위한 『구운몽』을 저술하기에 이른다. 그리고 당시의 궁중에서 일어났던 민비 폐출과 희빈 장씨 사건은 충격적이 아닐 수 없었다. 그러므로 중국 『열녀전(列女傳)』의 <반첩여전(班捷妤傳)>에 나오는 현숙한 왕비 반첩여(班捷妤)나 <조비련전(趙飛燕傳)>에 나오는 얼폐적인 여인 조비련(趙飛燕) 등과 숙종 대의 궁중 사건이었던 민비 폐출 사건과 장희빈 사건을 대비시켜 소설 『사씨남정기』를 저술하기에 이른 것이 아닌가 생각된다.

  서포는 원래 역사적인 사실기록보다 통속소설의 끼치는 힘이 큰 것을 잘 알고 있었기 때문에 이와 같은 역사적인 사건을 소설로 기록 해 전함으로 많은 사람들에게 교훈을 줄 수 있다고 생각했을 것이다. 그러므로 그는 당시의 역사적 현실 문제를 지식인답게 수용하여 조화롭게 처리하고자 문학작품으로 형상화 해 나간 것으로 볼 수 있어, 지식인의 고뇌에서 나온 문학적 산물이라 할 수 있다.

## 4. 『사씨남정기』에 나타난 작가 의식

형성 배경 - 모성 중심적 성격, 학문적 정치적 영향 - 작가 의식 -
배청 존명 의식, 친애 의식

### 1) 들어가며

『사씨남정기(謝氏南征記)』는 서포 김만중(1637 - 1692)이 지은 우리 소설사에 중요한 위치를 점하고 있는 작품으로 그동안 활발한 논의가 이루어져 많은 연구성과[146]를 거둔 바 있다. 안자산의 『조선문학사』이후 김태준의 『조선소설사』 등에 의해 목적소설이라 규정[147] 저작동기에 중점을 두고 작품을 해석한 것이 대부분이었으나 본 작품의 저작 의도에는 목적성이 없던 것을 후대에 어떤 목적을 가지고 이용된 것이라 하여 목적성에 대한 비판론[148]이 일기 시작하여 학문적 논쟁[149]이 전개되기도 했다.

이에 대해 필자는 일찍이 논문을 통해 작가의 생애와 작품과의 관계를 중심으로 체험과 상상의 관계를 설정하여 작품을 분석, 작가가 살아온 시대에 있었던 역사적 사건과 작품에서 볼 수 있는 내용과의 유사성은 인정되지만 풍자성을 띤 목적소설로 보는 것 보다 작가의 체험을 통한 잠재의식 세계의 발로로 이루어진 문학작품으로 보는 것이 타당함을 주장했고[150] 최근에는 일본인들의 식민사관에서

---

146) 禹快濟,『謝氏南征記』研究의 綜合的 檢討,『仁川大 論文集』第19輯, 仁川大學校, 1994.
147) 金台俊,『朝鮮小說史』, 學藝社, 1939. p. 123.
148) 金鉉龍, 謝氏南征記研究 - 目的性 小說이라는 見解에 對하여 -,『文湖』第5輯, 建國大學校, 1969. pp. 136.
149) 丁奎福, 南征記의 著作動機에 대하여 - 金鉉龍씨의 謝氏南征記研究를 읽고 -『成大文學』, 第15 16合輯, 成均館大學校, 1970. pp. 1 - 5.

목적성이 강조되었던 것임을 밝힌 바 있다. 151)

본 고에서는 『사씨남정기』의 목적성 문제를 떠나 작가의 생애와 학문적 계통을 중심으로 그가 조선시대의 많은 유가 지식인들과의 차별화 된 문학적 대응에서 한 걸음 더 나아가 작품을 통해 표현하려 했던 작가의식을 고찰 해 보기로 했다.

2) 형성 배경

(1) 모성 중심적 성격 형성

서포의 출생과 성장과정을 살펴보면 남달리 특별한 점을 발견하게 된다. 그는 병자호란의 전란 중 강화도 피난길에 배 위에서 아버지를 보지 못한 유복자로 태어난다. 당시의 국가사정은 매우 어려운 때였다. 중국 대륙에 새로이 건국된 청나라가 병자년(인조14년, 1636년) 12월에 조선을 침공해 오자 서포의 집안은 한편으로는 인조대왕을 모시고 남한산성으로, 한편으로는 내행을 모시고 강화로 피난을 가게 되어 졸지에 어려움을 당하게 된다. 이 때의 사정을 기록해 놓고 있는 것을 보면

" 병자년 12월에 건주(建州)152) 오랑캐가 졸지에 닥치니 (부군의)할아버지 참판공153)과 둘째 아버지 창주공(滄洲公)154)은 임금의 수레를 모시어 남한산성

---

150) 禹快濟, 謝氏南征記研究,『崇田語文學,』 創刊號, 1972. pp. 49 - 68.
151) 禹快濟,『南征記』의 目的 小說論에 對하여, 古小說學會 第42次 發表大會 發表論文,西江大學校,1999.2.10.
 ----, 傳統文化의 理解와 韓日兩國關係-朝鮮硏究會의 古書珍書 刊行을 中心으로 -,『朝鮮學報』, 第178輯, 日本 朝鮮學會, 2001.
152) 建州는 南滿洲에 있던 옛 地名, 渤海 時代에 率賓府에 속한 三府의 하나인 綏芬河 近處로 추측됨. 明나라에서는 衛名으로 쓰였으며 淸나라가 이곳으로 부터 일어났기 때문에 建州라 함은 淸나라를 홀대하여 이른 것임.
153) 參判公은 金槃 (1580 - 1640)을 가리킴. 字는 士逸, 號는 虛舟, 沙溪 金長生의 三男

으로 가고 아버지 생원공(生員公)155)은 할머니 서부인을 모시고 강화도에 들어가서 성중에 거처하고 어머니 윤부인156)은 바야흐로 부군을 배어 당신의 할아버지 해숭공(海崇公)157)이 거처 하는 바깥 마을에 있었다."158)

라고 했다.

그리고 다음해 정월에 적들이 강을 건너려 할 때 서포의 부친 김익겸(金益兼)은 사우를 규합하고 관군(官軍)을 도와서 죽음으로 지킬 계책을 꾀하였다가 22일 성이 함락되려 하자 선원(仙源) 김상공(金相公)159)을 쫓아 남문루(南門樓)에서 분신(焚身) 자결하고 이튿날에 부군의 할머니 서부인도 거처에서 자결함으로 집안에 일대 혼란이 온다. 그러나 모부인 윤씨는 바깥 마을에 있었으므로 이 소식을 듣지 못한 채 군사를 피한 사녀들이 많이 마니산(摩尼山)으로 올라가는 것을 보고 서석공(瑞石公) 만기(萬基)를 데리고 갯가로 가서 배를 얻으면 살 것이요, 얻지 못하면 마땅히 물에 몸을 던져 적에게 욕을 보지 아니하리라 마음먹고 나갔을 때 마침 물러나 돌아가는 영남 전선(戰船)160)을 얻어 타게 되어 배에서 서포를 해산한 것을 알 수 있다.

이며, 愼獨齋集의 아우.
154) 滄洲公은 金益熙(1610-1656)를 가리킴. 字는 仲文, 號는 滄洲, 諡號는 文貞公, 槃의 二男을 말 함.
155) 生員公은 金益兼(1614 - 1636)을 가리킴. 字는 汝男, 西浦의 父親을 말함.
156) 尹夫人은 西浦의 母親 尹氏夫人을 말하며, 그의 本은 海平으로 尹墀의 따님이시다.
157) 海崇公은 尹新之(1582 - 1657)를 가리킴. 字는 仲又, 號는 燕超齋, 1596년 宣祖의 따님인 貞惠翁主와 結婚하여 海嵩尉에 封해진 분을 말함.
158) 『西浦年譜』, 金炳國 外二人 共譯, 서울 大學校 出版部, 1992. p. 27.
159) 金相公은 金尙容(1561-1637)을 가리킴. 字는 景擇, 號는 仙源, 諡號는 文忠公, 領議政 金尙憲의 兄.
160) 嶺南 戰船을 얻어 탈 수 있었던 것은 江華島 守臣이었던 金慶徵(1589 - 1637) 등이 '오랑캐쯤은 걱정 할게 못된다' 하고 구원하러 온 三南 水軍으로 하여금 甲串津을 방비하지 말라고 했기 때문에 돌아가는 중에 있었다고 함. 金慶徵은 江華 守備에 失敗한 罪로 彈劾을 받아 賜死 당했다.

" 2월에 부군이 배 위에서 태어나니 어릴 적 이름을 선생(船生)이라 하였
다. 부군은 자신이 난리 때에 태어나서 나면서부터 아버지의 얼굴을 보지
못함을 종신토록 지극한 아픔으로 여겼다." 161)

라고 하여 서포가 강화 나루를 건너면서 철수하고 있던 영남 전
선인 배 위에서 태어난 사실과 그가 평생 동안 아버지의 얼굴을 보
지 못하여 지극한 아픔을 간직하고 살게 된 사실을 알게 된다. 즉,
그는 아버지가 자결한 것도 모르고 회선하는 전선 위에서 유복자로
태어나게 된다. 모부인 윤씨는 형 만기와 갓 태어난 서포를 데리고
교동(橋洞)으로 옮겼다가 대부도로 옮기어 난리가 그친 후에 서울로
돌아와 외가162)에서 자란다.

그리고 그가 형 만기와 함께 모부인 윤씨로부터 친히 엄한 가정
교육과 글을 배우며 성장해 가고 있는 것을 볼 수 있다.

" 부인이 명석하여 경서와 사기에 통달하였으므로 부군이 젖먹이 때부터
구송하여 글을 가르쳤다. 부군도 슬기롭고 숙성하여 곁에서 서석공이 읽는
것을 듣기만 하고서도 문득 그 대강의 뜻을 깨쳤다. 『소학(小學)』과 『사략
(史略)』과 『당시(唐詩)』 같은 것들도 부인이 다 스스로 가르쳤는데 비록
자애로움이 매우 남달랐으나 읽기를 부과함이 지극히 엄하였다. 늘 말하기
를 '너희들은 다른 사람에게 견줄게 아니니 반드시 다른 날에 재주와 학문
이 남보다 한 등급은 뛰어나야 겨우 남과 나란히 설 수 있느니라. 사람들이
행실 없는 이를 꾸짖을 적에 반드시 과부의 자식이라 하나니 이 말을 너희
들은 마땅히 뼈에 새길지어다' 하였다. " 163)

라고 하여 『소학(小學)』, 『사략(史略)』, 『당시(唐詩)』와 같은 중
국의 고전을 친히 모부인 윤씨로부터 직접 배워 온 사실을 기록 해

---

161) 『西浦年譜』, 앞의 책, p. 28.
162) 西浦의 外家는 河濱公 尹墀(1600 - 1644)의 집으로 會賢坊 小公主洞으로 現在 小公
洞 地域으로 推定됨.
163) 『西浦年譜』, 앞의 책. p. 29.

놓고 있다. 그러면서 더욱 아버지 없이 홀어머니에게서 자라 '과부의 자식'이라 업심여김을 받지 않도록 더욱 노력할 것을 강요받고 있다. 이것은 서포에게 있어 아버지에 대한 그리움과 유복자로 태어난 아픔을 일깨워 주는 사실로 병자호란 시 부친의 절사로 인해 사무친 원한은 후에 그의 배청 존명 의식에 깊은 뿌리가 되어진 것으로 볼 수 있다.

(2) 학문적 정치적 영향

다음으로 그의 학문적 전통을 통한 의식의 형성과정을 살펴보면 서포는 예학의 대가인 사계(沙溪) 김장생(金長生)의 증손으로 태어나 그의 학문 계통을 이어 받는다. 유년 시에 그는 형 만기와 함께 모친으로부터 자애롭고 엄한 가르침을 통해 『소학(小學)』, 『사략(史略)』, 『당시(唐詩)』같은 기초적인 교육을 받았고, 자라서는 숙부인 김익희(金益熙)를 통해 가르침을 받았으며[164] 형 만기(萬基)에게서도 가르침을 받는다.[165] 또한 그의 연보에 보면 그가 18세가 되면서부터 고시(古詩)·악부(樂府)에 관심을 갖게 된 것을 알 수 있다.

> "부군이 점점 자라면서 재주가 더욱 뛰어났다. (부군은) 고체(古體)를 짓는 이가 남긴 법칙을 좇고자 하여 한(漢)·위(魏)의 악부(樂府)와 이소(離騷)와 문선(文選) 등 제가에 힘썼으니 이해로부터 비로소 저술이 있다." [166]

---

164). 『瑞石集』, 卷十三, 金益熙 行狀.
" 萬基卽早孤 而府君之所敎育者也 賴府君口授以書 持畵爲詞 以之占科 名升朝列式 "
165) 『西浦集』, 卷九, 先伯氏 『瑞石先生集』 跋에 보면 " 萬重自童年 學於先生 …… " 이라 했다.
166) 『西浦年譜』, 앞의 책, p. 34.
" 甲午府君十八歲 有古體諸詩 府君稍長 才益超軼 欲追古作者遺軌 肆力於漢魏樂府 騷選 諸家自是歲 始有著述 "

라고 하여 옛사람들이 남긴 본보기를 좇기 위해 한(漢)나라 위(魏)나라의 악부와 이소와 문선에 힘쓴 것을 알 수 있게 해 주고 있다. 뿐만 아니라 그는 구류(九流)의 제방기(諸方技)에도 능통하여 산수·음악·천문·지리 등의 학문에까지 통할 뿐 아니라 불교·도교에도 능통하고 패관소설(稗官小說)까지도 능통한 박학자였음을 알 수 있다. 167)

특히 그는 천문(天文)·역법(曆法)에도 지대한 관심이 있었음을 알 수 있다. 그의 저술 가운데 『의상질의(儀象質疑)』나 『지구고증(地球考證)』은 서양 역법을 수용하여 그 이론이 확실하다는 것을 논리적으로 증명하고 있으며 지구가 둥글다는 사실을 받아들이지 못하는 사대부들의 의식을 꾸짖고 있는 것을 볼 수 있다.168)

" 오직 서양의 지구설은 땅을 하늘에 기준을 두어 지역을 360도로 구획하였다. 경도는 남북극의 고하를 살피고 위도는 이를 일월식에 증험하여 그 이치가 확실하고 그 기술이 정확하다. 믿지 않아서는 안 될 뿐만 아니라 믿지 않을 수도 없다. 오늘날의 학사 대부들은 혹은 지구가 둥글다면 생물들은 둥근 고리에 붙어사는 것이라고 의심하지만 이것은 우물 안 개구리나 여름 벌레와 같은 견해다. " 169)

라고 하여 지구가 둥글다는 서양의 이론을 논리적으로 수용하고 있는 것을 볼 수 있다.

또한 그는 세교를 중시하면서도 주자학의 절대적 권위를 인정하지 않고 학문에 대한 객관적, 합리적 태도를 보이고 있음을 볼 수 있

---

167) 朴晟義, 『韓國古小說史와 論』, 日新社, pp. 272 - 273.
168) 金炳國, "西浦年譜의 文獻的 價値", 『西浦年譜』, 앞의 책, p. 16.
169) 『西浦漫筆』, 洪寅杓 譯註, 一志社, 1987. p. 203.
" 惟西洋地球說 以地準於天 畫地爲三百六十度 經度視南北極高下 緯度驗之於日月蝕 其理實其術核非但不可不信亦不容不信也 今之學士大夫 或以其地形球圓生齒環居爲疑 此則井蛙夏蟲之見也 "

다. 즉, 그는 당대 지식인들이 그토록 신성시하는 맹자(孟子), 주희(朱熹)의 진정한 학문 정신이 그들이 실천했던 학문 방법론에 구현되어 있음을 강조함으로써 지식인들의 안이한 태도를 비판하면서 진보적 학문 인식 태도를 보이고 있다.

> " 성현(聖賢)이 교시(敎示)를 함에는 때에 따라 달랐다. 맹자의 성선설(性善說)은 공자의 한언설(罕言說)과는 달랐고 그 기설(氣說)은 공자 문하에서는 나타나지 않은 것이다. 주자(朱子)는 중용(中庸)의 성(性), 도(道), 교(敎)를 훈몽서(訓蒙書)에 맨 먼저 내세웠고 근사록(近思錄)의 제일장은 정자가 일찍이 고제자(高弟子)에게도 보여 주지 않았던 것이다. 대저 전인이 비밀에 붙여 홀로 전하던 것이 후인에게는 문득 진부한 말이나 일상적인 방법이 되었다. 이것이 어찌 고의적으로 이설을 만든 것이랴? 아마도 부득불 그렇게 되었던 것뿐이다. " 170)

라고 하여 맹자를 맹자답게 주자를 주자답게 만든 것은 공자, 정자의 학문을 맹종하지 않고 끊임없는 정진과 탐구를 거쳐 학문 대상과 범위를 확대한 데서 찾는 것으로 스승이 밝히지 못한 것을 제자가 들어내는 것이 학문의 궁극적 목표임을 지적하고 있다. 이것을 이설이라고 배척하고 기존의 수준에 안주한다면 학문의 진보는 있을 수 없음을 분명히 하고 있다.171) 그러므로 그는 당대에 널리 퍼져 있던 주희의 학문 태도마저 비판하고 나섰으니 주희 자신의 말을 빌려 주자적 해석만을 맹신하고 있음을 다음과 같이 지적하고 있다.

---

170) 『西浦漫筆』, 앞의 책, p. 159.
" 聖賢立敎 隨時不同 孟子之道性善 異於孔子之罕言 而其說氣 又孔門之所未發也 朱子以中庸性道敎首揭於訓蒙之 書 而近思錄第一章 又程子之未嘗示諸大弟子者也 大抵前人之密付單傳 在後人便性陣談常法 此豈故相立異哉? 殆 有不得不爾者耳. "
171) 禹應順, "金萬重의 學問 態度와 文學論의 性格", 『金萬重 文學 硏究』, 國學資料院, 1993. p. 31.

"주문공이 경전을 해석한 것은 왕통이 이른바 천명을 해치는 것은 후학들이 문득 이동의 설을 내세워 광참의 죄를 범해서는 안 된다고 한 것과 같다. 그러나 만약 그 의견이 편벽되고 막히어서 안자처럼 말하지 못할 것이 없는 자와 같을 수 없다면 스스로 그것을 뽑아 내 기록하여 그 견해가 발전되기를 기다리는 것도 무방하니 이것 역시 학문의 한 방편인 것이다. 물명이나 자의 및 이와 같은 구두간의 자잘한 일에 있어서는 황채(黃蔡)172) 제공도 일찍이 스승의 주장을 다 사용하지 않았다. " 173)

라고 하여 당시에 절대적이었던 주희의 경전 해석에도 의문의 제기와 다양한 논의의 필요성을 주장 할 만큼 진보적인 학문적 태도를 보이고 있음을 볼 수 있다. 이것은 무조건적으로 스승의 학문을 추종하던 유학자들과는 다른 것으로서 자기의 주장을 분명히 하면서 새로운 정신적 세계를 개척해 보려는 서포의 독특한 태도로 그의 의식적 배경이 되고 있음을 알 수 있다.

이상에서 살펴 본 바와 같이 그는 병자호란의 와중 속에서 유복자로 태어나 모부인 윤씨의 지극한 사랑 속에서 가문의 명예와 전통을 중시하며 성장했다. 그러므로 당시의 역사적 사건이었던 민비 폐출 사건에 대해서도 정도를 지키며 왕에게 충간을 서슴지 않았으며 모부인 윤씨에 대해서는 지극한 효성을 다 바쳤던 것을 볼 수 있다. 즉 현실에 대한 적극적 수용으로 효성과 우애는 물론 진보적 사상가였으며 청렴결백한 실천인174)으로 역사적 사건을 현실적으로 적극 수용했음을 알 수 있다.

---

172) 黃蔡는 元의 常熟人 黃公望(字는 子久, 號는 一峯)과 宋의 蔡沈(字는 仲黙, 號는 九峯)이 經史에 博通하여 이들을 부를 때 黃蔡라 했다고 한다.
173) 『西浦漫筆』, 앞의 책, p. 97.
" 文公之析理解經 殆王通所謂敵天命者 後學不當輒爲異同之說 以犯狂譖之罪而若其意見偏滯不能如顔子之無所不說者 不妨私自箚錄以待見解之長進 是亦問學之一端 黃蔡之類 亦未嘗盡用師說矣 "
174) 金炳國, 西浦金萬重의 人品 - 그의 逝去 300周年에 즈음하여 - 西浦 金萬重 逝去 300周年 紀念 學術大會, 發表論文, 1992. 7. 22.

## 3) 작가 의식

### (1) 존명(尊明) 의식

#### ① 『사씨남정기』에 나타나는 명대 소설적 성격

『사씨남정기』 필사본이 중국 북경 도서관 선본 실에 소장된 것이 있다.[175] 이를 최초로 발견한 중국학자는 중국 명대 소설이라 주장하여 논문을 발표한일이 있다. 그의 주장을 근거로 이 작품의 명대적 요소를 살펴보면 그의 존명 적 의식이 어떻게 표출되고 있는 가 하는 것을 알 수 있겠다.

이 책이 발견되기는 1970년대 중반으로 이 책을 전면 영인 해 낼 수가 없어 이를 필사하여 논문집에 전재함으로 그 전모를 밝힘과 동시에 주미숙(朱眉淑)은 ' 『남행기(南行記)』적 발현여평가(發現與評價) '[176]라는 논문으로 그 가치를 평가하면서 중국 명대의 소설일 가능성을 강하게 지적하고 있다.

북경(北京) 도서관에 소장되어 있는 『남정기(南征記)』의 체제를 살펴보면

> " 북경 도서관 카드 서명(1765년)에 있는 조선 초본『남정기(南征記)』[177]는 모두 한지로 정장, 1책으로 되어 있고 글씨는 바르게 정방형으로 되어 있고 163쪽이며, 그중『남정기(南征記)』가 126쪽, 뒤에 부록으로 <선계이씨출우전주(璿系李氏出于全州)>, <열성계서목록(列聖繼序目錄)>, <상신록(相臣錄)>, <전문형록(典文衡錄)>, 등 4종, 조선 인명록을 합하여 총 37쪽으로 되어 있다.『남정기(南征記)』는 매항 12행, 매행 22자로 총33000 자며 고르게 깨끗이 쓰여져 있다. "[178]

---

175) 筆者가 北京大學 交換敎授로 있을 때, 직접 閱覽 一部를 복사할 수 있었다.
176) 朱眉淑, 南行記的 發現與 評價, 明淸小說論叢, 第三輯, 中國春風文藝出版社, 1985. p. 304.
　　筆者가 中國 北京 圖書館에서 閱覽 複寫한 資料에 의하면 이 논문에서 <南行記>라 한 것은 <南征記>의 誤記 임.
177) <南行記>는 <南征記>의 誤謬. (北京 圖書館 原本 確認 - 筆者 )

라고 소개하고 있다. 그리고 이 글에만 나타나는 벽자 몇 개를 들어 중국에서나 쓰이던 글자임을 강조하면서 한국인이 지은 것을 중국인이 필사한 것이거나 아니면 중국인이 지은 것으로 볼 수밖에 없다고 논증하고 있다.

그는 이 논문에서 『남정기(南征記)』를 중국 명대 소설일 가능성을 지적, 명말 건가(乾嘉) 시기 중국인이 창작했을 것이란 점을 다음과 같은 세 가지로 지적하고 있다.

첫째, 『남정기(南征記)』를 열면 처음 제일 구에 '대명(大明) 가정(嘉靖) 년간'이란 말을 쓰고 있다는 점이다. 즉, 이것은 명대의 작가들이 본조를 '대명(大明)' 혹은 '아조(我朝)'라 칭했고, 청(淸)대 전기에는 보통 청나라 정권 통치구 내에서 출판된 소설에서 명대 고사를 칭할 때는 일반적으로는 모두 '전조(前朝)'라 하고 '명조(明朝)'라 할 때는 직접 황제의 연호를 쓰고 '대명' '아조' 등으로 쓰지 않았다는 것이다. 그러므로 이것은 청대에 있었던 반청사상의 작가가 명왕조를 '대명'이라 칭하여 써 놓은 공개되지 않은 작품이거나 아니면 반청 사상적 민족의식이 없으면서도 명대인의 습관적 용어에 의해 저작된 것이기에 명대 소설일 가능성이 크다는 것이다.[179]

---

178) 朱眉淑, 앞의 論文, p. 304.
  " 北圖佇書名 朝鮮 抄本 <南行記> 全書棉紙 線裝一冊 大本 呈正方形 共163頁 其中 <南行記>126頁 <南行記> 後附有 <璿系李氏出于全州> <列聖繼序目錄> <相臣錄> <典文衡錄> 四種 朝鮮 人名錄 共37頁 <南行記> 每頁12行 每行22字 共約33000多字 均系手招淸稿 毫无除改 "
179) 朱眉淑, 위의 論文, p. 307.
  " 一種是明代的小說作者 稱本朝爲 '大明' 或 '我朝'. 淸大前期 凡淸政權統治區內 出版的小說描寫 明代故事. 一般都稱 '前朝'. '明朝' 或不提朝代直書明朝的皇帝年號 絶不敢在公開出版物中書寫 '大明'. '我朝' 字樣 特別是在文字狂時期 小說作者更離 有這樣斗服 除非充冒明代的作品 另一種是淸代有反淸思想的作家 在不公開的著作 中稱明王朝爲 '大明' <南行記> 幷无反淸思想的民族意識 不象後一類作品 '大明'是 明代人習慣用的口物 所以 <南行記> 有可能是明代小說 "

IV. 『사씨남정기』의 새로운 탐구   317

둘째, 『남정기(南征記)』의 내용이 순수한 중국적이라는 점이다. 즉, 이것은 글 가운데 반영된 역사적 사건이 조선인으로서는 쓸 수 없는 엄숭을 탄핵한 일이나 천자가 귀신을 숭상하여 기도를 올린 일이나 궁녀 금영이 모역한 일 등은 모두 역사적 사실이기 때문이라는 것이다. 뿐만 아니라 습관, 제도, 예법, 풍물, 환경, 인물 심리, 표정 전달 방식 등 모두가 한민족 특징을 그대로 표현 해 주고 있어 조선적인 흔적을 찾아 볼 수 없다는 것이다.[180]

셋째, 『남정기(南征記)』의 체재가 한족문학의 민족적 형식으로 되어 있다는 점이다. 즉, 명대에 성행한 장편 통속소설의 영향을 그대로 받고 있어 작품의 편폭이 중국 문언 소설과 비슷하고, 일반적인 문언 소설에 쓰이고 있는 화두(話頭)인 '화설(話說)' '차청하회분해(且聽下回分解)' 등이 회목에 작용하는 연어(聯語)에서 동일하게 쓰이고 있는 점 등에서 명대 적 소설과 동일하다는 것이다.[181]

이상과 같은 지적은 서포가 중국의 사정을 잘 알고 있었으며, 그의 내면에 존명 의식이 강하게 작용하고 있어 소설 작품 속에 중국적 요소를 충분히 반영시켜 표현 한 것이라 여겨진다.

---

180). 朱眉淑, 위의 論文. p. 308.
 " 書中反映的歷史事件 如海瑞彈劾嚴嵩佐天子崇尙鬼神 以祈禱爲事 宮婢楊金英 '謀逆' 都是歷史事實 只有海瑞彈劾當時戶部主事 不是諫議大夫 這樣出入是傳統小說中習見的 至于書中所寫典章制度 規矩禮法生活習俗 風物環 境 人物心理 表情達意的方式 无不具漢民族 特征 看不出有朝鮮的痕迹."
181). 朱眉淑, 위의 論文, pp. 308 - 309.
 " 但是受明代盛行的長篇通俗小說影響 具有兩個特点 一是篇幅加長 <南行記> 長達 33000多字 比傳統的唐人小說 很多 實際已是中篇文言小說 這種情況在明末并比儀見 <國色天香> 中 <劉生覓蓬記> 也達30000多字 二是增加 了一段文言小說沒有的起着回目作用的聯語 …… 這些回目 幷无目次 在每回開始 結尾處 也无 '話說' '且聽下回 分解' 可見 <南行記> 接受了章回體的啓示 又不完全效法章回體 形成了中篇文言小說的特有體裁."

② 남정로(南征路)를 통해 본 배청(背淸) 존명(尊明) 의식

한국은 중국과 지리적인 인접국으로 문화적 수수 관계가 빈번하여 중국문학이 한국문학에 많은 영향을 끼쳐 왔다.[182] 특히 『사씨남정기』는 중국을 무대로 한 가정소설로 원래 서포가 한글로 지은 것을 그의 종손인 북헌 김춘택이 한자로 번역하여 중국에까지 전해지게 된 것이다. 한국은 중국과 같은 한자 문화권으로 우리 조상들은 한문 문장에 익숙했기 때문에 중국의 모든 문학작품들을 쉽게 배우고 익혀 왔음으로 현재 전해 오고 있는 우리의 고전 문학 작품들은 중국의 역사, 지리, 풍속 등이 그대로 원용되고 있음을 알 수 있다. 그러므로 우리 문학 연구에 중국의 현지답사는 필수적이라 할 수 있다.

불란서의 비교 문학자 M.F.Guard는 그의 저서 『비교 문학』(La Litterature comparee)에서 여행기(travelogue) 같은 것이 한 나라의 다른 나라에 대한 이미지 탐구에 기초가 되기 때문에 반드시 필요한 것임을 강조한 바 있다.

> "여행기의 지식은 한 학자, 또는 한 나라에 관한 전설의 형성을 이해하는 데에 가장 중요하다. 제쉬에이트 교부들의 '유익한 편지'에서 철학자가 쓴 우화에 이르는 사이에 유덕한 중국인의 형태가 묘사되어 그것이 마침내 상징의 영역에까지 도달한다고 하는 예도 생긴 것이다." [183]

라고 하여 여행을 통한 현지답사가 문학 연구, 특히 비교 문학에 중요한 역할을 할 수 있음을 지적하고 있다. 그러므로 『남정기』에 나타나는 사씨의 남정로를 따라 직접 현지를 답사[184]한 것은 서포

---

[182] 韋旭昇, 『中國文學在朝鮮』, 中國 花城出版社, 1990. (禹快濟, 李海山共譯, 『韓國文學에 끼친 中國文學의 影響』, 亞細亞文化社, 1994.)
[183] M.F.Guard. La litterature comparee, (李慧淳, 『比較文學』 中央出版社), P.37.
[184] 筆者는 1994년 中國 北京 大學 交換敎授로 北京에 滯留하면서 四川省 成都로부터 重慶으로, 重慶에서 長江三峽을 통해 岳陽, 武漢, 南京, 上海를 旅行, 『南征記』에 나타난 謝氏의 南征路를 現地 踏査한 바 있다.

IV. 『사씨남정기』의 새로운 탐구   319

소설을 통한 작품에 나타나는 중국 의식을 살펴 볼 수 있는 유익한 자료가 되었다고 생각된다.[185]

서포는 『남정기』에서 중국의 남방에 속한 장강 유역을 작품의 무대로 설정하여 표현하고 있다. 그러나 그가 이 지역을 작품에 표현하기 위해 중국을 어떻게 이해하고 있는지 하는 것은 알 길이 없다. 다만 그의 잡문들을 모아 놓은 『서포만필(西浦漫筆)』을 통해 몇 가지 사항들을 짚어 볼 수 있을 따름이다.

이 책은 그의 의식이나 성격이 잘 나타난 좋은 자료집으로 이 책에서 그는 『삼국지(三國志)』와 『산국지연의(三國志演義)』에 대한 자신의 견해를 밝혀 놓고 있는 것을 볼 수 있다. 그는 이 책에서 조선시대 선비들의 역사 이해 과정이 정사 『삼국지』가 아닌 소설 『삼국지연의』에서 배우는 바가 크다고 지적하면서 걱정하고 있는 것을 볼 수 있다.

> " 지금 이른바 삼국지연의라는 것은 원(元)나라 사람 나관중(羅貫中)에게서 나온 것으로 임진 이후에 우리나라에 성행하여 부녀자나 어린애들까지 다같이 외워 말할 수 있어서 우리나라의 선비들이 대부분 사서를 읽으려 하지 않기 때문에 건안(建安)[186]이후 수백 년의 일을 모두 여기에서 믿는 근거를 취한다. 예를 들면 도원결의, 오관참장, 육출기산, 성단제풍[187]과 같은 것이 왕왕 선배들의 과거 문장에서 인용한 것이 보인다. 서로 바뀌어 전해지고 이어받아서 참과 거짓이 뒤섞이니 예를 들면 여포사극, 선주실시, 적토도단계, 장비거수단교[188]와 같은 것은 도리어 사실이 아니라고 의심하니 몹시 가소로운 일이다. "[189]

---

185) 朝鮮 時代의 많은 古小說들이 中國을 舞臺로 하고 있어 『南征記』의 南征路 考察은 朝鮮 時代의 大文章家였던 西浦의 中國에 대한 理解의 方法이나 그 깊이 등이 餘他 다른 小說들에 나타나는 中國의 地所들을 理解하는 데에도 필요한 典範的 口實을 할 수 있으리라고 본다.
186) 後漢 獻帝의 年號.
187) 羅貫中의 『三國志演義』에 나오는 故事들.
188) 陳 壽의 歷史書 『三國志』에 나오는 事實들.

라고 하여 심히 염려하고 있는 것을 볼 수 있다. 그러나 서포 자신도 진수(陳 壽)의 『삼국지』보다 나관중(羅貫中)의 『삼국지연의』에 깊이 매료되었던 것을 볼 수 있다. 그것은 그가 세인을 교화시킴에 있어 『삼국지』보다 『삼국지연의』가 더 효과적임을 지적하고 있는 것만 보아도 쉽게 알 수 있는 일이다.190) 이와 같은 『삼국지연의』는 한국에 전래되어 임란 이후부터 큰 인기를 끌어 많은 독자를 갖고 있었음을 말 해 주는 것으로 볼 수 있겠다. 뿐만 아니라 서포는 그의 『서포만필(西浦漫筆)』에서 삼국시대에 관한 글을 거의 십분의 일에 해당 할 만큼 상당히 많은 부분을 언급하고 있다. 특히 제갈공명(諸葛孔明)에 대한 탄복은 그가 그를 얼마나 존경했었다고 하는 내심을 읽게 해 준다. 따라서 제갈양(諸葛亮)의 중심적인 활동 무대였던 장강 유역에 대한 이해도 이를 통해 가능했으리라 생각된다.

> " 촉선주(蜀先主)191)가 사마휘(司馬徽)192)를 방문하니 사마휘는 '시무를 인식하는 데는 훌륭한 인물에 달려 있읍니다. 이곳에 복룡과 봉추가 있는데 제갈공명과 방사원이 그 사람입니다.' 하였다. 이때 선주는 비로소 세간에 제갈량이 있다는 사실을 알고 외람 되게 스스로 왕굴하여 삼고초려를 했던 것이 오직 사마휘의 말 때문이었다는 말은 믿을 만하다 했다." 193)

라고 하여 유비(劉備)가 제갈양(諸葛亮)을 초빙 할 대에 '삼고초려(三顧草廬)'했다고 하는 전사에 기록된 것이 사실에 가깝지 않음이 있었음을 지적하고 있어, 사기보다 연의에 치중했음을 보여 주고 있다. 또한 삼국의 전술에 관해 기술하면서 『삼국지연의』의 내용들

---

189) 『西浦漫筆』, 金萬重 著, 洪寅杓 譯註, 一志社, 1987. p. 384.
190) 위의 책, P. 385.
191) 劉備를 말하는 것임.
192) 漢末 사람으로 字가 德操였고, 사람을 잘 알아보아 諸葛亮을 昭烈皇帝에게 薦擧했던 사람.
193) 『西浦漫筆』, 앞의 책, P.81.

을 그대로 따다 쓰고 있는 것도 보게 된다.

> "아아 아깝도다. 가사 방사원이 죽지 않고 소열황제의 좌우에서 양주와 익주를 진압 위무하고 제갈 공명과 관운장이 함께 형주와 양주에서 똑같이 행동하여서 동쪽에서 손권을 진압하고 북쪽으로 조조를 밀쳐 내었다면 한 나라의 중흥은 아마 백프로 완전했던 것이 아니었을까?"[194]

라고 하여 삼국의 전략 전술을 나름대로 잘 표현해 놓고 있다. 이것은『삼국지연의』후집 상권 제10회 '공명이 지혜로 주유를 격동하고 손권이 의혹을 정하고 조조를 파하다'[195] 에서 그 내용을 찾을 수 있는 것들이다. 이와 같은 것들은 정사『삼국지』에서 보다 나관중의『삼국지연의』에서 힘입은 바가 크다고 볼 수 있는데『삼국지연의』에는 제갈공명이 활동한 무대가 잘 나타나 있어 이로서 장강 류역에 대한 이해가 쉽지 않았을까 생각된다.

촉나라 수도였던 중국 사천성(四川省) 성도(成都)에는 제갈공명의 사당인 무후사(武候祠)가 있다. 이곳에는 제갈공명의 초상화가 모셔져 있고 그의 전쟁에 대한 기록들이 잘 보존되어 있다. 뿐만 아니라 상국(相國)으로 공명(孔明)의 위업을 알 수 있을 만큼 각종 비석과 비문, 그리고 전쟁 시 사용하던 전구들까지 복원하여 전시해 놓고 있었다. 그의 사당 문 입구에는 유비(劉備)와 관운장(關雲張)의 초상도 만들어 놓고 있으나, 모두 제갈공명(諸葛孔明)의 것에 비해 초라하게 되어 있었다. 초야에 묻혀 있던 한미한 지략가(智略家)가 유비를 도와 삼국을 통일한 후 그 병권은 왕권보다 강력한 무인 통치의 시대를 열었던 역사적 인물임을 실감나게 한 것으로 보였다.[196] 그

---

194) 위의 책, P. 82.
195) 諺文三國志,『舊活字本 古小說 全集』, 第22卷, 仁川大學校 民族文化 研究所, 1983, P. 75.
196) 武候祠는 諸葛孔明을 모신 祠堂으로 매우 莊嚴하면서도 잘 整頓된 公園으로 많은 中

와 같이 지모가 뛰어난 장수가 우리에게도 있었더라면 병자호란과 같은 국가적 위기에서도 어려움을 당하지 않았을 것이라고 생각했던 서포에게 대단한 흠모의 대상이 되어 그의 전술 전략까지도 깊이 있게 이해 할 정도로 심취되었던 것을 보게 된다. 그러므로 그가 활동했던 장강 유역의 지형지세까지도 세밀하게 알고 있었던 것이 아닌가 생각된다. 물론『삼국지연의』만으로 장강 유역에 속한 장사(長沙), 악양(岳陽), 무한(武漢) 등과 같은 지역을 이해 한 것만은 아닐 수도 있다. 동정호(洞庭湖), 악양루(岳陽樓), 황학루(黃鶴樓) 등은 선진들의 시제가 되어 많이 나타나고 있으며 그에 따른 시화들과 함께 우리 선조들의 이상적인 정신적 고향과도 같이 생각했었기 때문에 많은 문헌들에 의한 이해도 가능했으리라 생각된다. 사천성의 성도에는 제갈공명의 사당인 무후사만 있는 것이 아니라 두보(杜甫)가 한때 머물며 시를 지었다고 하는 두보초당(杜甫草堂)도 있어 이 지역에 대한 이해는 두보의 시를 통해서도 가능했으리라 생각된다.

그렇지만『삼국지연의』만큼 장강 유역의 끈끈한 삶의 역사를 구체적으로 그리고 있는 것은 없으리라 생각된다. 소설은 한 시대의 삶의 흔적이며 인간의 애환이 담긴 종합적 보고서라고 할 수 있기 때문에『삼국지연의』를 통한 장강 유역의 이해는 그만큼 깊이가 있고 또 유기적인 관계를 상상 할 수 있었지 않았을까 생각된다. 특히 소설적 허구의 특징상 항상 상상의 세계를 통해 연결되어질 수 있기 때문에 이를 통한 이해가 가장 컸을 것으로 보인다.

그러나 그의 중국 이해는 현장 체험이 없는 문학작품들을 통한 상상적 체험에 의한 한계점으로 말미암아 많은 오류를 범하고 있음이 남정로(南征路) 고찰에서 밝혀졌다. 작품 배경으로 설정한 금릉(金

---
國人들의 崇拜의 대상이 되고 있어, 旅行을 통한 現地 踏査에서 더욱 그들의 諸葛亮에 대한 欽慕의 情을 이해 할 수 있었다.

陵) 순천부(順天府)는 이미 대명(大明) 가정(嘉靖) 연간으로 시대를 설정할 때, 북경(北京) 순천부(順天府)로 보아야 하고, 북경 순천부에서 사천성 성도까지의 먼 거리를 가까운 이웃 도시와 같이 생각하고 쉽게 오갈 수 있게 표현한 점이라든지, 동정호 가에서 악양루에 올랐던 사씨가 관광차 올라오는 황성 사람들을 피해 강가 숲 속으로 갔다가 황릉묘를 발견하게 되었다는 점 등은 현장 답사를 통해 볼 때 너무 거리가 멀리 떨어져 있는 것을 알 수 있다. 이것은 상상으로 가능할지는 몰라도 실제 현장을 알고 보면 불가능한 것을 보게 된다.

그리고 남해(南海)로 설정했던 최종 목표 지점이었던 군산(君山)도 동정호 안에 있는 지명임을 볼 때, 당시 중국의 실지 사정에 어두웠던 서포로서 『삼국지연의』와 같은 문장이나 두보, 이백(李白)과 같은 선인들의 시편을 통해 익혔던 지명들을 작품에서 지리적 배경으로 활용한 것이 아닐까 생각된다. 현장답사를 통해 작품에 나타나는 지리적 배경 설정에 많은 오류도 있었지만 서포의 배청 존명적 의식이 잘 나타나 있는 것을 알 수 있다.

(2) 친애(親愛) 의식

서포는 일생동안 평안할 날이 없었다. 그는 세 번의 유배생활을 해야 했다. 그때마다 모부인 윤씨와 관계되는 내용의 글들을 많이 남겼다. 『구운몽』을 비롯한 여러 편의 사친시(思親詩)와 『사씨남정기』 같은 작품들을 들 수 있다.

서포 김만중은 전란 중에 전선 위에서 태어나 당쟁으로 얼룩진 17세기를 살아간 인물이다. 당시의 인조반정(1632년)이나 기해예송(1659)과 같은 정치적 혼란이 계속[197])되면서 인조반정을 계기로 정

---

197) 仁祖反正은 1632년 西人이 주도하여 政治權力을 잡은 것이라면, 己亥禮訟은 1659년

권을 잡은 서인은 경인예송(1668)으로 잠시 남인에게 정권을 빼앗겼다가 경신대출척(1680)으로 다시 정권을 잡게 되지만 노론 소론으로 분당이 된다.

경신대출척 이후 서인의 노론 계열이 자리를 잡아 갈 무렵 기사환국(1689)이 일어나게 된다. 이는 숙종이 왕자 정호를 종묘사직에 고하고 왕자의 생모인 숙원 장씨를 희빈으로 삼고자 하는 것에서부터 시작되어 노론이 몰락하고 희빈 장氏의 비호 하에 남인이 득세하게 된다. 이 때 송시열(宋時烈)을 비롯한 대다수의 노론이 유찬(流竄) 또는 사사(賜死)되었고 서포도 남해(南海)로 유배되자 민비가 서인으로 폐위되고 원자가 세자로 책봉되었으며 희빈 장씨는 왕비로 책봉된다. 그 후 갑술환국(1694)으로 남인이 제거되고 노론이 정권을 잡자 인현왕후는 폐비 6년 만에 복위되고 왕비 장씨는 희빈으로 강등되었으며 이때 정권에서 밀려난 남인은 이후 다시는 그 세력을 회복하지 못한다. 수없이 반복된 환국은 서인과 남인의 대립으로 서포의 생애에 중요한 계기로 작용한다. 즉, 서포는 예학의 대가 김장생(金長生)의 증손으로 당대 벌열층의 일원이었으며 당 색은 우암(尤庵) 송시열(宋時烈)을 중심으로 한 서인이었기 때문이었다.

그는 현종 6년(1665년) 29세 때, 문과에 급제하여 10여 년 간 정언(正言), 부수찬(副修撰), 헌납(獻納), 사서(司書) 등 벼슬을 역임, 35세 때에는 그의 질녀(김만기의 딸)가 세자빈(숙종비 인경왕후)에 책봉되는 등 영화를 누리게 된다. 그러나 이와 같은 영화는 오래 가지 못하고 계속되는 유배생활이 시작된다.

그 첫째 번 유배생활은 그가 38세 되던 해 정월(현종15년, 1674

---

仁祖의 차자인 孝宗이 昇遐하자 仁祖의 繼妃인 慈懿大妃의 服喪問題로 西人은 朞年服을 주장, 南人은 三年服을 주장, 西人의 주장이 받아들여 으나 그후 다시 孝宗妃인 仁宣王后 昇遐 時(甲寅禮訟) 西人은 大功을 주장, 南人은 朞年을 주장하다 南人의 주장이 받아들여지면서 西人이 政權에서 물러나게 된 歷史的 事件이다.

년) 효종비(孝宗妃) 인선왕후(仁宣王后)가 승하하자 인조(仁祖) 계비(繼妃)의 복상 문제로 남인의 기년설(朞年說)과 서인의 대공설(大功說)로 예송(禮訟)이 일게 되자, 효종은 서인의 대공설이 근거가 미숙하다 하여 남인의 기년설을 받아들임으로 서인이 몰락하기 시작한 때부터였다. 그 해(현종 15년, 1674년) 어전에서 영의정 허적(許積 : 1610 - 1680)을 논박한 송준길(宋浚吉)의 상소를 두둔하며 대담하게 영의정의 파직을 주장하다 주상으로부터 당색이 짙은 언사라는 질책을 받고 진노를 사게 되어 금성(金城)198)으로 유배 된다.199)

그러나 그해 4월 서포의 논박을 받았던 허적은 대왕께 아뢰기를

> " 김 아무개의 일을 신이 일찍 우러러 아뢰고자 하였으나 … 김 아무개의 경우는 그가 아뢴 말이 비록 신의 신상에 꼭 들어맞는 것인지는 알 수 없으나, 그 자체로서는 '생각이 있으면 반드시 아뢴다' 는 뜻이었습니다. 말이 쓸만하면 쓸 것이요, 쓸만하지 아니하면 쓰지 아니할 따름이거늘 저렇게 도형에 처하고서 귀양을 보내시니 단지 신하에게 죄 하나를 더할 뿐만이 아닙니다. 어찌 성덕에 누가 됨이 있지 않겠습니까. 벌은 이미 시행한 터요 또 모자가 서로 떨어져 있으니 인정과 도리로 보아 불쌍하기 짝이 없습니다. "200)

라고 하여 모자의 이별을 인정과 도리에 어긋나는 일이라 지적하면서 풀어줄 것을 간청, 윤허를 받아 제1차 귀양에서 풀려나게 된다.

그 후 그는 귀양에서 돌아와 그 해 현종이 승하하고 숙종이 등극하면서 다시 영달을 누리게 되어 공조(工曹), 예조(禮曹), 병조(兵曹) 판서를 비롯하여 홍문관(弘文館), 예문관(藝文館), 대제학(大提學)

---

198) 江原道 高城에 있는 地名.
199) 『西浦年譜』, 金炳國外二人 譯, 서울대 出版部, 1992. P. 93.
200) 『西浦年譜』, 앞의 책, p. 94.
 " 許積이 曰金某事를 臣이 曾欲仰達이오나 …… 至於金某하야는 所達之言이 雖未至親合於臣身이나 自是有懷必達之意니 言可用則用之요 不可用則不用而已어늘 至彼徒配하시니 則非但添臣一罪요 豈不有累於聖德乎이까 "

등을 역임하기도 한다.

　서포의 두 번째 유배생활은 그의 나이 51세 때(숙종 13년, 1687년) 있었던 정치적 사건으로 선천(宣川)으로 유배 된다. 당시 김수항(金壽恒)이 영의정으로 있으면서 왕명을 받아 우의정을 가려 천거할 때 다섯 번씩이나 사람을 바꾸어 천거해도 숙종은 허락하지 않고 결국은 조사석(趙師錫)을 직접 지명하는 일이 있었다. 그런데 이때는 후궁 장씨가 숙의(淑儀)로 있으면서 숙종의 총애를 받고 있는 때였다. 장씨는 바로 조사석의 처비(妻婢) 소생이었던 관계로 사석이 젊었을 때 사통한 일이 있었고, 자주 사석의 집을 왕래하는 사이였기 때문에 그의 승상 지명은 옳지 못하다는 항간의 논의가 물 끓 듯하고 있었다. 서포는 이 사실을 잘 알고[201]있었음으로 상의 심사를 헤아리지도 않고 이와 같은 사실을 직언으로 아뢰어 화를 입게 된다.

　　" 신이 이런 따위의 말이 만에 하나라도 믿을만하다 여기어 군부께 의심을
　　두고 있는 것은 아닙니다만, 외간에서는 후궁 장씨의 어미가 조사석(趙師
　　錫)과 서로 친하게 지냈기 때문에 사석이 의정 벼슬을 받은 것은 이러한
　　연줄 때문이라고 합니다. " [202]

　라고 했다. 이에 상께서는 대로하시면서 언근(言根)을 밝히라 하나 서포는 상의 진노를 사서 귀양길에 오르면서도 궁액에 관계된 일이라 하여 이를 밝히지 않는다.[203]

---

201)『西浦年譜』, 위의 책. p. 199. " 閭巷이 又盛言 師錫이 拜相은 因緣私逕이라 ····· "
202)『西浦年譜』, 위의 책, p. 205 - 206.
　　　" 臣이 非以此等說로 爲萬一可信하여 而致疑於君父也로대 外間이 以爲後宮張氏之
　　　母ㅣ 與趙師錫으로 相親하니 師錫이 大拜는 有所因緣이라 "
203)『西浦年譜』, 위의 책. p. 224.
　　　" 自是閭巷間流轉之言일새 元無可指之處니 雖被沒身之誅라도 實無以指的仰對니이
　　　다. ······ 此言이 流轉이 已久하니 人孰不聞이리오마는 而曾無一人仰達 宸聽者는
　　　誠以言無根據하고 事關根扱이어늘 ····· "

IV. 『사씨남정기』의 새로운 탐구    327

그러자 상께서는 '만일 엄중히 추궁하지 않으면 인주의 위엄은 차차로 깎이어 약해지고 나라의 형세는 날로 위태로워 망하게 된 뒤에야 그칠 것이니 원찬(遠竄)하라' 명하여 선천(宣川) 적소로 떠나게 되어 두 번째 유배 길에 오르게 된다.

이 때 선천에 도착한 서포는 아직 남은 열정을 매우 아쉬워하고 있다.204) 그러므로 그의 두 번째 유배지인 선천에서는 많은 활동을 했던 것을 보게 된다. 개인적으로는 어머니의 생신을 맞아 그리운 회포를 시로 읊은 사친시(思親詩)를 남기게 된다.205) 또 모부인 윤씨의 소일거리를 삼게 하기 위하여 '일체의 부귀영화가 모두 몽환(夢幻)'이라는 요지의 글206)을 지어 부쳐드렸다 했으니 『구운몽』의 저작이 이때 이루어진 것으로 볼 수 있겠다. 그리고 또 이 지방의 이름을 따서 스스로 '서포(西浦)'라는 호를 짓기도 했다.

> " 부군이 이미 귀양지에 이르러 윤 부인의 생신을 맞이했다. 시를 지어 이렇게 말했다. '멀리 어머님께서 아들을 그리며 눈물 흘리실 것을 생각하니 하나는 죽어 이별이요, 하나는 생이별이로다,' 또 글을 적어 부쳐서 윤 부인의 소일거리를 삼게 하였는데 이 글의 요지는 ' 일체의 부귀영화가 모두 몽환이다 '는 것이었으니 또한 부군이 뜻을 넓히고 슬픔을 달래기 위한 것이었다. 귀양살이하는 지방의 이름을 따라 스스로 서포라 호를 지었다. " 207)

또 한편으로 그 지역을 위하여서는 관리들에게 위엄과 모범을 보

---

204) 『西浦文集』, 第三卷, 九月十三日 ' 出禁府赴宣川配所' " 情知又妄發 何足報深仁 尙有區區意 從玆恐莫伸 "
205) 『西浦文集』, 第六卷, 九月二十五日 謫中詩 三首.
206) 『西浦年譜』, 앞의 책, p. 227 의 註釋에서 金炳國은 이 책을 『九雲夢』으로 풀이하고 있다. (이는 『九雲夢』 著作 時期에 對한 重要한 根據가 되는 部分이기도 하다.)
207) 『西浦年譜』, 앞의 책, p. 227.
" 父君이 旣倒配에 値尹夫人生朝하야 有詩曰 遙想北堂思子淚하니 半緣死別이요 半生離로다. 又著書寄送하여 비作消遣之資하니 其旨는 以爲一體富貴榮華 都是夢幻이니 亦所以廣其意而慰其悲也라 因謫寓之地하여 自號西浦라 "

이셨으며, 문자를 알지 못하는 고을 사람들에게 글을 가르쳐 많은 인재가 나오게 하고 있다.208)

그러므로 이곳에는 서포 김만중을 모신 사당인 서포사(西浦祠)가 있어 왔다.209) 원래 선천은 평안북도 서남해안에 위치한 지역으로 안화(安化), 통천(通川), 선주(宣州)로 불렸던 곳이다. 동쪽은 정주군, 구성군과 인접해 있고, 서쪽은 철산군, 남쪽은 황해, 북쪽은 구성군 위주군과 인접해 있다. 이 지방의 자연환경을 보면 북부와 동부는 강남산맥의 여맥이 뻗어내려 대목(大睦)산(349m)과 문수산(文秀山 : 741m) 등이 솟아 있고, 평야의 곳곳에는 마성산(摩星山 : 262m), 좌이산(左耳山 : 383m), 대원산(大圓山 : 203m) 등의 잔구가 솟아 있다. 그리고 이 지역 중앙에는 검산(劍山 : 345m)이 있는데 봉우리가 칼끝같이 뾰족하다 하여 붙여진 이름으로 상토봉(上兎峰)과 월은봉(月隱峰), 검무봉(劍舞峰)이 주봉이나, 산세가 험하고 산꼭대기에는 기암괴석이 벼랑을 이루며 솟아 있어 경치가 뛰어난 곳이다.

역사적으로는 고구려가 평양 천도 후 발해만을 통한 대외 교역로의 중심이었으며, 평양과 요동지방을 연결하는 길목이 되기도 했다. 고려시대에는 북진기지로, 조선시대 특히 임란 시 선조가 의주로 몽진했을 때는 이곳에 행재소를 정하여 하루를 머물렀던 곳이기도 하다. 그러므로 유적 유물로는 이민족의 침입을 막기 위해 건축된 동

---

208) 『西浦年譜』, 위의 책, p. 227.
  " 邊俗이 始不知文字러니 如宣川과 定州와 及根邑人士 多造門請業하여 賴府君扇導하니 其後에 多成科하고 亦以行誼로 見稱하다 "
  『宣川郡邑誌』(宣川郡. 1854.)에 의하면 西浦祠는 肅宗 22년(1696년) 縣監을 지낸 田處烱과 車星遇 등의 建議에 따라 부사 南五星이 四敎書院의 하나였던 北書院에 西浦 金萬重을 配享하면서 設立된 祠堂이다. 金萬重이 仁顯王后를 廢하고 嬉嬪 張氏를 王后로 册封 할 때 南人들의 讒訴로 宣川에 流配되어 귀양살이를 하면서 그곳에 끼친 影響이 至大하였으므로 그가 죽은 후 張氏가 사사되고 仁顯王后가 復位되자 그의 위업을 기리기 위해 세워진 것으로 전해지고 있다.

림산성(東林山城)을 비롯하여 정묘·병자호란 시 피난처였던 검산성(劍山城) 등이 있고, 사찰로는 임란 시 『조선왕조실록』을 보관하던 보연사(寶錄寺)210)가 있으며, 명나라 후금 정벌에 참전하여 양하(深河)에서 전사한 선천부사 김응하의 충절을 기리는 요동백비(遼東伯碑)가 있다. 동림산성 안에는 홍화진 별장 양규(楊規), 구주별장 김숙흥(金淑興)과 유백부(庾伯符)를 제향하는 삼충사(三忠祠)가 있고, 향교의 서편에 서포 김만중을 제향하는 서포사(西浦祠)와 김응하 정기남을 배향하는 의열사(義烈祠), 그리고 의주부윤(義州府尹)과 청북수군방어사(淸北水軍防禦使)를 겸하면서 검산성 축성에 공이 컸던 임경업 장군과 정묘호란 때 순절한 월봉팔의사(月峰八義士)를 함께 배향하던 충민사(忠愍祠) 등이 있는 곳이기도 하다. 그러므로 이 지역의 자연과 역사 속에서 서포는 훌륭한 명작을 남기고 있다.

서포의 관직 생활은 계속되는 당쟁 속에서 굽힐 줄 모르는 강직함으로 다시 귀양길을 오르게 한다. 세 번째 귀양길에 올랐던 곳은 우리나라 최남단에 위치한 섬 남해(南海)였다. 그의 나이 53세 시(숙종 15년, 1689년) 정월 상께서 원자의 위호를 정하라 명했을 때, 여러 신하들은 중궁의 춘추가 한창이며 왕자가 탄생한지 겨우 몇 달이니 일이 너무 급하다 하여 반대하니 원자를 달갑게 여기지 않는다는 모함이 있었다. 이 때 우암(尤庵) 송시열(宋時烈)이 소(疏)를 올려 거조가 너무 급박함을 아뢰어 여러 신하들의 본심을 밝히자 상감께서는 진노하여 말하기를

" 송시열(宋時烈)이 산림의 영수로서 감히 이의를 제기하니 장수 없던 무리들이 (이제야 장수를 만났다고) 잇달아 일어나는 구나 " 211)

---

210) 寶錄寺, 壬辰倭亂 때 朝鮮王朝實錄을 이곳에 보관하게 되면서 원래 普光寺이던 절 이름을 寶錄寺로 改稱 했다고 함
211) 『西浦年譜』, 앞의 책, p. 235.

라고 하시면서 송시열을 제주에 전극212)할 것을 특별히 명하신다.

이렇게 되자 조정이 아주 달라져 흉악한 무리들이 대거 진입, 일시에 사류들이 귀양 가게 되어 소멸되자 상감께서는 다시 조사석의 문제를 거론하고 나온다. 이 때 대간들이 계를 올려 서포에게 벌을 내릴 것을 주청하여 말하기를

" 전 판서 김 아무개는 본래 송시열의 심복으로서 그의 참독한 행실을 끼고 돌았으며, 심기를 다하여 착한 이들을 해쳤습니다. 그리하여 그의 기량으로 명성과 위세를 한껏 펴서 조정을 흐려놓고 어지럽히는 것은 단지 여벌로 하는 일일뿐입니다. 지난해에 와서는 망극한 말을 지어내서 방자하게도 연석에서 아뢰어 聖上을 속이고 동조까지 모함하였으니, 생각하면 지금도 마음과 뼈가 서늘해집니다. …… 오늘 전하의 신하된 자를 위하여 엄중히 토죄하는 전법을 가하여 군부의 모함을 시원히 씻어내지 않으면 아니될 것입니다. 청컨대 (아무개를) 극변에 위리안치 하십시오" 213)

라고 하여 결국 남해의 적소로 귀양을 가게 된다. 이 때 모부인 윤씨는 귀양길에 오른 아들을 남성 밖에서 전송하며 이르기를 '나는 차마 네가 길 떠나는 것을 보지 못하겠으니 먼저 돌아가겠다'하고 가마에 오르니 서포 또한 가마 앞에 절하여 하직하고 손수 가마의 주렴을 매어 드리고 문 곁에 서서 바라보다가 길이 구부러져서 가마가 보이지 아니하자 눈물이 흘러 얼굴에 가득해져서 비로소 자리에 돌아가 앉았다고 한다. 214)

---

" 宋時烈 以山林領袖 敢生異議 無將之徒 接跡而起 "
212) 귀양간 사람이 있는 집의 담이나 울타리 밖으로 가시나무를 둘러치게 하는 일.
213) 『西浦年譜』, 위의 책, p. 333.
"前判書金某 本以時烈之腹心 挾其慘毒之行 費盡心機 장害善類 乃其技倆 虛張聲勢 濁亂朝廷 特其餘事 及至上年 做出罔極之言 肆然陳達於筵席 矯誣聖躬 誣逼東朝 思之 至今心骨俱寒 …… 爲今日 殿下之臣者 不可不嚴加討罪之典 快雪 君父之誣 請極邊安置 "

이렇게 떠난 것이 모부인 윤씨와 영원한 이별이 되었고, 서포 자신도 불귀의 객이 되고 만 최후의 유배지가 되고 만다.

서포는 이렇게 어려운 경우를 여러 차례 당하면서도 그의 의지를 굽히지 않고 역사적 사건에 대해 현실적으로 수용하면서 관인으로서의 태도를 잃지 않고 현실적으로 적절하게 대응 해 나간 것을 보게 된다.

이것은 세조(世祖)대의 동봉(東峰) 김시습(金時習)의 방외인적 현실 부정과도 다르고, 광해군대의 교산(蛟山) 허균(許筠)의 모반자적 현실 비판과도 다른 관인(官人)적 수용태도를 보인 것215)이란 점에서 서포만의 현실대응에 따른 유가(儒家) 지식인의 고뇌였음을 알 수 있다.

그는 모친에 대한 지극한 효성으로 한번은 귀양에서 풀려나게 되었고 다음에는 모친을 향한 사친시(思親詩)를 남겼으며 『구운몽』을 지어 올리기도 했으나 끝내는 남해로 유배되어 모친의 별세 소식을 듣고 애통해 하다가 풍토병으로 불귀의 객이 되고 마는 일생을 친애적 삶으로 일관되게 살아 간 것을 보게 된다.

다른 한편으로는 예학의 대가에서 태어나 모친에게서 직접 교육을 받음으로 그의 성품 중 여성 편향적216)이라 할 정도로 여성에 대한 남다른 애착을 갖게 되어 모부인 윤씨의 일생을 그린 『윤씨행장(尹氏行狀)』은 물론 이상적인 일부다처제의 합리화를 위한 『구운몽』과 같은 작품을 저술하기에 이른다.217) 뿐만 아니라 숙종의 민비 폐출

---

214) 『西浦年譜』, 위의 책, p. 245.
 "赴南海謫所 …… 夫人曰 吾不忍見汝發程 當先歸 乃登轎 府君 拜辭轎前 親結轎簾 立門側而望之 路見轎 則流淚忽滿面 而始入座"
215) 嚴基珠, "儒家의 小說的 對應樣相에 關한 研究", 成均館大學校 博士論文, 1992.
216) 西浦의 生涯를 通해 그의 爲人面에서 女性 偏向的인 人品을 지니게 된 계기를 살펴 보면 幼年時 母夫人 尹氏로부터 직접 敎育을 받으면서 家門의 名譽를 소중히 할 것을 강요받게 된다. 이것은 後日 母親에 대한 지극한 孝誠으로 證明 되어지고 있다.
217) 母親을 통한 敎育은 貞惠翁主(外曾祖母)로 부터 직접 전수된 宮中禮法의 基礎가 되었던 『列女傳』을 비롯한 女性敎訓書들의 전수과정을 통해 女性에 대한 偏向的 性格으로 나타나 母夫人 尹氏를 위해 八仙女의 이야기를 통한 人生無常을 그리고 있는 『

사건과 같은 역사적 사건을 보고 그대로 있을 수가 없어 그 부당함에 대한 충간을 서슴지 않다가 수차의 유배생활을 하게 된다. 특히 그는 유년시절 모친을 통해 교육을 받으면 외증조모였던 정혜옹주(貞惠翁主)를 통해 전수된 『열녀전(列女傳)』의 영향 또한 컸던 것을 알 수 있다. 즉, 『열녀전』의 『반첩여전(班捷妤傳)』에서 한(漢)나라 성제(成帝)의 왕비 반첩여(班捷妤)와 같은 현숙한 여인을 항상 동경했고, 『조비련전(趙飛燕傳)』에 나오는 비련(飛燕)과 같은 여인을 항상 경계해 오고 있었다. 그런데 바로 궁중에서 민비 폐출과 장희빈의 왕비 영입과 같은 일이 일어나게 되자 전한시대에 있었던 반첩여와 조비련 사건과 너무나 흡사하여 그는 민비를 옹호고 희빈 장씨를 경계하게 된다. 그러므로 수차에 걸쳐 민비 폐출의 부당함을 숙종께 충간 했으나 통하지 않고 오히려 화만 당하는 결과를 가져오게 된다. 이것은 마치 『고열녀전(古列女傳)』의 작자 유향(劉向)의 생애와도 유사한 점을 발견하게 된다.[218] 이렇게 강직한 충간에도 효과가 업자 민비의 현숙함과 장씨의 얼총적 사건을 연결시켜 한 가정에서 처첩간의 갈등이 빚어낸 사건을 허구화하여 『사씨남정기』를 저술하기에 이른다.

이것은 통속소설의 효용론[219]을 주장했던 서포로서는 당시의 역사적 체험을 사실적 기록보다 통속적 소설로 저술함으로 많은 사람들에게 감동을 줄 수 있다고 생각하였던 것 같다. 이와 같은 그의 문학관에 비추어 볼 때 당시의 역사적 사건을 통해 부부윤리가 가정의 기초가 됨을 강조하기 위해 처첩간의 갈등적 사건으로 야기 된 가정

---

九雲夢』을 著述했고, 또 母夫人 尹氏의 行狀을 記錄한 것 등을 보게 된다.
218) 禹快濟, 『韓國家庭小說硏究』, 高麗大學校 民族文化硏究所, 1988.
219) 金萬重, 『西浦漫筆』 p. 650.
  " 聽說古話 至說三國事 聞劉玄德敗 嚬蹙有出涕者 聞曹操敗 卽喜唱快 步其羅氏演義之權輿乎 今以陳壽史傳 溫公通鑑 聚衆講說 人未必有出涕者 此通俗小說之所以作也 "

문제를 중심으로 여성을 경계하고자 하는 교훈적 목적과 아울러 왕에게도 경계토록 하기 위해 이 작품을 저술한 것이라 생각된다.

원래 문학이란 작가의 가치 있는 체험의 기록이란 점에서 서포가 『열녀전(列女傳)』을 통한 간접체험을 기반으로 당대의 역사적 사건이 소재가 되어 문학의 교훈적 목적성[220]이 강조된 허구적 인물 사씨의 일대기를 여성전의 성격으로 표현한 작품이라 할 수 있다.

그러므로 그 내용에 있어서는 한 가정을 중심으로 후사를 얻기 위해 야기된 처첩간의 갈등에서 선한 정실부인이 악의 화신으로 대표되는 첩의 모함을 받아 쫓겨나고 남편까지 유배되어 일가가 파탄 지경에 이르렀다가 다시 정실부인을 맞아들이게 되어 가운이 회복되는 가정소설로 사씨가 교녀에게서 쫓겨났을 때 선영이 있는 곳으로 몸을 피했을 때 조상들의 현몽으로 동청의 화를 면하게 된 것으로 표현하는 것이나 장사에 두부인을 찾아가겠다고 남정 길을 나서는 것 등 모두가 모성 본능적인 혈연관계를 중시해서 표현하고 있는 것을 보게 된다.

이렇게 서포는 당대의 대학자요, 정치가요, 최고의 지식인으로 현실적으로 표출된 문제를 현실이 아닌 이상적 문학으로 조화롭게 풀어 보려고 노력하면서 항상 유년시절 모부인 윤씨로부터 받았던 교훈적 내용들이 무의식에 침잠되어 친애 적 의식으로 작품에 표출되어 나타나고 있다.

### 4) 결 론

『사씨남정기』는 『구운몽』과 함께 서포(西浦) 김만중(金萬重 : 1637 - 1692)이 지은 우리 소설사에 중요한 위치를 점하고 있는 작

---

220) 崔載瑞, 『文學과 知性』, 人文社, 1938, p. 18.

품으로 그 동안 많은 연구가 이루어져 왔다. 특히 조선조 숙종 대에 있었던 역사적 사건인 민비 폐출과 희빈 장씨 사건과 관련이 있다하여 욕오성심(慾悟聖心)의 목적소설론이 제기되었던 작품이다.

본 고에서는 작자 서포의 생애와 학문적인 계통을 통해 당시의 대 정치가요, 학자요, 최고의 지식인으로서의 역사적 사건에 대처하는 지식인의 고뇌와 문학적 대응양상에서 좀더 나아가 작가적 의식의 형성 과정과 작가의식을 살펴보고자 했다. 이를 정리 해 보면 다음과 같다.

첫째, 그의 작가의식의 형성 과정을 두 가지 측면에서 살펴보았다. 그 하나는 생애를 통한 것이었고 또 다른 하나는 학문적 계통을 통한 것이었다. 그의 생애를 통해 알 수 있는 것은 그가 병자호란 시 강화도(江華島)의 피난길에서 돌아오다 배 위에서 출생하여 선생(船生)이란 아호가 있을 정도로 기구한 운명의 유복자로 태어나 유년 시 모부인 윤씨의 지극한 사랑을 받으며 『소학(小學)』, 『사략(史略)』, 『당시(唐詩)』와 같은 기초적인 지식을 직접 교육받으면서 성장하는 과정을 통해 모친에 대한 친애의 정이 누구보다 더했던 것을 알 수 있다. 그리고 자라서는 叔父나 형 만기(萬基)에게서 가르침을 받아 당시 예학(禮學)의 대가였던 사계(沙溪) 김장생(金長生)의 증손으로 학문적 계통을 이어받으며 고시(古詩), 악부(樂府) 등을 비롯하여 천문(天文), 역법(曆法) 등에도 지대한 관심을 보인다. 그러므로 그는 서양역법을 수용하여 그 이론의 확실성을 논리적으로 증명했고, 지구가 둥글다는 사실을 받아들이지 못하는 사대부들의 의식을 꾸짖기도 했다. 뿐만 아니라 당대 지식인들이 신성시하던 주자학의 절대적 권위를 인정하려하지 않았으며 주희의 경전해석에도 의문을 제기하여 다양한 논의의 필요성을 주장 할 만큼 진보적인 학문적 태도를 보이면서 배청(背淸) 존명(尊明)의식이 형성된 것을 알 수 있었다.

둘째, 그의 작가의식은 크게 둘로 지적 될 수 있으니 존명 의식과 친애(親愛) 의식이다. 먼저 존명 의식을 살펴보면『사씨남정기』자체가 명대 소설적 특징을 지닌 작품으로 평가를 받고 있어 명나라에 대한 지식과 존경이 얼마나 컸던가 하는 것을 알게 된다. 그리고 그의 친애 의식은 그가 살았던 시대적 배경에서 세 번의 귀향길에 어머니와 관계된 내용들로 보아 쉽게 알 수 있다. 그가 살았던 17세기는 한마디로 당쟁의 시대였다. 인조반정(仁祖反正 : 1632년)이나 기해예송(己亥禮訟 : 1659년)과 같은 정치적 혼란과 기사환국(己巳換局 : 1689년)이나 갑술환국(甲戌換局 : 1694년)과 같은 정변이 계속되면서 노론의 몰락과 남인의 득세로 서인에 속했던 서포의 유배생활은 계속된다.

유배 생활의 첫 번째는 그의 38세(1674년) 때 효종 비(孝宗妃) 복상(服喪)문제로 서인의 몰락과 함께 어전에서 영의정의 파직을 주장하다 당색이 짙은 언사라는 질책을 받고 금성(金城)으로 유배되었다가 논박을 받았던 허적의 간청으로 풀려나게 된다.

그리고 두 번째 유배 생활은 그의 나이 51세(1687년) 때 숙종 13년에 있었던 정치적 사건으로 화를 입어 선천(宣川)으로 유배된다. 그는 선천 유배 생활에서 남은 열정을 아쉬워하며 복귀할 날을 기다리며 어머니를 그리워하는 사친시(思親詩)를 비롯하여『구운몽』을 저술하고 지방민들을 교육하는 일을 게을리 하지 않아 많은 인재를 배출했으며 후일 이곳 사람들에 의해 그의 위업을 기리고자 설립한 서포사(西浦祠)가 남아 전해지고 있기도 하다.

다음으로 세 번째 유배 생활은 그의 나이 53세(1689년) 때, 원자의 위호를 정하라는 명에 거역하다 대간들의 계에 의해 남해 적소로 귀양길을 떠나게 된다. 이것은 모부인 윤씨와 영원한 이별이 되었고 불귀의 객이 된 최후의 유배지로서 남해(南海)는 『사씨남정기』의 작품 배경이 되고 있어 최후까지 이어졌던 모친과의 관계를 알 수 있게 한다.

이렇게 계속되는 유배생활 속에서도 노모를 그리는 친애의 정은 한시도 잊을 수가 없어 그리워 하다가 모친의 별세 소식을 듣고 통곡하면서 쇠약해진 몸에 풍토병을 얻어 불귀의 객이 되고 만 것은 그의 친애 적 의식이 얼마나 강했나 하는 것을 알 수 있게 한다.

## 5. 『사씨남정기』의 남정로(南征路) 고찰

작품에 나타난 남정로(南征路) - 금성 순천부(順天府), 사천성 성도(成都), 악양(岳陽)의 악양루(岳陽樓)와 황학루(黃陵廟), 동정호(洞庭湖)의 군산(君山)

### 1) 들어가며

한국은 중국과 지리적인 인접국으로 많은 문화적 수수 관계를 유지해 오면서 문학적으로는 중국을 무대로 하는 작품이 많이 나오게 된다. 고소설의 무대가 대부분 중국으로 되어 있는 것은 한국인들의 중국문화 도취와 중국에 대한 무지, 그리고 이국 풍속에 대한 호기심 및 직필로 인한 필화의 우려 때문이라 했다.[221]

『사씨남정기(謝氏南征記)』는 서포(西浦) 김만중(金萬重 : 1637 - 1692)이 지은 중국을 무대로 한 가정소설이다.[222] 중국을 무대로 창작된 소설이 표현 문자를 한자로 바꾸어(김춘택에 의해) 중국에까지 전해지게 되고 보니 무대가 중국이고 표현 형식이 명·청대의 소설

---

[221] 金台俊,『朝鮮小說史』, 淸進書館, 1933, P.15 - 16.
[222] 禹快濟,『韓國家庭小說 硏究』, 高麗大學校 民族文化硏究所, 1988.

과 유사하여 중국 소설로 오인되기도 했다.223)

원래 한국과 중국은 지리적인 인접국일 뿐만 아니라 문화적 수수 관계가 빈번하여 중국문학이 한국문학에 끼친 영향224)이 적지 않다는 것은 사실이다. 더구나 같은 한자 문화권으로 우리 조상들은 한자로 문장을 표현 해 왔고 또 한문 문장에 익숙했기 때문에 중국의 모든 문학 작품들을 쉽게 배우고 익혀왔던 것도 사실이다. 그 결과 현재 전해 오고 있는 우리의 고전 문학 작품들은 중국의 역사, 지리, 풍속 등이 그대로 원용되고 있다. 그러므로 한국문학을 연구하기 위해서는 중국의 역사, 지리, 풍속 등을 조사 연구하지 않으면 이해하기 어려운 부분들이 상당히 많이 나타난다. 물론 이와 같은 중국의 연구가 반드시 비교문학적인 연구를 위한 것이라 할 수는 없지만 한국문학을 정확하게 이해하는 것은 초국가적 시야의 확대를 통해 문학의 세계주의적 경향과도 연관될 수 있는 방안으로 생각되어 더욱 중요시 된다225)고 하겠다.

이러한 관점에서 볼 때 중국을 무대로 중국의 문자를 써서 표현한 우리문학을 연구하는 데는 비교문학이라는 입장보다는 국제간의 문학적 관계226)로 보고 심도 있는 연구가 이루어 져야 될 것으로 본다. 그런데 지금까지는 한국문학에 나타나는 배경적 무대가 된 수많은 중국 지역들에 대한 연구는 거의 없었다. 불란서의 비교문학자 M.F.Guard는 그의 저서 『비교문학(比較文學)』(La Litterature com -paree)에서 여행기(travelogue) 같은 것이 한 나라의 다른 나라에 대한 이미지 탐구에

---

223) 朱眉淑, 『南行記』的表現與評價, 明淸小說論叢 第三輯, 中國 春風文藝出版社, 1985.
224) 韋旭昇, 『中國文學在朝鮮』, 中國, 花城出版社, 1990. ( 禹快濟, 李海山 共譯, 『韓國文學에 끼친 中國文學의 影響』, 亞細亞文化社, 1994.)
225) 禹快濟 『南征記』의 南征路를 通해 본 西浦의 中國 認識 考察, 國語國文學 第115號 國語國文學會, 1995.
226) 李慧淳, 『比較文學』, 科學情報社, 1993, P.38.

기초가 된다는 것을 명백히 암시한 바 있다. 그는 특히

> " 여행기의 지식은 한 학자, 또는 한 나라에 관한 전설의 형성을 이해하는
> 데에 가장 중요하다. 제쉬에이트 교부들의 '유익한 편지'에서 철학자가 쓴
> 우화에 이르는 사이에 유덕한 중국인의 형태가 묘사되어 그것이 마침내 상
> 징의 영역에까지 도달한다고 하는 예도 생긴 것이다." 227)

라고 하여 여행을 통한 현지답사가 문학 연구, 특히 비교문학에 중요한 역할을 할 수 있음을 시사 해 놓고 있다. 이에 논자는 『사씨남정기』에 나타나는 사씨의 남정로를 따라 여행을 통해 직접 답사228)함으로 당시 중국을 여행하지 않고 『사씨남정기』를 쓴 저자 서포의 중국 이해에 대한 일면을 고찰 해 볼 수 있었다. 229)

2) 작품에 나타난 남정로(南征路)

(1) 금릉(金陵) 순천부(順天府)

『사씨남정기』는 사씨가 남방으로 화를 피하여 떠났던 것을 기록한 것으로230) 작품의 지리적 배경이 되고 있는 것은 처음 남주인공

---

227) M.F.Guard. La litterature comparee,( 李慧淳, 위의 책 ), P.37.
228) 筆者가 1994년 9월부터 1995년 8월까지( 1년간) 中國 北京大學 交換敎授로 北京에 滯留中 1994년 11월 17일부터 1994년 12월 6일까지 四川省 成都로부터 重慶으로, 重慶에서 長江三峽을 통해 岳陽, 武漢, 南 京, 上海를 旅行하면서 『謝氏南征記』에 나타난 謝氏의 南征路를 따라 그에 얽힌 遺跡地를 現場 踏査할 수 있었다.
229) 朝鮮時代의 많은 古小說들이 中國을 舞臺로 하고 있어 『謝氏南征記』의 南征路 考察은 朝鮮時代의 大文章家였던 西浦의 中國에 대한 理解의 方法이나 그 깊이 등이 餘他 다른 小說들에 나타나는 中國의 地所들을 理解하는 데에도 필요한 典範의 口實을 할 수 있으리라고 본다.
230) 金戊祚, 『西浦小說硏究』, 螢雪出版社, 1981.
이 책에서 『南征記』라 함은 ' 西浦가 恨이 맺힌 黨爭으로 인한 南人을 정벌한다' 고 하는 뜻에서 붙여진 이름으로 해석하고 있다. 그러나 이것은 當時의 歷史的 상황을 너무 심각하게 보고 극단적으로 해석한 것이 아닌가 생각되어 작품의 內容에 따라 謝氏가

유연수와 여주인공 사정옥의 거처를 중심으로 살펴 볼 수 있다. 남주인공 유연수는 현전하는 이본 중 한문본계에서는 거의 '북경(北京) 순천부(順天府)'로 나오고 있으며, 국문본 계에서는 '금릉231) 순천부232)'로 나오고 있다. 이것은 국문본을 서포가 쓰고 한문본은 북헌이 서포의 소설을 한문으로 번역한 것으로 볼 때, 원래 금릉(金陵) 순천부(順天府)로 되었던 것을 합리적으로 북경 순천부로 고쳐 번역한 것이 아닌가 생각 된다.233) 그러나 시대적 배경으로 제시되고 있는 '대명(大明) 가정(嘉靖)년간'은 명나라 세종(世宗 : 1522 - 1566)대 46년간을 이르는 것으로 이때는 분명 금릉(金陵)이 아닌 북경이 중국의 수도로 있던 시기였다. 그러므로 지리적 배경으로 설정된 국문본계의 '금릉(金陵) 순천부(順天府)'는 '북경(北京) 순천부(順天府)'로 볼 수밖에 없으며 한문본에서 모두 북경 순천부로 나오는 것은 지리적 합리성을 살린 것으로 해석된다.

다음으로 여주인공 사씨는 '산성사급사지처자(新城謝給事之處子)'234)로 나오고 있어 그의 집이 신성현(新城縣)235)이었음을 알 수 있다.

---

南方으로 禍를 피해 옮겨 간 것으로 보고자 한다.
231) 金陵은 현재 中國의 江蘇省 江寧縣으로 명나라 朱元章이 建國하면서 首都로 삼아 南京이라 했던 곳이다.
232) 順天府라는 名稱은 中國 古代로부터 首都에다 設置했던 府名으로 명나라 第三代 임금 成祖가 지금의 北京으로 首都를 옮기고 順天府라 했다. 따라서 金陵 順天府가 아니라 北京 順天府라고 하는 것이 옳다. 漢文本係에서는 모두 北京 順天府로 나오고 있다.
233) 『謝氏南征記硏究』를 낸 李金喜는 그 文獻學的 硏究로 異本 硏究에서 『飜諺南征記』에 나오는 '附凡例'만을 중시 序頭의 地理的 背景 問題는 異本 硏究의 중요한 항목으로 잡고 있지 않다. 그러므로 西浦 原作의 국문본계열과 漢文本(金春澤 및 그 외 사람들의 飜譯本 系列)의 再譯 국문본 계열과의 중요한 辨別的 要因으로 작용할 수 있는 背景 問題를 중심으로 차후 異本의 再 硏究를 試圖, 西浦 原作 系列의 국문본 인지 漢文 飜譯本 系列의 국문본인지 하는 異本에 대한 具體的인 論議를 다시 試圖 해 볼 수 있는 일로 생각 된다.
234) 『飜諺 南征記』, 金萬重 文學 硏究, 國學資料院, 1994.
235) 新城縣은 中國에 있는 地名으로 여러 곳에 나오고 있어 그 정확한 地域을 밝히기 어

즉, 신성현에 살던 사씨가 유연수와 혼인하게 되어 순천부 유한림 댁으로 오게 되고 후사가 없어 교녀를 첩으로 맞이해 들이게 함으로 교녀의 모함을 받고 집을 쫓겨 나와 유씨 댁 선영의 묘하로 가는데 서 부터 남정길이 시작된다.

### (2) 사천성(四川省)의 성도(成都)

작품에 보면 집을 떠난 사씨는 친정집으로 돌아가지 아니하고 성도(成都)[236]에 있는 유씨 선영(先塋)의 묘하(墓下)로 향한다.

> "이때 사씨 교부를 분부하야 신성현으로 가지 말고 성도 묘하로 향하라 하니 하리 청녕하고 유씨 묘하에 이르러 슈간 초옥을 으더 쳐하니 ──────" [237]

라고 하여 사씨가 유한림 댁에서 쫓겨나 성도로 향한 것을 보게 된다. 이때 북경과 성도(또는 금릉(金陵 : 현 남경)를 지리적으로 살펴 볼 때, 그 거리는 엄청나게 먼 거리임을 알 수 있다.[238] 자동차나 비행기 같은 교통수단이 발달되지 못했던 당시로서 성도로 갔다고 하는 것은 작품상에서 상상으로나 가능했지 내왕이 쉽지 않은 곳으로 현지를 이해하지 못한 작품적 표현임을 알 수 있다. 성도는 사천성의 수도로 북경에서 현재에도 기차로 40 - 50시간이 소요되며 비

---

렵다. 다만 윤세형의 『謝氏南征記』 註解( 1955 )에 보면 지금의 直隸省 保定府에 속한 地方이라 했으나 어느 지역인지 알기 어렵다. 北京 近處에 있는 시골이 아닌가 생각된다.

236) 成都는 四川省의 首都로 中國 歷史 文化의 名勝地로 有名한 곳이다. 특히 戰國時代 蜀國의 首都로 많은 유적들이 산재되어 있다. 주변에는 峨眉山이 있고 樂山大佛, 大足石刻, 蜀錦, 蜀綉, 竹器등이 유명하다.
237) 謝氏南征記, 『舊活字本古小說 全集』, 第4卷, 仁川大學校 民族文化硏究所, 1993, P. 493.
238) 北京에서 成都까지 약 1300 Km로 비행기로 2시간 정도 걸리는 거리이며 金陵(現南京)으로 했을 때도 南京에서 成都까지의 거리가 약 2000 Km에 이르게 된다.

행기로도 2시간 이상이 걸리는 먼 거리이다. 그러나 작품에서 남정로의 첫 출발점을 성도로 가게 함으로 장강을 타고 내려가면서 남정하게 하는 길을 열어 놓는다. 서포는 어떻게 이 길을 통해 사씨가 남정할 수 있게 했을가하는 것이 주목의 대상이 되지 않을 수 없게 된다. 북경에서 성도까지는 육로였다면 성도에서부터는 장강(長江)을 따라 내려 갈 수 있는 수로(水路)가 열리는 시발점이기도 한 곳이다.

성도의 유씨 선영하에 머물던 사씨는 수로를 통 해 남정하게 된다. 작품에서 보면 동청이 보낸 냉진에 의해 두부인의 편지를 받고 본가로 돌아가려다가 꿈에 조상들의 현몽으로 계시를 받아 거짓 편지임을 알게 되고 남쪽으로 가라는 명을 받아 두부인이 있는 장사(長沙)를 향해 남정 길에 오르게 된다.

> "이때 사씨 남으로 가는 배를 웃지 못하야 근심하더니 맛참내 남경으로 가는 상고선을 만나니 ----- (중략)------ 배를 다혀 오르믈 청하니 사씨 존고묘하에 나아가 재배 하직하며 유모와 차환이며 챵두 장삼을 다리고 배에 올라 남으로 향하니라." 239)

라고 하여 성도에서 남경으로 배를 타고 떠나는 것을 보게 된다. 성도에서 남경까지는 지금도 많은 배들이 오고 가는 장강을 통한 수로임을 알 수 있다. 성도에서 장강을 따라 내려가다 보면 중경(重慶)이 나온다. 장강은 원래 그 발원을 청장고원(靑藏高原)240)으로 보고 청해(靑海)를 거처 서장(西藏), 사천(四川), 운남(雲南), 호북(湖北), 강서(江西), 안휘(安徽), 강소(江蘇), 상해(上海) 등 10개 성, 시, 자치구를 지나 약 6380 Km를 흘러 동해로 들어가는 중국에서 제일 긴 강이며 세계에서 3번째 긴 강이다. 장강 연안에는 많은 역사유적

---
239) 『謝氏南征記』, 위의 책, P.498.
240) 李春日, 『長江探險記』, 中國 民族出版社, 1992.

은 물론 도시들이 발달되어 있다.

중경에서 수로로 악양(岳陽)까지 가는 길에는 중국 최고의 명승지로 알려진 장강삼협(長江三峽)241)이 있어 많은 관광객들이 찾는 곳으로 유명하다. 장강삼협은 중경에서 무한(武漢) 사이에 있는 총 길이 192 Km에 달하는 협곡으로서 구당협(瞿塘峽)과 무협(巫峽), 서능협(西陵峽)을 이르는 것으로 이 삼협을 지나는 강 언덕에는 아름다운 경치는 물론이거니와 많은 고적들이 산재 해 있고 중국 전래의 유명인들에 대한 신화와 전설들이 풍부한 곳이기도 하다. 또한 오랜 역사를 지내 오면서 많은 사람들의 오고 간 발자취가 그대로 남아 있는 곳이기도 하다. 시인묵객(詩人墨客)은 물론 많은 풍류명사(風流名士)들의 천태만상이 그대로 비쳐져 남아 있고, 기암괴석과 신비로운 자연 현상들은 보는 이들로 감탄하지 않을 수 없는 곳이기도 하다.242) 특히 중경에서 악양 사이에는 파국(巴國)의 조능(祖陵) 소재지인 배능(陪陵)이 있고,243) 사람이 죽어서 음귀(陰鬼)가 돌아간다는 지옥으로 알려진 풍도성(豊都城)244)이 있다. 이 풍도성은 중경에서 장강을 타고 172 Km쯤 내려가면 북쪽 강안에 보인다. 평도산(平都山) 위에 십여 개의 전각이 있는데 안으로는 음양계(陰陽界), 나

---

241) 현재는 장강댐으로 수몰되어 옛 모습을 찾을 길이 없다.
242) "長江以其源遠流長而得名 拖發源于青藏高原的 唐古拉山脈主峰各拉丹東雪山西南側 流經青海, 西藏, 四川, 雲南, 湖北, 湖南, 安徽, 江蘇, 上海 等 十個省, 市, 自治區, 拖匯集了七百多條支流 浩浩蕩蕩奔瀉六千三百八十公里而注入浩澣的東海成爲我國第 一 世界第三大河 ----"(『長江三峽』 重慶長江輪船公司, 1986. P. 1.)
"但三個峽又各有其特點 瞿塘峽以廣偉雄壯著稱 巫峽以其幽深秀麗聞名 西陵峽則以灘多險峻憚人使三峽勝景更爲盡富多彩 更有那許許多多的名勝古迹 流傳看奇妙動人的神話故事 令人無限神往 古今往來多少詩人畵家 風流名士 慕名而來 爲其吟詩作畵 描繪拖的于姿萬態 遊覽三峽 欽賞奇光異景是一種 非常美妙的亨受---"(위의 책, p.16 - 17)
243) "陪陵位于長江南岸 --- 兩千多年前 區里曾是巴國的政治中心和 祖陵所在地 " (위의 책, P. 4.)
244) "以前有一種傳說 說是凡人死後 陰魂都要歸入豊都鬼城 --- " (위의 책, P. 6.)

하교(奈何橋), 망향대(望鄕臺), 옥황전(玉皇殿), 염왕전(閻王殿), 운소전(雲宵殿) 등등이며 이를 통털어 음조지부(陰曹地府)라 하고 전각 내에는 각종 소상(塑像)과 각종 귀신들의 모양을 묘하게 살아 있는 것 같이 만들어 놓았다.

　장강을 따라 계속해서 내려가게 되면 주(周)말 파국(巴國) 내란시 충신 파국 장군 파만자(巴曼子)의 고향인 충주(忠州)가 있고, 운양현(雲陽縣)에 이르면 장강 남안에 촉한(蜀漢) 명장이었던 장비(張飛)를 모신 장비묘(張飛廟 : 一名, 張桓祠)가 있어 『삼국지연의(三國志演義)』의 배경적 유적지임을 쉽게 확인 할 수가 있다. 이곳의 현전 시설물들은 1700여 년 전 고인들의 전설에 의해 기념당을 건립한 것이라고 한다. 그 규모를 보면 정전(正殿), 방전(旁殿), 결의루(結義樓), 망운헌(望雲軒), 조봉각(助鳳閣), 두견정(杜鵑亭), 득월정(得月亭) 등으로 되어 있고, 비기(碑記)에 보면 " 양천감십삼년(梁天鑑十三年) 파양왕(播陽王) 익주군부솔오만인과차(益州軍府率五萬人過此) " 245) 라 한 것을 볼 수 있다.

　구당협(瞿塘峽)에 이르면 촉한(蜀漢)황제 유비(劉備)와 관우(關羽)의 이야기가 서려 있는 백제성(白帝城)이 있고, 무협(巫峽)에 이르면 우왕(禹王)의 치수(治水)를 도운 왕모의 딸 요희(謠姬)의 전설이 있는 신녀봉(神女峰)이 나온다. 장강삼협 중 가장 길고 가장 아름다운 곳으로 지칭되는 이곳에는 왕모(王母)의 열두 자매가 변하여 되었다고 하는 운우무산(雲雨巫山) 12봉의 기암괴석을 빼놓을 수가 없다. 또한 전국시대 위대한 사상가요 정치가요 애국시인이었던 굴원(屈原)의 고향이 이곳에 있어 강 언덕에 굴원묘(屈原廟)가 전해지고 있는 곳이기도 하다.

　그는 <이소(離騷)>와 <구가(九歌)> 같은 천고불후의 명작들을

---

245) 『長江三峽』, 위의 책, P.13.

남겨 그의 조국 사랑에 대한 국민들의 뜨거운 애정은 굴원묘와 함께 그의 고향에 기념관을 건축하여 그의 정신을 높이 찬양하고 있는 것을 볼 수 있다. 무협(巫峽)을 지나 서능협(西陵峽)에 이르게 되면 물살이 점점 빨라지면서 의창(宜昌)을 지나 황릉묘(黃陵廟)에 이른다. 황릉묘는 서릉협 내의 중요한 명승고적으로서 장강 남쪽 언덕에 조그만 분지 위에 위치하고 있어 앞에는 큰 강과 연해 있고 뒤로는 산언덕에 의지해 있다. 황릉묘는 춘추시대에 건축되기 시작하여 삼국시대 제갈양에 의해 중건되기도 한 오랜 된 사당이다. 현재는 우왕전(禹王殿)만 남아 있고 그 안에 우왕의 소상(塑像)과 비각제기(碑刻題記) 등 문물만이 보존되어 있다.246) 장강을 타고 서릉협을 빠져 나오게 되면 의창(宜昌)에 이르게 된다. 이곳에는 현재 갈수패(葛水浿)라고 하는 대형 수력발전소가 있으며, 갑문식(甲門式) 운하를 만들어 배를 통행시키고 있다. 이것은 장강의 오랜 역사와 중국인들의 전통적 내륙운하를 이용하는 지혜의 일단임을 알 수 있다.

(3) 악양(岳陽)의 악양루(岳陽樓)와 황릉묘(黃陵廟)

① 악양루(岳陽樓)

장강을 따라 내려가면 다음으로 도착되는 곳이 악양(岳陽)이다. 악양에는 악양루(岳陽樓)가 있고 동정호(洞庭湖)가 있으며 동정호 안에 군산(君山)이 자리하고 있다.

원래 악양루는 그 경치가 빼어난 동정호 가에 자리하고 있어 역대로 많은 문인들이 찾았던 곳으로 유명한 작품들이 모두 이곳에서

---

246) "黃陵廟是西陵峽內重要的名勝古迹 拖座落在長江南岸的盆地上, 面臨大江 背依山崖 相傳黃陵廟始建于春秋時期 三國時諸葛亮曾可重建 由于時間久遠 現在黃陵廟只有 禹王殿 系明代萬曆四十六年(西紀 1618年) 所建 廟內有大禹塑像和碑刻題記等文物 "(위의 책, P.39. )

나오기도 했다.[247] 특히 당(唐)나라 시대의 시선(詩仙)으로 알려진 이백(李白)은 사천성(四川省)에 머무는 동안 여러 차례에 걸쳐 동정호에 배를 띄우고 많은 시편들을 남긴 것을 알 수 있다.[248] 그런데 『남정기』에서는 성도를 떠난 배가 지나온 과정은 모두 생략되고 지명도 생략된 채 풍랑이 일어 배를 뭍에 대고 한 집을 찾아가 잠시 쉬었다 가는 것으로 되어 있다. 이때 만난 사람이 뒤에 유한림에게 천거되어 소실로 삼은 임씨였다. 작품에 보면

" 배 점점 행하야 한 곳에 이르러는 풍랑이 대작하고 사씨 또한 토사에 병이 대단하야 신긔불편하매 배를 뭍에 다히고 집을 어더 치료할새 쥬인녀자 가장양순하야 대접하믈 극진히 하니 ------ "[249]

라고 했다. 그리고 또 다음으로 잠시 머물었던 곳은 늙은 창뷔 죽었을 때 장사하기 위해 강 언덕에 올랐던 것으로 되어 있다. 이곳에서도 역시 지명을 사용하지 않고 있다. 작품을 보면

" 즉일 발행하야 수일 행하더니 노창뷔 나히 늙고 수토에 익지 못하야 병들어 죽으니 부인이 비상 감창하고 불행하믈 이긔지 못하야 배를 머무르고 장삼을 강가 언덕에 안장하고 떠날새 -------- "[250]

라고 했다. 다음으로 도착 한 곳은 바람에 쫓겨 동정(洞庭) 위수(渭水)로 좇아 악양루 아래가 된다. 작품을 보면

---

247) 文萬作. 王毅, 名人與岳陽樓, 中國 湖南大學 出版社, 1988. P. 6.
248) "離開四川以後的三十多年間 曾六次泛舟洞庭 留下許多吟詠洞庭湖 岳陽樓 君山的 優美詩篇" (위의 책, P. 7.)
249) 『謝氏南征記』, 앞의 책, p. 500.
250) 위의 책, P. 500.

> " 수일만 행하면 장사를 득달하리라 하거날 사부인이 전뢰 갓가옴을 깃거
> 배를 빨리 저어 행하더니 사씨에 운액이 점점 닥쳐오는지라 홀연 풍랑이
> 대작하며 파도 흉용하야 배 바람에 쫓겨 동정위수로 좃차 악양루 아래에
> 이르니 ---- " 251)

라고 하여 사씨가 임의로 오게 된 것이 아니라 풍랑에 밀려 동정 호변에 이르게 된 것을 알게 된다. 장사를 향해 가던 사씨가 풍랑에 의해 뜻 밖에 동정호변에 이르게 되자 갈 곳도 없고 의지할 곳도 없어 자결하려 한다. 이를 작품에서 보면

> " 예서 죽은 후 혹 사람이 나의 사생을 뭇나니 잇셔도 이에서 익슈 함을 알
> 게 하라 하고 이에 남글 깍고 크게 쓰되 모년 모월 모일에 사씨 정옥은 구가
> 의 출뷰 되어 이의 이르러 진퇴무로 하매 익슈 하노라 ---- " 252)

라고 쓰고 통곡하며 물에 뛰어 들려 할 때 유모 등이 좌우로 부축하여 말린다. 이때 밤은 깊고 사면의 귀곡성(鬼哭聲)과 황릉묘(黃陵廟)상에 두견성(杜鵑聲)이 처량하고 소상죽림(簫湘竹林)에 귀신 우는소리가 그치지 않으니 이 밤을 악양루(岳陽樓)에 올라 보내자고 권하여 악양루에 오른다. 그리고 이곳에서 하루 밤을 지내고 났을 때 황성에서 구경 차 온 사람들의 떠드는 소리를 듣고 강변 수풀로 몸을 피해 들어간다. 이를 작품에서 보면

> " 이러구러 날이 어둡고 동녘에 달이 오르니 월색이 강상에 비취는 대 사
> 면에 귀곡성과 황릉묘상에 두견성이 처량하고 소상죽림의 귀신이 읍주는
> 소래 부절하며 악긔 사람을 침노하니 유모 등이 부인다려 왈 밤이 심히 차
> 오니 져 루에 올라 밤을 지내고 명일 다시 선쳐 하사이다. 부인이 종기언하

---

251) 위의 책, P. 501.
252) 위의 책, P. 502.

야 악양루에 올라가니 ---- (중략) ---- 날이 밝고자 할 때의 루하로 좃차 사
람의 소리 나며 사람 수십 인이 올나오니 이 사람들은 황성사람으로서 이
곳에 왓다가 구경코져 하여 이의 올나 음이러라. "253)

라고 하여 사씨 부인이 악양루에서 하루 밤을 지새우고 황성사람
들이 올라옴에 쫓겨 강가 수풀로 들어가는 것을 보게 된다.

②황릉묘(黃陵廟)

강변 수풀에 들어간 사씨는 강중으로 뛰어들려 했지만 유모 등의
만류로 뜻을 이루지 못하고 기운이 진하여 유모의 무릎을 의지하고
잠간 졸다가 비몽사몽간에 이비(二妃)의 사당인 황릉묘(黃陵廟)에
올라 아황(娥皇)과 여영(女英)을 비롯한 위국부인(偉國夫人) 반첩여
및 동한(東漢)적 교대가(喬大家)와 양처사(梁處士)의 처 맹광(孟光)
등을 만나서 십년의 액운이 있고 그 이후에 일어날 일들에 대한 계
시와 함께 위로를 받는다. 그리고 남해도인(南海道人)의 도움을 받
아 액운을 면하게 되리라고 하는 말까지 듣는다. 이를 작품에서 보면

" 빨리 도라 가라 남해도인이 그대와 인연이 있으니 잠간의 탁하미 또한
천의니라 사씨대왈 첩이 전일 들으니 남해난 하날 한 가히라 길이 요원 하
거날 이제 반전도 업시 가리잇고 낭낭왈 연분이 있으면 자연 가리니 염녀
말나 ----- "254)

라고 하여 남해도인의 도움을 계시 받으면서 남해(南海)가 하늘
끝으로 매우 멀리 있는 곳으로 생각하고 있는 것을 보게 된다. 그러
나 꿈을 깬 사씨는 꿈에 본 이비의 사당 황릉묘를 시비 등을 데리

---
253) 위의 책 , P. 503.
254) 위의 책, P. 505.

고 간단히 걸어서 찾아간다. 이것으로 볼 때 황릉묘는 악양루에서 잠시 몸을 피할 정도로 가까운 곳에 있는 것으로 생각하고 작품이 전개된다. 이를 표현하고 있는 작품을 보면

> " 사씨 낭낭의 말씀과 따라갔던 말을 다 이르고 왈 내 몽 의서  림 속으로 갔으니 너의 밋지 아니하거든 나를 좃차오라 하고 붓들어 수풀로 들어가니 또한 묘당이 있고 현판에 황릉묘라 하였으니 이는 곳 이비의 사당이라 꿈에 보든 곳과 같으되 단청이 무색하고 심히 황량하더라. ------ " 255)

라고 하여 악양루 주변에 황릉묘가 있는 것으로 표현되고 있다.

그러나 장강을 따라 현지를 답사 해 보면 중경에서 남경에 이르는 중간지점에 장강삼협이 있고 그 중에 서릉협에 속하는 지점에서 황릉묘를 보게 된다. 서릉협에서 악양루가 있는 동정호까지는 무려 100 Km가 넘는 원거리 임에도 작품에서는 바로 이웃한 것으로 표현하고 있다. 이것은 그 명칭에만 익숙했고 그 위치에 대한 것은 제대로 인식하지 못한 상태에서 표현한 오류의 일종으로 볼 수 있겠다.256) 그리고 남해를 그렇게 먼 곳으로 표현해 놓고 동정호(洞庭湖)의 군산(君山)으로 처리 한 것은 내륙호인 동정호를 바다와 같이 생각했던 것이 아닌가 생각된다. 지금도 그 현장을 답사 해 보면 호수라고 생각하기보다는 끝이 보이지 않는 바다와 같이 보이기에 내륙호수를 바다로 표현한 것이 아닌가 생각된다.

작품에서 사씨가 남정한 곳은 남해가 아닌 동정호 내에 있는 군산(君山)으로 나타나고, 황릉묘 또한 동정호 가의 한 지점으로 표현되고 있다.

---

255) 위의 책, P. 506.
256) 當時 中國事情을 잘 모르는 讀者들에게는 그것이 問題 되지 않았기 때문에 中國을 背景으로한 作品에서 흔히 볼 수 있는 현상이라 생각된다.

황릉묘에 이른 사씨 일행은 또 밤이 되자 의지할 곳이 없어 다시 물에 뛰어들려 할 때 그를 구하러 온 사람이 있었으니 작품에 보면

" 홀연 묘문으로서 두 사람이 들어와 고왈 부인이 또한 어려움을 만나 물에 빠지려 하나잇고 부인이 놀라 눈을 들어 보니 하나는 리괴오 하나는 녀동이라 삼인이 대경문 왈 어찌 우리 일을 아나뇨 리괴 황망히 례하고 합장왈 소승은 동정 군산사의 있더니 앗가 비몽간에 관음이 현몽하사 왈 어진 녀재 환란을 만나 갈 바를 몰으고 장차 익수코저 하나니 빨리 황릉묘로 가 구하라 하시매 급히 배를 저어 왔더니 --- " 257)

라고 하여 동정호 군산사(君山寺)의 승녀로 하여금 사씨를 구하게 하고 있다. 여기서부터 『남정기』의 주인공 사씨와 군산과의 관계가 시작된다.

③ 동정호(洞庭湖)의 군산(君山)

군산(君山)은 원래 상산(湘山), 동정산(洞庭山), 유록산(有緣山)이라 불려졌고 별칭으로 북제(北渚) 또는 소봉영(小蓬瀛)이라고도 했다. 그리고 역대의 전적 중에 군산에 대한 기록들이 많이 있으니 천제의 아들이 북제에 내려왔다 하는 것은 굴원(屈原)의 <구가(九歌)>나 <상부인(湘夫人)>편에 기재된 내용이고 파릉현지(巴陵縣志)에 기재된 것을 보면 북제는 곧 군산이라 했고 동정호에 있다고 했다.258) 그리고 군산이란 이름은 먼저 동정산이라 쓰이던 것이 순임금의 두 부인 아황(娥皇)과 여영(女英)이 이곳에 머물면서 생겨진 이름이라고도 했다.259) 그러므로 군산에는 이비(二妃)에 관계된 전설들이 많은 것을 보게 된다. 즉, 순임금께서 남순 길에 올라 창오(蒼

---

257) 『謝氏南征記』, 앞의 책, P. 507.
258) 李敬垂・姜宗福 編, 『君山一部書』, 香港 國際展望出版社, 1992. P. 16.
259) 『山海經』日 "洞庭之山 帝之二女居之盖堯女之湘君 始居于此故名"(위의 책, P.16.)

梧)에서 붕하신 후 그 소식을 듣고 이곳까지 찾아와 피눈물을 뿌리다 순절(殉節)한 열녀의 대표적 행적이 그대로 남아 있는 곳이기도 하다. 이곳에는 현재에도 이비묘(二妃墓)를 비롯한 상비사(湘妃祠) 등이 있어 많은 사람들로 하여금 아황과 여영의 절의를 본받게 해 주고 있는 곳이라 하겠다.

사씨는 남해로 남정한 것이 아니라 동정호에 있는 군산이 그의 남정길의 목표지가 된 것을 보게 된다. 그가 군산에 이르게 되는 것을 작품을 통해 살펴보면

" 리괴 녀동으로 더부러 배를 저어 타고 갈새 일진순풍을 만나 순식간에 군산에 다다르니 뫼히 동정호의 외로이 있으니 사면에 다 물이오 여러봉에 대수풀 뿐이니 자고로 인적이 희소하더라 ---- " 260)

라고 하여 군산에 이르게 되는 것을 보게 된다. 그리고 그가 머물게 되는 암자를 수월암이라 했으니 이곳은 사씨가 처녀시절 매파의 말을 듣고 유한림 댁에 보냈던 묘희가 창건한 암자로 그곳에는 사씨가 찬(讚)을 써 준 관음화상이 걸려 있어 작품의 극적구성을 보게 해 주고 있다. 이를 작품에서 살펴보면

"사씨 차환 등으로 더불어 당에 올라 분향배례 할새 눈을 들어 살피고 문득 놀라 척연함루하니 이 부처는 다른 이 아니라 십육년 전에 자기 지어쓴 바 백의 관음화상이라 ---- 화상우해 글쓴 것이 내 아해때의 지어쓴 찬시니 이따에 와 보매 자연 비회를 금치 못하리로소이다. ---- " 261)

라고 하여 지난날을 회상 해 더욱 슬퍼한다. 이때 사씨를 구해준 사람은 바로 유한림댁 부탁을 받고 신성현(新城縣) 사급사댁에 가서

---

260) 『謝氏南征記』, 앞의 책, P. 507.
261) 위의 책, P. 508.

관음찬(觀音讚)을 받아 온 우화암 묘희임이 밝혀지고 있다. 작품에서 보면

> "내 원간 부인에 용모와 성음이 이목에 익은 줄을 고히 너겼더니이다. 빈되 다른이 아니라 그때 부인에 글 바다 온 우화암 묘희로 소이다. ---" 262)

라고 하여 묘희와 군산에서 상봉하게 된다. 그것도 위기에 처해 죽음 직전에서 구출되고 또 갈 곳 없는 그를 함께 살 수 있도록 함으로 구원자로 등장하게 된다. 즉, 군산은 『남정기』의 남정 목표지점으로 설정되고 그곳에 이르게 되는 남정로는 작품의 전반부에서부터 예고되어진 치밀한 구성에 의해 설정된 무대라고 보기는 어렵다. 주인공 사씨가 장사를 향해 가다가 풍랑에 의해 표류되면서 안착하게 된 곳이 군산으로 작품의 가장 중요한 핵으로 부상된 지리적 배경이 된 것이라 하겠다.

군산은 동정호 안에 있는 섬과 같은 곳으로 악양시(岳陽市)의 악양루(岳陽樓)가 있는 곳에서 배로 30분 정도 갈 수 있는 거리에 있다. 현재로서는 악양시의 관광유람지263)로 개발되어 많은 관광객들을 유치시키고 있다. 선착장(龍口碼斗)도 새롭게 시설을 정비하고 순환도로를 개설했고 숙박시설도 갖추었으며 이비묘(二妃墓)도 잘 정비되어 있어 주위에 소상반죽(簫湘斑竹)264)의 대숲이 무성하게 자라고 있었다. 수월암은 찾을 수 없었고 숭성사(崇聖寺)만이 있어 그 내력을 알 수가 없었다. 또한 이곳은 경치가 뛰어난 곳으로 중국인들은 군산팔경265)을 말하기도 하며 순임금과 얽힌 많은 전설들이 있

---

262) 위의 책, P. 508.
263) 君山觀光名勝處 : 二妃墓, 朗吟亭, 龍誕井, 香爐山, 湘妃祠, 龍苑, 九江樓, 君山碑林, 秋月亭, 雲夢亭, 鳥龍尾, 玉女洞, 烟波亭, 飛昇亭
264) 娥皇과 女英이 舜임금께서 南巡길에 崩하심을 듣고 簫湘江가에서 통곡하며 피눈물을 대숲에 뿌려 대나무에 얼룩무늬 斑點이 생겨 이것을 簫湘斑竹이라 했다는 傳說이있

어[266]) 예로부터 사람들의 입에 오르내리며 문학작품 속에 빈번하게 등장되던 곳임을 알 수가 있다.

### 4) 결 론

한국 고소설의 배경은 주로 중국을 무대로 설정되어 있다. 그 이유를 중국문화에 대한 심취와 중국에 대한 무지, 그리고 이국 풍속에 대한 호기심 및 직필로 인한 필화 등으로 들고 있으나 무대 설정의 주체였던 작자의 중국 인식에 대한 논의가 없었다. 이에 문학작품에 나타나는 현장을 현지답사를 통해 작품의 배경적 무대와 현장과의 관계를 살펴봄으로 작품을 이해하고 연구하는 새로운 계기가 되었다.

서포(西浦) 김만중(金萬重)은 그의 작품『사씨남정기』를 비롯하여『구운몽』의 무대를 모두 중국으로 설정하고 있다. 한편 그는 대단한 국문문학 애호가이기도 하면서 소설 작품에서는 한결같이 중국을 무대로 설정하여 표현 해 놓음으로『사씨남정기』의 중국 소설 주장까지 나오게 한 장본인이다. 물론 김태준의 지적과 같이 직필로 인한 필화를 염려했다면『사씨남정기』는 몰라도『구운몽』까지 완벽한 중국적인 것으로 만들 필요가 있었겠는가?

『사씨남정기』를 중심으로 작품에 나타나는 남정로를 통해 서포 문학의 새로운 면을 살펴 이를 정리 해 보면 다음과 같다.

첫째, 시대와 지리적 배경에 오류가 나타난다. 즉, 순천부(順天府)가 있던 금릉(金陵)은 명나라 태조(太祖)의 건국 시 잠시 수도로 정

---

265) 君山八景 : 洞庭秋月, 銀盤托日, 漁村酒香, 碧蓮爭絕, 雰鎖香爐, 江天臥石, 空山鳥語, 茶園春色.
266) "二妃的傳說 起源于屈原的＜九歌＞ 兩千兩百多年前屈原被楚王放逐蒼梧 活動于源湘 洞庭一帶 --- 對于舜與二妃生離死別的悲劇 寄于深切的同情 因而歌之以詩 乃至傳誦及今 "(『君山一部書』앞의 책, P. 114 )

했던 남경을 이르던 것이며, '대명(大明) 가정(嘉靖)년간'으로 시대를 설정하면 금릉(金陵)이 아닌 북경(北京)이 된다.(국문본계에서는 '금릉 순천부(金陵 順天府)'로 한문본계에서는 '북경 순천부(北京 順天府)'로 나오고 있어 이본 연구에서 다시 밝혀 질 수 있는 문제점으로 본고에서는 유보한다.)

둘째, 각 지역간의 거리 개념이 혼동되어 있다. 즉, 사씨와 유한림이 결혼하여 처음 살았던 지역은 북경 순천부로 되었던 것을 그가 남정길에 오르기 시작 한 지점을 사천성 성도로 잡고 사씨가 유한림 댁에서 쫓겨날 때 가까운 이웃 도시와 같이 생각했던 점을 들 수 있다.

셋째, 중국의 유명한 명소들에 대한 위치를 잘못 이해하고 있었다. 즉, 동정호 주변의 악양루와 이비의 사당인 황릉묘의 위치를 이해하지 못하고 있었기 때문에 악양루에서 잠시 몸을 숨겨 강가로 내려가 황릉묘에 갈 수 있는 것으로 표현하고 있다. (실지는 100 km 정도 떨어진 먼 거리에 있다.)

넷째, 동정호를 남해로 처리하고 있어 지리적 공간개념의 오류를 범하고 있다. 즉, 사씨가 남해로 가는 것으로 해 놓고 내륙 호수인 동정호의 군산으로 목표지를 잡아 처리하고 있어 바다와 호수의 공간개념에 혼란을 일으키고 있다.

서포는 이와 같은 지리적 오류 속에서도 중국을 배경으로 작품을 창작하게 된 것은 나름대로 중국에 대한 자신 있는 이해를 내 세울 수 있었을지도 모른다. 특히 그가 어려서부터 모부인 윤씨로부터 받은 교육을 통해 중국 여성들에 대한 깊은 이해 과정을 겪었던 것을 들 수 있겠다. 또한 두보나 이백과 같은 이들의 훌륭한 시편들을 통해 장강 유역에 대한 많은 지명들을 익히 알게 되었음을 부정 할 수는 없겠다.

그러나 그보다 더 병자호란 시 그의 부친이 강화도에서 절사함으로 부친에 대한 흠모의 정이 중국 삼국대전 시 제갈공명과 같은 명장으로 대승케 하는 역사를 보고, 『삼국지연의』와 같은 작품에 심취했던 것이 아닌가 생각된다. 그러므로 장강을 중심으로 전개된 『삼국지연의』의 배경이 된 무대를 현장을 모르는 상태에서 상상적으로 가상적 표현을 통해 지리적 배경을 구성한 것이 아닌가 생각된다. 즉, 문학작품들을 통해 얻은 간접체험을 중심으로 배경적 무대를 설정하다 보니 지리적 오류를 그대로 범하면서 작품을 전개해 나간 것으로 해석된다.

한국문학에 나타나는 중국을 지리적 배경으로 하는 대부분의 작품들은 현장을 체험하지 못한 작자들에 의해 저작된 것이 대부분이라 할 수 있다. 그들은 중국의 역대 문인들의 문학 작품을 통한 간접체험으로 지리적 오류 속에서도 독자들의 무지와 호기심을 자극 할 수 있다면 가능한 한 이국의 지명과 풍속, 역사 등을 그대로 원용 해 왔다고 본다. 그러므로 대학자요 문장가이면서, 특히 국문문학을 적극 찬양했던 국문학의 애호가 서포도 많은 지리적 오류를 범하면서까지 『사씨남정기』를 완전한 중국 무대 위에서 전개 해 나간다.

이상의 논지를 정리해 보면 서포는 말년을 남해에서 보내면서 중국에서의 남해를 상상하며 작품을 구상하고 집필해 나간 것이라 생각된다.

## 6. 『남정기』의 남정로(南征路)를 통해 본 서포의 중국 인식

작품에 나타난 남정로(南征路) -금릉(金陵) 순천부(順天府), 사천성 성도, 악양루(岳陽樓)와 황릉묘(黃陵廟), 동정호(洞庭湖)의 군산(君山)·서포(西浦)의 중국 인식 -『삼국지연의』를 통한 중국인식, 시제(詩題)를 통한 중국인식

### 1) 들어가며

한국과 중국은 오랜 역사를 통해 문화적 교류가 빈번하여 그 관계가 깊다. 특히 문학적인 면에서 두드러진 것은 대부분의 고소설 무대를 중국으로 하고 있다는 점을 들 수 있다. 이에 대해 김태준은 그의 『조선소설사(朝鮮小說史)』에서 한국인들의 중국문화 도취와 중국에 대한 무지, 그리고 이국 풍속에 대한 호기심 및 직필로 인한 필화의 우려 등을 지적 한 바 있다.[267]

---

267) 金台俊, 『朝鮮小說史』, 淸進書館, 1933, P.15 - 16.
" 朝鮮에서 特히 舞臺를 中國에 빌린 것은 여러가지 이유가 있으니
1. 中國文化의 陶醉에 빠져 盲目的으로 그의 文明을 讚美하며 中土에 대한 理想鄕的 憧憬을 가져서 漢學修養이 豊贍한 當時의 作家는 明淸以後에 勃興하는 南中國 文明의 影響을 直接으로 받고 더욱 民間에 流行되는 明淸短篇小說集인 『今古奇觀』, 『剪燈新話』 等에는 '大明成化年間에 ---' '至正年間에 ---' 라고 話頭에 쓴 것이 많으며 또 이와 같이 小說을 耽讀한 作家들은 必然코 그를 模倣하야 자기의 憧憬하며 理想化한 人物과 地名을 그대로 記錄하지 아니하면 말하지 아니하였다.
2. 讀者들은 中國의 人名과 地理에 익지 못한고로 背景과 人物의 配布에 있어서 朝鮮에서 例를 取함에 비하야 좀 疎粗한 곳이 있을지라도 不自然하며 錯誤하는 느낌이 적음으로 因함이다.
3. 讀者들은 朝鮮이야기라는 것 보담 支那의 것이라면 異國 風俗인 만큼 興味와 注意를 끄을 것이므로 讀者의 好奇心을 利用함인 것이다.
4. 宮中生活과 貴族橫暴의 眞相과 및 그에 대한 諷刺를 하기 위하여 正面으로 그대로 쓸 수가 없으므로 中國의 宮廷과 貴族을 借用한 것이니 白居易가 唐明皇을 諷刺한 長限歌의 劈頭에 『漢皇重色思傾國』이라고 쓴 意思와 同一하며 金萬重이 지은 『謝

『남정기(南征記)』는 서포(西浦) 김만중(金萬重 : 1637 - 1692 )이 지은 중국을 무대로 한 가정소설이다. 그가 중국을 무대로 소설을 창작 한 것은 당시 숙종의 민비 폐출이라고 하는 역사적 사건과 연결 해 보면 충분한 이유가 있었을 것이라 생각된다. 이와 같은 한국 문학의 대표적 작품이 표현문자를 한자로 바꾸어(김춘택에 의해) 중국에까지 전해지게 되고 보니 무대가 중국이고 표현형식이 명.청 대의 소설과 유사한 것만으로도 충분히 중국소설로 오인[268]될 수가 있었다고 보여 진다.

원래 한국과 중국은 지리적인 인접국인 동시에 문화적 수수관계가 빈번하여 중국문학이 한국문학에 많은 영향을 끼쳐 온 것[269]은 사실이다. 더구나 같은 한자 문화권으로 우리 조상들은 한자로 문장을 표현 해 왔고 또 한문 문장에 익숙했기 때문에 중국의 모든 문학작품들을 쉽게 배우고 익혀왔던 것도 사실이다. 그 결과 현재 전해 오고 있는 우리의 고전 문학 작품들은 중국의 역사, 지리, 풍속 등이 그대로 원용되고 있다. 그러므로 한국문학을 연구하기 위해서는 중국의 역사, 지리, 풍속 등을 조사 연구하지 않으면 이해하기 어려운 부분들이 상당히 많이 나타난다. 물론 이와 같은 중국의 연구가 반드시 비교문학적인 연구를 위한 것이라 할 수는 없지만 한국문학을 정확하게 이해하는 것은 초국가적 시야의 확대를 통해 문학의 세계주의적 경향과도 연관될 수 있는 방안으로 생각 되어 더욱 중요시 된다고 하겠다.

여행을 통한 현지답사가 문학 연구, 특히 비교문학에 중요한 역할

---

　　氏南征記』는 正히 이것을 代表하는 作品이다. "
268) 朱眉淑, 『南行記』的表現與評價, 明淸小說論叢 第三輯, 中國 春風文藝出版社, 1985.P 304 - 312.
269) 韋旭昇, 『中國文學在朝鮮』, 中國 花城出版社,1990.(禹快濟, 李海山 共譯, 『韓國文學에 끼친 中國文學의 影響』, 亞細亞文化社, 1994.)

을 할 수 있다고 보고, 논자는 『남정기』에 나타나는 사씨의 남정로
(南征路)를 따른 여행으로 직접 답사270)를 통한 현장을 중심으로 저
자 서포의 중국 이해에 대한 일면을 고찰 해 보고자 했다.271)

2) 작품에 나타난 남정로(南征路)

(1) 금릉(金陵) 순천부(順天府)

『남정기』는 사씨가 남방으로 화를 피하여 떠났던 것을 기록한 작
품272)이다. 작품의 배경으로 지리적 배경이 되고 있는 것은 처음 남
주인공 유연수와 여주인공 사정옥의 거처를 중심으로 살펴 볼 수 있
다. 남주인공 유연수는 현전하는 이본 중 한문본계에서는 거의 '북
경 순천부(順天府)'로 나오고 있으며, 국문본계에서는 '금릉273) 순천
부274)'로 나오고 있다. 이것은 국문본을 서포가 쓰고 한문본은 북헌
이 서포의 소설을 한문으로 번역한 것으로 볼 때, 원래 금릉(金陵)
순천부(順天府)로 되었던 것을 합리적으로 고쳐 북경 순천부로 번역
한 것이 아닌가 생각 된다.275) 그러나 시대적 배경으로 제시되고 있

---

270) 筆者가 1994년 9월부터 1995년 8월까지( 1년간) 中國 北京大學 交換敎授로 北京에 滯留中 1994년 11월 17일부터 1994년 12월 6일까지 四川省 成都로부터 重慶으로, 重慶에서 長江三峽을 통해 岳陽, 武漢, 南京, 上海를 旅行하면서 『南征記』에 나타난 謝氏의 南征路를 따라 그에 얽힌 遺跡地를 現場 踏査할 수 있었다.
271) 朝鮮時代의 많은 古小說들이 中國을 舞臺로 하고 있어 『南征記』의 南征路 考察은 朝鮮 時代의 大文章家였던 西浦의 中國에 대한 理解의 方法이나 그 깊이 등이 餘他 다른 小說들에 나타나는 中國의 地所들을 理解하는 데에도 필요한 典範的 口實을 할 수 있으리라고 본다.
272) 金戊祚, 『西浦小說研究』, 螢雪出版社, 1981.
273) 금릉(金陵)은 현재 中國의 江蘇省 江寧縣으로 明나라 朱元章이 建國하면서 首都로 삼아 南京이라 했던 곳.
274) 순천부(順天府)라는 名稱은 中國 古代로부터 首都에다 設置했던 府名으로 明나라 第 三代 임금 成祖가 지금의 北京으로 首都를 옮기고 順天府라 했다. 따라서 金陵 順天府가 아니라 北京 順天府라고 하는 것이 옳다. 漢文本係에서는 모두 北京 順天府로 나오고 있다.

는 '대명(大明) 가정(嘉靖)년간'은 명(明)나라 세종(世宗)대(1522 - 1566) 46년간을 이르는 것으로 이때는 분명 금릉이 아닌 북경이 중국의 수도로 있던 시기였다. 그러므로 지리적 배경으로 설정된 국문본계의 '금릉 순천부'는 '북경 순천부'로 볼 수밖에 없으며 한문본에서 모두 북경 순천부로 나오는 것은 지리적 합리성을 살린 것으로 해석 된다.

다음으로 여주인공 사씨는 '신성(新城) 사급사지처자'[276]로 나오고 있어 그의 집이 신성현(新城縣)[277]이었음을 알 수 있다. 즉, 신성현에 살던 사씨가 유연수와 혼인하게 되어 순천부 유한림 댁으로 오게 되고 후사가 없어 교녀를 첩으로 맞이해 들이게 함으로 교녀의 모함을 받고 집을 쫓겨 나와 유씨 댁 선영의 묘하(墓下)로 가는 데서부터 남정(南征) 길이 시작 된다.

(2) 사천성(四川省)의 성도(成都)

작품에 보면 집을 떠난 사씨는 친정집으로 돌아가지 아니하고 성도(成都)[278]에 있는 유씨 선영의 묘하로 향한다.

---

[275] 『謝氏南征記 硏究』를 낸 李金喜는 그 文獻學的 硏究로 異本 硏究에서 『飜諺南南征記』에 나오는 '附凡例'만을 중시 序頭의 地理的 背景 問題는 異本 硏究의 중요한 항목으로 잡고 있지 않다. 그러므로 西浦 原作의 국문본계열과 漢文本(金春澤및 그외 사람들의 飜譯本 系列)의 再譯 국문본 계열과의 중요한 辨別的 要因으로 작용할 수 있는 背景 問題를 중심으로 차후 異本의 再 硏究를 試圖, 西浦 原作 系列의 국문본인지 漢文 飜譯本 系列의 국문본인지 하는 異本에 대한 具體的인 論議를 다시 試圖하고자 함.

[276] 『飜諺 南征記』, 金萬重 文學 硏究, 國學資料院, 1994.

[277] 新城縣은 中國에 있는 地名으로 여러곳에 나오고 있어 그 정확한 지역을 밝히기 어렵다. 다만 윤세형의 『사씨남정기』 주해(1955)에 보면 지금의 直隸省 保定府에 속한 지방이라 했으나 어느 지역인지 알기 어렵다. 북경 근처에 있는 시골이 아닌가 생각 된다.

[278] 成都는 四川省의 首都로 中國 歷史 文化의 名勝地로 有名한 곳이다. 특히 戰國時代 蜀國의 首都로 많은 유적들이 산재 되어 있다. 주변에는 峨眉山이 있고 樂山大佛, 大足石刻, 蜀錦, 蜀銹, 竹器등이 유명하다.

" 이때 사씨 교부를 분부하야 신성현으로 가지 말고 성도 묘하로 향하라 하
니 쳥녕하고 유씨 묘하에 이르러 슈간 초옥을 으더 쳐하니 ········ "279)

라고 하여 사씨가 유한림댁에서 쫓겨나 成都로 향한 것을 보게
된다. 이때 북경과 성도, 또는 금릉(현 남경)과 성도를 지리적으로
살펴 볼 때 그 거리는 엄청나게 먼 거리임을 알 수 있다.280) 자동차
나 비행기 같은 교통수단이 발달되지 못했던 당시로서 성도로 갔다
고 하는 것은 작품상에서 상상으로나 가능 했지 내왕이 쉽지 않은
곳으로 현지를 이해하지 못한 작품적 표현임을 알 수 있다. 성도는
사천성의 수도로 북경에서 현재에도 기차로 40 - 50시간이 소요되며
비행기로도 2시간 이상이 걸리는 먼 거리이다. 그러나 작품에서 남
정로의 첫 출발점을 성도로 가게 함으로 장강을 타고 내려가면서 남
정하게 하는 길을 열어 놓는다. 서포는 어떻게 이 길을 통해 사씨가
남정할 수 있게 했을 가하는 것이 주목의 대상이 되지 않을 수 없
게 된다. 북경에서 성도까지는 육로였다면 성도에서부터는 장강을
따라 내려 갈 수 있는 수로가 열리는 시발점이기도 한 곳이다.

성도의 유씨 선영하에 머물던 사씨는 수로를 통 해 남정하게 된
다. 작품에서 보면 동청이 보낸 냉진에 의해 두부인의 편지를 받고
본가로 돌아가려다가 꿈에 조상들의 현몽으로 계시를 받아 거짓 편
지임을 알게 되고 남쪽으로 가라는 명을 받아 두부인이 있는 장사를
향해 남정 길에 오르게 된다.

"이때 사씨 남으로 가는 배를 웃지 못하야 근심하더니 맛참내 남경으로 가
는 상고선을 만나니 ----- (중략)----- 배를 다혀 오르믈 쳥하니 사씨 존고
묘하에 나아가 재배 하직하며 유모와 차환이며 챵두 장삼을 다리고 배에
올라 남으로 향하니라."281)

---

279) 사씨남정기,『구활자본 고소설 전집』, 제4권 , 인천대 민족문화 연구소, 1993, P. 493.
280) 北京에서 成都까지가 약 1300 Km로 비행기로 2시간 정도 걸리는 거리이며 金陵(현
南京)으로 했을 때도 南京에서 成都까지의 거리가 약 2000 Km에 이르게 된다..

라고 하여 성도에서 남경으로 배를 타고 떠나는 것을 보게 된다. 성도에서 남경까지는 지금도 많은 배들이 오고 가는 장강을 통한 수로임을 알 수 있다. 성도에서 장강을 따라 내려가다 보면 중경이 나온다. 장강은 원래 청장고원(靑藏高原)[282]에서부터 발원하여 청해(靑海)를 거쳐 약 6380 Km를 흘러 동해로 들어가는 중국에서 제일 긴 강이며 세계에서 3번째 긴 강이다. 장강 연안에는 많은 역사유적들이 있다. 최고의 명승지로 알려진 장강 삼협(長江三峽)은 중경(重慶)에서 무한(武漢) 사이에 있는 길이 192 Km에 달하는 협곡이다. 구당협(瞿塘峽)과 무협(巫峽), 서릉협(西陵峽)을 이르는 것으로 이 三峽을 지나는 강 언덕에는 아름다운 경치는 물론이거니와 많은 고적들이 산재 해 있고 중국 전래의 유명인들에 대한 신화와 전설들이 풍부한 곳이다.

중경에서 악양 사이에는 사람이 죽어서 간다는 지옥으로 알려진 풍도성(豊都城)이 [283] 있고, 운양현(雲陽縣)에 이르면 촉한(蜀漢) 명장 장비(張飛)를 모신 장비묘(張飛廟 : 一名, 張桓祠)가 있어 『삼국지연의』의 배경적 유적지임을 쉽게 확인해 준다. 구당협(瞿塘峽)에 이르면 촉한(蜀漢)황제 유비(劉備)와 관우(關羽)의 이야기가 서려 있는 백제성(白帝城)이 있고, 무협(巫峽)에 이르면 우왕(禹王)의 치수(治水)를 도운 왕모의 딸 요희(謠姬)의 전설이 있는 신녀봉(神女峰)이 나온다. 장강 삼협 중 가장 길고 가장 아름다운 곳으로 지칭되는 이곳에는 왕모의 열두 자매가 변하여 되었다고 하는 운우무산(雲雨巫山) 12봉의 기암괴석을 빼놓을 수가 없다. 또한 전국시대 위대한 사상가요 정치가요 애국시인이었던 굴원(屈原)의 고향이 이곳에 있어 강안에 굴원묘(屈原廟)가 전해지고 있다.

---

281) 『사씨남정기』, 위의 책, P.498.
282) 이춘일, 『장강탐험기』, 중국 민족출판사, 1992.
283) "以前有一種傳說 說是凡人死後 陰魂都要歸人豊都鬼城 --- "( 위의 책, P. 6.)

서릉협(西陵峽)에 이르게 되면 물살이 점점 빨라지면서 의창(宜昌)을 지나 황릉묘(黃陵廟)에 이른다. 황릉묘(黃陵廟)는 춘추시대(春秋時代)에 건축되어 삼국시대 제갈량(諸葛亮)에 의해 중건된 사당이다. 현재는 우왕전(禹王殿)만 남아 있고 그 안에 우왕의 소상(塑像)과 비각제기(碑刻題記) 등만이 보존되어 있다.[284]

(3) 악양루(岳陽樓)와 황릉묘(黃陵廟)

① 악양루(岳陽樓)

장강(長江)을 따라 내려가면 장사(長沙)에 이르게 되어 도착한 곳이 악양루(岳陽樓)가 있는 악양이다. 그곳에는 동정호(洞庭湖)가 있으며 군산(君山)이 있다.

동정호 가의 악양루(岳陽樓)는 경치가 빼어나 역대로 많은 문인들이 찾던 곳으로 유명한 작품들이 모두 이곳에서 나온다.[285] 특히 당나라 시대의 시선(詩仙) 이백(李白)은 동정호에 배를 띄우고 많은 시편들을 남긴다.[286]

『남정기』에서는 성도를 떠난 배가 지나온 과정은 모두 생략되고 지명도 생략된 채 풍랑이 일어 배를 뭍에 대고 한 집을 찾아가 잠시 쉬었다 가는 것으로 되어 있다. 이때 만난 사람이 뒤에 유한림에게 천거되어 소실로 삼은 임씨였다.

또 잠시 머물었던 곳은 늙은 창비 죽었을 때 장사하기 위해 강 언덕에 올랐던 것으로 되어 있다. 이곳에서도 역시 지명을 사용하지 않

---

[284] "黃陵廟是西陵峽內重要的名勝古迹 拖座落在長江南岸的盆地上，面臨大江 背依山崖 相傳黃陵廟始建于春秋時期 三國時諸葛亮曾可重建 由于時間久遠 現在黃陵廟只有 禹王殿 系明代萬曆四十六年 (西紀 1618年) 所建 廟內有 大禹塑像和碑刻題記等文物 ----"(위의 책, P. 39.)
[285] 文萬作. 王毅, 『名人與岳陽樓』, 中國 湖南大學 出版社, 1988. P. 6.
[286] "離開四川以後的三十多年間 曾六次泛舟洞庭 留下許多吟詠洞庭湖 岳陽樓 君山的 優美詩篇--"(위의 책 P.7.)

고 있어 어디인지 알 수 없다. 다음으로 도착 한 곳은 바람에 쫓겨 동정위수(洞庭渭水)로 좇아 악양루(岳陽樓) 아래가 된다. 작품을 보면

> " 수일만 행하면 장사를 득달하리라 하거날 사부인이 전뢰 갓가옴을 깃거 배를 빨리 저어 행하더니 사씨에 운액이 점점닥쳐 오는지라 홀연 풍랑이 대작하며 파도 흉용하야 배 바람에 쫓겨 동정위수로 좇차 악양루 아래에 이르니 -- "[287]

라고 하여 사씨가 임의로 오게 된 것이 아니라 풍랑에 밀려 동정호변에 이르게 된 것을 알게 된다. 장사를 향해 가던 사씨가 풍랑에 의해 뜻 밖에 동정호변에 이르게 되자 갈 곳도 없고 의지할 곳도 없어 자결하려 할 때, 밤은 깊고 사면의 귀곡성과 황릉묘상에 두견성이 처량하고 소상죽림(瀟湘竹林)에 귀신 우는 소리가 그치지 않으니 이 밤을 보내고자 악양루(岳陽樓)에 올라 하룻밤을 지새우고 황성사람들이 올라옴에 쫓겨 강가 수풀로 들어가는 것을 보게 된다.

② 황학루(黃陵廟)

강변 수풀에 들어간 사씨는 강중으로 뛰어들려 했지만 유모 등의 만류로 뜻을 이루지 못하고 기운이 진하여 유모의 무릎을 의지하고 잠간 졸다가 비몽사몽간에 이비(二妃)의 사당인 황릉묘(黃陵廟)에 올라 아황(娥皇)과 여영(女英)을 비롯한 위국부인(偉國夫人), 반첩여 및 교대가(喬大家)와 양처사의 처 맹광(孟光) 등을 만난다. 그리고 그에게 십년의 액운이 있고, 그 이후에 일어날 일들에 대한 계시와 함께 위로를 받는다. 남해도인(南海道人)의 도움으로 厄運을 면하게 되리라고 하는 말까지 듣는다.

남해도인의 도움을 계시 받으면서 남해(南海)가 하늘 끝으로 매우

---

[287] 위의 책, P. 501

IV. 『사씨남정기』의 새로운 탐구    363

멀리 있는 곳으로 생각한다. 꿈을 깬 사씨는 꿈에 본 이비의 사당 황릉묘(黃陵廟)를 시비 등을 데리고 간단히 걸어서 찾아 간다. 이것으로 볼 때 황릉묘는 악양루에서 잠시 몸을 피할 정도로 가까운 곳에 있는 것으로 생각하고 작품이 전개 된다.

이를 표현하고 있는 작품을 보면

" 사씨 낭낭의 말씀과 따라갔던 말을 다 이르고 왈 내 몽 의서  림속으로 갓으니 너의 밋지 아니하거든 나를 좃차오라 하고 붓들어 수풀로 들어가니 또한 묘당이 있고 현판에 황릉묘라 하였으니 이는 곳 이비의 사당이라 꿈에 보든 곳과 같으되 단청이 무색하고 심히 황량하더라. ------ " 288)

라고 하여 악양루 주변에 황릉묘가 있는 것으로 표현되고 있다.

그러나 장강을 따라 현지를 답사 해 보면 중경에서 남경에 이르는 중간지점에 장강 삼협이 있고 그중에 서릉협에 속하는 지점에서 황릉묘를 보게 된다. 서릉협에서 악양루가 있는 동정호까지는 무려 100 Km가 넘는 원거리 임에도 작품에서는 바로 이웃한 것으로 표현 하고 있다. 이것은 그 명칭에만 익숙했고 그 위치에 대한 것은 제대로 인식하지 못한 상태에서 표현한 오류의 일종289)으로 볼 수 있다. 그리고 남해를 그렇게 먼 곳으로 표현해 놓고 동정호의 군산으로 처리 한 것은 내륙호인 동정호를 바다와 같이 생각 하고 내륙 호수를 바다로 표현한 것이라 본다. 작품에서 사씨가 남정한 곳은 남해가 아닌 동정호 내에 있는 군산으로 나타나고, 황릉묘 또한 동정호 가의 한 지점으로 표현 되고 있다.

황릉묘에 이른 사씨 일행은 또 밤이 되자 의지할 곳이 없어 다시

---
288) 위의 책, P. 506.
289) 當時 中國事情을 잘 모르는 讀者들에게는 그것이 問題 되지 않았기 때문에 中國을 背景으로한 作品에서 흔히 볼 수 있는 현상이라 생각 된다.

물에 뛰어들려 할 때 그를 구하러 온 사람이 있었으니 작품에 보면

> " 홀연 묘문으로서 두사람이 들어와 고왈 부인이 또한 어려움을 만나 물에
> 빠지려 하나잇고 부인이 놀라 눈을 들어 보니 하나는 리괴오 하나는 녀동
> 이라 삼인이 대경문 왈 어찌 우리 일을 아나뇨 리괴 황망히 례하고 합장
> 왈 소승은 동정 군산사의 있더니 앗가 비몽간에 관음이 현몽하사 왈 어진
> 녀재 환란을 만나 갈바를 몰으고 장차 익수코저 하나니 빨리 황룽묘로 가
> 구하라 하시매 급히 배를 저어 왔더니 --- "290)

라고 하여 동정호 군산사(君山寺)의 승녀로 하여금 사씨를 구하게 하고 있어 주인공 사씨와 군산과의 관계가 시작된다.

③ 동정호(洞庭湖)의 군산(君山)

군산(君山)은 역대의 전적 중에 많은 기록들이 있으니 천제의 아들이 북제(北諸)에 내려왔다는 굴원(屈原)의 작품에 기재된 내용을 비롯하여 파룽현지(巴陵縣志)에 記載된 것을 보면 북제는 곧 군산이라 했고 동정호에 있다고 했다.291) 그리고 군산이란 이름은 먼저 동정산이라 쓰이던 것이 순임금의 두 부인 아황과 여영이 이곳에 머물면서 생겨진 이름이라고도 했다.292) 그러므로 군산에는 이비에 관계된 전설들이 많은 것을 보게 된다. 즉, 순임금께서 남순 길에 올라 창오(蒼梧)에서 붕하신 후 그 소식을 듣고 이곳까지 찾아와 피눈물을 뿌리다 순절(殉節)한 열녀의 대표적 행적이 그대로 남아 있는 곳이기도 하다. 이곳에는 현재에도 이비묘(二妃墓)를 비롯한 상비사(湘妃祠) 등이 있어 많은 사람들로 하여금 아황과 여영의 절의를 본

---
290)『謝氏南征記』,앞의 책, P. 507.
291) 李敬垂·姜宗福 編,『君山一部書』, 香港 國際展望出版社, 1992. P. 16.
292)『山海經 』日 " 洞庭之山 帝之二女居之 盖堯女之湘君 始居于此故名 " (위의 책, P. 16. )

받게 해 주고 있는 곳이다.

 사씨는 남해(南海)로 남정(南征)한 것이 아니라 동정호에 있는 군산(君山)이 그의 남정 길의 목표지가 된 것을 보게 된다. 그가 머물게 되는 암자를 수월암이라 했는데 사씨가 처녀시절 매파의 말을 듣고 유한림 댁에 보냈던 묘희가 창건한 암자로 그곳에는 사씨가 (讚)을 써 준 관음화상이 걸려 있어 작품의 극적구성을 보여 주고 있다.

 이때 사씨를 구해준 사람은 바로 유한림 댁 부탁을 받고 신성현(新城縣) 사급사댁에 가서 관음찬(觀音讚)을 받아 온 우화암 묘희임이 밝혀지고 그와 군산에서 상봉하게 된다. 즉, 군산은 『남정기』의 남정 목표지점으로 설정되고 그곳에 이르게 되는 남정로는 작품의 전반부에서부터 예고되어진 치밀한 구성에 의해 설정된 무대라고 보기는 어렵다. 주인공 사씨가 장사를 향해 가다가 풍랑에 의해 표류되면서 안착하게 된 곳이 군산으로 작품의 가장 중요한 핵으로 부상된 지리적 배경이 된 것이다.

 군산은 동정호 안에 있는 섬과 같은 곳으로 악양루에서 배로 30분 정도 갈 수 있는 거리에 있으며 이비묘(二妃墓)를 비롯하여 주위에 소상반죽(簫湘斑竹)[293]의 대숲이 무성하다. 수월암은 찾을 수 없었고 숭성사(崇聖寺)만이 있어 그 내력을 알 수가 없다. 이곳은 경치가 뛰어난 곳으로 순임금과 얽힌 많은 전설[294]들이 있어 예로부터 사람들의 입에 오르내리며 문학작품 속에 빈번하게 등장되던 곳이다.

---

293) 娥皇과 女英이 舜임금께서 南巡길에 崩하심을 듣고 簫湘江가에서 통곡하며 피눈물을 대숲에 뿌려 대나무에 얼룩무늬 斑點이 생겨 이것을 簫湘斑竹이라 했다는 傳說이 있음.
294) " 二妃的傳說 起源于屈原的<九歌> 兩千兩百多年前屈原被楚王放逐蒼梧 活動于源湘 洞庭一帶 --- 對于舜 與二妃生離死別的悲劇 寄于深切的同情 因而歌之以詩 乃至傳誦及今 " (위의 책, P. 114)

### 3) 서포(西浦)의 중국인식

#### (1) 『삼국지연의(三國志演義)』를 통한 중국인식

『남정기』의 작자 서포(西浦) 김만중(金萬重)은 인조(仁祖) 15년 (정축,1637년)에 출생 하여 숙종(肅宗) 18년(임신, 1692년)에 56세를 일기로 일생동안 특별한 환경에서 성장하여 특별한 시대를 살아간 인물이다.295) 그는 예학(禮學)의 대가 광산(光山) 김씨 김장생(金長生)의 증손으로 정축(丁丑)년 호란(胡亂)시 강화(江華)에서 순절(殉節)한 김익겸(金益兼)의 유복자로 태어나 그의 형 만기(萬基)와 함께 모친 윤씨(尹氏)에게서 『소학(小學)』, 『사략(史略)』, 『당시(唐詩)』등을 직접 배우며 성장한다.296) 원래 모친 윤씨는 해평부원군(海平府院君) 윤두수(尹斗壽)의 고손으로 이조참판(吏曹參判) 윤지(尹遲)의 무남독녀로 태어나 어릴 때는 조모 정혜옹주(貞惠翁主 : 宣祖女)에게서 직접 교육을 받았다. 그러므로 지극한 효성과 고금에 드문 뛰어난 현숙한 부인으로 어버이 없는 두 형제의 학업과 행동에 남다른 열성과 지극한 훈계를 통해 훌륭하게 가르치고 있는 것을 볼 수 있다.

서포는 이렇게 훌륭한 모부인 윤씨의 지극한 가르침에 크게 감화되어 효성 또한 남달리 대단했음을 알 수 있다.297) 이와 같이 서포는 모부인 윤씨의 어진 인격적 감화로 말미암아 훌륭한 학식과 인품을 갖추게 된다. 특히 모부인 윤씨가 어릴 적 그의 외증조모 정혜옹

---

295) 『西浦年譜』, 金炳國外 二人共譯, 서울대 출판부, 1992.
296) 『西浦集』, 卷十, 先妣貞敬夫人行狀.
297) 李縡, 『三官記』, 耳部.
　" 性至孝以遺子不識不面 爲終身痛 事母夫人 有甚愛 ------ "
　金春澤, 『北軒集』, 卷十六, 西浦遺事, 別錄.
　" 嘗見先生之侍大夫人 非故爲戱 卽眞無異於嬰兒 若將入懷전乳者然 夫惟如次 其他所以嫁蓉愉色 承顔娛之 事 小子不暇論也 "

주(貞惠翁主)로 부터 받은 궁중의 필독서였던 『열녀전(列女傳)』[298]을 비롯한 『내훈(內訓)』[299]등의 영향은 다시 서포에게 전해져 무시할 수 없는 중요한 정신적 유산으로 남게 된다. 이렇게 중국의 이야기들을 접하게 됨으로 중국 여인들을 깊이 이해하게 되었음은 물론, 중국적인 역사적 사실들에 지대한 관심을 갖게 되고 이것이 작품에도 그대로 반영되고 있는 것을 보게 된다.[300]

서포는 『남정기』에서 중국의 남방에 속한 장강 유역을 작품의 무대로 설정하여 표현하고 있다. 그러나 그가 이 지역을 작품에 표현하기 위해 중국을 어떻게 이해하고 있는지 하는 것은 알 길이 없다. 다만 그의 잡문들을 모아 놓은 『서포만필(西浦漫筆)』을 통해 몇 가지 사항들을 짚어 볼 수 있을 따름이다.

이 책은 그의 사상이나 성격이 잘 나타난 좋은 자료집으로 이 책에서 그는 『삼국지』와 『삼국지연의(三國志演義)』에 대한 자신의 견해를 밝혀 놓고 있는 것을 볼 수 있다. 그는 이 책에서 조선시대 선비들의 역사이해 과정이 정사(正史) 『삼국지』가 아닌 소설 『삼국지연의』에서 배우는 바가 크다고 지적하면서 걱정하고 있는 것을 볼 수 있다.

> " 지금 이른바 삼국지연의라는 것은 원(元)나라 사람 나관중(羅貫中)에게서 나온 것으로 임진 이후에 우리나라에 성행하여 부녀자나 어린애들까지 다같이 외워 말 할 수 있어서 우리나라의 선비들이 대부분 사서를 읽으려 하지 않기 때문에 건안(建安)[301]이후 수 백 년의 일을 모두 여기에서 믿는 근거를 취한다. 예를 들면 도원결의, 오관참장, 육출기산, 성단제풍[302]과 같

---

298) 中國前漢時 劉向이 지은 『古列女傳』을 비롯한 明代에 新編된 『古今列女傳』등을 모두 통틀어 이름.
299) 朝鮮時代 成宗時 昭惠王后 韓氏에 의해 著述된 『內訓』을 이름.
300) 禹快濟, 列女傳의 受容樣相考察, 『石軒 丁奎福 敎授 還曆紀念論叢』, 1987.
301) 後漢 獻帝의 年號

은 것이 왕왕 선배들의 과거 문장에서 인용한 것이 보인다. 서로 바뀌어 전
해지고 이어받아서 참과 거짓이 뒤섞이니 예를 들면 여포사극, 선주실시,
적토도단계, 장비거수단교303)와 같은 것은 도리어 사실이 아니라고 의심하
니 몹시 가소로운 일이다." 304)

라고 하여 심히 염려하고 있는 것을 볼 수 있다. 그러나 서포 자
신도 진수의 『삼국지』보다 나관중의 『삼국지연의』에 깊이 매료 되
었던 것을 볼 수 있다. 그것은 그가 세인을 교화시킴에 있어 『삼국
지』보다 『삼국지연의』가 더 효과적임을 지적하고 있는 것만 보아
도 쉽게 알 수 있는 일이다.305) 이와 같은 『삼국지연의』는 한국에
전래되어 임란 이후부터 큰 인기를 끌어 많은 독자를 갖고 있었음을
말 해 주는 것으로 볼 수 있겠다. 뿐만 아니라 서포는 그의 『서포만
필(西浦漫筆)』에서 삼국시대에 관한 글을 거의 십분의 일에 해당
할 만큼 상당히 많은 부분을 언급하고 있다. 특히 제갈공명에 대한
탄복은 그가 그를 얼마나 존경했었다고 하는 내심을 읽게 해 준다.
따라서 제갈양(諸葛亮)의 중심적인 활동 무대였던 장강 유역에 대한
이해도 이를 통해 가능 했으리라 생각 된다.

" 촉선주(蜀先主)306)가 사마휘(司馬徽)307)를 방문하니 사마휘는 '시무를 인
식하는 데는 훌륭한 인물에 달려 있습니다. 이곳에 복룡과 봉추가 있는데
제갈공명과 방사원이 그 사람입니다.' 하였다. 이때 선주는 비로소 세간에
제갈양이 있다는 사실을 알고 외람되게 스스로 왕굴하여 삼고초려를 했던
것이 오직 사마휘의 말 때문이었다는 말은 믿을 만 하다." 308)

302) 羅貫中의 『三國志演義』에 나오는 故事들.
303) 陳 壽의 『三國志』에 나오는 事實들.
304) 金萬重, 『西浦漫筆』, 洪寅杓 譯註, 一志社, 1987. P. 384.
305) 위의 책, P. 385.
306) 劉備를 말하는 것임.
307) 漢末 사람으로 字가 德操였고, 사람을 잘 알아보아 諸葛亮을 昭烈皇帝에게 薦擧했던
사람.

라고 하여 유비가 제갈량을 초빙 할 대에 '삼고초려(三顧草廬)'했다고 하는 전사(前史)에 기록된 것이 사실(史實)에 가깝지 않음이 있었음을 지적하고 있어, 사기(史記) 보다 연의(演義)에 치중했음을 보여 주고 있다. 또한 삼국의 전술에 관해 기술하면서『삼국지연의』의 내용들을 그대로 따다 쓰고 있는 것도 보게 된다.

> " 아아 아깝도다. 가사 방사원이 죽지 않고 소열황제의 좌우에서 양주와 익주를 진압 위무하고 제갈공명과 관운장이 함께 형주와 양주에서 똑같이 행동하여서 동쪽에서 손권을 진압하고 북쪽으로 조조를 밀쳐내었다면 한나라의 중흥은 아마 백프로 완전했던 것이 아니었을까? " 309)

라고 하여 삼국의 전략 전술을 나름대로 잘 표현해 놓고 있다. 이것은『삼국지연의』후집 상권 제 10 회 ' 공명이 지혜로 주유를 격동하고 손권이 의혹을 정하고 조조를 파하다 ' 310) 에서 그 내용을 찾을 수 있는 것들이다. 이와 같은 것들은 정사『삼국지』에서 보다 나관중의『삼국지연의』에서 힘입은 바가 크다고 볼 수 있는데『삼국지연의』에는 제갈공명이 활동한 무대가 잘 나타나 있어 이로서 장강류역에 대한 이해가 쉽지 않았을 가 생각 된다.

촉나라 수도였던 중국 사천성 성도(成都)에는 제갈공명(諸葛孔明)의 사당인 무후사(武候祠)가 있다. 이곳에는 제갈공명의 초상화가 모셔져 있고 그의 전쟁에 대한 기록들이 잘 보존되어 있다. 뿐만 아니라 상국(相國)으로 공명의 위업을 알 수 있을 만큼 각종 비석과 비문, 그리고 전쟁 시 사용하던 전구(戰具)들까지 복원하여 전시해 놓고 있었다. 그의 사당 문 입구에는 유비(劉備)와 관운장(關雲張)의

---

308) 金萬重,『西浦漫筆』, 앞의 책, P.81
309) 위의 책, P. 82.
310) 언문삼국지, 후집 상권,『구활자본 고소설전집』, 제 22권, 인천대학교 민족문화연구소, 1983, P. 75.

초상도 만들어 놓고 있으나, 모두 제갈공명의 것에 비해 초라하게 되어 있었다. 초야에 묻혀 있던 한미한 지략가가 유비를 도와 삼국을 통일한 후 그 병권은 왕권보다 강력한 무인통치의 시대를 열었던 역사적 인물임을 실감나게 한 것으로 보였다.[311] 그와 같이 지모가 뛰어난 장수가 우리에게도 있었더라면 병자호란과 같은 국가적 위기에서도 어려움을 당하지 않았을 것[312]이라고 생각했던 서포에게 대단한 흠모의 대상이 되어 그의 전술 전략까지도 깊이 있게 이해 할 정도로 심취 되었던 것을 보게 된다. 그러므로 그가 활동 했던 장강 유역의 지형지세까지도 세밀하게 알고 있었던 것이 아닌가 생각 된다. 물론『삼국지연의』만으로 장강 유역에 속한 장사(長沙), 악양(岳陽), 무한(武漢) 등과 같은 지역을 이해 한 것만은 아닐 수도 있다.

(2) 시제(詩題)를 통한 중국인식

동정호(洞庭湖), 악양루(岳陽樓), 황학루(黃鶴樓) 등은 선진들의 시제(詩題)가 되어 많이 나타나고 있으며 그에 따른 시화(詩話)들과 함께 우리 선조들의 이상적인 정신적 고향과도 같이 생각했었기 때문에 많은 문헌들에 의한 이해도 가능 했으리라 생각된다. 사천성의 성도에는 제갈 공명의 사당인 무후사(武候祠)만 있는 것이 아니라 두보(杜甫)가 한때 머물며 시를 지었다고 하는 두보초당(杜甫草堂)도 있어 이 지역에 대한 이해는 두보의 시를 통해서도 가능 했으리라 생각 된다. 그렇지만 『삼국지연의』만큼 장강 유역의 끈끈한 삶의 역사를 구체적으로 그리고 있는 것은 없으리라 생각 된다. 소설은 한 시대의 삶의 흔적이며 인간의 애환이 담긴 종합적 보고서라고 할

---

311) 武候祠는 諸葛孔明을 모신 祠堂으로 매우 莊嚴하면서도 잘 整頓된 公園으로 많은 中國人들의 崇拜의 대상이 되고 있어, 旅行을 통한 現地 踏査에서 더욱 그들의 諸葛亮에 대한 欽慕의 情을 이해 할 수 있었다.
312) 金萬重,『西浦漫筆』, 앞의 책.

수 있기 때문에 『삼국지연의』를 통한 장강 유역의 이해는 그만큼 깊이가 있고 또 유기적인 관계를 상상 할 수 있었지 않았을 가 생각 된다. 특히 소설적 허구의 특징상 항상 상상의 세계를 통해 연결되어질 수 있기 때문에 이를 통한 이해가 가장 컷을 것으로 보인다.

그러나 그의 중국 리해는 현장 체험이 없는 문학작품들을 통한 상상적 체험에 의한 한계점으로 말미암아 많은 오류를 범하고 있음이 남정로(南征路) 고찰에서 밝혀졌다. 작품 배경으로 설정한 금릉(金陵) 순천부(順天府)는 이미 대명(大明) 가정(嘉靖)년간으로 시대를 설정할 때, 북경 순천부로 보아야 하고, 북경 순천부에서 사천성 성도까지의 먼 거리를 가까운 이웃 도시와 같이 생각하고 쉽게 오갈 수 있게 표현한 점이라든지, 동정호 가에서 악양루에 올랐던 사씨가 관광차 올라오는 황성사람들을 피해 강가 숲 속으로 갔다가 황릉묘를 발견하게 되었다는 점 등은 현장 답사를 통해 볼 때 너무 거리가 멀리 떨어져 있는 것을 알 수 있다. 이것은 상상으로 가능할지는 몰라도 실제 현장을 알고 보면 불가능한 것을 보게 된다. 그리고 남해로 설정 했던 최종 목표 지점이었던 군산도 동정호 안에 있는 지명임을 볼 때, 당시 중국의 실지 사정에 어두웠던 서포로서 『삼국지연의』와 같은 문장이나 두보, 이백과 같은 선인들의 시편을 통해 익혔던 지명들을 작품에서 지리적 배경으로 활용한 것이 아닐 가 생각된다. 현장답사를 통해 작품에 나타나는 지리적 배경 설정이 얼마나 많은 오류가 있는가 하는 것을 발견 할 수 있었고, 또 작품의 이해를 위해 현장 답사가 얼마나 중요한가 하는 것을 알 수 있었다.

### 4) 결 론

한국 고소설의 배경으로 설정된 무대가 대부분 중국으로 되어지고 있는 것을 한국인의 중국문화에 대한 심취와 중국에 대한 무지, 그리고 이국 풍속에 대한 호기심 및 직필로 인한 필화 등을 들고 있으나 중국을 무대로 설정한 작자의 중국 인식에 대한 논의는 전무한 상태였다. 이에 문학적 현장의 실제 답사를 통해 작품에 나타나는 배경적 무대와 현장과의 괴리가 많음을 보고, 작자의 현장 인식과정을 살펴 당시의 중국 이해에 대한 일단을 정리 해 보기로 했다.

서포 김만중은 그의 작품『남정기』를 비롯하여『구운몽』의 무대를 모두 중국으로 설정하고 있다. 한편 그는 대단한 국문문학 애호가이기도 하면서 소설 작품에서는 한결같이 중국을 무대로 설정하여 표현 해 놓음으로『남정기』의 중국 소설 주장까지 나오게 한 장본인이다. 물론 김태준의 지적과 같이 직필로 인한 필화를 염려 했다면『남정기』는 몰라도『구운몽』까지 완벽한 중국적인 것으로 만들 필요가 있었겠는가?

이에 우선『남정기』를 중심으로 작품에 나타나는 남정로를 통해 서포의 中國 인식의 일단을 정리 해 보면 다음과 같다.

첫째, 시대와 지리적 배경에 오류를 범하고 있다. 즉, 순천부가 있던 금릉은 명태조의 건국 시 잠시 수도로 정했던 남경을 이르던 것이며, '대명 가정년간'으로 시대를 설정하면 금릉이 아닌 북경이 된다.( 국문본 계에서는 '금릉 순천부'로 한문본 계에서는 '북경 순천부'로 나오고 있어 이본 연구에서 다시 밝혀 질 수 있는 문제점으로 유보 함 )

둘째, 각 지역간의 거리 개념이 혼동되어 있다. 즉, 사씨와 유한림이 결혼하여 처음 살았던 지역은 북경 순천부로 되었던 것을 그가 남정 길에 오르기 시작 한 지점을 사천성 성도로 잡고 사씨가 유한림 댁에서 쫓겨날 때 가까운 이웃 도시와 같이 생각했던 점을 들 수 있다.
　셋째, 중국의 유명한 명소들에 대한 위치를 잘못 이해하고 있었다. 즉, 동정호 주변의 악양루와 이비의 사당인 황릉묘의 위치를 이해하지 못하고 있었기 때문에 악양루에서 잠시 몸을 숨겨 강가로 내려가 황릉묘에 갈 수 있는 것으로 표현하고 있다. ( 실지는 100 km 정도 떨어진 먼 거리에 있음 )
　넷째, 동정호를 남해로 처리하고 있어 지리적 공간개념의 오류를 범하고 있다. 즉, 사씨가 남해로 가는 것으로 해 놓고 내륙 호수인 동정호의 군산으로 목표지를 잡아 처리하고 있어 바다와 호수의 공간개념에 혼란을 일으키고 있다.
　서포는 이와 같은 지리적 오류 속에서도 중국을 배경으로 작품을 창작하게 된 것은 나름대로 중국에 대한 자신 있는 이해를 내 세울 수 있었을지도 모른다. 특히 그가 어려서부터 모부인 윤씨로부터 받은 교육을 통해 중국 여성들에 대한 깊은 이해 과정을 겪었던 것을 들 수 있겠다. 또한 두보나 이백과 같은 이들의 훌륭한 시편들을 통해 장강 유역에 대한 많은 지명들을 익히 알게 되었음을 부정 할 수는 없겠다.
　그러나 그보다 더 병자호란 시 그의 부친이 강화도에서 절사함으로 부친에 대한 흠모의 정이 중국 삼국 대전 시 제갈 공명과 같은 명장으로 대승승케 하는 역사를 보고, 『삼국지연의』와 같은 작품에 심취했던 것이 아닌가 생각 된다. 그러므로 장강을 중심으로 전개된 『삼국지연의』의 배경이 된 무대를 현장을 모르는 상태에서 상상적으로 가상적 표현을 통해 지리적 배경을 구성한 것이 아닌가 생각된다. 즉, 문학작품들을 통해 얻은 간접체험을 중심으로 배경적 무대를 설정하다 보니 지리적 오류를 그대로 범하면서 작품을 전개해 나간 것으로 해석된다.

한국문학에 나타나는 중국을 지리적 배경으로 하는 대부분의 작품들은 현장을 체험하지 못한 작자들에 의해 저작된 것이 대부분이라 할 수 있다. 그들은 중국의 역대 문인들의 문학 작품을 통한 간접체험으로 지리적 오류 속에서도 독자들의 무지와 호기심을 자극 할 수 있다면 가능한 한 이국의 지명과 풍속, 역사 등을 그대로 원용 해 왔다고 본다. 그러므로 대학자요 문장가이면서, 특히 국문문학을 적극 찬양 했던 국문학의 애호가 서포도 많은 지리적 오류를 범하면서까지『남정기』를 완전한 중국 무대 위에서 전개 해 나간 것이라 생각 된다.

## 7. 서포소설(西浦小說)에 나타난 '남해(南海)'의 意味

서포의 유배생활 - 유배지 금성, 선천, 남해, 남해의 의미 - 적소로 서의 남해, 작품에 나타난 남해

### 1) 들어가며

서포 김만중(1637 - 1692)의『구운몽』과『남정기』는 우리 소설사에 중요한 위치를 점하고 있는 작품이다. 한국 고소설의 대부분이 작자와 년대 미상의 작품으로 전해지고 있는 것에 비하여 서포의 작품만은 작자가 분명히 밝혀지고 있어 이에 대한 연구가 매우 활발하게 이루어지고 있어 상당한 성과를 거둔 바 있다. [313]

---

313) 金炳國, 九雲夢 硏究의 現況과 問題點,『韓國學報』第5輯, 一志社, 1976.
　　九雲夢 그 硏究史的 槪觀과 批判,『金萬重硏究』, 새문사, 1983.
　　禹快濟, 謝氏南征記 硏究의 綜合的 考察, 仁川大 論文集, 第 19輯, 1994.

『구운몽』은 『남정기』에 비해 그 문학성의 가치로 보아 조선시대 소설 중 뛰어난 대표적인 작품으로 많은 연구[314]가 이루어졌다. 대표적인 것으로는 사상 배경에 관한 것[315]과 표기문자를 중심으로 한 이본에 관한 것[316], 그리고 비교 문학적 연구[317]와 작품구조 및 일반론적인 연구[318]가 주를 이루고 있다.

---

[314] 黃浿江, 『鄕歌 및 古典小說 關係目錄』, 檀國大 出版部, 1982. PP. 363 - 367. 1993. PP. 66-70.

[315] 丁奎福, 九雲夢의 根源思想 考 - 空思想을 中心으로 - 『亞細亞研究』, 第 28號, 高麗大學校, 1967.
九雲夢의 思想的 研究, 『古典小說研究』, 正音社, 1977.
金炳國, 九雲夢연구 - 그 幻想構造의 心理的 考察 - 서울대 碩士學位論文, 1968.
朴晟義, 九雲夢의 思想的 背景研究, 『亞細亞研究』, 第36號, 高麗大學校 亞細亞問題研究所, 1968.
金容德, 九雲夢의 思想的 背景 研究, 『漢陽語文』, 第 7輯, 1980.
柳炳環, 古典小說 九雲夢研究 - 佛敎思想의 圓融象徵에 대하여 - 東國大 博士學位論文, 1986.

[316] 丁奎福, 九雲夢異本攷, 『亞細亞研究』, 8-9號, 高麗大學校 亞細亞問題研究所, 1961,1962. 九雲夢의 原作에 대하여, 『國語國文學』 第 54輯, 1971. 九雲夢乙巳本에 대하여, 『人文論集』, 第17輯, 高麗大文理大, 1972. 九雲夢老尊本攷, 『國語國文學』 第 61輯, 1973. 『九雲夢研究』, 高麗大學校 出版部, 1974. 『九雲夢 原典의 研究』, 一志社, 1977.
薛盛璟, 九雲夢의 構造的 研究(Ⅳ) -表記文字論 - 『院友論集』, 第2輯, 延世大學校 大學院, 1974.

[317] 成賢慶, 九雲夢과 玉蓮夢의 對比研究, 『韓國言語文學』, 第7輯, 1970.
丁奎福, 九雲夢의 比較文學的 考察, 高麗大 『人文論集』, 第16輯, 1971.
徐大錫, 九雲夢. 軍談小說. 玉樓夢의 相關關係, 『國語國文學』 第53輯, 1971.
林明德, 九雲夢與韓中兩國夢幻類作品 - 主述其夢幻始末與虛無思想 -, 서울대 『文理大學報』, 第29 輯, 1975.
金一烈, 九雲夢과 雲英傳의 比較研究, 『語文論叢』, 第 9.10 合倂號, 慶北大 文理大, 1975.

[318] 李家源, 九雲夢攷, 『成均學報』, 第2輯, 成均館大學校, 1955. 九雲夢 評攷, 金萬重研究, 새문사, 1983.
李明九, 九雲夢攷 (1), (2), 『成均學報』, 第2, 3輯, 成均館大學校, 1955, 1958.
李能雨, 九雲夢 分析, 淑大 論文集, 第12輯, 1972.
金一烈, 九雲夢 新考, 『韓國古典散文研究』, 同和文化社, 1981.
薛盛璟, 九雲夢의 構造的 研究.(Ⅰ), - (Ⅴ), 延大, 『人文科學』 27 - 28合倂號, 1972.

그러나 『남정기』와는 작품적 특성이 달라[319] 상호 연관된 연구가 이루어지지 않고, 다만 작자를 중심으로 한 연구[320]가 이루어졌을 뿐, 상호 연관된 연구를 찾아보기가 어려웠다.

이에 두 작품 사이에 공통적으로 나타나는 문제를 중심으로 살펴보기 위해 서포소설이란 통칭을 사용하기로 했으며, 『구운몽』을 이상소설로, 『남정기』를 가정소설로 분류, 서로 다른 특징은 인정하지만, 작품에 나타나는 작자의 중국 인식에서는 상당한 공통점이 발견되고 있어, 이를 밝혀 보고자 했다. 그러므로 작품에 나타나는 중국적 요소를 중심으로 두 작품의 특징을 하나로 묶어 볼 수 있을 것으로 생각된다.

작자 서포는 중국여행이 어려웠던 당시였지만 중국 내의 지리나 문물제도 등에 상당한 안목을 갖고 소설을 창작한 것을 알 수 있다. 이것이 현재 중국 북경 도서관 선본실에 소장되어 있는 한문 필사본 『남정기』이본[321]을 보고 중국 명대소설이라 주장[322]하는 일까지 나

---

延大, 『言語文化』, 第1輯,1972. 『國語國文學』, 58 - 59 合倂號, 1972. 延大, 『院友論叢』, 1974. 『陶南趙潤濟博士古稀紀念論叢』, 1976.

安昌壽, 『九雲夢 硏究』, 嶺南大 博士學位論文, 1990.

[319] 『九雲夢』은 그 思想의 背景에서 부터 著作 意圖나 主題, 素材,構成 등 모든 면이 中國的 要所가 짙게 풍기고 있어 "中國魂의 內在的 寢室을 들여다보게 하는 감정과 熱望과 思想의 記錄이며, 東洋人들이 宇宙의 神秘뿐만 아니라 地上의 것에 대하여 느끼고 생각케하는 啓示이며, 아울러 極東의 知識을 이해하도록 도와주고 있다(게일의 『九雲夢』英譯本 序文)" 라고 한것에서 볼 때 東洋的 理想鄕을 그리고 있는 작품이라 할 수 있으나, 『南征記』는 當時의 歷史的 사건이었던 閔妃廢黜 사건과 關聯된 作者의 現實認識이 基礎가 되어 家庭에서의 妻妾 葛藤이 중심이 되어 일어날 수 있는 일들로 家庭問題를 다룬 작품이라는 점에서 상당한 차이를 두고 있음을 알 수 있다.

[320] 金戊祚, 『西浦小說硏究』, 螢雪出版社, 1981.

金東旭 外, 『金萬重硏究』, 새문사, 1983.

丁奎福 外, 『金萬重文學硏究』, 國學資料院, 1993.

[321] 南征記 一卷, 北京圖書館 善本室 所藏本.

[322] 朱眉淑, 南征記의 發現과 評價, 『明淸小說論叢』, 第 三輯, 中國, 春風文藝出版社, 1985.

타나게 된 것이 아닌가 생각된다.

본고에서는 서포소설에 공통적으로 나타나는 '남해(南海)'에 대해 그 실체는 무엇이며 그 의미는 무엇인가를 밝혀보고자 한다. 이것은 서포 소설의 저작 년대를 밝혀내는데[323] 가장 중요한 역할을 할 수 있는 기초적인 자료가 될 것이며, 또한 사상적 배경을 규명해 줄 수 있는 중요한 단서[324]가 될 것으로 생각된다.

' 남해 '는 서포가 말년에 찬적되어 불귀의 객이 된 곳으로서 우리나라 최남단에 위치한 섬의 명칭이면서 특히 『남정기』에서 남정로의 최후 목적지이기도 하다. 서포의 소설 작품에서 남해가 갖는 의미는 지명으로서의 명칭뿐만 아니라 작자의 중국인식과 중요한 연관을 갖는 연결고리가 된다고 생각되어 이의 의미를 고찰하는 것은 매우 큰 의의가 있다고 생각된다.

## 2) 서포(西浦)의 유배(流配)생활

### (1) 최초의 유배지 금성(金城)

서포 김만중은 정축호란 시 강화도로 피난을 갔다가 청군에 의해 강화도가 함락되자 그의 부친 충정공 김익겸(金益兼 : 1614 - 1636)은 순절(殉節), 만삭된 모부인 윤씨가 서울로 돌아오는 길에서 유복자로 탄생, 모부인 윤씨[325]로부터 『소학』, 『사략』, 『당시』 등을 직

---

323) 金炳國, 九雲夢 著作時期 辨證, 『韓國學報』, 第51輯, 一志社, 1988.
324) 金戊祚, 앞의 책, PP. 78 - 84.
    薛盛璟, 九雲夢의 構造的 硏究(Ⅳ) - 空間的 背景과 南海의 口傳素材 -, 『陶南 趙潤濟 博士 古稀紀念論叢』, 螢 雪出版社, 1976.
325) 西浦의 母夫人 尹氏는 名門巨族 出身으로 聰明하고 智慧로웠으며, 어린 시절에는 그의 祖母인 貞惠翁主(先祖의 딸)로부터 직접 宮中禮法을 비롯한 學問과 德行을 敎育받았다. 그 후 일찍이 남편(金益兼)여의고 (江華島에서 殉節) 萬基, 萬重 兄弟를 데리고 親庭으로 들어가 父親 參判公 (1600 - 1644)을 섬기며, 안으로는 母親洪氏를 정성껏 섬겨 孝夫人이라 했다고 한다. (『竹泉集』, 卷 35, 祖妃行狀 拾遺錄)

접 배우며 자란다.

 현종(顯宗) 6년(1665년) 29세 때, 문과에 급제하여 10여 년 간 정언(正言), 부수찬(副修撰), 헌납(獻納), 사서(司書) 등 벼슬을 역임, 35세 때에는 그의 질녀(김만기의 딸)가 세자빈(숙종 비 인경왕후)에 책봉되는 등 영화를 누리게 된다. 그러나 이와 같은 영화는 오래 가지 못하고 계속되는 유배생활이 시작된다.

 그 첫째 번 유배생활은 그가 38세 되던 해 정월(현종15년, 1674년) 효종 비 인선왕후(仁宣王后)가 승하하자 인조(仁祖) 계비의 복상 문제로 남인의 기년 설(朞年說)과 서인의 대공 설(大功說)로 예송(禮訟)이 일게 되자, 효종은 서인의 대공설이 근거가 미숙하다 하여 남인의 기년 설을 받아들임으로 서인이 몰락하기 시작한 때부터라 할 수 있다. 그 해(현종 15년, 1674년) 어전에서 영의정 허적(許積 : 1610 - 1680)을 논박한 송준길(宋浚吉)의 상소를 두둔하며 대담하게 영의정의 파직을 주장하다 주상으로부터 당색이 짙은 언사라는 질책을 받고 진노를 사게 되어 금성(金城)326)으로 유배된다.327)

 이때 집을 나서면서 모부인 윤씨에 대한 그의 애절한 심정을 시로 읊고 있음을 볼 수 있다.

> 슬픔을 삼키어 뱃속에 맺히니
> 길 떠나는 나그네 어머니와 헤어지는 마음
> 울지 말자 분명히 말했지만
> 허공을 차는 웃음 어디서 흘러나오랴. 328)

---

326) 江原道 高城에 있는 地名.
327) 『西浦年譜』, 金炳國外二人 譯, 서울대 出版部, 1992. P. 93.
328) 『西浦文集』, 卷五, 正月二十七日 拜別慈親赴配所. "呑悲腹中結 行子別母情 情知啼不可 索笑從底生"

또한 죽서(竹西) 이공(李公) 민적(敏迪)이 허적을 논함에 연좌되어 배척을 받고 복직되지 않은 채 원주 우사(寓舍)에서 운명했다는 소식을 듣고 이곳에서 애달파하며 만시(挽詩)를 지어 곡한 것을 볼 수 있다. 특히 이때 반희와 매비에 대하여 느낀 바를 시로 지어 군신 남녀의 사이에 우의(寓意)하여 이별의 슬픔을 표현하고 있는 것을 볼 수 있다. 329)

그러나 그해 4월 서포의 논박을 받았던 허적(許積)은 대왕께 아뢰기를

" 김 아무개의 일을 신이 일찍 우러러 아뢰고자 하였으나 …… 김 아무개의 경우는 그가 아뢴 말이 비록 신의 身上에 꼭 들어맞는 것인지는 알 수 없으나, 그 자체로서는 '생각이 있으면 반드시 아뢴다' 는 뜻이었습니다. 말이 쓸만하면 쓸 것이요, 쓸만하지 아니하면 쓰지 아니할 따름이거늘 저렇게 도형에 처하고서 귀양을 보내시니 단지 신하에게 죄 하나를 더할 뿐만이 아닙니다. 어찌 성덕에 누가 됨이 있지 않겠습니까. 벌은 이미 시행한 터요 또 모자가 서로 떨어져 있으니 인정과 도리로 보아 불쌍하기 짝이 없습니다. 330)

라고 하여 모자의 이별을 인정과 도리에 어긋나는 일이라 지적하면서 풀어줄 것을 간청, 윤허를 받아 그 해 4월 1일 제1차 귀양에서 풀려나게 된다.

그 후 그는 귀양에서 돌아와 그 해 현종이 승하하고 숙종이 등극하면서 다시 영달을 누리게 되어 공조, 예조, 병조 판서를 비롯하여 홍문관, 예문관 대제학 등을 역임하기도 한다.

---

329) 『西浦文集』, 卷一, 李都憲惠仲挽詞 西浦文集, 卷二, 讀班첩여梅妃故事感而賦之.
330) 『西浦年譜』, 앞의 책, p. 94.
　　"許積이 曰金某事를 臣이 曾欲仰達이오나 …… 至於金某하야는 所達之言이 雖未至親合於臣身이나 自有懷必達之意니 言可用則用之요 不可用則不用而已어늘 至彼徒配하시니 則非但添臣一罪요 豈不有累於聖乎

### (2) 선천(宣川) 유배지(流配地)에서의 활동

서포의 두 번째 유배 생활은 그의 나이 51세 때(숙종 13년, 1687년) 있었던 정치적 사건으로 인한 선천(宣川)으로의 류배에서 비롯된다. 당시 김수항(金壽恒)이 영의정으로 있으면서 왕명을 받아 우의정을 가려 천거할 때 다섯 번씩이나 사람을 바꾸어 천거해도 숙종은 허락하지 않고 결국은 조사석(趙師錫)을 직접 지명하는 일이 있었다. 그런데 이때는 후궁 장씨가 숙의로 있으면서 숙종의 총애를 받고 있는 때였다. 장씨는 바로 조사석의 처비 소생이었던 관계로 사석이 젊었을 때 사통한 일이 있었고, 자주 사석의 집을 왕래하는 사이였기 때문에 그의 승상 지명은 옳지 못하다는 항간의 논의가 물끓듯하고 있었다. 서포는 이 사실을 잘 알고 있었으니 그의 연보에 보면

" 여항(閭港)에서는 또 사석(師錫)이 정승에 제배된 것은 사사로운 지름길로 연줄이 닿아서 그리되었다는 말이 자자했다. …… "331)

라고 했다.
이에 서포는 상의 심사를 헤아리지도 않고 이와 같은 사실을 직언으로 아뢰어 화를 입게 된다.

" 신이 이런 따위의 말이 만에 하나라도 믿을만하다 여기어 군부께 의심을 두고 있는 것은 아닙니다만, 외간에서는 후궁 장씨의 어미가 조사석과 서로 친하게 지냈기 때문에 사석이 의정 벼슬을 받은 것은 이러한 연줄 때문이라고 합니다. " 332)

---

331)『西浦年譜』, 위의 책. p. 199. " 閭巷이 又盛言 師錫이 拜相은 因緣私逕이라 …… "
332)『西浦年譜』, 위의 책, p. 205 - 206.
　" 臣이 非以此等說로 爲萬一可信하여 而致疑於君父也로대 外間에 以爲後宮張氏之母ㅣ 與趙師錫으로 相親하니 師錫이 大拜는 有所因緣이라 "

라고 했다. 이에 상께서는 대로하시면서 언근을 밝히라 한다. 그러나 서포는 상의 진노를 사서 귀양길에 오르면서도 궁액에 관계된 일이라 하여 이를 밝히지 않는다.

> "이 말이 여항간에 떠돌아다니는 말이므로 본디 가리킬만한 곳이 없으니, 비록 이 몸이 죽는 형벌을 받더라도 실로 언근을 가리켜 밝히어 아뢸 수가 없습니다. …… 이 말이 떠돌아다닌 지 이미 오래 되었으니 누가 듣지 아니하였겠습니까마는 일찍이 한 사람도 상감께서 들으시도록 아뢴 이가 없었던 것은 진실로 이 말이 근거가 없는 것이요 궁액(宮掖)에 관계된 일이었기 때문입니다." 333)

라고 하자 상께서는 '만일 엄중히 추궁하지 않으면 인주의 위엄은 차차로 깎이어 약해지고 나라의 형세는 날로 위태로워 망하게 된 뒤에야 그칠 것이니 원찬하라' 명하여 선천(宣川) 적소로 떠나게 된다. 이 때 귀양길을 떠나는 아들을 전송하면서 모부인 윤씨는

> "영해(嶺海)334)로 귀양을 가는 것은 선현들도 면하지 못했던 바이니 가거라. 몸조심하고 내 걱정일랑 말아라." 335)

라고 하면서 아들을 떠나보낸다. 이렇게 하여 두 번째 유배된 곳이 선천이다.

이 때 선천에 도착한 서포는 그의 심정을 다음과 같은 시로 읊고 있다.

---

333) 『西浦年譜』, 위의 책, p. 224.
 "自是閭巷間流轉之言일새 元無可指之處니 雖被沒身之誅라도 實無以指的仰對이니다. …… 此言이 流轉이 已久하니 人孰不聞이리오마는 而曾無一人仰達 宸聽者는 誠以言無根據하고 事關根掖이어늘 …… "
334) 嶺海는 中國 湖南省과 湖北省을 이르는 이름으로 五嶺의 南쪽에 있어 바다에 가깝다는 데서 온 말이다
335) 『西浦年譜』, 위의 책, p. 226.
 "嶺海之行은 前修所不免이니 行矣어다. 自愛하고 勿以我로 爲念하라."

" 또 망발인줄 알면서
어찌 깊은 어짊에 보답한단 말인가?
아직도 구구한 뜻이 남았는데
펴보지 못할 가 두려워지누나. " 336)

라고 하여 자신의 아직 남은 열정을 아쉬워하고 있는 것을 볼 수 있다. 이것은 그가 다시 복귀하여 더 많은 일을 해 보고 싶어 하는 의욕을 보인 것이라 생각된다. 그러므로 그의 두 번째 유배지인 선천에서는 많은 활동을 하고 있는 것을 보게 된다. 우선 개인적으로는 어머니의 생신을 맞아 그리운 회포를 시로 읊은 사친시(思親詩)를 이 때에 남기게 된다.337) 또 모부인 윤씨의 소일거리를 삼게 하기 위하여 '일체의 부귀영화가 모두 몽환(夢幻)'이라는 요지의 글338)을 지어 부쳐드린다. 그리고 또 이 지방의 이름을 따서 스스로 ' 서포(西浦) '라는 호를 짓기도 했다.

" 부군이 이미 귀양지에 이르러 윤 부인의 생신을 맞이했다. 시를 지어 이렇게 말했다. '멀리 어머님께서 아들을 그리며 눈물 흘리실 것을 생각하니 하나는 죽어 이별이요, 하나는 생이별이로다.' 또 글을 적어 부쳐서 윤 부인의 소일거리를 삼게 하였는데 이 글의 요지는 '일체의 부귀영화가 모두 몽환이다' 는 것이었으니 또한 부군이 뜻을 넓히고 슬픔을 달래기 위한 것이었다. 귀양살이하는 지방의 이름을 따라 스스로 서포(西浦)라 호를 지었다. " 339)

---

336) 『西浦文集』, 第三卷, 九月十三日 出禁府赴宣川配所.
　　" 情知又妄發 何足報深仁 尙有區區意 從玆恐莫伸 "
337) 『西浦文集』, 第六卷, 九月二十五日 謫中詩 三首.
338) 『西浦年譜』, 앞의 책, p. 227 의 註釋에서 金炳國은 이 책을 『九雲夢』으로 풀이하고 있다. (이는 『九雲夢』 著作 時期에 對한 重要한 根據가 되는 部分이기도 하다.)
339) 『西浦年譜』, 앞의 책, p. 227.
　　" 父君이 旣倒配에 値尹夫人生朝하야 有詩曰 遙想北堂思子淚하니 半緣死別이요 半生離로다. 又著書寄送하여 비作消遣之資하니 其旨는 以爲一體富貴榮華 都是夢幻이니 亦所以廣其意而慰其悲也라 因謫寓之地하여 自號西浦라 "

또 한편으로 그 지역을 위하여서는 관리들에게 위엄과 모범을 보이셨으며, 문자를 알지 못하는 고을 사람들에게 글을 가르쳐 많은 인재가 나오게 한 것을 알 수 있다. 그의 연보에 의하면

> "변방의 풍속이 처음에는 문자를 알지 못하였는데 선천(宣川)과 정주(定州)와 가까운 고을의 인사들이 많이 집에 와서 학업을 닦겠다고 청하여 부군의 가르침에 의지하였다. 그 뒤에 과거에 급제한 이들이 많이 나왔으며 또한 올바른 행실로 칭찬을 받기도 하였다."[340]

라고 하여 그가 그 지방에 끼친 공로 또한 적지 않았음을 알 수 있다.

그러므로 이곳에는 서포 김만중을 모신 사당인 서포사(西浦祠)는 일찍부터 있어 왔다. 이 사당은 숙종 22년 (1696년) 현감을 지낸 전처형(田處烱)과 차성우(車星遇) 등의 건의에 따라 부사 남오성(南五星)이 사교서원(四敎書院)의 하나였던 북서원(北書院)에 서포 김만중을 배향하면서 설립된 사당이다. 김만중이 인현왕후를 폐하고 희빈 장씨를 왕후로 책봉 할 때 남인들의 참소로 선천에 유배되어 귀양살이를 하면서 그곳에 끼친 영향이 지대하였으므로 그가 죽은 후 장씨가 사사되고 인현왕후가 복위되자 그의 위업을 기리기 위해 세워진 것으로 전해지고 있다.[341]

원래 선천(宣川)은 평안북도 서남해안에 위치한 지역으로 안화(安化), 통천(通川), 의주(宣州)로 불렸던 곳이다. 동쪽은 정주군, 구성군과 인접해 있고, 서쪽은 철산군, 남쪽은 황해, 북쪽은 구성군 위주군과 인접해 있다. 이 지방의 자연환경을 보면 북부와 동부는 강남

---

340) 『西浦年譜』, 위의 책, p. 227.
  "邊俗이 始不知文字러니 如宣川과 定州와 及根邑人士ㅣ 多造門請業하여 賴府君扇導하니 其後에 多成科하고 亦以行誼로 見稱하다"
341) 『宣川郡邑誌』, 宣川郡. 1854.

산맥의 여맥이 뻗어내려 대목산(大睦山 : 349m)과 문수산(文秀山 : 741m) 등이 솟아 있고, 평야의 곳곳에는 마성산(摩星山 : 262m), 좌이산(左耳山 : 383m), 대원산(大圓山 : 203m) 등의 잔구가 솟아 있다. 그리고 이 지역 중앙에는 검산(劍山 : 345m)이 있는데 봉우리가 칼끝같이 뾰족하다 하여 붙여진 이름으로 상토봉(上兎峰)과 월은봉(月隱峰), 검무봉(劍舞峰)이 주봉이나, 산세가 험하고 산 꼭대기에는 기암괴석이 벼랑을 이루며 솟아 있어 경치가 뛰어난다.

역사적으로는 고구려가 평양 천도 후 발해만을 통한 대외 교역로의 중심이었으며, 평양과 요동지방을 연결하는 길목이 되기도 했다. 고려시대에는 북진기지로, 조선시대 특히 임란 시 선조가 의주로 몽진했을 때는 이곳에 행재소를 정하여 하루를 머물렀던 곳이기도 하다. 그러므로 유적 유물로는 이민족의 침입을 막기 위해 건축된 동림산성(東林山城)을 비롯하여 정묘·병자호란시 피난처였던 검산성(劍山城) 등이 있고, 사찰로는 임란시 조선왕조실록을 보관하던 보련사(寶錄寺)[342]가 있으며, 명나라 후금 정벌에 참전하여 양하(深河)에서 전사한 선천부사 김응하의 충절을 기리는 요동백비(遙東伯碑)가 있다.

동림산성 안에는 홍화진 별장 양규(楊規), 구주별장 김숙흥(金淑興)과 유백부(庾伯符)를 제향하는 삼충사(三忠祠)가 있고, 향교의 서편에 서포 김만중을 제향하는 서포사(西浦祠)와 김응하 정기남을 배향하는 의열사(義烈祠), 그리고 의주부윤(義州府尹)과 청북수군방어사(淸北水軍防禦使)를 겸하면서 검산성(劍山城) 축성에 공이 컸던 임경업 장군과 정묘호란 때 순절한 월봉팔의사(月峰八義士)를 함께 배향하던 충민사(忠愍祠) 등이 있는 곳이기도 하다.

---

342) 寶錄寺, 壬辰倭亂 때 朝鮮王朝實錄을 이곳에 보관하게 되면서 원래 普光寺이던 절 이름을 寶錄寺로 改稱 했다고 함 ( 韓國民族文化 大百科事典, 宣川郡篇 )

그러므로 이 지역의 자연과 역사 속에서 그의 문학적 혜안은 훌륭한 명작을 남기고도 남을만한 곳이었음을 알 수 있게 한다.

(2) 최후(最後)의 유배지 남해(南海)

서포의 관직 생활은 평탄하지 못했다. 계속되는 당쟁과 그의 굽힐 줄 모르는 강직함은 그를 다시 귀양길로 오르게 한다. 세 번 째 귀양길에 올랐던 곳은 우리나라 최남단에 위치한 섬 남해였다. 그의 나이 53세 시(숙종 15년, 1689년) 정월 상께서 원자의 위호(位號)를 정하라 명했을 때, 여러 신하들은 중궁의 춘추가 한창이며 왕자가 탄생한지 겨우 몇 달이니 일이 너무 급하다 하여 반대하니 원자를 달갑게 여기지 않는다는 모함이 있었다. 이 때 우암(尤庵) 송시열(宋時烈)이 소(疏)를 올려 거조가 너무 급박함을 아뢰어 여러 신하들의 본심을 밝히자 상감께서는 진노하여 말하기를

" 송시열이 산림의 영수로서 감히 이의를 제기하니 장수 없던 무리들이
(이제야 장수를 만났다고) 잇달아 일어나는 구나 " 343)

라고 하시면서 송시열을 제주에 전극344)할 것을 특별히 명하신다. 이렇게 되자 조정이 아주 달라져 흉악한 무리들이 대거 진입, 일시에 사류들이 귀양 가게 되어 소멸되자 상감께서는 다시 조사석의 문제를 거론하고 나온다. 이 때 대간들이 계를 올려 서포에게 벌을 내릴 것을 주청하여 말하기를

" 전 판서 김 아무개는 본래 송시열의 심복으로서 그의 참독한 행실을 끼고 돌았으며, 심기를 다하여 착한 이들을 해쳤습니다. 그리하여 그의 기량

---

343) 『西浦年譜』, 앞의 책, p. 235.
 " 宋時烈 以山林領袖 敢生異議 無將之徒 接跡而起 "
344) 귀양간 사람이 있는 집의 담이나 울타리 밖으로 가시나무를 둘러치게 하는 일.

으로 명성과 위세를 한껏 펴서 조정을 흐려놓고 어지럽히는 것은 단지 여벌로 하는 일일뿐입니다. 지난해에 와서는 망극한 말을 지어내서 방자하게도 연석에서 아뢰어 성상을 속이고 동조까지 모함하였으니, 생각하면 지금도 마음과 뼈가 서늘해집니다. ……… 오늘 전하의 신하된 자를 위하여 엄중히 토죄하는 전법을 가하여 군부의 모함을 시원히 씻어내지 않으면 아니 될 것입니다. 청컨대 (아무개를)극변에 위리안치 하십시오. " 345)

라고 하여 결국 남해의 적소로 귀양을 가게 된다. 이 때 모부인 윤씨 귀양길에 오른 아들을 남성 밖에서 전송하며 이르기를 '나는 차마 네가 길 떠나는 것을 보지 못하겠으니 먼저 돌아가겠다' 하고 가마에 오르니 서포 또한 가마 앞에 절하여 하직하고 손수 가마의 주렴을 매어 드리고 문 곁에 서서 바라보다가 길이 구부러져서 가마가 보이지 아니하자 눈물이 흘러 얼굴에 가득해져서 비로소 자리에 돌아가 앉았다고 한다.346)

이렇게 떠난 것이 모부인 윤씨와 영원한 이별이 되었고, 서포 자신도 불귀의 객이 되고 만 최후의 유배지가 되었다. 그러기에 남해는 서포에게 있어 인생의 종지부를 찍게 한 마지막 유배지로 그의 소설 작품에서 직접 간접적으로 남해에 대한 표현이 나타나고 있어 남해와의 운명적 관련성을 생각해 보게 한다. 작품에서 표현하고 있는 남해와 실제로 유배생활을 했던 남해와 깊은 연관이 있는 것으로 해석347)하려는 견해도 있지만, 반드시 그런 것만은 아닌 것 같다.

---

345)『西浦年譜』, 위의 책, p. 333.
 " 前判書金某 本以時烈之腹心 挾其慘毒之行 費盡心機 戕害善類 乃其技倆 虛張聲勢 濁亂朝廷 特其餘事 及至上年 做出罔極之言 肆然陳達於筵席 矯誣聖躬 誣逼東朝 思之 至今心骨俱寒 …… 爲今日 殿下之臣者 不可不嚴如討罪之典 快雪 君父之誣 請極邊安置 "
346)『西浦年譜』, 위의 책, p. 245.
 " 赴南海謫所 …… 夫人曰 吾不忍見汝發程 當先歸 乃登轎 府君 拜辭轎前 親結轎簾 立門側而望之 路廻不見轎 則流淚忽滿面 而始入座 "
347) 金戊祚, 앞의 책, p. 78.

그러므로 작품을 중심으로 남해의 의미를 고찰해 보고자 한다.

### 3) 남해(南海)의 의미

#### (1) 적소(謫所)로서의 남해(南海)

남해(南海)는 원래 삼한의 한 나라였던 변한(卞韓) 12국 중 하나였던 해도(海島)였다. 역사적으로는 청동기시대의 고인돌이 각지에 분포되어 있어 내륙지방 못지않게 일찍부터 사람들이 살았던 지방으로 알려져 있으며, 신라 신문왕 10년(690년)에는 전야산군(轉也山郡)을 두었다가 경덕왕 16년(757년)에 지금의 이름인 남해로 개칭되어 현재에 이르고 있다.

현재는 경상남도 남 서단에 위치하고 있으면서 동쪽은 통영군, 서쪽은 전남의 광영군, 여수시, 여천군, 남쪽은 바다와 인접해 있는 섬으로 이루어진 우리나라 최남단에 위치한 행정구역상의 남해군이며, 중심지는 남해읍이다. 문화유적으로는 신석기 시대의 유적이나 유물은 발견되지 않고 있으나 청동기시대의 고인돌이 산재해 있고, 남해읍 일대에서는 민무늬토기, 석기 등의 유물이 출토되기도 했다. 자연환경으로는 소백산 최남단에 위치하고 있는 섬으로 섬전체가 표주박과 같은 모양을 하고 있으며, 산세가 매우 험준한 금산(錦山 : 701m)과 원산(猿山 : 627m), 망운산(望雲山 : 785m) 등이 있다. 금산에는 금산 38경으로 유명한 명승지와 보제암(菩提庵)이 있고, 원산에는 용문사(龍門寺)가 있으며, 망운산(望雲山)에는 화방사(花芳寺)가 있다.

이곳은 풍광이 아름답고 자연의 혜택이 많아 풍속이 순박하고 백성들이 소박함을 좋아하여 육지에서 멀리 떨어져 있지 않아 많은 사

---

薛盛璟, 앞의 논문, p. 230.

람들이 옮겨와서 사는 섬이지만 역시 바다를 배경으로 하고 있어 유배지로서의 역사적 사건이 많은 곳이기도 하다.

서포 또한 이곳에 귀양 와서 지내고 있을 때, 가까이에서 따르던 두 조카가 동시에 절도(絶島)에 유배 되었다[348]는 소식을 듣고 읊은 시에서 제주(濟州)나 거제(巨濟)나 남해(南海)를 모두 신선이 사는 방장(方丈), 봉래(蓬萊), 영주(瀛州)로 표현하고 있는 것을 볼 수 있다.

" 푸르고 아득한 세섬은 바다구름 끝에 있고
방장(方丈), 봉래(蓬萊), 영주(瀛州)는 가까이 잇닿아 있네.
삼촌과 조카, 아우와 형이 모두 나누어 차지했으니
사람들은 신선이라 말하리 " [349]

라고 한 것을 볼 수 있다.

그러나 남해의 유배지는 서포에게 뼈아픈 슬픔을 안겨준 곳이기도 하다. 그가 이곳에 온지 얼마 되지 않아 그렇게도 이별을 아쉬워하던 모부인 윤씨의 부음을 듣게 된 곳이기도 하다.

그는 언제나 모부인 윤씨를 그리는 마음이 떠날 날이 없어 모부인 윤씨의 생일을 맞아 시를 지어 읊기를

" 오늘아침 어머님 그립다는 말 쓰자하니
글자도 되기 전에 눈물 이미 홍건하다.
몇 번이나 붓을 적셨다가 다시 던져 버렸던고
문집에 해남시는 응당 빼라 하리라. " [350]

---

348) 光思公 金鎭龜(1651 - 1704)는 濟州로 所泉公 金鎭圭(1658 - 1716)은 巨濟에 流配된 것을 말한다.
349) 『西浦文集』 卷六, 在南海聞兩侄配絶島
"蒼茫三島海雲邊 方丈蓬瀛近接聯 叔姪弟兄分占遍 可能人望似神仙 "
350) 『西浦文集』, 卷六, 己巳九月二十五日.
" 今朝欲寫思親語 字未成時淚已滋 幾度需毫還復擲 集中應缺海南詩 "

라고 하여 모부인 윤씨를 그리는 마음, 눈물이 되어 글자를 이룰 수 없음을 적고 있다.

그런데 그해 12월 모부인 윤씨는 세상을 떠났지만 그 소식은 해를 넘겨, 서포 54세 되던 해(숙종 16년, 1690년) 정월에 부음이 전해지고 있음을 알 수 있다. 지난해 12월에 하세하였는데 해를 넘겨 비로소 소식이 전해지자 그만 당상에 앉아 있다가 깜짝 놀라 부르짖으며 당하로 몸을 던져 까무러쳐서 오랫동안 깨어나지 못했다고 한다. 그 후 위패를 모셔놓고 정성으로 메를 올리며 예를 다했던 것을 알 수 있게 된다. 351)

또한 그는 용문산 위에 올라가 뿌리를 같이하고 있는 나무를 보며 울적한 심회를 시로 읊고 있다. 이를 보면

" 용문산 위 한 뿌리에 난 두 그루 나무
가지 꺾이고 떨어져 반만 남고 죽었네
그나마 남은 가지 풍상에 시달리고
죽은가진 날마다 도기 날에 잘리 운다.
우리형제 평화롭던 그 옛날
비단옷에 노래 소리 어머님기쁨 추억일 뿐
팔십 노모 돌볼 이 없으니
이승과 저승에서 품으신 한 언제나 다하실지 " 352)

라고 읊고 있어 자신의 회복될 수 없는 현실을 생각하며, 살아있는 가지(서포 자신)는 풍상에 시달려 죽어가고 죽은 가지(형 만기)조

---

351) 『西浦年譜』, 앞의 책, p. 248 .
"十二月夫人下世 而今始傳至 府君方坐堂上 聞訃驚號 自投堂下 昏絶不省者久之 設位所寓 朝夕臨饋 "
352) 『西浦文集』, 卷二, 南海謫舍有古木竹林有感于心作詩
" 龍門山上同根樹 枝柯摧頹半死生 生者風霜不相貸 死猶斧斤日丁丁 憶我弟兄無故 日 綵服塡羨慈顔悅 母年八十無人將 幽明飮恨何時竭 "

차 도끼날에 잘리어 사라져 간다는 것으로 당쟁에 휩싸여 파멸되어 가던 자신의 형제를 비유적으로 표현하면서 지난날 비단옷 입고 노래 부르며 어머님을 기쁘시게 해 드렸던 일들을 생각할 때, 팔십 노모가 돌볼 사람 없이 한을 품고 세상을 떠난 일을 슬퍼한 것이 아닌가 생각된다. 이에 대해 박성규(朴性奎)는

" 그는 시에서 효를 실천할 수 없는 열악한 환경과 개인적 불우를 충실하고 적절하게 묘사함으로써 효의 도덕적 완벽에 가깝게 이르고 있다. 그는 남해의 용문산 위에 뿌리를 같이하고 있는 두 그루의 나무를 통하여 자신의 변전된 현실과 회복될 수 없는 효심의 상실을 암시하고 있다."[353]

라고 하여 서포의 변전된 현실과 회복될 수 없는 효심의 상실을 볼 수 있다고 했다.

이렇게 상심하면서 날을 보내던 서포는 모부인 윤씨의 부음을 접한 2년 후 그의 나이 56세 시(숙종 18년, 1692년) 집안 식구들을 적소에 가까운 곳으로 이사시키기로 해 놓고 결행치 못한 채, 돌아가신 어머니를 너무 그리워한 나머지 마음이 상하여 부습(浮濕)과 해소와 혈담(血痰) 등 증세가 심해져 병석에서 일어나지 못할 것[354]을 스스로 짐작하고 다음과 같은 글을 남기고 있다.

" 신상의 여러 증세들은 진실로 끝내 지탱해 낼 도리가 없고 같은 시기에 쫓겨난 신하들은 모두 세상을 떠나 거의 없으니 인생은 진실로 한바탕 꿈인가 합니다. " [355]

---

353) 朴性奎, 金萬重 詩에 나타난 內面性의 統一과 擴散, 金萬重硏究, 새문사, 1983. p. Ⅱ - 48.
354) 귀양살이하고 있는 여러 친구들이 세상을 떠났다는 소식을 듣고, 운명하던 해 3月 六化公(누구인지 밝혀지지 않음)에게 답장하는 편지에서 자신의 운명할 것을 예측한 글을 남기고 있다.

라고 하여 인생은 정말 한 꿈과 같이 허무한 것(人生眞是一夢)임을 말하면서 약을 바치면 ' 내 병이 어찌 약을 쓸 병이겠는가? '하시면서 약을 물리치더니 드디어 동복 두어 사람이 지켜보는 가운데 고복(皐復)하였다.

실로 인생은 허무한 것인가? 이렇게 서포는 파란만장했던 한 평생의 삶을 외롭게 남해에서 마치게 되니 남해는 서포에게 있어서는 불귀의 종착지로 남게 된 곳으로 그 의미 또한 큰 것이 아닐 수 없는 곳이 되고 말았다.

(2) 작품에 나타난 남해

① 『구운몽』과 남해

남해는 서포의 최후의 유배지다. 그의 소설 『구운몽』과 남해와의 관계를 살펴보기 위하여 그동안 논의된 것들을 먼저 살펴보면 다음과 같다. 처음으로 서포소설이 남해에 관계된 것으로 언급한 것은 김태준(金台俊)[356]으로 그는 이재(李縡)의 『삼관기(三官記)』에 나오는 '영남(嶺南) '이란 말[357]을 그대로 받아들여 『구운몽』의 남해 저작 설을 내놓게 된 것이 아닌가 생각된다. 이에 대해 이가원(李家源)은 다음과 같이 이의 오류임을 지적한 바 있다.

"『윤씨행장(尹氏行狀)』의 '영해(嶺海)' 2자가 도암(陶庵)의 『삼관기(三官

---

355) 『西浦年譜』, 위의 책, p. 254.
　　" 三月 答六化公日 身上諸訂 固無一向支0之理 同時逐客 凋落殆盡 人生眞是一夢 "
356) 金台俊, 『朝鮮小說史』, 學藝社, 1939, p. 112.
　　" 肅宗 15年 西浦 被竄 直後에 그 어머니 尹夫人이 歿하였으니 <九雲夢>의 한글본은 肅宗 15年에 著作된 것이다. "
357) 李 縡, 『三官記』, 耳部, 上.
　　" 始公赴謫也 夫人怡然日 嶺南之行 前脩所不免 行矣自愛 勿以我爲念 聞者莫不出涕 稗說有九雲夢者 "

記)』에는 '영남(嶺南)'으로 되었으므로 천태산인은 골간하여 남해의 피찬으로 인정해 버렸는 듯싶다. 도암의 『구운몽』에 대한 기사가 직접 윤부인 말의 뒤를 이었으니, 『구운몽』의 저작이 서포의 선천(宣川)시대임은 거의 틀림이 없을 것이다." 358)

라고 하여 『구운몽』저작의 시기와 장소에 대한 남해설과 선천설의 단초를 잡아놓게 된다. 그러나 그 후 남해설이 주장되어 『구운몽』 연구에서의 남해는 매우 중요한 문제로 대두되게 된다.

김무조(金戊祚)는 남해의 지리적 여건을 들어 『구운몽』과의 관계를 더욱 깊이 있게 논급하면서 완전히 남해는 서포소설의 근거지가 된다고 확정을 짓는다. 그 근거로 제시하고 있는 것을 보면

" 남해군 이동면 용소리, 이 마을 뒷산의 원산(지금은 호구산) 용문산이라고 이르는 이 산문이 바로 용문사가 있는 곳이고, 바로 이 용문사가 서포의 혈혼을 남기고 인생의 유서처럼 남긴 『구운몽』 창작의 본거지이다." 359)

라고 하여 남해를 서포소설의 본거지라고 확정적으로 지적하면서 그 배경을 다음과 같이 설명하고 있다.

" 남해 용문사 뒷산 원산에 오르면 바로 오악이 둘러 있는 것 같으니 사방에 둘러 있는 망운산(望雲山), 소흘산(所屹山), 녹두산(鹿頭山), 금산(錦山)이 천하 명산의 축소판 같이 전개된다. 더구나 용소(龍沼)는 용문사(龍門寺)의 계곡을 끼고 1Km쯤 내려가면 폭포로 이루어진 고연한 못으로, 옛 전설에 용이 살았다고 해서 용소라 했다 하니, 중국 남해 동정호 용소와 우연한 일치 치고는 너무나 배경이 합당하다." 360)

---

358) 李家源, 九雲夢 評攷,『金萬重硏究』, 새문사, 1983. p. Ⅳ - 13.
359) 金戊祚,『西浦小說硏究』, 螢雪出版社, 1974. p. 79.
360) 金戊祚, 위의 책, p. 79.

라고 하여 『구운몽』 첫 장에 나오는 천하 명산 다섯을 모두 남해에 있는 산들로 대치될 수 있게 하면서 동정호의 용소까지도 이곳에 있는 연못과 비견하려 하고 있다. 그리고 남해의 지명인 석교리(石橋里)도 작품의 석교상의 사건에 나오는 석교와 같은 것으로 해석하고 있다.

> " 석교(石橋)상에서 성진이 팔선녀와 해후하는 장면도 바로 이 고장의 석교리가 문제될 것 같다. 석교리 고노에게 물은즉 옛날 남해바다 용궁의 시녀들이 이 돌다리를 건너 승천했다는 전설이 있다하여 석교리라 한다. …… 서포는 바로 이 지명을 중국에 의탁하여 쓴 것이 틀림없는 것이다. " 361)

라고 하여 서포의 『구운몽』과 남해와의 관계를 더욱 깊게 하고 있다.

그 후 설성경(薛盛璟)은 남해 금산(錦山)의 전설을 조사 불교적 성격이 강하게 나타나고 있음을 들어, 『구운몽』의 공간적 배경의 소재적 요소로 보고 다음과 같이 결론을 내리고 있음을 볼 수 있다.

> " ① 남해의 금산에는 불교적 성격을 지닌 전설 류가 집중적으로 나타나고 있다. 이는 서포가 남해 유배 시 이곳의 불교적 성격을 육관대사나 성진이 보여준 구운몽의 불교소재로 사용했을 가능성을 보여준다.
> ② 『구운몽』의 주요 인물명인 …… 성진은 남해안에서 이런 명칭을 지닌 지명이 세 곳이나 되므로 이도 작품의 소재로서의 기능을 지니고 있다.
> ③ 『구운몽』의 주요 사건인 석교 상에서의 남녀 주인공의 만남은 용문사 아래에 있는 석교리의 돌다리 전설과 관련을 보인다. " 362)

라고 하여 공간적 배경의 소재요소로서 불교적 성격을 지닌 전설

---

361) 金戊祚, 위의 책, p. 80.
362) 薛盛璟, 九雲夢의 構造的 硏究(V) - 空間的 背景과 南海의 口傳素材 - 『陶南趙潤濟博士古稀紀念論叢』, 1976. p. 230.

류를 비롯하여 성진골의 전설에 따라 인물명의 소재적 배경은 물론 석교리의 지명에 의해 석교 상에서의 사건적 배경까지도 그 소재가 되었던 것으로 추정,『구운몽』저작의 시기와 장소에 대한 구체적 근거로 제시하고 있다.

그러나 이와는 달리『서포년포(西浦年譜)』를 중심으로 서포의『구운몽』저작 시기를 규명하고자 한 김병국(金炳國)은 위 두 사람의 주장에 대해

> " 혹시 작자의 전기적 사실을 허구적 작품에서 찾는 학자의 작업에 거꾸로 남해의 전설을 이루어 가고 있었던 것은 아닌지 모르겠다. 우리는 역시 김만중의 전기적 사실을 그의 사후 3백년 사람들의 전설에서 찾을 것이 아니라 그의 당대 사람들의 문헌에서 찾는 것이 옳을 것이다. " [363]

라고 하여 허구적 작품이 남해의 전설을 만든 것이 아닌가 하는 견해를 밝혔다.

그렇다면 작품에는 남해가 어떻게 나타나고 있으며, 또 어떤 의미가 있는 것일까? 하는 것을 알아볼 필요가 있게 된다.『구운몽』은 그 서두 자체가 다른 소설들과 달리 방위를 표시하는 것으로부터 시작된다. 이를 작품에서 보면

> " 천하에 명산 다섯이 있으니 동에 태산(泰山) 서에 화산(華山) 남에 형산(衡山) 북에 항산(恒山)이요 그 가온데 숭산(崇山)이니 이른바 오악이라 오악중에 형산이 중토에서 가장 머니 구의산(九疑山)이 그 남편에 있고 동정호(洞庭湖)가 그 북편에 지나고 소상강(瀟湘江)이 둘렀는데 ‥‥‥ " [364]

라고 하여 중토에서 가장 먼 형산이 중심무대로 설정이 되면서

---

[363] 金炳國, 九雲夢 著作時期 辨證,『韓國學報』, 第51號, 1988, p. 66.
[364] 九雲夢.『舊活字本 古小說全集』, 第二卷, 仁川大學校 民族文化研究所, 1983. p. 3.

그 주변을 설명하고 있는 것은 구의산(九疑山)과 동정호(洞庭湖)와 소상강(瀟湘江)으로 나타내고 있어, 이를 중국 현지를 중심으로 살펴보면 다음과 같다.

구의산(九疑山)은 바로 군산(君山)으로 나타나고 있으니, 사마천(史馬遷)의 『사기(史記)』 오제본기(五帝本記)에 보면

" 순임금이 남순 길에 올랐다가 창오의 들에서 죽으시니 강남의 구의(九疑 : 현 호남 영원현 구의산으로 아홉 봉우리가 서로 비슷하여 구분키 어려워 이름 한 것으로 또한 창오산 이라고도 한다 )에 장사지냈다. " 365)

라고 하는데서 구의산이 언급되고 있으며 또한 <이비전설(二妃傳說)>에서도 순임금이 죽고 돌아오지 않았을 때, 이비(아황과 여영)가 그 시신이라도 찾기 위해 군산으로 건너갔다. 이때 한 백발노인을 만나서 그의 안내로 아홉 봉우리를 찾아 헤매며, 없는 곳에 구멍을 하나씩 뚫고 돌아다녔는데 결국 아홉 개 봉우리를 모두 뚫었어도 찾을 수 없었다는 것이다. 그 후 사람들이 이곳의 이름을 창오산에서 구의산으로 개칭하여 부르게 되었다고 한다. 366) 즉, 구의산은 바로 동정호 위에 떠 있는 군산을 이르는 것임을 알 수 있다.

" 군산은 원래 상산(湘山), 동정산(洞庭山), 유록산(有綠山)이라 불려졌고 별칭으로 북제(北諸) 또는 소봉영(小蓬瀛)이라고도 했다. 그리고 역대의 전적 중 군산에 대한 기록들이 많이 있으니 천제의 아들이 북제에 내려왔다 하는 것은 굴원(屈元)의 <구가(九歌)>나 <상부인(湘夫人)>편에 기재된

---

365) 李敬垂, 姜宗福 編, 『君山一部書』, 香港 國際展望出版社, 1992. p. 33.
" 史記 五帝本記 記載 舜 踐帝三十九年 (距今 四千多年 前) 南巡狩 崩于蒼梧之野 葬于江南九疑 ( 今湖南寧遠縣 九疑山, 因九峰相似莫能辨, 故名 又稱蒼梧山 … "
366) 『君山一部書』, 위의 책, p. 119.
" 相傳 二妃尋躁丈夫尸首時 中途遇到一個白髮老翁引路相幇 他們每躁一個山頭 …… 都沒有 于是 九個山頭都是0 此後 人們把蒼梧改稱九疑 … "

내용이고『파릉현지(巴陵縣志)』에 기재된 것을 보면 북제는 곧 군산이라
했고 동정호에 있다고 했다. "367)

그러므로 구의산(九疑山)은 바로 군산(君山)이며 군산은 동정호 내에 있는 산으로 작품의 무대가 이곳임을 알 수 있게 된다. 즉, 북편에는 동정호가 지나고 있다 했으니, 동정호의 남쪽을 무대로 설정하고 있는 것을 알 수 있으며, 이곳은 원래 옛부터 시인묵객들이 즐겨 찾던 곳으로 그 동쪽에는 악양루(岳陽樓)가 있어 경치 좋기로 이름난 곳이다. 368) 그리고 소상강(瀟湘江)이 주위를 둘렀다고 하는 것은 역시 동정호의 위치를 말하는 것으로 장강으로 흘러 들어가는 소수와 상수가 합쳐진 곳으로 소상반죽(瀟湘斑竹)369)으로 잘 알려진 지역이기도 하다.

이렇게 볼 때,『구운몽』의 공간적 배경이 되고 있는 곳은 역시 동정호 내의 군산이 아닌가 생각된다. 그러므로 작품에 나오는 동정 룡왕의 경우도 동정호의 룡왕을 이르는 것으로 볼 수 있으며, '성진이 명을 받고 칠근가사(七斤袈裟)를 메이고 육환장(六環杖)을 끌고 표연히 향하여 가는 곳도 동정호(洞庭湖)라'370)한 동정호도 바로 이곳을 의미하는 것이라 볼 수 있겠다. 또 작품에 보이는 연화봉 승경을 보면

---

367) 禹快濟, 南征記의 南征路를 通해 본 西浦의 中國認識 考察,『국어국문학』, 제 115호, 국어국문학회, 1995, p. 71.
368) 文萬作・王 毅,『名人與岳陽樓』, 中國 湖南大學 出版社, 1988, p. 6.
369) 瀟湘斑竹은 瀟水와 湘水가 합쳐지는 지점 (洞庭湖內의 君山)에서 나는 얼룩무늬진 대나무를 말하는 것으로 舜님금을 찾기 위해 이곳에 왔던 舜임금의 二妃 娥黃과 女英이 舜임금이 돌아가셨단 말을 듣고 너무나 슬퍼서 피눈물을 대숲에 뿌렸더니 대나무에 얼룩이 생겨 지금까지 그 곳에서는 얼룩무늬 대나무가 나온다는 뜻으로 瀟湘江 가에서 나는 얼룩무늬 대나무를 瀟湘斑竹이라 한다.
370) 九雲夢, 위의 책, p. 4.

" 팔선녀 대사께 하직하고 문밖에 나와 서로 이르되 남악천산은 일수일수(一水一水)이라도 우리 집 세계러니 육관대사가 거처하신 후로 연화봉 승경(勝景)을 지척에 두고 구경치 못한지 오래더니 …… "371)

라고 하여 아름다운 경치를 말하고 있는 것을 볼 때, 동정호의 아름다움이 이에 잘 나타나고 있는 것이 아닌가 생각된다. 동정호 내의 군산은 그 아름다움이 예나 이제나 널리 알려져 이름 있는 명소들을 군산팔경372)이라 하여, 악양루와 함께 많은 시인묵객들의 시제에 오르고 있는 곳이기도 하다.

이렇게 볼 때, 『구운몽』에 보이는 남해는 구체적으로 지적한 곳이 없으면서도 동정호상의 군산을 이르고 있는 것이 아닌가 생각된다. 작품에서 남해를 직접적으로 표현하고 있는 곳은 다만 한군데가 나오고 있는데 그것은 양소유가 세상의 부귀공명을 다 누려보고 최후에 대각하기 전 관음보살을 찾아갈 때, 남해로 가는 것을 보게 된다. 이를 작품에서 보면

" 소유 벼슬을 도로 바친 후로 밤마다 꿈속에 불전에 배례하니 이는 필연 불가에 연분이 있음이라. 내 장차 장자방이 적송자 쫓는 원을 이루고 남해(南海)에 가서 관음을 차지며 ……"373)

라고 한 것에서 그가 다시 남해로 돌아가려는 것을 보게 된다. 이것은 바로 이 작품의 서두에서 처음으로 시작한 성진이의 무대가 바로 '남해(南海)'였음을 나타내 주는 것이라 할 수 있겠다.

『구운몽』에 나타나는 남해는 구체적인 지명이나 남해 바다와는

---

371) 九雲夢, 앞의 책, p. 5.
372) 君山八景 : 洞庭秋月, 銀盤托日, 漁村酒香, 碧蓮爭絕, 雰鎖香爐, 江天臥石, 空山鳥語, 茶園春色, (君山一部書, 앞의 책, p. 25)
373) 『九雲夢』, 앞의 책, p. 238.

관계없이 막연하게 동정호와 그 안에 있는 군산 일대를 형상화되지 않은 상태에서 추상적으로 표현한 것이라 생각된다. 이것은 대륙문화의 영향으로 북쪽에는 높은 산이 있고, 남쪽에는 바다가 있는 북산남수(北山南水)의 이념적 사고에서 남해 관음을 찾게 된 것이 아닌가 생각된다.

특히 서포는 중국 현지의 사정을 작품에 잘 표현하고 있어 그의 소설이 중국 소설로 오인[374] 받기까지 할 정도였으니 중국적 내용들을 작품 소재로 훌륭하게 활용했을 것은 짐작이 가는 일이다. 그러므로 저작 시기나 장소에 대한 선천(宣川)설과 남해(南海)설의 지리적 여건에 관한 것은 재고해 볼 필요가 있으리라 생각된다. 남해의 지형이나 지명 및 전설의 조사 못지않게 선천에도 명산 고찰들이 많이 있고, 특히 중국을 드나드는 길목이었다는 점에서 중국의 지식이 해박했던 작자로서는 더욱 많은 중국적인 요소들을 작품의 소재로 쓸 수 있는 계기가 되었던 것은 아닌지 생각해 볼 필요가 있겠다. 또한 서포의 선천 유배 시 모부인 윤씨가 '영해(嶺海)'라고 한 것은 다분히 중국의 지형을 따라서 이른 것으로 선천도 바닷가라고 하는 점에서 더욱 재고해 볼 필요가 있다고 생각되며 이 작품에서의 남해는 성진의 수도장이 있던 곳으로 막연히 형상화되지 못한 이념적 지소였음을 알게 된다.

(2) 『남정기』와 남해

『남정기』는 주인공 사씨가 남정한 이야기를 기록한 작품으로 원래 사씨는 지금의 북경 근처 신성현 사급사댁 소저로 금릉 순천부의 유한림 댁에 혼인하여 출가한다. 십 여 년 간 애기를 갖지 못하여

---

[374] 北京圖書館 所藏本 南庭記를 明代 小說로 보려는 論文이 나온 바 있다. (朱眉淑의 南庭記的 表現與 評價,『明淸小說論叢』第三輯, 앞의 논문, 1985.)

교녀를 첩으로 맞이하게 되자, 그의 모함으로 집을 쫓겨나게 된다. 이 때 친정으로 돌아가지 않고 유한림 댁 선영이 있는 성도(成都)의 묘하로 향하는 것으로부터 남정길이 시작된다.[375]

성도는 현재 사천성 수도로 촉(蜀)나라 시대의 고도였기 때문에 많은 유적들이 남아 있으며, 특히 제갈공명을 모신 무후사(武侯祠)가 있어 유명한 곳이며, 장강려행이 시작되는 곳이기도 하다. 장강을 성도에서부터 타고 내려가다 보면 중경(重慶)이 있고, 중경에서 악양(岳陽)까지 가는 길에 중국 최고 명승지라 할 수 있는 장강 삼협(長江三峽)이 있다. 이 장강 삼협은 중경에서 무한(武漢) 사이에 있는 전장 192 Km에 달하는 협곡으로 구당협(瞿塘峽)과 무협(巫峽)과 서릉협(西陵峽)을 이르는 것으로 많은 신화와 전설이 풍부한 유적지라 하겠다. 또한 많은 사람들이 오랜 세월동안 오가면서 많은 발자취를 남기고 있어 시인, 화가, 풍류명사들의 천태만상이 그대로 비쳐져 남아 있어, 기암괴석과 함께 보는 이들로 하여금 감탄하지 않을 수 없게 하는 곳이기도 하다.[376]

작품의 남정로는 이와 같은 장강 삼협을 지나는 것으로 성도로부터 시작하여 장강을 타고 남정하는 길을 열어 놓음으로써 서포 당시 쉽게 접할 수 있었던 『삼국지』를 통한 장강유역의 이해가 그대로 작품을 통해 구현될 수 있었던 것이 아닌가 생각된다.[377]

사씨의 남정은 성도에서부터 수로를 통하여 시작된다. 작품에 보면 동청이 보낸 냉진에 의해 두부인의 편지를 받고 북경으로 돌아가려 하다가, 꿈에 조상들의 현몽을 통해 계시를 받고 거짓 편지임을 알게 된다. 그리고 빨리 그곳을 피해 남쪽으로 가라는 명령을 받고 두부인 계신 장사(長沙)를 향해 남정 길에 오른다. 작품에 보면

---

375) 禹快濟, 南征記의 南征路를 通해 본 西浦의 中國認識 考察, 앞의 논문, p. 63.
376) 『長江三峽』, 中國, 重慶長江輪船公司], 1986, p. 1.
377) 禹快濟, 앞의 논문, p. 75.

" 이 때 사씨는 남으로 가는 배를 얻지 못하여 근심하더니 마침내 남경으로 가는 상고선을 만나니 ………… 배를 대어 오름을 청하니 사씨 존고 묘하에 나아가 재배 하직하며 유모와 차환이며 본부 창두 장삼을 데리고 배에 올라 남으로 향하니라. " 378)

라고 하여 성도에서 남경으로 배를 타고 떠나는 것을 보게 된다. 이 길은 지금도 많은 배들이 오가는 장강의 유일한 수로로 중경을 거쳐 악양까지 이르는 사이에 파국(巴國) 조릉(祖陵)의 소재지인 배릉(倍陵)을 비롯하여 사람이 죽어서 음귀가 돌아간다는 지옥인 풍도옥(豊都城)이 있다. 그리고 더 내려가게 되면 주(周)말 파국 내란시 충신이었던 파국 장군 파만자(巴曼子)의 고향인 충주(忠州)가 있고 운양현(雲陽縣)에 이르면 장강 남안에 촉한(蜀漢) 명장 장비의 사당인 장비묘(張飛廟 : 일명 張桓祠)가 있어 『삼국지연의』에 나오는 이야기의 현장임을 알 수 있게 한다. 물론 이곳은 1천 7백 여 년 전 고인들의 전설에 의해 건립한 기념당이라고 하지만 그 규모가 웅장하며 비기(碑記)에는 ' 양나라 천람연간에 번양왕이 익주군사 오만여명을 거느리고 이곳을 지나갔다 ' 379) 고 적고 있다. 또 구당협에 이르면 촉한황제 유비와 관우의 이야기가 서려 있는 백제성(白帝城)이 있고, 무협에 이르면 우왕(禹王)의 치수를 도운 왕모의 딸 요희(謠姬)의 전설이 있는 신여봉(神女峰)이 나오는데, 이곳은 왕모의 12자매가 변해서 되었다는 운우무산(雲雨巫山) 12봉의 기암괴석이 있어 빼놓을 수 없는 명승지이기도 하다. 또한 전국시대 위대한 사상가요 정치가요 애국시인 이었던 굴원(屈原)의 고향이 이곳에 있어 강 언덕에 굴원을 모신 사당인 굴원묘(屈原廟)가 있다. 무협을 지나

---

378) 謝氏南征記,『舊活字本 古小說全集』, 第四卷, 仁川大學校 民族文化硏究所, 1983, p. 498.
379) " 梁天藍十三年 蕃陽王益州軍府率五萬人過此 …… "(『長江三峽』, 앞의 책, p. 13. )

서릉협에 이르게 되면 물살이 점점 빨라지면서 의창(宜昌)을 지나 황릉묘(黃陵廟)에 이르게 된다. 황릉묘는 장강 남쪽 조그만 분지 위에 위치하고 있어 앞에는 대강과 임해 있고, 뒤에는 산언덕에 의지하고 있으면서 현재는 우왕전(禹王殿)만 남아 있어 그 안에 우왕 소상과 비각제기 등 약간의 문물만이 보존되어 있다. 서릉협을 빠져 나오면 갈수패(葛水浿)라고 하는 대형 수력발전소를 지나 악양에 도착하게 되며, 그곳에는 유명한 악양루(岳陽樓)가 있으며, 동정호(洞庭湖)가 있고, 그 안에 군산(君山)이 자리하고 있다.

그런데 『남정기』에서 사씨의 남정 길을 보면 성도를 떠난 배가 지나온 과정은 모두 생략된 것으로 나타난다. 그리고 남방을 향해 항해하던 배가 풍랑에 의해 뭍에 올랐다 다시 떠나가는 것으로만 되어 있고,380) 그 다음으로 도착하는 곳이 바로 동정 위수로 좇아 악양루 아래가 된다.

> " 사씨 액운이 점점 닥쳐오는지라 홀연 풍랑이 대작하며 파도 흉흉하야 배 바람에 쫓겨 동정 위수로 좇아 악양루 아래 이르니 ............... " 381)
> " 차시 사씨 천신만고하야 겨우 배를 얻어 장사를 거의 왔다가 풍랑을 만나 표풍하야 이곳에 이르니 바람이 끊어진지라 " 382)

라고 하여 사씨가 임의로 찾아간 것이 아니라 풍랑에 밀려 동정호 가에 이르게 된 것을 알 수 있다. 즉, 장사에 게신 두부인을 찾아 가던 중 풍랑으로 인해 뜻밖에 동정호 변에 이르게 되자 갈 곳도 없고 의지할 곳도 없어 자결하려 하다가 유모 등의 만류로 뜻을 이루지 못한다. 이때 밤은 깊고 사면에 귀곡성과 황릉묘상에 두견성이 처량하고 소상죽림에 귀신우는 소리 부절 하니 이 밤을 악양루에

---

380) 『謝氏南征記』, 앞의 책, p. 560.
381) 위의 책, p. 501.
382) 위의 책, p. 502.

올라 보내자 하고 악양루에 올라 하룻밤을 보내게 된다. 이렇게 하룻밤을 보낸 사씨 기운이 진하여 유모의 무릎을 의지하고 잠깐 졸다가 비몽사몽간에 이비의 사당인 황릉묘에 올라 아황과 여영을 비롯한 위국부인, 반첩여 및 동한적 교대가와 양처사의 처 맹광 등을 만나서 십년의 액운이 있고 그 이후에 일어날 일들과 남해 도인의 도움을 받아 액운을 면하리란 계시를 받을 때, 분명한 남해를 표현하고 있음을 볼 수 있다. 작품을 보면

" 빨리 돌아가라 남해도인이 그대와 인연이 있으니 잠깐 의탁함이 천의니라 사씨 대 왈 첩이 전일 들으니 남해는 하늘 한가이라 길이 요원하거늘 이제 반전도 없이 가리잇고. 낭낭 왈 연분이 있으면 자연 가리니 염녀 말라. " 383)

라고 하여 남해로 가서 남해 도인의 도움을 받도록 계시를 받는다. 그러나 사씨 부인은 남해가 하늘 끝으로 길이 멀고 요원하여 갈 길을 염려하지만 모든 것은 인연이 있으면 가능하리라는 계시도 받게 된다. 꿈을 깬 사씨는 이비의 사당인 황릉묘를 찾았지만 멀리만 있는 것으로 생각했던 남해는 찾아갈 생각도 못하고 의지할 곳 없어 다시 물에 뛰어들려 했다. 이때 그를 구하러 온 사람이 있었으니 작품에서 보면

" 홀연 묘문으로서 두 사람이 들어와 고왈 부인이 또한 어려움을 만나 물에 빠지려 하나이까 부인이 놀라 눈을 들어보니 하나는 이고요 하나는 여동이라 삼인이 대경문왈 어찌 우리 일을 아느냐 이괴 황망히 례하고 합장왈 소승은 동정 군산사에 있더니 비몽사몽간에 관음이 현몽하사 왈 어진 여자 환난을 만나 갈 바를 모르고 장차 익수코저 하나니 빨리 황릉묘로 가 구하라 하시매 급히 배를 저어 왔더니 ……… " 384)

---

383) 위의 책, p. 505.
384) 위의 책, p. 507.

라고 하여 동정호 군산사의 승려로 하여금 구해내게 하고 있다. 이렇게 하여 멀게만 생각했던 남해를 가까이에 있었던 동정호로 바꿔 놓고 있다. 지리적으로 동정호가 내륙호지만 중국 최대의 호수라는 점에서 바다와 같이 생각할 수 있었던 것이 가능했던 것 같다. 결국 사씨가 남정한 곳은 남해가 아닌 동정호 안에 있는 군산으로 표현된다. 여기서부터 『남정기』의 주인공 사씨는 군산과의 관계가 시작된다.

군산은 순임금의 이비 아황과 여영이 순절한 곳으로 열녀의 대표적 행적이 깃든 곳[385]이기도 하다. 그러므로 현재에는 이비묘(二妃墓)를 비롯한 상비사(湘妃祠) 등이 있어 아황과 여영의 절의를 본받게 해 주는 곳이기도 하다.

『남정기』에서 사씨는 남해로 남정한 것이 아니라 결국 동정호에 있는 군산이 그의 남정로의 최종 목표지가 된 것을 알 수 있게 된다. 군산은 『남정기』에서 남정로의 최종 목표지점으로 설정되어진 무대라고 할 수 있겠다. 그러므로 작품에서 가장 중요한 핵으로 부상된 지리적 배경은 동정호 내의 군산으로 상당히 구체화된 실체적 현상으로 설정된 남해가 아닌가 생각된다.

### 4) 결론

우리 소설사에 중요한 위치를 점하고 있는 서포소설 『구운몽』과 『남정기』를 통해 공통적으로 나타나고 있는 '남해(南海)'의 의미를 고찰해 보았다. 서포에게 있어서 '남해'는 그의 최후 유배지인 우리나라 최남단에 위치한 섬 남해라는 실체적 의미와 함께 그가 말년에 불귀의 객이 된 곳이기에 그의 작품 년대를 밝히는 중요한 단서가

---

[385] 禹快濟, 二妃傳說의 小說的 受容 考察, 『古小說研究』, 第1輯, 韓國古小說學會, 1995.

되는 곳이기도 하다.

 이에 그의 유배지였던 금성(金城), 선천(宣川), 남해(南海)의 자연 및 역사, 문화적 배경을 중심으로 서포의 유배생활의 배경을 살펴보았고, 서포소설『구운몽』과『남정기』에 나타나는 '남해(南海)'의 의미를 다음과 같이 정리해 보았다.

 먼저 그의 유배생활을 보면, 최초의 유배지였던 금성에서 모부인 윤씨를 그리는 그리움은 그를 애타게 하여 논박을 당했던 허적으로부터 모자의 이별은 인륜의 도리에 어긋나는 일이니, 그를 방면하도록 해 달라는 간청으로 수개월 만에 풀러나게 된다. 두 번째 선천 유배 시에는 단호한 결단을 보인 모친을 위해 사친시를 비롯하여 일체의 부귀영화가 모두 환몽이라는 글을 지어 위로한 것을 볼 수 있다.그리고 한편으로는 그 지역사회와도 친화적 태도를 보여 활발한 활동을 계속했던 곳이 아닌가 생각된다. 세 번째 유배지였던 절해고도 남해에서의 생활은 실의와 회한으로

 모부인을 여원 슬픔에 지병이 더해 괴로워하면서 말년을 외롭게 보낸 것을 알 수 있다.

 다음으로 작품에 나타난 '남해'의 의미를 살펴보면,『구운몽』에서는 남해라는 구체적인 지명이 거론되지 않고 막연한 가운데 중토에서 가장 먼 형산을 중심으로 중심무대를 설정하여 구의산(九疑山)과 동정호(洞庭湖)와 소상강(瀟湘江)을 거론하면서 중국의 동정호 군산을 형상화시켜 나가고 있다. 그러나 이곳을 분명한 남해라고 밝히지 않고 다만 불도를 깨치기 위해 남해관음을 찾아가자는 제의를 하고 있는 정도로 나타나고 있다. 그러므로『구운몽』에 나타난 '남해'는 구체적인 실체로서의 남해가 아닌 북반구 대륙문화권의 표상으로 북산남수(배산임수)의 이념적 표현의 의미로 해석해 볼 수 있겠다.

이에 반해 『남정기』에서의 '남해'는 분명한 실체적 사실로 드러난다. 『남정기』는 주인공 사씨가 남정하는 것으로 구성되어 있는 작품으로 남정의 목표지점이 바로 남해로 되어 있다. 그러나 주인공 사씨는 '남해는 하늘 끝 멀리 있는 곳'으로 생각, 찾아가려고도 않는다. 그러나 장강을 따라 내려가던 배가 풍랑으로 들어가게 된 곳이 바로 동정호가 되고, 악양루에 머물다 구해주는 이 있어 따라 간 곳이 군산으로 구체화되고 있다. 그러므로 『남정기』에서는 주인공 사씨가 남정의 목표지로 도착된 곳이 동정호 내의 군산이므로 남해에 대한 분명한 실체를 드러내고 있어 현실적인 공간배경으로 표현된 것이라 할 수 있겠다.

서포소설에서 '남해'의 의미는 그의 최후 불귀의 객이 된 유배지의 지명이라는 점에서 작품에 나타나는 '남해'와의 관계를 찾아 의미를 고찰해 보고자 했다. 그러나 우리나라 최남단에 위치한 서포의 유배지 남해와는 특별한 관계를 찾을 수 없었으며, 중국의 동정호를 남해(바다)로 보고 그 안에 있는 군산을 공간적 배경으로 삼고 있음을 알 수 있었다.

특히 『구운몽』에서는 막연하게 형상화되지 않은 북반구 대륙문화의 이념적 표현으로 지칭했던 것이 『남정기』에 와서는 구체적 실체로 동정호 내의 군산을 지칭하고 있는 것을 알 수 있다. 이것은 그의 유배 생활 중 선천과 남해의 차이만큼 남해에 대한 의미가 다르게 나타난 것이 아닌가 생각된다.

## 8. 『남정기』에 나타난 『열녀전(列女傳)』의 수용양상

서포의 열녀전(列女傳) 수용 과정, 작품에 나타난 열녀전(列女傳) 수용양상

### 1) 들어가며

『열녀전(列女傳)』은 중국 전 한(漢)시 유향(劉向 : B.C.77 - 6)이 찬한 『고열녀전(古列女傳)』[386]을 비롯하여 명(明)대 해진(解縉) 등에 의해 신편 된 『고금열녀전(古今列女傳)』등이 있어 일찍부터 우리나라에 전래되어 많이 읽혀 온 책이다.

원래 『고열녀전』을 찬한 유향은 전한 태조 유방(劉邦)의 소제인 초원왕(楚元王) 유교(劉交)의 후예로 선제(宣帝). 원제(元帝). 성제(成帝)의 삼대 삼십 여 년 간에 걸쳐 관직을 역임한 사람이다.[387] 그는 이십 세에 간대부(諫大夫)에 발탁되어 랑중(郎中)을 거쳐 원제(元帝)시(B.C. 44 - 29)에는 산기종정급사중(散騎宗正給事中)으로 있으면서 소망지(蕭望之 : 전 장군), 주감(周堪 : 諸史光祿大夫), 금창(金敞 : 侍中) 등과 합하여 외척 허사(許史), 환관(宦官) 홍공(弘恭), 석현(石顯) 등을 축출시키려다 투옥, 서인이 되었다가 성제(成帝 : B.C. 28 - 7) 즉위 후 석현 등이 죄를 받게 되자 낭중으로 복위 되었다. 그 후 그는 본명을 갱생(更生)에서 향(向)으로 고치고 자주 봉서(천자 일인의 어람에 공하는 상서)를 올렸으며 광록대부의 자리에 있으면서도 왕의 후사 없음을 염려하다 죽으니 그의 사후 십삼 년 만에 한씨왕조로 바뀌고 만다. [388]

---

386) 禹快濟, 古列女傳의 韓國傳來本 考, 『韓南語文學』, 第13輯, 韓南大 國語國文學會, 1987, P.
387) 張敬, 列女傳與其作者, (『中國婦女史論集』, 臺灣, 商務印書館,1982) P. 56.

그의 인간됨을 보면 원래 문사에 통달 했으며, 부송(賦頌)을 무릇 수 십 편이나 지었고, 그의 사람됨은 소박, 간결했으며 위의를 차리지 않고 청렴했고 도를 숭상했으며 경술에 전념했고, 낮에는 시서를 암송 했으며, 밤에는 별을 보며 새벽까지 잠을 이루지 않고 사색에 잠기는 때가 많았다고 한다.

특히 그는 광록대부로 있으면서 중앙소장 비서(秘書)를 교감(校勘)했으며 여러 차례에 걸쳐 봉서를 올려 국가정치를 바로잡으려 충간하다가 투옥되는 등 파란만장한 일생을 살다 결국 뜻을 이루지 못하고 세상을 떠난 정치가요, 문인이요, 대학자요, 사상가였음을 알 수 있다.

그의 작품으로는 『초사(楚辭)』의 <구가(九歌)>편에 남긴 시작품[389]외에도 『신서(新序)』10권[390]을 비롯하여 『설원(說苑)』20권[391], 그리고 『열선전(列仙傳)』2권과 함께 『고열녀전(古列女傳)』7편이 전해 오고 있다.

그가 『열녀전』을 찬술한 직접적인 동기를 살펴보면 한(漢) 성제(成帝)시에 있었던 조씨내란(趙氏內亂)을 겪으면서 천자께 다시는 이와 같은 사건이 발생되지 않도록 경계하기 위한 목적이 크게 작용[392]되었던 것으로 볼 수 있으니 『고열녀전』서문에 보면

> " 유향은 한나라 성제 때에 광록대부였다. 왕후 조비련 자매의 얼총적인 사건을 보고 궁중의 일을 풍자하여 이 글을 써서 아뢰었다. 그 글이 아름답기가 시서보다 더했다. 여자의 덕이 착하고 악함에 따라 나라의 어지러움을 효과적으로 다스릴 수 있는 것과 관계가 깊다. "[393]

---

388) 盧元駿, 『新序今註今譯』(臺灣, 商務印書館, 1978) PP.1 - 2 , 參照.
389) 胡雲翼, 『中國文學史』(臺灣, 順風出版社, 1975) P. 11.
390) 盧元駿, 앞의 책.
391) 劉向, 『說苑』(臺灣, 商務印書館, 1980)
392) 張敬, 앞의 논문, P. 53.

라 하여 국가의 어지러움을 다스리는 데는 여자의 선악이 영향하는 바가 무엇보다 중요함을 인식 했던 것을 알 수 있다. 그러므로 그는 역대 여성들의 현비, 정부들의 전기를 모아, 그들을 통해 국가를 흥하게 하고 가문을 빛낸 모범적 여인상을 찾고자 했으며 얼폐자를 가려 국가를 어지럽히고 가문을 멸망케 한 예로 삼아 이를 동시에 서술하여 여성들의 교훈으로 삼고 자 했던 것을 볼 수 있가.394)

이와 같은 열녀전은 이미 고려시대로 부터 우리나라에 전래되어 수용되기 시작한 것으로 조선 선조 이후에 나타난 산문화 경향에 따라 창작계에 지대한 영향을 주고 있다.395) 특히 숙종 대 서포의 『남정기』에 서 그 수용양상을 찾아 볼 수 있어 이를 정리 해 보면 다음과 같다.

### 2) 서포(西浦)의 『열녀전(列女傳)』 수용과정

조선 중기에 이르러 임·병양란을 겪고 난 후 혼란했던 사회가 점차 안정을 되찾게 되자 국가의 위난기에 충성만을 강조하던 분위기가 일신되면서 효·열과 같은 가정윤리를 강조하게 된다. 한편 문학 표현에서도 자아의 각성으로 급속한 산문화의 경향이 나타나게 된다. 이 때 예학의 대가에서 서포가 나오게 된 것은 그를 통해 문학과 예학의 접합으로 우리문학의 새로운 경지가 열리게 되는 중요한 계기가 마련된 것이라 하겠다. 즉, 그는 병자호란 시 강화도에서 순절한 김익겸(金益兼)의 유복자로 태어나 어려운 가정형편 속에서

---

393) 『古列女傳』 序 (列女傳 校注, 臺灣, 中華書局, 1968.)
"向爲漢成帝 光祿大夫 當趙后姉妹孼寵時 奏此書以諷宮中 其文美刺詩書已來 女德善惡繫於國家治亂之效者"
394) 禹快濟, 列女傳의 著作動機 考察 (『우리문학 연구』, 제5집, 우리문학 연구회, 1984) P. 118.
395) 金台俊, 『朝鮮小說史』( 學藝社, 1939) P. 63.

모부인 윤씨로부터 직접 교육을 받아야만 했다. 그런데 모부인 윤씨는 누대에 걸쳐 명환이 배출된 해평 윤씨 가문에 무남독녀로 탄생하여 할머니인 정혜옹주(貞惠翁主)의 사랑을 독차지하며 그를 통해 직접 궁중법도에 맞는 교육을 받고 성장한 분이었다. 모부인 윤씨가 어릴 때 정혜옹주로부터 직접 교육받던 내용을 기록한 서포의 <정경부인행장(貞敬夫人行狀)>을 보면

> " 참판공은 다른 자손이 없어 정혜옹주 또한 다른 손자가 없이 다만 대부인 한사람뿐이었다. 고로 친히 이를 포대기에 싸서 기르며 입으로 소학을 외워서 가르쳤다. 대부인께서 총명하고 영리해서 한번 가르치면 바로 알았다. 그는 항상 여자 된 것이 아깝다고 말씀하셨다. " 396)

라 하여 정혜옹주께서 입으로 외워서 소학을 가르치셨다 했고, 또 그가 출가한 후에도 부도를 어기는 일이 있어 나(정혜옹주)를 부끄럽게 하는 일이 없도록 하라고 경계하며397) 시가가 당대의 예법대가임을 강조하셨다고 적고 있다. 이것은 모부인 윤씨의 가계가 누대로 명환이 배출된 해평 윤씨 가문으로 조부 문목공(文穆公)이 선조대왕의 부마였으므로 정혜옹주의 궁중예법이 그대로 모부인 윤씨에게 전수되었음을 알 수 있다. 그러므로 이것은 다시 서포에게 전수되어 그가 궁중예법에 의한 교육을 통해 예학적 기초가 완성된 것으로 볼 수 있겠다. 즉, 정혜옹주가 궁중에서 읽었던 교훈서들의 내용이 모부인 윤씨를 거쳐 다시 서포에게 전수 되었을 것으로 여겨진다. 이에

---

396) 金萬重, 『西浦集』 卷十, 行狀< 先 比貞敬夫人行狀> (通文館, 影印本, 1971) P.360.
 "參判公無他子女 貞惠翁主無他孫 唯大夫人一人 故主親抱養之 口授小學書 大夫人聰明夙惠 一敎輒上口 主常曰 惜哉 其爲女子也"
397) 위의 책, P. 358.
 " 誠曰 爾家禮法家 無或違婦道以羞吾 其訓誨如此 ----"

대해 김무조(金武祚)씨는 정혜옹주의 궁중교육 내용을 다음과 같이 추정한 바 있다. 즉,

> " 소혜왕후(昭惠王后)의 내훈(內訓)은 옹주 환인 및 사대부가에서는 반드시 소학을 배운 연후에 열녀전 아니면 여사서(女四書)를 필독했으니 하물며 왕실에서는 소혜왕후의 내훈이 보옥같이 중히 읽혔으리라는 것은 충분히 짐작이 간다. 정혜옹주(貞惠翁主)는 어릴 때 전술의 교육을 받았고 또한 손녀인 윤씨부인에게 전수되어 가는 여성교육의 진면목을 요연하게 보여주고 있다. "398)

라고 하여 정혜옹주가 궁중에서 소혜왕후의 『내훈』을 비롯한 『열녀전』과 같은 책들을 배웠을 것이며 이것이 손녀인 윤씨부인에게 그대로 교육 되어졌을 것이라 했다. 이렇게 궁중에서 자란 정혜옹주를 통해 열녀전은 윤씨부인에게 전수 되었을 것이며, 윤씨부인으로부터 교육받은 서포에게 다시 전수되어 그 내용은 서포문학을 통해 나타났다고 볼 수 있겠다. 그러므로 서포의 열녀전 수용 과정은 " 정혜옹주 - 윤씨부인 - 서포"로 정리 될 수 있다고 본다.

서포가 명문거족의 유복자로 태어나 모부인 윤씨의 지극한 정성과 애정 속에서 친히 배웠던 학문 중에는 외증조모 정혜옹주로부터 전수된 엄격한 궁중 예도에 필수적이었던 열녀전 내용이 포함 되었을 것이 분명하고 보면 이의 영향 또한 반드시 있었을 것은 당연한 일이 아닐 수 없다. 그러기 때문에 서포의 시문학 속에서도 표출되는 『열녀전』의 <반첩여전(班婕妤傳)> 내용과 같은 것은 서포의 열녀전 수용의 한 증거라 볼 수 있겠다. 그의 문집 모두에 나타나는 오언고시(五言古詩)399)에 한(漢) 효성황제(孝成皇帝)시 같은 연(輦)에

---

398) 金武祚, 『西浦小說硏究』, (螢雪出版社, 1981) p. 31.
399) 金萬重, 『西浦集』, 위의 책, .p. 15.
" 天子在昭陽 昭儀同匡床 容華若桃李 肌膚自生香 年年侍君王 歡藥殊未央 却朕武皇帝 却求白雲鄕 白雲在天上 須臾變爲蒼 寵愛難久恃 人事不可常 美哉班氏女 千

오르는 것을 사양하고 고례(古禮)를 상고하여 황제께 충간, 올바른 정사에 임할 수 있도록 했던 반첩여에 대한 이야기를 읊은 것으로 이는 서포가 『고열녀전(古列女傳)』이나 『고금열녀전(古今列女傳)』의 내용을 잘 알고 있었기 때문에 이것이 시문학으로 수용되어 나타난 것이 아닌가 생각 된다.

특히 그는 열녀전의 <반첩여전(班婕妤傳)>을 좋아했던 것으로 볼 수 있으니 이 시에서도 "미재반씨녀(美哉班氏女) 천재류분분(千載流芬芬)"이라 격찬하고 있는 것을 비롯하여 반첩여를 시제에 올려 (부(賦) 1수를 짓고 있는 것을 볼 수 있기 때문이다. 즉, 그가 37세 되던 해(현종 14년, 1673년) 어전에서 허적을 논박한 송준길의 상소를 두둔하며 대담하게 영의정 허적의 파면을 주장하다 주상으로부터 당색이 짙은 언사라는 질책을 받고 진노를 사게 되어 그 해 9월 금성으로 유배되었을 때, 금성에서 정배생활을 하고 있으며 이혜중(李惠仲)의 부음을 듣고 장편 400자로 곡하는 글을 짓고 반첩여 고사를 읽다가 다시 느낀 것이 있어 "독반첩여매비고사감이부지(讀班婕妤梅妃故事感而賦之)"라 하여 부(賦) 1수를 지은 것을 볼 수 있다.[400]

이같이 서포가 그의 시문 속에서 <반첩여전>의 내용을 노래 한 것을 보면 숙종시에 있었던 민비 폐출 사건과 같은 당시의 시대상을 『고열녀전』이 저술되던 전한 효성황제 시 조비련 자매의 얼총 사건과 같은 역사적 상항과 대비해 볼 때, 반첩여의 충직 된 인품을 인현왕후 민비의 인품과 결부시켜 이를 미화시키고 지지하는 입장에서 자주 논의의 대상으로 삼고자 작품화한 것이 아닌가 생각된다. 물론 이것은 열녀전 이외의 중국 한서 <외척전(外戚傳)>에도 수록되어

---

載流芬芬"
[400] 金萬重 위의 책, pp. 70 - 71.

있어 401) 이를 통한 전이일 가능성도 배제 할 수는 없으나 그의 유년 시 교육 환경을 보아 『열녀전』을 통한 전이의 가능성은 더 클 수밖에 없다고 생각 된다.

이렇게 서포의 시문학 중 <반첩여전>과 관계된 작품이 두수나 보이고 있어 서포 문학에서 열녀전 수용의 입증이 더욱 가능해 지게 된다. 뿐만 아니라 그의 문학적 수용은 시나 부에서 그 내용을 직접 표현하고 있는 것 외에 모부인 윤씨에 대한 행장을 써서 그의 일대기를 기록해 놓은 것은 모부인 윤씨를 소재로 한 여성열전이라 할 수 있을 것이며, 『남정기』의 저작은 허구적 창작소설로 주인공 사시의 일대기적 기록인 사시의 여성열전으로 이를 통해 많은 일반여성들에게 감명을 통한 교훈을 주기 위한 발전된 여성열전이라 할 수 있다.

그러므로 서포문학의 등장 이면에는 열녀전의 수용에 따른 문학적 변용이 큰 요인으로 작용된 것으로 볼 수 있겠다.

### 3) 작품에 나타난 『열녀전(列女傳)』 수용 양상

(1) 저작 동기(著作動機)에서

『남정기(南征記)』의 저작 동기는 그동안 많은 학자들에 의해 숙종께서 인현왕후를 무고히 폐출하고 장희빈(張嬉嬪)을 왕비로 맞아들인 것이 잘못 되었음을 풍자적으로 표현하여 성심(聖心)을 회오(悔悟)시키고자 하는 목적으로 저작된 작품이라 하여 목적 소설론이 제기된 이래 '욕오성심(欲悟聖心)'이라는 목적소설로 이해되어 왔다. 402)

---

401) 漢書, 卷九十七 上, <外戚傳> 第六十七 上(鼎文書局 影印本, 臺灣, 1984) pp. 3983-4011 參照
402) 李圭景, 『五洲衍文長箋散考』, 卷七, 小說 辨證說.
    金台俊, 『朝鮮小說史』, 學藝社, 1937. p. 123.
    周王山, 『朝鮮古代小說史』, 正音社, 1950. p. 175.

## IV. 『사씨남정기』의 새로운 탐구   413

그러나 한때 목적소설론에 이의를 제기한 김현룡(金鉉龍)씨의 논문[403]이 있었으나 이에 대해 정규복(丁奎福)씨의 반론이 있어 『북헌집(北軒集)』과 『오주연문장전산고(五洲衍文長箋散考)』 및 서포문중의 가전설화를 증거로 들어 종래의 목적소설론을 더욱 확고히 한 바 있다. [404]그리고 또 그는 이 논문에서

> " 서포에 의하여 쓰여지고 『구운몽(九雲夢)』과는 달리 심미의식에서 저작된 작품이 아니라 순연한 륜리의식, 좀더 부언하면 당시 귀족계급의 모순된 이면생활을 풍자와 암유로 폭로한 것이며 나아가서는 가족제도의 모순의 근본적 시정에 있다고 볼 수 있으며 좀더 좁혀 말한다면 숙종이 민비를 무고히 폐출시키고 요간한 장희빈(張嬉嬪)을 왕후로 맞아들인데 대한 풍간 내지 성심을 돌리기 위한 목적소설이라는 오늘날의 통설을 부정할 도리가 없을 것이다. "[405]

라고 하여 이 작품은 서포의 순연한 윤리의식에서 귀족계급의 모순된 이면생활을 폭로하여 가족제도의 모순을 시정 해 보겠다고 하는 넓은 의미가 포함되어 있음을 지적했다. 그 후 저작동기에 대한 논의가 [406] 수차 있었으나 역사적 사건만을 강조하고 있을 뿐, 가족제도의 모순을 지적한데서 나온 것과 같은 작가의 사상적 배경으로부터 형성요인에 대한 깊이 있는 고찰은 거의 찾아 볼 수 없었다.

---

　　朴晟義,『韓國古代小說論과 史』, 日新社, 1973, p. 285.
　　金起東,『李朝時代小說論』, 精硏社, 1959, p. 303.
　　申基亨,『韓國小說發達史』, 彰文社, 1960.
　　金戊祚,『西浦小說研究』螢雪出版社, 1982, p, 87.
403) 金鉉龍, 謝氏南征記 研究 - 目的小說이라는 見解에 대하여 -, (『文湖』, 第5輯, 建大 國文學會, 1969. )
404) 丁奎福, 謝氏南征記의 著作動機에 대하여 - 金鉉龍氏의<謝氏南征記研究>를 읽고 -,『成大文學』第 15,16 合輯, 成大國語國文學會, 1970 )
405) 丁奎福, 위의 논문.
406) 禹快濟, 謝氏南征記研究,『崇田語文學』, 創刊號, 崇田大學校 國語國文學科, 1972.
　　杜鍚球, 謝氏南征記背景研究 - 歷史的 事件을 中心으로 -,『關東大學論文集』, 1979.

특히 서포가 지은 『구운몽(九雲夢)』은 중국의 『침중기(枕中記)』나 『남가태수전(南柯太守傳)』을 비롯한 많은 설화들의 영향을 받은 것으로 간주 407)하면서 『남정기(南征記)』는 오직 가문 회복을 위한 수단으로 민비 폐출 사건의 소재를 교묘히 엮어 소설화시킨 실화로 중국적 영향이 전혀 희박한 것으로 취급했었다. 408) 그러나 서포의 여성인식에 대한 근본적 원인을 살펴보게 되면 새로운 해석이 가능해 지게 된다. 즉, 그가 예학의 대가에서 태어나 모친을 통한 교육으로 여성 편향적 성품의 형성은 이상적인 일부다처제의 합리화를 위한 『구운몽』과 같은 작품을 저술하기도 했으나 숙종의 민비 폐출 사건과 같은 역사적 사건을 보고 한나라 성제의 반첩여와 같은 현숙한 여인상을 항상 동경한 나머지 이를 시문학에까지 인용하게 되었고 같은 시대에 얼총적 사건을 그린 <조비련전(趙飛燕傳)>을 보면서 장희빈의 얼총적 사건과 연결시켜 생각하게 되었을 것으로 짐작 된다. 그러므로 『남정기』와 『열녀전』의 <반첩여전>, <조비련전>의 관계 대비를 가능하게 해 주는 몇 가지 요인을 들어 볼 수 있겠다.

첫째, 서포의 생애와 위인 면에서 여성 편향적인 인품을 들 수 있다. 이것은 그의 유년 시 모부인 윤씨로부터 교육의 영향으로 볼 수 있으나 모친에 대한 지극한 효성이 이를 증명해 주는 것이라 하겠다. 즉, 그의 모친을 통한 교육은 정혜옹주(외증조모)로 부터 직접 전수된 것을 의미하는 것으로 궁중예법의 기초가 되었던 『열녀전』의 전수과정으로 해석되며 이것은 그의 『열녀전』을 통한 여성인식으로 여성 편향적 인품을 형성하게 된 것으로 볼 수 있겠다. 그러므로 그는 모부인 윤씨를 위해 『구운몽』을 저술 했고, 또 그의 행장을 기록한 것을 보게 된다.

---

407) 丁奎福, 九雲夢의 比較文學的 考察 (『人文論集』, 第16輯, 高大文理大, 1971.)
408) 金戊祚, 앞의 책, p. 202.

둘째, 강직한 직언으로 일관된 관직 생활을 들 수 있다. 그는 계속되는 당쟁 속에서도 그의 관직생활은 직언으로 화를 입는 등 끝까지 왕에 충간한 것을 볼 수 있다. 이것은 『고열녀전』의 작자인 전한시 유향의 생애와 비교 해 볼 때 매우 유사한 점을 발견 할 수 있어 이에서 받은 영향이 있었던 것으로 생각 된다.

셋째, 문학을 통한 민중 계몽의식이 강했던 것을 알 수 있다. 그는 역사적 사실의 기록보다 통속적인 내용의 기록을 통해 많은 사람들에게 감동을 줄 수 있다고 생각하여 통속소설의 효용론을 펴고 있으니 이를 보면

> " 고담 설화를 들으면서 삼국의 이야기에 이르러 유현덕이 패한 것을 듣게 되면 눈물을 흘린다. 조조가 패했다는 소리를 들으면 곧 기뻐서 소리를 친다. 이같은 일은 나씨의 연의소설이 갖는 힘이다. 오늘에 진수의 역사나 온공의 통감은 많은 사람들이 이야기를 말 하지만 사람들은 반드시 눈물을 흘리지 않는다. 이것이 통속소설을 짓는 이유인 것이다. " [409]

라고 하여 통속소설의 저작동기가 많은 사람을 감동시키기 위한 것으로 보았다. 즉, 진수의 『삼국지(三國志)』나 사마온공의 『통감(通鑑)』과 같은 정사의 기록을 보고서는 눈물을 흘리는 사람이 없으나 소설 『삼국지』를 통해서는 많은 사람의 마음이 감동되고 있어 역시 민중을 움직일 수 있는 힘은 통속소설에 있음을 깨달았다는 것이다. 그러므로 그는 자기가 살아 온 생애 속에서 직접 체험 했던 많은 역사적 사건들을 정사체로 기록하는 것 보다 소설로 기록하여 많은 사람들에게 감동을 줄 수 있게 되기를 원했던 것이다. 이와 같

---

409) 金萬重, 앞의 책, p. 650.
" 聽說古話 至說三國事 聞劉玄德敗 嚬蹙有出涕者 聞曹操敗 卽喜唱快 步其羅氏演義之權輿乎 今以陳壽史傳 溫 公通鑑 聚衆講說 人未必有出涕者 此通俗小說之所以作也 "

은 그의 문학관에 비추어 볼 때 당시의 역사적 사건을 통해 부부윤리가 가정의 기초가 됨을 강조하기 위해 처첩간의 갈등적 사건으로 야기 된 가정문제를 중심으로 여성을 경계하고자 하는 교훈적 목적과 아울러 왕에게도 경계토록 하는 목적에서 이 작품이 저작된 것이 아닌가 생각 된다. 특히 그는 『고열녀전』의 내용뿐만 아니라 그 서문에서 언급 410)된 대로 실천 해 보고자 했을 것이다. 유향이 한 성제 시 광록대부로 있으면 조비련 자매의 얼총적 사건을 보고 이를 풍간, 열녀전을 지어 올린 것과 같이 숙종 시에 있었던 민비폐출 사건을 보고 이를 풍간, 『사씨남정기』를 지어 올리려 했던 것이 아닌가 생각 된다.

그러므로 『사씨남정기』의 저작 동기는 중국 전 한시에 있었던 대정치가 였고 문인이었던 유향이 '여덕선악계어가국치난지효자(女德善惡繫於家國治亂之效者)' 라고 생각한 것과 같이 숙종 시의 지식인이요, 정치가요, 문인이었던 서포 자신이 가정이나 국가의 어려움을 다스리는데 역시 부녀자의 선악이 영향하는 바가 크다는 것을 깨닫고 숙종의 민비 폐출 사건을 교훈으로 삼아 왕을 권계하는 한편 일반 부녀자들을 교훈하기 위한 목적으로 이 작품이 저작된 것으로 볼 수 있어 욕오성심의 목적에서 좀 더 확대 해석 해 볼 수 있다.

원래 문학이란 작가의 가치 있는 체험의 기록이란 점에서 서포가 열녀전을 통한 간접체험을 기반으로 당대의 역사적 사건이 소재가 되어 문학의 교훈적 목적성411)이 강조된 허구적 인물 사씨의 일대기를 여성 열전적 성격으로 표현한 작품으로 저작된 것이라 할 수 있다.

---

410) 王回, 『古列女傳』, 序 ( 萬曆本 )
 "向爲漢成帝光祿大夫 當趙后姉妹孼寵時 奏此書以諷宮中 其文美刺詩書已來 女德善惡繫於家國治亂之效者 "
411) 崔載瑞, 『文學과 知性』, 人文社, 1938, p. 18.

2) 작품 내용면에서

(1) 선악(善惡)의 대립적 인간상

『남정기(南征記)』는 한 가정을 중심으로 후사를 얻기 위해 야기된 처첩간의 갈등에서 선한 정실부인이 악의 화신으로 대표되는 첩의 모함을 받아 쫓겨나고 남편까지 유배되어 일가가 파탄지경에 이르렀다가 다시 정실부인을 맞아들이게 되어 가운이 회복되는 가정소설이다. 이를 숙종의 민비 폐출 사건과 관련시켜 볼 때 역사적 사건을 소설로 기록하여 교훈으로 삼고자 햇던 점으로 열녀전의 저작동기와 같은 것을 볼 수 있었다. 특히 여주인공 사씨나 교씨를 설정하여 민비와 장희빈을 풍자, 선악의 대립적 여인상으로 표현하려 한 것은 <반첩여전(班婕妤傳)>이나 <조비련전(趙飛燕傳)>의 복합적 구성으로 볼 수 있어 이를 여주인공의 대조적인 성격에 따라 사씨의 행적만으로 볼 수 있는 내용을 분리시키고 교씨의 행적만으로 볼 수 있는 내용을 분리시킨다면 이는 분명한 <사씨전(謝氏傳)>과 <교녀전(喬女傳)>이라 할 수 있는 여성열전으로 성립될 것이다. 이때 <사씨전>은 <반첩여전>과, 그리고 <교녀전>은 <조비련전>과 대비 될 수 있을 것이며 이는 또한 역사적 인물이었던 민비를 중심으로 그의 행적을 기록한 <민비전>(인현왕후전이 있음)과 장희빈의 행적을 기록한 <장희빈전>(가칭)과 같은 여성열전과도 대비될 수 있을 것으로 본다.

이렇게 『열녀전』의 내용이 역사적 사건을 통한 실재인물로 대비될 때, 이것이 다시 문학적 창작을 통해 작품으로 나타난 것이라 할 수 있겠다. 즉, 선인으로 표현되고 있는 여주인공은 ' 반첩여 - 민비 - 사씨'로 나타나고 있어『열녀전』의 변용과정으로 볼 수 있을 것이며, 악인으로 표현되고 있는 여주인공은 ' 조비련 - 장희빈 - 교녀 '

의 관계로 나타나고 있어 역시 『열녀전』의 변용과정으로 볼 수 있겠다. 이것은 『남정기』에서 설정한 선악의 대립적 인물인 사씨와 교녀가 모두 『고열녀전』의 인물들과 관련되어있음을 말해 주는 것이라 하겠다.

이에 『고열녀전』과 『고금열녀전』에 공통적으로 수록되고 있는 <반첩여전>의 내용을 정리 해 보면 다음과 같다.

< 반첩여전>의 전개 과정
1) 반첩여는 좌조 월기 반황의 딸로 한나라 효성황제의 첩여였다.
2) 처음 궁중에 들어와 소사가 되었다가 운이 좋아 첩여가 된다.
3) 성제가 후경을 거닐 때 같은 연에 오르기를 권했다.
4) 반첩여는 옛 결왕의 예를 들며 이를 사양했다.
5) 태후가 이 말을 듣고 대단히 기뻐했다.
6) 반첩여는 항상 고례에 의해 상소를 올리고 나가서 뵈었다.
7) 성제의 총애가 점점 더 해 갔다.
8) 조비련 자매의 질투가 심하게 나타났다.
9) 조비련 자매로부터 협사저주(狹邪詛呪)로 참소를 당하다.
10) 성제의 고문에 참소의 진위가 밝혀지다.
11) 성제는 이를 불쌍히 여겨 황금 백 근을 하사하다.
12) 반첩여는 조비련의 질투에 위험을 느끼다.
13) 장신궁에 내려가 황태후를 공양하고자 요청하다.
14) 성제의 허락을 받다.
15) 동궁에 물러나 자상부(自傷賦)를 짓다.
16) 성제가 죽으니 원릉에 모시고 뒤에 죽어 함께 묻히다.
17) 군자가 이르기를 연함께 타기를 사양한 것은 선후와 동렬이며

번희의 덕이요 저주의 참소를 푼 것은 정강의 지혜요 동궁에서 공양하기를 구한 것은 과이의 행위라 했다.

이상과 같은 내용으로 보아 반첩여의 현숙한 인품은 3).4).10).13).15)에서 잘 나타나고 있다. 이를 정리 해 보면

첫째, 그의 현숙함을 '사동연지언(辭同輦之言)'에서 볼 수 있어 이를 본문에서 찾아보면

> " 말씀하여 이르시기를 옛 그림을 보면 어지신 임금께서는 모두 옆에 유명한 신하를 함께하셨습니다. 삼대의 끝에 은나라 주왕 같은 임금이나 아첨하는 여자를 옆에 하셨으니 오늘 가마를 함께 타자하심에 이와 다를 바가 없는 것이옵니다. " 412)

라고 하여 명신을 옆에 둘지언정 밀주(末主)413)와 같이 녀폐(女嬖)를 가까이 해서는 안 된다는 충간으로 그 사양의 부덕을 표현하고 있는 것을 볼 수 있다.

둘째, 그의 현숙함은 '석저주지참(釋詛呪之讒)'에서 사심 없는 깨끗한 마음씨로 잘 나타나고 있는 것에서 찾아 볼 수 있다. 즉, 사건 전개과정 10)에서 볼 수 있는 조비련의 참소에 상께서 고문할 때 반첩여의 대답을 보면

> " 반첩여가 이르기를 첩이 들건대 죽고 사는 것은 명이 있고, 부한 것과 귀하게 되는 것은 하늘에 달렸으니 바르게 하는 것만으로도 복을 다 누리지 못하오니 사악한 욕심을 어찌 바라리요. 또한 귀신이 다 아는 바이오니 신

---

412) 『古列女傳』, 第八卷 續列女傳 <班첩여傳> 萬曆本.
   " 辭曰 觀古圖畵賢聖之君 皆有名在側 三代之末主 乃有女嬖 今欲同輦得無似之乎 "
413) 商(殷)나라 紂王으로 달기를 좋아하다가 周 文王에게 멸망한 것을 이름 (고열녀전 얼폐전에 <은달기전>이있슴)

하의 참소를 받지 않음이 없어 그 알지 못한 것 같으니 참소함에 어찌 더
하는 연고가 없다 하겠습니까 "414)

라 하여 전혀 사심 없는 처지를 밝힘으로 더욱 은총을 입게 된
것으로 그의 사심 없는 깨끗한 마음가짐을 표현하고 있는 것을 볼
수 있겠다.

셋째, 그의 현숙함은 자기의 처지를 분명히 아는데서 찾아 볼 수
있으니 13)에서 볼 수 있는 '구공양어동궁(求供養於東宮)'은 장신
궁에서 황태후를 모시겠다는 요청임을 알 수 있다. 그는 항상 자기
의 처지를 분명히 알아 때를 따라 나아가고 물러날 줄 아는 현명함
이 그의 인품을 더욱 현숙하게 보이게 하고 있다.

이렇게 반첩여의 인간됨이 사양의 부덕과 사심 없는 참된 마음으
로 때를 알아 처신할 줄 아는 훌륭한 인물로 나타나고 있다. 이것은
바로 민비의 인품이며 사시의 인품이라 할 수 있겠으니 이는 서포가
유년 시 모부인 윤씨를 통해 익혔던 『열녀전』의 <반첩여전>과 가
트 사건이 당대에 현실적으로 나타난 민비 폐출이라고 하는 처첩간
의 갈등이 빚어진 가정파탄이 초래되는 사건을 보고 반첩여와 같이
현숙한 부덕을 지닌 민비의 인품을 『사씨남정기』의 사씨라고 하는
작중인물로 변형시켜 그를 통해 그 현숙함을 마음껏 유감없이 표현
해 본 것이라 할 수 있겠다. 한편 악인의 대표적 인물로 표현된 교
녀와 비겨ㅛ 될 수 있는 것으로는 『고열녀전』에만 수록된 속얼폐전
의 <조비련자매전(趙飛燕姉妹傳)>을 들 수 있어 이를 전개과정에
다라 내용을 정리 해 보면 다음과 같다.

---

414) 『古列女傳』, 위의 책.
" 班捷妤曰 妾聞死生有命 富貴在天 修正尙未蒙福 爲邪欲以何望 且使鬼神有知 不
受不臣之訴 如其無知 訴之何益故弗爲也 "

IV. 『사씨남정기』의 새로운 탐구  421

　<조비련전(趙飛燕傳)>의 전개과정
1) 조비련 자매는 성양후 조임의 딸로 효성황제의 총희였다.
2) 비련은 처음 출생 시 부모가 삼일간이나 버려두었다가 죽지 않자 거두어 길렀다.
3) 성제가 미행 차 하양주를 지나게 되었다.
4) 풍악하는 비련을 보고 기뻐하여 궁중으로 불러 들였다.
5) 그의 여동생도 다시 불러 들였다.
6) 비련은 첩여가 되고 뒤에 후궁이 된다.
7) 비련의 부친으로 선양후를 봉하고 비련으로 황후를 삼았다.
8) 비련이 황후가 되자 동생 소의는 은총이 쇠할 가 걱정이 되어 거처하는 집 뜰에 전각을 짓고 황금장식을 한다.
9) 비련은 자매가 은총을 독차지 했으나 모두 자식이 없고 교만하고 질투가 심했다.
10) 후궁인 허미인에게 태기가 있자 소의가 단식하며 강짜를 부린다.
11) 왕은 허미인에게서 자식을 두지 않겠다고 약속하고 아이를 낳으면 죽이도록 약속한다.
12) 허미인이 아들을 낳자 신하들의 주청도 듣지 않고 왕과 소의가 함께 보는 가운데 가죽부대에 넣어 봉하고 담 밑에 묻어 죽게 한다.
13) 이 일로 인하여 성제에게서는 대를 이을 후사가 없게 되고 소의와 비련은 스스로 약을 먹고 자살하게 된다.
14) 군자는 소의의 흉폐는 포사(褒似)와 동행이요 성제의 감란(感亂)은 주(周) 유왕(幽王)과 동풍이라 했다.

　이상과 같은 <조비련전>에서 조비련과 그의 여제(女弟)인 조소의(趙昭儀) 사이에서 벌어졌던 쟁총적 사건과 왕의 총애를 잃지 않기 위해 그의 후사까지 끊게 했던 잔인함과 같은 얼총적 사건은 희빈 장씨의 얼총적 사건과 견줄만한 일이 될 것이며, 특히 조소의의 최후를 마치는 것이 희빈 장씨의 최후와 같이 약을 먹고 죽는 것으로 되어 있어 악인의 최후가 비극으로 끝나는 것을 역사적 사건이 말 해 주고 있다. 그에 반해『사씨남정기』에서 볼 수 있는 교녀의 최후도 비극적 결말로 되어 있어 역사적 사실과 같이 악인의 최후를 작품에서도 그대로 따라서 표현한 것이라 하겠다.

이와 같이 <조비련전>에서 볼 수 있었던 내용이 역사적 사건으로 희빈 장씨를 통해 나타나게 되자 왕을 권계하려는 의도와 함께 처첩 간에 일어나기 쉬운 갈등을 통해 남의 첩이 된 여성들을 교훈하기 위해 악인의 대표적인 인물로 교녀를 설정, 이를 통한 가상적인 여성의 죄악을 작품화하여 표현하려 한 것이라 하겠다. 즉, 서포는『열녀전』의 내용 중에서 특히 <반첩여전>을 좋게 생각하여 그의 시부(詩賦)에서까지 이를 인용할 정도였으니 그의 소설작품에 적극적으로 수용하기 위해 역사적 사건의 소설화 과정에서 이를 변형시켜 선악의 대립적 인물로 표현한 것이라 할 수 있다.

그러므로『사씨남정기』는『열녀전』의 <반첩여전>과 <조비련전>의 복합적 구성이라 할 수 있으며, 이는 당시의 역사적 사건이었던 숙종의 민비 폐출 사건을 통해 민비와 장희빈을 선악의 대립적 여인상으로 하여 작품상의 사씨와 교녀라고 하는 선악의 대립적 여인상을 설정하게 된『열녀전』의 변형적 수용이라 할 수 있다.

(2)『열녀전(列女傳)』전고(典故)의 활용

서포는 원래 예학의 대가인 광산김씨 가문에서 태어나 일찌기 모부인 윤씨를 통해 직접 교육을 받음으로 그의 외증조모 (정혜옹주) 의 영향을 입어 궁중예도의 근본이었던 『내훈』을 비롯한 『열녀전』 등의 전수로 중국 역대 여성들에 대한 이야기에 밝았던 것 같다. 그러므로 그의 저작인 『사씨남정기』에서는 열녀전적 고사가 많이 나타나고 있는 것을 볼 수 있다.

이를 작품에서 찾아보면 유한림과 사씨가 처음 만나는 과정에서 유한림의 부친 유공과 고모인 두부인이 신부감을 고르기 위해 매파를 보냈을 때 매파가 사소저의 덕행을 말하는 속에서 태임(太任) 태사(太似)의 덕으로 비유하고 있음을 볼 수 있다. 즉,

" 매파 왈 사 소저난 덩정유한 하고 임사지덕이 출어외모 하오니 상공은 매파의 전언을 밋지 아니하시거든 다시 쇼저의 현불초를 알아 보소서 " 415)

라고 했다. 이에 유공과 두부인인 의논하여 우화암 묘혜를 불러 사소저의 필체를 받아오게 하기 위해 족자 한 폭을 주어 관음찬(觀音讚)을 받아 오게 한다. 이때 묘혜로부터 족자에 관음찬을 부탁받은 사소저는 오직 배운 바는 유가의 글이요 불서를 모른다 하며 정성껏 족자에 관음찬 일백이십 자를 가늘게 쓰고 그 아래 사정옥은 사배 작서라 했다. 하였으니 그 글의 내용을 보면 태임·태사의 이야기가 자연스럽게 쓰이고 있음을 볼 수 있다. 즉,

" 글을 보니 왈 대사는 옛적 성제라 생각건대 주나라 임사와 갓도다 -- 날 절부난 머리털은 버히고 몸을 바려 세상을 끈쳐버리니 오직 의를 취하난 도다. " 416)

---

415) 『謝氏南征記』, 『舊活字本 古小說全集』, 第4卷, 仁川大民族文化硏究所, 1984, P.462.
416) 위의 책, P. 465.

라고 하여 <주실삼모(周室三母)>에 나오는 태임(太任)이나 태사(太似)와 같은 부덕을 제일로 거론 하면서 옛날 절부의 의를 중히 여긴 것을 들어 쓰고 있는 것을 볼 수 있다. 또한 유한림이 사소저를 부인으로 맞이했을 때 부친 유공과 두부인이 신부를 보고 칭찬하는 과정에서도

" 눈을 드러 신부를 보매 용뫼 아름다오문 일으도 말고 현숙한 덕성이 외모에 나타나 주가 팔백년을 일우던 임사지덕이 가잔 하니 공이 즐겨 형언을 시양치 아니하더라 " 417)

라고 하여 역시 주대의 번영을 이루게 했던 태임·태사의 덕을 비유로 하여 사씨를 칭찬하고 즐거워하는 것을 볼 수 있다.

이렇게 태임·태사의 고사를 자연스럽게 수용했을 뿐만 아니라 남순 길에 올랐던 순임금이 창오산에서 죽자 그를 따르던 이비 아황과 여영이 피눈물을 뿌리며 소상강가에서 죽은 이야기가 기록된 <유우이비전(有虞二妃傳)>에 대한 내용이 자연스럽게 보편화 되어 나타나고 있는 것을 볼 수 있다.

작품에서 이를 보면 사씨가 교녀의 모함에 쫓겨나 동청이 보낸 불량배들을 피해 장사로 배를 타고 떠났을 때 갑자기 풍랑을 만나 동정 위수로 하여 악양루에 이르게 되었다. 이때 그곳의 분위기를 설명하는 대목을 보면

" 날 녈국의 초나라 지경이라 우순이 순행하사 창오 들에 붕하사 이비 아황여영이 미처 가지 못하야 상수 가에 울으시니 눈물이 화하야 피되야 대수풀에 뿌리시니 피 겸겸이 어룽젓으니 이른바 쇼상반쥭이라 . " 418)

---

417) 위의 책, P. 468.
418) 위의 책, P. 500.

라고 하여 <유우이비전>의 아황 여영에 대한 이야기가 나오고 있다. 뿐만 아니라 작품에 보면 사씨는 날이 어두워 갈길이 막막할 때, 월색이 강상에 비쳐오고 사면에서는 귀곡성만 들려오며 황릉묘(黃陵廟)상에 두견성만 처량한데 유모의 부축을 받아 악양루에 올라가니 오색채운이 둘러 있고 월색이 난간에 조요한데 소인묵객의 제명한 현판이 그 수를 셀 수 없어 이를 바라보며 탄식할 때 그 탄식하는 말에

" 악양루난 강호에 유명한 곳이라 영웅호걸과 절부열녀들이 이곳의 일이슬 줄 어지 뜻하얏스랴. " [419]

라 하며 절부(節婦) 열녀(烈女)들을 생각하며 이곳에서 밤을 지내게 된다. 이때 비몽사몽 간에 한 동자를 따라 전상(殿上)에 올라가는 꿈을 꾸게 된다. 이를 보면

" 양위 낭낭이 교위에 좌하얏고 좌우의 모든 부인이 뫼셧더라. 사씨 녜를 맛치매 그 부인이 좌를 주고 왈 우리난 다르니 아니라 대순의 이비라 상제 우리정사를 측은히 녀겨 이곳 신령을 시기신고로 이의 잇나니 이러므로 고금 렬녀를 가음알아 셰월을 보내더니 그대 이제 일시 화를 맛나 이곳에 일음이로다. 쳔명한 쉬니 아모리 고져 하나 무가내하라. " [420]

라 하여 아황과 여영이 이곳의 신령이 되어 절부 열녀를 돕는 것이라 했으니 역시 <유우이비전>의 내용이 자연스럽게 수용된 것이라 하겠다.

그 외에도 위국부인이나 반첩여 등의 이름이 거론되고 있으니 이를 보면 사씨 부복 사례하고 자기의 사정을 모두 아뢰었을 때 앞으

---

419) 위의 책, P. 594.
420) 위의 책, p. 504.

로 되어 질 일들을 모두 지시 받고 거기에 모인 사람들을 소개 받
는 장면을 표현하고 있다. 이를 보면

> " 동벽 좌상에 용뫼 미려하고 눈이 별 갓흔 자를 가라쳐 왈 이난 위국부인
> 이라 하고 또 일인을 가라쳐 왈 이난 반첩녀라 하고 기여난 동한적 교대가
> 와 양쳐사의 쳐 맹광이라. " 421)

라고 하여『고열녀전』에 수록된 <반첩여전>의 주인공 반첩여를
거론 한 것을 보게 된다.
 이렇게『열녀전』적 고사를 소설에 수용하여 표현한 것은 여성을
주인공으로 한 가정소설에 더욱 두드러지게 나타나고 있어 서포소설
형성의 중요한 요인으로 작용되었을 것으로 보인다.


### 4) 결 론

『열녀전(列女傳)』은 중국 전한 시 유향(劉向)이 찬한『고열녀전』
을 비롯하여 명대에 신편 된『고금열녀전』등이 있어 일찍부터 우
리나라에 전래 되어 많이 읽혀온 책이다.
 원래『고열녀전』을 찬한 유향은 문사에 통달하여 부송(賦頌)을 수
십 편이나 지었고 많은 저술이 전해 오고 있다. 그가 광록대부로 있
으면서 중앙소장 비서를 교감하면서 천자께 봉서를 자주 올려 국가
정치를 바로잡아 보려다 투옥되기도 하는 등 파란만장한 일생을 살
아간 정치가요 문인이며 대학자요 사상가였다. 특히 그는 한(漢) 성
제(成帝)시 조씨 내란을 겪으면서 '여덕선악계어가국치난지효자(女德
善惡繫於家國治亂之效者)'라는 것을 깨닫고 천자께 권계하기 위한
목적으로『고열녀전』을 찬술하여 모범적 여인상을 제시한 것으로
간주된다. 이와 같은 열녀전은 조선시대 서포 김만중에게 전래되어

---

421) 위의 책, p. 504.

소설문학으로 변형되어 나타나고 있어 이의 수용과정 및 그 양상을 정리 해 보면 다음과 같다.

첫째, 서포의 열녀전 수용과정은 모부인 윤씨를 통해 전이된 것으로 볼 수 있겠다. 모부인 윤씨는 해평 윤씨 가문에 무남독녀로 태어나 조모(정혜옹주)로부터 직접 궁중 예법을 교육 받을 때 자연스럽게 열녀전을 배웠을 것이며, 이는 다시 서포에게 전수 되었을 것으로 보여 그 과정은 ' 정혜옹주 - 모부인 윤씨 - 서포 '로 되어졌을 것으로 추정된다.

둘째, 유향의 『고열녀전』과 서포의 『사씨남정기』는 그 저작 동기가 매우 유사한 점을 지적 할 수 있겠다. 즉, 유향과 서포의 강직한 인품은 군왕에 대해 직접 충간하다 화를 입는 등 비슷한 생애를 통해 각기 당대에 있었던 얼총적 사건과 같은 역사적 사실을 겪으면서 군왕을 권계하고자 했던 점을 볼 수 있겠다.

셋째, 서포소설 『사씨남정기』에 나타나는 열녀전의 수용양상을 보면 선악의 대립적 여인상을 설정, <반첩여전>과 <조비련저>의 복합적 구성으로 ' 반첩여 - (민비) - 사씨 ' 와 ' 조비련 - (장희빈) - 교녀 '로 변형 수용된 것을 볼 수 있다.

넷째, 서포는 그의 서설 『사씨남정기』에서 많은 『열녀전』적 고사를 전고로 활용하고 있어 이의 수용양상을 분명히 알 수 있게 해 주고 있다.

# V. 이비전설의 새로운 탐구

## 1. 고소설(古小說)에 끼친 이비전설(二妃傳說)의 영향

이비전설(二妃傳說)의 형성과 구조, 고소설에 끼친 영향 - 효행형 소설, 정절형 소설

### 1) 들어가며

한국과 중국은 지리적으로 인접하고 역사적으로 오랜 교류를 통해 동일 문화권으로 발전, 동양문화의 중심을 이루는 한문화권(漢文化圈)을 형성하게 된다.[1] 그러므로 중국의 많은 고대 전설들이 한국 고소설 작품들에 그대로 나타나고 있어 이를 연구하는 것은 한국문학 연구의 새로운 지평을 여는 중요한 역할을 할 것으로 생각된다.

중국 고대 요임금의 따님으로 순임금의 후비이셨던 아황(娥皇)과 여영(女英)에 대한 이비전설(二妃傳說)[2]은 한국 고소설 작품에 많이

---

1) 韋旭昇, 『韓國文學에 끼친 中國文學의 影響』( 李海山, 禹快濟 共譯 ), 亞細亞文化社, 1994.

나타나고 있어 현지에서 전해 오고 있는 자료를 중심으로 내용 및 구조를 파악해 보고, 내용 분석을 통해 전통적 고대 중국인의 사유 체계를 살펴 우리 문학에 끼친 영향관계를 고찰 해 보기로 했다.

아황과 여영의 이비를 모신 사당을 황릉묘(皇陵廟)라 한다. 장강을 따라 현지를 답사 해 보면 중경(重慶)에서 남경(南京)에 이르는 중간지점에 장강삼협 (長江三峽)이 있고, 그중에 서능협(西陵峽)에 속하는 지점에서 황릉묘를 발견하게 된다. 서릉협에서 악양루(岳陽樓)가 있는 동정호(洞庭湖)까지는 약 100Km가 넘는 거리가 된다.

이비에 대한 전설이 전해 오고 있는 황릉묘에 대한 이야기는 한국 고소설 작품에서 쉽게 찾아 볼 수 있다. 이를 『남정기』에서 보면 사씨가 교씨의 모함으로 유한림 댁에서 쫓겨나 장사로 가던 중 동정호(洞庭湖)에 이르게 되어 악양루(岳陽樓)에서 하루 밤을 지낸 후 황릉묘를 찾아가 이비를 만나는 장면이 나오고 있는 것을 볼 수 있다.

" 내 몽중의 죽림 속으로 갓스니 너의 믿지 아니하거든 나를 좃차오라 하고 붓들어 수풀로 들어가니 또한 묘당이 있고 현판에 황릉묘라 하엿스니 이는 곳 이비의 사당이라 꿈에 보던 곳과 같으되 단청이 무색하고 심히 황량하더라 " 3)

라고 하여 황릉묘를 찾아간 이야기가 나오고 있다.

또한 황릉묘 이비에 대한 이야기는 『심청전』에도 나타나고 있다. 심청

---

2) 筆者가 中國 北京大學 交換敎授 (1993년 9월 - 1994연 8월)로 있는 동안 『謝氏南征記』의 南征路 考察을 위해 長江旅行을 통해 洞庭湖와 君山 등지를 直接 踏査하면서 現地에서 入收된 中國 洞庭湖內의 君山 現地에서 蒐集된 傳說 資料를 收錄 해 놓은 君山一部書에 나오는 二妃의 傳說을 말하는 것임.
3) 『謝氏南征記』, 『舊活字本 古小說全集』, 第4卷, 仁川大學校 民族文化硏究所, 1993. P. 506.

이 선인들에게 팔려 임당수로 제물 되어 가는 도중 소상강 가를 지나면서 황릉묘전 이비를 만나 위로를 받는 장면이 나오는 것을 볼 수 있다.

" 소상강 드러가니 악양루 높은 집은 호상에 떠서 있고 동남으로 바라보니 오산은 첩첩이오 초수는 망중이라 반죽에 저진 눈물 이비유한 띄워있고 무산에 돋는 달은 동정호에 비춰이니 상하천광 거울 속에 푸르렀다 창오산이 저문 연기 참담하야 황릉묘에 잠기었다. " [4)]

라고 하여 황릉묘 이비전에 대한 이야기가 나타나고 있다.
이와 같이 고소설에 자주 나타나고 있는 이비전설에 대한 구체적인 연구는 찾아 볼 수 없어 그 내용을 소개하고 이를 분석, 중국인의 사유체계를 살펴 고소설에 끼친 영향관계를 고찰 해 보고자 했다.

2) 이비전설(二妃傳說)의 형성과 구조

(1) 형성(形成) 배경(背景)

<이비전설>은 중국 장강(長江)[5)]을 중심으로 하는 남방문화(南方文化)와 황하(黃河)를 중심으로 하는 북방문화(北方文化)의 충돌로 생성된 장강유역에 전해오는 전설이다. 북방문화가 공자의 『시경(詩經)』으로 대표 된다면, 남방문화는 굴원의 『楚辭』로 대표된다.
이비전설(二妃傳說)은 남방문화에 속한 장강을 중심으로 형성된 대표적인 중국의 고대 전설로 요임금(堯帝)의 두 따님이요 순임금(舜帝)의 두 부인이었던 아황(娥皇)과 여영(女英)에 대한 전설이다. 중국에서는 원시시대 말기(지금부터 약 4000여 년 전), 요임금과 순

---
4) 『沈淸傳』 舊活字本 古小說全集, 第8卷, 仁川大學校 民族文化硏究所, 1993. P. 264.
5) 長江은 靑藏高原으로부터 發源하여 西藏, 四川, 雲南, 湖北, 江西, 安徽, 上海 등 10개 省,市,自治區를 지나 약 6380Km를 흘러 中國 東海로 들어가는 中國 內에서 제일 긴 강이며 世界에서 3번째 긴 강으로 우리에게는 揚子江으로 잘 알려진 江이다.

임금이 나라를 다스리던 시기를 요순시대라 하여 가장 이상적인 시기로 잡고 있다. 이 시대를 대표하던 요임금은 황제(黃帝)의 5세손으로 이름은 방훈(放勳)이요 호는 도당씨(陶唐氏)로 역사에서는 당요(唐堯)라고 하는데 수도는 평양(지금의 산서성 지역)이었으며, 순임금은 황제의 9세손으로 이름은 중화(重華)이며 호는 유우(有虞)씨로 역사에서는 우제(虞帝)라 했고, 수도는 평양 혹은 포판(蒲坂)(지금의 산서성 영제포주진)이었다.6)고 전해 오고 있다.

사마천에 의하면 순은 익주(翼州:지금의 산서, 하북지구)사람이라 했고, 맹자의 말에 의하면 순은 동이(東夷:지금의 산동 지구)사람으로 당시의 전설에도 하(夏:지금의 하남, 순성)지방 역시 순이 살았던 지역이라 했으니, 이것은 동이족(東夷族)과 화하족(華夏族)의 융합과 발전에 순임금의 영향이 컸던 것을 말 해 주는 것이라 하겠다. 즉 이는 부계 씨족사회 후기의 부락 연맹 수령과 같은 것으로 삼황오제 가운데 두 번 째 황제를 말하는 것이다.

전설에 의하면 요임금은 관장을 설치하고 명령을 발 할 때에 역법을 제정 했고, 사방 수령들에게 자문을 구하여 계승자로서 순을 뽑아 삼년간을 시험해 보고 그의 재덕이 겸비한 것을 알고 행정을 맞겼으며, 두 딸 아황과 여영으로 배필을 삼게 해 주었다고 했다. 또 순은 결혼 후 부부간의 애정이 깊었고, 왕위에 올라서는 사방을 순행하며 많은 일을 했다고 했다. 요임금이 세상을 떠난 후에도 전과 같이 사방 수령들에게 자문을 구하면서 어진 선비를 골라 쓰며 백성들의 일을 다스려 나갈 때, 치수에 공이 많은 우(禹)임금을 골라 쓰게 되었다고 했다.

---

6) 李敬垂 姜宗福 編著,『君山一部書』, 國際展望出版社, 香港, 1992. P.32.
 "相傳堯是帝 --- 黃帝的五世孫 名放勳 號陶唐氏 史稱唐堯 都平陽(今山西省) 舜 --- 黃帝的九世孫 名重華 號有虞氏 史稱虞帝 都平陽或蒲坂 (今山西省永濟蒲州鎭)"

사마천의 『사기』 <오제본기>의 기록에 의하면 순임금이 왕위에 오른지 39년(지금으로부터 약 4000여 년 전) 남순 길에 올랐다가 창오(蒼梧)에서 돌아가시게 되니 강남 구의(지금의 호남 영원현 구의산, 구봉이라고도 하나 알 길이 없고, 또 이름 하기를 창오산 이라고도 한다.)에 장사 지내고 이를 영릉(零陵)이라 했다 했고, 『산해경(山海經)』<해내남경(海內南經)>에서 이르기를 창오산의 양지바른 곳에 순임금을 장사 지내고 동생 단주(丹朱)는 음지에 장사 지냈다고 했다.

그리고 당시 순의 이비 아황과 여영은 남편이 나가고 오랫동안 돌아오지 않게 되자 사방에 물어 찾으면서 동정호(洞庭湖) 가운데 군산(君山)에 이르러 홀연히 순임금이 불행하게 세상을 떠났다는 소식을 듣고, 앞을 바라보니 동정호의 아득한 물결 뿐, 길은 끊어지고 파도만 일어 혼을 부를 곳조차 없어 간장이 끊어지는 것 같아 병을 얻어 몸을 가누지 못하고 죽어 이곳에 장사하게 되니 이를 '우제이비묘(虞帝二妃墓)'라고 했다.[7] 하여 이비전설의 형성적 배경이 되고 있는 것을 알 수 있겠다.

(2) 구조(構造) 분석

이비전설은 굴원(屈原)[8]의 <구가(九歌)>에서부터 그 기원을 찾을

---

7) " 据說 當時他的二妃娥皇 女英見夫久出未返 就四處尋 來到了洞庭湖中的君山忽聞舜帝不幸逝世的噩耗 望看水云彌漫的洞庭湖 路斷波橫 招魂无處 不禁肝腸寸斷 憂傷成疾 不治身亡葬在這里 于是就有 '虞帝二妃之墓' " (水經注. 湘水)
8) 屈 原 (紀元前 339 - 278) 戰國時期的 楚國 詩人,政治家,'楚辭'的 創立者和 代表作者.
" 屈原作品的風貌和<詩經>明顯不同 這與長江流域的民風和黃河流域的民風不同有關 當時 北方早期進入宗 法社會 而楚地尚有氏族社會的遺風 民性强悍 思想活潑 不爲禮法所拘 所以 抒寫男女情思 志士愛國是如此直 切 而使用的材料 又是如此豊富 什馬都可以奔入毛低 寫人神之戀 辭狂怪之士 辭遠古歷史傳說 寫與天神鬼怪 遊觀 一切神

수 있다. 굴원은 초왕(楚王)에게 창오란 지방으로 추방되어 원상, 동
정 일대에서 활동하게 된다. 『파룽현지(巴陵縣志)』의 기록에 의하면

" 초나라 남영 (현 호북성 강릉현 내) 고을과 원상 사이에 귀신을 독실하게
믿으며 제사를 좋아하는 풍속이 있었다. 그런데 그 제사는 반드시 무당들
의 노래나 장고 춤으로써 귀신을 즐겁게 해주는 데서부터 유래 했다. 그러
나 그 말이 매우 비루하여 굴원이 이에 <구가>를 지어 사람들로 하여금
노래하며 춤추게 했다. 상부인(湘夫人)은 곧 순임금의 이비를 말하는 것이
며 이비는 요임금의 두 딸로 첫째는 아황이요 둘째는 여영이었으니 이로
인하여 또 다른 이름은 제자(帝子) 라고도 했다. " 9)

라고 하여 굴원에 의해 그때까지 무당들의 노래 속에 실려 전해
내려오던 아황 여영의 전설을 '상부인'이라 하여 노래로 지어 <구
가>에 전하게 된 것임을 알 수가 있게 된다. 즉, 추방 중인 굴원은
적지않은 조사도 하고 또 상고 사료도 연구하게 되어 순과 이비의
생리사별(生離死別)적 비극에 대한 무한한 동정으로 그 내용들이 노
래와 시로 저술되어 지금까지 전해 오면서 많은 사람들에게 애송되
어 지고 있는 것을 알 수 있게 된다.

군산(君山)10)에 전해 오고 있는 이비전설의 내용을 소개하고 구조

---

都具有民間普通的人性 神也不過是超出常人的人而已 他們使作品顯特色澤艷麗情思馥
郁 氣勢奔 放 這樣的作品 表現了寫北方文學不同的特色"
9) " 楚南영之邑 源湘之間 其俗篤信鬼神而好祭祀 其祀必遣巫覡歌樂鼓舞以誤神 然而詞
多鄙陋 屈原乃作 <九歌> 令人仍鼓舞之 ' 湘夫人'卽舜之二妃 二妃爲堯之二女 一日
娥皇 一曰女英人稱 ' 帝子 ' " ( 巴陵縣志 )
10) 君山은 원래 湘山, 洞庭山, 有綠山등으로 불리워졌고 別稱으로 北諸 또는 小蓬瀛 이
라고도 했다. 그리고 歷代 典籍中에 君山에 대한 記錄들을 살펴보면 屈原의 <九歌>
나 <湘夫人>편에서는 天帝의 아들이 北諸에 내려 왔다 했고, 巴陵縣志에서는 北諸는
곧 君山이라 했으며, 君山은 洞庭湖에 있어 洞庭山이라 하던 것이 舜 임금의 두 婦人
娥皇과 女英이 이곳에 머물면서 君山이란 이름이 생겨진 것이라 했다.現在는 中國의

V. 이비전설의 새로운 탐구    435

를 분석해 보면 다음과 같다.

"순의 부친은 고수라고 하는데 눈먼 소경이었다. 순의 생모는 일찍 세상을 떠나 고수는 또 부인을 얻었는데 그 부인에게서 일남 일녀를 두었다. 아들의 이름은 상(象)이었고, 딸의 이름은 과수였다. 계모와 상은 매우 탐욕스러웠고 또한 간악했다.

순이 두 아내를 맞이했을 때, 장인인 요가 많은 양식과 소나 양 등을 잔치 예물로 주었고, 순의 마음이 영특하고 손재주가 뛰어나 곡식도 심고 고기도 잡고 도자기도 만들고 목공일도 하며 생산을 잘 경영하여 새살림이 불일 듯 했다. 그러자 계모와 이복동생 상은 부러워하며 마음에 시기가 일어 눈먼 소경 아버지와 함께 서로 짜고 밖으로는 잘하는 척 하면서 순을 해하여 죽이려고 했다. 이때, 총명한 아황은 계모와 상이 함께 이상하게도 무엇인가를 상의하는 것을 발견하고 그들이 좋은 마음을 먹지 않고 있다는 것을 알아채게 되었다. 그리고 곧 순에게 채색 옷 한 벌을 해 주었다. 그 채색 옷 위에는 봉황의 날개가 그려져 있었는데 순에게 입고 집을 나서게 했다. 하루는 순이 창고의 지붕에 올라가 지붕을 고치려 할 때, 상은 새닥다리를 치운 후 계모와 함께 밑에서 불을 질렀다. 불이 훨훨 타서 순을 삼키려 했다. 순은 사람 살리라고 소리쳤지만 상은 밑에서 춤을 추며 어머니와 함께 먼산의 불구경 하듯 화를 입기만 기다렸다. 이때 순은 오색찬란한 날개를 펼쳐 허허 웃으며 하늘 위로 날아갔다. 아황과 여영이 마당에서 손을 흔들으니 순은 훨훨 날아 그들 사이에 내려 왔다. 세 사람은 서로 부둥켜 안고 큰 소리로 웃었다. 상과 계모는 화가 상투 꼭대기까지 치밀어 이를 벅벅 갈고 있었다. 한번 계획한 것을 이루지 못하자 다시 꾀를 내기 시작 했다. 그 다음날 상은 다시 순의 집에 찾아와서 형이 큰 재난에서 면한 것을 축하하기 위하여 자기 집에 가서 술을 마실 것을 요구하였다. 순은 매우 태연하게 옷을 걸쳐 입고 상을 따라 나서려 했다.

이때 '천천히!' 하면서 순의 앞에 여영이 뛰어 나와 말하기를 '어제 연기에 끄슬려 온 몸이 더러운데 먼저 목욕을 하고 가셔야 지요.' 하면서 말리니

---

손꼽히는 觀光名所로 二妃墓, 朗吟亭, 龍誕井, 香爐山, 湘妃祠, 龍苑, 九江樓, 君山碑林, 秋月亭, 雲夢島, 鳥龍尾, 玉女洞, 烟波亭, 飛昇亭等이 有名하다.또 예로부터 전해 오는 君山八景 (洞庭秋月, 銀盤托日, 漁村酒香, 碧蓮爭絕, 雾鎖香爐, 江天臥石, 空山鳥語, 茶園春色)은 많은 作品들에 잘 나타나고 있는 곳이기도 하다.

상이 말하기를 '목욕은 무슨 목욕입니까? 형과 동생이 술 마시며 얘기나 하자는데 무슨 말이 그렇게 복잡 합니까?' 하면서 재촉 했다. 이 말에 여영은 얕보는 눈길로 상을 쳐다보면서 '형은 신분이 있는 사람인데 온몸에 더러운 냄새를 풍기면서 연회에 참석하라는 것이 어디 당한 말이오. 또 네 집 술에 불이라도 일어날지 누가 알겠소 !' 라고 하며 상의 음흉한 계책을 단번에 지적하니 그만 얼굴이 홍당무가 되어져 어쩔 줄을 몰라 했다. 여영은 순을 욕실에 데리고 가서 억지로 약 한 사발을 마시게 하고 또 약물로 목욕을 하게 한 다음 동생 상과 함께 그의 집에 가서 술을 마시게 하였다. 상과 계모는 많은 음식을 갖추어 놓고 순에게 술을 권했다. 순은 매우 기분 좋게 연거퍼 독약을 넣은 줄도 모르고 몇 십 잔의 술을 마셨다. 독약이 든 술을 마시고서도 끄떡도 하지 않자 상과 계모는 어쩔 줄을 몰라 했다. 그러나 상의 나쁜 마음은 그대로 사그라들지 않았다.

순은 요를 20여 년 간 도왔다. 이 기간동안 만민을 다스리고 병사를 거느려 작전하는 일, 산업을 발전시키는 일 등 뛰어난 재간을 나타내 보였다. 요는 순을 대단히 만족하게 생각하고 82세 되는 해에 왕위를 넘겨주었다. 순이 국가를 경영하게 된 후, 많은 개혁을 실행하여 부락연맹 의사제를 없애버리고 당시의 수요에 따라 국가 직능부분을 설치, 직접 통일, 지휘하기 위해 각 부분에서 수장을 임명하여 중앙통치기구를 형성했다. 이 외에 전국을 12개 주로 분할하고 주목(州牧)을 임명하여 지구 분할 거민에 따라 통치를 진행 했다. 이 후 12개 주목을 중심으로 회의를 하게하고 공개적인 토론을 하게 하면서 요 시대의 경험과 교훈을 살려 이해득실을 분석하고 그 기초위에서 형벌을 제정하였으며, 부세제도를 만들어 시행하게 되니 최초의 법치(法治)를 열게 된다. 순의 이와 같은 개혁은 요로 하여금 불안을 가지게 했다. 특별히 요로 하여금 화가 나게 한 것은 순이 고대 제도를 위반한 것은 말할 것도 없고, 공개적으로 요임금의 공적에 대해 논평하는 것이 조상의 은혜를 버리고 하늘 높고 땅 넓은 것을 알지 못하는 것과 같았기 때문이었다. 더욱 그로 하여금 용인 할 수 없게 한 것은 순이 지지하던 재산을 처분하는 일이었다. 성시(省市)나 마을들이 갑짜기 흥왕하게 되고 상업이 날마다 번창해 갔다. 요도 생각하기는 옛날부터 지금에 이르기까지 세상을 다스릴 때에 사람들을 편안하게 하여 남자는 밭에 나가 농사를 짓고, 여자는 길삼으로 그 즐거움을 더하게 하여 개짓는 소리를 서로 들으며 늙어 죽을 때까지 오고가지 않으면서도 다툼이 없는 세상으로 서로 즐기는 풍습이 많은 것을 어찌 사랑하지 않았겠는 가! 그러므로 순임금은 백성들에게 호소하기를 가진 것은 서로 나누기를 근을 쪼개어 둘로 하고, 권리를 다투고 이를 빼앗지 말라 했다. 이 모든 것에 대하여 요는 8년간을 참았으나 더 이상 참을 수가 없어 반드시 순을 사지(死地)에 두어 속히 처결하리라 했다. 어떻게 하면 순을 없애 버릴 가하여 요는 맏아들 단주(丹朱)와 일찍부터 순을 미워하고 있는 상(象)을 생각하게 되었다. 그는 단주와 상을 비밀리에 불러 순을 죽일 음모를 꾸몄다. 그리고 나서 상은 순의 집에 찾아 갔다. 자기가 우물을 하나 파려고 하는데 형이 도와 줄 것을 바란다고 했다. 상은 또 말하기를 순의 아홉 처남도 왔다고 했다. 순은 비록 왕위에 앉았으나 동생의 일이라면 매우 잘 도와주었다. 그는 다음날 곧 가겠다고 약속을 했다. 아황과 여영은 왕위에서 물러난 뒤에도 항상 아버지를 뵈러 갔다. 그런데 아버지의 말과 행동에서 순을 미워하는 것을 알게 되었다. 또 상과 단주가 너무 이상하게 노는 것을 알아챘다. 그런데 상이 직접 찾아오고 또 단주 아홉 형제도 출동한다는 데서 마음 좋은 부군이 또 속임을 당할 것을 알아챘다. 만에 하나라도 위험을 방지하기 위해 둘이는 밤을 새워가면서 용의 도안이 그려진 내복을 하나 만들어서 순에게 입혔다. 이 날 순은 이비가 만들어 준 내복(용이 그려진)을 입고 상의 집에 우물을 파주러 갔다. 우물을 몇길 파내려 갔다. 물이 곧 솟아오르려 할 때, 단주를 비롯한 모든 사람들이 기어 올라가 휴식을 취했고 다만 순 혼자만이 계속 우물 밑에서 일을 했다. 이때 상과 단주와 모든 사람들이 함께 우물에 흙을 퍼 넣었다. 두 시간쯤 걸려 파놓았던 우물을 모두 메꾸어 버렸다. 그들은 서로 바라보며 순이 자기들의 꾀임에 넘어가 다시는 이 세상으로 돌아오지 못한다고 좋아했다.

단주는 즉시 선포하기를 '나는 다만 왕위만 할 뿐 다른 것은 하지 않겠다.' 하고 늙은 아버지 요를 모시고 평양궁(平陽宮)에 대권을 관장하러 갔다. 상은 순의 집에 뛰어 가서 순의 온 식구를 모아 놓고 선포하기를 '순의 모든 집, 토지, 소, 양, 무기, 두 형수님 모두가 자기의 소유다'라고 말 했다. 이 말을 들으면서 아황과 여영은 '그럴리가 없지' 하면서 서로 바라보며 코웃음 쳤다. 역시 순은 죽지 않았다. 그는 우물 밑에서 창용(蒼龍)으로 변하여 다른 우물로 빠져 나왔다. 그는 때를 놓칠세라 어림군(御林軍)을 집합시켜 평양궁으로 추격하여 번개와 같은 위세로 요와 그의 아들 단주를 체포하여 정변을 안정시키고 기적적으로 집에 돌아 왔다. 상은 자기의 눈을 의심 할 정도로 놀랬다. 귀신이 왔는가 해서 온 몸을 벌벌 떨며 무릎을 꿇고 엎드려 순에게 빌었다. 당연히 그들은 징벌을 면할 수가 없었다.

요는 감옥에 들어간 그날 밤 중풍에 걸려 죽었다. 순은 지난날의 잘못을 생각하지 않고 역시 국왕으로서의 예를 갖추어 몹시 융숭하게 장례를 치뤄드렸다. 그러므로 <죽서기년(竹書紀年)>에 기재되기를 '요의 늙으막에 덕이 쇠하매 순 때문에 죄인이 되었다'라고 한 것은 이른바 요순선위의 진상이 이러한데서 온 말이라 한 것이다.

그 후 얼마 되지 않아 순은 역시 상과 단주를 관대히 용서해 주었다. 후에 상과 단주는 순의 남순 길에 동행 했다. 아황과 여영은 부군을 위해 매우 염려 했다. 무슨 뜻밖의 사고라도 생기지나 않을 가 하여 근심 걱정으로 날을 보냈다. 부군이 간지 넉 달이 지나도록 소식이 없었다. 그들은 부군에 대한 사모의 정이 점점 깊어만 갔고, 그의 안위에 대한 염려가 날로 더 해갔다. 중추 8월 평양으로부터 소식이 전해 오기를 '우왕(禹王)이 사자를 강남으로 파견하여 순을 묘주목(苗州牧)으로 임명하고 허락 없이 돌아오지 못한다고 선포 하고, 동시에 병사를 풀어 장강(長江) 북안을 봉쇄 했다'는 것이었다. 우왕의 이러한 조치는 순이 임금을 죽인 신하로서 대역부도(大逆不道)의 죄를 지었기에 원수를 갚겠다는 것이었지만, 이는 우왕 자신의 만족(정치적 야심)을 위한 것이었다.

청천하늘에서 벼락이 떨어지는 듯한 소식을 들은 아황과 여영은 땅이 꺼지는 것 같았다. 때를 노칠세라 우왕은 순의 집 주위에 물 샐틈 없이 병사를 풀어 놓고 말하기를 '제자(帝子)의 안전을 위한 것'라 했다. 이들을 대할 때 살기가 등등하여 두 자매는 서로 끌어안고 통곡하며 생각하기를 이 세상에서 살 동안 다시는 부군을 만나 볼 수 없을 것 같아 더욱 슬퍼졌다. 그들은 죽음을 각오하고 지혜를 써서 늙은 병사로 가장하고 집을 빠져 나와 강줄기를 따라 심심산골로 들어 간 다음 부군을 찾아 남쪽으로 떠났다. 길 위에서 노숙도 하며 행고 끝에 평원을 지나 산기슭에 접어드니 지금의 무한(武漢)땅 이었다. 그들은 배를 한척 빌려 물을 거슬러 올라가 파릉현의 한 언덕에 내렸다. 거기는 삼묘국(三苗國) 땅이었다. 그들은 연도에서 순왕의 거취를 물었다. 한 묘나라 백성의 말에 의하면 '순왕은 파구(巴丘)에서 머무른 적이 있었고, 배를 타고 동정호(지금의 군산)로 갔다'고 했다. 그들은 동정산을 향해 배를 타고 갔다. 배는 작고 물결은 거세어 사공들은 힘들게 배를 저었지만 동정산에 무사히 도착했다. 해는 저물어 갔다. 그들은 한

V. 이비전설의 새로운 탐구   439

큰 정원으로 들어갔다. 거기에서 뜻밖에 수십 명의 병사들을 발견하게 되어 크게 놀랬다. 병사들도 그들을 보고 뜻밖의 일이라 크게 놀라 뛰어와 절을 하며 큰 소리로 '부인께 인사드립니다.'하고 외쳤다. 순의 병사들임이 틀림없었다. 친척을 만난 것처럼 그들의 눈에는 눈물이 가득했고, 어떤 자들은 참을 수 없어 흑흑 느껴 울었다. 인사가 끝난 후 이비가 순왕의 정황을 물으니 병사들은 대답하기를 순왕이 묘땅에 임하여 무기를 준비하고 묘민들을 치려할 때, 순왕의 군사가 이른 것을 보고 주목(州牧)간(竿)이 스스로 무기를 버리고 왔다. 그곳 사람들은 분분히 순왕을 향하여 간의 용렬함을 진술 했다. 간은 순왕에게 부세한다는 이름으로 묘민에게서 가혹한 세금을 거두어 원성이 높았다. 묘민들은 집안이 기울어 가산은 탕진되고 아이들을 팔아야 하는 어려운 사정은 감히 말 할 수가 없었다. 관이 민을 핍박하니 묘민들이 함께 일어나 공격하기 시작 했다. 이와 같은 사정을 듣고 난 순임금은 크게 노하여 간을 묘민들에게 넘겨주어 공개적으로 처형 하게 했다. 따라서 묘땅의 3년 부세를 면하게 해 주었고 동시에 가지고 온 농기구, 도자기, 비단과 같은 물품을 묘민들에게 나누어 주었더니 대단히 기뻐하며 치사 했다. 순임금은 매일 한군데씩 다니면서 어진 정치를 널리 펴니 백성들의 마음이 돌아오고 한때의 풍파는 가라앉고 평온을 되찾게 되었다는 것이었다. 이 보고를 듣고 난 이비는 마음이 가라앉았다. 이어 묻기를 '순왕은 지금 어디에 계시는가?'하니 '순왕은 지금 창오에 갔습니다.'라고 하며 한 늙은 병사가 말하기를 '가기 전 우리들에게 명령 하시기를 동정산을 지키고 후에 만나자. 만약 부인이 찾아오면 앞으로는 더 가지 말라고 했습니다. 순임금께서 곧 돌아와 부인과 함께 만날 것입니다.'라고 했다. 이비는 좋아서 어쩔 줄을 모르며 부군이 승리하고 돌아오기만 기다렸다. 날은 하루하루 지나갔다. 그들은 믿는 마음으로 부군이 돌아오기만을 기다렸다. 그러던 어느 날 저녁 한 병사가 황급히 뛰어와서 보고 하기를 '부인께 알려 드립니다. 순임금께서 그만 ……' 하는 것이었다. 이비는 '무슨 일이 있느냐?'하고 다그쳐 묻자 병사 이르기를 '순임금께서 창오에서 전사 하셨습니다 ……' 했다. '아! 이일을 ……' 하면서 이비는 목 놓아 울었다. 삽시간에 온 하늘이 빙빙 돌며 까무러쳐 땅에 엎어졌다.
원래 창오(蒼梧)의 산기슭에는 한 악용(惡龍)이 상수(湘水)의 근원을 점령하고 있어 항상 풍파를 일으키며 가끔 범람하게 하여 천리를 휩쓸어 가기도 함으로 묘민들은 늘 굶주림에 허덕이고 있어 순임금이 이 말을 듣고 병사들을 거느리고 3일 밤낮을 악용과 싸워 악용은 베어 죽였으나 결국 순임금도 힘이 빠져 죽었다는 것이다. 이비는 간신히 일어나 비참한 소리로 부군을 부르며 슬피 울 때 피눈물을 대숲에 뿌리니 얼룩무늬가 생겼다. 사람들은 비바람이 칠 때 마다 슬픈 소리가 들리는 것 같다고 하며, 대나무의 변색된 것을 보면 푸른 하늘이 흐느껴 우는 것 같다고 했다. 이비는 창오로 부군의 시신을 찾으러 떠나기로 결심했다. 죽은 부군의 얼굴이나마 마지막으로 한번 보려고 배를 타고 남행길에 올라 산 넘고 물 건너 끝내 창오에 도착, 곳곳마다 돌아보았어도 부군의 시체는 여전히 찾아내지 못했다.

전하는 말에 의하면 이비가 부군을 찾는 도중에 한 늙은 노인을 만나 길 안내와 협조를 받았다고 한다. 그들이 한 산에 도착하여 시체를 찾다가 없으면 굴을 파고, 또 없으면 굴을 파고 한 것은 시체가 없다는 것을 표시하기 위한 것이었다. 이렇게 9개산을 다 찾아보았으나 시체를 발견하지 못했으므로 9개 산 위에 모두 굴을 뚫게 되어 사람들은 창오를 구의(九疑), 또는 영릉(零陵)이라고 부른다. 이때 이비는 대단한 절망 상태로 슬픔을 앉고 동정산으로 돌아 왔다. 그 후 우울하게 지내다 죽었다고 한다. 그들은 천국에서 부군과 함께 만났다. 그리하여 순임금과 이비는 상수(湘水)의 신이 되었다. 그래서 그들은 '상군(湘君)' '상부인(湘夫人)'이라 불리우고 동정산(洞庭山)은 군산(君山)이라고 불리게 되었다 한다. 그리고 이비(二妃)를 기념하기 위해 사람들은 그의 묘 뒤 산에 상비사(湘妃祠)를 지었다 한다."11)

이상이 이비전설의 전문이다.

이와 같은 내용은 중국 전한(前漢)시 유향(劉向)12)에 의해 저술된 『열녀전』제일권 모의전(母儀傳) 제일편 <유우이비전(有虞二妃傳)>에서도 찾아 볼 수 있다.13)

---

11) 二妃的傳說 全文, 李敬垂 姜宗福 編著 『君山一部書』, 國際展望出版社, 1992. PP.114 -120(韓國語 飜譯-筆者)
12) 劉 向, 字子政, 本名更生, 豊縣人, 系出高祖同父少弟楚王交之玄孫也. 向生於西漢昭帝元鳳二年(紀元前 七十九年). 向爲人簡易 無威儀 廉靖樂道不交按世俗 專積思於經術 居列大夫前後三十餘年 年七十二(紀元前七年)卒 時綏和元年也 卒後十三歲而王氏代漢.
13) 姜賢敬, 劉向列女傳探微,臺灣師範大學國文硏究所 碩士論文, 1987.

『열녀전』의 저자 유향은 전한(前漢) 성제(成帝)시 조씨 내란이나 외척천조(外戚擅朝)와 같은 역사적 사건[14]을 보고 여덕(女德)의 선악(善惡)이 국가의 어지러움을 다스리는데 끼치는 영향이 큰 것을 깨닫고 역대 여성들 중에 현비(賢妃), 정부(貞婦)와 얼페자류(孼嬖者類)를 분류하여 그 전기를 수록, 여성들의 교훈서로 삼고자 한 것임을 알 수 있게 한다.[15]

군산(君山)의 이비전설(二妃傳說)은 문헌적 기록에 의해 전해 오고 있는 『열녀전』의 내용과 비슷하나 현지에서 전설로 전해 오는 동안 현실적 윤색을 거치면서 변모 되어진 것으로 볼 수 있다.

군산(君山) 현지에서 채록 된 이비전설(二妃傳說)의 내용을 사건 전개에 따라 구조를 분석 해 보면 다음과 같다.

1. 순의 부친은 고수로 눈먼 소경이었고, 생모는 일찍 세상을 떠났다.
2. 계모가 들어와 이복동생 상과 과수가 있었으나 탐욕스러웠고 간악 했다.
3. 순은 두 아내를 맞이하여 요임금이 준 많은 재산과 영특한 재주로 살림이 불일 듯 했다.
4. 계모와 상이 시기하여 아버지와 짜고 순을 해하여 죽이려 했다.
5. 아황은 계모와 상의 음모를 알아채고 순에게 봉황의 날개가 그려진 채색옷 한 벌을 입고 나가게 했다.
6. 순이 창고의 지붕에 올라가 고치려 할 때, 상이 새다리를 치우고 계모와 함께 불을 질렀으나 순은 오색찬란한 날개를 펼쳐 훨훨 날아 아황과 여영이 있는 마당에 무사히 내려 왔다.
7. 상은 다시 형이 살아난 것을 축하하기 위해 자기 집에 가서 술

---

14) 『漢書』 卷九十七 上, 外戚傳, 楊家駱主編, 鼎文書局, 臺灣, 1984. P.3993.
15) 禹快濟, 『韓國 家庭小說 硏究』, 高麗大學校 民族文化硏究所, 1988, P. 58.

마실 것을 요구, 술을 먹여 죽이려 했다.
8. 여영은 상과 계모의 음모를 알고 순에게 약을 먹이고 목욕을 시켜 보이니, 상과 계모가 주는 독약이 든 술을 마시고도 끄떡도 하지 않고 살아 돌아 왔다.
9. 순은 요를 20년간 도와 국가를 다스리는 일에 뛰어난 재간을 보이니, 요임금 82세 되는 해에 순에게 왕위를 넘겨주었다.
10. 순은 많은 개혁을 실행 했다. - 부락연맹 의사제를 폐지하고 직능부분을 설치하여 수장을 임명 중앙통치기구 형성, 전국을 12개주로 분할 주목(州牧)을 임명하여 거민통치 진행, 부세제도를 시행하여 최초의 법치 실현.
11. 순의 개혁에 요의 불만이 고조 되었다. - 고대 제도를 위반하고 요의 공적을 공개적으로 비판하는 일, 재산을 처분하는 일 등
12. 요 시대의 경험을 살려 제도와 풍속을 개혁하며 나라를 다스려 나가게 되니 성시나 마을들이 갑자기 흥왕하게 되고 산업이 날마다 번창 해 갔다.
13. 요는 순을 사지에 두어 처결하기로 하고 맏아들 단주와 상을 불러 죽일 음모를 꾸몄다.
14. 상은 순의 집에 찾아가 우물 파는 일을 도와달라고 했다.
15. 아황과 여영은 아버지 요의 말과 행동에서 순을 미워하는 것을 알았고, 동생 단주의 행동이 이상한 것을 알고 있었는데 상이 직접 찾아와 단주 아홉 형제가 모두 모였다는 말을 듣고 순이 속는 것을 알았다.
16. 위험을 방지하기 위해 이비는 밤을 새워 용의 도안이 그려진 내복을 만들어 순에게 입혀 보냈다.
17. 순은 상의 집에 우물을 파러 갔다.

18. 우물을 파다가 모두 휴식을 취하러 올라가고 순 혼자서 일하고 있을 때, 흙을 부어 메꾸어 버리고 순이 죽어 돌아오지 못한다고 좋아 했다.
19. 단주는 왕을 하겠다고 선포하고 평양궁에 대권을 관장하러 갔다.
20. 상은 순의 집에 달려가 형이 죽었으니 두 형수와 모든 소유가 다 자기 것임을 선포 할 때, 아황과 여영은 코웃음 쳤다.
21. 순은 죽지 않고 우물 밑에서 창용으로 변하여 다른 우물로 빠져 나와 어림군을 집합시켜 평양궁을 추격, 요와 단주를 체포하여 정변을 안정시키고 집에 돌아왔다.
22. 상은 귀신이 왔는가 놀라 벌벌 떨며 무릎을 꿇고 순에게 빌었다.
23. 요는 감옥에 들어간 그날 밤 중풍에 걸려 죽으니, 국왕의 예를 갖추어 장례를 치러 드렸다.
24. 순은 상과 단주를 관대히 용서 해 주고 남순 길에 동행하게 했다.
25. 순이 남순 길에 오른 후 넉 달이 지나도록 소식이 없어 아황과 여영은 안위를 위해 염려 했다.
26. 평양에서 들려온 소식에 의하면 우왕이 순을 묘주목으로 임명하고 허락 없이 돌아오지 못하게 하고 병사를 풀어 장강 북안을 봉쇄, 신하로서의 임금을 죽인 대역부도한 죄에 대한 원수를 갚겠다는 것이었다.
27. 우왕은 순의 집 주변에 군사를 풀어 물샐틈없이 지키게 하며 제자(帝子)의 안전을 위한 것이라 했다.
28. 이비는 늙은 병사로 가장, 집을 빠져나와 부군을 찾아 무한(武漢)에 갔다.
29. 배를 빌어 타고 묘국 땅 파릉현 언덕에 이르러 순왕의 거취를 물어, 동정호로 갔다는 것을 알고 동정호 내의 동정산에 도착했다.

30. 순의 군사 수십 명을 만나니 친척을 만난 것처럼 눈물을 흘리며 기뻐했다.
31. 순의 정황을 물어, 그동안 묘 땅에서의 치적(간에게 속은 일, 묘민들의 반란, 순임금의 선정) 등을 듣고, 현재 창오에 가 계신다는 것을 알았다.
32. 순임금이 승리하고 돌아오기만 기다리던 어느 날, 창오에서 악용과 싸워 승리했으나 힘이 다해 전사 하셨다는 슬픈 소식이 들려 왔다.
33. 이비는 까무러쳤다가 일어나 목 노아 부군을 부르며 슬피 울 때, 피눈물을 대숲에 뿌리니 얼룩무늬가 생겼다.
34. 이비는 창오로 부군의 시체를 찾으러 떠났으나 찾아내지 못했다. - 전하는 말에 의하면 한 노인을 만나 안내를 받으며 산봉우리를 찾아 헤매며 아홉 군데에 구멍을 뚫었다고 하여 구의산 또는 영릉이라 한다 했다.
35. 이비는 동정산으로 돌아와 우울하게 살다 죽었다.
36. 천국에서 부군과 만나 상수의 신이 되어 상군, 상부인이라 불리며 동정산은 군산이 되고, 후세 사람들은 그의 묘 뒤에 상비사를 지어 오늘에 이르고 있다.

이상의 전개 과정을 정리 해 보면,
1 - 2는 가계의 설정이며,
3에서는 순과 아황 여영과의 결연 과정을 표현 했고,
4 - 8은 제 일차적 고난과정으로 지붕을 고치러 갈 때, 봉황의 날개가 그려진 채색 옷을 입게 하여 위험한 경우에 날아 내려오게 한 것이나, 독이 든 술을 먹어도 끄떡없는 약을 먹게 한 일 등은 이비

의 특별한 능력과 신이한 신비성을 나타내 주는 내용이며.

9 - 12는 순임금의 치적이다. 개혁을 통한 새로운 제도(부락연맹 의사제 폐지, 중앙통치기구 형성, 지구분할 거민통치 진행, 부세제도 형성 법치제도 등)의 시행으로 국가의 번영을 가져오게 했지만 반면에 요의 불만은 커져만 가게 했다.

13 - 24는 순의 제 이차 고난과정으로 요가 상과 단주와 함께 꾸민 음모로 우물을 파게하고 흙을 메워 죽이려는 것으로 이비가 미리 알고, 용의 도안이 있는 옷을 만들어 입고 가게 하여 화를 면하게 한다. 단주와 상은 순이 죽은 것으로 생각하고 평양궁으로 대권을 장악하러 가거나 순의 집을 모두 인수하려는 등 왕권 쟁탈전의 일면으로 나타난 것을 보게 된다.

25 - 35에서는 순임금과 이비의 최후가 나타나 있다. 남순 길에 올랐던 순임금과 우왕과의 왕권 쟁탈전으로 남순 길에 오른 순임금을 묘주목으로 임명하고 장강 북안을 봉쇄하여 순을 돌아오지 못하게 하고 집에는 군사를 보내어 물샐 틈 없이 지키게 한다. 이비는 노병사로 변장하고 순임금이 있는 묘국땅 동정산까지 찾아갔으나 결국 만나지 못하고 창오에서 죽은 순임금의 시체라도 찾으려 했지만 찾지 못하고 동정산 소상강 가에서 대숲에 피눈물을 뿌리며 슬피 울다 죽는 것으로 표현 되어 있다.

36은 사후에 천국에서 함께 만나 신(神)으로 '상군'과 '상부인'이 되고, 동정산은 군산으로 불리게 되고 묘 뒤엔 상비사를 지은 것으로 끝을 맺는다.

이를 요약, 『열녀전』의 <유우이비전>[16]과 대비 해 보면

첫째, 순임금의 임금되기 전의 가계나 결연의 내용은 동일하다. 그

---

16) 劉向, 『列女傳』, 第一卷 母儀傳, 有虞二妃(『列女傳』 校注本, 中華書局, 臺灣, 1968. 朴良淑 編譯, 自由文庫, 1994.)

러나 고난극복 과정에서는 다르게 나타나고 있다. <유우이비전>에
서는 지붕 고치기, 우물파기, 그리고 마지막으로 술 먹기로 되어 있
는데 이비전설은 세 가지 고난 중 제일차로 지붕 고치기와 술 먹기,
두 가지만이 기술 되어 있다. 그런데 그때마다 봉황이 그려진 속옷을
만들어 입게 함으로 지붕위에서 날개를 펴고 날아 내리게 했다든지,
신비로운 영약을 먹게 하여 독이 든 술을 먹고서도 끄떡없이 살아오
게 했다든지 하는 이비의 신비로운 역할이 첨가 되어 있다.

　둘째, 순이 임금이 되어 나라를 다스리는 치적 과정은 <유우이비
전>에 비해 구체적으로 기술되어 있으면서 우물파기를 제이의 고난
과정으로 기술하고 있으면서 순과 요의 권력다툼으로 표현하고 있는
것이 크게 차이가 있는 부분이라 하겠다. 순이 요의 신임을 받아 임
금의 자리를 넘겨받은 후 정치, 경제적 개혁을 통하여 국가의 번영
을 이루게 되자 요는 순을 미워하며 상과 단주와 음모, 상을 시켜
순에게 우물 파는 일을 도와 달라 하고 우물을 파게 하여 흙으로
메워 죽이려 했다. 그러나 아황과 여영은 요의 음모를 미리 알고,
용의 도안이 있는 옷을 만들어 입게 하여 우물 속에서도 창용으로
변하여 다른 우물로 빠져나와 살 수 있게 했던 것이다. 그리고 때를
놓치지 않고 어림군을 집합시켜 평양궁을 추격, 요와 단주를 체포하
여 정변을 안정시키고 집으로 돌아온다. 요는 감옥에 들어간 날 밤
중풍에 걸려 죽어 국왕으로써 예를 갖추어 장례를 모셔 드리고 상주
와 단은 관대히 용서 해 줌으로 일단의 권력 다툼에서 이비의 신이
한 도움을 얻어 승리를 거두는 것으로 표현 되고 있다. 그리고 천하
를 다스리기 위해 남순 길에 오르는 것으로 되어 있어, 제가(齊家)
와 치국(治國)과 평천하(平天下)를 단계적으로 실현 해 나가고 있는
것을 볼 수 있다.

　그러나 이때 우왕이 등장한다. 제이의 고난 과정에서 나타난 요와

단주와의 권력 투쟁은 순의 승리로 돌아갔지만, 요임금을 죽게 한 것은 순임금이었다는 점에서 그를 대역부도한 죄인으로 몰아 이를 명분으로 우임금이 나타나 다시 권력다툼은 재현 된다. 결국 남순 길에 올라 영영 돌아오지 못하고 창오에서 종말을 마쳐야 했던 것도 순임금과 우임금의 권력다툼의 결과로 해석 할 수가 있겠다.[17] 순이 창오에서 악용(惡龍)과 싸워 이를 물리치고 힘이 다해 전사한 것은 바로 적대 세력과의 전투에서 적을 물리치고 결국 전사 한 것으로 보아야 될 것 같다. 그 뒤를 다라 이비가 피눈물을 대숲에 뿌리며 슬피 울다 시체라도 찾기 위해 헤매다 시신도 찾지 못하고 자결한 것으로 남편의 뒤를 따라 순절(殉絕)한 순절적 열녀[18]로서의 최초 모범을 보인 것이라 하겠다.

　셋째, 결말 부분은 시와 찬이 아닌 사후의 행적으로 순임금과 이비는 죽어 천국에서 다시 만나 상수(湘水)의 신(神)으로 상군(湘君)과 상부인(湘夫人)이 되었고, 이비를 기념하기 위한 상비사(湘妃祠)[19]가 지어졌음을 표현하고 있다.

　이비전설은 『열녀전』의 <유우이비전>과 달리 순임금이 계모와 이복동생 상으로부터의 고난극복 보다는 왕권을 둘러싼 권력 투쟁적 고난과정으로 나타나고 있음이 특징이라 하겠다. [20]

---

17) 中國 長江의 최대 범람지역으로 기록되고 있는 武漢에는 禹王이 洪水를 다스렸다고 하는 傳說이 깃든 龜山이 있다. 龜山에서 長江을 바라보면 물의 흐름이 한눈에 들어오는 長江가의 유일한 展望臺로 現在에는 放送局 送信所가 設置되어 있으며,傳說에 의하면 禹王이 이곳에서 長江을 바라보니 큰 龍이 작난하고 있어 이를 처치하고 나니 長江의 범람을 막을 수 있었고, 이것이 禹王의 代表的인 治績으로 舜의 뒤를 이어 王位에 오를 수 있었다고 했다. 이로 미루어 볼 때 순왕과 우왕의 왕권쟁탈적 전투가 있었으며 순왕은 우왕을 따르는 무리에게 패한 것이 아닌가 생각 된다. (筆者의 現場 踏査記 )
18) 禹快濟, 貞節型 家庭小說 硏究, 仁川大 論文集, 第17輯, 1992.
19) 湘妃祠는 洞庭湖內의 君山에 있으며 娥皇과 女英의 二妃墓가 있는 바로 옆에 세어져 있다. 二妃墓의 周邊에는 瀟湘斑竹이 숲을 이루고 있었으며 湘妃祠에는 二妃의 塑像이 모셔져 있고, 많은 中國人들은 信仰의 대상으로 삼아 촛불을 켜고 香을 사르며 所願을 비는 모습을 볼 수 있었다(筆者의 現場 踏査記)

이를 다시 요약, 정리 해 보면 다음과 같다.

첫 번째 고난(지붕 고치기, 술 마시기)은 가정적 문제로 계모와의 갈등에서 나타난 것이다.

두 번째 고난(우물 파기)은 선왕인 요임금과의 문제로 국가적인 갈등에서 나타난 것이다.

세 번째 고난(악룡과의 싸움)은 천하를 다스리기 위한 것이다. 그러나 이 과정에서 치국(治國)에 문제가 되어 결국 우왕에게 대권이 넘어가게 된다.[21]

3) 고소설에 끼친 영향

(1) 효행형(孝行型) 소설에 끼친 영향

① 계모형(繼母型) 효행담

효는 동양 윤리의 가장 기본이 되고 있다. 인간의 존엄성은 곧 자기를 낳고 길러준 부모에 대한 존경으로부터 출발한다. 이것은 또한 새로운 생명을 잉태, 인류의 영원한 계승을 가져오게 하는 소중한 것으로 생각한 때문이다.

계모형 소설[22]은 한국 고소설중 가정소설의 대표적 유형으로 전처 자식과 계모와의 갈등이 가정문제로 나타나 계모에 의해 전처소생이 살해 되거나 축출되는 것이 일반적인 내용으로 나타나고 있어 계모는 악인의 화신으로 인식되고 있다.

---

20) 禹快濟, 列女傳의 著作動機 考察, 우리문학연구, 第5輯, 1984.
21) 傳說에 의하면 舜임금이 蒼梧에서 惡龍과 싸우고 있을 때 禹王은 武漢에 長江의 洪水를 다스리기 위해 와있었다고 한다. 이것은 舜의 勢力과 禹의 勢力이 對決 하고 있었음을 말 해 주는 것으로 치열한 政權 爭奪戰이 벌어지고 있었음을 알게 해 주는 증거라고 생각 된다.
22) 禹快濟, 繼母型 小說硏究, 高麗大學校 大學院, 碩士論文, 1975.

이와 같은 이야기의 원형은 이비전설에도 그대로 나타나고 있다. 순의 가계를 설정하고 있는 것을 보면

> " 순의 부친은 고수라고 하는데 눈먼 소경이었다. 순의 생모는 일찍 세상을 떠나 고수는 또 부인을 얻었는데 그 부인에게서 일남일녀를 두었다. 아들의 이름은 상이고 딸의 이름은 과수였다. 계모와 상은 매우 탐욕스러웠고 간악했다 " [23]

라고 하여 계모와 전실 자식인 순과의 관계를 설정 해 놓고 있다. 그리고 계모와 이복동생 상은 탐욕스럽고 간악한 악인의 대표적 인물로 표현되고 있다.

즉, 이비전설에서 순은 새로 들어온 계모의 모함으로 수차에 걸쳐 죽을 고비를 넘기게 된다. 그 첫 번 째 사건이 창고의 지붕을 고치게 하고 사다리를 치운 후 불을 지르는 것이었다. 그리고 두 번 째 사건은 술자리를 마련하여 독이든 술을 마시게 하여 죽이려는 음모였다.[24]

그러나 그때마다 이비의 신이한 도움으로 위기에서 모면하게 된다. 첫 번 째 창고의 지붕 고치기에서는 아황이 순에게 봉황의 날개가 그려진 채색 옷을 만들어 입고 가게 함으로 지붕에서 날개를 펴고 날아 내려 올 수 있게 한다. 두 번 째 술을 마시러 오라는 청을 받았을 때는 여영이 신비로운 약을 주어 먹고 목욕을 하게 하여 독이든 술을 마셔도 무사 할 수 있도록 하여 위기에서 살아 올 수 있게 한다.

계모와 이복동생 상은 순을 죽이기 위해 음모를 꾸몄지만 모두 허사였다. 순과 이비는 부모의 잔악한 행동을 미리 알고 이를 모면할 수 있도록 했다. 그러면서도 부모에 대해 조금도 원망하지 않아

---

[23] 二妃的 傳說, 위의 책.
[24] 『列女傳』의 有虞二妃傳에서는 우물을 파게 하는 것도 繼母와 常의 음모로 되어 있으나, 二妃傳說에서는 堯임금과 丹朱 그리고 常의 王權 爭奪戰으로 옮겨지고 있다.

후세에 효행의 모범적인 인물로 칭송을 받고 있다.[25]

　부모와 자식을 천륜으로 생각한 동양의 기본적 효행사상은 자기를 낳아 준 생모뿐만 아니라 길러준 계모에게도 효를 다 하는 것을 말해 주고 있는 것이라 생각 할 수 있다.『열녀전』에서는 순이 자기를 죽이려는 부모를 원망 하기는 커녕 오히려 그를 위해 하늘을 보며 울부짖고 있는 것을 보게 된다.

　　" 부모가 순을 여러 차례 죽이고자 하였지만 순은 원망하지 않았다. 그런데
　　순의 부모는 도리어 그것을 더 미워하는 것이었다. 순은 농장에 나가서 날마
　　다 큰소리로 통곡하며 하늘을 쳐다보고 부모를 부르면서 울부짖었다." [26]

　라고 한 것으로 보아 부모를 원망하지 않고 오히려 부모들의 마음이 돌아오기를 하늘에 호소한 것이 아닌가 생각된다.
　이것은 계모형 소설의 효시적 내용이면서 그 사유체계는 효를 근본으로 하는 효행형의 대표적인 모범적 작품이라 할 수 있겠다. 즉, 중국적인 사유형태는 계모와 전처소생과의 관계에서 악독한 계모에 대한 복수나 경계가 아닌 자녀의 무한한 효행을 강조하고 있는 것이 특징이라 하겠다.
　순은 자기를 죽이려고 음모한 계모나 이복동생에 대해 조금도 원망하지 않고 더욱 효성을 다한 것으로 기록[27]되고 있으며, 부모에 대한 자식의 무한한 효의 모범을 보임으로 요임금에게 천거 되었고, 요임금으로부터 왕위를 물려받기에 이른 것을 보게 된다.

---

25) 『詩經』에서는 "이비의 덕은 순수했고, 행실은 돈독했다 (二妃德純而行篤)"했으며, 『列女傳』에서는 "고수도 마음을 부드럽고 편안하게 가져 행복을 누리고 세상을 마쳤다.(瞽叟和寧 卒享福祜)"라 했다.
26) 『列女傳』,위의 책, P. 20 .
27) " 昔者大舜 父頑母은 嘗欲殺舜 舜克諧以孝 烝烝倪 不格姦 孝子之道 於斯至矣" (童蒙先習)

② 신분초월(身分超越)적 효행담

이비전설의 내용 중 가계와 결연은 작품의 특징을 나타내 주는 중요한 단서를 제공 해 준다. 아황과 여영은 당시 제왕인 요임금의 두 따님이었음에 비추어 순은 어머니를 일찍 잃고 계모슬하에서 고통을 받으며 살아가는 보잘것없는 가난한 평민의 신분이었다. 그런데 그들은 결연을 맺을 수 있었다. 그것도 두 딸을 모두 순과 혼인할 수 있게 했으니 이것은 상당한 의미가 내포 된 것이 아닌가 생각 된다.

그 중요한 이유를 순의 효행에서 찾을 수 있겠다. 이것은 이비전설에는 잘 나타나고 있지 않지만 『열녀전』에 보면 가계를 설정하고 인물을 묘사하는 대목에서

" 순은 공순하게 아버지를 섬겨 효도를 다 하였다. 어머니가 이복동생 상만을 귀여워하고 순을 미워하였지만 그럴수록 순은 더욱 집안일을 열심히 하고 부모를 조금도 원망하지 않았다. "[28]

라고 한 것을 볼 수 있다. 그러므로 순의 이 같은 효성이 널리 알려지게 되어 요임금의 신하들에 의해 천거 된다. 요임금은 순을 천거 받고 아황과 여영 두 딸을 순의 아내로 보낸다. 그러므로 요임금의 두 딸은 그 거친 시골로 시집을 가서 남편인 순을 섬기며 부모에게도 극진히 효성을 다 한다. 『열녀전』에 보면

" 천자의 두 딸은 그 거친 시골로 시집을 가서 남편인 순을 잘 섬겼다. 천자의 딸이라고 교만하거나 사치하지 않고 부지런하며 더욱 공손하게 가족을 공경하고 스스로 검소하게 생활하였으며 집안의 화목을 도모하여 부도(婦道)를 다하였다. "[29]

---

28) 劉 向, 『列女傳』, 앞의 책, P. 19.
" 舜能諧柔之 承事瞽叟以孝 母憎舜而愛象 舜猶內治 非有姦意 "

라고 했다.

여기에서 나타나는 이비는 천자의 딸로서 신분을 초월한 혼사임을 알 수 있다. 그러면서도 남편을 잘 섬기는 일, 가족을 공경하는 일, 집안의 화목을 도모하는 일등에서부도를 다한 것을 볼 수 있다. 그러기위해서는 먼저 천자의 딸이라고 교만하지 않고, 사치하지 않고, 부지런하며, 공손했다고 했다. 이것은 동양적 사유체계의 근본이 되고 있는 '수신제가치국평천하(修身齊家治國平天下)'의 수신을 우선으로 했음을 볼 수 있다. 그리고 남편을 섬기고, 가족을 공경하며, 순을 죽이려고 하는 계모의 음모를 묘책으로서 벗어날 수 있도록 한 것은 집안을 화목하게 하여 제가의 기틀을 다지게 함으로 순으로 하여금 치국과 평천하를 할 수 있도록 한 것이라 생각 된다.

그러므로 『열녀전』에서 노래 부르기를

" 본디 이비는 요임금의 딸로 유우씨 집안을 섬겨 순임금을 뒤에서 내조 하였다. 존귀한 몸으로 비천한 집안을 섬기며 많은 어려움과 괴로움을 견 뎠다. 마침내 고수도 마음을 부드럽고 편안하게 가져 행복을 누리고 세상 을 마쳤다. " 30)

라고 했다.

이렇게 이비는 신분을 초월하여 부인으로서의 도리를 다하며 효성을 다한 것을 볼 수 있다. 그러나 이와 같은 내용이 전설로 전해오는 과정에서는 상당한 생략을 보이고 있어 중국 사회의 변화와 깊은 관계가 있는 것이 아닌가 생각 된다.31)

---

29) 위의 책, P. 19.
30) 위의 책 . P. 21 .
31) 현재 중국에서는 가정파괴의 현상이 많이 나타나고 있다, 첫째, 전래적인 족보의 소실(문화혁명 기간 중)과 둘째, 매장제의 폐지와 셋째, 한 가정 한 자녀 갖기의 인구정책 등으로 전래적 씨족사회의 붕괴 및 가정통합 및 파괴현상이 나타나고 있어 어떤 연관이 있는

### (2) 정절형(貞節型) 소설에 끼친 영향

문학이 인간의 생활, 그 자체를 표현한 것이라면, 가정 형성의 가장 기본적인 남녀의 결합과 자녀문제를 통한 갈등이 작품의 중요한 소재로 나타나고 있음은 너무나 당연한 일이라 하겠다. 이와 같은 가정문제를 다룬 가정소설에서 남녀의 애정 문제가 갈등요인으로 나타나 남편을 위해 정절을 지킨 여성들의 이야기를 작품화 한 것들을 정절형 가정소설이라 했다.

이와 같은 작품의 출현은 조선시대 유교윤리의 영향을 들지 않을 수 없다. 필자는 이 문제에 대해 '정절형 가정소설 연구'에서

> "가정형성의 가장 중요한 남녀의 결합(혼인을 통한)으로 인한 인적조건을 충족시켜 줄 수 있는 것은 남녀의 애정의 문제가 되고 이것은 항상 남편에 대한 부인의 절대적 종속적 관계로 표현되고 있다. 즉, 이것은 조선시대의 부부윤리가 정주성리학을 통한 예속의 확립으로 여성의 정절을 일방적으로 강조하게 되어 왔던 열녀의 절행에서 온 것이라 하겠다." [32]

라고 하여 남녀의 결합에서 부인이 남편에게 절대적 종속적 관계로 되어진 것을 유교윤리의 영향으로 진단 한 바 있다. 그렇다면 원초적인 중국문화의 근본 속에서 이와 같은 문제가 어떻게 나타나고 있었는가 하는 것이 문제의 초점으로 부각 될 수밖에 없게 된다.

이비전설은 바로 이 문제를 해결 해 줄 수 있는 가장 좋은 자료가 된다고 보겠다. 즉, 동양문화권에서 찾아 볼 수 있는 최초의 전형적 열녀 이야기라고 볼 수 있기 때문이다.

순임금이 남순 길에 올라 돌아오지 않자, 아황과 여영은 늙은 병사로 가장하고 행고 끝에 순임금이 머물고 있는 동정호내의 군산을

---

것은 아닌지 연구 해 볼 문제라 생각 된다.
32) 禹快濟, 貞節型 家庭小說 硏究, 仁川大 論文集, 第17輯, 1992. P. 13.

찾아 갔지만 끝내 만나지 못하고 창오에서 붕하신 소식만을 듣는다. 이때 이비는 너무 슬퍼 부군을 부르며 슬피 울 때 피눈물을 대숲에 뿌리니 얼룩무늬가 생겼다고 전한다.33) 그리고 죽은 남편의 얼굴이라도 한번 보겠다고 시신을 찾아 나섰지만 찾지 못하고 그대로 돌아와 순절(殉節)했다고 한다. 전설에 보면

> " 전하는 말에 의하면 이비가 부군을 찾는 도중에 한 늙은 노인을 만나 길 안내와 협조를 받았다고 한다. 그들이 한 산에 도착하여 시체를 찾다가 없으면 굴을 파고 또 없으면 굴을 파고 한 것은 시체가 없다는 것을 표시하기 위한 것이었다. 이렇게 9개산을 다 찾아보았으나 시체를 발견하지 못했으므로 9개 산 위에 모두 굴을 뚫게 되어 사람들은 창오를 구의 또는 영릉이라 부른다 했다. 이때 이비는 대단한 절망상태로 슬픔을 앉고 동정산으로 돌아 왔다. 그 후 우울하게 지내다 죽었다고 한다."34)

라고 했으니 이비는 죽은 남편의 시신이라도 찾기 위해 노력한 점과, 외로운 동정산에서 부군만을 생각하며 지내다 자결한 것을 알 수 있다. 이것은 열녀의 대표적 유형인 순절적 열녀35)의 효시적 인물임을 말해주는 것이라 생각 된다.

이와 같은 남편을 따라 순사하는 열녀의 전통은 동양사회의 특수한 문화전통을 형성해 오면서 한국에 전래되어 많은 영향을 끼치게 된다. 특히 『춘향전』을 비롯한 『옥단춘전』, 『옥랑자전』, 『월영낭자전』, 『숙영낭자전』과 같은 작품에서는 정조를 지키는 것이 목숨보다

---

33) 瀟湘斑竹이라 하여 현대에도 얼룩무늬가 있는 대나무를 이르는 말로 사용되고 있다. 이것은 아황과 여영이 창오에서 붕하신 순임금을 생각하며 瀟水와 湘水사이에 있는 동정호의 군산에서 피눈물을 대숲에 뿌려 얼룩무늬가 생긴 것이라는 전설에 의한 것이다.
34) 二妃的 傳說, 위의 책.
35) 禹快濟, 貞節型 家庭小說 硏究, 위의 논문, P.25.
" 殉節的 烈女라 함은 貞節을 지키기 위해 목숨을 바친 것으로 남편이 죽게 되었을 때 스스로 목숨을 끊어 殉死하는 경우를 비롯하여 위기를 당할 때 몸을 더럽히지 않기 위해 스스로 自決하거나 아니면 他殺을 당하는 경우를 모두 포함한 것이다."

V. 이비전설의 새로운 탐구   455

더 소중한 것으로 표현되고 있는 점 등은 이비전설에서 보여준 순절적 열녀의 영향이라 생각 된다.
　그외 『남정기』나 『심청전』과 같은 작품에도 이비전설은 그대로 영향을 주고 있음을 알 수 있다. 물론 이때도 절부 열녀를 이야기 하는 과정에서 황릉묘 이비의 이야기가 삽입되어 수용되고 있음을 볼 수 있다.
　『남정기』에서 보면 사씨가 유한림 댁에서 쫓겨나 선산에 머물다 동청의 겁탈을 피해 선조들의 몽사를 따라 장강에서 배를 타고 두부인이 있는 장사로 가기위해 남정 길에 올랐다가 풍낭을 만나 동정 위수가의 악양루에 배를 대게 되는 장면에서

　　" 홀연 풍낭이 대작하며 파도흉용하야 바람에 쫓겨 동정 위수로 좇차 악양루 아래 이르니 옛적 열국 때 초나라 지경이라 우순이 순행하사 창오 들에 붕하사 이비 아황 여영이 미처 가지 못하야 상수 가에 울으시니 눈물이 화하야 피 되어 대 수풀에 뿌리시니 점점이 어롱졌으니 이른바 소상반죽이라 ----- 구의산에 구름 끼이고 소상강에 밤이 오고 동정호에 달이 밝고 황릉묘에 두견이 슬피 울 때는 비록 슬프지않은 사람이라도 자연 척연타루 하고 위연장탄 하니 천고에 의기를 좇는 곳이러라 " 36)

라고 하여 황릉묘 이비의 절사한 곳을 무대로 그 의기를 높이 평가하여 표현 하고 있는 것을 볼 수 있다. 그리고 『심청전』에서도 심청이 남경 장사 선인들에게 제물로 팔려 배타고 물길을 따라 내려가면서 주위경관을 차례로 바라보며 환상에 젖어들 때, 소상강에 이르러 이비를 만나 위로와 장래 되어질 일에 대해 이야기를 듣는 장면이 나온다. 이를 보면

---

36)『謝氏南征記』, 舊活字本古小說全集, 第4卷, 仁川大 民族文化硏究所, 1983. P. 500 .

" 소상강 드러가니 악양루 높은 집은 호상에 떠서 있고 동남으로 바라보니 오산은 첩첩이오 초수는 망중이라 반죽에 저진눈물 이비유한 띠워있고 무산에 돋는 달은 동정호에 비추이니 상하천광 거울 속에 푸르렀다. 창오산의 검은 연기 참담하야 황릉묘에 잠기었다. " 37)

라고 하여 이비전설의 배경이 되고 있는 소상강 악양루와 동정호, 창오산, 황릉묘 등이 그대로 나타나고 있으며, 순임금이 남순 길에 올랐다 창오산에서 붕하셨을 때, 피눈물을 대숲에 뿌려 반죽이 되게 한 내용을 그대로 수용하고 있는 것을 볼 수 있다. 또한 이비께서 심청을 불러 그 효성을 칭찬하며 품은 회포 말을 하고 있다. 이를 작품에서 찾아보면

" 우리성군 유우씨가 남순수 하시다가 창오야에 붕하시니 속절업는 이 두 몸이 소상강 대수풀에 피눈물을 뿌렸더니 가지마다 아롱져서 잎잎이 원한이라 창오산 붕상수절에 죽상지루 내가멸이라 천추 깊은 한을 호소할 길 업섯더니 네 효성이 지극키로 너다려 말하노라 " 38)

라고 하여 순임금의 남순수 하시다가 창오에서 붕하신 일과 소상 강 대 수풀에 피눈물을 뿌리다가 속절없이 순절한 깊은 한을 심청을 만나 회포를 푸는 것으로 되어 이비전설의 내용 중 열녀 절부뿐만 아니라 효행을 극진히 찬양하여 표현하고 있음을 볼 수 있다.『심청전』에서는 많은 부분에 영향을 받은 것은 아니다. 간단한 삽화형식의 이야기이지만 순임금의 남순수 하시다 창오에서 붕하신 내용과 이비가 소상강가에서 피눈물을 뿌려 소상반죽이 되었다고 하는 것 등은 절부 열녀뿐만 아닌 효성을 전범으로 한 영향관계로 해석 해

---

37)『沈淸傳』, 舊活字本 古小說全集, 第8卷, 仁川大學校 民族文化硏究所, 1983. P. 164.
38) 위의 책, P. 264 - 265.

볼 수도 있지 않을 가 생각된다.

이렇게 이비전설은 우리문학 속에 전래 수용되면서 열녀 절부의 대표적 전범으로 소설 문학 작품에 많은 영향을 끼쳤다 할 수 있다.

### 4)결 론

이비전설은 중국 동정호 내의 군산 현지에서 전해 내려오는 전설로 그 내용은 중국 역사에서 가장 이상적인 시대로 알려진 요임금 순임금 시대에 있었던 순임금과 이비에 대한 이야기로 사마천의 『사기』를 비롯한 유향의 『열녀전』등에도 수록 되어 있다.

현재 중국의 동정호 내 군산에는 이비의 무덤인 이비묘(二妃墓)가 있고, 전설에 의 해 신이 되었다고 하는 상군(湘君) 상비(湘妃)를 모신 사당이 있어 신앙의 대상이 되고 있으며, 장강(長江) 삼협(三峽)의 마지막 서릉협(西陵峽)에는 이비의 사당인 황릉묘(黃陵廟)가 있어 이들을 뒷받침 해 주는 증거물로 남아 있는 것을 찾아 볼 수 있다.

첫째, 이비전설의 내용을 검토 해 보면, 순임금이 임금 되기 전 고난극복 과정을 『열녀전』의 <유우이비전>에서는 세 가지의 단순한 사건으로 평면적 서술형태로 표현하고 있으나, 이비전설에서는 고난극복 과정마다 이비의 신이한 역할이 첨가 되어 나타난다. 고난 과정 중 술 먹기와 우물파기가 순서를 바꾸어 요임금과 단주의 왕권 탈취를 위한 정변으로 표현 되었고, 순임금의 남순 시 우왕의 등장이나 악룡과의 싸움 등, 권력 투쟁의 내용으로 변모되고 있어 이비전설의 특징이라 하겠다. 그리고 순임금의 치리는 항상 '가정 - 국가 - 천하'의 과정으로 나타나고 있어 유교적 기초를 보이고 있음을 알 수 있다.

결말 부분에서 <유우이비전>은 이비의 순절을 칭송한 『시경』의 시구를 인용하면서 송으로 노래를 지어 부르게 했지만, 이비전설에서는 현재 전해오는 증거물에 맞게 순임금이 창오에서 붕하시고 이비는 상수 가에 피눈물을 뿌려 소상반죽이 되게 하고 순절하여 하늘에서 다시 만나 상군과 상비로 신이 되었다고 했으며 이를 위해 상비사를 지어 현재에 이르고 있다고 했다.

 둘째, 고소설에 끼친 영향으로 효행형 소설과 정절형 소설의 경우를 생각 해 보았다. 먼저 효행형 소설의 경우 계모와 전실 자식과의 갈등이 그려진 계모형 소설의 경우 계모는 악인의 화신으로 나타나 전실 자식을 모함하여 죽이려는 음모를 꾸미는 것으로 나타나고 있어 이의 예외 없는 전형을 이비전설에서 찾아 볼 수 있었다. 다만 부자간의 천륜적 윤리의식은 생모뿐만 아니라 계모에게도 효성을 다 하는 것이 도리임을 밝힌 점이 특징으로 나타나며, 이비의 신분 초월적 효행사상은 계모형 소설과 함께 우리문학에 많은 영향을 끼친 것으로 보았다.

 그리고 정절형 소설에 끼친 영향으로는 동양 최초의 남편을 따라 순절한 대표적 인물이라는 점에서 열녀의 정절을 강조한 우리 고소설 작품에 나타나는 정절관과 일치되어 있는 점을 들 수 있었다.『남정기』나 『심청전』등을 통해 볼 때 ,정부(貞婦) 열녀(烈女)뿐만 아닌 효녀(孝女)에게도 그 가치 면에서 이비전설의 영향이 지대했던 것을 알 수 있었다.

 이렇게 이비전설은 우리문학 속에 전래 수용되면서 열녀(烈女) 절부(節婦)에 대한 전범(典範)으로 소설문학 작품에 많은 영향을 끼친 것이라 할 수 있다.

## 2. 이비전설(二妃傳說)의 문학적 수용 -『황릉몽환기(黃陵夢還記)』와의 관계를 중심으로 -

이비전설(二妃傳說)의 형성, 문학적 수용 -『황릉몽환기』구조 분석, 이비전설의 수용 양상

### 1) 들어가며

이비전설의 문학적 수용을 『황릉몽환기(黃陵夢還記)』와의 관계로 고찰 해 보기로 한다. 『황릉몽환기(黃陵夢還記)』는 몽유록 유형의 고소설로 현재 고려대학교 도서관에 소장되어 있는 국문 필사본의 유일본으로 책의 표지에 '잡기휘집 경안재 수필(雜記彙集 慶安齋 手筆)'이라고 적혀 있고, 『충목공신도비명(忠穆公神道碑銘)』이 함께 수록되어 있으며, 작자는 아직 밝혀지지 않고 있는 작품이다.

이 작품에 대한 내용은 널리 알려져 있지 않고 연구된 바도 거의 없었다.[39] 그러므로 먼저 이 작품의 경개를 들어 소개하고, 작품의 구조를 분석하여 그 특징을 알아보고, 중국 동정호 내의 군산 지방에서 전해 오고[40] 있는 이비전설[41]과 대비 고찰하여 동북아의 중심적 가치관으로 작용해 오고 있는 충절의 표상인 열녀의 효시가 된 이비(아황과 여영)의 문학적 수용양상을 고찰 해 보고자 했다.

---

39) 禹快濟, 黃陵夢還記研究, 『語文學』第58輯, 韓國語文學會, 1996. 2.
　　黃陵夢幻記와 二妃傳說과의 關係 考察, 李麟求 敎授 停年退任 論文集, 1998. 2.
40) 筆者가 中國 北京大學 交換敎授(1993. 9 - 1994. 8)로 있는 동안 南方旅行을 통해 長江을 踏査, 洞庭湖 內의 君山地方에서 蒐集된 傳說 資料中 君山一部書에 收錄되어 있는 二妃의 傳說을 말하는 것임.
41) 禹快濟 二妃傳說의 小說的 受容 考察, 古小說研究, 第1輯, 韓國古小說學會, 1995.
　　古小說에 끼친 二妃傳說의 影響 考察, 仁川大學校 論文集, 第20輯, 1995.
　　黃陵夢幻記와 二妃傳說과의 關係 考察, 李麟求 敎授 停年退任 論文集, 1998. 2.
　　二妃傳說과 古小說과의 關係 考察, 李相澤 敎授 還曆紀念論文集, 1998. 9.

## 2) 이비전설(二妃傳說)의 형성

### (1) 형성 배경

중국문화는 크게 둘로 구분 되고 있다. 그 하나는 황하(黃河)를 중심으로 하는 북방문화(北方文化)를 들 수 있고, 다른 하나는 이에 맞서는 장강(長江)을 중심으로 하는 남방문화(南方文化)라 할 수 있다. 황하유역이 중심이 되는 북방문화가 공자의 『시경(詩經)』을 탄생 시켰다고 한다면 장강유역이 중심이 된 남방문화는 굴원의 『이소(離騷)』를 탄생시켜 중국의 양대 문화권을 확연하게 구분하게 해 주고 있다.

이비전설(二妃傳說)은 남방문화에 속한 장강을 중심으로 형성된 대표적인 중국의 고대 전설로 요임금(堯帝)의 두 따님이요 순임금(舜帝)의 두 부인이었던 아황(娥皇)과 여영(女英)에 대한 전설을 말한다. 중국에서는 요임금과 순임금이 나라를 다스리던 시대를 요순시대라 하여 가장 이상적인 정치가 실현된 시대로 원시시대 말기(지금부터 약 4000여년전)로 전해지고 있다. 이 시대를 대표하던 요임금은 황제(黃帝)의 5세손으로 이름은 방훈(放勳)이요 호는 도당씨(陶唐氏)로 역사에서는 당요(唐堯)라고 하는데 수도는 평양(지금의 산서성 지역)이었으며, 순임금은 황제의 9세손으로 이름은 중화(重華)이며 호는 유우(有虞)씨로 역사에서는 우제(虞帝)라 했고 수도는 평양 혹은 포판(蒲坂)(지금의 산서성 영제포주진)이었다.[42] 고 전해오고 있다.

사마천에 의하면 순은 익주(지금의 산서, 하북 지구)사람이라 했고, 맹자의 말에 의하면 순은 동이(東夷)(지금의 산동 지구)사람으로

---

42) 李敬垂 姜宗福 編著, 『君山一部書』, 國際展望出版社, 香港, 1992. P. 32 .
　　" 相傳堯是帝 -- 黃帝的五世孫 名放勳 號陶唐氏 史稱唐堯 都平陽(今山西省, 舜 ---
　　黃帝的九世孫 名重華 號有虞氏 史稱虞帝 都平陽省或蒲坂 (今山西省 永濟蒲州鎭 )"

당시의 전설에도 하(夏)(지금의 하남, 순성)지방 역시 순이 살았던 지역이라 했다. 이것은 동이족(東夷族)과 화하족(華夏族)의 융합과 발전에 순임금의 영향이 컸던 것을 말 해 주는 것이라 하겠다. 즉 이는 부계 씨족사회 후기의 부락 연맹 수령과 같은 것으로 삼황오제 가운데 두번째 황제를 말하는 것이라 하겠다.

전설에 의하면 요임금은 관장을 설치하고 명령을 발 할 때에 역법을 제정했고, 사방 수령들에게 자문을 구하여 계승자로서 순을 뽑아 삼년간을 시험해 보고 그의 재덕이 겸비한 것을 알고 행정을 맡겼으며, 두 딸 아황과 여영으로 배필을 삼게 해 주었다고 했다. 순은 결혼 후 부처간의 애정이 깊었고, 왕위에 올라서는 사방을 순행하며 많은 일을 했다고 했다. 요임금이 세상을 떠난 후에도 전과 같이 사방 수령들에게 자문을 구하면서 어진 선비를 골라 쓰며 백성들의 일을 다스려 나갈 때, 치수에 공이 많은 우(禹)임금을 골라 쓰게 되었다고 했다.

사마천의『사기』<오제본기>의 기록에 의하면 순임금이 왕위에 오른지 39년(지금으로부터 약 4000여년전) 남순길에 올랐다가 창오(蒼梧)에서 돌아가시니 강남 구의(지금의 호남 영원현 구의산, 구봉이라고도 하나 알 길이 없고, 또 이름 하기를 창오산이라고도 한다.)에 장사 지내고 이를 영릉(零陵)이라 했다 했고,『산해경(山海經)』<해내남경(海內南經)>에서 이르기를 창오산의 양지바른 곳에 순임금을 장사 지내고 동생 단주(丹朱)는 음지에 장사 지냈다고 했다.

그리고 당시 순의 이비 아황과 여영은 남편이 나가고 오랫동안 돌아오지 않게 되자 사방에 물어 찾으면서 동정호(洞庭湖) 가운데 군산(君山)에 이르러 홀연히 순임금이 불행하게 세상을 떠났다는 소식을 듣고, 앞을 바라보니 동정호의 아득한 물결 뿐, 길은 끊어지고 파도만 일어 혼을 부를 곳조차 없어 간장이 끊어지는 것 같아 병을 얻어 몸을 가누지 못하고 죽어 이곳에 장사하게 되니 이를 '우제이비묘(虞帝二妃墓)'라고 했다.43) 하여 이비전설의 형성적 배경이 되고 있는 것을 알 수 있겠다.

이비전설은 굴원(屈原)의 『구가(九歌)』에서부터 그 기원을 찾을 수 있다. 굴원은 초왕(楚王)에게 창오란 지방으로 추방되어 원상, 동정 일대에서 활동하게 된다. 『파릉현지(巴陵縣志)』의 기록에 의하면

" 초나라 남영 (현 호북성 강릉현 내) 고을과 원상 사이에 귀신을 독실하게 믿으며 제사를 좋아하는 풍속이 있었다. 그런데 그 제사는 반드시 무당들의 노래나 장고 춤으로써 귀신을 즐겁게 해주는 데서부터 유래 했다. 그러나 그 말이 매우 비루하여 굴원이 이에 <구가>를 지어 사람들로 하여금 노래하며 춤추게 했다. '상부인(湘夫人)'은 곧 순임금의 이비를 말하는 것이며 이비는 요임금의 두 딸로 첫째는 아황이요 둘째는 여영이었으니 이로 인하여 또 다른 이름은 '제자(帝子)' 라고도 했다. " 44)

라고 하여 굴원에 의해 그때까지 무당들의 노래 속에 실려 전해 내려오던 아황 여영의 전설을 '상부인'이라 하여 노래로 지어 <구가>에 전하게 된 것임을 알 수가 있게 된다. 즉, 추방중인 굴원은 적지 않은 조사도 하고 또 상고 사료도 연구하게 되어 순과 이비의 생리사별(生離死別)적 비극에 대한 무한한 동정으로 그 내용들이 노래와 시로 저술되어 지금까지 전해 오면서 많은 사람들에게 애송되어 지고 있는 것을 알 수 있게 된다.

군산(君山)에 전해 오고 있는 이비전설과 함께 중국 전한(前漢)시

---

43) " 据說當時他的二妃 娥皇女英見夫久出來返 就四處尋 來到了洞庭湖中的君山忽聞 舜帝不幸逝世的噩耗 望看水云 彌漫的洞庭湖 路斷波橫 招魂无處 不禁肝腸寸斷憂傷成疾 不治身亡葬在這里 于是就有 '虞帝二妃之墓' " (水經注湘水 )
44) " 楚南영之邑 源湘之間 其俗篤信鬼神而好祭祀 其祭必遣巫覡歌樂鼓舞以誤神 然而詞多鄙陋 屈原乃作 <九歌> 令人仍鼓舞之 '湘夫人'卽舜之二妃 二妃爲堯之二女 一曰 娥皇 一曰女英 人稱'帝子' " ( 巴陵縣志 )

유향(劉向)에 의해 저술 된 『열녀전』에는 제일권 모의전(母儀傳) 제일편에 <유우이비전>으로 수록되어 있다. 이 책의 저자 유향은 전한 성제 시 조씨 내란이나 외척천조(外戚擅朝)와 같은 역사적 사건45) 을 보고 여덕(女德)의 선악(善惡)이 국가의 어지러움을 다스리는데 끼치는 영향이 지대함을 깨닫고 역대 여성들 중에 현비(賢妃), 정부(貞婦)와 얼폐자류(孼嬖者類)를 분류하여 그 전기를 수록, 여성들의 교훈서로 삼고자 한 것임을 알 수 있게 한다.

군산(君山)의 이비전설(二妃傳說)은 『열녀전』의 <유우이비전(有虞二妃傳)>에 비해 현실적 윤색을 거치면서 변모 부연되어진 것으로 볼 수 있겠다. 이를 분석 비교 해 보면 변이 양상 및 원형적 특징을 파악 할 수 있을 것으로 생각 된다.

(2) 『열녀전』의 <유우이비전>과 대비

군산(君山) 현지에서 채록 된 이비전설(二妃傳說)의 내용을 요약, 유향의 『고열녀전』에 수록된 <유우이비전>과 대비 해 보면

첫째, 순임금의 임금 되기 전의 가계나 결연의 내용은 동일하다. 그러나 고난극복 과정에서는 다르게 나타나고 있다. 유우이비전에서는 지붕 고치기, 우물파기, 그리고 마지막으로 술 먹기로 되어 있는데 이비전설은 세 가지 고난 중 제일차로 지붕 고치기와 술 먹기, 두 가지만이 기술 되어 있다. 그런데 그때마다 봉황이 그려진 속옷을 만들어 입게 함으로 지붕위에서 날개를 펴고 날아 내리게 했다든지, 신비로운 영약을 먹게 하여 독이 든 술을 먹고서도 끄떡없이 살아오게 했다든지 하는 이비의 신비로운 역할이 첨가 되어 있다.

둘째, 순이 임금이 되어 나라를 다스리는 치적 과정은 <유우이비

---

45) 『漢書』, 卷九十七 上, 外戚傳, 楊家駱 主編, 鼎文書局, 臺灣, 1984. P.3993.

전>에 비해 구체적으로 기술되어 있으면서 우물파기를 제이의 고난 과정으로 기술하고 있으면서 순과 요의 권력다툼으로 표현하고 있는 것이 크게 차이가 있는 부분이라 하겠다. 순이 요의 신임을 받아 임금의 자리를 넘겨받은 후 정치, 경제적 개혁을 통하여 국가의 번영을 이루게 되자 요는 순을 미워하며 상과 단주와 음모, 상을 시켜 순에게 우물 파는 일을 도와 달라 하고 우물을 파게 하여 흙으로 메워 죽이려 했다. 그러나 아황과 여영은 요의 음모를 미리 알고, 용의 도안이 있는 옷을 만들어 입게 하여 우물 속에서도 창용으로 변하여 다른 우물로 빠져나와 살 수 있게 했던 것이다. 그리고 때를 놓치지 않고 어림군을 집합시켜 평양궁을 추격, 요와 단주를 체포하여 정변을 안정시키고 집으로 돌아온다. 요는 감옥에 들어간 날 밤 중풍에 걸려 죽어 국왕으로써 예를 갖추어 장례를 모셔 드리고 상주와 단은 관대히 용서 해 줌으로 일단의 권력 다툼에서 이비의 신이한 도움을 얻어 승리를 거두는 것으로 표현 되고 있다. 그리고 천하를 다스리기 위해 남순 길에 오르는 것으로 되어 있어, 제가(齊家)와 치국(治國)과 평천하(平天下)를 단계적으로 실현 해 나가고 있는 것을 볼 수 있다.

그러나 이때 우왕이 등장한다. 제이의 고난 과정에서 나타난 요와 단주와의 권력 투쟁은 순의 승리로 돌아갔지만, 요임금을 죽게 한 것은 순임금이었다는 점에서 그를 대역부도한 죄인으로 몰아 이를 명분으로 우임금이 나타나 다시 권력다툼은 재현 된다. 결국 남순 길에 올라 영영 돌아오지 못하고 창오에서 종말을 마쳐야 했던 것도 순임금과 우임금의 권력다툼의 결과로 해석 할 수가 있다46).

---

46) 中國 長江의 最大 氾濫地域으로 記錄되고 있는 武漢에는 禹王이 洪水를 다스렸다고 하는 傳說이 깃든 龜山이있다. 龜山에서 長江을 바라보면 물의 흐름이 한눈에 들어오는 장강가의 유일한 展望臺로 現在에는 放送局送信所가 設置되어 있으며 現地의 傳說에

순이 창오에서 악용(惡龍)과 싸워 이를 물리치고 힘이 다해 전사한 것은 바로 적대 세력과의 전투에서 적을 물리치고 결국 전사 한 것으로 보아야 될 것 같다. 그 뒤를 다라 이비가 피눈물을 대숲에 뿌리며 슬피 울다 시체라도 찾기 위해 헤매다 시신도 찾지 못하고 자결한 것으로 남편의 뒤를 따라 순절(殉絶)한 순절적 열녀[47] 로서 의 최초 모범을 보인 것이라 하겠다.

셋째, 결말 부분은 시와 찬이 아닌 사후의 행적으로 순임금과 이비는 죽어 천국에서 다시 만나 상수(湘水)의 신(神)으로 상군(湘君)과 상부인(湘夫人)이 되었고, 이비를 기념하기 위한 상비사(湘妃祠)[48]가 지어졌음을 표현하고 있다.

이비전설은 『열녀전』의 <유우이비전>과 달리 순임금이 계모와 이복동생 상으로부터의 고난극복 보다는 왕권을 둘러싼 권력 투쟁적 고난과정으로 나타나고 있음이 특징이라 하겠다.

이를 다시 요약, 정리 해 보면 다음과 같다.

첫 번 째 고난(지붕 고치기, 술 마시기)은 가정적 문제로 계모와의 갈등에서 나타난 것이다.

두 번 째 고난(우물파기)은 선왕인 요임금과의 문제로 국가적인 갈등에서 나타난 것이다.

세 번 째 고난(악룡과의 싸움)은 천하를 다스리기 위한 것. 그러나

---

의하면 禹王이 이곳에서 長江을 바라보니 큰 龍이 작란하고 있어 이를 처치하고 나니 장강의 범람을 막을 수 있었고 이것이 禹王의 代表的인 治績으로 순의 뒤를 이어 왕위에 오를 수 있었다고 한다. 이로 미루어 보면 순왕과 우왕의 王權 爭奪的 戰鬪가 장강을 중심으로 있었던 것이 아닌가 생각 된다. ( 筆者의 現場 踏査記 )

47) 禹快濟, 貞節型家庭小說硏究, 仁川大論文集, 第17輯, 1992.
48) 湘妃祠는 洞庭湖內의 君山에 있으며 娥皇과 女英의 二妃墓가 있는 바로 옆에 세워져 있다. 이비묘의 주변에는 瀟湘斑竹이 숲을 이루고 있으며 많은 中國人들은 信仰의 對象으로 삼아 촛불을 켜고 향을 사르며 소원을 비는 모습을 볼 수 있었다. ( 筆者의 現場 踏査記 )

이 과정에서 치국(治國)에 문제가 되어 결국 우왕에게 대권이 넘어가게 된다.[49]

3) 문학적 수용

(1) 『황릉몽환기(黃陵夢還記)』구조분석

① 작품 경개(梗槪)

명나라 숭정(崇禎)년간에 조선 영남의 선비 경암과 호서의 선비 계암은 대대명문의 후예이나 일찍부터 성명을 감추어 은둔하면서 같은 마을에서 지기로서 지내고 있었다. 어느 날 소상팔경을 찾아 아황 여영의 사당인 황릉묘에 이르러 함께 거문고와 옥소로서 심회를 나타내는데 경암이 계암의 곡조를 평하면서 '이비가 순임금을 창오(蒼梧)에 따른 것과 소상(瀟湘)에서 절사한 것을 과도하게 평가하는 것은 온당치 않다'고 하자 계암은 이비의 덕을 높이며 '천고의 성인(聖人)'이라 하여 쟁론이 벌어진다. 이때 홀연히 나타난 청의여동(靑衣女童)의 인도를 받고, 선녀의 영접을 받으며 황릉묘상 선궁에서 이비를 알현하게 된다. 이비는 서생에게 직언 할 것을 권유하니, 서생은 자신의 생각이 선인들의 판단과 다른 점이 있다고 직언으로 아뢴다. 이 말을 들은 이비는 자신이 노혼한 탓에 선궁에서 실수를 범하여 여와 랑랑에게서 노질(怒叱)을 입은 사실과 인간세상에서 겪었던 비애를 이야기 한다. '위로 구고에게 뜻을 얻지 못하고 숙매 회우하지 못해서 천자의 딸이지만 한갓 촌녀만 못한 신세였으며 단갈포의로 고초를 겪어 그 설움이 많았음'을 토로 했다. 그리고 나서

---

49) 傳說에 의하면 舜임금이 蒼梧에서 惡龍과 싸우고 있을 때, 禹王은 武漢에 長江의 洪水를 다스리기 위해 와있었다고 한다. 이것은 舜의 勢力과 禹의 勢力이 對決하고 있었음을 말 해 주는 것으로 치열한 政權 爭奪戰이 벌어지고 있었음을 알게 해 주는 증거라고 생각된다.

'진짜 복인은 문왕의 비 태사였다'라고 했다. 왕비 태임이 그 구고요 문왕과 짝하여 무왕과 주공의 아들을 낳은 태사를 가리키며, 그의 칠년 동안 유리성 속에서 사생이 미정 이었던 일은 역시 슬픔이 있었다고 했다. 이때 한 부인이 나타나 자신의 곡절을 이야기 하면서 인간세상의 평가가 얼마나 왜곡 될 수 있는가 하는 것을 개탄 했다. 이는 곧 명나라 성화(成化)년간 남편이 적소에서 원사하여 그 곳을 찾아가 물에 빠져 순절(殉節), 그 아들이 천자에게 알려 부부의 효절을 기리게 된 영관의 딸이요 효문공의 부인이었다. 그러나 세상 사람들은 그녀가 이고(尼姑)가 되어 수월암에서 5년을 살다가 자식에게 돌아와 살았다고들 하니 탄식스럽다고 하여, 서생은 그 사연을 듣고, 평소 괴이하게 여겼는데 곡절이 있었음을 알게 되었다고 했다.

이때 진주발이 일시에 내려지며 소리가 쟁연한 가운데 두 서생이 주효를 베고 잠깐 졸다가 꿈에서 깜짝 깨어났다.

② 작품의 구조 분석

『황릉몽환기』의 내용을 사건 전개에 따라 구조를 분석 해 보면 다음과 같다.

1. 대명 숭정 년 간 영남 선비 경암과 호서 선비 계암이 서로 만나 지기로 사귀며 세상일에 대하여 서로의 의견을 이야기 한다.
2. 두 사람은 세상영욕을 몽니에 붙이고 운산 깊은 곳에 자취를 감추고 앉아 몽몽한 중에 소상팔경을 찾아들어 간다.
3. 칠 백리 동정호의 가을달이 비치고, 구의산 안개 일고, 황릉묘 두견이 슬피 울 때, 계암이 거문고 줄을 고르고 경암이 옥소를 들어 곡조를 맞춘다.
4. 경암이 옥소를 던지고 계암에게 말하기를 '거문고 뜻이 상군

상비의 창오의 딸음과 호상의 절사함을 넘게 여김은 어찌 망녕 되지 않겠는 가' 하고 비판한다.
5. 계암이 대로 왈 '군이 어찌 나를 망녕되이 아나뇨'하면서 이비의 절사함을 높이 평가, 고금이 서로 다른 연고라 토론하며 주효를 통음 했다.
6. 홀연 청의여동 한 쌍이 이르러 유우씨 양비의 청함을 전하여, 십여 리를 따라 가다 여동의 간 바를 모르고 진퇴 부득이 된다.
7. 이 때 선녀들이 금려를 가져와 양인을 맞아 황릉묘상 선궁인 정전에 이른다.
8. 이비 여선이 자리를 정하고, 좌우의 수십 현낭이 시위 할 때 주실 삼모의 화상이 연연히 보였다.
9. 이비는 대성인의 딸로서 인세지락이나, 성군의 비로서 여자의 신세가 사납지 못하여 성인이라 함은 경의 말과 같이 과분한 것이라고 토로 한다.
10. 그동안 고생한 일을 말한다. - 위로 구고의 뜻을 얻지 못하고 단갈포의로 밭 갈 때, 밭이랑 가운데 나가서 받들어 기갈을 구하고, 질그릇을 구우시매, 우리자매 섶을 만들고, 우물물이 솟을 적 지혜로 도왔지만 놀라 슬퍼 간위를 살우었다고.-
11. 황상의 지성대효는 부모를 감동시켰고, 형제를 돈독하게 하여 가정적 평화와 태평성대를 이루게 되었음을 말하다.
12. 황상의 성인된 예절을 말하다. - 천하를 다스림에 창생 규휼을 근심하여 남순 길에 창오에서 붕하신 일.
13. 이비 자신들의 행위를 과대평가하고 있음을 지적 하다. - 눈물이 내를 이루고 천하반죽이 혈누라 함.
14. 여인의 행복을 말하다. - 주가 팔백년 기업을 열어 계계승승

하게 한 주문왕비는 중천에 오른 보름달과 같다고 비유함.
15. 주문왕비 나타나 칠년 유리성의 사생미명하던 때를 말하다.
16. 이야기를 들으며 사방을 돌아보아 성비 숙왕들의 모인 선당 옥누의 별유세계임을 알게 되다.
17. 이비 정색하고 말세의 해동문사로 우리 자매를 폄논, 직사라 하니 직언을 다하면 상벌을 명백히 하리라 한다.
18. 양인은 소방의 적은 선비로되 경연을 듣고 불러 올려 다스리고자 한 것이니 소회를 숨기지 말라 한다.
19. 두 서생은 이비의 창오 절사가 크게 실덕이라 실언했음을 인정하고 다스림을 청한다.
20. 이비는 두 서생의 말을 인정하며 자신들의 미칠 수 없었던 삶에 대해 후회하는 말을 한다.
21. 이비는 사기에 나타난 요순의 치적은 기록 이전의 것으로 상서롭지 못한 일이라 하여 슬퍼할 수만 없다고 한다.
22. 이비는 두 선비에게 부질없는 삶을 버리고 적덕 행인하여 천자의 어여삐 여김을 받으라고 충고한다.
23. 선비 고두사례하고 하직을 고하고자 할 때, 효문공 유연의 부인이 저연이 나와 좌를 정한다.
24. 유부인 이비께 기괴한 헛소문( 유공의 원사를 따라 자결한 것을 거짓이라 함 )으로 세인을 속임이 통한스러움을 아뢴다.
25. 유부인은 이비께 억울함을 아뢰어 뜻을 이루었고, 두 선비를 만남에 사이여귀(死以與歸)함이 마땅하다 하는 말에 곡절이 있음을 알게 된다.
26. 누상에서 발을 내리는 소리에 놀라 깨니, 양인이 주효를 비껴 잠깐 졸은지라. 황홀하여 홀홀이 돌아오니 초동소천지절이라 냉각한 경개 근심을 더욱 돕는 듯 했다.

이상의 전개 과정을 정리 해 보면
1 에서는 작품의 시대적 배경과 주인공을 소개했고,
2 - 5는 작품의 배경인 소상팔경을 찾아가 동정호 황릉묘를 바라 보며 주효를 벌리고 앉아 이비의 절사에 대해 폄론하는 것으로 입몽 전의 분위기를 묘사 해 놓고 있다.
6 - 25까지는 꿈속에서 이루어진 사건들이다. 이를 세분 해 보면
6 - 8은 청의여동을 다라 황릉묘 선궁에 이르러 이비 여선을 만나는 장면이며,
9 - 13은 이비의 일생담을 듣고 절사의 부당함을 폄론하여 공감을 얻는 부분이며
14 - 16은 주문왕비의 내력과 별유세계의 풍광을, 그리고
17 - 22은 서생의 실언에 대한 이비의 가르침으로 복고적 가치관을 이르며
23 - 25는 효문공 유연의 부인 이야기로 세인들의 잘못된 평가의 예를 들고 있는 것으로 구성되어 있다.
26은 각몽 과정으로 주효를 베풀고 잠간 졸던 그 모습으로 돌아오는 것으로 끝맺고 있다.

이 작품은 다시 크게 세 부분으로 구분 해 볼 수 있는데
첫째, 입몽 전 과정으로 영남과 호서 선비(지역적으로 광역의 통합을 의미)가 지기지우로 사귀면서 소상팔경에 들어 현실적 세상일 보다 이비의 절사를 폄론하는 것.
둘째, 입몽 과정으로 청의여동을 따라 황릉묘상 선궁에 이르러 이비 선녀를 만나 창오에서 붕하신 순임금의 뒤를 좇아 소상강 가에서 순절한 이비 절사의 부당함을 직언, 주문왕비의 사연을 듣고, 실언임을 깨달아 적덕행인 할 것을 명받고, 효문공 유연부인에 대한 세인

의 잘못된 인식을 듣는 것.
 셋째, 각몽 과정으로 누상에서 발 내리는 소리에 놀라 깨는 것으로 되어 있다.

 이상의 꿈 이전과 꿈속의 세계, 그리고 꿈 깬 꿈 이후의 세계를 표현한 이 작품을 요약정리 해 보면,조선의 두 서생이 꿈에 소상팔경을 찾아가 황릉묘에 이르러 요(堯)임금의 딸로서 순(舜)임금의 이비(二妃)가 되었던 아황(娥皇)과 여영(女英)을 만나 주(周)나라 문왕(文王)의 비(妃)인 태사(太似)의 여성으로서의 행복에 대해 이야기 듣고, 효문 왕비의 잘못된 평가와 그 외 역사적 평가 속에 가려진 인간으로서의 비애에 대해서 이야기를 나누다 꿈에서 깨어난다는 몽유형 소설의 전형적 특징인 액자형 구성을 보인 작품이라 하겠다.

### 3) 수용 양상

 『황릉몽환기』는 표제에서 볼 수 있는 것과 같이 꿈에 황릉묘(黃陵廟)상의 선궁에 이르러 아황과 여영, 이비를 만나 그들의 절사에 대한 동방 선비로서의 생각을 솔직하게 털어 놓고, 폄론하는 과정을 그린 작품이다. 그러므로 이 작품에서는 순의 이비 아황과 여영의 이야기인 군산 이비전설의 내용이 주를 이루고 있다.
 그러므로 이 작품은 우리 고소설의 여타 작품에 비해 이비전설만을 소재로 한 작품이라는 점에서 그 중요성이 강조 된다.
 『황릉몽환기』에 수용된 이비전설의 내용을 분석적으로 살펴보면 다음과 같다.

 첫째, 작품의 배경 설정을 소상팔경으로부터 동정호 군산으로 잡고 있다는 점을 지적 할 수 있겠다. 주인공 경암과 계암이 세대 명문 잠영지족으로 혹세말혹의 행할 바 없어 운산 깊은 곳에 자취를 감추고 지낼 때의 일이었다.

　　　　" 상수의 배를 띠우고 소상팔경을 차즐 새 금풍은 삽삽 하야 죽엽을 뒤잇고 추수는 징징하야 칠백니 동정호의 가을달이 비겻거늘 구의산의 저문 안개 니러 나고 황능묘의 두견이 슬피 우니 ----- " 50)

　라고 하여 이비전설의 무대가 되는 소상팔경을 찾는 것으로 동정호를 비롯하여 구의산, 황능묘를 주요 무대로 설정하고 있다. 현재 황릉묘(黃陵廟)는 장강(長江)의 서능협(西陵峽)내에 있는 중요한 명승고적으로 남쪽언덕의 조그만 분지 위에 위치하고 있어 앞에는 큰 강과 연해 있고 뒤에는 산언덕에 의지 해 있다. 황능묘(黃陵廟)는 춘추시대에 건축되기 시작하여 삼국시대 제갈량에 의해 중건되기도 한 오래 된 사당(祠堂)이다. 현재는 우왕전(禹王殿)만 남아 있고 그 안에 우왕의 소상(塑像)과 비각제기(碑刻題記)등 문물만이 보존 되어 있다.51) 그런데 이 작품에서 말하는 황릉묘는 소상강 동정호의 군산에 있는 이비묘(二妃墓)를 말하는 것이다. 바로 이곳은 이비의 전설이 전해지고 있는 중심무대로 묘의 주변에는 소상반죽(瀟湘斑竹)이 숲을 이루고 있으며 '우제이비묘(虞帝二妃墓)'라는 묘비가 세워져 있어 이비묘임을 쉽게 알 수 있는 곳이기도 하다.

　둘째, 이비의 절사함을 그대로 수용하고 있다. 작품에서는 이비의

---

50)『黃陵夢還記』, 國文筆寫本, 高麗大學校 圖書館 所藏本, 세쩨장,(現代語 表記 - 筆者, 以下同一)
51) 黃陵廟是西陵峽內 重要的名勝古蹟 拖座落在長江南岸的盆地上, 面臨大江 背依山崖 相傳黃陵廟始建于春秋時期 三國時諸葛亮曾可重建 由于時間久遠 現在黃陵廟只有禹王殿 系明代萬曆四十六年(西紀1618年)所建 廟内有大禹 塑像和碑刻題記等文物 ----（長江三峽, 重慶長江輪船公司, 中國, 1986, P.5.）

절사함이 너무 과하다고 논평하다 꿈결에 유우씨 양비의 청함을 받고 황릉묘상 선궁으로 올라가 여선이 된 이비를 만나는 것으로 나타나고 있다. 경암과 계암은 서로 폄논하기를

" 상군(湘君) 상비(湘妃)의 창오(蒼梧)의 딸음과 호상(湖上)의 절사(節死)함을 넘게 여김은 어찌 망령되지 아니리오 " 52)

라고 하는 경암의 논지에 계암은 이비의 복덕을 높이 치켜 올리면서 상비의 절사를 과욕으로 평가한다.

" 천고 여자로 비기매 뉘 상비의 복덕을 우러를자 있던고 요지대성으로 위부(爲父) 하시고 순지대성(舜之大聖)으로 위군(爲君) 하시며 귀위황후 하시고 부유자해 하시며 쉬 일백십 세실제 위육십일 년이시니 무엇이 나쁘시며 무엇이 부족하야 혈뉘(血淚) 소상죽엽(瀟湘竹葉)을 물들이시고 몸이 도로이서 절사(節死)하리오 진실로 성인 과욕하신가 하노니 전고 백명 원부를 헬진대 남산죽을 버히고 창해수를 기울여도 족지 못하리니 상비(湘妃)를 나쁘시다 한즉 또 무엇이 족하다 하리오." 53)

라고 하며 주효를 통음하다 청의여동을 따라 이비전에 인도 된다.
이것은 이비전설에서 볼 수 있는 '순임금이 창오에서 붕하셨다는 소식을 들은 이비는 비참한 소리로 부군을 부르며 슬피 울 때, 피눈물을 대숲에 뿌리니 얼룩무늬가 생겼다'고 한 내용을 그대로 수용한 부분으로 볼 수 있다. 또 '죽은 부군의 얼굴이나마 한번 보려고 창오로 내려가 찾다가 찾지 못하고 슬픔을 안고 돌아와 우울하게 지내다 죽었다'고 한 것에서 이비의 절사를 이야기 하고 있으니 역시 그 내용을 그대로 수용한 것이라 하겠다.

---

52) 『黃陵夢還記』, 앞의 책, 셋째 장.
53) 위의 책, 네째 장

다만 시대가 달라 두 선비의 이비절사에 대한 평가는 다른 것을 볼 수 있으나 결국은 뒤에 합일하는 것으로 바뀌고 있다. 작품에서 보면 두 선비의 폄논이 이비의 마음에 걸려 그들을 불러들여 동감을 표시하여 말하기를

" 몸이 대성인의 여 되니 인세지락(人世之樂)이라 경의 말 같고, 자매 한가지로 성군(聖君)비(妃)되니 여자의 신세 려하고 즐거움이 경의 말 같고 행여 마음이 사오납지 아니하여 천하의 외람이 성인이라 하니 비록 과분하나 우견이 퇴락이라." 54)

라고 하면서 순을 모셔 임금의 자리에 앉게 하기까지의 어려웠던 일들에 대해

" 우으로 구고의 뜻을 엇잡지 못하고 버거숙매화우치 못하니 천자의 녀도 한낫 축녀만 못하고 만승의 부귀를 구고께 더하지 못하니 우양창름이 또 무엇이 귀하리오 부자의 시름은 민천의 호흡하시고 자매의 근심은 천지를 호양하야 단갈포로로 장기를 밭가의 잡으시니 우리 어찌 고당의 안거 하리오 당 자리의 뉘 쌀밥과 질병의 메욱을 이랑 가운데 받들어 기갈을 구하며 하빈의 질그릇을 구우시매 우리 자매 또 섶을 만들며 - - - 우물의 물이 솟을 적 비록 성인의 덕이 높고 지혜 먼들 어찌 부인 여자의 놀라지 아니서 슬허 아니리오 자매 서로 붙들어 하늘을 부르고 간위를 살오거날 상(常)의 오만하고 간악하여 무예함이 짝이 없으니 진실로 천자의 딸과 성인의 부(夫)뫼시니 하올 배 업사니 어찌 여자 됨이 귀천이 잇으리오 " 55)

라고 했다.

이것은 이비전설에서 볼 수 있는 순이 두 아내를 맞이했을 때, 곡식도 심고 고기도 잡고 도자기도 만들며 가업을 착실하게 이루어 나

---

54) 위의 책, 여덟째 장.
55) 위의 책, 아홉째 장.

간 것을 그대로 수용한 것으로 '우으로 구고의 뜻을 엇잡지 못하고 --'라 한 것은 아황과 여영이 천자의 두 딸이었으나 순에게 시집가서 순의 아버지 고수와 계모, 그리고 상의 시기를 받으면서 밭 갈고 길쌈하며 순을 섬겨 천한 일을 함께 하며 위험한 경우에 지혜로서 살려냈던 것을 말하는 것이었고, '우물물이 솟을 적 비록 성인의 덕이 높고 지혜 먼들 어찌 부인 여자의 놀라지 아니서' 라 한 것은 순임금이 요와 단주의 모함으로 우물을 파러 갔을 때 위에서 우물을 메워 죽이려 했던 일을 '자매 서로 붙들어 간(肝) 위(胃)를 살오거늘 - - -'라고 하여 당시의 절실한 심정을 이렇게 표현한 것으로 이비전설을 그대로 작품에서 수용하고 있음을 볼 수 있다.

이 작품은 꿈속에서 이비를 만나 그동안의 서로 다른 의견을 이야기 했지만 결과적으로는 이비의 일생을 통해 효열(孝烈)을 그대로 실천한 인물임을 다시 한번 확인 해 주는 결과가 되고 끝에 가서는 현부들의 잘못된 세상인식이 많음을 효문공 유연의 부인의 예로 알게 되었다는 것으로 결말을 짓고 있어 작품 전체가 이비전설을 그대로 수용[56]하고 있음을 보게 된다.

### 5) 결 론

이비전설의 문학적 수용을 『황릉몽환기(黃陵夢還記)』와의 관계로 고찰 해 보기 위해서 먼저 이비전설의 형상 배경을 살펴보았다. 이비전설은 원래 유향의 『고열녀전』의 <유우이비전>에 전해 오는 것이 있어 현지에서 수집된 자료와 대비 고찰 해 보았다.

이를 요약해 보면

---

56) 禹快濟, 二妃傳說의 小說的受容 考察, 『韓國 古小說研究論叢』, 韓國 古小說 研究會, 創刊號, 1995.

첫 번째 고난과정은 지붕 고치기, 술 마시기와 같은 가정적 문제로 계모와의 갈등이 나타나고 있으며,

두 번째 고난과정으로는 우물파기와 같은 선왕인 요임금과의 문제로 국가적인 갈등이 나타나 있으며,

세 번째 고난으로서는 악룡과의 싸움 같은 천하를 다스리기 위한 것으로 나타나 있다. 그러나 세 번째 고난 과정을 통하면서 치국(治國)에 문제가 되어 결국 우왕에게 대권이 넘어가고 마는 것으로 되어 있어 요순의 아름다운 선위문제가 아닌 권력다툼으로 나타나고 있다.

이를 한국의 고소설 『황릉몽환기』에서 어떻게 수용하고 있는가 하는 것을 살펴보기 위해 이를 구조적으로 분석하고 수용관계를 알아보았다

『황릉몽환기(黃陵夢還記)』 고려대학교 도서관에 소장된 작자와 연대미상의 국문 필사본이다. 이에 대한 내용을 정리 해 보면 다음과 같다.

첫째 작품의 경개를 중심으로 그 내용을 살펴보면, 명나라 영남의 선비 경암과 호서의 선비 계암이 성명을 감추고 은둔하면서 같은 마을에 지기로서 지내면서 어느 날 소상팔경을 찾아들어 이비의 절사함을 폄논 하다가 비몽사몽간에 선녀들의 안내를 받고 황릉묘상 선궁에서 이비를 알현하게 된다. 두 서생은 이비와 서로 다른 의견을 토론하면서 결국은 이비에게 설득되어 적덕행인 할 것을 약속하고 꿈에서 깨어나는 것으로 되어 있다.

둘째, 사건전개에 따라 작품의 구조를 살펴보면, 입몽 전 과정과, 몽중 과정, 그리고 각몽의 과정으로 이루어진 몽유형 소설의 전형적 특징인 액자형 구성을 보이고 있다. 즉, 입몽 전 과정으로는 소상팔경에 들어 음률을 즐기며 이비의 절사를 폄논 하다가 비몽사몽간 청

의여동을 따라 황릉묘상의 선궁에 이르는 것으로 표현되고 있으며, 몽중 과정은 이비에 대한 두 선비의 직언에 대순을 모신 인간적 고뇌가 담긴 이비의 일생 담을 들으며 이견을 해소하고 있으며, 각몽 과정은 특별한 의미 없이 평범한 결말로 황홀한 감상에 젖고 있을 뿐으로 공리 공론적 대화체적 서술형태를 취하고 있는 것이 한 특징이라 할 수 있겠다.

셋째, 황릉묘는 아황과 여영의 이비묘 임을 확인하고 이비전설의 형성 배경과 내용을 분석 했다.

넷째, 『황릉몽환기』에 수용된 이비전설의 내용을 살펴보았다. 먼저 소상팔경으로부터 동정호 군산을 작품의 배경으로 설정하고 있는 것은 두 작품의 동일점으로 지적 할 수 있을 것이며, 이비의 절사를 그대로 수용하여 논의하고 있는 점이나, 이비전설에 나타나는 순임금을 모신 이비의 인간적 고뇌가 그대로 반영되어 나타나고 있는 점 등은 그 수용관계를 잘 보여주는 것이라 하겠다.

이 작품은 해동 조선의 두 선비가 이비를 알현, 절사의 부당함을 직언, 이비로부터 순임금의 부모에 대한 대효와 가정을 다스리는 형제간의 화목과 구고 간 지혜로운 화합으로 수신제가의 기틀을 잡게 되는 것과, 요임금의 뒤를 이어 왕위를 계승한 순임금의 치국의 도와 천하평을 위한 남순 길에 창오에서 붕하신 일과 피눈물을 뿌리며 절사함으로 순절적 열녀의 모범을 보인 일등을 토론, 그동안 잘못된 비판적 시각을 바로 잡게 되는 점 등으로 표현되고 있다. 이것은 작품 전체를 통해 흐르는 공리 공론적 서술형태로 결국 복고적 가치관에 머물고 있음을 알 수 있다. 이것은 이비전설적 내용을 그대로 수용하고 있는 것이라 하겠다.

# VI. 자료의 발굴과 새로운 탐구

## 1. 신자료 『우주영전(禹周榮傳)』 연구

저작 동기 및 배경, 작품 분석 - 가계, 주인공의 특징(천성적 효자, 자선(仁)자, 화목자), 문학사적 의의

### 1) 들어가며

전(傳)이란 인물의 사적을 적어서 후세에 전하는 것으로 사서(史書)의 열전(列傳)이 그 대표적인 것이다. 열전은 입전(立傳) 대상 인물의 행적으로 현달(顯達)한 인물이면 사관(史官)에 의해 공식적인 사서에 오르겠지만 그렇지 않다 하더라도 덕망이 있거나 보잘 것 없는 사람이지만 본받을 만한 것이 있으면 그 일을 작전(作傳) 하고 문필가들이 골개지술(滑稽之術)을 섞어 저술한 것[1]으로 볼 때, 행적이 전으로 기술되었다고 하는 것은 매우 중요한 의미를 지닌 삶이었다고 보지 않을 수 없다.

---

1) 高敬植, 高麗時代의 傳硏究, 檀國大學校 博士學位論文, 1981. p. 10

전은 역사적인 사실성을 중요시하는 공식적인 사전(史傳)을 제외할 경우 인물의 행적을 전하기 위해 지어낸 문학적 기록으로 개인적인 의도에 의해 이루어졌다 해도 주관적인 관점에서 대상을 인식하고 그것을 표현한 작품이라는 점에서 문학적 가치를 인정하고 평가해야 할 것이다.

특히 조선 후기에 들어 우리 선인들은 그들의 문집을 편찬하면서 전 양식을 포함시키는 것을 관례화 하여 조선후기에 실존 인물을 다룬『사전(私傳)』을 남긴 작자는 현존하는 문집의 수만큼이나 많다[2]고 했다. 그러나 이 작품들은 주로 한문으로 기록되어 문집에 수록되어 전해 오고 있는 것[3]이 한 특징으로 되어 있는 것에 비하여 본고에서 다루고자 하는 신 자료『우주영전』은 지금까지 보아왔던 문집 소재의 한문 문장으로 된 전이 아니라 한글로 필사된 두루마리 형태의 자료로 전해지고 있어 조선 후기 전의 새로운 양식을 찾아볼 수 있는 좋은 작품이라 보고 이를 분석하여 그 특징을 밝혀 보고자 한다.

『우주영전(禹周榮傳)』은 청양(靑陽) 단양 우씨 가(丹陽禹氏家) 소장문건에 들어 있는 것으로『분재기(分財記)』[4]와 함께 전해지고 있는 자료로 두루마리 형태로 되어있다. 그 두루마리의 크기는 세로 26 Cm, 길이 50 Cm 정도이며 글자는 보통 정자체로 매 행 20자 정도로 고르게 필사되어 있다. [5]

우선 이 작품의 저작 동기 및 저작 배경을 살펴보고, 작품 분석을 통하여 입전 인물의 업적을 살펴보고, 인물의 묘사나 사건 서술을

---

[2] 李東根, 朝鮮後期 實存人物의『私傳』硏究, 서울大大學院 博士學位論文, 1989. p. 7.
[3] 金均泰 編,『文集所在傳資料集』, 啓明文化社, 1986.
[4] 文淑子, 靑陽 丹陽禹氏家 禹周榮의 分財 序文,『古文書硏究』第21輯, 韓國古文書學會, 2002. pp. 227-240.
[5] 作品의 제일 첫 부분은 損傷이 되어 題目부분과 반쭐 정도를 알 수 없어 作品 內容을 詳考하여 推定 補完 함.

통해 작품 내용의 특징을 살펴봄으로 문학사적 가치를 정립 해 보고
자 한다.

## 2) 저작 동기 및 배경

(1) 저작 동기

이 작품은 저자가 밝혀지지 않고 있어 저작 동기를 분명하게 알
수가 없으나 그가 남긴 분재기 서문에 보면 다섯 아들들에게 가르침
을 주기 위해 분재의 의식을 치르며 교훈하고 있는 내용이 나오고
있다. 이를 보면

> " 우리 집안에 항시 내려오는 말 가운데 모름지기 제사를 잘 받들고 빈객
> 을 잘 접대하라는 말이 있다. 제사의 근본은 효와 경이요 빈객의 도리는 정
> 성과 힘써 행함에 있다. 무릇 천지가 화합해야 만물이 생성되고 부부가 화
> 합해야 가도가 형성되는 것이다. 너희들은 각기 유념하여 띠와 수건처럼
> 항시 품고 교훈으로 삼아 우리 집안의 규범이 추락하지 않도록 하고, 조용
> 히 그 직분을 다하되 이를 경계하고 또 공경하라. " 6)

라고 한 것으로 보아 후손들에게 교훈을 남기고 경계하기 위해
기록된 것이라 생각된다. 그가 남긴 『분재기(分財記)』를 계속해서
살펴보면 가문의 창달에 특기할 만한 일이 있었음을 알 수 있다. 그
러므로 충분히 전을 지어 후세에 전하고자 하는 생각이 있었던 것이
아닌 가 본다. 그의 가정에서 일어난 사건 아닌 사건으로는 선고께
서 청빈했던 가게를 위해 40이 넘어 가인을 위해 몸소 농사를 짓기
시작하자 재산이 불기 시작하여 30여년 만에 천석을 받으시고 진사

---

6) " 家有恒言 必日奉祭祀接賓客 奉祀之本孝而敬 接賓之道誠而敬 夫天地和而萬物生
夫婦和而家道成 爾等各念爾鑿 帨之佩訓 母墜我閨庭之懿範 恬率其職 戒 之敬之"(禹
周榮의『分財記』)

(進士)에 급제(及第)[7]하시는 놀라운 기적이 일어난 것은 분명 전을 짓게 한 중요한 동기가 되었다고 보여 진다.

" 일찍이 내가 말을 하게 되면서부터 선비(先妣)의 가르침을 들었으니 지금까지도 이를 마음에 새기고 감히 잊지 못하고 있다. 우리 선고(先考)이신 진사부군(進士府君)께서는 가세가 청빈하여 선비가 시집온 지 3일 만에 이미 저녁 지을 식량이 없었으며 유무(有無)에 힘쓰고 가정을 정리해도 실로 기대고 의지하여 일어설 땅도 없었다. 그런데 부군께서 나이 40을 넘기면서 비로소 가인(家人)을 위해 일을 하기 시작 하셨고, 물건을 사고파는 비천한 일에는 일찍이 마음을 둔 적이 없었다. 그리고 음식은 몸소 농사지어 이룬 것이 아니면 비록 한 톨 식량이라도 남에게서 취하지 않았고, 의복은 베틀로 짜서 생산한 것이 아니면 비록 한쪽 실이라도 외부로부터 조달하지 않았다. 이렇게 하기를 30년 만에 한해 가을에 수확한 곡식이 천여 석에 이르렀으니 이를 일러 묶은 것이 쌓이고 쌓여 은연중에 한 고을의 갑부가 되었다고 칭하였고, 빠르게 이룬 것은 신이 되와 준 것이라 했다. "[8]

뿐만 아니라 당시에 주인공 우주영(禹周榮)과 부군 진사 우사원(禹思元)에 대한 일화를 보면 한참 재물이 붙을 때는 수시로 지나다 좋은 전답이 있어 마음속으로 ' 그 전답이 좋아 보인다.' 하고 생각만 하면 머지않아 그 전답 주인이 그 전답을 팔겠다고 찾아오는 바람에 사게 되고 또 그렇게 되고 하여 마음먹는 대로 일이 잘 풀려 빠른 시일 내에 큰 부자가 되었다는 것이다.

---

7) 禹思元(1779 - 1857) 初諱는 思穆이고 字는 常之이며, 1855年(哲宗6年) 式年 進士試로 合格하여 折衝將軍 兼 五衛壯에 除授 되었고, 1886年(高宗 23年) 嘉善大夫 戶曹參判 兼 同知義禁府事로 追贈되었다. (韓國學中央 硏究院 MF36 - 009412 敎令類 參照)
8) " 昔余自能言 已承先妣之敎 至今銘于心敢忘 惟我先考進士府君 家世淸貧 先妣入門 三日 已無夕舂 拮据有無經理家政 實無靠着植立之地 而府君年過四十 始爲家人作業 貿賤鄙瑣之事曾不經心 而所食非稼穡所致 雖一粒不取於人所衣非杼00所出 雖半絲不資於外 如是者三十年 一秋收穀千餘錢 稱是因陳相積隱然爲一鄕之甲 速之成如有神助者然 " (禹周榮 前記書)

그래서 생전에 남의 땅을 밟고 다니지 않겠다고 했을 정도였으며, 가인들이나 일꾼들이 벼논에 새를 쫓으면 ' 어디로 가도 내 논에서 먹을 것이니 쫓을 필요가 없다'면서 새를 쫓지 말라고 했다는 것이다.9) 그리고 을축(乙丑)년 흉년이 들어 온 지역에 양식이 없어 굶어 죽는 사람이 속출하고 부황(浮黃)이 나서 생업에 나가지 못하는 사람이 줄을 이었을 때는 곡식 창고의 광문을 열고 구휼미(救恤米)를 풀어 가난을 구제하니 구휼미를 받기 위해 모여든 사람들이 매일 같이 십리를 넘게 줄을 섰었다고 한다.10)

이렇게 우주영(禹周榮) 부자간의 이야기는 지방 토호(土豪)로서의 부를 누리면서 많은 덕을 쌓았다는데서 출발하고 보니 그의 생애와 업적에 대한 칭송은 지역 유지들에게서 그침 없이 일어나 조선 후기의 사회적 분위기로 보아 일반인들을 위해 한글로 전을 지어 후세에 남긴 것이라 생각된다.

(2) 저작 배경

조선 후기에 들면서 사회적 지도이념이었던 유교사상은 점차 쇠락해 지면서 지방의 유학자들은 남은 정신적 유산을 되살기 위해 모범이 될 만한 일이 있으면 서로 다투어 전을 지어 후세에 남기고자 했던 것은 많은 문집류에 나타나는 작품만으로도 충분히 짐작이 간다.11) 특히 유학사상 중 일상적으로 가장 근본이 되는 실천 윤리는 가정을 중심으로 하는 효 사상 이었다고 본다. 『우주영전』의 작품 서두에 보면 효행을 앞세워 남다른 효행을 행한 것을 칭송하고 있다. 이를 보면

---

9) 禹鍾臣(1907 - 1980 : 忠南 靑陽郡 木面 華陽里 居住) 口述 證言.
10) 兪玉順(1903 -1984 : 禹周榮의 第三子 顯大의 宗家 宅 子婦) 口述 證言.
11) 李東根, 朝鮮後期 實存人物의 『私傳』研究, 서울大學校 大學院 博士學位論文, 1989.

" 오남(梧南) 우주영(禹周榮)[12]은 일세지효(一世之孝)니라. 뉘 부모(父母) 없으리오마는 사람마다 다 효(孝)를 하기는 어려웁나니 천성(天性)이 아니면 작(作)하여 못 하옴이라. "[13]

라고 하여 그의 성품이 천성적으로 효자로 태어났음을 알 수 있게 하고 있다. 그러므로 그는 부모로부터 물려받은 재산에 대해서도 소홀히 할 수 없어 재산을 다섯 자손에게 물려주면서 엄한 훈계를 겸하여 『분재기(分財記)』를 남기면서 그 서문에서 집안의 가도를 바르게 할 것을 강조하고 있다. 선대로부터 받은 것은 재산뿐만 아니라 정신적 교훈도 소중하게 생각하고 후손들에게 계승시키기 위해 노력했던 점을 볼 수 있으니 선대로부터 내려오던 봉제사(奉祭祀) 접빈객(接賓客)의 예를 특히 강조하고 있다. 즉, 봉사(奉事) 시에는 그 근본에서 벗어나지 않게 하기 위하여 효(孝)와 경(敬)을 중시할 것과 빈객(賓客)의 경우에도 도리를 벗어나지 않도록 하기 위해 성실과 정성을 다하여 힘서 행해야 함을 강조하고 있음을 볼 수 있다.

또한 항상 생각하기를 부군(府君)의 어려웠던 과거와 함께 그 뜻을 다 받들지 못했음을 마음 속음 속으로 뉘우치며 살아간 것을 보게 된다.

" 부군께서는 성격이 엄하고 자식을 가르치는 데에도 곧음이 있었다. 내가 유학(遊學)하면서부터는 오로지 과장에만 뜻을 두어 거처하는 곳이 궁벽하고 문호가 한미해도 매양 분발하는 뜻이 있었다. 금영(錦營)의 복시는 세간에서 이른바 청방이라 칭하며 벌열 자제들도 모름지기 경쟁하는 시험이다. 부군께서는 갑인(甲寅)년에 제술 시험에 합격하고, 을묘(乙卯) 년에는 사마(司馬)에 또

---

12) 禹周榮(1822 - 1890) : 字는 稚和요 初名은 判榮이요 號는 梧南으로 純祖 二十二年(壬午) 禹思元(1779 - 1857)의 長男으로 出生하여 高宗 二十七年(庚寅) 三月 十五日 享年 六十九歲로 卒하셨다. 光緒 十一年(1885) 八月 通政大夫 및 折衝將軍行龍驤衛副護軍이 되시고, 다음 해에 通政大夫敦寧府都正(1886年 5月) 및 通政大夫同知敦寧府事(1886)와 嘉善大夫(1886)을 歷任하셨다. 遺稿로 梧南集(筆寫本)이 傳하고 있다.
13) 『禹周榮傳』의 作品 序頭 (現代 表記 : 筆者, 以下 同一)

한 합격하였으며 고년(고년)으로 인해 가자(加資)하는 특은을 입었으니 실로 가문의 영광이었다. 그러나 선비(先妣)의 종상(終祥)을 겨우 마친 때라 친히 고명을 받지 못했으니 불초한 유감이 이에 더욱 심하도다."[14]

라고 하여 부군의 어려운 사정에서 벼슬길에 올랐던 일들을 기록으로 남기면서 후손들에게 이를 강조하고 있는 것을 볼 수 있다. 그러므로 이 작품은 부군의 뜻을 잘 받들어 후손들에게 그대로 계승 시키려는 효행지덕이 조선 후기 흐트러지고 있는 사회적 문제로 대두되었던 효행사상을 강조하려는 뜻에서 저술된 점을 간과 할 수 없겠다.

3) 작품 분석
(1) 입전(立傳) 인물의 가계

이 작품의 입전 인물인 우주영(禹周榮 : 1822 - 1890)은 자가 치화(稚和)요 호가 오남(梧南)으로 조선 순조(純祖) 22(壬午, 1822)년 충남(忠南) 청양군(靑陽郡) 목면(木面) 화양리(華陽里)에서 가선대부(嘉善大夫) 호조참판(戶曹參判) 동지의금부사(同知義禁府事) 우사원(禹思元 : 1779 - 1857)과 정부인(貞夫人) 창원(昌原) 황씨(黃氏 : 1759 - 1852) 사이에서 장남으로 출생했다.

공은 고려 충렬왕(忠烈王)대에 성균관(成均館) 좨주(祭酒)를 역임하신 역동(易東) 우탁(禹倬)의 18세 손으로 철종(哲宗) 3년 16세 때에 동몽교관(童蒙敎官)으로 특임(特任)되고 고종(高宗) 23년 병술(丙戌)년 가선대부(嘉善大夫) 동지돈령부사(同知敦寧府事)를 제수 받으시고 고종(高宗) 27(1890년) 향년 69세로 서거했다. 원래 공의

---

14) " 府君性嚴峻 敎子有方 余自遊學專念科場 而所居僻陋 門戶寒微 每有奮發之志 錦營覆試世所稱淸榜閱子弟 所 必爭者也 府君甲寅製述榜中 乙卯司馬又以榜中 高年特恩加資 實爲門欄之榮 而先妣之終祥纔畢 未及親承誥命 不 肖之遺憾 "( 禹周榮의 『分財記』)

18대 조 역동(易東) 우탁(禹倬)은 경사(經史) 뿐만 아니라 역학(易學)에 능통하였으며, 그 중에서도 정전역(程傳易)에 대한 연구가 깊었음을 밝히고 있다.

" 탁은 경사와 역사서에 통하였으며 더욱 역학에 깊어 복서에 맞지 않음이 없었다. 정자의 역전이 처음 우리나라에 건너 왔을 때 능히 아는 사람이 없었는데 탁이 문을 닫고 한 달 동안 연구하여 생도들에게 가르치니 이학(理學)이 비로소 행해졌다. " 15)

라고 했다.

이렇게 성리학이 전래되어 뿌리를 내리기까지 크게 공헌한 역동의 후손으로 조선시대 지도이념이었던 유교윤리 중에서도 으뜸이 되는 효행을 몸소 실천한 것은 당연한 일이라 하겠다.

우선 그의 가까운 가계를 보면 부우사원(禹思元)은 자가 상지(常之)이며 철종(哲宗) 6년(咸豊6, 乙卯, 1855) 김정집(金鼎集)의 방(榜)아래 식년 진사시(進士試)에 입격하여 발표장에서 임금께서 직접 접견하시고 그 자리에서 절충장군(折衝將軍) 오위장(五衛將)을 제수 받는다. 그 후 가선대부(嘉善大夫), 호조참판(戶曹參判), 동지의금부사(同知義禁府事)로 추증 된다. 가족은 초취(初娶)인 무안(務安) 유씨(俞氏)로부터는 후사가 없었고, 둘째 강릉(江陵) 유씨(劉氏) 부인에게서 1녀를 두었고, 셋째 창원(昌原) 황씨(黃氏) 부인에게서 2남 1녀를 둔다.

그리고 주인공 오남(梧南) 우주영(禹周榮)은 정부인(貞夫人) 진주(晋州) 정씨(鄭氏)에게서 4남 2녀를 두었고, 뒤에 재취한 정부인(貞

---

15) 『高麗史』『列傳 22, 禹倬條』
" 倬通經史 尤深於易學 卜筮無不中 程傳初來東方 無能知者 倬 閉門月餘 敎授生徒 理學始行 " (延世大學校 東方學硏究所 影印本, 1981. p.392)

夫人) 진주(晉州) 강씨(姜氏)에게서 1남 1녀를 두어 5남 3녀를 두게 된다. 이를 가계도로 표시 해 보면 다음과 같다.

< 단양(丹陽) 우씨(禹氏 : 靑陽 木面 華陽里 禹周榮 家) 가계도 > [16]

우현(禹玄 : 시조, 鄕貢進士, 正朝戶長) -- 탁(倬 : 8세 ; 成均館祭酒, 進賢館 直提學) -- 현보(玄寶 : 10세 : 門下侍中, 丹陽府院君) - 홍부(洪富 : 11세 : 禮曹判書, 禮安府院君) -- 정여(鼎呂 : 21세) -- 사원(思元 : 25세) - 주영(周榮 : 26세)
　　　　　　　　　배(配) : 무안 유씨　배(配) : 진주 강씨
　　　　　　　　　배(配) : 강능 유씨　배(配) : 진주 정씨
　　　　　　　　　배(配) : 창원 황씨
　　　　　　　　　　　　　　　　　- 병영(炳榮 : 26세)


- 항년(恒年 : 27세 : 1845 - 1866)
- 현태(顯泰 : 27세 : 炳榮 後 出系)
- 현대(顯大 : 27세 : 1864 - 1900)*
- 현일(顯一 : 27세 : 1858 - 1910)
- 현구(顯九 : 27세 : 1872 - 1900)

(2) 작품에 나타난 주인공 우주영(禹周榮)
　① 천성적 효자(孝子) 우주영(禹周榮)

『우주영전』의 주인공 우주영은 천성적으로 효성을 타고난 인물로 그려지고 있어 작품의 서두에서 그를 '일세지효(一世之孝)'로 표

---

16) 『丹陽禹氏禮安君派譜』,丹陽禹氏禮安君派 族譜編修委員會, 起昌族譜社, 2004.
* 필자의 曾祖父 : 顯大(27세) - 羲命(28세) - 鍾聲(29세) - 快濟(30세) - 秀翰(31세)

현하고 있다. 이를 작품에서 보면

" 오남 우주영은 일세지효(一世之孝)니라. 뉘 부모 없으리오마는 사람마다 다 효(孝)를 하기는 어려웁나니 천성(天性)이 아니면 작(作)하야 못 하옴이라. " 17)

　라고 하여 그의 효행은 천성적으로 타고난 성품에서부터 나온 것이라 하고 있다. 그러므로 그는 오세에 입학하여 제일 먼저 효도효자를 짚고 뜻을 물었다하니 그것이 바로 타고난 천성적 효성이라 볼 수 있는 한 증거라 했다. 그 후 장성하여 부모를 섬김에 혼정신성(昏定晨省)18)과 이양승순(移讓承順)19) 범절(凡節)을 기록 할 수 없을 정도로 행하였으니 그 효성을 짐작할 수 있는 일이라 할 수 있겠다. 이를 작품에서 보면

" 오세에 입학함에 먼저 효도효자 뜻을 물으니 보는 사람이 뉘 아니 기이히 여기리오. 장성하기에 미쳐 부모를 섬기오매 혼정신성과 이양 승순하는 범절은 이로다 기록 할 수 없기로 그 이상하고 기이하여 사람이 믿지 못할 일을 대강 기록하오니 그 어버이 병이 있거늘 지성으로 약을 다려 수염과 머리가 탔다하니 보는 사람이 뉘아니 불상히 여기리오. 똥을 맛보고 손가락을 깨쳐 낮이면 하날을 부르지지며 울고 밤이면 북두성을 우러러 축수하니 하늘이 그 정성을 감동하사 그 어버이 수를 삼년을 주오니 이 난 하날이 아는 효성이오 그 어버이 장사를 당하여 땅이 흉악하기로 역사를 못하고 자파하였더니 우주영이 땅을 두드리며 하늘을 부르지져 산에서 사흘 밤을 새이시니 비몽 간의 한 노인이 와 일러 왈 한자만 더 내리라 하고 간 데 없거늘 우주영이 놀라 깨달음에 마음에 이상하여 노인 말대로 파니 과연 오색 토문이 있는지라. 보는 사람이 다 놀래고 탄식하여 왈 이는 산신도 아는 효성이라 하더라. " 20)

17) 『禹周榮傳』, 前揭書
18) 朝夕으로 父母의 안부를 물어서 살피는 것으로 옛 어른들은 효도하는 한 방법이었다.
19) 웃어른의 명을 순순히 좇아 행하면서 남에게 옮기거나 넘겨주는 것을 말함.

라고 했다.

이로 볼 때 우주영의 효성은 몇 가지 사건으로 이어지면서 효자로서의 인물을 부각시켜 놓고 있음을 볼 수 있다.

첫 번째는 그가 어려서 공부를 처음 시작했을 때, 효도 효자(孝)를 짚으며 그 뜻을 물었다고 하여 천성적 효성을 지적 해 주고 있다.

두 번째로는 그의 부친께서 병을 얻어 누워 계실 때 친히 약을 끓이다가(많은 종들이 있어 명령만 하면 언제나 대령하는 상황에서) 수염을 태우는 사건이 발생함으로 부모에 대한 지극한 효성을 몸소 실천으로 보여 주고 있음을 알 게 하고 있다.

세 번째로는 부모님의 병환에 그 위중함을 알아보기 위해 똥을 맛보며 손가락을 깨쳐 피를 먹여 드리고 하늘에 축수하여 삼년간의 수명을 연장하게 하는 지극한 효성을 볼 수 잇게 하고 있다.

네 번째로는 부모의 상을 당하여 묘역을 정하기 위해 산역을 할 때, 토질이 험악하여 땅을 팔 수가 없었다. 그러므로 모두 이 자리를 포기하고 다른 곳에 모시자고 했지만 주인공 우주영은 그 자리를 떠나지 않고 땅을 두드리며 하늘을 부르짖으며 산에서 사흘 밤을 지새우니 비몽사몽간에 한 노인이 와서 말하기를 '한자만 더 내려가서 땅을 파 보라' 하고 간 데 없거늘 놀라서 깨어나 노인 말대로 한자를 내려가서 파보니 과연 오색 토문이 영롱한 명당지지(明堂之地)를 얻게 되어 산신이 현몽한 것이라 하고 모두들 우주영의 효성에 감복하지 않은 자가 없었다는 것이다.[21]

---

20) 『禹周榮傳』, 前揭書
21) 三十個 고을 儒生들이 孝子旌閭를 建議하여 올린 單子가 있음(한국학 중앙연구원 고문서실에 보존되어 있음)

② 자선(慈善 : 仁慈)적 우주영(禹周榮)

『우주영전』의 주인공 우주영은 자선과 화목의 화신으로 그려지고 있다. 이 글에서 보면 부친의 사후에 제사를 올릴 때는 반드시 평소에 어버이 즐기시던 음식으로 정결하게 하여 올렸다. 그리고 부친 진사 우사원이 생존시 치가할 때 그가 중년에 전곡 간 취대한 자들을 다 문서에 적었더니 부친 사후에 우주영은 문서에 있는 이들을 다 불러와서 말하기를 그 문서를 모두 불태우게 하고 그 취대했던 것을 모두 탕감해 주면서 사람의 자식 된 도리로 부친의 이름에 누가 될까하여 모두 탕감한다는 뜻을 밝힘으로 지극한 효성은 자선의 길로 바뀌게 된다. 이를 작품에서 보면

" 제사를 함에 반드시 그 어버이 평일의 즐기던 음식으로 정결하게 쓰니 이는 평생 효성을 잊지 않는 바라. 우주영의 부는 진사니 중년의 치가함에 전곡 간 취대한 사람을 다 문서에 적었더니 진사 죽은 후 우주영이 문서에 있는 사람을 다 불러 왈 내 이 문서를 가지고 그대와 상관하면 반드시 우리 선인에게 좋지 못한 말이 미칠 것이니 인자의 차마 못할 일이라 하고 문서를 다 소화하고 빚을 다 탕감하니 듯는 사람 뉘 아니 열복 하리오. " 22)

라고 했다.

그리고 또 한번은 극한 흉년을 당했을 때의 이야기를 기록해 놓고 있다. 즉, 그 해는 흉년이 들어 사방에 양식이 떨어져 굶어 죽는 사람이 속출하고 있었다. 이렇게 어려운 때를 당하여 사방에서 사람들이 몰려와 곡식을 사려 할 때 주인공 우주영은 몰려든 사람들을 양편으로 갈라서게 했다. 한편에는 돈을 가지고 온 사람들, 그리고 다른 한편에는 돈이 없이 온 사람들로 나누어 세게 하고 돈을 가지고 온 사람들에게는 어디에 가서라고 양식을 살 수 있으니 그대로

---

22) 『禹周榮傳』, 前揭書

돌아가라 하고 돈이 없이 양식을 구하러 온 사람들은 어디에 가서도 양식을 살 수 없으니 가족의 수대로 먹을 수 있는 양식을 그대로 풀어 주어 가지고 돌아가게 했다. 또한 주려 죽는 사람이 많아지자 12월부터 다음해 보리가 날 때까지 한 달에 여섯 번씩 기민(饑民)23) 을 주어 살게 했다. 아무리 천석구니 부자라 한들 가난은 나라도 구 하지 못한다 한 것처럼 곡식이 남아 있을 리가 없었다. 그러므로 주 인공 우주영은 곡식이 다하여 모자라면 전답을 팔아서까지 주었기에 수백 가족을 연명하게 한다. 이를 작품에서 보면

" 극흉한 해를 당하여 원근 사람이 다 와 베(나락)팔기를 청하거늘 주영 왈 내가 넉넉하면 다 수용하련마는 그렇지 못하오니 돈 있는 사람과 돈 없는 사람이 각각 서라. 하고 또 왈 돈 있는 사람은 내 베 아니라도 달리 팔려니 와 돈 없는 이는 다른데 팔기 어려우니라 하고 혹 한 섬 혹 열 말을 돈 없 는 사람을 주니 뉘 아니 탄복하리오. 사람이 주려 죽는 자 많으니라. 섣달 부터 기민을 주어 보리동을 대되 한 달의 여섯 번씩 주니 곡식이 다 함에 전답을 팔아 대었으니 수백 가족을 연명한 사람으로 보존하니 원근 사람이 다 우주영이라 부르지 아니하고 사람 살리는 부처라 부르니 ----- "24)

하고 하여 사람 살리는 부처라는 명성을 얻기까지 한다.
이것은 곧 지방 유생들에 의해 그 공로를 조정에 보고하고자 했으 나 주인공 우주영이 이를 알고 극구 사양하며 그 문서를 빼앗아 가지 고 숨는 바람에 일차적으로 실패한다. 그러나 그의 선행은 그대로 묻 힐 수없어 다시 18개 고을 유생들이 합심하여 예조에 장계를 올린다.
이를 작품에서 찾아보면

---

23) 굶주리는 百姓에게 官廳, 團體혹은 個人이 穀食을 거저 나누어주는 일
24) 『禹周榮傳』前揭書

"경오년(1870년)의 정산 선비들이 착한 사람이 헛되이 늙는 것을 절통히 생각 향교의 발통하고 본관이 유장 정하였더니 우주영이 이 말을 듣고 놀라와 유장을 빼서 가지고 숨어 피하니 유생들이 할 길 없어 두었더니 정축년(1877년)의 열세 골 유생 수백 명이 일어나 세 번 영문을 정하여도 종래 천명 포양하는 일 없는지라. 유생들이 더욱 개탄이 여겨 무인년(1878년)의 열여덟 골 유생이 또 일어나 어사의 계장하고 장차 예조를 정하자 하고 또 근읍 소민들이 또한 억울이 여겨 어사를 정하여 다 발근 제사를 어더니 ------ " 25)

라고 한 것으로 보아 많은 지방민들이 장계(狀啓)를 올려 그의 공적을 칭송하고자 했던 것을 볼 수 있다. 이것은 주인공 우주영의 지역민을 위한 자선을 베푼 큰 업적을 나타내고 있는 것이라 하겠다.

③ 화목자(和睦者)적 우주영(禹周榮)

『우주영전』에 나타나는 주인공 우주영의 인물적 특징은 집안의 대소가와 화목을 제일로 삼아 지켜냈다고 하는 점이다. 재물은 모으기보다 쓰기가 어렵다고 했다. 부친인 진사께서 천석을 이루시고 그대로 물려주신 일에 대해 항상 감사한 마음은 효성으로 나타나고 있어 그가 이웃들에게도 친절과 봉사를 아끼지 않아 극한 흉년에도 많은 인명을 구제할 수 있었지만 가까운 대소가 친척들에게도 역시 훌륭한 일을 많이 했던 것을 볼 수 있다. 작품에 보면 그가 선대에 고생하면서 재산을 이루었던 과거를 잊지 않게 하기 위해 매년 규식을 삼아 온 집안 식구들이 모여 어려웠던 때의 일을 기억하기 위한 겨죽을 먹는 일에 시범을 보이시면서 자손들을 교육 한 것을 볼 수 있다.

" 우주영이 그 부인을 청하여 몸소 겨죽을 쑤어 자손을 한 자리에 모으고 주영이 먼저 큰 그릇을 다 먹고 왈 ' 이는 우리 선인의 자시던 바라 너희

---

25) 上揭書

등은 항상 배불리 큼에 어찌 우리 부모 봉양할 때 이같이 어려움을 알리오.
하고 일년에 한번씩 규식을 삼으니 ---- "26)

라고 하여 항상 가족들에게 검소한 생활을 강조하고 있음을 볼 수 있다. 그러므로 그가 남긴 『분재기』에서도 격식을 갖추어 자식들에게 선대의 공로를 잠시도 잊지 말도록 교훈하고 있는 것을 볼 수 있다.

" 지금 내가 너희들에게 나눠주는 재물은 또한 모두 부군이 비로소 남기신 것들이다. 그 가운데에 부지런히 힘쓰면 족히 의식을 해결하는 자산을 될 것이니 어찌 차고 넘쳐서 더욱 넉넉해지기를 바라겠는 가. 어질면서 부를 이룬 자는 재물이 따르고 일이 이루어져 부가 나를 위해 있게 되나, 부하면서 어질지 못한 자는 대중이 배반하고 친지들이 멀리하여 마침내 대도(大盜)를 위해 부가 쌓이게 된다. 어질게 되는 근본은 효제에 있을 뿐이다. 효제는 우리집안이 대대로 전해 오는 가보이다. 비록 천하의 부라 한들 어찌 일가의 보물과 바꾸겠는가. 먹을 때를 당하여 부군(府君)께서 애서 부지런히 일했던 것을 생각하면 도시락의 밥 한 그릇과 표주박의 물도 성찬보다 달 것이며 의복을 보고 선비(先妣)의 가난했던 시절을 생각하면 떨어진 옷과 헌 솜을 넣어 누빈 옷도 옥 장식을 한 것보다도 화려할 것이다. 늙은 아비는 부군과 선비의 마음으로 마음을 삼을 것이니, 너희들은 늙은 아비의 마음으로 마음을 삼으면 효제의 뜻은 자연스럽게 스스로 생기고, 사치스러운 싹은 금새 소멸할 것이다. " 27)

라고 하여 자녀들에게 선대의 어려웠던 생활을 한시도 잊지 말 것을 교훈하고 있다.

---

26) 上揭書
27) 禹周榮『分財記』,『古文書研究』第21輯, 韓國古文書學會, 2002. pp. 227 - 240.
 " 今余分汝之物 亦皆府君之緖餘也 勤力其中 則足以爲衣食資 豈欲望贏餘而益 厚乎 仁而致富者 物附事成 富爲吾 有 富而不仁者 衆叛親離 適爲大盜積耳 爲仁之本 孝悌而已 孝悌也者 吾家世傳之靑氈也 雖以天下之富寧換一家之 寶乎 富殖而思府君之勤苦 則簞食瓢飮甘於列鼎見衣而思先妣之艱難 則弊衣縕袍華於佩玉 老夫以府君先妣之心爲心 爾曹以老夫之心爲心 則孝悌之意油然自生 奢侈之萌 惕然自消矣 "

부군과 선비께서 어려운 생활을 하시면서 재산을 일군 것을 잊지 말 것과 효제(孝悌)를 가보(家寶)로 생각하고 이의 실천을 한시도 게을리 하지 말 것을 교훈하고 있다. 특별히 주인공 우주영 스스로 부군의 마음과 선비의 마음을 그대로 본 받아 살 것이니 자녀들은 또한 본인의 마음을 그대로 본 받아 살아 줄 것을 간곡히 부탁하고 있는 것을 보게 된다.

효제를 가보로 생각하고 있는 주인공 자신은 스스로 이를 실천하고 있으니 이를 작품에서 찾아보면 일가 백여 호가 한 마을에 거하고 있어 그 중에는 남녀간 혼기가 찼으나 돈이 없어 결혼하지 못하고 지내는 사람들이 많이 있어 이들에게는 모든 비용을 전담하여 혼인을 하게 해 주었고, 가난하여 살기가 어려운 집안에는 전답을 주어 살게 해주었다. 방탕해서 주어진 전답을 팔아 허비하여 살기가 어려워진 집에는 삼사 차에 걸쳐 아무 말도 않고 다시 전답을 주어 살게 해 주었다. 그랬더니 일문지내에 화기가 융융하여 심지어는 닭이나 개도 싸우지 아니하고 서로 품어주어 보는 사람들이 모두 이상하게 여겼다고 한다. 이는 모두가 주인공 우주영의 화목을 근본으로 삼은 까닭이라 했다고 표현하고 있다. 이를 작품에서 찾아보면

" 일가 백여 집이 한 마을에 거함에 무론 남녀간 과혼이 되면 전당하여 가취시키며 가난하여 살지 못하는 자 있으면 전답을 주어 살리다가 방탕하여 팔아 허비하는 자 있거늘 아무 말도 없이 또 전답을 주기를 삼사 차를 사하니 사람이 짐승이 아니거든 어찌 감복치 아니하리오. 일문지내가 화기 융융하여 심지어 닭 개도 싸우지 아니하고 서로 품어 주니 보는 사람 다 이상히 여기어 왈 미련한 짐승도 주인의 본을 보아 저렇듯이 화목 한다 하며 ---- " 28)

---

28) 『禹周榮傳』前揭書

라고 하여 주인공 우주영을 화목한 인물로 부각시켜 놓고 있다. 이와 같은 일들은 그이 다른 문헌들을 통해 충분히 알 수 있는 일로서 그는 효(孝)와 인(仁)과 목(睦)을 실천한 인물임을 알 수 있게 했다.

### 4) 문학사(文學史)적 의의

전(傳)이란 원래 인물의 사적을 적어서 후세에 전하는 것으로 사전(史傳), 가전(家傳), 탁전(托傳), 가전(假傳)으로 나누고 있으나 [29] 사서(史書)의 열전(列傳 : 史傳)이 그 대표적이라 하겠다. 사전(史傳)은 사가와 문인들의 손에 의해 역사적 인물 중에서도 특징적 인물들을 따로 분리시켜 그 인물의 전기를 쓰게 된 것이 본격적인 전문학 등장의 계기가 된다. 이와 같은 사전은 주로 사관들에 의해 명현(明賢)한 명인들의 일대기만으로 일관하지 않고 가계(家系), 행적(行蹟), 평결(評結)의 전형적 형식을 갖추지 않고, 내용면에서도 1인의 일대기가 아닌 일종의 수필체적 논설이다.[30] 그리고 가전(家傳)의 경우에는 사관(史官)이 아닌 일반 문인들이 사사로운 입장에서 어떤 인물에 대하여 표창할 만한 특정한 행적을 중심으로 입전하는 것이었다. 문사들이 사사로운 입장에서 덕망이 숨겨져 들어나지 않거나 미천한 사람들이지만 본 받을만한 점이 있는 것을 표창하기 위해서 쓰는 것[31]으로 조선 후기에 내려오면 이전시기와 비교하여 많은 변화를 가져오게 된다. 이에 대해 박희병(朴熙秉)은 그의 논문에서

" 조선 후기의 전들은 이전시기와 비교가 되지 않을 정도로 인물의 개성창조에 높은 관심을 보여주고 있다. 그리하여 조선후기의 전은 유형적 인간

---

29) 徐師曾, 『文體辨證』, 日本 大版書林, 八書堂影印
30) 高敬植, 前揭論文. p.11
31) 上揭論文

상 '밖'에서, 혹은 유형적 인간상 '내부'에서, 수많은 생동하는 개인을 창조
해 낼 수 있었다. " 32)

라고 하여 전에 나타나는 인물의 다양함에 대해 언급했다.

『우주영전』은 이런 점에서 볼 때 조선 후기의 유형적 인간상의 밖에 있는 인물로 특정한 행적을 중심으로 표창할 만한 인물로 보고 입전한 가전(家傳)임을 알 수 있다. 작품의 말미를 보면 더욱 확실하게 알 수 있다.

" 우주영은 일개 포의한 자로되 수십 골 유생 삼사백 명 한 마음으로 흠모하니 진실로 효자 아니면 그리 하리오 이 사람의 효성과 인행이 문적에 올라 적성권축하였으니 초야의 헛되이 늙으면 유생의 공론이 억울할 뿐 아니오라 세상의 착한 사람 악한 사람 분별이 없는 더욱 원통하오니 명창 하오시어 포양 하옵기 천만 축수 " 33)

라고 하여 끝을 맺는다.

이와 같은 표창적 성격의 전 작품으로서의 가치를 인정할 수 있는 것은 첫째 우주영의 천성적 효행에서 찾을 수 있다. 즉, 그는 어려서 공부를 처음 시작했을 때, 효도 효자를 집으며 그 뜻을 물어 보아 주변으로부터 특이한 행동이라 칭송을 받았고, 장성하여 부모님이 병환이 있을 때 약을 친히 달이며 수염을 태웠던 일이 있어 주위로부터 그의 극진한 효성에 대한 칭송이 자자했다. 그 후 부친께서 병환이 위중하심에 우주영은 직접 부친의 변을 맛보면서 병세를 알아보았고, 병환이 계속되니 손가락을 베어 피를 내어 부친의 생명을 삼년이나 연장하게 한다. 이와 같은 일을 비롯하여 부모의

---

32) 朴熙秉, 朝鮮後期 『傳』의 小說的 性向 硏究, 서울大學校 大學院 博士學位論文, 1991.
33) 『禹周榮傳』, 前揭書

장사 시에는 묘지의 산역 일을 할 때, 땅이 험악하여 일을 모두 포기하고 있을 때, 비몽사몽간에 한 노인이 찾아와 한자만 내려 파라는 계시를 받고 파보니 과연 토양이 오색광채가 나는 명당이었음으로 효성이 지극하여 산신의 지시를 받아 명당지지를 찾아 모실 수 있었다고 했다. 이와 같은 모든 일 들은 효행을 몸소 실천한 것으로 볼 수 있어 그의 일대기적 특이한 일들을 정리하여 문적에 올려 전하고자 했던 것이 이 작품의 특징이라 할 수 있다.

둘째 그의 인화(仁和)의 행위가 중요한 요소로 작용하고 있다. 부친 사후에 전에 빚을 진 모든 사람들을 불러 선친의 덕이 흠이 가지 않게 하기 위해 빚을 다 탕감 해 준다. 그리고 극흉한 흉년을 당하여 원근 각처에서 굶어 죽는 사람이 속출할 때 가산을 파탄 내면서까지 기민을 구제한 일과 한 마을에 사는 일가 백여 호에 동이 없어 결혼을 못하고 과혼 한 자 있으면 전담하여 결혼을 시켜주는 일은 물론 가난하여 못사는 자들에게는 전답을 나눠주어 살게 하고 게을러 탕진하면 두세 차례까지 말없이 도와주어 살게 하니 일문지내가 화기 융융하여 닭이나 개도 싸우지 않고 서로 품어 주었다고 하는 인행이 중요한 요소로 작용되고 있다.

이와 같은 지극한 효성 자애의 정신의 무너져 가는 조선 후기의 유교적 이념을 몸소 실천한 유학자로서의 가치를 높이 평가 하고자 한 것을 알 수 있다. 이는 조선 후기에 지어진 우씨(禹氏) 가문의 가전(家傳)적 성격의 전 작품으로 전문학의 후대적 계승을 알게 해주는 좋은 자료라 생각된다.

또한 조선시대의 거의 모든 전 작품은 문집 소재의 한문으로 지어진 작품으로 실존 인물을 다룬 『사전(私傳)』을 남긴 작자는 현존하는 문집의 수만큼이나 많다고 볼 수 있다. 이동근은 다섯 편 이상

의 사전을 남긴 작자의 작품을 뽑아 27명 228편을 연구의 대상으로
삼고 있다. 그는 그의 논문 연구대상의 총괄 부분에서

> " 조선조 선인들은 그들의 문집을 편찬하면서 『전(傳)』양식을 포함시키는
> 것을 관례화 하였다. 그리하여 조선 후기에 실존인물을 다룬『사전(私傳)』
> 을 남긴 작자는 현존하는 문집의 수만큼 이나 많다고 할 수 있다. 여기서는
> 이들을 모두 다룰 수 없기 때문에 시기적으로 작자, 입전대상이 1600 -
> 1850년 상이에 생존한 인물 작품 수에서 보았을 때『전』작가로서 연구대
> 상이 될 수 있다고 판단되는 5편 이상의『사전』을 남긴 작자, 창의성 면에
> 서 기존자료 또는『전』을 윤색, 제작, 재 수록한 것에 불과한 집전을 제외
> 한 결과 분석대상으로 선정된 작품은 27명 228편이다. "34)

라고 하여 연구대상을 선정한 것을 볼 수 있다.

여기서 알 수 있는 것은 조선조 문인들의 전 작품이 많다는 것과
그 작품들이 모두 문집에 수록되어 있는 한문으로 작성된 작품이란
점이다. 내용 면에서도『어우집』의 경우 유몽인의 6편『전』은 효와
열로 점철된 장령 이인집의 3대에 걸친 가문의 가전임을 지적하고 있
다. 35) 이에 비해『우주영전』은 그 표현 문자가 한글이란 점에서 조
선 후기에 많은 문집 소재 전과는 전혀 다른 작품임을 알 수 있다.

내용 면에서도 조선 후기에 속하는 시기의 초반에는『전』의 소재
가 작자 주변의 체험담인 경우가 대부분이었는데 후반으로 오면서
소재는 제한되고 작품에 대한 독자의 요구는 증대되어 구전 설화를
참고하거나 전승문헌, 비문 등을 참고하여 재창작한 경우가 많이 나
타난다36)고 보고 있다. 이렇게 볼 때,『우주영전』은 조선 후기 전의
특징이 그대로 나타나는 작품으로 한글로 저술된 우주영가의 가전

---

34) 李東根, 前揭論文
35) 上揭論文, p. 23.
36) 上揭論文, p. 42

(家傳)이란 점이 중요한 특징이 될 수 있어 문학사적인 가치를 인정할 수 있겠다. 다시 요약한다면 조선시대 많은 전 작품이 한문으로 기록되어 문집에 수록되어 전해지고 있음에 비하여『우주영전』전은 한글로 기록되어 전해지고 있어 조선 후기 일반화된 평민 문학 작품으로 인정 할 수 있어 중요한 가치를 확인 할 수 있다고 본다.

## 5) 결 론

『우주영전』은 조선 후기에 한글로 저작된 작자 미상의 전 작품이다. 일반적으로 많은 전 작품이 문집소재의 한문 작품으로 전해지고 있는 것이 비하여 한글로 작성되었다는 점이 특징이 될 수 있어 문학사적인 의의가 큰 작품이라 할 수 있다.

내용 면에서는 그의 일생에서 있었던 특이한 행위들을 유교적 가치에 부합된 것들로 해석하고 이를 간략하게 표현했다는 점에서 중요한 의미를 찾을 수 있는 작품이다. 이를 요약 해 보면 효행(孝行)과 덕행으로 구분하여 정리 될 수 있다.

첫째, 효행 면에서 주인공의 특징을 살펴보면 그는 어려서 공부를 처음 시작했을 때, 효도효자를 짚으며 그 뜻을 물어 주위사람들에게 놀라움을 주었다고 한다. 그 후 자라서는 부모에 대한 지극한 효성은 어버이가 병환이 났을 때는 친히 약을 달여서 올렸는데 한번은 수염이 모두 타기까지 했다. 그리고 부친의 병환이 위독할 때는 변의 맛을 보면서 병세를 알아냈고, 자신의 손가락의 베어 피를 먹임으로 부친의 수명을 3년간이나 연장 할 수 있게 했고, 장례 시에는 신인의 현몽을 통해 명당에 모실 수 있었다는 등 지극한 효성은 천성이 아니고서는 할 수 없었다고 했다. 이것은 유교 윤리의 가장 중심이 되는 효행을 몸소 실천 한 것으로 조선 후기의 허물어져 가는 유교적 가치관을 고양시키기 위해 입전의 대상이 되었던 것으로 보았다.

둘째, 인화(人和) 면에서 자비를 베풀어 기민을 구한 일과 가까운 친척들에게 재산을 주어 살게 하는 등 주인공의 인화적 특징을 들 수 있었다. 선친 사후에 선친께서 적어 놓은 빚진 자들을 모두 다 불러서 선친의 명예를 훼손하는 일이 없도록 하기 위해 모두 탕감해 주었고,

흉년이 들어 굶어 죽는 사람이 속출할 때 재물을 풀어 모두 거저 주어 수백 명을 살린 일이며, 일가 대소가에 재물이 없어 혼기가 차도 결혼을 시키지 못한 자들에게는 전담하여 혼인을 시켜 주었고, 가난한 친척들에게는 전답을 주어 살게 했는데 혹 방탕하여 전답을 모두 허비한 자에게는 두세 차례씩 전담을 다시 주어 살게 하니 화목한 뜻은 세상이 다 알게 되었고 닭이나 개까지도 서로 싸우지 않고 품어주는 일까지 보였다고 했다.

조선 후기에 한 가문에서 있었던 일을 모든 사람들이 쉽게 읽어 알 수 있도록 한글로 그 행적을 중심으로 전을 써서 전한 것은 조선후기의 무너져 가는 유교윤리를 더욱 계승 발전시키고자 하는 유생들의 시대적 사명에서 나온 새로운 시도였다는 점에서 문학사적으로 중요한 의미를 갖는 다고 보았다.

< 註 釋 >

# [우주영전 (禹周榮傳)]

　[오남(梧南) 우주영(禹周榮)[1]은 일세지효(一世之孝)[2]]니라. 뉘 부모(父母) 없으리오마는 사람마다 다 효(孝)를 하[기는 어려웁나니 천]성(天性)[3]이 아니면 작(作)하여 못하옴이라. 충청도(忠淸道) 정산(定山)[4]땅의 한 사람이 있으되 성(姓)은 우(禹)요 이름은 주영(周榮)이니 효성(孝誠)과 행실(行實)은 세상(世上)은 드문바라. 어려서부터 총명(聰明)[5]하여 나니 오세(五歲)의 입학(入學)함에 먼저 효도(孝道) 효(孝) 자(字) 뜻을 물으니 보는 사람이 뉘 아니 기이(奇異)히 여기리오. 장성(長成)하기에 믿쳐 부모(父母)를 섬기오매 혼정신성(昏定晨省)[6]과 이양(移讓)[7] 승순(承順)[8]하는 범절(凡節)[9]은 이로 다 기록(記錄) 할 수 없기로 그 이상(異常)하고 기이(奇異)하여 사람이 믿지 못 할 일을 대강(大綱) 기록(記錄)하오니 그 어버이 병(病)이 있거늘 지성(至誠)으로 약(藥)을 다려 수염과 머리가 탔다하니 보는 사

---

1) 禹周榮(1822 - 1890) : 字는 稚和요 初名은 判榮이요 號는 梧南으로 純祖 二十二年(壬午) 禹思元(1779 - 1857)의 長男으로 出生하여 高宗 二十七年(庚寅) 三月 十五日 享年 六十九歲로 卒하셨다. 光緖 十一年(1885) 八月 通政大夫 및 折衝將軍行龍驤衛副護軍이 되시고, 다음 해에 通政大夫敦寧府都正(1886年 5月) 및 通政大夫同知敦寧府事(1886)와 嘉善大夫(1886)을 歷任하셨다. 遺稿로 『梧南集(筆寫本)』이 傳하고 있다.
2) 一世之孝 : 한 세대의 타고난 효자
3) 天性 : 타고난 성품
4) 行政區域으로는 現 忠淸南道 靑陽郡 木面 華陽里 梧山(오살미)을 말한다.
5) 聰明 : 聰氣가 좋고 英敏함.
6) 昏定晨省 : 朝夕으로 父母의 安否를 물어서 살핌.
7) 移讓 : 남에게 옮기어 넘겨 줌.
8) 承順 : 웃어른의 命을 순순히 좇음.
9) 凡節 : 모든 節次나 모든 일을 말한다.

람이 뉘 아니 불상이 여기리오. 똥을 맛보고 손가락을 깨쳐10) 나지면 하날을 부르지지며 울고 밤이면 북두성(北斗星)을 우러러 축수(祝壽)11)하니 하늘이 그 정성(精誠)을 감동(感動)하사 그 어버이 수(壽)를 삼년(三年)을 주오니 이난 하늘이 아는 효성(孝誠)이오 그 어버이 장사(葬事)를 당(當)하여12) 땅이 흉악(凶惡)하기로 역사(役事)13)를 못하고 자파(自罷)14)하였더니15) 우주영(禹周榮)이 땅을 두드리며 하늘을 부르지져 산(山)에서 사흘밤을 새이시니 비몽간(非夢間)16)의 한 노인(老人)이 와 일너 왈 한자만 더 내리라 하고 간데없거늘 우주영(禹周榮)이 놀나 깨다름에 마음에 이상(異常)하여 노인(老人) 말대로 파니 과연(果然) 오색(五色) 토문(土紋)17)이 있는지라. 보는 사람이 다 놀내고 탄식(歎息)하여 왈(曰) 이는 산신(山神)도 아는 효성(孝誠)이라 하더라.18) 제사(祭祀)를 함에 반드시 그 어버이 평일(平日)의 즐기던 음식(飮食)으로 정결(淨潔)하게 쓰니 이는 평생(平生) 효성(孝誠)을 잊지 않는 바라. 우주영(禹周榮)의 부(父)는 진사(進士)19)니 중년(中年)의 치가(治家)20)함에 전곡(錢穀)21)간 취대

---

10) 斷指 : 父母나 男便의 病이 危重할 때에 제 손가락을 잘라서 그 피를 먹게 하는 일로 孝子나 烈女에게서 볼 수 있는 行爲였다.
11) 祝壽 : 오래 살기를 비는 일을 말한다.
12) 母親 貞夫人 昌原 黃氏( 乙卯 1795年 - 壬子 1852年 2月 9日 卒)喪事 時에 있었던 일임.
13) 役事 : 土木이나 建築 등의 工事
14) 自罷 : 스스로 일을 그만 둠.
15) 當時 땅이 凶하여 大破했던 곳은 大面 後洞을 이르는 것으로 現在의 行政 地名으로 靑陽郡 定山面 龍頭里 (뒷골)의 昌原 黃氏의 墓(現在는 定山面 新德里 - 물안이 - 에 移葬되었음)
16) 非夢間 : 非夢似夢間의 줄인 말로 깊이 잠들지도 깨지도 아니한 어렴풋한 동안을 말함.
17) 土紋 : 흙의 紋樣을 말하는 것으로 흙이 매우 좋다는 것을 意味함
18) 禹周榮의 孝行에 대한 儒生들의 上疏가 있어 孝行賞(三綱行實圖)을 國王으로 부터 받으신 事件의 發端이 된 것이었음.
19) 禹思元(1779 - 1857) : 初諱는 思穆이요 字는 常之로 正祖 三年(己亥)年 仁協( - 1818)의 三男 中 長男으로 出生하여 哲宗 八年(丁巳) 五月 二十日 享年 七十九歲로

(取貸)22)한 사람을 다 문서(文書)에 있었더니 진사(進士) 죽은 후(後) 우주영(禹周榮)이 문서(文書)에 있는 사람을 다 불너 왈 내 이 문서(文書)를 가지고 그대와 상관(相關)23)하면 반드시 우리 선인(先人)에게 좋지 못한 말이 미칠 것이니 인자(人子)의 차마 못 할 일이라 하고 문서(文書)를 다 소화(消火)하고 빗을 다 탕감(蕩減)하니 듯는 사람 뉘 아니 열복(悅服)24)하리오. 우주영(禹周榮)이 그 부인(婦人)25)을 청(請)하여 몸소 겨죽26)을 쑤어 자손(子孫)을 한자리에 모으고 주영(周榮)이 먼저 큰 그릇을 다 먹고 왈(日) 이는 우리 선인(先人)의 자시던 바라. 너의 등은 항상 배불니 큼에 어찌 우리 부모(父母) 봉양(奉養)할 때 이같이 어려움을 알니오 하고 일년(一年)에 한번씩 규식(規式)27)을 삼으니 이는 늙도록 부모를 잊지 아니 함이오 일가(一家)28) 백여(百餘)집이 한 마을에 거(居)함에 무론(毋論) 남여간(男女間) 과혼(過婚)29)이 되면 전당(全當)30)하여 가취(嫁娶)31)

---

卒하셨다. 乙卯(1855)年 成均 進士(金鼎集榜下於榜目)에 三等 第六十二人으로 入格(咸豊 五年三月)하여 折衝將軍兼知中樞府事兼五衛將(咸豊 五月三日)과 折衝將軍行龍驤衛副護軍兼五衛將(咸豊 五月三日)을 歷任하시고, 後에 子禹周榮의 嘉善大夫同知敦寧府事依法典으로 追贈嘉善大夫戶曹參判兼同知義禁府事(光緖 十二年 六月)를 하시다.

20) 治家 : 家庭일을 다스림
21) 錢穀 : 돈과 곡식
22) 取貸 : 돈을 꾸어 주기도 하고 꾸어 쓰기도 하는 것.
23) 相關 : 관계를 갖느다는 것으로 여기서는 先親께서 빌려 주신 것을 그 文書에 의해 그대로 받는 것을 意味함.
24) 悅服 : 기쁜 마음으로 복종 함.
25) 夫人과 子女들로는 貞夫人 晉州 鄭氏(1819 - 1859 2. 8)와의 사이에 四男( 恒年, 顯泰, 顯大, 顯一) 一女를 두었고, 貞夫人 晉州 姜氏(1841 - 1878. 9. 9)에게서 一男( 顯九 ) 一女를 두셨음을 알 수 있다. ( 丹陽禹氏 族譜에 의함)
26) 겨죽 : 겨는 벼, 밀, 보리와 같은 화본과에 속하는 곡식에서 벗겨낸 껍질을 총칭하는 것으로 겨죽이라 함은 벼를 찌어 쌀을 만들 때 맨 나중에 나오는 껍질을 모아서 죽을 쑨 것.
27) 規式 : 規則과 格式
28) 一家 : 姓과 本이 같은 한 집안

시키며 가난하여 살지 못하는 자(者)있으면 전답(田畓)을 주어 살니다가 방탕(放蕩)32)하여 파러 허비(虛費)하는 자(者) 있거늘 아무 말도 없이 또 전답(田畓)을 주기를 삼사차(三四次)를 사(賜)하니 사람이 짐승이 아니거든 어찌 감복(感服)33)지 아니하리오. 일문지내(一門之內)34)가 화기(和氣)35) 융융(融融)36)하여 심지어 닭 개도 싸우지 아니하고 서로 품어주니 보는 사람 다 이상(異常)이 여기여 왈(曰) 미련한 짐승도 주인(主人)의 본(本)을 보아 저렇듯이 화목(和睦)한다 하며 주영(周榮)이 수십년(數十年)을 불상한사람 구제(救濟)하기를 좋아하여 가산(家産)이 탕패(蕩敗)하되 아는 사람이나 알지 못하는 사람이나 다 한집안 같이 보아 극흉(極凶)한 해(年)를 당(當)하여 원근(遠近) 사람이 와 베(나락) 팔기를 청(請)하거늘 주영(周榮) 왈 내 베가 넉넉하면 다 수응(酬應)37)하련마는 그렇지 못하오니 돈 있는 사람과 돈 없는 사람이 각각(各各) 서라 하고 또 왈(曰) 돈 있는 사람은 내 베 아니라도 달니 팔(買)려니와38) 돈 없는 이는 다른데 팔(買)기 어려우니라 하고 혹 한 섬 혹 열 말을 돈 없는 사람을 주니 뉘 아니 탄복(歎服)하리오. 사람이 주려 죽는 자 많은지라. 섣달(十二月)부터 기민(饑民)39)을 주어 보리동40)을 대되 한 달의 여섯번씩

---

29) 過婚 : 婚期를 지나다.
30) 全當 : 全擔의 뜻으로 어떤 일의 전부를 담당하는 것.
31) 嫁娶 : 시집가고 장가드는 일, 婚姻이나 結婚과 같은 意味로 쓰임.
32) 放蕩 : 술과 계집에 빠져 難捧을 부림.
33) 感服 : 마음에 깊이 느끼어 충심으로 복종 함.
34) 一門之內 : 한 집안을 일문이라 하고 그 안에 속한 사람들을 이른다.
35) 和氣 : 온화하고 화목한 기운
36) 融融(하다) : 화평한 기운이 있다.
37) 酬應 : 남의 요구에 응함
38) 팔(買)다 : 팔려니와 하는 것은 산다(賣)는 의미로 봐야 한다.
39) 饑民(을 주다) : 굶주리는 百姓에게 官廳, 團體 혹은 個人이 穀食을 거저 나누어 주는 일
40) 보리동 : 가을에 농사한 것이 모두 떨어지고 아직 봄의 보리가 익어 먹을 때가 되지 못하여 먹을 것이 없어 어려운 때로 보리 고개와 같은 때를 말하는 의미로 쓰인 것.

주니 곡식(穀食)이 다함에 전답(田畓)을 팔아 대었으니 수백(數百) 가족(家族)을 연명(延命)⁴¹⁾한 사람으로 보존(保存)하니 원근(遠近) 사람이 다 우주영(禹周榮)이라 부르지 아니하고 사람 살리는 부처라 부르니 그도 희한(稀罕)한 일이오 경오년(庚午年 : 1870 )의 정산 (定山) 선비들이 착한 사람이 헛되이 늙는 일을 절통(切痛)이 생각 향교(鄕校)의 발통(發通)⁴²⁾하고 본관(本官)의 유장(儒狀)⁴³⁾ 정하였더 니 우주영(禹周榮)이 이 말을 듣고 놀나와 유장(儒狀)을 빼서 가지 고 숨어 피하니 유생(儒生)들이 할 길 없어 두었더니 정축년(丁丑年 : 1877)의 열세골 유생(儒生) 수백명(數百名)이 일어나 세번 영문(令 聞)⁴⁴⁾을 정하여도 종내(終乃) 천명포양(闡明襃揚)⁴⁵⁾하는 일 없는지 라. 유생(儒生)들이 더욱 개탄(慨歎)이 여겨 무인년(戊寅年 : 1878) 의 열 여덜 골 유생(儒生)이 또 일어나 어사(御史)의 계장(啓狀)⁴⁶⁾ 하고 장차(將次) 예조(禮曹)를 정하자하고 또 근읍(近邑) 소민(小民) 들이 또한 억울이 여겨 어사(御史)를 정하여 다 발근(拔根)⁴⁷⁾ 제사 (諸詞)를 어 더니 예조(禮曹)의 밋지 못하고 계제(階梯)⁴⁸⁾가 틀려 침체(沈滯)⁴⁹⁾하니 어찌 절통(切痛)치 아니하리오. 우주영(禹周榮)은 일개(一個) 포의(布衣)⁵⁰⁾한 자(者)로대 수십(數十)골 유생(儒生) 삼사 백명(三四百名) 한마음으로 흠모(欽慕)⁵¹⁾하니 진실(眞實)로 효자(孝

---

41) 延命 : 목숨을 이어 살아나감.
42) 發通 : 通知書를 보냄.
43) 儒狀 : 儒生들의 陳情書
44) 슈聞 : 슈名을 이르는 말로 좋은 名譽나 榮譽로운 일을 이른다.
45) 闡明襃揚 : 드러내서 밝히고, 포장하는 일.
46) 啓狀 : 狀啓를 올린다는 意味로 陳情書를 냈다로 볼 수 있겠다.
47) 拔根 : 뿌리 채 뽑아 버림.
48) 階梯 : 일이 잘 되어 가거나 생기게 된 좋은 기회.
49) 沈滯 : 일이 잘 진전되지 아니함.
50) 布衣 : 벼슬이 없는 선비
51) 欽慕 : 기쁜 마음으로 사모함.

子)아니면 어찌 그러하리오. 이 사람의 효성(孝誠)과 인행(仁行)52)이 문적(文籍)53)에 올나 적성권축(積誠卷軸)54) 하였으니 초야(草野)의 헛되이 늙으면 유생(儒生)의 공론(公論)55)이 억울할 뿐 아니오라 세상(世上)의 착한 사람 악한 사람 분별(分別)이 없는 일 더욱 원통(寃痛)하오니 명찰(明察)하오시어 포양(襃揚)56)하옵기 천만(千萬) 축수(祝手)57)

## 2. 역동(易東) 우탁(禹倬)의 사상과 문학

생애와 인품, 사상 - 의이론(義理論), 성경론(誠敬論), 문학 - 최초의 단가(시조) 2수, 문학사적 위치

### 1) 들어가며

　조선시대 지도이념이었던 유학사상(儒學思想)은 고려 말 주자(朱子)의 성리학(性理學) 전래로부터 비롯된다. 원래 그 연원을 역(易)에 두고 있는 주자의 성리학은 성명이기지학(性命理氣之學)으로 자연철학적 성격이 농후한 음양오행설(陰陽五行說)을 주로 했던 한역(漢易)에 비해 심이론 중심의 인간학적 방향으로 전환된 송대 정이천(鄭伊川)의 의리지학(義理之學)과 소강절(邵康節)의 상수지학(象數之學)이 주류를 이루게 되어 천도(天道)를 밝히고 인륜(人倫)을

---

52) 仁行 : 어진 일을 실천한 사실이 있음을 말함.
53) 文籍 : 글로 적어 놓은 書籍을 이름.
54) 積誠卷軸 : 글이나 장부 서신 등이 많이 쌓여 軸으로 꿰기에 이르는 것을 말한다.
55) 公論 : 공평한 의론, 사회 일반의 공통된 여론.
56) 襃揚 : 襃獎과 같은 말로 칭찬하여 장려하는 것을 말한다.
57) 祝手 : 두 손바닥을 마주 대고 빌다.

바르게 하는(明天道 正人倫) 정치적 이상으로 발전된다.[58]

이 같은 정주성리학이 고려 말 회헌(晦軒) 안향(安珦 : 1243 - 1306)을 통해 처음으로 전래되었을 때, 이를 능히 아는 자가 없었다. 이에 역동(易東) 우탁(禹倬)이 이를 연구하여 풀어서 가르침으로 인해 비로소 이 땅에 이학(理學)이 시행되기에 이르게 된다.[59]

그러므로 성리학이 전래되어 이 땅위에 뿌리를 내리고 한 시대의 지도이념으로 성립될 수 있었던 것은 동방이학지조(東方理學之祖)라 할 수 있는 역동의 업적에서 찾아야 함이 마땅하리라고 본다.[60] 따라서 성리학적 문학사상의 연원도 이와 같은 맥락에서 시도해 보기 위하여 『역동우탁선생고실(易東禹倬先生考實)』[61]을 중심으로 몇 가지 자료를 소개, 문제를 제기해 보고자 한다.

2) 생애(生涯)와 인품(人品)

역동(易東)의 성명은 우탁(禹倬)이요, 자는 천장(天章)이며, 호는 단암(丹巖), 또는 백운당(白雲堂)으로 단양(丹陽)사람이다.

그는 고려 원종(元宗) 3년(1262년) 단산군(丹山郡) 서북리(西北里) 금수산(錦繡山) 칠성봉(七星峯)아래 신원리(新院里), 현재 충북 단양군 적성면 현곡리에서 향공진사(鄕公進士) 천규(天珪)의 아들로 태어났다. 어려서부터 성품과 지조가 곧고 바르며 천품이 청민하고 학문을 좋아하여 고려 충렬왕 4년(1278년) 17세의 어린 나이로 향공진사에 뽑혔고, 충렬왕 16년(1290년) 29세 때 과거에 합격(지공거 정가신 주관)했다. 과거에 합격한 다음해 충렬왕 17년(1291) 영해사록

---

58) 裵宗鎬, 『韓國儒學史』, 延大出版部, 1981, p. 15.
59) 『高麗史』, 列傳 卷第二十二, 禹倬條(延大 東方學硏究所 影印本, 1981), p. 392.
60) 李炳赫, 『高麗末 性理學 受容期의 漢詩硏究』, 太學社, 1989, p. 12.
61) 裵宗鎬, 『易東禹倬先生考實』, 三和印刷株式會社, 1981.

(寧海司錄)으로 임명되었고, 그 후 진주목사(晋州牧使)를 비롯하여 9개 군(郡)의 지방관을 역임했다.

그리고 40세 이후(연대는 분명치 않음)에는 나라의 기강을 바로잡는 직책인 감찰규정(監察糾正)에 제수된 바 있었다. 그러나 한 때 벼슬을 사임하고 단양에 돌아가 학문에 전념하고 있었다. 그는 성균관 좨주(成均館祭酒)의 자리를 끝으로 늙었음을 핑계하고 물러나, 복주의 예안현(현재의 안동군 와룡면 선양동, 댐의 건설로 수몰된 지역임)에 돌아가 후진교육에 전념하면서도 조정에 선 것과 똑같이 스스로 모든 행동이 법도에 맞지 않는 것이 없었고, 충숙왕이 여러 차례 불렀으나 끝내 나가지 않고 충혜왕 3년(1342년) 2월 7일 81세를 일기로 세상을 떠나니 도학(道學)과 문행(文行)이 뛰어나 문희공(文僖公)의 시호가 내려졌다.

역동은 일찍이 당대의 유학자로 이름 높았던 회헌(晦軒) 안향(安珦)의 문하에서 수업을 받았으므로 일찍부터 주자학에 남다른 관심을 가졌던 것을 알 수 있다. 즉, 안향은 충렬왕 14년(1288년) 원나라 북경(北京)에서 『주자전서 (朱子全書)』를 얻어 보고 공자학(孔子學)의 정맥이라 생각하여 그 글을 초록해 내옴으로 성리학 전래에 선구적 역할을 담당하였던 분이기 때문이다. 역동의 스승이었던 회헌은 항상 말하기를

> 문하에 수업한 사람이 수백 명에 이르고 있으나 그 도를 깨닫고 이어받는 선비로는 오직 역동을 비롯하여 덕암(德菴) 신천(辛蕆), 상당(上黨) 백이정(白頤正), 국재(菊齋) 권보(權溥) 등 네 사람뿐이다.62)

라고 했다.

---

62) 『東國文獻錄』, "晦軒之門 橫經受業者 七館十二徒 其得道傳後 特以繼開之功 載錄 儒林者 惟禹祭酒倬 辛德庵 白上黨頤正 權菊齋溥四人"

이것은 그가 역동의 학행을 높이 평가했음을 의미한다. 그러므로 그는 항상 역동을 맞이할 때는 제자였지만 가장 정중히 대했었다고 한다. 한 예로 어느 날 스승이 병석에 계실 때 스승을 뵙기 위해 역동과 상당, 국재 세 제자가 병문안을 간 일이 있었다. 그때 회헌은 백이정이나 권보에게 "그대들은 연상(年上) 또는 동년배라고 부끄러이 생각하지 말고 내가 세상을 떠나거든 탁(역동)을 나와 똑같은 스승으로 섬기라" [63]고 당부까지 하여 안향의 제자들이 역동의 문하에 들어가는 것을 꺼리지 않았다 한다. 이것은 새로운 사상적 전환기를 만든 성리학의 전래보급에 역동의 학문적 공로가 얼마나 큰 공헌을 했는지 쉽게 알 수 있는 증거가 된다.

이를 퇴계 이황(退溪 李滉)의 다음과 같은 역동서원 봉안문(易東書院 奉安文)에서 보면 확실해 진다.

> 정부자의 『주역전(周易傳)』이 이 나라에 처음오니
> 아는 사람이 전연 없어 봐도 모경(瞢梗) 같았었네.
> 선생님이 없었다면 그 누구가 성구(省究)하리
> 문을 닫고 궁연(窮研)하여 결정정미(潔淨精微) 찾아냈네.
>
> 공자십익(孔子十翼)연역하고 정자의 전 주로 삼아
> 의(義)와 이(理)에 전력하여 천충(天衷) 모두 발휘했네.
> 깊은 맛을 숙완(熟玩)하여 빠짐없이 달통하니
> 아는 것은 더욱 밝고 지킴 더욱 정(正)하도다.
>
> 이것으로 교인(敎人)하니 덕업으로 다툼 없고
> 찾는 학자 문에 가득 담북 자란 난초향기
> 역이학(易理學)을 처음 행해 사기(史記)에도 사실 썼네.[64]

---
63) 『華海師全』 券三, 諸子敍述
64) 李滉, 『易東書院 奉安文』의 일부

라고 하여 역동의 학문적 업적과 인품을 높이 찬양하고 있다. 뿐만 아니라 각처에서 문묘서원을 설치하고 봉양했으니 퇴계 이황에 의한 역동서원(易東書院)을 비롯하여, 단암서원(丹巖書院), 단산서원(丹山書院), 도동서원(道東書院:후에 구계서원(龜溪書院)으로 개명)이 있었음을 알 수 있다.

또한 그의 인품을 말해주는 것으로는 그가 만년에 복주(福州)의 예안현 서남 오리 낙강(洛江)의 상류 비암(鼻岩)의 오른편〔현, 안동군 와룡면 선양리(安東郡 臥龍面 宣陽里) 지금은 댐의 건설로 수몰 됨〕에 거하였으므로 그곳 지명을 지삼의(知三宜) 또는 지삼리(知三里)라고 한 것은 역동의 도학(道學), 충의(忠義), 절조(節操)의 삼덕(三德)으로 후세를 교육했기 때문에 붙여진 이름이라 전해지고[65] 있다.

이런 일들로 볼 때, 고려 말 흐트러진 사회기강을 성리학적 사상을 기초로 새롭게 세워 보려고 노력한 점은 물론 이를 몸소 실천하였으며, 후세에 모범을 보여준 조선시대에 새로운 사상적 기반을 마련한 분이었던 것을 알 수 있다.

### 3) 사 상

(1) 의이론(義理論)

역동은 유학의 근본정신인 의리(義理)를 관직생활을 통해 몸소 실천한 분이다. 그의 관직생활에서 이를 살펴보면 그가 17세 때(충렬왕 4년 무인(戊寅), 1278년) 향공진사로 뽑혀 홍문관수찬(弘文館修撰)으로

---

"我程易傳 肇臻斯域 人罔窺測 視同髦梗 不有先生 誰究誰省 閉戶硏窮 精微潔淨 孔演十翼 程氏攸宗 專用義理 發揮天衷 熟玩深味 靡不該通 知益以明 守益以正 以是敎人 德業無競 戶屨恒滿 芨長蘭薰 理學始行 史實云云"
[65] 지명유래 전설로 전해지고 있음.

있다가 29세 때(충렬왕 16년인 경인(庚寅), 1290년)에 지공거 정가신의 과거에 병과로 합격한 것으로 되어 있으나[66] 조선 숙종 때 대사관 이선(李選)이 경연(經筵)의 자리에서 왕께 아뢴 것을 보면 '고려 좨주 우탁이 등과하여 받은 홍패가[67] 안동의 역동서원에 있습니다.'[68]라고 한 것으로 보아 을과(乙科)이상에 급제한 것으로 보인다.

역동의 관직생활은 홍문관수찬을 비롯하여 영해사록, 단산사인(丹山舍人),[69] 진주 목사 외 구군(九郡)의 지방관 및 감찰규정과 성균관 좨주를 지낸 바 있다. 특히 그의 관직생활 가운데 크게 두드러진 두 가지 사건이 있었다.

첫째는 삼십세에 영해사록에 임명되었을 때 음사(淫祠)와 사찰(寺刹)을 정리하여 민심을 안정시킨 일이며,

둘째는 감찰규정으로 있던 충렬왕 34년(충선왕 즉위 원년, 무신(戊申, 1308)년 충선왕의 실덕(失德)을 보고 직간(直諫)하여 왕도를 바로잡은 일이다.

이로서 그의 관직생활을 통해 실천한 유학정도로서의 의이론(義理論)을 알 수 있어 이를 좀더 구체적으로 살펴보면 다음과 같다.

① 유학정도(儒學正道)의 실천

성리학에 정통했던 역동이 영해사록에 임명되었을 때였다. 그 곳에는 팔령(八鈴)이라 부르는 요괴한 신사(神祠)가 있어 백성들이 귀

---

66) 『高麗史』, 『世家, 忠烈王條』 十六年五月, 甲辰.
67) 紅牌는 文科에 大科에 及第한 사람에게 주는 姓名과 成績의 等級을 먹으로 붉은 종이에 記入한 것.
68) 肅宗 九年 十月條(홍패는 갑, 을과에만 내리는 것이로 이로 미루어 보면 을과 이상에 급제한 것으로 볼 수 있다.) 현재 영남대학교 박물관에 소장되어 있다.
69) 『丹山邑誌』에 나타나는 舍人岩의 由來.
"八曲在九曲上二里許 西壁亭四仙臺相望盤桓 而潭水澄長 高麗時禹易東先生官舍人 時來居維舟於潭水故村名舍人岩"

신에 유혹되어 제사를 대단히 번거롭게 지내고 있었다. 그러므로 백
성들이 당하는 피해는 컸다. 백성들을 이에서 벗어나게 하지 않고는
편안하게 지낼 수 없음을 알게 되었다. 이에 그는 유생들과 함께 사
졸들을 보내어 신사를 훼파하여 바다에 던져버리고 백성들을 음사
(陰邪)의 미혹으로부터 벗어나게 하니 민심이 안정되고 고을이 편안
해졌다.70)

그 후 진주목사를 비롯하여 아홉 고을의 관장으로 있으면서 각
고을마다 백성을 미혹하는 음사를 훼파하여 유학의 정도를 실천하는
일에 게을리 하지 않았다. 이것은 여말에 일기 시작한 척불운동(斥
佛運動)의 시초가 되었고, 숭유(崇儒)의 기반을 닦는 시도였음을 알
수 있다. 이 같은 사실은 역동에게 사숙(私淑)했던 가정(稼亭) 이곡
(李穀)의 다음과 같은 시를 통해서도 쉽게 그의 치적의 자취를 찾아
볼 수 있다.

"진주고을 풍류는 영남에서 으뜸이니
 장원루(壯元樓) 아래 감도는 물결 남빛 같도다.
 원님으로 나가심에 오직 바라는 이 많아
 부내(府內)에는 지금 다시 치암(恥菴)이71) 있는 것 같도다."72)

라고 하여 수령이 되어 나감을 보고, 푸른 물결 더욱 푸르게 풍속을
바로잡음은 물론 치암 보다 더 훌륭한 정치를 해줄 것으로 믿었던

---

70) 『高麗史』, 『列傳 禹倬條(前揭書)』, p. 391.
 "倬登科 初調寧海司錄 郡有妖神 名八鈴 民惑靈怪 奉祀甚瀆 倬至卽碎之 沈于海 淫
 祀遂絶"
71) 恥菴은 朴忠佐의 號다. 朴忠佐는 字를 子華라 했고 咸陽府院君을 지낸 분으로 성품이
 剛直하여 權勢있는 倖 臣에게 거슬렸고 宰相으로 했을 때도 검약하기가 벼슬하지 않았
 을 때와 같았다 한다.
72) 稼亭의 送禹祭酒出守晉州. "晋邑風流冠嶺南 壯元樓下水如藍 一麾出守有堪羨 按府
 如今有恥菴"

것을 보게 된다. 그것은 역동의 영해사록 시절에 보여 주었던 유학 정도의 실천을 기대하고 바라던 백성의 한 소망을 담아 읊은 것이라 여겨진다.

공자도 자로(子路)가 귀신 섬기는 일에 대하여 물었을 때, "사람을 섬기는 일에도 능하지 못하면서 어찌 귀신을 섬기겠느냐?"73)고 말하였다. 이것은 바로 유학의 근본이 사악한 귀신이나 섬기는 일에 미혹되어서는 안 됨을 가르친 것으로 오직 인간을 존중하여 백성들을 편안하게 다스리는 목민관이 될 것을 강조한 것이라 하겠다.

역동 역시 그의 관직생활을 통해 이와 같은 일을 몸소 실천하여 그 시범을 보이고 있음을 알 수 있다.

② 충간(忠諫)의 의리(義理)

유학의 근본 속에는 국태민안(國泰民安)을 위한 치국평천하(治國平天下)의 도리가 주를 이루고 있다. 그러므로 정치인으로서의 최상의 덕목을 군신유의(君臣有義)에 두고 임금이 임금의 도리를 다하지 못하는 것을 도적이라 했고 신하가 임금을 위해 충간 하다가 죽는 것을 마땅한 도리로 생각하게 했던 것은74) 바로 역동과 같은 충의(忠義)에서 비롯된 것을 보게 된다.

즉 역동이 관직생활을 통해 보여준 충간의 의리는 그의 가장 가치 있는 훌륭한 지식이 아닐 수 없다. 이에 대한 기록은 많은 문헌에 나타나고 있다. 그 중 몇 편을 가려보면 다음과 같다. 『고려사(高麗史)』의 기록을 보면,

---

73) 『論語』, "季路問事鬼神 子曰未能事人 焉能事鬼"
74) 『童蒙先習』, "君而不能盡君道 臣而不能修臣職 不可與共治天下國家也 雖然 吾君不能 謂之賊 昔者 商紂暴虐 比 干 諫而死 忠臣之節 於斯盡矣"

감찰규정으로 있을 때 충선왕이 숙창원비(淑昌院妃)(필자주 : 부왕의 후
궁)와 간음을 하였다. 탁이 흰옷을 입고 도끼를 가지고, 거적자리를 메고
대궐에 나아가 상소를 하여 감히 간을 하니 근신이 소장을 펴보고는 읽지
를 못하였다. 탁이 성이 나서 큰 소리로 말하기를 "그대들은 가까운 신하가
되어서 임금의 잘못을 바로잡아 올리지 못하고 이와 같은 탁한 일을 만나
게 하니 그대들은 그 죄를 아는 가"하니 좌우의 신하들이 모두 두려워서
떨었고 임금도 부끄러워하는 빛이 있었다. 후에 예안현에 물러나와 한가롭
게 살아갈 때에 충숙왕이 그 충의를 가상히 여겨 두 번이나 벼슬을 주려고
불렀으나 나아가지 않았다.75)

라고 했다.

충선왕이 원나라로부터 충렬왕 상사(喪事)에 달려와 즉위한 후에
빈전(殯殿)에 제(祭)를 올리고 드디어 김문연(金文衍)의 집에 행행
(行幸)하여 숙창원비와 더불어 상대하여 한참 지나니 사람들이 비로
소 의심하였다. 또 김문연의 집에 행행하여 간음하니 비는 문연의
매(妹)다. 이튿날 감찰규정 우탁이 흰옷을 입고 도끼를 들고 거적을
묶어가지고 상소하여 감히 간을 하니 임금의 측근 신하들이 소장을
펴보고 읽지를 못했다. 탁이 성이 나서 큰 소리로 말하기를 "경은
근신이 되어 임금의 잘못을 능히 바로잡지 못하고 이와 같은 악을
만나게 하니 경은 그 죄를 아는가? " 하니 좌우의 사람들이 두려워
떨었고 임금도 부끄러워하는 빛이 있었다.76) 라고 했다.

이와 같은 기록은 『동국찰요(東國撮要)』『해동명신록(海東名臣

---

75) 『高麗史』, 列傳, 禹倬條
 "監察糾正時 忠宣蒸淑昌院妃 倬白衣持斧 荷稿席詣闕上疏敢諫 近臣展疏不敢讀 倬
厲聲曰 卿爲近臣 未能格非 逢惡至此 卿知其罪耶 左右震慄王有慙色 後退老禮安縣
忠肅嘉其忠義 再召不起"
76) 『東國通鑑』
 "忠宣自元奔喪卽立後 祭殯殿 遂行金文衍家 與淑昌院妃相對 移時 人始訝之 又幸文
衍家蒸焉 妃文衍妹也 翌日監察糾正禹倬 白衣持斧 東藁上書 敢諫 近臣展疏不敢讀
糾厲聲曰 卿爲近臣 未能格非 逢惡至此 卿知其罪耶 左右震慄 王有慙色"

VI. 자료의 발굴과 새로운 탐구   515

錄)』, 『여지승람(輿地勝覽)』, 『여조명신록(麗朝名臣錄)』 등에도 보이고 있어 『고려사』 열전의 내용을 뒷받침해 주고 있다.
　이것은 역동의 충의를 대표한 사건으로 유학자들의 사표가 되어 조선시대 많은 학자들에게 큰 영향을 끼친 것으로 볼 수 있다.
　조선시대의 대학자이었던 퇴계 이황은 역동의 학문과 업적을 기리기 위해 역동서원을 설립하고 그 기(記)에서 쓰기를,

　　선생의 충의대절은 이미 천지를 움직이고 산악도 흔들 수 있을 만하고 경
　　학의 밝음이나 진퇴의 정당함은 보통사람들 보다 더 뛰어난 바 있었으니,
　　후학의 사범이 되어 백세의 묘향(廟饗)을 받아야 할 이가 선생이 아니고
　　누구시겠는가? 77)

라고 했다.
또한 후일 종사(從祠)를 청한 팔도유생들의 상소문에서도

　　충선왕이 일찍이 실덕한 바가 있었는데 탁이 도끼를 들고 속고(續稿)하고
　　글을 올려 감히 간을 하니 근신들은 소장을 펴보고 읽지를 못하므로 탁이
　　소리를 높여서 말하기를 "경들은 가까운 신하로 임금의 잘못을 보고도 능
　　히 바르게 고쳐 드리지 못하는가?"하니 좌우의 신하들은 모두 두려워하였
　　고 임금도 너그러이 받아들여서 행실을 바르게 고치니 온 나라 사람들이
　　모두 훌륭하다고 했다. 78)

라고 했다.
　그 외 후학들이 그를 추모하는 시편에서도 특히 충의를 높이 찬

---

77) 李滉, 『易東書院記』.
　　"先生之忠義大節 旣足以動天地撼山岳 而經學之明 進退之正 有大過人者 則爲後學
　　師範 可以廟食百世者 非先生而誰哉"
78) 宋煥普, 『八道儒生疏』, 純廟 庚午.
　　"忠宣王嘗有失德 倬持斧束稿上書敢諫 近臣殿疏不敢讀 倬厲聲曰 卿爲近臣 未能格
　　非耶 左右震慄 王優容改行 一國善之"

양하고 있음을 볼 수 있다. 점필재(佔畢齋) 김종직(金宗直)은 예안 땅을 지나며 역동의 충간을 생각하며 시를 남겼으니

> 고려의 오백 년간 저축된 운수인가
> 쇠한 말년에 이 같은 현인 날줄이야
> 왕정에 도끼 드니 진정한 당개(唐介)[79]이고
> 초옥서 경전연구 참으로 정현(鄭玄)[80]일세.[81]

라고 하여 역동이 충선왕을 충간한 기개를 중국 송나라 때 전중어사(殿中御史)로 재상 문언박(文彦博)과 간관(諫官) 오규(吳奎)를 탄핵했던 당개와 같이 생각했고, 또한 동방의 유종으로 추앙받고 많은 제자들을 배출시킨 그를 중국 후한 때 당화(黨禍)를 피하여 벼슬을 버리고 문을 닫고 학업을 닦아 많은 저서와 천 수백 명의 문도를 거느렸던 정현과 같이 하여 찬양한 시를 지은 것을 볼 수 있다.

이렇게 역동의 의이론(義理論)은 그의 관직생활을 통해 몸소 실천에 옮겨 후세에 많은 영향을 끼쳤을 뿐 아니라 학문적 계통과 함께 그의 중요한 사상의 일면이었음을 보여준 것이라 하겠다.

(2) 성경론(誠敬論)

① 학문적 계통

역동의 학문적 계통은 정주성리학을 강해한 데서부터 출발했음을 알게 된다.

『고려사』의 기록에 의하면

---

79) 唐介는 宋나라때의 忠臣을 말함.
80) 鄭玄은 後漢時의 유명한 經學者를 말함.
81) 金宗直, 『過禮安有懷禹先生諫議』
  "麗運涵儲五百年 不圖衰叔有斯賢 朝庭持斧眞唐介 白屋窮經似鄭玄"

정자의 역전이 처음 우리나라에 건너왔을 때 능히 아는 사람이 없었는데, 탁이 문을 닫고 한 달 동안 연구하여 생도들에게 가르치니 이학이 비로소 행하여졌다.82)

라 했다.
그리고 또 『동국유사』의 기록을 보면

우리나라에 역이 없었는데 선생이 중국에 사신으로 들어가 원나라 순제에게 아뢰어 말하기를 "신의 나라에 역이 없습니다"하니, 천자가 말하기를 "그대는 역리에 통달했는가?" 하니, 선생이 말하기를 "비록 널리 통하는 군자라고 하더라도 어찌 역리에 통달할 수 있겠습니까? 역이 이학의 두뇌이니 바라옵건대 한번 보여 주십시오"하였다. 이에 천자가 역을 주니 선생이 옥하관(玉河關)에 나와서 불을 밝히고 하룻밤을 읽고 이튿날 돌려주니, 천자가 말하기를 "모두 읽었는가?"하여 대답하기를 "거의 섭렵을 했습니다" 했다. 순제가 배송(背誦)하게 하니 선생이 모두 외우는데 막히는 곳이 없었다. 순제가 놀라서 칭찬하여 말하기를 "아름답다. 적고 치우친 나라에 두기는 아깝다. 주부자가 다시 동방에 태어났도다"라 하였다. 선생이 환국하여 시송(詩誦)하고 조금 의심나는 곳이 있어 문을 닫고 한 달쯤 연구하여 이에 해득하고83)이듬해에 중국에 보내어 본 역(易)과 서로 대조하여 보게 하니 한자도 착오가 없었다.84)

라고 했다.
그 외에도 그의 학문을 논하는 이 마다 역리에 능통했음을 듣지

---

82) 『高麗史』, 列傳, 禹倬條
 "程傳 初來東方 無能知者 倬 閉門月餘 敎授生徒 理學始行"
83) 어떤 記錄에서 그가 易을 解得한 후 朱子의 註釋을 상고하여 보니 符節을 합친 것 같으나 그 가운데에 다만 '應萬事者'란 四字만 빠져 있었다 한다.
84) 『東國遺史』
 "我東方無易 先生奉使中國 白元順帝曰臣國無易 天子曰 汝達易理乎 先生曰 雖博通君子 何以達易理乎 易是理學頭腦願一見之 於是 天子賜以易 先生出玉河關明燭一宵 翌日還納 天子曰 盡讀乎 對曰 幾涉獵 順帝使肯誦 先生遍誦無碍處 順帝驚讚曰 美哉 惜置小偏邦 朱夫子復生東方 先生還國 試誦 稍有疑處 閉門月餘 乃解 翌年使付中國 以本易相準 無一字差誤"

않은 이가 없다. 권양촌(權陽村)은 '우탁은 경학과 사학에 통하고 더욱 역학에 깊어 문을 닫고 연구하여 생도들을 가르치니 이학이 비로소 행해졌다'[85]고 했으며, 또한 퇴계 선생은 중국사신 허국(許國)과 위시량(魏時亮)이 우리나라에 왔을 때 그들이 묻기를 '동방에 공맹의 심학이나 기자(箕子)의 주수(疇數)를 능히 아는 이가 있는가?' 했을 때, 그는 기록하여 보이기를 '고려 때의 우탁, 정몽주(鄭夢周)와 조선의 김굉필(金宏弼), 정여창(鄭汝昌), 조광조(趙光祖), 이언적(李彦迪), 서경덕(徐敬德) 등이라 했다'[86]라 한다. 또 조선시대 기대승(奇大升) 같은 이는 우리의 학문이 사장(詞章)에서 벗어날 수 있었던 것은 고려 말 우탁에 이르러 처음으로 성리의 학문이 있음을 알게 해준 데서부터 기인된 것[87]으로 보고 있다.

이렇게 여말의 학문적 흐름을 사장에서 벗어나게 한 이학적 학통은 중국 정자나 주자 성리학적 계통을 이어받아 우리나라에도 새로운 유학적 체계를 세울 수 있도록 한 역동으로부터 할 수 있다.

② 성경문답(誠敬問答)

역동의 사상은 관직생활을 통해 실천으로 보여준 의이론과 저서를 통해 나타나는 성경론으로 함축될 수 있다. 역동의 학문적 업적은 그가 저술한 것들로 성리학의 요지를 찬한 『초학계몽편(初學啓蒙編)』『도주편(徒州編)』『역론(易論)』『역설(易說)』『가례요정편(家

---

85) 權陽村, 『東賢史略』,
 "禹倬通經史 尤深於易 閉門究解 敎授生徒 理學始行"
86) 李滉, 『退溪言行錄』,
 "隆慶元年 丁卯秋 詔使許國 魏時亮 來使我國 問東方有能知孔孟心學算子疇數者否 退溪先生錄示 高麗禹倬 鄭夢周 本國 金宏弼 鄭汝昌 趙光祖 李彦迪 徐敬德 等"
87) 기대승, 『논사록』,
 "我東學問 只主詞章 至麗末 禹倬 始知有性理學之學"

『禮要精編)』 등이 있었다고 하나 안타깝게도 화재[88]로 인해 현재 전해오지 못하고 있다.

다만 몇 편의 시구와 서간 일부가 남았으며, 다행히도 그의 수제자였던 영해(寧海)에 있는 신현(申賢)[89]의 후손 집에 전해 내려온 원운곡(元耘谷)[90]이 찬한 『화해사전(華海師全)』에 역동과 신현과의 성경문답이 수록되어 있어 이를 통해 단편적이나마 역동의 학문과 사상을 살펴 볼 수 있겠다.

이 책에 보면 신현이 역동에게 성경성학(誠敬聖學)을 물었을 때, 그가 성경에 대해 말하기를,

> 생지(生知)의 성(聖)은 천도이고 생지로부터 이하의 학문을 이르는 것은 인도다. 그런즉 성은 천도나 인도나 모두 같지만 경(敬)은 인도에 있어서 마땅히 행하는 바에 연유한 즉 그런 것이요, 천도에 있어서는 무엇으로 경체를 지적할 수 있겠는가? 또 성인을 보면 성의 광대함이 지극한 성의 도가 된다. 스스로 주장함이 있으되 다만 자연히 순수하여 이미 쉬지 않음이 없다. 진실 되어 망령됨이 없이 화할 따름이요, 하는 것이 있어 화하지 아니한 즉 이것이 묘가 된다. 그래서 억지로 힘을 가하는 것이 아니니 이는 천도이며 성이다. 경으로서 이르는 것이 천도에 이르게 됨이 어찌 이에 이르는 것을 정확하게 말할 수 있겠는가?[91]

---

[88] 易東의 著書들이 불타 없어진 것에 대해 『耘谷拾遺』에서는 다음과 같이 적고 있다.
"當日諸子之門 列姓名者 孰非宗師易東者 乃子孫輩 左祖掃沒申文貞之家者 同惡想濟 又進隋道傳 到嫌感背主之毒 投機千巧 萬奸一轍 申禹兩家之淪亡 然後知事 君子見易東之門 獨無弟子錄者 槪知其當日奸細所爲之已甚矣 梧隱 聞而愀然 曰嗟呼酷矣 先生以申先生父子 爲弟子而至養浩之世 師事申先生父子 況又爲日月上典世主之故而起禍也 禹先生門則只去門人錄 然申先生家則子孫氏姓諱名諱 以將爲渾滅淪沒 俱與其文獻全籍 同致灰坑而無傳焉 庸矣乎 惜哉"

[89] 申賢, 本貫은 平山, 號는 雲月齋, 諡號 文貞, 易東의 수제자로 역동의 모든 저술을 맡아 筆削 校正하여 成編했으며 後에 賢의 輯에 함께 넣었다가 불타 없어지게 되었다. 성격이 강직했고 實踐履行하는 일을 講하고, 格物, 致知, 誠意, 正心의 학문에 힘써 학문의 體와 用을 구한 學者였다.

[90] 元耘谷, 高麗末의 원천석으로 신현의 문인이었으며 그가 선한 <耘谷拾遺>에 <華海師全>이 수록되어 있어 역동과 신현과의 성경문답을 볼 수 있게 했다.

라고 하여 성을 천도(생지의 성)와 인도(생지이하의 성)로 구분, 모두 같은 것으로 보아 성의 경지에 이른 요체로 여겼음을 알 수 있다. 그리고 경은 인도의 경우 마땅히 행할 바를 행하는 것으로 볼 수 있으나 천도의 경우 그 경의 체가 됨을 말한 것을 볼 수 있다. 그러므로 천도는 경의 체가 되고 인도는 경의용이 된다고 본 것을 알 수 있다. 이 같은 견해는 이미 『중용』에서 보이는 성과도 같은 것을 볼 수 있으니 『중용』에서 말하는 성은 바로 하늘의 도요. 성해 지려고 하는 것은 사람의 도라고 한 것을 말한다. 성자(誠者) 천지도야(天地道也) 성지자(誠之者) 인지도야(人之道也)니라. 즉, 성은 사물의 처음이요 끝이니 성이 있지 않으면 사물이 없다(誠子 物之 終始 不誠無物)고 한 것은 우주와 인간의 모든 것을 성에 귀결시키고 있는 것이라 하겠다. 따라서 경은 인간적 수련에 중요한 방법으로 채택되어 무자기(毋自欺)라든지 '계신공구(戒愼恐懼)'와 같은 것으로 발전되고 있는 것을 볼 수 있다. 즉, 경은 본래적인 자아를 회복, 자기로 하여금 도의 온전한 주체이게 하는 길이며 동시에 천에의 신앙을 행하는 길로 성의 경지에 이르게 하기 위한 것이라 한 것을 알 수 있다.

또한 주자도 그의 『중용장구』에서 말한 것을 보면 성은 진실무망으로서 천리의 본연을 이른 것이라 했다. 그리고 그 설명으로 '일이면 순(純)이요, 이면 잡(雜)이다. (일은 전일을, 이는 분기를 의미함) 순이면 성이요, 잡이면 망이다'라고 했다. 이것은 역동이 성경을 천리의 진실에 이르기 위한 노력으로 보고 오랜 수양을 통해 이룰 수

---

91) 『元耘谷拾遺篇』
"生知之聖 天道也 自生知以下 由生知以下 由學問而至 人道也 然則誠於天人也 道皆同 敬於人道也 當行所由則然矣 於天道以何指的底敬體歟 且觀於聖 聖之廣大 至誠之爲道也 自有主焉 但自是純而不已無息 眞實無妄而化之而已 非有爲而化 則是爲妙 而不以勉强加之 是天道也 聖也 至於敬之於天道 奚以的然致之之有言歟."

있는 것을 강조한 것과 같다 할 것이다.
　인간에게서 성은 내면적 주체성을 갖는 것으로 사물과의 교섭에서 드러나는 진실이기 때문에 '불식(不息)'이요, '무식(無息)'인 것이다. 즉 지성은 천과 같으므로 천행이 불식하듯 지성 또한 불식이다. 불식의 성은 천도로 만물의 영원한 생성진행을 의미하는 것으로 인식, 천도를 경의 체로 보았던 것이다. 이에 대한 제자 신현의 동조(同調)를 보면

　　"도가 유행하여 변화하는 묘는 성이 그러한 것이고, 도가 유행하여 변화시
　　키는 것은 경의 체입니다."92)

　라 했다.
　이때 역동은 신현에게 되물어 성경에 대한 생각을 더욱 굳게 다져나가고 있다. 이를 보면

　　"군이 이미 성경이 바로 성분상(性分上)의 것으로서 이 마음이 본래부터 가
　　지고 있는 소이묘(所以妙) 소이실(所以實)이라고 말하였는데, 현우(賢愚)를
　　가릴 것 없이 누구나 다 이 성은 있으니 하우(下愚)에 있어서도 역시 성경이
　　있을 터인데, 군자가 되지 못하니 어찌 유감스러운 일이 아닌가. 분명히 그
　　까닭을 말하여 자포자기하는 자로 하여금 깨달아 알도록 함으로써 만일 돌이
　　키는 자가 있다면 어찌 다행한 일이 아니겠는가?"93)

　라 했다.
　이에 대해 신현은 대답하기를

---
92) 上揭書 "道之流行而化之妙 是誠而然 而道之流行而化之之者 是敬之體也"
93) 上揭書
　　"子旣言誠敬 是性分上而此心所固有之所以妙 所以實者則不別賢愚 皆有是性也 在下
　　愚 亦有誠敬而不爲君子 寧不恨哉 明言其故 使自暴自棄者 易爲覺知其爲然 或有反
　　之者 豈不幸哉"

"우주만물 가운데 인간이 가장 순수하고 뛰어난 이기를 얻었으므로 그 형체가 머리는 하늘을 본받아 둥글고, 발은 땅을 본받아 모나서 평정진립(平正眞立)하여 횡생(橫生)의 금수와 역생(逆生)의 초목과는 전혀 다르니 비록 하우(下愚)라 하나 어찌 성이 없겠습니까?" 94)

라고 하여 맹자(孟子)의 성선설(性善說)과 동일한 결론을 유도해 낸다.

이렇게 역동은 도를 행함에 난이(難易)의 차이는 있지만 기풍의 구애를 벗어나 사람들은 한결같이 도를 알고 행하는 궁극의 경지에 도달할 수 있다고 보아 학문적 수행은 성(誠)에의 도달을 위한 하나의 규범적 의미를 지닌 것으로 보았다. 뿐만 아니라 이기(理氣)에 관해서는 그의 제자 신현으로부터 다음과 같은 답변을 유도해 냄으로 분명한 견해를 밝히고 있다. 이를 보면

" 대개 말하기를 이는 유위유화(有爲有化)의 존재가 아니고 다만 소이연(所以然)의 묘일뿐이며, 기는 유위유화의 존재로 활발 운용함으로써 이는 무변이며, 기는 우변이나 기변과 이변은 현질면의 사람에게서 기에 국한된 마음이다. 고로 현우의 나누임이 있게 되는 것입니다." 95)

이것은 우주의 모든 생성변화가 움직이는 기의 작용이고, 또 그 기가 그것을 따라 작용하는 것이 이가 되므로 이를 체로 기를 용으로 구별하는 것이지, 결코 체가 본체이고 용이 현상이 되는 것이 아니라는 정이천이나 주자의 견해를 그대로 수용, 전이하여 교수한 것

---

94) 上揭書
"於物之間 人旣得最純秀者理氣 故其爲形也 頭像天而圖 足像地而方 平正眞立以人稟而與橫生之禽獸 逆生之草木 單別則雖在下愚 豈無性 有是性則有是心 然則豈曰無此誠敬乎哉"
95) 上揭書
"蓋言理旣非有爲有化之勢 而只爲所然之妙 氣旣有有爲有化之勢 而活潑神運 爲所實之靈 故理無變而氣有變 然氣變而理變者 爲形人氣局者之心 故有賢愚之分"

을 알게 한다.

이렇게 성경문답을 통해 정주학이 전이, 교수한 결과 후대 퇴계와 율곡의 이기론(理氣論)을 중심으로 전이, 교수한 결과 후대 퇴계와 율곡의 이기론을 중심으로 한 성리학 발전의 기틀이 마련된 것을 알 수 있게 된다.

4) 문 학

(1) 유작(遺作)의 산실(散失)

유학의 전래는 삼국사의 기록에 의하면 신라 신문왕대 국학(國學)을 설립하고, 오경(『논어(論語)』, 『효경(孝經)』, 『예기(禮記)』, 『주역(周易)』, 『좌전(左傳)』)을 공경대부의 자제들에게 가르쳤다는 데서부터 연유되고 있으나, 『주역』의 뜻은 워낙 심오하여 제대로 푸는 이가 없었다고 한다.

그러던 것이 중국 송 대에 내려와 정이천이나 주자에 의해 새롭게 해석된 성리학이 여말에 이르러 우리나라에 전래되었을 때 비로소 역동에 의해 그 뜻을 깨쳐 후대 유학자들에게 교수되었다 했다. 이 같은 성리학의 심오한 뜻을 깨친 역동은 역시 많은 저서를 남겼다고 했다. 이에 그의 학문적 업적에 대해 논하고 있는 것을 보면,

" 충목왕 3년(1346년)에 이곡(李穀)·이제현(李齊賢)등과 더불어 편년강목(編年綱目)을 찬정하였고, 이어 성리학의 요지를 찬한『초학계몽편(初學啓蒙篇)』,『도주편』,『역론(易論)』,『역설(易說)』,『가례요정편』등을 저술하였는데 안타깝게도 이 책들이 화재로 없어졌고, 다만 몇 편의 시구와 서간 일부만이 남아 전해 내려오고 있을 뿐이다. " [96]

---

[96] 李寧稙,『易東禹倬先生의 生涯와 思想』, (易東禹倬先生考實, 裵宗鎬編, 三和印刷株式會社, 1981)

라고 한 것으로 보아 역동의 저서로는 성리학에 관계되는 것들로 『초학계몽편』『도주편』『역론』『역설』 등이 있었고, 또한 당시 사회에서 문제가 되었던 상례(喪禮)(유학자들까지 불교의식을 따르는 경향)에 대해 충렬왕에게 수차 상소를 올렸으나 받아들여지지 않자 혼상례를 연구하여 펴낸 『가례요정편』이 있어, 중국 주자가례에 의거한 우리나라 최초의 예서(禮書)의 효시가 됐다. 이로서 예학창도의 중요한 구실을 했던 것으로 볼 수 있으나, 현재 전해지지 않고 있어 그 자세한 내용들을 알 길이 없다.

이와 같이 소중한 문헌들이 불에 타서 없어진 일에 대해 역동의 제자이며 신현과의 친한 벗이었던 원천석(元天錫)은 그가 남긴 『원운곡습유편(元耘谷拾遺編)』에서 다음과 같이 적고 있다.

" 오호라! 문성(文成)의 문하에 우선생 역동의 학문은 제자에게서 탁월하여, 당시의 동문인 동배인 등의 무리가 복종하여 스승으로 섬기지 않는 사람이 없었거든…(중략)…당일 제자의 문하에 성명을 열거한 자치고 누구라서 역동을 종사 삼지 않았으랴마는, 이에 자손배의 신문정가(申文貞家)를 멸망시키는데 동조했던 자들이 악의 동지자로서 협력하여 악행을 한 것이고, 또 정도전(鄭道傳)을 추종하는 자들이 제 주인을 배반함을 혐의하는 한, 독이 천 가지 교사한 기틀을 합하고 만 가지 간악이 한 길로 모여 신·우·양가의 멸망을 이루어 다하였으나, 후일에 일머리를 아는 군자가 역동의 문하에 홀로 제자록(諸子錄)이 없는 것을 보는 사람이면 아마 그 당일의 간악한 무리들이 한 것이 너무나 심하였음을 알 것이다. " 97)

라고 하여 정도전의 무리들에 의해 제자록까지 모두 없애버려졌음

---

97) 『元耘谷拾遺篇』
"嗚呼 文成之門 禹先生易東之學 卓越諸子 而當時同門輩儕流 莫不服從而事師之…(中略)…當日諸子之門 列姓名者 孰非宗師易東者 乃子孫輩左祖掃沒申文貞之家者 同惡相濟 又進踵道傳 到嫌感背主之毒 投機千巧萬奸一轍 申禹兩家之淪亡 然後日知事君子 見易東之門 獨無諸子錄者 槪知其當日奸細所爲之已甚矣"

을 알게 하고 있다. 그는 다시 이어서 오은(梧隱)의 말을 빌어 다음과 같이 적고 있다.

> " 슬프고 혹독하다. 선생이 신선생 부자로서 제자를 삼았고, 양호(養浩)의 세대에 이르러서는 신선생 부자를 스승으로 섬기었거늘 하물며 또 스승의 현덕이나 상전(上典)과 세주(世主)의 견고를 위하여 화난(禍難)을 일으켰겠는가?…(중략)…자손이 성씨를 숨기고 이름을 숨기어도 장차 모두 멸망할 형편이며 문헌과 문적마저 다 함께 불에 타 잿더미를 이루어, 전하는 것이 없으니 통탄스럽고 애석하도다. " 98)

라고 하여 문헌과 문적이 불타 없어진 것을 애석하게 여기고 있는 내용을 기록해 놓았다.

이 같은 사실로 미루어 볼 때, 당대 성리학의 대가였던 역동의 작품들도 함께 소실되었을 것은 분명한 일로 그의 문학적 깊이를 짐작조차 할 수 없게 되어 애석할 뿐이다. 다만 한시 작품『잔월(殘月)』한 수와 안동 영호루(映湖樓)에 현판으로 걸려 남아 있는『제영호루(題映湖樓)』한 수와 수미(首尾) 양구가 빠진 채 전해지는『강행(江行)』한 수가 있고,『진본 청구영언(珍本 靑丘永言)』에 단가 한 수와『해동가요(海東歌謠)』등에 단가 한 수가 전해오고 있다.

(2) 단가(短歌) 두 수의 가치
 ①시조사적 위치
시조(時調)는 우리문학의 대표적 문학 장르로 가장 오랜 역사를

---

98)『元耘谷拾遺篇』
 "嗟呼酷矣 先生以申先生父子 爲弟子而至養浩之世 師事申先生父子 況又爲日月上典 世主之故而起禍也…(中略)…子孫氏姓諱名諱 以將爲渾滅淪沒 俱與其文獻全籍 同致灰坑而傳焉 庸矣乎 惜哉"

지니면서도 현재까지 줄기차게 발전되고 있는 시가형태(詩歌形態)다.
　이 같은 시조의 발생은 적어도 고려시대 중기까지 소급되고 있으나 그 시가의 형태가 완성된 것은 고려 말로 보는 견해가 지배적이다. 이에 대해 이태극(李泰極)은

> " 시조가 일정한 형태를 갖추어 새로운 위치를 만든 때는 아무리 보아도 고려 중기에 태동되어 가지고 오다가 고려 말경에 와서 정립된 것으로 보인다. "99)

　라고 하면서 그 이유를 몇 가지로 요약하고 있는 데 그 중에서도 특히 여요형식(麗謠形式)인 삼음보격을 많이 힘입고 있는 것으로, 여대(麗代) 작품으로 남아 있는 시조 작품에서 그 자구 구성을 예로 들었다.

> "최충(崔沖)의 '① 백일은 ② 서산에 ③ 지고
> 　　　　　　① 황하는 ② 동해로 ③ 든다.'
> 우탁(禹倬)의 '① 늙는길 ② 가시로 ③ 막고
> 　　　　　　① 춘산에 ② 눈녹인 ③ 바람'
> 이존오의 '① 구름이 ② 무심탄 ③ 말이'
> 이색(李穡)의 '① 백운이 ② 자자진 ③ 골에'
> 등은 ①②③의 삼음보격(三音步格)이요, 그 자수율(字數律)은 3·3·2 조다. 또 우탁의 '오는백발 / 막대로 / 치렸더니' 최영의 '녹이상제(綠駬霜蹄) / 살지게 / 먹여' 등은 4·3·4 조와 4·3·2 조로 된 3음보 격이다. "100)

　라고 했다.
　이에 의하면 여말 완성된 시조작품으로 최충이나 우탁, 이존오, 이색 등의 작품을 들고 있어 우탁의 시조가 시조사(時調史)적으로

---

99) 李泰極, 『時調의 史的研究』, 二友出版社, 1981, p. 270.
100) 上揭書, p. 270.

볼 때 시조형을 갖춘 초기 작품임을 분명히 알 수 있다. 뿐만 아니라 조윤제(趙潤濟)도 시조의 발생을 논하면서

> " 시조를 다른 시가에서 분화하여 시조다운 형식이 대강 고려 중엽 이후라 한다면 물론 고구려 을파소(乙巴素)나 백제 성충(成忠)의 작품은 인정할 수 없고, 또 고려의 최충이나 곽여(郭輿)의 작품까지도 의문에 두는 것이 도리어 당연할 듯하다. 만약 안전을 기한다면 고려 말엽에 속하는 우탁 이하의 작품으로 취급하는 것이 가장 무난할 듯하다. " [101]

라고 하여 우탁의 작품에 이르러서는 비로소 시조 작품의 완성을 논하는 것이 가장 타당함을 지적했다. 또한 이병기(李秉岐)도 시조의 발생과 성장을 논하면서

> " 최충, 곽여, 이규보 등은 사상도 한시문 사상이고, 그 어법도 한문체를 썼으나, 우탁의 작품은 창의로서 전연 국어체를 썼다. " [102]

라고 하여, 여말 시조의 완성은 우탁에 의해 사상(思想)과 문체면(文體面)에서 완벽한 우리문학의 대표적 장르로 형성된 것을 지적하고 있다.

즉 이것은 한 시대의 변천과 함께 새로운 시가의 탄생을 맞게 된 것임을 알 수 있다. 이점에 대해 이태극은 다음과 같이 지적하여 더욱 확실하게 해 주고 있다.

> " 불교적 사고방식이 도학적 사고방식으로 전환되는 시기에 시조 형식은 형성되었다고 볼 수 있으니 즉 성리학이 들어오고 불교가 속화(俗化)되던 때가 바로 여말 경이다. " [103]

---

101) 趙潤濟,『韓國文學史』, 探求堂, 1971, p. 96.
102) 李秉岐, 白鐵,『國文學全史』, 新丘文化社, 1957, p. 99.
103) 李泰極, 前揭書, p. 271.

라고 한 것으로 보아 정주성리학이 전래, 보급됨에 따라 사상적 변천을 가져오게 한 대표적 학자였던 역동 우탁과 시조형의 완성과는 무관하지 않음을 알 수 있게 하고 있다.

그러므로 여말(麗末)에 완성된 시조의 최초 작품은 역동 우탁의 탄로가(歎老歌) 두 수에서부터 시작된 것이란 점에는 이의가 없게 된다. 특히 그의 사상적 학문적 배경과도 일치될 뿐 아니라 현전 작품이 구전되다 기록된 것이라 할지라도 수록문헌[104]들이 모두 믿을 만한 가집(歌集)들이란 점 등을 들어 볼 때, 시조 문학사적 위치가 크다 하지 않을 수 없다.

이에 문학사적 가치를 정리해 보면 다음과 같이 요약될 수 있다.

첫째, 여말에 완성된 최초의 완형 시조라는 점
둘째, 작자를 알 수 있는 완벽한 창작된 작품이라는 점
셋째, 사상적인 면을 비롯하여 표현기법에서도 완전히 우리의 것으로 새로운 문학적 지평을 열었다는 점 등을 들 수 있어 문학사적인 면에서 시조사적 위치를 더욱 분명히 하여 최초의 완성된 시조로서의 가치가 더욱 높이 평가되는 작품이다.

② 문학적 가치

시조는 작가(作家)의 사상 감정을 함축적으로 시형에 맞게 표현한 단형의 문학형태다. 이와 같은 시조형의 완성까지에는 많은 시가(詩歌) 양식들이 있어 왔지만, 여말에 완성된 3장 6구체의 단가형식은

---

104) 禹倬 時調의 收錄文獻
『珍本靑丘永言』,『海東歌謠』(李熙昇本),『花源樂譜』,『靑丘永言』(李熙昇本, 崔南善本),『古今歌曲』,『樓花樂府』,『歌曲源流』(雅樂部本, 崔南善本)『女唱歌謠錄』,『東歌選』,『南薰太平歌』

우리의 사상 감정을 표현하는 가장 단순화된 형식이었다. 그러므로 조선 오백 년을 거쳐 현재까지도 그대로 쓰이고 있어 우리문학의 대표적 문학양식이 되어 있다. 이렇게 볼 때 최초의 완성된 시조 작품의 문학사적 가치는 말할 수 없이 중요한 것이다. 이에 현전하는 역동의 단가(短歌) 두 수의 가치는

  첫째로, 그 형태(形態)면에서 완벽한 시조형의 완성된 최초의 시조란 점에서 그 중요성을 높이 평가할 수 있다.

  둘째로, 사상(思想)면에서 작품에 담긴 소박하면서도 인간과 자연을 하나로 보는 천인합일(天人合一)의 정신이 담겨 있음을 높이 평가 할 수 있다. 즉 이는 『주역』의 오묘한 진리에서 터득된 이치가 문학작품으로 표출된 것이라 할 수 있다. 인간(人間)과 자연(自然)을 하나로 보고자 하는 천인합일의 사상은 자연법칙을 뛰어 넘어 보려는 인간적인 욕망으로 인간문제를 폭넓은 우주원리 속에서 풀어 보려 한 것이라 볼 수 있다.

  이것은 작가가 폭넓은 우주의 원리를 체득하지 못했다면 이 같은 작품은 창작되지 못했을 것이다. 『주역』의 원리가 우주에 기초를 두었기 때문에 인간 자체를 우주의 일부로 해석하고, 자연과 대립시켜 늙는 것까지도 자연의 일부로서 막아 보겠다는 인간됨을 노래하고 있다.

  셋째로, 작품 내용(內容)면에서 살펴보면 춘산(春山)에 눈 녹인 바람으로 귀밑에 해묵은 서리를 녹여 보겠다는 것이나, 백발(白髮)이 오는 것을 막대로 막아 보겠다는 것은 인간(人間)을 자연(自然)의 일부로 생각한 인간의 욕망을 노래한 것이다. 즉 이것은 보이는 현상(現狀)과 보이지 않는 심상(心狀)을 시어(詩語)로 표현해 냄으로써, 우주의 원리를 부호화(符號化)했던 주역의 원리를 그대로 원용하고 있는 것이라 하겠다. 늙음을 서러워하는 인간의 심상을 백발의 이미

지에 담아 흰눈이나 서리로 표현한 것은 당대 시조의 획기적인 표현 기법이 아닐 수 없다. 이것은 바로 역동의 사상에서 볼 수 있었던 의이론(義理論)이나 성경론(誠敬論)에서 나타나고 있는 가장 솔직하고, 가장 인간적인 인간성 존중의 일면을 드러낸 것이라 할 수 있다.

이에 역동의 단가 두 수를 소개하며 그 시조에 담긴 뜻을 간단히 살펴보기로 한다.

> 춘산에 눈녹인 바람 건듯 불어 간듸없다.
> 적은 덧 빌어다가 마리우헤 불리고져
> 귀밑에 해묵은 서리를 녹여볼까 하노라.[105]

이 시조는 사철이 자연법칙에 따라 순행하며 사시가 바뀜에 따라 인간도 자연의 일부로 귀밑에 서리가 내린지 오래라. 이에 해묵은 서리(늙음)를 녹여 보겠다고 하는 것은 인간의 속성이요 본성이다. 그러나 피할 수 없는 순리로 흰머리를 검은머리로 만들어 보고 싶은 솔직한 소망을 담고 있는 것이다.

> 한손에 막대잡고 또 한손에 가시 잡고
> 늙는길 가시로 막고 오는 백발 막대로 치려터니
> 백발이 제몬저알고 지럼길로 오더라.[106]

이 시조에서는 인간은 인간일 수밖에 없는 한계를 드러내고 있다. 즉 동서고금을 통해 불로장생(不老長生)을 꿈꾸어 온 많은 사람들이 있었지만 모두 자연으로 돌아가고 말았다. 아무리 가시로 막고, 막대로 치려해도 오는 백발을 막을 길이 없다. 인간의 한계를 자연의 순행에 맞춰 노래한 우주론(宇宙論)적 원리가 담긴 시조라 하겠다.

---

105) 『海東歌謠』
106) 『靑丘永言』

초기의 시조작품으로 우주의 원리를 사상적 근거로 출발하게 한 것은 역동의 높은 학문적 기초 위에 세워진 금자탑이라 하겠다. 그러므로 역동의 시조는 많은 사람들의 호응을 얻어 오랫동안 불려졌고, 또 인정을 받기에 이르러 오랜 세월동안 구전(口傳)되어 오다가 많은 문헌(文獻)에 수록된 것으로 여겨진다.

그러므로 역동의 시조 두 수는 시대적 사상적 특징이 가장 잘 나타나 있을 뿐만 아니라, 작가를 밝힐 수 있는 분명한 작품으로 우리 문학사상 완성된 시조형의 최초 작품이란 점에서 그 가치는 더욱 높게 평가되고 있다.

5) 결 론

역동(易東) 우탁(禹倬)은 고려 원종 3년(1262년) 단산군 서북 10리 금수산 칠성봉 하에서 향공진사 천규(天圭)의 아들로 태어났다. 그는 17세 때(충렬왕 4년) 향공진사로 뽑혀 홍문관수찬을 거쳐 29세에(충렬왕 16년)과거에 합격, 영해사록에 임명되었을 때 음사와 사찰을 정리하여 민심을 안정시켰고, 감찰규정으로 있을 때는 충선왕의 실덕을 직간하여 왕도를 바로잡았다. 그리고 성균관 좨주를 제수 받아 정주성리학을 강명하여 유학을 크게 진흥시켰으며, 노년기에는 예안현에 물러나 있으면서 충의(忠義)와 절조(節操)와 도학(道學)의 삼덕으로 후진교육에 전념, 새로운 시대의 사상적 기반을 튼튼히 다져놓고 충혜왕 3년(1342년) 81세를 일기로 세상을 떠나니, 도학과 문행이 뛰어나 문희공의 시호가 내려졌다.

역동의 사상과 문학을 요약, 정리해 보면 다음과 같다.

먼저 그의 사상으로는 첫째, 관직생활을 통해 실천했던 유학정도의 의이론을 들 수 있다. 즉 그가 30세 되던 때 영해사록에 임명되어 요괴한 신사를 훼파함으로 백성들로 하여금 음사의 미혹으로부터 벗어나게 한 일과 감찰규정의 관직에 있으며 충선왕의 실덕을 보고 석고대죄의 상소를 올려 왕도를 바로잡게 한 일 등이라 하겠다.

둘째, 학문적 계통을 통해 나타난 성경론을 들 수 있다. 즉 『고려사』의 기록에 나타나는 것으로 정자의 역전이 처음 우리나라에 들어왔을 때 능히 아는 이가 없었는데, 선생께서 한 달 동안 연구하여 생도들을 가르치니 비로소 이학이 행해지게 되었다고 한 것으로 보아 성리학적 사상의 정수인 성경론이 강조된 것을 보게 된다. 그 내용이 제자 신현과의 문답을 통해 잘 나타나고 있어 후일 퇴계 율곡의 이기론의 사상적 기초가 되었음을 알 수 있게 한다.

다음으로 그의 문학(文學)에 대해 살펴보면 많은 저서와 작품들이 불에 타 없어졌으나, 구전되어 오던 단가 두 수가 있어 시조사(時調史)적으로 중요한 위치를 점하고 있을 뿐만 아니라, 문학적 가치 또한 높이 평가되고 있어 정리해 보면 다음과 같다.

첫째, 시조사적인 면에서 완성된 시조형의 최초 작품이란 점에서 그 중요성이 인정된다. 즉 고려 중기에 태동된 시조가 여말에 그 형식이 완성되는데, 그 최초의 대표적 작품이 역동의 단가 두 수라는 점이다. 특히 이 작품은 완벽한 창작적 작품이며, 표현기법이나 사상 면에서도 완전한 우리의 것으로 새로운 문학적 지평을 열었다는 점에서 시조사적으로 중요한 작품이라 하겠다.

둘째, 문학적 가치 면에서 높이 평가될 수 있다. 즉, 역동의 단가 두 수는 인간과 자연과의 관계를 노래한 것인데 천인합일의 우주론적 사고를 기초로 인간을 해석하려는 초자연적 인간관에 의해 인간 염원을 표현한 것으로 많은 사람들의 호응을 받아 온 작품이라 하겠다.

일대 사상적(思想的) 전환기(轉換期)를 주도했던 그의 시조(時調) 작품은 우리 시조사에서 영원히 빛날 금자탑이라 여겨진다.


### 3. 관란(觀瀾) 원호(元昊)와 『원생몽유록(元生夢遊錄)』
   작자문제 - 임제(林悌) 및 김시습(金時習), 원호(元昊) 저작설, 지식인
   의 고뇌와 문학적 대응 - 은일지향적 생애, 저항정신의 우의적 표출


1) 들어가며

　　인류 문화의 전승 과정을 살펴보면, 흥미로운 이야기들 인구에 회자되다가 문자로 기록되어 문학작품으로 전해진 것들이 많다. 이들은 사실만을 중시하는 역사기록과는 달리, 그 이면에 감추어진 의미를 내포하는 경우가 허다하다. 이런 야사(野史)적 성격의 문학작품을 통해 당대 인간사의 진면목을 알 수 있는 것이다. 이 같은 문학을 대표하는 설화(說話)나 소설(小說)들은 당시의 사회상을 살필 수 있는 유일한 증거물로, 매우 중요한 자료적 가치가 있는 소중한 문화적 유산이 된다.

　　조선 초 세조(世祖)의 왕위찬탈과 같은 역사적 사건에 당대 지식인들이 어떻게 고민해 왔고 또 어떻게 대응했는지 등의 시대적 상황에 따른 제반 양상도 문학작품들을 통해서 살펴볼 수 있는 일이라 하겠다. 즉, 엄격한 유교적 윤리의 지배 하에 있었던 당시 사회적 현실로 미루어 볼 때, '충신불사이군(忠臣不事二君)'을 철칙으로 여겼던 지식인들의 저항은 물론이고 반체제적 사회운동이 대단했지만 그와 같은 역사적 사실들을 그대로 기록해 놓을 수는 없었을 것이

다. 그러므로 그 실상을 후대에 전하기 위해 야사적 성격의 문학작품들이 나타나게 되었을 것이며, 이는 여러 문헌들에 감추어져 위장되면서 전해져 왔다.

『원생몽유록(元生夢遊錄)』도 그와 같은 어려운 과정을 통해 전해지게 됨으로써, 그 작자에 대한 명확한 기록이 남아있지 못해 오늘날 작자문제에 대한 이설(異說)이 나오게 되었다. 이 작품은 김태준(金台俊)의『조선소설사(朝鮮小說史)』에서 그 작자를 백호(白湖) 임제(林悌)로 언급한 107) 이래, 여러 학자들이 이론을 제기함으로써 작자문제에 대한 논의108)가 계속돼 왔다. 그 중 대표적인 것은 매월당(梅月堂) 김시습(金時習) 설을 주장한 장덕순, 관란(觀瀾) 원호(元昊) 설를 주장한 이가원(李家源), 백호(白湖) 임제(林悌) 설을 주장한 황패강 등을 들 수 있다. 그러나 장덕순의 주장은 크게 호응을 얻지 못하여 재론되지 않았고,『해월문집(海月文集)』 소재 자료를 토대로 고증한 황패강의 논의가 널리 받아들여졌다. 그러나 최근 원용문이 작품분석을 통해 관란 원호설을 주장함으로써 작자문제에 대

---

107) 金台俊,『朝鮮小說史』학예사, 1939, p. 76.
108) 張德順, "夢遊錄 小考",『동방학지』4, 연세대 동방학연구소, 1959.
　　李家源, "夢遊錄의 작자 小考",『국어국문학』23, 국어국문학회, 1961.
　　黃浿江, "『元生夢遊錄』과 林悌 文學",『한국서사문학연구』, 단국대출판부, 1972.
　　-----, "『元生夢遊錄』研究",『고전소설연구』(『국어국문학총서』5), 정음사, 1979.
　　鄭學成, "『元生夢遊錄』研究",『한문학논집』3, 단국한문학회, 1985.
　　尹株弼, "『元生夢遊錄』의 綜合的 考察",『한국한문학연구』16, 1993.
　　元容文, "元昊와『元生夢遊錄』",『한국고소설의 시각』(石軒 丁奎福 博士古稀記念論叢), 국학자료원, 1996.
　　-----, "『元生夢遊錄』의 作者問題",『고소설연구』3, 한국고소설학회, 1997.
　　洪性男, "『元生夢遊錄』異本의 再檢討",『고소설연구』, 3, 한국고소설학회, 1997.
　　申海鎭, "林悌와『元生夢遊錄』",『朝鮮中期夢遊錄의 硏究』, 박이정, 1998.
　　梁承敏, "『元生夢遊錄』의 文獻收錄 및 印行 過程",『고소설연구』4, 한국고소설학회, 1998.

한 의혹과 시비가 다시 일게 되었다.
　『원생몽유록』의 작자 문제를 해결하기 위해서는 각종 문헌에 수록되어 있는 이본에 주목하지 않을 수 없다. 특히 이본의 전래과정을 통한 작자문제의 추정은 매우 중요한 문제이다. 이에 필자도 이본의 전래과정을 살피는 가운데 그 작자 문제를 검토한 바 있다.[109] 그 결과 그 동안 논의되었던 많은 이설 중 관란 원호설에 공감을 갖게 되었다. 『원생몽유록』이 원호의 작품이라는 사실이 보다 더 명확히 밝혀진다면, 김태준의 『조선소설사』에서 우리나라 소설의 효시로 거론한 김시습의 『금오신화(金鰲新話)』보다 창작시기가 앞설 가능성이 높기 때문에 소설사에서 크게 주목받지 않을 수 없는 것이다.
　본고는 『원생몽유록』에 나타난 현실 대응 양상을 통해 조선 초 세조의 왕위찬탈과 같은 역사적 사건에 대해 가졌던 당대 지식인들의 고뇌를 엿보기 위한 자리이다. 이로써 작자문제에 대한 결론까지 아울러 도달해 보고자 한다. 먼저 원호 저작설에 대한 타당성을 검토하기 위한 작업으로, 지금까지 거론된 김태준, 황패강 등 임제 저작설의 문제점을 분석, 검토해 보고, 장덕순의 김시습 저작설과 이가원의 원호 저작설을 차례로 검토해 보기로 한다. 이어 원주(原州)에 은거(隱居)했던 원호의 생활상, 현실적 불만, 저항정신 등을 살피는 가운데 『원생몽유록』에 나타난 지식인으로서의 문학적 현실 대응 양상을 고찰하기로 한다.

---

109) 禹快濟, "『元生夢遊錄』 硏究 -異本의 傳來 過程과 元昊著作說의 檢討-", 『고소설연구』 5, 한국고소설학회, 1998.

## 2) 작자 문제를 둘러싼 의혹(疑惑)과 시비

### (1) 임제(林悌) 및 김시습(金時習) 저작설

『원생몽유록』의 작자에 대해서는 그 동안 많은 이설이 있어 왔다. 우선 임제 저작설과 김시습 저작설을 검토해 보기로 한다. 이 작품에 대해 최초로 언급한 연구 성과는 김태준의 『조선소설사』다. 김태준은 이 책 '화사(花史)와 그 시대(時代)'를 논급하는 자리에서, 임제의 의경(意境)을 설명하면서 『추강집(秋江集)』과 『약파만록(藥坡漫錄)』을 참조해 아래와 같이 설명했다.

> " 그[필자주 : 임제]는 추강(秋江) 남효온(南孝溫)의 인격을 사모하야 추강을 모델로 하고『원생몽유록(元生夢遊錄)』을 지어 추강의 경우를 깊이 슬퍼하였다. 방간에 김입(金笠)의 작으로 와전되는 화전시(花煎詩) '조관탱입소계변 백분청유자두견(晁冠撑立小溪邊 白粉淸油煮杜鵑)'도 백호(白湖)의 작이다 " 110)

라고 하여 지극히 짧은 언급이지만, 임제가 추강 남효온의 인격을 사모하여 그를 모델로 『원생몽유록』을 지었다고 했다. 덧붙여 방간에 전하는 임제의 『화전시(花煎詩)』가 김입(金笠)이 지은 것으로 와전되었다고 해, 『원생몽유록』작자에 대한 기록도 와전될 수 있음을 시사했다. 그의 주장을 검증하기 위해 『추강집(秋江集)』 부록에 수록된 『원생몽유록』말미의 기록을 살펴보면 다음과 같다.

> " 살피건대 이 글은 우언(寓言)이다. 그러므로 독자들은 대부분 확실히 분별하지 못했다. 거기서 말한 다섯 사람은 대개 사육신을 가리킨다. 첫 번째는 박팽년(朴彭年)이요, 두 번째는 성삼문(成三問)이요, 세 번째는 하위지(河緯地)요, 네 번째는 이개(李塏)요, 다섯 번째는 유서원(柳誠源)이다. 일개 선비라고 한 분은 유응부(俞應孚)를 지칭하며, 복건자는 곧 선생[필자

---

110) 金台俊, 앞의 책, p. 76.

주 : 남효온]을 이른다."[111]

라고 하여『추강집』3간본 편찬자는『원생몽유록』작자를 임제로 밝히는 가운데 작품 말미에 세자(細字)로 위와 같은 기록을 덧붙여 놓았다. 이 작품이 우언(寓言)이다 보니 그 작중인물이 누구인지 명확히 분별되지 않고 있다면서 해당 이름을 하나하나 들어놓았다. "복건자(幅巾者)는 곧 선생을 이른다(복건자즉위선생야 : 幅巾者則謂先生也)"라고 했으니, 문집 편찬자들이 폭건자를 바로 자신의 조상인 남효온(南孝溫)으로 간주해 이 작품을 거기에 수록했음을 알 수 있다. 이에 임제가 남효온의 인격을 사모하여 그를 모델로 이 작품을 지었다는 주장이 쉽게 나올 수 있었다. 그러나 김태준이 논거로 삼은『추강집(秋江集)』에『원생몽유록』이 수록된 것은 겨우 1921년 문집이 3간될 때의 일이다. 김태준이 언급한 내용은『추강집』을 근거로 한 것인데, 여기에 실린『원생몽유록』은 바로『장릉지』수록본이 추록(追錄)된 것이어서 기본적인 문제부터 다시 검토해 볼 필요가 있게 되었다.

그 후 이가원은『국어국문학』제4호에 본인 소장본『원생몽유록』을 주석(註釋)하여 공개했는데, 작품에 등장하는 주인공 원자허(元子虛)를『사시(史記)』、『사마상여전(司馬相如傳)』에서 따온 가공인물로 해석해 다음과 같이 설명했다.

" 가칭(假稱)이니 원(元)은 원래(元來)란 뜻이요, 자허(子虛)는 사기(史記) 사마상여전(司馬相如傳)에 '상여청위천자유렵부(相如請爲天子遊獵賦) 부성주지(賦成奏之) 이자허허언야(以子虛虛言也) 위초칭오유선생자(爲楚稱烏有先生者) 오유차사야위제난(烏有此事也爲齊難)'"[112]

111)『秋江集』, 권8(木板本, 1921年刊, 서울대奎章閣 藏). "按此文是寓言, 故讀者多未別白, 其曰五人者, 盖指六臣, 而第一朴公也, 第二成公也, 第三河公也, 第四李公也, 第五柳公也, 其曰一介士者, 指俞公, 而福巾者則謂先生也."

이가원은 원자허를 이렇게 해석함으로써 김태준의 임제설을 그대로 따랐다. 그러나 곧 이에 대한 오류를 인정하면서 최초로 원호 저작설을 주장했다.113) 이와 같이 작품에 등장하는 원자허(元子虛)를 가공인물로 보아 처음에는 임제설을 따랐다가 뒤에 원호설로 바꾼 연구 성과로는 신기형의 『한국소설발달사』나 김기동의 『이조시대소설론』 등을 들 수 있다.114)

그 후 황패강은 "『원생몽유록』과 임제 문학 "115)을 통해 임제설을 보다 더 구체적으로 논의했다. 그는 최근에 발표된 논문116)에서도 이 작품의 작자에 대한 이설(異說)이 많은 것은 문헌기록이 한결같지 않기 때문임을 지적하면서, 한문필사본 4종, 인간(印刊)본 4종, 그리고 국문필사본 1종을 들어 이본을 검토하고 작자 문제를 거론했다. 즉 인간(印刊)본 중에서 가장 연대가 앞서는 『장릉지(莊陵誌)』 수록본에 『추강집(秋江集)』 수록본과 『관란유고(觀瀾遺稿)』 수록본을 대교(對校)하여117) 먼저 장덕순의 김시습 저작설에 대한 반론을 이렇게 전개했다.

" 장덕순(張德順)의 논의에서 문제가 되는 것은 필사본과 판본 등 서에서 '매월거사(梅月居士)' 대신 자주 나타나 보이는 '해월거사(海月居士)'에 대하여 한마디 없는 점이다. 매월거사를 김시습의 호 '매월당'과 동일시하

---
112) 李家源, "『元生夢遊錄』 註釋", 『국어국문학』 4, 국어국문학회, 1953, p. 14.
113) 李家源(1961), 앞의 논문. 이가원은 처음에 元子虛를 가공인물로 보았지만 그 뒤 『林白湖集』 초간본에 이 작품이 실려있지 않음을 의심하던 중 子虛가 곧 생육신의 한 사람인 觀瀾 元昊의 字임을 알고 전의 註釋이 잘못되었음을 알았다고 했다.
114) 金起東의 경우 金台俊의 임제설을 따랐다가 그 뒤 이가원의 '夢遊錄 作者 小考'가 발표되자 "香朗傳 三韓拾遺의 研究"(『국어국문학』 25)에서부터 원호설을 따랐다.
115) 黃浿江, 앞의 논문. 1972.
116) 黃浿江, "元生夢遊錄", 『韓國古小說作品論』, 集文堂, 1990.
117) 黃浿江이 對校 異本으로 삼았던 『觀瀾遺稿』 수록본은 1926년 重刊된 문집의 것이란 점에서 자료 자체에 문제를 지니고 있다. 『元生夢遊錄』의 異本은 그 후에 더 많은 것들이 發掘되었고 그 傳來過程도 계속 硏究되었다.

Ⅵ. 자료의 발굴과 새로운 탐구  539

는 논의를 펴기에 앞서 '매월거사(梅月居士)'와 '해월거사(海月居士)'의 문제부터 살폈어야 했다. 이 작품의 작자를 임백호로 잡게 된 요인을 ' 무진운운(戊辰云云) '의 말미 기록에만 있는 것으로 본 장덕순의 논의도 사실을 다 말한 것도 못된다. 이 작품의 이본 가운데서 앞머리에 ' 원생몽유록(元生夢遊錄) 임제 저(林悌 著 : 혹은 林梯) '로 제시하고 본문을 쓰고 있는 것을 어찌 설명할 것인지 궁금하다." 118)

이처럼 황패강은 '매월거사(梅月居士)'가 아닌 '해월거사(海月居士)'로 표기된 이본을 들면서 김시습설을 수용할 수 없다는 시각을 분명히 했다. 뿐만 아니라 그 작품론에 대해서도 다음과 같이 반박했다.

" 장덕순(張德順)은 내용 면에서 매월당의 『남염부주지(南炎浮洲志)』와 부합된다고 하였으나 깊이 통찰하면 반드시 그렇지도 않다. 『남염부주지』가 천당 · 지옥을 불신하는 사상을 나타냈다고 하고 『원생몽유록(元生夢遊錄)』의 말미에 쓴 '선한 것을 복 주고 악한 것에 화를 내리는 것이 하늘의 이치가 아닌? 그런데 이 이치가 여기서는 막막하여 판단하기 어렵다 ' 고 한 것을 두고 ' 천지(天地) 이외의 타계(他界)를 불신할 뿐 아니라 화복(禍福)의 향응(響應)도 믿지 않는다 ' 는 『남염부주지』류의 종교관과 관련지어 논하였는데 여기에는 논리의 괴리가 인정된다." 119)

이렇듯 장덕순의 논거에는 문제가 많음을 지적했다. 이어서 이가원이 자료로 제시한 『관란유고(觀瀾遺稿)』의 문헌적 의의에 문제가 있음을 지적하면서 원호설120)에 대해서도 아래와 같은 반론을 제기했다.

---

118) 黃浿江, 앞의 논문, 1990. p. 123.
119) 위의 논문, p. 124.
120) 앞서 거론한 것처럼 李家源은 "몽유록의 작자 小考"에서 임제설과 김시습설을 물리치고 원호설을 주장했다. 그는 『韓國漢文小說選』 62篇을 뽑는 도중에 원호의 遺著 『觀瀾遺稿』를 보게 되었는데 <元生夢遊錄> 全篇이 거기에 실려 있었으며 그 끝에 元昊가 이 작품을 지었다고 인정될만한 충분한 附記가 있어 그 작자를 명확히 밝힌다고 했다.

"『관란유고(觀瀾遺稿)』는 정묘(丁卯)년(1927년)에 간행된 석판본이다. 이 것의 초간은『정간공유고(貞簡公遺稿)』로서 순조(純祖) 13년(1813년 계축)에 간행되었다고 한다. 그러나 그 내용이 '간이솔약(簡而率略) 역위인소모언역위인소모언(侮爲人所侮焉)(관란유고 중간서)'이어서 '박고공사문자(博考工私文字) 철습수록이보탈루자(綴拾修錄以補脫漏者)…(중략)…여부후현찬술지시십(與夫後賢撰述之詩什) 합위일책등재광포(合爲一冊登梓廣布)'한 것이 4권 1책의『관란유고』이다. 그러므로『정간공유고』에 대하여『관란유고』는 내용상·형식상 많은 증보와 가공이 행하여졌음을 알 수 있다. 참으로 고찰의 근거로 삼자면 1813년 간행의『정간공유고』를 문제 삼아야 할 것이다. 그러나 필자가 추심한 범위에서는 그 책을 찾아 볼 수 없었다. 이가원(李家源)도 위의 논문에서 줄곧『관란유고』만을 인용하고 거론하는 것으로 보아『정간공유고』에 접하지 못한 듯하다."121)

이처럼 황패강은 이가원이 근거자료로 사용한『관란유고(觀瀾遺稿)』에 대한 신뢰도를 의심하고 있다. 뿐만 아니라 작품에 등장하는 복건자(幅巾者)를 연촌(烟村) 최덕지(崔德之)로 보는 설에 대해서도 동의할 수 없는 이유를122) 든 데 이어 다음과 같이 주장하고 있다.

" 이가원(李家源)의 설을 좇아서 원생(元生)을 원호(元昊), 복건자(幅巾者)를 최연촌(崔烟村)으로 본다 할지라도 원생이 폭건자를 만났을 때 어찌하

---

121) 黃浿江, 앞의 논문, 1990. p. 125.
122) 黃浿江이 든 이유는 이러하다. " 첫째,『觀瀾遺稿』의 記錄만으로『朝野僉載』를 위시한 모든 <夢遊錄>本에 명시하고 있는 南秋江說을 번복할 수 없다.『觀瀾遺稿』의 문헌적 가치를 냉정히 평가하여야 한다. 둘째, 작품에서 幅巾者는 死者의 한사람이다. 사자의 세계에서는 현세적 시간을 초월하고 隔世의 사자들이 얼마든지 한자리에 모일 수 있는 것으로 생각되고 있다. 그 일례로 <錦花寺夢遊錄>에서 中國의 歷代 創業主와 中興主를 비롯한 覇王 忠賢들이 一堂(錦花寺)에 모여 지난 일을 論함을 볼 수 있다. 셋째, 夢遊錄에서 元子虛가 幅巾者를 처음 만난 장면을 보면 '子虛疑其爲山精木魅 愕然無以應 然其形貌俊邁 擧止閑雅 不覺暗暗稱奇'(藏書閣本 本錄)라 하였다. 이로써 미루어 子虛는 幅巾者와 지면이 있는 사이가 아니다. 어디까지나 初 對面인 듯하다. 다만 幅巾者만은 일방적으로 子虛를 알아보고 '子虛來何遲 吾王奉邀'라고 말하였다. 幅巾者는 靈界의 人間이므로 生面不知의 人物을 알아볼 만한 神通力을 가졌다고 보아서 그리 큰 모순은 없으리라고 생각된다." ( 黃浿江, 위의 논문, 1990, p. 128. )

여 '몽상(夢寐)의 사이에도 서로 떠날 수 없을 만큼 막역(莫逆)의 벗'이었
던 연촌을 전혀 못 알아보고, 마치 생면부지(生面不知)의 사람을 대하듯이
하였을 것인가 자못 의문을 갖게 한다. 그러므로 이 경우 원호와 최덕지 두
사람의 관계는 작품에서 성립되지 않는다. 『원생몽유록』은 남추강 사후의
작품이다. 그러므로 '4세의 유아가 어떻게 단종을 모시고 놀았을 수 있겠는
가?' 하는 말은 성립되지 않는다. 아무리 실재했던 인물이라 할지라도 작품
상으로는 때와 장소를 초월한 차원에서 허구적인 설정을 할 수 있는 것이
당연하다." 123)

그는 이렇게 복건자의 실체가 추강(秋江)에서 연촌(烟村) 최덕지(崔
德之)로 대체될 수 없음을 주장했다. 그리고 황여일(黃汝一)의 『해월
문집(海月文集)』(영조 25년, 1776년 간) 권3 시에 수록된 <제임백호
원생몽유록후(題林白湖元生夢遊錄後)>와 같은 문집 권7 발(跋)에
수록된 <서임백호원생몽유록후(書林白湖元生夢遊錄後)>를 증거로
제시하여 임제설을 다음과 같이 주장했다.

"『원생몽유록』에 붙은 시제(題詩)와 발(跋)로는 『해월문집(海月文集)』의
것이 『장릉지(莊陵誌)』 외의 다른 이본보다 간년(刊年)상 가장 오래고 신
실한 문헌이라 하겠다. 동록(同錄)의 목판본으로 현존하는 것으로는 『장릉
지(莊陵誌)』와 함께 유일한 것이 아닌가 한다. 『관란유고(觀瀾遺稿)』의 초
간본이라고 볼 『정간공유고(貞簡公遺稿)』(1813년)보다도 37년 앞선다. (필
자는 동 유고의 현전 여부를 확인 할 수 없었다) 이로써 볼 때 '자허지우
해월거사(子虛之友 海月居士)…해월거사지(海月居士志)'의 '해월(海月)'
은 결코 '매월(梅月)'로 대체될 수 없음이 확실해진다. '해월'이 '매월'로
왜곡된 것은 필사의 과정에서 빚어진 오사(誤寫)일 듯하다. 실지로 많은 필
사본을 대하여 본 결과 묵필 행서로 된 '해(海)'자는 얼핏 '매(梅)'자로 오
인될 만한 점이 없지 않았음을 말할 수 있다.…『해월문집(海月文集)』의 기
록으로 보아 『원자허전(元子虛傳)』의 본명은 『원생몽유록(元生夢遊錄)』이
요 작자는 임백호(林白湖)이다."124)

---
123) 위의 논문, p. 128.

그러나 대부분의 학자들은 이 의견에 의문을 제기하면서도 다른 해석을 내린다. 그 중 임백호(林白湖) 문학을 연구한 정학성은 작가에 대한 시비의 근원이 되는 등장인물 '원자허(元子虛)'와 '해월거사(海月居士)'의 실존여부를 문제로 제기했다. 즉 '자허(子虛)'를 사마성여(司馬相如)의 우언부(寓言賦) <자허부(子虛賦)>에서 유래된 것으로 해석함으로써 내놓았던 이가원의 초기 주장 임제설을 원용하는 한편, 원호설을 참작해 실존인물 원호의 인상을 겹치게 한 트릭이라는 새로운 해석을 내렸다.

" 『원생몽유록(元生夢遊錄)』의 작자 백호는 이 '자허(子虛)'라는 이름에 '원(元)'이라는 성을 붙여 '본시부터 없는 사람' 즉 허구적 인물이란 점을 다시 한번 강조한 것이다. 그러나 작가 백호라고 하여 원호의 자가 '자허(子虛)'임을 몰랐을 리 없었을 것이다. 필자의 생각으로는 '원자허(元子虛)'라는 이름은 일면 허구적인 인물임을 강조하면서 일면 그의 성격 창조를 위해 실존인물 원호의 인상이 여기에 겹치도록 하는 이중효과를 노린 일종의 트릭으로 붙여진 이름이다." 125)

나아가 '해월거사(海月居士)'도 실존인물이 아닌 허구적 인물로 해석해 다음과 같은 견해를 피력했다.

" '해월거사(海月居士)'란 인물은 애당초 작가에 의해 허구된 가공적(架空的) 인물로 보아야 한다. 해면(海面)에 비친 달그림자는 실체없는 허상에 불과하며 '원자허(元子虛)' '무시공(無是公)' '오유선생(烏有先生)'과 마찬가지로 '해월거사(海月居士)' 역시 허구적 가공적 성격을 강조하는 인물이다. '자허지우(子虛之友) 해월거사(海月居士)'란 말도 이렇게 해서 성립되는 것이니 허구적 인물 '원자허(元子虛)'의 벗이 어찌 실존 인물이 될 수 있겠는가? '자허지우 해월거사…'라는 말로 교묘하게 이어지는 말미의 작품구성은

---

124) 위의 논문, p. 133.
125) 鄭學成, "林白湖文學硏究", 서울대 대학원 박사학위논문, 1985. p. 60.

이렇게 보면 당초부터 허구적 통일성을 완전히 갖추고 있는 것이다." [126]

 이처럼 정학성은 표기상 '매월(梅月)'이 아닌 '해월(海月)'임을 인정하지만 그 의미를 해월(海月) 황여일(黃汝一)로 보지는 않고 단지 가공인물로만 간주한다. 사실 이는 매우 중요한 단서를 제공한 것으로 볼 수 있다. '해월거사(海月居士)'가 실존인물 황여일 이라는 전제하에 이루어진 임제설에 큰 허점이 있음을 지적한 것이나 다름없기 때문이다. 정학성은 『해월문집(海月文集)』에 '해월거사'의 시와 발이 수록된 사실에 대해 다음과 같은 견해를 제기했다.

 "『해월문집(海月文集)』이 『원생몽유록(元生夢遊錄)』 창작 년대(임백호 생몰 년대)보다 근 200년이나 뒤(영조 52년, 1776년)에 간행되었다는 사실에 유의하지 않을 수 없다. 이 200년 동안 『원생몽유록』은 독서계에 파문을 던지며 널리 유포되고 단종의 복위가 이루어지는 숙종 때에는 어람을 거치며 능지(陵誌)에 수록되기도 하였으니『해월문집(海月文集)』이 간행된 시기에 『원생몽유록』은 이미 작가 백호의 탁월한 기개, 높은 문명과 더불어 사대부 사회 속에서 큰 성가를 누릴 수 있었던 것이다. 따라서 200년 뒤의 후인들이 황해월의 문집을 간행할 때 이 성가 높은 작품 속에 선인의 호가 끼어 있음을 눈여겨보고 이를 선인의 저작이라고 즐겨 추단 하면서 그의 문집에 떼어 실음으로써 선인의 명망을 한층 높이고자 했음은 어렵잖게 짐작 할 수 있는 일이다. 이렇게 볼 때, 이유원(李裕元)의 신도비명(神道碑銘) 병서(并序)도 결국 전대의 실정을 명확히 알지 못하는 후인의 추단에서 별로 벗어나지 못하는 글로 여겨진다." [127]

 정학성은 물론 임제 저작설을 긍정하지만, '해월거사'를 해월 황여

---

126) 鄭學成는 海月을 허구적인 인물로 논하면서 각주에서 雨田 辛鎬烈 선생의 교시에 의한 것임을 밝히고 있고(같은 논문, p. 64), 이전의 다른 논문 "몽유록의 유형적 특질과 역사의식"(『관악어문연구』 2, 1977. )에서도 이미 지적한 바 있어, 그 동안 상당한 숙고가 있었음을 알 수 있다.
127) 위의 논문, p. 62.

일로 간주하는 견해에 대해서는 이렇게 부정적 반응을 보였다. 이와 같이 '해월거사'를 가공적 인물로 해석하고『해월문집』에 수록된 제시와 발마저 후대에 황여일의 후손들에 의해 수록된 것으로 본다면,『해월문집』을 근거로『원생몽유록』의 작자를 임제로 확정한 논의는 원점으로 돌아갈 수밖에 없게 된다.

(2) 관란(觀瀾) 원호(元昊) 저작설

앞서 거론한 바와 같이『원생몽유록』작자를 관란(觀瀾) 원호(元昊)로 지목한 연구자는 이가원이다.128) 그는 "몽유록(夢遊錄)의 작자 소고"에서 이전에 주석했던 '자허(子虛)'에 대한 오역(誤釋)을 시인하면서 작자가 백호(白湖)도 아니요 동봉(東峰)도 아닌 관란(觀瀾) 원호(元昊)라고 했다. 그 대목을 들어보면 이와 같다.

　"『원생몽유록(元生夢遊錄)』의 작자가 백호(白湖)가 아니요, 동봉(東峰)도 아닌 관란(觀瀾) 원호(元昊)임을 최근 발견했다. 그의 동기는『한국한문소설선(韓國漢文小說選)』62편을 뽑는 도중에 원호의 유저(遺著)『관란유고(觀瀾遺稿)』중에서 확고한 고증을 얻게 되었다. 이『관란유고』는 순조 13년 계축(1813)에 발간 되었고, 그 뒤 정축(1927)에 관란의『일고(逸稿)』3편과『실기(實記)』를 합철하여『관란유고』로서 재간되었다." 129)

이가원은 이렇게 원호 저작설을 처음으로 주장하고 나왔다. 그러나 문제는 1813년에 간행된 초간본『관란유고(觀瀾遺稿)』가 아닌 1926년(1927년은 착오임) 간행된 중간본으로 논의를 전개해 나아감

---

128) 李家源, 앞의 논문, 1961. p. 568.
　" 이 <夢遊錄>이 어떠한 面으로 보아서도 <愁城志>에 比하여 뒤질만한 作品이 아닌 만큼 어째서 <白湖文集> 중에 빠졌을까 하고 起疑한 적도 없지 않았으려니와 이어서 子虛가 곧 世稱 生六臣의 한 사람인 觀瀾 元昊의 字임을 알자 친구들에게 나의 前非를 宣言했다."
129) 위의 논문, 1961.

으로써 이본의 신빙성에 의혹을 품게 하였다. 즉 황패강은 다음과 같은 문제를 제기했다.

> " 1927년 재간본(再刊本)의 『몽유록(夢遊錄)』 부기 내용은 『정간공유고(貞簡公遺稿)』와 아울러 고찰함으로써만 정곡(正鵠)을 맞힐 수 있을 것이다. 그렇지 않는 한 '사람에게 업신여기는 바' 될 것을 꺼려하여 엮은 『관란유고(觀瀾遺稿)』의 성격으로 미루어 혹 원호(元昊)의 자와 관련된 『원생몽유록(元生夢遊錄)』을 『관란유고(觀瀾遺稿)』 안에 짜 넣었을 가능성을 전혀 배제할 수 없는 것이 유감이다." 130)

황패강에 따르면 초간본 『관란유고』(『정간공유고』)를 확인하기 전에는 이가원이 제시한 중간본의 부기를 인정할 수 없다는 것이다. 즉 『원생몽유록』에 등장하는 몽유자의 이름(자허)이 원호의 자와 동일하자 그 후손들이 『관란유고』 중간 당시(1926년) 여기에 짜 넣었을 가능성을 배제할 수 없다고 보았다. 그렇다면 『관란유고』 초간본인 『정간공유고(貞簡公遺稿)』(정간은 원호의 시호)가 발굴되거나 그 이전의 원호와 관련된 문헌에서 다른 사실이 확인된다면 반론의 여지는 그만큼 좁아질 수밖에 없다.

최근 양승민은 초간본 『관란유고』, 즉 황패강이 확인할 수 없었다는 『정간공유고』를 찾아 학계에 소개한 일이 있는데, 이미 거기에 『원생몽유록』이 수록돼 있다.131) 또 1711년 『장릉지(莊陵誌)』가 편찬될 때 그 저본이 된 『노릉지(魯陵誌)』132)에 이미 『금오신화(金鰲

---

130) 黃浿江, 앞의 논문, 1990. p. 126.
131) 梁承敏, 앞의 논문. 1998.
132) 梁承敏의 논문에 의하면 『魯陵誌』는 영월군수로 있던 尹舜擧(1594-1667)가 당시 영월군에 소장되어 있던 『魯陵錄』을 저본으로 삼아 世祖가 端宗을 幽閉하고 死六臣으로 대표되는 舊臣들을 死地로 몰아냈던 사건의 顚末, 端宗의 墳墓와 祠廟의 建立에 대한 沿革, 신하들의 事蹟 등을 모아 현종 4년(1663)에 編纂한 일종의 編年體 野史集이다. 이것은 1711년에 이름이 바뀌어 『장릉지』로 증보 간행되었고, 1741년엔 윤순거의

神話)』와 『원생몽유록』이 수록되어 있었음을 밝히면서 그 전래과정을 다음과 같이 밝히고 있다.

> "『장릉지(莊陵誌)』 구지(舊誌 : 필자주 : 『노릉지』)의 『원생몽유록』은 『추강집(秋江集)』에서 가져온 것이 아니고 본래부터 수초본(手抄本) 『노릉지(魯陵誌)』에 있었던 것을 재 수록한 것이다. 더구나 『원생몽유록』이 『추강집(秋江集)』에 수록된 것은 1921년 3간본이 간행될 때의 일이므로 『장릉지』가 편찬될 당시의 『추강집』133)에는 이 작품이 수록되어 있을 수도 없는 일이었다. 결국 『원생몽유록』은 다른 유통경로를 거쳐 수초본(手抄本) 『노릉지』에 수록되었고 이는 『장릉지』에 재 수록된 것으로 파악된다." 134)

이처럼 『관란유고』 초간본이 발견됨은 물론이고 문헌고증의 문제들이 하나씩 풀리는 데다 『해월문집(海月文集)』 소재 제시(題詩)와 발(跋)의 진위마저 문제로 제기135)되었고 보면, '해월거사(海月居士)는 황여일(黃汝一)이다'라는 등식 하에 내려졌던 임제설은 대단한 도전을 면할 수 없게 된다.

여기에 최근에 발표된 원용문의 작품 분석을 통한 원호 저작설은 대단한 설득력을 갖는다. 그는 『원생몽유록』이 꿈의 형태를 빌어서 쓴 몽유소설(夢遊小說)이지만 그 내용으로 보아 역사적 사실에 바탕을 둔 역사소설(歷史小說)로 볼 수 있다고 하면서 임제 저작설

---

증손자 尹東原이 刪削한 鐵活字本이 나왔다. <원생몽유록>은 『장릉지』 舊誌란에 실려 있고, 철활자본 『노릉지』에는 탈락되었다. 윤순거의 手抄本 『노릉지』는 현전하지 않으나 『장릉지』 舊誌가 바로 그것이다.
133) 崔錫鼎의 後序로 미루어 1711년에는 이미 『莊陵誌』의 編纂을 마치고 印行에 돌입할 때이다. 이 때 旣刊된 『秋江集』은 初刊本(1577년 刊)과 重刊本(1677년 刊)이었을 터인데 여기에는 <원생몽유록>이 수록되지 않았다.
134) 梁承敏, 앞의 논문, 1998. p. 37.
135) 앞서 말한 것처럼 鄭學成은 "林白湖文學 硏究"(서울대 박사학위논문, 1985)에서 '海月居士'를 실존인물의 號가 아닌 '海面에 비친 달 그림자', 즉 가공인물로 해석했다. 그렇다면 ' 海月居士를 黃汝一 '로 보고 내렸던 黃浿江의 임제설은 심각한 도전을 받게 된다.

의 문제점을 다음과 같이 지적했다.

> " 단종이 세조에게 왕위를 빼앗긴 시기가 1455년이고 임제(林悌)가 『원생 몽유록(元生夢遊錄)』을 지었다고 하는 시기가 1568년(선조 원년)이라고 하는데 110여 년 전에 일어났던 역사적 사실을 바탕으로 하는 역사소설을 쓰면서 그냥 역사소설을 쓰지 않고 무엇이 무서워서 몽유록(夢遊錄) 형태를 빌어서 썼으며 그것도 임생이 꿈 꾼 것이 아니라 원생(元生)이 꿈꾸었다고 제3의 인물을 내세워서 써야 했는지 이에 대한 명확한 해답을 분명히 하지 않는다면 『원생몽유록』의 작자를 임제라고 하는 임제설은 설득력을 잃게 된다." 136)

원용문은 이렇게 전제한 데 이어 시대 배경과 단종 사건을 비롯해 몽유자 원호의 생애를 고찰한 다음 단종 과의 관계를 증명함으로써 본 작품의 저작 동기를 밝혀 보고자 했다. 그리고 등장인물과 실존인물과의 관계를 논하면서 몽유자(夢遊者) 원자허(元子虛)의 정체를 밝혀 보면 작자가 원호임을 증명할 수 있다고 보고, 지은이가 몽유자로 변신해서 자신이 직접 보고 듣고 경험한 바를 꿈에 가탁하여 서술한 체험소설137)이라 주장하고 있다. 또한 쟁점이 되고 있는 복건자(幅巾者)에 대해서도 연촌(烟村) 최덕지(崔德之)의 생애를 중심으로 작품과의 관계를 살펴보면 남효온이 될 수 없다고 해석했다. 연촌 최덕지와 원호와의 관계로 보아 폭건자를 연촌으로 볼 수 있고, 그래서 이 작품은 원호의 저작이 분명하다고 주장했다.

그리고 이 작품의 끝 부분에 있는 '자허지우매월거사(子虛之友梅月居士)' 또는 '자허지우해월거사(子虛之友海月居士)'를 해석하는 자리에서, '해월(海月)'은 '매월(梅月)'을 오사(誤寫)한 것이 분명하다고 했다. 즉 그 내용으로 보아 몽유자 원자허(元子虛)가 '허인(虛

---
136) 元容文, 앞의 논문. 1996. p. 485.
137) 위의 논문, p. 515.

人)'임에 틀림없다면 그 허인의 친구 해월거사도 허인이지 실존인물을 등장시키지는 않았을 것이란 해석이다. 나아가 원자허가 허인이라면 그를 단종이 있는 곳까지 안내해 간 복건자도 역시 허인으로 보아야 할 것이라고 했다.138) 실존인물이 허인의 안내자로 등장하지는 않았을 것이란 주장이다. 즉 등장인물이 모두 허인이면 허인이지 역사적 사건을 다룬 작품에서 일부는 허인으로 일부는 실존인물로 표현하지는 않았을 것이기 때문에, 원자허가 허인이면 '해월거사'도 허인이고 해월거사가 실인이면 원자허도 실인이어야 한다는 해석이다. 그러면서 원자허를 실인으로 본다면 해월은 친구가 될 수 없고 매월당(梅月堂) 김시습(金時習)이 친구가 될 수 있기 때문에 이것은 매월(梅月)을 해월(海月)로 오사한 것이 분명하다고 했다.

원용문은 이와 같이 『원생몽유록』의 등장인물을 중심으로 작자 문제를 분석하고 주변 인물들의 생애를 고찰함으로써, 몽유자인 원자허는 생육신의 한 사람인 관란 원호로 볼 수 있다고 했다. 즉 복건자는 원호의 친구이면서 원주(原州)에 은거(隱居)해 있던 연촌(煙村) 최덕지(崔德之)이고, 어린 임금은 단종(端宗)이며, 신하들은 그 좌석 차례에 따라 박팽년(朴彭年), 성삼문(成三問), 하위지(河緯地), 이개(李塏), 유성원(柳誠源), 유응부(俞應孚) 등 사육신(死六臣)을 이르는 것이며, '매월거사(梅月居士)'는 관란 원호의 친구이면서 생육신인 김시습이 될 수 있으므로 『원생몽유록』의 작자는 임제가 아니라 초기에 이가원이 제기했던 원호(元昊)라는 것이다.

작품 분석을 통한 원호 저작설의 재 주장은, 황패강이 제기했던 『관란유고』 수록본의 의혹이 양승민의 초간본 발견으로 풀리고,139) 『해월

---

138) 위의 논문, p. 543.
139) 李家源이 『觀瀾遺稿』(1926년 重刊)를 보고 원호 저작설을 최초로 주장했으나, 初刊本(1813)이 아닌 중간본으로 논의함으로써, 『貞簡公遺稿』[즉, 초간본 『관란유고』]를 확인하기 전에는 그 附記를 인정할 수 없다는 황패강의 반론이 있었다. 그런데 양승민이 純

문집』의 제시와 발도『원생몽유록』의 한 대목이 문집 편찬자들에 의해 추록된 것에 불과하다는 반론이 제기되어 임제(林悌) 저작설의 근거가 상실된 상태에서 나온 것이어서 더욱 의미를 갖게 된다.『원생몽유록』은 원호가 당대 지식인으로서의 고뇌에 찬 은둔생활 속에서 세조의 왕위찬탈과 같은 역사적 사건에 대한 저항을 직접적으로 표현하지 못하고, 몽유 형식을 빌어 선왕 및 선왕의 복위를 꿈꾸던 사육신과 한자리에 모여 시회를 열면서 그 울분을 시로써 토로한 작품이라 하겠다.

### 3) 지식인(知識人)의 고뇌(苦惱)와 문학적 대응

#### (1) 원호(元昊)의 은일지향(隱逸志向)적 생애

관란(觀瀾) 원호(元昊)와 같은 지식인들이 계유정란(癸酉靖亂)과 같은 국가적 위란기를 당하여 어떻게 고뇌했고 또 어떻게 대응했는가 하는 문제를 당시의 시대상과 함께 살펴보는 일은 작품과 작가의 관계를 분명하게 밝혀낼 수 있을 뿐만 아니라『원생몽유록』의 문학적 가치를 분명하게 들어낼 수 있는 방법이라 생각된다.

당시의 시대상을 보면 조선 왕조는 고려 왕조를 극복한 신흥 사대부들에 의해 국왕 중심의 중앙집권체제로 출발한 나라였다. 그러므로 원나라로부터 도입된 주자학적 기반 위에 수기치인(修己治人)적 실천윤리를 중시하여 인의예지(仁義禮智)와 같은 사회규범을 강화[140]하게 된다. 그러므로 조선 전기에는 왕도정치의 이상을 실현하게 되었으나 문종(文宗), 단종(端宗)대에 이르게 되면 적장자(嫡長子) 승계의 원칙을 고수하게 되면서 나이 어린 임금 단종이 등극하게 되자 이 조화는 깨지게 되고 왕권이 약화되어 신권(臣權)의 강화

---

祖 13年(1813)에 發刊된 該本, 즉 초간본『관란유고』[『정간공유고』]에도 <원생몽유록>이 수록돼 있다는 사실이 밝혀져 원호 저작설에 대한 반론의 근거가 없어졌다.
140) 윤사순, "朝鮮末期 儒學에 관한 연구",『韓國儒學思想論』, 열음사, 1986. p. 173.

를 가져오게 된다.

이 때 강화된 신권 중심에 있었던 인물들로는 황보인(皇甫仁), 김종서(金宗瑞), 남지(南智) 등으로, 이들이 권력을 강화하고 있었고 집현전 출신 유신(儒臣)들조차 이에 동조하는 입장을 취하게 된다. 그러므로 수양대군은 권람(權覽), 한명회(韓明澮) 등을 중심으로 정치적 야심을 행동으로 옮겨 김종서를 비롯하여 황보인(皇甫仁) 조극관(趙克寬), 이양(李穰) 등을 죽이고 안평대군(安平大君)까지 강화로 유배시켜 사약을 내려 실권을 장악하고 단종(端宗) 3년 윤6월 왕위를 선위(禪位)하게 한다.[141]

새조(世祖)의 왕위 찬탈사건에 구신(舊臣)들의 반발은 대단했다. 당시에 집현전 학사로 있었던 성삼문, 형조참판 박팽년, 직제학 이개, 예조참판 하위지, 사예 유성원 등과 성삼문의 부친 성승, 무인 유응부 등은 수강궁에 있던 상왕 단종의 복위와 반역파의 숙청을 꾀하려고 그 기회를 항상 엿보고 있었지만 결국 발각되어 처형을 당하거나 자결하게 된다. 주지하듯 이들이 세칭 사육신이다. 그런데 이 때 함께 처형을 당하거나 자결하지는 않았으나 언제나 수양대군의 왕위찬탈은 주자학적 명분론에 전면적으로 위배된다 하여 그것을 천도의 훼손으로 보고 무도함에 굴복하지 않은 선비들이 있었으니 이들을 세칭 생육신(生六臣)[142]이라 했다.

생육신 중 원호(元昊)의 벗이었던 매월당(梅月堂) 김시습(金時習)은 21세 되던 해 수양대군의 왕위 찬탈 소식을 듣고 즉시 문을 닫고 사흘이나 나오지 않다가 크게 울고 서적을 다 불사르며 발광하다가[143] 도망하여 종적을 감췄다고 했다. 그리고 그는 세상을 방랑하

---

141) 한영우, "왕권의 확립과 제도의 완성", 『한국사』 9, 탐구당, 1981. p. 191-192.
142) 주지하듯 生六臣은 사육신처럼 목숨은 받치지 않았지만 그들 못지않게 節義를 지킨 김시습, 원호, 이맹전, 조려, 성담수, 남효온 등을 일컫는다.
143) 李珥 撰, <金時習傳>, 『梅月堂集』. "時習卽閉戶不出者三日, 乃大哭盡焚其書, 發

면서 한 때는 숨어서 은둔 생활을 하기도 하고 때로는 종로에 나타나 기인으로서의 행적을 보이기도 하며 방외인적인 삶을 살아갔다. 이에 비해 원호는 은일자중(隱逸自重)하는 지사(志士)적 삶을 살아간 인물임을 그의 생애를 통해 찾아볼 수 있다.

원호는 원주인으로 자를 자허(子虛)라 했고 호를 무항(霧巷) 또는 관란(觀瀾)이라 했다. 고려조에 국자진사(國子進士) 문하시중(門下侍中)을 지낸 홍필(弘弼)의 고손으로, 증조부는 중정대부(中正大夫) 종박사령(宗薄寺令) 광명(廣明)이고, 부친은 병조참판과 익흥군(益興君)에 추증된 헌(憲)이다. 세종 5년(1423)에 문과에 급제하여 문종조에 와서는 벼슬이 집현전 직제학에 이른다. 남궁원(南宮垣)은 원호의 행장에서 그 인품을 다음과 같이 기록했다.

"문종이 승하하시고 단종이 왕위를 계승하니 이 때의 나라 사정은 마치 옛날 중국의 성왕이 어린 나이로 주나라를 계승하여 왕실이 위태롭고 불안해하던 시기와 같았다. 이 때에 선생께서는 기미를 미리 예측하고 병을 구실로 관직을 사퇴하고 원주 남촌으로 돌아가 거처하면서 그 동리의 이름을 무항이라 하니 명철한 군자가 아니면 어찌 이렇게 할 수 있었을 것인가."[144]

이로 보아 문종이 승하하고 단종이 즉위해 계유정란(癸酉靖亂)이 일어날 조짐이 보이자 병을 구실로 관직을 사퇴한 뒤 홍문관(弘文館) 교리(校理)로 있던 둘째 아들 효염(孝廉)과 함께 원주 남촌의 송림으로 돌아가 거처를 마련하고 이 동리의 이름을 무항(霧巷)이라 했으며 이를 자신의 호로 썼음을 알 수 있다.

그는 1453년(단종 1연) 계유정난이 일어나기 전 이렇게 원주로 돌아와 은거하던 중 단종이 왕위에서 물러나게 되자 매월당(梅月堂) 김시습(金時習), 연촌(烟村) 최덕지(崔德之) 등과 함께 시국 문제를

狂陷于溷厠…"
144) 南宮垣 撰, <觀瀾先生行狀>, 『生六臣觀瀾元昊』, 홍법원, 1980. p. 65.

의논하면서 우울한 나날을 보낸다. 1456년(세조 2연) 사육신들이 단종 복위를 꾀하다가 화를 입고 단종은 노산군(魯山君)으로 강봉(降封)되어 영월(寧越)에 유배되기에 이른다. 이에 원호는 단종의 발자취를 따라 영월의 청령포(淸寧浦)로 달려갔으나 도강할 배편도 없고 국법이 지엄하여 접근할 방법이 없어 앙천탄식 할 뿐이었다. 그래서 영월 서쪽 사내평(思乃坪)이라는 곳에 흙을 쌓아 대를 만들고 정자를 지어 관란정(觀瀾亭)145)이라 했다. 그는 여기에 머문 채 단종이 위리안치 된 곳만 바라보면서 연주지사(戀主之詞)를 노래하고 눈물로 세월을 보냈다고 한다.146)

　　간밤에 우던 여흘 슬피우러 지내여다
　　이제야 생각하니 님이 우러 보내도다
　　저 물이 거스러 흐르고져 나도 우러 녜리라. 147)

원호는 1457년(세조 3) 단종이 세상을 떠났다는 소식을 접하자 곧바로 영월로 달려가 백덕산 아래 흙을 모아 집을 짓고 부친상을 당한 것같이 3년 상을 마쳤고, 자신에게 화가 미치리란 생각조차 하지 않았다고 한다. 그러므로 이곳의 동명이 '토실(土室)'148)로 불리우지게 되었다.

---

145) '觀瀾亭'은 그 글자 풀이대로 '큰 강물이 흘러가는 것을 바라보는 정자' 또는 '눈물 흘리는 것을 바라보는 정자' 란 의미로 觀瀾 元昊가 端宗이 위리안치된 淸領浦로부터 흘러오는 강물을 바라보면서 눈물을 흘리던 정자라는 뜻으로 볼 수 있겠다.
146) 元容文, 앞의 논문, 1997. p. 69.
147) 元昊의 時調.『(珍本)靑丘永言』,『한국시조대사전』상권, 아세아문화사, 1992. p. 33.
148) 土室의 큰 바위에는 '雉岳山題名錄'이란 기록이 남아 있다. 이 기록에는 당시 단종에게 충성을 받쳤던 사람들의 이름이 새겨져 있다. 맨 첫 번째가 元昊이고, 그 다음은 趙旅, 李秀亭순으로 되어 있으며 성명 아래에 각기 별호를 표시하고 '景泰 年三月旣望'이라 하였다. 이로 볼 때 元昊, 趙旅, 李秀亭 3인은 영월군 수주면 무릉리 백덕산 아래 土室에 모여 시국을 한탄하며 지냈던 것을 알 수 있다.

이처럼 원호는 토실에 거하면서 뜻이 맞는 선비들과 시국을 염려하며 나날을 보낸 은일지사(隱逸志士)였다는 사실을 알 수 있다. 외부 사람들과 접촉을 끊고 살았다 하여 그를 '불출외문(不出門外), 부접친우(不接親友)'라 했다고 하는데, 이에 대해 <행장(行狀)>에 나타난 일화를 살펴보면 이러하다. " 친구 되는 사람이 그곳 관찰사가 되어 부임한 후 그를 만나려 했지만 만나주지 않을 것을 알고 모든 의장을 풀고 달려와 말에서 내려 그의 자를 부르며 찾았다. 그가 이상히 여기면서 거적문을 열고 나와 보니 옛 친구였지만 손을 휘저으며 말하기를 자네와 나는 처세가 다르니 만나지 않겠다고 하며 물리치자 친구는 부끄러워서 그대로 돌아갔다. 또 한 번은 원호의 장조카 원성군(原城君) 효연(孝然)이 수종(隨從)하는 사람들을 물리치고 맨발로 문밖에 꿇어앉아 뵙기를 청했으나 세조를 도운 정란공신(靖亂功臣)이라 하여 문을 막고 엄하게 꾸짖어 돌려보냈다고 한다.149) 그 후 세조가 원호의 명성을 듣고 중히 여겨 호조참의(戶曹參議)를 내려 불렀으나 끝내 나가지 않았을 뿐만 아니라 앉으면 반드시 단종이 사는 동쪽을 향하고 누워도 반드시 동쪽으로 머리를 두었으며 맹세코 서쪽을 향하여 새 임금을 섬기지 않았으니 바로 중국의 백이(伯夷)가 수양산(首陽山)에 들어가 고사리를 캐며 두 임금을 섬기지 않았던 것과 같았다고 한다.

원호의 이와 같은 충절이 인정되어 숙종 25년(1699)에는 원주의 송림에 정여문(旌閭門)이 세워졌고, 정조 8년(1784)에는 자헌대부(資憲大夫) 이조판서(吏曹判書) 겸(兼) 지경연의금부사(知經筵義禁府事) 홍문관(弘文館) 예문관(藝文館) 대제학(大提學) 춘추관(春秋館) 성균관사(成均館事) 및 오위총부도총관(五衛都摠府都摠管)에 추증되었으며, '정간(貞簡)'이란 시호(諡號)를 받았다. 생육신으로 추앙되

---

149) 南宮垣, <觀瀾先生行狀>, 앞의 책, p. 66.

었음은 물론이다. 숙종 29년(1703)에 원주의 칠본서원(七峰書院)에 배향(配享)되었고 그 후에 함안의 서산서원(西山書院)과 영천의 용계서원(龍溪書院) 등에 배향되었다.150)

 이상과 같은 사실을 종합 해 볼 때, 원호는 난세를 맞아 출사하지 않고 원주 남촌(南村) 송림(松林)에 거처를 마련한 채 토실(土室)에서 시국을 논하며 은둔생활로 충절을 고수한 당대의 지식인으로 볼 수 있다. 현실의 모순을 그대로 보아 넘길 수 없어 시대적 고뇌(苦惱)를 소설로 표출한 인물이라 할 수 있다.

 (2) 저항정신(抵抗精神)의 우의적(寓意的) 표출
 관란(觀瀾) 원호(元昊)는 계유정란(癸酉靖亂 : 단종 1년, 1453)이 일어나기 전 이미 향리인 원주로 내려와 은거하고 있었다. 이 때 세조가 단종을 폐위하고 영월 청령포(寧越 淸寧浦)로 유배하자 영월 서쪽 시냇가 사내평(思乃坪)이란 곳으로 옮아 살며 강 곁에 지대가 높은 언덕에 올라 영월 쪽을 바라볼 수 있는 곳에 흙을 쌓아 대를 만들고 관란정(觀瀾亭)이란 정자를 짓고 정자에 올라 매일 같이 단종이 계신 곳만을 바라보며 눈물로 세월을 보냈다. 그러므로 병자년(세조 2년, 1456년) 사육신 거사가 있은 후 사건 당사자들의 혼령을 주인공으로 삼아, 세조의 왕위 찬탈 문제를 성토하는 것을 주제로 한 작품을 남길 수 있었던 것이 아닌가 생각된다.
 주지하듯『원생몽유록』은 비분강개하는 선비 원자허(元子虛)의 몽유 담으로, 그가 꿈속에서 단종과 여섯 신하를 모시고 시국을 개탄하는 시회(詩會)를 연다는 내용이다. 이를 구체적으로 분석해 보면 그 첫머리는 이러하다.

---

150) 元容文, 앞의 논문, 1997. p. 71.

" 세상에 원자허라는 사람이 있었으니 강개한 선비이다. 그는 기개가 너무 커서 시속에 적응하지 못했다. 때문에 자주 나은의 한을 품고 원헌의 가난 또한 견디기 어려웠다. 그는 아침이면 나가서 밭을 갈고 밤에서야 돌아와서 옛 글을 읽는데…역대의 위망과 운수가 옮겨가고 형세가 다한 곳에 이르면 매양 책을 덮고서 눈물을 흘리며 마치 몸소 그 때에 처하여 그 망해 가는 꼴을 버젓이 보고도 힘이 모자라 이를 붙잡지 못하는 듯이 여겼다."[151]

위는 주인공 원자허의 인물됨을 소개한 대목이다. 원자허는 중국 당나라 말기에 주전충(朱全忠)이 임금을 죽이고 새로 양(梁)나라를 세우자 오월왕(吳越王)을 권하여 양나라를 치게 했던 충의지사(忠義志士)와 같이 표현한 것을 보게 된다. 또한 낮에는 밭에 나가 농사를 짓고 밤에는 돌아와 옛 사람의 글을 읽는 선비로, 가난하기는 魯나라의 청빈 관료이자 공자의 제자였던 원헌(原憲)과 같다고 했다. 그러면서 독서 도중 역대 왕조가 위태롭거나 망하게 되어 국운이 옮겨지고 세력이 쇠퇴해지는 대목에 이르면 책을 덮고 눈물을 흘리면서 마치 자신이 그런 일을 당한 것같이 슬퍼했다고 했다.

이어 몽유자 원자허는 중추가절 달 밝은 밤에 달을 따라 책을 읽다가 밤이 이슥해서 심신이 노곤하여 책상머리에 기대어 잠이 든다. 그 때 갑자기 몸이 가벼이 들려 가뿐가뿐 시원스럽게 바람을 잡아타고 오르는 듯, 너울너울 날개가 달려 나는 신선 같이 어떤 강가에 이르니 강물은 느릿느릿 군산(群山)이 얽혀 있었다. 때마침 한 밤이라 온갖 소리 고요하고 달빛은 낮과 같고 물빛은 바랜 베 폭 같으며 바람은 갈대 잎을 울리고 이슬은 단풍잎에 떨어지고 있었다. 수심에 찬 눈으로 바라봄에 불평지기(不平之氣)가 맺혀 풀어지지 않는다. 이에 허공을 긋듯 긴 휘파람 불며 소리 높여 절구 한 수를 읊조린다.

---

151) 『元生夢遊錄』. 世有元子虛者, 慷慨士也, 氣宇磊落, 不容於世, 屢抱羅隱之恨, 難堪原憲之貧, 朝出而耕, 夜歸讀古人書,…至歷代危亡, 運移勢去處, 則未嘗不掩卷流涕, 若身處其時, 汲汲焉見其垂亡, 而力不能扶者也."(『觀瀾遺稿』 收錄本)

한이 강물에 서리니 물결마저 흐르질 못하고　　恨入長江咽不流
　　갈대꽃 단풍잎 차갑게 으스스　　荻花楓葉冷颼颼
　　분명 여기가 장사(長沙)의 언덕임을 아노니　　分明認是長沙岸
　　달 밝은 이 밤 영령들은 어드메에 노니는가　　月白英靈何處遊

　몽유자는 흐르는 강물도 멈추게 할 만큼 깊은 恨이 맺힌 사람이다. 작가는 굴원(屈原)과 가태부(賈太夫)의 고사를 떠올리며 현실을 우의적(寓意的)으로 표출해 내고 있다. 그러면서 임금과 함께 충절로 목숨을 잃은 혼령들을 생각하고 있음을 알 수 있다.

　몽유자가 이렇게 시 한 수를 읊고 나서 사방을 둘러보고 있을 때, 복건(幅巾)에 야복(野服)을 입은 훤칠한 사나이가 그의 앞으로 다가오더니 읍하고 하는 말이 '자허는 어찌 이리 늦었소? 우리 임금님께서 지금 그대를 맞아 오라 하십니다.' 하고 말을 붙인다. 이 때 몽유자 자허는 귀신인가 하고 말을 못하다가 그의 용모가 특출하고 거동이 한아(閑雅)하여 기이하게 여기면서 그를 따라 백여 보쯤 가니 호숫가에 우뚝 솟은 정자가 있었다. 이 정자 난간에 기대앉은 이는 의관으로 보아 왕자였으며 주위에 둘러앉은 다섯 사람은 그를 모시고 있는 사람들로, 의관으로 보아 대인임이 분명했다. 그들이 자허를 맞이하나 자허는 예를 갖추지 않고 곧바로 들어가 왕을 뵌 뒤 자리가 정해지기를 기다렸다가 말석에 앉는다. 바른편에는 복건을 쓴 사람이 앉았고 그 위로 다섯 사람이 차례로 좌정하기에 이른다. 자허가 영문을 몰라 불안해하고 있을 때, 왕은 '일찍이 그대의 고상한 인품에 대해서 듣고 깊이 사모하던 터에 이같이 좋은 밤에 우연히 만나게 되었으니 조금도 의아해 하지 마오' 하는 것이었다. 이에 자허는 황공하여 일어나 사례하고 나서 그들과 함께 고금의 흥망을 담론하기 시작한다. 이때 복건자(幅巾者)가 한숨을 쉬면서 이렇게 말한다.

" 요순(堯舜)과 탕무(湯武)는 만고의 죄인입니다. 후세에 여우처럼 아첨을 떨어 선위(禪位)를 취득한 자 이들을 빙자하고 신하로서 임금을 친 자 이들에게 명분을 부쳐서 천년이 흘러 마침내 구할 길이 없게 되었습니다. 아아! 이 네 임금이야말로 영원히 도적의 효시가 될 것입니다."[152]

마찬가지로 세조의 왕위찬탈 사건을 우의(寓意)적으로 표출하고 있다. 이 말을 들은 왕은 낯빛을 엄숙히 고치면서 '네 임금 같은 성군이 있고 또 그 시대라면 몰라도 네 임금 같은 성군이 없고 그 시대가 아닌데 네 임금에게 무슨 죄가 있단 말이오. 단지 명분을 그렇게 내세우고 그것을 빙자해서 임금을 몰아낸 자들이 죄가 있는 것이 아니겠소' 한다. 이렇게 당시의 시대상을 중국의 임금들을 내세우고 중국의 역사에 의탁해서 우의적으로 표출하고 있음을 보게 된다.

계속되는 시회(詩會)에서도 중국의 역사적 사실들이 원용된 한 맺힌 노래들이 우의적으로 표현됨을 볼 수 있다. 먼저 왕이 슬픔을 스스로 이기지 못해 "애당초 가짜 임금이었으니 / 제왕이란 칭호 거짓 높임이었다네"(신시위주 : 新是僞主), 제내양존 : 帝乃陽尊)[153]라고 읊는다. 진말(秦末) 항우(項羽)가 초패왕(楚覇王)을 자처하고 손심(孫心)을 초회왕(楚懷王 : 義帝)으로 추대한 것은 위장 술책에 불과함을 읊은 것으로, 단종을 의제(義帝)에 비유한 우의적인 표현이다. 나머지 역시 중국의 역사적 고사 또는 작중인물 자신들의 과거사를 들어가며 계유정란(癸酉靖亂)과 병자사화(丙子士禍)를 비판한 우의적 시편들이다.

---

152) 『元生夢遊錄』 "堯舜禹湯之後 狐媚取禪者, 籍焉 以臣伐君者, 名焉, 千載滔滔, 卒莫之救, 咄咄四君, 永爲嚆矢."(앞과 같은 대본) '永爲嚆矢'는 古本의 '爲賊嚆矢'를 참조해 이해하기로 한다.
153) 『漢書』<高帝本紀>에 "陽尊懷王爲義帝"라 했다.

4) 결 론

 이상 『원생몽유록』의 작자 문제를 살피고 그 결과를 토대로 원호의 지식인적 고뇌와 작품에 나타난 문학적 현실대응 양상을 고찰해 보았다. 결론 삼아 이를 정리해 보면 다음과 같다.
 첫째, 작자 문제를 둘러싼 의혹과 시비를 검토하면서 원호 저작설이 가장 타당함을 거듭 확인할 수 있었다. 우선 백호 임제설은 김태준이 『조선소설사』에서 추강 남효온을 모델로 하여 임제가 저술한 작품이라고 언급함으로써 제기되었다. 이어 이가원이 본인 소장의 한문필사본을 주석하면서 임제설을 계승하지만, 그는 다시 『관란유고』를 발견해 그 작자가 원호라는 주장을 내놓게 된다. 한편, 장덕순이 '매월거사지(梅月居士志) 임백호제소기(林白湖悌所記)'에 근거해 김시습 저작설을 주장하면서 이 작품의 작자문제는 의혹과 시비의 현장으로 빠져들게 된다.
 그러던 차에 황패강이 해월 황여일의 『해월문집(海月文集)』에 수록된 제시(題詩)와 발문(跋文)을 근거로 임제설을 다시 주장했다. 그는 이가원의 원호설이 신빙성 부족한 문헌에 근거한 것이라면서 반론을 제기했다. 즉 이가원이 근거로 삼은 『관란유고』는 1926년에 간행된 중간본으로 원호의 후손들이 『원생몽유록』의 원자허(元子虛)라는 몽유자 이름을 보고 그들 조상의 작품으로 간주해 문집 편찬 당시 거기에 짜 넣었을 가능성이 높기 때문에 초간본인 『정간공유고(貞簡公遺稿)』를 확인하기 전에는 원호설을 인정할 수 없다고 했다. 그런데 최근 그 초간본의 발굴과 함께 거기에 수록된 『원생몽유록』 실체가 확인되어 황패강의 반론이 다시 문제에 부딪친 것이다. 뿐만 아니라 『해월문집』 소재 제시와 발문의 진위가 문제로 제기되고 '해월거사(海月居士)'가 가공인물이라는 주장이 대두되었다. 이로

써 '해월거사는 황여일이다'라는 등식 하에 내려졌던 그의 임제설은
그 근본부터 흔들리게 되었다. 그리고 '해월거사(海月居士)'가 '매월
거사(梅月居士)'로 오사(誤寫)된 것이 아니라 그 반대로 오사된 것
으로 보는 견해가 나와,『해월문집』을 근거로 전개된 논의는 사실상
의미를 상실하게 되었다.

　조상숭배 사상이 강했던 조선시대 유학자들에게 있어서 선조들의
문집간행 사업은 매우 중요한 문제로, 동일한 문장이 각기 다른 가
문의 문집에서 발견되면 그 저작의 진위를 가리기 어려운 것이 오늘
날의 사정이다.『원생몽유록』역시 필사, 류전 과정에서 많은 우여
곡절이 있었을 가능성을 배제 할 수 없고, 따라서 이본의 전래 과정
에 대한 연구가 문제 해결의 열쇠가 될 수밖에 없었다. 한 예로『장
릉지』구지에 수록된『원생몽유록』은『추강집』이나 다른 유통경로
를 거쳐 수록된 것이 아니라 본래부터 수초본(手抄本)『노릉지(魯陵
誌)』에 있었던 것이 재수록된 것임이 밝혀졌다. 이를 바탕으로『원
생몽유록』이 애초『노릉지』에 어떻게 편입되었는지 등의 문제를 따
진다면 더 큰 소득을 올릴 수 있을 것이다.

　둘째, 원호의 은둔적 행적과『원생몽유록』에 나타난 저항정신의
우의적(寓意的) 표출양상을 살핌으로써 당시 지식인들의 고뇌와 문
학적 현실대응 의지를 엿볼 수 있었다. 먼저 원호는 문종의 승하에
이어 단종이 즉위한 뒤 계유정란과 같은 왕위찬탈의 조짐이 예측되
자 병을 구실로 관직을 사퇴하고 둘째 아들과 함께 원주 남촌 송림
으로 돌아온다. 그는 그곳에서 거처하며 동리 이름을 무항(霧巷)이라
하고 은둔생활을 시작한다. 얼마 후 단종이 왕위에서 물러나게 되자
매월당(梅月堂) 김시습(金時習), 연촌(烟村) 최덕지(崔德之) 등과 같
이 우울한 나날을 보내던 중 사육신들이 화를 입고 단종이 노산군으

로 강봉(降封)되어 영월(寧越) 청령포(淸寧浦)로 유배됨에 영월 서쪽 사내평(思乃坪)에 관란정(觀瀾亭)을 짓고 단종이 위리안치 된 곳만 바라보며 눈물로 세월을 보냈다. 단종이 세상을 떠났다는 소식을 듣자 부친상을 당한 것처럼 백덕산 아래에 토실을 짓고 3년 상을 마칠 때까지 외부 사람들과 접촉을 끊은 채 살았기 때문에 당시 그를 일러 '불출문외(不出門外), 부접친우(不接親友)'라 했다. 훗날 숙종(肅宗)대에 이르러 그의 충절을 기리는 정여문(旌閭門)이 원주 송림에 세워졌고 정조대에는 관작이 추증되었으며 정간(貞簡)이란 시호가 내려졌다. 또 이미 그 전부터 생육신으로 추앙되어 많은 서원에 배향되기에 이른다.

이와 같이 관란(觀瀾) 원호(元昊)는 난세에 나가지 않고 원주 남촌 송림에 거처를 마련한 채 토실에서 시국을 논하며 은둔생활을 한 인물이다. 끝까지 충절을 지킨 당대의 지식인으로서, 역사적 사건을 그대로 보아 넘기지 않고 그 시대적 고뇌를 소설로 표출했다. 사육신의 거사가 있은 후 사건 당사자들의 영혼을 작중인물로 삼아『원생몽유록』을 지음으로써 세조의 왕위찬탈 사건에 대해 분울해하는 의식을 보였다. 비분강개(悲憤慷慨)한 몽유자 원자허(元子虛)가 단종(端宗)과 여섯 신하들을 모시고 시국을 개탄하는 시회(詩會)를 열었다 함은 계유정란(癸酉靖乱)과 병자사화(丙子士禍)로 일그러진 현실 앞에 지식인으로서 가졌던 작가의 고뇌와 반항의식이 그만큼 컸음을 말한다. 지식인의 그러한 고뇌를 하나의 몽유 담에 가탁함으로써, 현실대응의 의지를 우의(寓意)적으로 표출했다고 할 수 있다.

## 4. 유구(오끼나와)로 간 홍길동의 정체

비밀의 문을 통해 본 홍길동 - 처형된 역사적 인물, 망명객 홍길동,
작자 및 공간 배경, 추정되는 홍길동의 정체

### 1) 들어가며

나는 일찍이 『홍길동전(洪吉童傳)』에 대한 새로운 과제를 받았던 적이 있다. 우연하게 만났던 학승(學僧)으로부터 『홍길동전』의 주인공 홍길동은 실존인물(實存人物)로 일본의 오끼나와로 망명하여 그 곳에서 대단한 추앙(推仰)을 받았던 인물이었다며 그 실체(實體) 규명의 연구 과제를 제안하는 것이었다. 지금부터 30여 년 전, 그의 말에 의하면 자기가 데리고 있던 시자(侍子)의 어머니한테 들은 이야기라 하며 '그가 젊었을 때 태평양 전쟁에 징용으로 참가했던 그의 남편이 오끼나와에서 직접 보았는데 그 곳에서는 정월 대보름이 되면 각 마을에서 홍길동 대장 뽑기 대회가 있고, 홍길동 대장으로 뽑힌 사람은 긴 장죽의 담뱃대를 물고, 한국의 옛날 도포와 같은 옷을 입고, 갓을 쓰고, 말을 타고, 마을 청년들이 그 뒤를 따르며 홍길동대장 행차를 외쳐대며 마을 잔치를 벌이는 것을 보았다' 는 것이었다. 그러면서 좀더 구체적인 것을 알려주기 위해 그 시자의 어머니를 찾아 소개 해 주겠으니 『홍길동전』의 홍길동은 창작된 작중인물이 아니라 실제인물이었음을 증명 할 수 있는 연구를 할 수 없겠느냐는 제안을 받은 적이 있었다.[154]

---

154) 그 후 연락을 받았는데 그 시자의 어머니는 제주도에 살았는데 이미 별세하셔서 더 구체적인 내용을 알 수 없게 되었다고 했다. 그 스님은 한국고전문학에 관심이 많아 '『심청전』의 저자에 대해서 전라남도 옥과현 관음사 연기설화를 쓴 분이라는 글을 남기기도 했으나 본인 말로는 땡땡이 중'이라 하면서 정체를 밝히지 않아 그 후 연락이 끊기고 말았다.

그러나 당시로서는 일본의 오끼나와까지는 쉽게 접근할 수 없는 일이라서 국내 연구물을 찾아보았지만 어떤 해답도 얻을 수 있는 근거가 없어 언제나 마음 가득히 연구과제로 안고 살아 왔었다. 그러던 중 1995년 한국의 KBS 방송국에서 오끼나와 현지를 방문하여 각 곳을 자세히 답사하고 '오끼나와로 떠난 홍길동' 이란 다큐물[155]로 제작하여 교육방송국의 방송을 타고 방영되어 '아 그렇겠구나' 하면서도 더 자세한 내용을 알 수 없어 궁금해 하고 있었다. 그러던 중 연세대학교 설성경 교수께서 '홍길동전의 비밀' [156]이란 저서를 출간하면서 그 서평(書評)을 부탁 받고 내용을 구체적으로 검토하게 되어 정말 길동의 정체가 무엇일까 하는 의문을 가지게 되었다. 그러던 중 마침 일본의 오끼나와 현지에서 국제학술대회[157]가 열리게 되어 현지를 방문 할 수 있게 되었다. 현지 학자들과 함께 연세대학교 설성경 교수가 설정해 놓았던 비밀의 문을 통해 홍길동의 정체를 밝혀 보고, 아울러 작가나 그 배경의 문제까지도 다시 한번 살펴보고자 했다.

2) 비밀의 문을 통해 본 홍길동

(1) 처형된 역사적 인물

『홍길동전』이 지닌 최고의 비밀은 작품 모델이 된 홍길동의 삶과 현재 전하는 작품의 작가 문제를 분명히 밝히는 일이다. 즉 그동안 학계에서는 홍길동을 '강도' 또는 '민중영웅' 으로 상반되게 평가하고 있어 그의 풍운아적 삶에 대한 문제가 정리되지 못하고 있다. 또한 실재했던

---

155) 1995년 유구의 재야학자 가데나 쇼도쿠(嘉手納宗德)의 견해에 따라 KBS 문화추적 '오끼나와로 떠난 홍길동'이 만들어져 방영된 바 있어 유구의 홍길동과 한국의『홍길동전』과의 깊은 관계가 있음을 알게 된다.
156) 설성경,『홍길동전의 비밀』, 한국의 탐구 27, 서울대학교 출판부, 2004.3.
157) 동아시아 고대학회 국제학술대회 일본 오끼나와 유구대학교 2005. 8. 18 - 21

홍길동에 대해 '1500년에 체포되어 의금부에서 처형되었다.'는 주장과 '처형되지 않았다'는 주장도 해결해야만 하는 문제다. 이와 같은 문제들에 대해 설성경은 그의 저서 <홍길동전의 비밀>에서 『조선왕조실록(朝鮮王朝實錄)』과 일본 유구의 『구양(球陽)』에 기록된 내용을 중심으로 그 해답을 구하고 있어 주목된다. 이 두 나라의 역사기록에 나타나는 홍길동과 홍가와라가 보여준 치열한 삶의 궤적은 기록 이상의 본질적인 동질성을 갖고 있어 동일 인물임을 증명할 수만 있다면 <홍길동전>의 모델 문제158) 및 작자문제가 쉽게 해결 될 수 있을 것이라 생각되어 이것이 그 첫 번째 비밀의 문이 될 수 있었다.

한국인의 대명사와도 같은 홍길동에 대한 이야기를 기록하고 있는 <홍길동전>은 일찍이 작가가 밝혀진 한글소설이란 점에서 그 가치를 높이 평가받게 되어 문학사적으로 매우 중요한 위치를 점하고 있는 작품이다. 그러나 그 동안 많은 연구업적이 있었음에도 불구하고 작자 문제, 율도국 설정 문제, 원본 문제, 그리고 작중 인물의 모델 문제 등 풀리지 않는 문제들이 많았던 것도 사실임으로 이를 계기로 이와 같은 문제들이 하나씩 풀려 나갈 수 만 있다면 국문학 연구의 새로운 장이 열리게 될 것이라 생각된다.

비밀의 문을 통해서 들여다 볼 수 있는 진짜 홍길동의 가계를 찾아보기로 하겠다. 작품에 나타나지 않는 진짜 홍길동의 가계를 살펴보면 다음과 같다. 원래 홍길동의 부친 홍상직의 조상 홍규는 고려 말의 왕들과 깊은 관계를 맺고 있었던 것을 알 수 있으니 충선왕과 충숙왕은 그의 사위였고, 충혜왕과 공민왕은 외손자로 홍규의 두 딸은 가문에 영광과 명예를 가져다주기도 했지만 증손자인 홍징에 와서는 정치적 상황에 따라 극한적인 비극을 맞게도 한다. 진짜 홍길

---

158) 김태준, 『조선소설사』, 청잔서관, 1933.
　　　김태준, 『홍길동전 연구』, 문호사, 1961.

동의 부친 홍상직은 무진년 참화에서 부친과 세 형을 잃고 어린 몸으로 간신히 피신하여 겨우 목숨을 구할 수가 있었으나 그 후 벼슬길에 올랐다가 모반사건에 연루되어 귀양길에 오르게 된다. 그러므로 홍상직은 위기에 처했음을 알고 유배에서 풀려나자 위장 죽음이란 극단적 처방을 내렸고 이를 분명하게 하기 위하여 부인 문씨의 시묘(侍墓)살이는 더욱 정성을 쏟게 된 것을 알아내게 됨으로 비밀의 문을 통과할 수 있게 된다.

이렇게 볼 때 홍길동 사건의 기록은 은폐 내지 축소되어 그 진위를 가리기가 어렵게 된다. 또한 연산군대의 실록(實錄) 기사들은 허술하기 그지없어 체포자, 포상자, 재판결과 등 홍길동 사건의 전모나 진상을 밝혀주지 못하고 있어 모종의 비밀이 있음을 짐작 할 수 있게 된다. 즉, 진짜 홍길동은 궁중의 친인척과 관련된 세력들의 권유에 의해 그를 추종하는 일부세력들과 함께 1500년 이전에 유구로 출국했을 가능성이 높은 것으로 보인다. 그리고 가짜 홍길동을 심문하는 과정에서 나타나는 홍길동의 외주(外主) 엄귀손은 연산군의 폐모 윤씨를 폐출시킨 엄 후궁의 친척으로 엄씨의 지원을 받는 막강한 힘을 가진 관리였음도 알게 된다. 이러한 위세(威勢)를 가진 진짜 홍길동은 장영기 등의 후계자로 그의 참모들과 같이 삼남을 배경으로 활동무대를 넓히면서 친인척들의 막강한 권세를 업고 양반의 행세를 한 것이었다.

홍길동은 홍상직의 얼자(孼子)로 태어나 자신의 능력에 비해 정상적 출세의 길이 막혀 불만과 한이 쌓이게 되어 의적 활동을 하는 협객형(俠客型) 군도(群盜)를 거느리고 악정(惡政)과 횡포에 시달리는 불행한 양민들을 도와주는 친 민중적 집단생활의 면모를 보이고 있어 야담(野談)이나 소설(小說)로 기록되기에 이른다. 그러므로 가장 중요한 문제로 의금부(義禁府)에서 처형된 기록이 있는 홍길동이 유구의 홍가와라로 실재(實在)해 있었다는 것을 찾아낼 수 있었던 것이 첫 번째 관문을 통과하는 쾌거가 아니었나 생각된다.

(2) 망명객 홍길동

일본 측의 기록인 『구양(球陽)』[159]에 나타나는 1500년의 '오야케 아카하치 홍가와라' 사건에 의하면 조선의 1500년 10월 의금부에서 체포되었던 홍길동은 가짜였고 진짜 홍길동은 그 이전에 이미 해외로 출국했던 것으로 볼 수 있게 하고 있어 이를 입증하기 위해 두 번째 비밀의 문을 열게 된다. 즉, 이를 입증하기 위한 비밀의 문을 두드려 보면 『조선왕조실록』의 기록에 1500년 의금부에 잡혀간 홍길동이 어떻게 유구로 갈 수 있었느냐 하는 문제가 제기된다. 그럼으로 이를 풀기 위해서는 진짜 홍길동의 신분이나 당시 사회적 지위 등 그가 활동 할 수 있었던 사회적 공간적 위치를 살피지 않을 수 없게 된다.

당시 홍길동이 유구국으로 탈출(脫出)하여 홍가와라로 활동할 수 있었다면 진짜 홍길동은 무명 집안의 출신으로 군도의 우두머리가 된 인물이 아니라 명문(名門)집안 출신임을 입증해야만 한다. 또한 족보상에서 확인되는 홍길동의 부친 홍상직은 『조선왕조실록』에 1426년에 죽은 것으로 되어 있고 그의 아내 문씨는 남편 장례를 치른 후 분묘(墳墓) 곁에다 여막(廬幕)을 짓고 기거하며 대상 때까지 조석마다 상식을 올렸다는 사실이 알려져 관부(官府)의 표창(表彰)까지 받게 된 인물이다. 그런데 이와 같이 죽은 홍상직이 살아 있다는 사실과 처형(處刑)된 홍길동이 유구의 홍가와라로 활동했다는 사실을 비밀의 문을 통해 밝혀내야만 했다.

---

[159] 1907년에 편집된 『宮古島舊記』로 1705년에 편찬된 『八重山由來記』의 기록을 참조한 18세기 초의 기록이다.

1995년 유구의 재야학자(在野學者) 가데나 쇼도쿠(嘉手納宗德)의 견해에 따라 KBS 문화추적 <오키나와로 떠난 홍길동>이 만들어져 방영된 내용에 의하면 1500년 팔중산(八重山)을 뒤흔든 대 사건의 주인공을 오야케 아카하치 홍가와라로 보고 홍길동일 가능성에 접근시킴으로 망명객(亡命客)으로서의 홍길동임을 알게 하고 있다.160)

(3) 작자 및 공간 배경

『홍길동전』의 작자(作者)에 대한 비밀을 풀어보기 위한 노력으로 세 번째 비밀의 문을 들여다보기로 한다. 작자문제에 대하여는 기존의 선행 연구에 의한 허균 창작설에 대한 견해를 수용할 수밖에 없다. 즉, 이식(李識)의 『택당별집(澤堂別集)』과 심재(沈鋅)의 『송천필담(松泉筆談)』그리고 『조야집요(朝野輯要)』, 『문견차기(聞見箚記)』 및 홍한주의 『지수염필』, 황윤석의 『보해동이적』등의 기록을 인용하여 더욱 확실하게 하고 있다. 또한 부정적 소재 해석에 대해서도 새로운 고증을 통하여 『홍길동전』의 작자가 허균 임을 확인해 주고 있다. 그리고 허균의 논설 및 한문소설들과 『홍길동전』의 유사성 및 창작 배경을 통한 규명으로 분명히 했다는 점에서 새로운 사실을 찾아내기가 쉽지 않음을 알 수 있겠다.

마지막 관문으로 『홍길동전』의 공간 배경 설정의 특징으로 율도국의 건설에 대한 비밀의 문이다. 홍길동이 개척한 율도국을 역사적 사건과 관련이 없는 단순한 허구적 공간으로 보려는 견해와 가상적 허구의 공간이 아닌 실제적인 공간으로 보려는 견해가 있어 왔으나 설성경의 견해에 따르면 유구의 남서부 팔중산 지역으로 비정해 놓고 이를 분명히 하고 있다. 그러나 『홍길동전』의 작자 허균은 송사

---

160) 좀더 구체적인 논의 및 정확한 고증 문제는 차후로 미루기로 한다.

(宋史) 및 중국문헌 등을 통해 유구국에 대해 잘 알고 있었을 뿐만 아니라 친형 하곡 허봉의 유구사신들과 직접 교류를 통한 유구 정보를 가지고 있었지만 이 지역에 대해 분명하게 표현해 놓고 있지 않고 있는 점이 의문으로 남게 된다. 특히 말년에 유구 태자 사건이 발생하여 유구군 침공 소문의 전파에 대한 문제로 참형을 당하게 되는 정치적 실패를 가져오기까지 하여 허균의 율도국 건설과 유구국과의 관계는 매우 밀접했음을 알 수 있게 된다. 그럼으로 그 배경 역시 비밀의 문을 통해 새로운 사실에 접근 할 수 있지 않을 가 하는 기대를 가져 보게 된다.

(4) 추정되는 홍길동의 정체

한국인의 대명사와도 같은 홍길동에 대한 이야기를 기록하고 있는 <홍길동전>은 일찍이 작가가 밝혀진 한글소설이란 점에서 그 가치를 높이 평가받게 되어 문학사적으로 매우 중요한 위치를 점하고 있는 작품이다. 그 동안 많은 연구업적이 있었지만 작자 문제, 율도국 설정 문제, 원본 문제, 그리고 작중 인물의 모델 문제 등 풀리지 않는 문제들이 많았던 것도 사실이다.

나는 일찍이 '홍길동 대장 뽑기'라는 오끼나와의 민속놀이가 있다는 이야기를 2차대전시 징용으로 참가했던 분에게서 들었다고 하는 분의 이야기를 들은 일이 있어 관심을 갖고 있었으나 답사에 나서지는 못했다. 그러다가 1995년 유구의 재야학자 가데나 쇼도쿠(嘉手納宗德)의 견해에 따라 KBS 문화추적 <오키나와로 떠난 홍길동>이 만들어져 방영된 바 있어 유구의 홍길동과 한국의 『홍길동전』과의 관계가 구체화되기 시작했음을 알 수 있었다. 그러나 유구의 홍길동에 대한 구체적 인물을 입증해 내지 못했던 것을 1500년 팔중산을 뒤흔든 대 사건의 주인공을 오야케 아카하치 홍가와라로 보고 홍길동일 가능성에 접근시켜 홍길동의 정체를 밝혀 보고자 한 설성경의 비밀의 문에 관심을 보이게 되었다.

비밀의 문을 통해 풀어낸 것은 작가 허균(許筠)이 민중영웅(民衆英雄) 홍길동의 정체를 역사적 사건에서 찾아내어 소설로 표현, 정치개혁을 시도하다 참형(斬刑)을 당했지만 의미 있는 주역(主役)으로서, 시대적 풍운아(風雲兒)로서, 해외진출의 꿈을 이룬 민중영웅 홍길동의 삶을 통해 자신의 이상을 실현해 보고자 했던 것을 알 수 있었다. 특히 작중 모델 홍길동이나 이를 작품화한 허균의 선각자(先覺者)적 삶의 흔적을 찾아내어 이를 입증해 볼 수 있었다는 점에서 앞으로 더욱 정치(精緻)한 논증(論證)을 통해 보다 견고한 이론적 정립을 기대해 보고자 했다.

## 5. 한강(漢江)일대의 누정(樓亭)과 문학

한강일대의 누정 개관. 누정의 문화적 역할 - 제왕의 정치적 공간, 풍류문사의 문학적 산실 . 누정과 누정문학 - 누정기의 표현적 특징, 누정과 누정시단

### 1) 들어가며

인류의 문화는 강과 함께 발달되어 왔다. 황하(黃河)나 장강(長江)을 중심으로 한 중국의 문화는 물론, 나일강이나 디그리스강을 중심으로 한 세계 문명의 발생지도 역시 강을 중심으로 이루어진 것을 보게 된다. 한국 문화의 대표적인 서울문화의 일면을 살피기 위해 한강 일대 누정문화를 고찰한 바 있다.161)

서울의 한강 주변에서는 신석기 시대의 원시 수렵 유적지가 발견되고 있어, 조선왕조가 수도를 정하기 이전부터 한강의 역사만큼이나 장구한 기간동안 인류가 생존해 왔음을 알 수 있게 한다.

그러므로 한강을 중심으로 전개된 역사적 사건들은 현대 문명 창출의 충분한 기초가 되었던 것이다. 특히 조선시대의 자연 그대로의 한강변의 아름다운 풍치는 많은 시인 묵객들의 사랑을 받기에 충분했고, 높은 관직에 있던 정객들의 정치적 무대가 되기에 부족함이 없었을 것으로 여겨진다. 서울 일대 한강변의 아름다운 풍광을 따라 지어진 많은 정자와 누각들은 서울 문화 창출의 무대 적 배경으로 누정 문학의 산실이 되었던 것을 알 수 있게 한다.

원래 우리 선조들은 아름다운 경치를 따라 높은 언덕이나 마루턱에 누정을 짓고 풍광을 즐겼던[162] 멋을 아는 민족이었다. 이때 누(樓)는 높게 지은 다락식의 큰 집으로서 벽이나 문을 두지 않고 사방을 관망 할 수 있도록 지어진 집을 말하는 것으로 각(閣)이나 관(觀)을 붙여서 누각(樓閣), 또는 누관(樓觀)이라고도 했다. 누각은 대개 층계를 두고 오르내리게 되어있는데 이것은 단층보다 2층 이상의 건축물로 되어 있어 보다 넓게 바라보기 위한 것이었음을 알 수 있다. 또한 누각은 자연의 높은 언덕이나 높은 바위 위나 아니면 흙을 쌓아 올린 대(臺)위에 세우는 것이 보통이기 때문에 누대(樓臺)란 말을 쓰기도 했다.

누정(樓亭)의 정(亭)이란 정자(亭子)를 말하는 것으로 벽이 없고 기둥과 지붕만으로 된 것은 누각이나 누대와 같지만 건물 규모가 작은 것이 보통이며 정각(亭閣) 또는 정사(亭舍)라고도 한다. 정자 역시 높은 언덕이나 바위, 또는 높은 대위에 세우는 것이 보통이다. 그런데 우리나라의 누정

---
161) 우쾌제, 한강의 역사문화 재조명, '98 서울 역사문화 학술대회, 서울 문화사학회, 서울 세종문화회관 대회의 실, 1998. 10. 17 - 18,
162) 朴焌圭, 韓國의 樓亭攷, 湖南文化硏究, 第17輯, 1987. p. 1.

은 누각보다 정자가 대부분인 것을 알 수 있다. [163)]

　누정의 특징을 보면 처자와 함께 가족집단의 생계를 유지하며 살아가는 마을 속의 살림집과 달리 자연을 배경으로 한 남성위주의 유람 내지 휴식공간으로 가옥 외에 특별히 지은 건물로 방이 없이 마루만 있고 사방이 두루 보이도록 막힘없이 탁 트이게 되어 있어 아름다운 경관을 조망 할 수 있도록 되어 있는 것이라 할 수 있다.

　한강일대의 많은 누정을 중심으로 이루어졌던 문학작품들이 있었지만 아직까지 이 방면에 대한 연구가 깊지 못하여 충분히 참고 할만한 자료가 없었다. 다만 『조선왕조실록(朝鮮王朝實錄)』에 나타나는 역사적 기록이나 『동국여지승람(東國輿地勝覽)』이나 『신증동국여지승람(新增 東國輿地勝覽)』등에 수록된 작품들과 최근에 나온 김영상씨의 『서울육백년』[164)]을 참고로 한강일대의 누정과 문학에 대해 알아보고자 했다.

## 2) 한강일대(漢江一帶)의 누정(樓亭) 개관

　서울의 역사와 함께 민족의 풍류가 다양하게 스며있는 아리수(阿利水) 한강(漢江)의 주변에는 많은 유적지가 산재 해 있어 우리 문화의 역사적 현장으로 살아 숨쉬고 있다. 원래 한강은 서울 남산의 남쪽 기슭 아래 현재의 한남동(漢南洞) 앞을 흐르는 물을 지칭하던 것이었지만 지금은 이 강의 전체를 이르는 말로 정착되었다. 그러나 이 글에서는 서울의 동쪽에서부터 남쪽을 돌아 서쪽으로 흘러 서해로 들어가는 서울 일대의 이 부분만을 대상으로 했다. 즉, 한강 기슭에 있는 수많은 사연을 간직한 명승지를 중심으로 산재되어 있는 누정들을 조사, 정리, 개관 해 봄으로 서울의 또 다른 면모를 살필 수가 있겠다.

---

163) 朴焌圭, 韓國의 亭子, 다담 특집, p. 30.
164) 金永上, 『서울六百년』, 大學堂, 1994. pp 292 -329.

한강일대의 누정 문화에 대한 것은 타 지역[165]에 비해 그 연구가 거의 없는 실정이다. 다만 그 동안 이 방면에 관한 언급으로는 김영상씨의 『서울 육백년』[166]에서 보인 '아리수 한강의 유적'에 대한 것 정도를 들 수 있겠다. 그는 이 글에서 서울의 한강을 동호(東湖), 남호(南湖), 서호(西湖)로 구분하고 있으며, 대표적인 정자로 대산(臺山)의 승경(勝景) 위에 건축된 조선왕조 제3대 태종의 이궁(離宮)이었던 낙천정(樂天亭)[167]을 들고 있다. 그리고 성종 7년(1476년)에 사가독서(賜暇讀書)를 권장하기 위해 설립했던 독서당(讀書堂)[168]과 고려시대부터 있어왔던 국가 소유의 정자 제천정(濟川亭)[169]과 몽구정(夢鷗亭)을 들고 있고, 민간 정자였던 천일정(天一亭)[170] 및 그 외 이름 있던 정자로 압구정(狎鷗亭)과 두무개의 유하정(流霞亭)과 서빙고의 창회정(槍檜亭)과 용산의 읍청루(挹淸樓)와 서강의 망원정(望遠亭) 등을 들고 있다. [171]

---

165) 鄭炳憲, 全南地方 樓亭 調査 報告, 湖南文化硏究, 第17輯, 1987, p. 75.
166) 金永上, 위의 책, p. 292.
167) 樂天亭은 現在 서울시 城東區 紫陽 2洞 446番地 일대에 位置하고 있었다.
168) 讀書堂은 처음 成宗 7년(1476)에는 용산의 한강가에 있던 폐 절간을 수리하여 讀書堂이란 扁額을 내려 걸게하고 弘文館의 글 읽는 곳으로 삼았던 것을 中宗 12년(1517년) 두무개(豆毛浦) 북쪽 언덕에 옮겨지었다. 이때 두무개로 옮긴 讀書堂을 東湖堂이라 했고, 원래에 있던 용산의 讀書堂을 龍湖堂 또는 南湖堂이라 했다. 그리고 현재의 옥수동 3통 일원을 '한림말(翰林村)'이 라 하고, 옥수동으로 넘어가는 고개를 '독서당고개'라 하고 그 길을 '독서당 길'이라 하고 있다.
169) 濟川亭은 南山에서 뻗어 내린 支脈의 한 갈래의 끝 뿌리(현재의 普光洞)에 있었으며, 다른 한 支脈의 끝 뿌리(現在의 玉水洞)에는 夢鷗亭이 있었다고 함.
南山의 한 뿌리의 끝 漢江洞 402번지 높은 지대에 있는 이 곳은 원래 龍壇이라고 부르던 漢江壇이 있던 곳으로 恒例에 따라 祭를 지내던 곳이었으며 날이 가물 때는 종이호랑이를 머리에 그려서 강물에 던져 물 속의 龍을 움직여 비를 오게 한다는 祈雨祭를 擧行하기도 하던 곳이다.
170) 漢南洞 450번지 일대 1000여평에 위치했던 이곳은 고려시대의 절터였던 것을 黃喜의 손자사위 金國光이 정자를 지었으나 李恒福의 집안으로 넘어가 그의 사당이 되었다가 閔泳徽의 별장이 된다. 6.25 동란에 병화를 입어 소실되었다.
171) 金永上, 위의 책, p. 309.

뿐만 아니라 낙천정 북쪽에 있는 화양정(華陽亭)에 대한 기록을 『신증 동국여지승람』에서 찾아 볼 수 있는데 그 위치나 건립취지 등을 다음과 같이 밝히고 있다.

" 유사눌(柳思訥)의 기문에 '화산(華山)의 동쪽, 한수(漢水)의 북쪽에 들이 있는데 토지가 편평하고 넓으며 길이와 넓이가 10여리나 된다. 뭇 산이 둘러싸고 내와 못이 둘렀다. 태조께서 한양에 도읍을 정하신 처음, 이곳을 목장으로 삼았다. 임자 년에 주상전하께서 사복제조 판중추부사 최윤덕(崔潤德)과 이조참판 정연(鄭淵) 등을 명하여 정자를 낙천정 북쪽 언덕에 짓게 하였는데 주부(主簿) 조순생(趙順生)이 그 일을 모두 주관하고 ----. " 172)

라고 하여 살곶이(箭串)에 있는 낙천정(樂天亭) 북쪽 언덕에 화양정이 지어진 것을 알게 해 주고 있다. 망원정(望遠亭)에 대한 위치나 그 내력에 대해서도 다음과 같은 기록을 찾아 볼 수 있어 이 정자의 내력에 대하여 알 수 있다.

" 망원정(望遠亭)은 양화도(楊花渡) 동쪽 언덕에 있는데 정자는 원래 효령대군(孝寧大君)의 희우정(喜雨亭)이었다. 성종 시 갑진 년에 월산대군(月山大君)이 고쳐 짓고 지금 이름으로 하였는데 매해 농사를 살필 때 및 수전(水戰) 연습을 볼 때에 늘 이 정자에 거동 한다 " 173)

라고 하여 망원정이 원래 희우정이었던 것과 양화도 동쪽 언덕에 위치하고 있었던 것을 알게 해 주고 있다. 그리고 양녕대군의 별장으로 서강 북쪽에 있었던 영복정(榮福亭), 두뭇개(豆毛浦) 북쪽 언덕에 있던 연산군이 지어 놀다 제안대군(齊安大君)에게 하사한 황화정(皇華亭), 한강 언덕에 있는 경역(經歷) 이사준(李師準)의 별장이었던 침류당(枕流堂), 봉익(奉翊) 김공이 자기 집 동쪽 언덕에 지은

---
172) 『新增東國與地勝覽』(國譯本), 第3卷, 漢城府篇, p. 303.
173) 위의 책, P. 307.

정자인 용산강 가의 추흥정(秋興亭), 영의정 신숙주의 별장이었던 삼개(麻浦) 북쪽 언덕에 있는 담담정(淡淡亭), 수진궁(壽進宮)에 속한 공청이었던 제안대군의 정자로 정조 5년 규장각 신하들에게 하사되어 각신(閣臣)들이 승지를 정하여 놀며 구경하는 장소로 삼았던 두모포(豆毛浦)에 있던 유하정(流霞亭), 세조께서 여러 번 행차하여 무예(武藝)를 사열하던 백사정(白沙亭)인 한강 하류에 있던 칠덕정(七德亭), 긴 강류에 임하여 풍경이 절승 했던 용산 별영(別營) 앞에 있었던 읍청루(挹淸樓) 등이 있다고 했다.[174]

『속동문선(續東文選)』에 보면 이승조(李承昭)의 '세심정기(洗心亭記)'가 나온다. 이 글에 보면

> " 도성에서 남쪽으로 나가면 성과 몇 리 되지 않는 곳에 큰 강이 있는데 그 강이 동으로부터 와서 산기슭을 안고 서로 간다. 그 나루는 한강진(漢江津)이요 나루 위에 제천정이 있고 제천정에서 수백 보를 가면 세심정(洗心亭)이 있어 각각 강산의 경치를 갈라 차지하고 있으나 그 임학(林壑)의 그윽함과 조망(眺望)의 넓음에 있어서는 제천정이 세심정에 미치지 못한다. 이 세심정은 곧 은천군(銀川君)의 별장이다. "[175]

라고 하여 세심정의 위치나 내력 및 그 경관을 적어 놓고 있어 실존 여부를 알 수 있게 해 주고 있다.

대부분의 누정은 한강 이북에 있으나 강 이남에 있는 것으로는 세종 조 한성부윤과 우의정을 지낸 노한대감이 모친을 여의고 3년간 시묘살이를 했던 자리에 성종 조 때 노사신(盧思愼)이 선조의 효성을 기리기 위하여 지었다는 효사정(孝思亭)이 현재 동작구 노량진동 한강변 언덕 위에 남아 있다. 그리고 한강대교를 건너면 동작구 본동 10의 20에 서울특별시 지정 유형문화재 제 6호인 용양봉저정(龍

---
174) 위의 책, PP. 303 - 348.
175) 李承昭, 洗心亭記,『續東文選』(國譯本), 第13卷, P. 141.

驪鳳蓍亭)이 있다. 이 정자는 정조 15년(1791)에 창건 대와의 수원 행차 시 행궁으로 쓰이던 곳이기도 하다. 당시 정조께서 부친 사도세자(思悼世子)의 현융원(顯隆園)을 참배하기 위해 한강의 노들 나루터에 주교(舟橋)를 가설하고 오가는 길에 들려서 쉬어 갔다하여 주정소(晝停所)라 하기도 했다.

3) 누정(樓亭)의 문화적 역할

(1) 제왕(帝王)의 정치적 공간 확대

① 휴식과 접대를 위한 이궁(離宮)적 역할

누정은 주거용 가옥이 아닌 휴식공간으로 특수한 신분을 가진 사람들이 자기 신분의 우위를 표출하던 특수층의 사용 공간이었다. 누정에 대한 최초의 기록으로 나타나는 중국 『사기(史記)』에 보면

" 방사가 무제께 아뢰기를 황제는 5성 12루를 짓고 신인 오기를 기다렸다 하니 무제 역시 신명대(神明臺)와 정간루(井幹樓)를 지으니 높이가 열 길이요 연도가 서로 통했다. 한서에 이르기를 무제시에 제남공의 옥대에서 나온 황제의 명당도에 한 궁전이 있는데 사면에는 벽이 없고 띠풀로 지붕을 했으며 통수로 두른 궁의 담장에 복도를 만들고 위에는 누를 세우고 서남쪽으로 들어오게 했으니 대개 이것이 누의 시작이다. " 176)

라고 한 것으로 보아 누정의 역사는 이미 중국의 황제시대부터 있어왔고 그 용도 또한 신인과 같은 특별한 사람을 맞이하기 위한 것이었음을 알 수 있다. 뿐만 아니라 우리나라의 경우도 『삼국유사』에 대왕의 누정 행차 기록이 나타나고 있다.

---

176)『源鑑類函』, 卷347, 居處部, 樓二.
   " 史記曰方士言于武帝 曰黃帝爲五城十二樓以候神人 帝乃立神明臺井幹樓 高十丈 輦道相屬 漢書曰武帝時 濟南公玉帶上黃帝明堂圖 圖中有一殿 四面無壁以茅蓋 通水圜宮垣爲複道 上有樓從西南入蓋樓之始也 " (朴焌圭, 前揭論文, p. 4. )

" 제21대 비처왕(일작 소지왕) 즉위 십년 무진에 천청정(天泉亭)에 행차하실
때 까마귀와 쥐가 따라오며 울더니 쥐가 사람의 말을 지어 했다. ---- "[177]

라고 한 것으로 보아 대왕께서 천청정(天泉亭)으로 행차하신 것을 볼 수 있어 누정의 역사가 오래 되었음을 알 수 있다. 그리고 『삼국사기』에도 보면 백제의 동성왕(東城王)은 즉위 22년에 궁 동쪽에 임류각(臨流閣)을 세우고 못을 팠으며,[178] 무왕(武王)은 즉위 35년에 궁 남쪽에 못을 파고 방장(方丈)의 선도(仙島)를 만들고 37년에는 망해루(望海樓)에서 군신들에게 잔치를 베풀었다.[179]고 했다.

이와 같은 역사적 사실로 미루어 볼 때 누정은 일찍부터 특별한 손님을 접대하거나 군신 간에 연회장으로 활용된 것을 보게 된다.

조선시대의 경우도 이와 같은 전통은 그대로 이어지고 있었음을 알 수 있다. 즉, 정치·문화적 중심지였던 서울을 휘돌아 흐르는 한강 일대의 누정에서 쉽게 찾아 볼 수 있겠다. 대표적인 것으로 낙천정(樂天亭)에 대한 기록에서 찾아보면

" 상왕(태종)은 노상왕(정조)과 더불어 동쪽 교외에 나아가 매사냥을 하는
데 임금(세종)도 따라가 대산(臺山)의 신정(新亭)에서 잔치하고 저물녘에
돌아왔다. 대산은 살곶이(箭串)벌의 동쪽에 있어 한강에 다다르고 형상이
시루를 엎어놓은 듯하여 혹은 증산(甑山)이라고도 한다. 상왕은 지난겨울부
터 그 아래에 궁을 건축하고 그 위에 정자를 짓게 하여 이제야 상량식을
하므로 박은에게 명하여 이름을 짓게 하니 박은은 낙천(樂天)으로 명명할
것을 주청하므로 그대로 따랐다. "[180]

---

177) 一然, 『三國遺事』, 卷一, 紀異, 射琴匣.
" 第二十一毗處王(一作昭智王) 卽位十年戊辰 幸於天泉亭 時有烏與鼠來鳴 鼠作人
語云 ····· "
178) 金富軾, 『三國史記』, 卷26, 百濟本紀, 東城王 22年 條.
179) 위의 책, 百濟本紀, 武王 35年, 37年 條.
180) 『朝鮮王朝實錄』, 世宗 三年 丙申 條 (國譯 朝鮮王朝實錄 第1輯 )

라고 했고, 변계량(卞季良)의 '낙천정기(樂天亭記)'에서도 '낙천정은 우리 상왕전하(태종)께서 때때로 유람하시는 곳이다' 181) 라고 하여 낙천정은 선왕의 휴식처로 사용되던 곳이다 그리고 태종 상왕이 낙천정에 머무는 동안 세종은 거의 매일 문안을 드렸기에 그 효성이 중국까지 전하여져서 칭찬이 자자했다고 한다. 그런 중에 낙천정에서 조정의 일들이 의논 되었는바 이 낙천정에서 대마도(對馬島)정벌이 계획되고 동정원수(東征元帥)의 누선(樓船)이 이 곳 한강에서 진군의 북소리를 하늘 높이 올리며 출발한 곳이기도 했다.182) 뿐만 아니라 한강의 하류 백사정에 있는 칠덕정(七德亭)에서는 세조 대왕께서 자주 거동하여 군대를 사열하였다 했다. 183) 양화도(楊花渡) 동쪽 언덕에 있는 망원정(望遠亭)184)에도 군왕께서 농사를 살피거나 수전(水戰) 연습을 볼 때 이 정자에 거동하신다고 했다. 이렇게 정자는 군왕의 휴식 적 공간으로 이궁(離宮)적인 성격을 띠고 있으면서 국가의 중요한 군사훈련 및 출병식의 사열장으로도 사용되었고 국가의 중대사를 의논하는 정치적 공간으로도 활용되었음을 보게 된다.

또한 일찍이 명나라 사신이 오면 제천정(濟川亭)에 나아가 술 마신 다음 여기서 호화로운 화방(畵舫)을 띄우고 서쪽 잠두봉(蠶頭峰) 아래 망원정(望遠亭)까지 뱃놀이를 하던 것이 정규 코스였다고 한다. 185)『조선왕조실록』에 보면 세종 대에는 허후 등을 보내어 누정에서 노는 사신에게 잔치를 베풀어 위로한 기록이 나오고 있다.

" 사신이 한강에서 놀므로 예조판서 허후 · 형조판서 조혜 · 좌부승지 이계

---

181)『新增 東國輿地勝覽』, 第3卷(國譯本), p. 304.
182) 金永上,『서울 600년』, 위의 글, p. 293.
183)『新增 東國輿地勝覽』, 第3卷(國譯本), p. 306.
184) 이 亭子는 원래 孝寧大君의 喜雨亭이었던 것을 成宗 甲辰年에 月山大君이 고쳐 짓고 望遠亭 이라 이름 한 것
185) 金永上,『서울 600년』, 위의 글, p. 313.

전에게 명하여 사신에게 잔치하여 위로하게 하였는데 다락에 올라 관상(觀
賞)하며 경치가 좋은 것을 찬탄하다가 술이 거나하여 정자에서 내려와 배
를 타고 뱃머리를 아래위로 돌릴 때 ……… " 186)

라고 하여 역시 중국 사신의 연회장으로도 누정이 사용된 것을
알 수 있다. 뿐만 아니라 성종 대에는 누정의 설립이 유행과 같이
번져가면서 문제가 된 일이 있었다. 이 때 경연에서 논의된 내용을
살펴보면 다음과 같은 내용이 있다.

    " 세종 조에 황희는 정승노릇을 30년간 하였지만 가산을 돌보지 아니하여
    그 집이 텅 비었습니다. 지금은 종실·재추(宗室·宰樞)가 비단 그 사는
    집을 사치스럽게 할뿐만 아니라 강가에 정자를 지어서 놀고 잔치하는 장소
    로 삼습니다. 대신이 나라의 일을 걱정하지 아니하고 놀고 잔치하기를 일
    삼으니 옳겠습니까? 세종 조에는 단지 양녕대군의 희우정(喜雨亭)과 안평
    대군의 담담정(淡淡亭)이 있었을 뿐입니다. 지금 종친과 재상이 모두 정자
    의 놀이터에 서게 되고 은천군이 대저택을 한강 가에 세우기에 이르렀는데
    어찌 이것이 혼자 즐기기 위한 것이겠습니까? 반드시 빈객을 맞이하려는
    것일 것입니다. " 187)

라고 한 것으로 보아 여기서 언급된 내용을 몇 가지로 정리 해
보면 다음과 같다.
  첫째, 종실 재추의 사치를 경계하고 있음을 보게 된다. 강가에 정
자를 지어 놓고 잔치하는 곳으로 삼아 대신이 나라의 일은 걱정하지
않고 유흥을 일삼는 것은 옳지 않다는 것이다. 즉, 사적인 공간으로
사사로이 유흥을 즐기는 것은 국력을 소모하는 길이 되므로 이를 가
급적 억제, 금하려는 것을 알 수 있다.

---

186) 『朝鮮王朝實錄』, 世宗 己未 條 (國譯 朝鮮王朝實錄 第1輯 )
187) 위의 책, 成宗 壬午 條.

둘째, 대군들의 별장으로 세워진 정자는 혼자서 즐기기 위한 것이 아니라 빈객을 맞이하기 위한 것으로 보고 있는 점으로 미루어 보아 사적인 놀이 장소보다는 왕실의 공적인 행사를 비롯한 외빈 접대 등을 통한 정치적 공간으로 활용되고 있었음을 알 수 있게 해 준다.

이렇게 한강 일대에는 많은 누정이 생겨나게 되었고 이 누정을 통한 누정 정치가 활발하게 이루어지고 있었음을 보게 된다. 즉, 누정은 시대에 따라서는 대왕의 휴식처는 물론 외국 사신의 영접 장소로 활용되었으며, 빈객을 맞는 연회장 등으로 활용되었음을 알 수 있다. 그러므로 단순한 유흥을 즐기는 장소로서보다는 공적인 정치적 공간으로 사용되고 있었음을 알 수 있다.

대왕의 휴식을 통한 참신한 정책 구상은 물론 농사일을 살피거나 군사의 훈련을 사열하고 출정식을 거행하는 등의 정치적 역할과 외국 사신을 영접하여 유흥을 베풀어주거나 외빈의 영접을 위한 이궁적 역할을 수행 할 수 있었던 자연 친화적 공간이었다는 점에서 한강 일대의 누정을 통한 정치 문화적 가치는 높게 평가 될 수 있다.

② 기우제(祈雨祭)의 제단(祭壇)적 역할

한강변 한남동 일대에는 옛 고려시대부터 정자가 있어온 것을 알 수 있다. 천일정(天一亭)이 민간 정자였다면 제천정(濟川亭)은 나라의 정자로서 일찍이 고려시대의 중 선탄(禪坦)의 한강 시에 ' 혼자 강루에 오르니 조망도 좋은 것 '란 구절이 있고, 이숭인(李崇仁)의 시에도 '내 옛날 강정에 올랐을 때 기둥에 기대서서 가을바람 읊었다네 '란 시구가 전하는 것으로 보아 한강변에는 오래 전부터 내려오는 정자가 있어 조선시대에 들어오면서도 '강누(江樓)' 또는 '강정(江亭)'이라 하면서 통칭 '한강정(漢江亭)'이라 불리던 정자가 있

어 내려오다가 제천정(濟川亭)으로 바뀌어 왔음을 알 수 있다. [188)]
성종 대에 나온 『용재총화(慵齋叢話)』 권9의 기록을 보면

> " 제천정이란 한강 북강에 있어 경치가 뛰어난다. 명나라 사신으로 관광하
> 는 이는 먼저 이 다락에 오르고 또 이곳을 지나는 선비들이 날마다 많이
> 모여든다. ………… 여러 차례 이곳 제천정에 거동하면서 정자의 규모가
> 작고 좁다하여 이를 고쳐 짓게 하였다. " [189)]

라고 하여 제천정은 한강정을 고쳐지은 것으로 뒤에도 많은 군왕
들의 발길이 끊이지 않았음을 알 수 있는 곳이다. 그런데 이곳 한강
변에서는 일찍부터 하늘에 제사를 지내는 풍습이 있어왔음을 알 수
있다. 봄가을에 지내는 제사 외에 특히 가뭄이 들 때면 기우제가 거
행되기도 했다.

> " 이곳 한남동의 한 지맥인 몽구정 뿌리인 한남동 420번지 높은 지대에 일
> 명 용단(龍壇)이라고 불리는 한강단(漢江壇)이 있었다. 이곳에서는 이왕에
> 명산대천(名山大川)에 제 지내던 항례(恒例)에 따라 해마다 봄가을에 한강
> 에 제를 지냈었다. 한편 날이 몹시 가물 때면 종이에 호랑이 머리를 그려서
> 강물에 던져 물 속의 용을 움직이게 함으로써 비를 오게 한 이른바 기우제
> (祈雨祭)도 거행하였다 " [190)]

이것은 산천의 아름다운 지형을 따라 지어진 누정을 통 해, 산신
이나 수신을 만날 수 있는 공간으로 인식한 것에서 비롯된 것이 아
닌가 생각된다. 뿐만 아니라 희우정에 대한 기록을 보면

---

188) 金永上, 『서울 600년』, 위의 글, p. 309.
189) 『慵齋叢話』, 卷 9.
190) 金永上, 『서울 600년』, 위의 글, p. 309.

" 희우정이 양화나루 동쪽 언덕에 있다. 본시 효령대군 보(補)의 별장이다. 세종 5년 계묘년(1423년)에 세종께서 서쪽 교외로 납시었다가 효령대군의 새 정자에 올랐는데 때마침 비가 내리어 사방의 온 들을 흡족하게 적시었는지라 임금께서 기뻐하시고 정자 이름을 '희우정(喜雨亭)'이라 하였다. " 191)

라 했고, 변계량(卞季良)의 '희우정 기문'에도

" 세상에서 용산 입석리에 호수와 산을 즐길만한 곳이 있다고 일컫는데 도성에서 겨우 두어 마장 거리이며 효령군이 별장(別業)을 두었다. 그 뒤편에 언덕이 있는데 둥그스름하고 굼틀굼틀하는 듯한 것이 용이 서린 것 같다. 후에 그 언덕 위에 정자를 지었는데 대개 휴식하는 곳이다. 군후(孝寧大君)가 다 계량에게 이르기를 '주상전하가 일찍 거동하여 농형을 살피고 이 정자에 행차하여 신에게 주식(酒食)과 안장 차린 말을 하사하시었다. 그때가 한창 파종할 시기였으나 비가 흡족하지 않았다. 술자리가 한창일 무렵에 비가 시작해서 종일 세차게 오므로 희우(喜雨)라는 정자 이름을 내리시었다. 신이 감격함을 이기지 못해 우리 성상이 하사한 정자이름을 빛나게 할 것을 생각하여 이미 부제학 신색(申穡)에게 희우정(喜雨亭)이라는 세 글자를 쓰게 하여 처마에 걸었던바 자네는 글을 지어서 이 사실을 기술하라' 하였다. 192)

라고 한데서도 희우정의 유래가 기록되어 있다.

물론 이것은 기우제를 기낸 것은 아니지만 비가 내리지 않아서 백성들이 파종하기에 곤란을 겪고 있던 때에 이 정자에 임금님께서 납시자 하루 종일 비가 내리므로 너무 기뻐서 정자 이름을 희우정이라 하게 되었던 것이다. 용과 관계되는 지역에 용으로 상징되는 임금님의 행차가 용을 움직여 비를 내리게 한 것이 아닐 가 생각되어 누정과 기우제와는 밀접한 연관성이 있었던 것이 아닌가 생각된다.

---
191) 『宮闕志』, 卷5, 『都城志』, 喜雨亭 條.
192) 『東文選』, 第80卷, 記 (國譯本), p. 522.

(2) 풍류문사(風流文士)의 문학적 산실

한국을 일찍부터 금수강산(錦繡江山)이라 했던 것은 산천의 아름다움을 표현한 것으로 산수 경관이 빼어난 곳에는 누정을 짓고 신선과 같은 삶을 누리고자 누정을 무대로 시인묵객(詩人墨客)들의 시적 교류를 맺으며 시문 활동을 전개한 것을 보게 된다.

그러므로 한국 시조사에서 최초의 정형시조(定型時調)를 썼던 역동(易東) 우탁(禹倬)도 영호루(映湖樓)[193]에 올라 다음과 같은 한시 '제영호루(題映湖樓)'를 남긴다.

" 영남 땅에 노닌 지 여러 해 지났으나
호산 땅 경치 좋아 가장 사랑하였네.
꽃길 나루터엔 나그네 헤어지고
버들 푸른 언덕엔 한가로운 초가집 몇 채.
바람 잔 수면에는 안개 자욱 빗겨있고
세월이 오래니 담장 위 이끼만 자랐네.
비개인 들녘에선 격양가 부르는데
앉아서 보이는 건 숲 사이로 돛단배만 오고갈 뿐."[194]

이와 같은 누정제영(樓亭題詠)은 오랜 전통을 갖고 이어져 내려오면서 조선시대에 더욱 활발하게 나타난다. 대표적인 것을 보면 송순(宋純)이 창건한 담양(潭陽)의 면앙정(俛仰亭)[195]에는 당대에 유명했던 김인후(金麟厚), 임덕령(林德齡), 소세양(蘇世讓), 이황(李滉), 박순(朴淳) 등의 누정제영(樓亭題詠)을 비롯하여 송순 자신의 가사 면

---

193) 映湖樓는 慶北 安東市 수상동 대구통로에 있는 樓閣이다.
194) 禹倬先生의 思想과 易東書院의 歷史, 安東大學校 安東文化研究所, 安東文化 文庫 第1輯, 螢雪出版社, 1992. p. 253.
　　< 題映湖樓 >
　　"嶺南遊蕩閱多年 最愛湖山景氣加 芳草渡頭分客路 綠楊堤畔有農家 風恬鏡面橫煙黛 歲久牆頭長土花 雨歇四郊歌擊壤 坐看林抄漲寒槎 "
195) 朝鮮朝 中宗代에 宋純이 創建한 全南 潭陽郡 風山面 濟月里에 있는 亭子.

앙정가(俛仰亭歌)와 면앙정 단가(單歌) 여러 편이 이곳에서 지어지고 있어 누정시단(樓亭詩壇)의 위상을 말해주고 있다.[196]

그렇다면 일찍부터 정치 문화의 중심지였던 서울을 중심으로 한강 일대의 누정에서는 과연 어떤 일들이 일어나고 있었을까? 군왕을 비롯한 외국사신들의 휴식은 물론 연회의 장소로 쓰인 것 외에 차원 높은 풍류를 즐겨왔음을 알 수 있다. 그 중 낙천정(樂天亭)은 태종께서 유람하시던 곳으로 유명하여 서거정(徐居正)은 일찍이 이곳의 경치를 낙천정 시에서 다음과 같이 읊고 있는 것을 볼 수 있다.

" 낙천정 아래 전관(箭串) 교외 길
해마다 지나도 경치 좋다네.
맑은 물엔 한양(漢陽) 나무 어른거리고
저문 날엔 삼밭나루(三田渡) 희미하고나. " [197]

뿐만 아니라 동악 이안눌(李安訥)은 '가을 늦으니 고기 게가 더욱 좋은 것이 / 그대여 술병 들고 작은 배로 올라 가세나 '라고 읊으면서 낙천정 아래의 멋진 경치에 흠뻑 취해보고 싶어 하는 풍류를 즐기고 있는 것을 보게 해 준다. 또한 『한강지략』내각(內閣) 규장각조에 따르면 정조 5년(1781년) 3월과 9월 봄가을 두 차례에 걸쳐 각원(閣員)들에게 사가(賜暇)를 주어 두무개에 있는 유하정(流霞亭)에서 풍류놀이를 하게 한 것을 알 수 있어 당시의 선비들에게도 대단한 지성(知性)과 낭만(浪漫)이 있었음을 알게 해 주고 있다.

한강 북쪽에 위치한 제천정(濟川亭)은 경치가 뛰어나 명나라 사신으로 관광하는 이는 먼저 이 다락에 오르고 또 이곳을 지나는 선비들이 날마다 많이 모여 든다[198]고 했다. 그러므로 제천정을 노래한

---

196) 朴焌圭, 韓國의 樓亭攷, 앞의 글, p. 1.
197) 金永上, 앞의 책, p. 297.

많은 작품들이 전해 오고 있다. 명나라 사신으로 우리나라를 찾았던 예겸(倪謙)은 다음과 같은 시를 남겼다.

" 백자 높은 누 한강 물가에 섰는데
시간을 내어 와보니 정신이 상쾌해지네.
산 그림자 물속에 잠기니 부용이 푸르고
옥항아리에 향기 뜨니 호박(琥珀)이 봄빛이네.
날이 따스하니 일엽편주 가볍게 뜨고
바람 잔잔하니 봄 물결 가볍게 줄짓네.
바다어귀 저 물결 은하수에 닿은 듯
신선 뗏목 타고서 하늘 나루터 찾아갈거나. " 199)

또한 서거정의 제천정 시에서도 보면

" 주거니 받거니 삼천 수나 시 짓는데
빈주(賓主)의 풍류는 백잔 술을 마시네." 200)

라고 하여 호방한 문인들의 기상이 잘 드러나 보이고 있다.
이렇게 술과 글에 어울리려 풍류를 즐기던 많은 문인들은 서로 다투어 제천정 시를 남기고 있었으니 『신증 동국여지승람(新增 東國與地勝覽)』에 수록된 것들만으로도 충분히 알만하다. 즉, 명나라 사신 예겸(倪謙)을 비롯해서 고윤(高潤), 진감(陳鑑), 장영(張寧), 진가유(陳嘉猷), 김식(金湜), 장성(張珹), 기순(祁順), 노사신(盧思愼), 김수온(金守溫), 서거정(徐居正), 이승소(李承召), 성임(成任), 동월(董越), 왕창(王敞), 남곤(南袞) 등의 시가 수록되어 전해지고 있어201) 마치 제천정 시단이라 할 만하지 않을 가 생각된다.

198) 成俔, 『慵齋叢話』, 卷 9.
199) 『新增 東國餘地勝覽』, 앞의 책, p. 296.
200) 위의 책 p. 300.

특히 서강쪽으로 가면 유명한 망원정(望遠亭)이 있다. 망원정은
월산대군이 희우정(喜雨亭)을 고쳐 꾸미고 부른 이름으로 역시 월산
대군이 자주 찾았다는 증거로 그가 남긴 다음과 같은 시를 찾아 볼
수 있다.

" 망원정 앞에 봄이 저무는데
　그대와 함께 술병 들고 찾아갔네.
　하늘 저편 산은 멀고 빗발은 끝없는데
　강상 제비만 돌아가고 사람은 그저 있네.
　사방 경치에 흥이 절로 나는데
　갈매기 해오라기 따라오며 세상일 잊자하네.
　풍류로 마음 편키는 내 평생의 소원
　인간 세상 시비일랑 아예 배우지 말자구. "202)

또한 한강 언덕에 있는 경력(經歷) 이사준(李思準)의 별장이었던
침류당(枕流堂)을 강혼(姜渾)은 다음과 같이 읊고 있다.

" 인간에 크게 숨은 한강 남쪽 늙은이
　조용히 거처하는 곳 성밖 침류당 이라네.
　강산은 길이 돌아오지 않는 손을 짝하는데
　풍월은 참으로 무진장하구나.
　솔 언덕 새벽 일찍 학 앉은 나무보고
　단풍 숲 저녁 늦게 낚시 배 매어두네.
　오직 한번 취해서 조화주에 보답코자
　풍당(馮唐)의 늙은 낭관 뉘라 부러우리. " 203)

라고 하여 늘그막에 자연 속에서 풍월을 즐기는 여유를 노래하고
있다. 최숙생(崔淑生)이나 남곤(南袞) 같은 이도

---

201) 위의 책, pp. 296 - 302.
202) 金永上, 앞의 글, p. 324.
203) 『新增 東國輿地勝覽』, 앞의 책, p. 313.

" 언제나 벼슬 버리고 그대 따라가
반삿대 맑은 강물에 가벼운 배나 띄워 볼까" 204)

하면서 자연과 풍월을 즐기는 것에 부러움을 금치 못하고 있다.

또 삼개(麻浦) 북쪽 언덕에 있는 영의정 신숙주의 별장 담담정(淡淡亭)도 이극감(李克堪)이 시로 읊었으며 강희맹(姜希孟)은 시(詩)와 부(賦)로 노래하고 있음을 볼 수 있다. 205)

그 외 군왕의 농사철 백성들을 살피기 위한 것이라든지 목장을 살피기 위한 것, 출전의식을 거행하는 등 다양한 목적으로 누정이 활용되었음을 보게 된다. 한강일대에 있는 많은 누정들은 가정의 살림집이 아닌 또 다른 공간의 하나로 군왕을 비롯한 대군들의 휴식적 공간으로 상당한 정치적 역할을 감당했던 곳이었으며, 학자들의 독서와 수련의 공산이었고, 특별한 행사의 공간이었으며, 풍류와 문학의 산실로서 그 역할을 감당했던 특수한 공간으로서의 누정 문화가 발전되어 왔던 것을 알 수 있겠다.

4) 누정(樓亭)과 누정문학(樓亭文學)

(1) 누정기(樓亭記)에 나타난 표현적 특징

① 자연경치의 사실(寫實)적 표현

풍류문인(風流文人)들의 문학적 산실로 활용되었던 누정(樓亭)에는 당대의 최고 문사들에 의한 누정기(樓亭記)가 남아 있다. 희우정(喜雨亭)과 낙천정(樂天亭)에는 변계량(卞季良)의 누정기가 있고, 화양정(華陽亭)에는 유사눌(柳思訥)의 누정기가 있으며, 추흥정(秋興亭)에는 이숭인(李崇仁)의 누정기가 있다.

---

204) 南袞, 枕流堂 詩,『新增 東國與地勝覽』, 앞의 책, p. 314.
205) 위의 책, p. 326.

변계량은 희우정기(喜雨亭記)에서 정자가 세워졌던 자연의 풍광에 대해 자신이 임금님을 모시고 정자에 올랐을 때의 아름다움을 다음과 같이 써놓고 있다.

> " 화악(華嶽)이 뒤에서 굽어보고 한강이 앞에서 출렁거리니 서남쪽 여러 산은 아련히 아득하게 구름 낀 하늘과 내 낀 강 너머에 보일락 말락 들쭉날쭉 한다. 굽어보면 물고기와 새우 따위를 낱낱이 헤일 수 있고 바람실린 돛과 모래밭에 나는 새가 궤와 책상 밑에 왕래하는 듯하였다. 소나무 수 천 그루가 푸르게 우거져 술잔에 비치며 관악(管樂)을 높은 가락으로 아뢰니 맑은 바람이 불어와서 황홀하게 날개를 달고 푸른 하늘에 오르는 듯하며 호연(浩然)하게 바람을 타고 봉호(蓬壺)206)에 놀이하는 것 같았다. " 207)

라고 하여 그 경치의 아름다움을 사실적이며 신비롭게 표현 해 놓고 있다. 뿐만 아니라 그 자신이 그 경치에 놀라서 머리털이 서는 것 같았고 마음이 아득하여 말없이 오래도록 서 있다가 돌아와 옛일들을 생각하게 했다는 것이다. 즉, '인간은 천지와 본래 일체로 중(中)과 화(和)를 이루면 천지가 제자리에 위치하고 만물을 생육케 한다' 하는 것이었으니 주상전하는 하늘이 낳은 분으로 백성을 사랑하는 마음이 가슴에 깊게 쌓여 하늘이 감응하여 천하의 깊은 인심(仁心)과 후한 덕(德)이 비와 함께 넘쳐흐르게 되었다는 성군론(聖君論)을 피력하고 끝에 노래를 지어 붙였208)군왕의 성덕과 함께 만년 수

---

206) 蓬萊와 같은 말로 쓰였다. '바다 가운데 三神山이 있는데 그 하나가 蓬萊山이라 하였기 때문이다.
207) 『東文選』, 第80卷, p. 522.
208) 『東文選』, 위의 책. P. 525. (원문에 있는 것을 필자가 글을 다듬었음)
우뚝한 새정자 봉새가 나는 듯 / 지으신 이 뉘신 가 어지신 君侯
세교에 나가 신건 놀이도 사냥도 아닌데 / 백성들 씨 뿌리고 가뭄걱정 밭에서 한다.
정자에 계실 때맞추어 비가 오니 / 군후와 백성들 잔치하는 북소리 두둥둥
정자이름 내리시니 전에 없던 영광일세 / 성덕이 하늘같아 머리 조아린다.
우리 모두 머리 숙여 萬年壽를 빌 때 / 모든 선비 절하며 글을 바쳤다.

를 빌어 축수(祝壽)하고 있는 것을 볼 수 있다.
 그리고 낙천정기(樂天亭記)에서는 주위 경관에 대해 동교(東郊)의 동산에 둥그스름한 모양의 가마를 엎어놓은 것 같은 대산(臺山)이 있어 거기에 올라 사방을 돌아보며

> " 큰 강과 둘러싼 못뚝이 얽히고 설켰으며, 넓고 출렁이는데 연이은 봉우리와 겹쳐진 묏부리가 차례로 나타나고 층층으로 나온 것이 언덕을 고리처럼 둘러 조회(朝會)하는 듯하고 뭇 별이 북신(북두칠성)을 둘러싼 듯하여 과연 하늘이 만든 훌륭한 곳이었다. " 209)

라고 하여 자연 경관의 아름다운 경치를 표현 해 놓고 있으며 한편으로 정자의 멋진 풍광에 대해서도 그 아름다움을 다음과 같이 사실적으로 표현 해 놓고 있다.

> " 신이 이 정자를 보니 봄바람이 화창하면 아름다운 풀이 다투어 피어서 붉고 푸른 것이 펼쳐진다. 여름 볕은 쇠를 녹여 내릴 듯 대지는 벌건 화로 같은데 맑은 바람이 좌석에 가득하며 가을빛이 강산을 물들였다. 물은 맑은 거울 같고 산은 비단 병풍 같아서 좌우에 비치고 촘촘한 눈발이 처음으로 개었는데 헌함(軒檻)에 기대서 바라보면 천리가 한 빛이다. " 210)

라고 하여 춘하추동 각 계절마다 변해지는 자연과의 어우러짐을 사실적으로 잘 표현 해 놓고 있어 누정기의 사실적 표현의 아름다움을 보게 해 주고 있다.

---

華嶽을 바라보니 그 돌에 새길만하여 / 이 頌辭 새겨서 千古에 밝게 펴리.
209) 『東文選』, 위의 책, p. 528.
210) 위의 책, p. 531.

② 전하(殿下)의 천품(天稟)을 찬양

누정기에 나타나는 특징 중의 하나로 항상 그 정자와 관계된 고사를 들어 전하의 한량없이 크고 높은 천성을 극찬하고 있음을 볼 수 있다.

낙천정기(樂天亭記)에 보면 주역(周易) 계사(繫辭)에서 '낙천(樂天)'이란 두 글자를 따서 올린 것은 전하께서 행하신 사실을 총괄하여 정자 이름에다가 그 뜻을 붙인 것으로 생각된다하여 다음과 같이 전하의 천품(天稟)을 기술 해 놓고 있는 것을 볼 수 있다.

" 하늘이란 것은 이치뿐이고 낙이란 것은 힘쓰지 않아도 자연스럽게 이치에 맞는 것을 이르는 것이다. 대개 무극(無極)의 진(眞)211)과 음양오행(陰陽五行)의 정이 묘하게 합치고 엉켜서 사람이 태어났은즉 사람을 낳아준 천리는 다를 것이 없다. 비록 그러나 중인(衆人)들은 기품(氣稟)이 잡박(雜駁)하고 물욕에 가리워서 비록 천리에 따르고자 힘써도 또한 능치 못한데 하물며 자연스럽게 이치에 맞기를 바라리요 삼가 생각건대 전하께서는 하늘이 낳으신 자질로 만물에 뛰어나서 청명(淸明)한 기운이 그 몸에 있고 덕성(德性)을 상용(常用)하시니 이러므로 행사하시는 바가 바로 천리(天理)를 유형하는 것이 아님이 없으시다. "212)

라고 하여 전하는 하늘이 낳으신 자질로 만물에 뛰어난 청명한 기운을 몸에 지니고 덕성을 갖춘 훌륭한 분으로 천리에 맞는 일만을 행하신다는 것을 적어 조선 조 제3대 태종(1400- 1418) 이궁 이었던 낙천정과의 관계를 적어 놓고 있다.

그리고 희우정기(喜雨亭記)에서는 인간이 천지와 중화를 이루며 만물을 생육함으로 미세한 것에 이르기까지 하늘과 바람이 감응하는 기미가 환하게 밝아 덕화의 묘는 성왕의 인품으로 알 수 있는 것이

---

211) 太極을 말하는 것임.
212) 위의 책, p. 528 - 529.

라 하여 다음과 같이 적어 놓고 있다.

> " 주상전하는 하늘이 낳은 세대마다 낳지 않는 천자(天資)로서 밝고 빛나는 성인의 학문으로 중과 화의 덕을 이루고 위(位)라고 육(育)하는 효(效 : 功)를 극진하게 한 것이 진실로 넓고 넓어서 이름 할 수 없는바 오늘 희우(喜雨)의 일은 특히 그 일단만이 나타난 것이다. "[213]

라고 하여 세종 7년(1425) 임금께서 효령대군의 정자에 행차하여 농사 형편을 살필 때 심한 가뭄을 해갈하는 단비가 내리자 그 정자 이름을 희우정(喜雨亭)으로 지어 주신 일에 대한 전하를 찬양하는 기문을 남기고 있음을 볼 수 있다.

(2) 누정(樓亭)과 누정시단(樓亭詩壇)

① 의중(意中) 탐색(探索)적 시

한강일대의 누정 중에서 국가에서 직접 경영했던 정자로 유명한 곳은 조선 초에 한강정(漢江亭)으로 불리었던 제천정(濟川亭)을 들 수 있다. 특히 외국 손님이 오면 이 정자에서 잔치를 배설하고 배를 띄워 양화도(楊花渡), 잠두봉(蠶頭峰)과 망원정(望遠亭)까지 선유(船遊)를 즐겼고, 아름다운 밤경치를 즐기는 것을 제천완월(濟川翫月)이라 하여 많은 시인 묵객들이 시를 남기고 있다. 외국 사신들은 이곳에서 놀이를 즐기면서 시를 통해 고도의 외교적 역량을 발휘한 것으로 상호 의중을 탐색하기 위한 심정을 토로한 것을 볼 수 있다.

대표적인 것으로 중국에서 사신으로 왔던 예겸(猊兼)이 한강 북쪽 언덕에 있던 제천정(濟川亭) 놀이에서 남긴 시에 보면 정자의 아름다움과 풍광의 아름다움을 읊어 나가면서 넌지시 우리 정부의 태도를 빗대어 그 의중을 탐색하는 시를 남긴 것을 볼 수 있다.

---

213) 위의 책, p. 523.

" --- (전략) -------
멀리 나온 재상들 좋은 잔치 마련했는데
가까이 내려다보니 한가한 어부 작은 배 저어가네.
만 겹이나 되는 봉우리들 여기저기 읍하는데
봉우리 몇 쌍인지 멋대로 뜨고 잡기네.
적벽강 옛글이야 어찌 감히 따르랴만
새시나 지어서 이 좋은 놀이 적어 두려네. " 214)

라고 하여 만 겹이나 되는 봉우리 여기저기 읍하는 것으로 경치를 노래하는 듯하면서 조선 조정의 굽힐 것 같으면서도 굽혀 보이지 않는 당시의 상황을 은근히 비유적으로 꼬집어보고 있는 것을 보게 된다. 멀리서 보면 아름다운 경치지만 가까이 보면 보잘 것 없는 작은 배들 뿐 이고 봉우리가 몇 쌍이나 되는지 잡힐 것 같으면서도 잡히지 않는 심중을 솔직하게 표현 놓고 있다.

이와 같은 것으로는 중국사신 고윤(高潤)도 그의 시를 통해 누대에서 보는 경치와 흐르는 물결을 노래하면서

" -------- (전략) ---------
붉은 조서 내릴 때는 봉새 여기 멈췄는데
놀잇배 지나가자 갈매기들 놀라네.
난간에 기대어 멀리 보며 옛일 생각하는데
바람이 흰 구름 보내 나무위에 와있구나." 215)

라고 하여 조정의 분위기가 심상치 않음을 은근히 시 속에 넣어 표현 해 놓고 있다.

그 외에도 의중을 표현한 것들로는 진감(陳鑑)의 '눈앞의 저 좋은 경치 누가 먼저 차지하였나 / 주머니 속에서 시를 찾으니 내가 제일

---
214) 『신증 동국여지승람』, 제3권, p. 296.
215) 위의 책, p. 296.

가난하네' 라든지 장영(張寧)의 '이역(異域)에서 일 아직 끝나지 않고 태평시대 혼자 깨어 무엇하나' 등 많은 작품들이 자기의 의중을 담아 당시의 조정과의 외교적 어려움을 표현 해 놓고 있는 것들이 있다.

대부분의 시들이 당시의 한강변의 아름다운 풍광과 함께 외국사신으로서 조선 정부에 대한 버거운 심정을 읊어 그 의중을 담고 있다. 뿐만 아니라 이곳을 찾았던 많은 시인묵객들의 작품이 전해 오고 있어 제천정 시단을 형성 해 놓고 있다.

이에 시를 남긴 것을 보면 외국 사신으로 왔던 인물 중에 예겸(倪兼)을 비롯하여 고윤(高潤), 진감(陳鑑), 장영(張寧), 진가유(陳嘉猷), 장성(張珹), 기순(祁順), 동월(董越), 왕창(王敞) 등의 시가 있는데 그 중 장영(張寧) 같은 이의 시는 7편이나 전해오고 있다.[216] 또한 조선조 문인들의 시도 김식을 비롯하여 노사신(盧思愼), 김수온(金守溫), 서거정(徐居正), 이승소(李承召), 성임(成任), 남곤(南袞) 등의 시가 남아 있다.[217]

② 경개(景槪) 찬양(讚揚)적 시

제천정 시단의 시에서 많은 경개 찬양의 시를 볼 수 있으니 대표적으로 완월의 경치를 노래한 남곤(南袞)의 시를 보면

" 밧줄로 배를 끌어 옅은 물가 가르고 나가
  고관들 자리 정하고 거울 속에 앉았네.
  노는 고기 물위에 나오니 옥이 튀는 듯
  밝은 달 산에서 보니 금이 솟아오르네. "[218]

---

216) 『신증 동국여지승람』, 제3권, 한성부, pp. 296 - 297.
217) 위의 책, pp. 296 - 302.
218) 위의 책, p. 302.

라고 하여 물위에 튀어나오는 물고기를 옥이 튀는 것으로 비유하고 솟아오르는 둥근 달을 금으로 비유하면서 완월(玩月)의 아름다운 경개(景槪)를 읊어가고 있다. 또한 화산(華山)의 동쪽 한수(漢水)의 북쪽에 있는 화양정에 대한 경개를 찬양한 시를 보면

" 한가할 제 말이 가는 대로 홍진밖에 나오니
저 멀리 들판에 풍경이 새롭네.
하늘 닿은 먼 산은 푸른 것이 그린 눈썹 같고
비온 뒤 방초는 푸른 요를 깔았네.
꾀꼬리 오르락내리락 아침 햇볕에 울고
소 말들 부산하게 사방으로 흩어지네. " 219)

라고 하여 원래 태조께서 한양에 도읍을 정하신 처음 목장으로 삼았던 곳에 정자를 짓게 하고 주서(周書) 중의 말을 화산 남쪽에 돌려보낸다는 뜻을 취하여 ' 화양(華陽) ' 이라 이름 한 이곳의 경치를 홍진(紅塵) 밖의 세상으로 먼 산을 그린 눈썹같이, 방초를 푸른 요를 깐 것으로 표현하면서 자연에 노는 꾀꼬리와 방목하는 말들의 경개를 아름답게 표현 해놓고 있다.

그리고 서거정(徐居正)은 그의 제천정(濟川亭) 시에서

" 누대 가운데 아름다운 모임 비단자리 펼쳤는데
누대 밖 푸른 산 푸른 기운 무너지네.
풍월은 옛날 황학 따라 가지 않았고
연파는 지금도 백구를 보내 오누나. " 220)

라 했고, 침류당(枕流堂)의 경우 기(記)대신 시로서 경개를 노래했

---

219) 위의 책, p. 304.
220) 위의 책, p. 300.

으니 강혼(姜渾)의 침류당(枕流堂) 시에 보면

" 한강 남쪽의 형승은 동방에서 이름났는데
낚시질하는 저 늙은이 그 옆에 살며 주인이라네.
강에 비 내릴 때 붉은 잉어 뛰놀고
산바람 지나면 흰 마름이 향기롭다." 221)

라 했다. 또한 삼개(麻浦) 북쪽 언덕에 있던 신숙주의 별장 담담정(淡淡亭)에 대한 시를 남긴 사람으로서 이극감(李克堪)과 강희맹(姜希孟)을 들 수 있다. 그중 강희맹의 시를 보면

" 찬 구름 막막하고 강물은 유유한데
양쪽 언덕 푸른 단풍 끝없는 수심일세.
외로운 등잔 마주앉아 밤중이 지났는데
강에 가득한 비바람에 푸른 물가 어두워지네. " 222)

라고 하여 아름다운 경개를 노래하면서 어두운 심정을 담아내고 있음을 볼 수 있다.
이렇게 자연 경관을 노래한 작품들은 누정시의 어느 작품에서든지 잘 나타나고 있어 누정시의 한 특징을 이룬다고 보겠다.

5) 결 론

한강(漢江)일대의 누정(樓亭)과 누정문학(樓亭文學) 고찰은 강과 함께 발달해 온 인류문화의 일부를 고찰해 보는 일이며, 한국문화의 중심적 역할을 수행 해 온 서울 문화의 중요한 한 부분을 고찰하는

---
221) 위의 책, p. 313.
222) 위의 책, p. 326.

일로서 매우 중요한 문제라고 생각된다.
　원래 인류문화는 강과 함께 발달되어 왔다. 황하(黃河)나 장강(長江)을 중심으로 한 중국의 문화는 물론, 나일강이나 디그리스강을 중심으로 한 세계 문명의 발생지도 역시 강을 중심으로 이루어진 것을 보게 된다. 그러므로 한국 문화의 대표적인 서울문화도 한강을 제외하고는 말 할 수 없을 것 같다. 서울은 조선왕조의 수도로서 그 역사가 600년을 넘어서고 있다. 그렇지만 그 이전 신석기시대(新石器時代)의 원시 수렵시대(狩獵時代) 유적지가 한강의 주변에서 발견되고 있어, 이 지역에는 한강의 역사만큼이나 오래 전부터 인류가 생존해 왔음을 알 수 있다.
　한강을 중심으로 전개된 역사적 사건들은 오늘의 문명을 창출해 내기에 충분했다고 본다. 특히 조선시대의 자연 그대로의 한강변의 아름다운 풍치는 많은 시인 묵객들의 사랑을 받기에 충분했고, 높은 관직에 있던 정객들의 정치적 무대가 되기에 부족함이 없었던 것이다. 한강변의 아름다운 풍광을 따라 지어진 많은 정자와 누각들을 개관하여 이를 간단히 정리해 보고, 문화적 역할을 중심으로 그 특징을 정리해 볼 때
　첫째, 군왕의 휴식처나 외빈(外賓)을 접대하기 위한 이궁(離宮)적 역할을 들 수 있다.
　둘째, 기우제(祈雨祭)를 위한 제단(祭壇)적 역할을 들 수 있다.
　셋째, 풍류문사(風流文士)의 문학적 산실 역할을 들 수 있다.
　그리고 그 외로 군왕의 농정(農政), 목축(牧畜) 시찰장(視察場) 등으로 활용된 것이라든지, 병사들의 훈련광경을 돌아보는 일, 수군(水軍)의 출병식(出兵式) 등의 국가적 행사를 비롯하여 학자들의 인격수양과 학문연마를 위한 학습장 등으로 사용된 것을 볼 수 있어 한

강일대 누정문화가 다양했음을 알 수 있다.

누정(樓亭)은 문학(文學)의 산실(産室)로 많은 누정 문학 작품을 남겨놓고 있다. 이를 살펴보면 크게 두 가지로 나타나고 있음을 알 수 있다. 그 하나는 누정기(樓亭記)를 통한 기(記)문학의 작품들이 많이 남아 있다는 점과, 또 하나는 누정시(樓亭詩)를 통한 누정시단(樓亭詩壇)의 형성을 볼 수 있다. 제천정(濟川亭)에서의 제천정 시는 외국 사신들을 비롯한 많은 국내의 유명한 학자들의 작품이 남아 있어 시단적 성격을 띤다고 하겠다. 그리고 그 내용도 다양하여 시를 통한 의중(意中)을 탐색(探索)한 작품을 비롯하여 경치의 아름다움을 들어 노래한 경개(景槪) 찬양적 작품들이 주류를 이루고 있어 앞으로 누정 시단의 활발한 연구는 자연과 인간의 관계를 통합적으로 생각하려 했던 선인들의 천인합일(天人合一)적 문학관을 살피는 데 좋은 자료가 될 것으로 생각되어 지속적 연구를 기대해 본다.


## 6. 한백윤(韓伯倫) 묘지(墓誌)의 출토(出土)와 그 의미

가계(家系) 및 출토 현황. 묘지문(墓誌文)의 개관 및 특징. 문화재(文化財)적 가치


### 1) 들어가며

인천광역시 지정문화재(기념물) 한백윤(韓伯倫 : 1427 - 1474) 묘역(墓域)에서 출토된 묘지(墓誌)에 대한 내용을 개관 해 보고 그 의미를 살펴보는 것은 인천 문화의 새로운 자료적 가치를 발굴 해 내는 중요한 작업이라 생각된다. 새로운 세기의 새로운 문화 속에서도

유교문화의 전통이 그대로 살아 있어 설이나 추석과 같은 명절에는 고향을 찾는 많은 사람들로 민족의 대 이동이 일어나고 있다. 이것은 효에 기초한 유교적 전통으로 경노효친(敬老孝親) 사상의 발양으로 어른들에게 명절인사와 함께 조상들의 묘소를 참배하려는데 의미가 있기 때문이라 본다. 조상숭배의 전통을 미풍양속으로 삼고 살아 온 우리의 선조들은 언제나 조상들의 행적을 글로 써서 남기려는 전통이 있어 전(傳)의 형식 이외에도 행장(行狀)이나 묘지(墓誌), 비문(碑文) 등으로 남겨 놓고 있는 것을 보게 된다.[223] 특히 가문의식(家門意識)의 고취를 위해 집집마다 조상들의 이야기나 그 공적을 써서 전하려는 가전(家傳)을 남겼을 뿐만 아니라 묘역(墓域)에는 신도비를 세워 비문을 남기고, 묘소(墓所)에는 지석(誌石)을 묻어 그 분의 내력을 전하려는 전통이 있어 왔기에 현재에도 많은 묘지명(墓誌銘)들이 남아 전하고 있는 것을 볼 수 있다.

본고에서 다루고자 하는 인천광역시 지정문화재 한백윤(韓伯倫) 묘역(墓域)에서 출토된 묘지명(墓誌銘)은 그 분량이 방대할 뿐만 아니라 형태 또한 특별하다. 그러므로 먼저 그 내용을 파악해 보기 위해 전문을 개관 해 보고 매장 인물의 가계(家系)를 비롯한 생애와 업적 등을 살펴보고, 내용 및 형식적 특징을 살펴 문화재적 가치를 찾아 그 의미를 고찰 해 보고자 했다.

2) 가계(家系) 및 출토(出土) 현황

① 가계(家系) 및 인물

묘지(墓誌)에 기록되는 입전 인물에 대한 기록은 가전(家傳)의 경우와 같이 사관(史官)에 의해 씌어지는 것이 아니라 어떤 인물에 대

---

[223] 高敬植, 高麗時代의 傳硏究, 檀國大學校 大學院, 博士學位論文, 1981. p. 8.

하여 특정한 행적을 중심으로 사사로운 입장에서 덕망을 들어내기 위해 지어지는 것이 보통이라 하겠다. 가전(家傳)의 창작 경위를 보면

> " 사전(史傳)이 사관(士官)에 의해 지어지는 공적인 기록인데 비해 사관이 아닌 일반문인들이 사사로운 입장에서 어떤 인물에 대하여 표창 할만한 특정한 행적을 중심으로 입전 하는 것이 가전이다. 다시 말하면 문사들이 사사로운 입장에서 덕망이 숨겨져 드러나지 않거나 미천한 사람들이지만 본받을 만한 점이 있는 것을 표창하기 위해서 쓰는 전이다. " 224)

라고 하여 특정한 인물의 행적을 중심으로 문사(文士)들이 사사로운 입장에서 숨겨져 드러나지 않는 덕망이나 본받을 만 한 점을 표창하기 위한 것이라 했다. 그러므로 일반적으로 묘지명에서 다루어지고 있는 내용들도 가전적 성격에서 크게 다르지 않은 것을 볼 수 있겠다. 이를 찾아보면

> " 묘주(墓主)의 행적 가운데 특별히 기억되거나 칭송할만한 것을 기록하는 것이 관례이기 때문에 대체로 묘주의 단점에 대해서는 거론하지 않는 편이다." 225)

라고 논급하고 있는 것을 볼 수 있다. 즉 이는 묘주(墓主)의 행적 가운데 특별히 기억될 만한 일이 있거나, 칭송 받을 만한 내용이 있어야 한다는 것이다. 그러므로 본 묘지에도 특별히 기억될 만한 내용이나 칭송 받을 만한 일이 있어 기록되었을 것으로 생각된다. 이를 찾아보기 위해 우선 묘주(墓主)인 한백윤(韓伯倫)의 가계와 인물에 대해 살펴볼 필요가 있다.

본 묘지명의 주인공인 한백윤은 휘(諱)가 백윤(伯倫)이요, 자(字)는 자후(子厚)로 먼 조상인 난(蘭)226)은 고려 태조를 도와 삼한(三

---

224) 上揭 論文 p. 12.
225) 김복남, 茶山 墓誌銘의 主題와 樣式的 特徵, 語文論集, 民族語文學會, 2004. p. 262.

韓)²²⁷)을 통일하였고, 그의 9세 후손인 악(渥)²²⁸)은 후덕중망(厚德重望)하여 벼슬이 삼한삼중대광도첨의좌정승(三韓三重大匡都僉議左政丞) 판전리사사(判典理司事) 상호군(上護軍) 상당부원군(上黨府院君)에까지 이르렀으며 시호가 사숙(思肅)으로 다섯 아들²²⁹)을 두었는데 대순(大淳)²³⁰)은 도첨의사사(都僉議司事)이었고, 그 밑으로 공의(公義)²³¹)가 있었으며, 중례(仲禮)²³²)는 정당문학(政堂文學)이었고 군(君)에 봉해졌으며, 각성(覺星)은 출가(出家)하여 대선사(大禪師)가 되었고, 방신(方信)²³³)은 막내로 과거에 급제하였는데 장군의 기량이 있어 신축년(1361) 홍건적의 난²³⁴) 때 서울 수복에 공을 세워 일등 공훈으로 익충병의협찬공신(翊忠秉義協贊功臣)이 되었으며 첨의찬성사(僉議贊成事) 정당문학(政堂文學) 수문전대제학(修文殿大提學) 감춘추관사(監春秋舘事) 중대광(重大匡) 서원군(西原君)²³⁵)

226) 淸州 韓氏의 始祖. 諡號는 咸襄, 太尉 벼슬을 지냄.
227) 後三國 즉 新羅, 後百濟, 泰封을 이름.
228) 渥은 1274(忠烈王 元年)에 출생하여 1342(忠惠王 3)에 졸한 분으로 字는 子布, 號는 誠齋, 諡號는 思肅. 高麗의 文臣으로 諫議大夫 韓謝奇의 아들. 贊成事, 中贊 등의 벼슬을 지냄. 1321(忠烈王 8) 元나라에서 임금을 危機로부터 구한 功勞로 1등 功臣이 되어 宜力佐理功臣의 號를 받고 上黨府院君에 봉해졌다. 漢語와 몽골어에 능하였으며 性品이 愼重하고 器量이 있었다고 한다.
229) 大淳, 公義, 仲禮, 公衍, 方信. 한편 『墓碑銘』에서는 5男 2女를 두었다고 하고(『墓碑銘』, 『上世篇』, p.184), 『思肅公墓碑銘』에서는 方信 아래로 公端, 方道가 있었으며 모두 7男 2女가 있었다 했다. (『思肅公墓碑銘』, 『上世篇』, p. 175)
230) 大淳 (? - 1355 ).高麗의 文臣. 知都僉議司事, 攝政丞權斷征東省事 등의 벼슬을 지냄.
231) 公義는 高麗의 武臣. 字는 宜之, 諡號는 平靖, 判事, 戶部尙書를 歷任, 淸城君에 封해 짐.
232) 仲禮는 高麗 末期의 文臣으로 政堂文學 벼슬을 지내고 繼城君에 봉해짐.
233) 方信은 高麗 恭愍王 때의 武臣으로 紅巾賊의 난 때 서울을 收復한 功으로 政堂文學 벼슬에 오르고 1등 功臣이 되었고, 여진족인 三苦・三介의 侵入 等 軍事的 侵略을 막아낸 功으로 西原君에 봉해졌다. 뒤에 贊成事職 까지 올랐으나 아들 安이 恭愍王 弑逆에 加擔한 事件에 連坐되어 流配되었다가 禑王에게 殺害되었다.
234) 中國 元末 河北省 일대에서 일어난 漢族 반란. 1359년 이후 수차례 高麗를 侵入하였다. 특히 1361년에는 10만의 兵力으로 高麗를 侵入하여 開京을 陷落하는 等 高麗를 크게 威脅하였다.

벼슬을 하였다.

그리고 서원군이 낳은 아들 휴(休)는 봉선대부(奉善大夫) 감문위 호군(監門衛護軍)으로 양혜공(襄惠公)에게는 증조부가 되는데 자선대부(資憲大夫) 병조판서(兵曹判書)에 추증(追贈)[236]되었다. 판서가 낳은 계복(季復)은 통정대부(通政大夫) 지고부군수(知古阜郡事)로서 숭정대부(崇政大夫) 의정부우찬성(議政府右贊成)에 추증(追贈)되었고, 아들 창(昌)[237]은 통정대부(通政大夫) 강원관찰사(江原觀察使)를 지내면서 능력을 안팎에 날렸는데 그 재능이 칭송되어 순성적덕보조공신(純誠積德補祚功臣) 대광보국숭정대부(大匡輔國崇政大夫) 의정부영의정겸영경연(議政府領議政兼領經筵) 청천군(淸川君)에 추증되었다. 그리고 청천군은 가선대부(嘉善大夫) 판나주목사(判羅州牧使) 전의(全義) 이욱(李勖)[238]공의 딸을 아내로 맞아 선덕(宣德) 정미년(세종9년, 1427) 가을 7월 경인일(庚寅日)에 양혜공(襄惠公)이 탄생하게 된다.[239] 공은 성종 5년 갑오년(1474년)에 48세를 일기로 졸(卒)하니 양혜공의 시호(諡號)를 받는다.

---

235) 西原은 淸州의 옛 名稱으로 西原京이라고도 하였다.(『淸州의 沿革』,『上世篇』, p.61.) 西原君은 여기에서 따온 이름인 듯하다.
236) 右贊成은 朝鮮時代 議政府에 所屬된 벼슬. 品階는 從1品 崇祿大夫 또는 崇政大夫로 定員은 1명이다. 左贊成·左參贊·右參贊과 함께 三議政을 輔佐하고 國政에 參與하였다. 季復은 한편 1980년대 이후 近來의 記錄에 議政府左贊成이라는 記錄도 있다.(『季復墓表』,『上世篇』, p.462;『江原觀察使贈補祚功臣議政府領議政 遺事』,『上世篇』, p.465) 그러나 墓誌銘을 비롯한 當時의 記錄은 議政府右贊成 이라 하고 있다. 『韓伯倫神道墓碑銘』,『上世篇』, p.467.
237) 昌의 字는 聖望, 號는 觀水亭. 通政大夫 江原觀察使, 純誠積德補祚功臣,大匡輔國崇政大夫議政府領議政 兼領經筵,淸川君에 追贈 됨.
238) 李勖은 襄惠公의 外祖父로 朝鮮 初期의 文臣이다. 判典醫監事와 吏曹參議 및 羅州牧使 벼슬을 지냈다.
239) 金紐, 韓伯倫 神道碑銘,『國朝人物考』上, 서울대 出版部, 1992. p. 66
"父曰昌以幹能著稱 江原道觀察使卒贈補祚功臣 議政府領議政判書已下以公故追贈焉 娶判羅州牧使李君諱勖之女 生公 公諱伯倫 字子厚 ---"

공은 조선조 제8대 예종(睿宗)²⁴⁰⁾의 국구(國舅)로 안순왕후(安順
王后)²⁴¹⁾의 부친이며, 벼슬은 오위도총부도총관(五衛都摠部都摠管),
과 의정부 우의정(議政府 右議政)을 역임했고, 총관금병(摠管禁兵)
으로 근위병(近衛兵)을 관할하고 있으면서 남이(南怡),²⁴²⁾ 강순(康
純)의 모반을 평정하여 추충정란익재공신(推忠定亂翼載功臣)의 철
권(鐵券)을 받았으며 대광보국 숭록대부(大匡輔國 崇錄大夫)에 오
르고 성종(成宗) 초기 의정부 우의정(議政府右議政) 영경연사감(領
經筵事監) 춘추관사(春秋館事) 청천부원군(淸川府院君)에 봉해지고
1471년 순성명량경제좌리공신(純城明亮經濟佐理功臣)이 된 조선조
공신(功臣)임을 알 수 있다.

---

240) 睿宗(1441 - 1469)은 朝鮮 第8代王(1468 - 1469)으로 字는 明照이며 諱는 晄으로 世
祖의 둘째 아들이며 어머니는 貞熹王后다. 妃는 韓明澮의 딸 章順王后이고 繼妃는
韓伯倫의 딸 安順王后이다. 처음에는 海陽大君에 봉해졌으나 1957년(世祖 3년) 王世
子로 책봉되었다. 1468년 世祖가 위독하자 卽位하였으나 在位 14個月 만 에 卒했다.
241) 安順王侯 ( ? - 1498)는 朝鮮 第 八代 睿宗의 繼妃 韓氏로 本貫은 淸州로 韓 伯
倫의 딸이다. 그는 1460년(世祖 6년)韓 明澮의 딸이 世子嬪에 册封되었으나 이듬해
(世祖 7년, 1461년) 病死하자 1462년(世祖 8년)世子嬪에 揀擇되었고, 1468년 睿宗
卽位 後 王妃에 册封 되었다. 이듬해 睿宗이 病死하여 1471년(成宗 2年) 仁惠 大妃
가 되고, 1497년(燕山君 3年) 明懿大妃에 책봉된다.
242) 南怡(1441 - 1468)는 世宗 23년부터 睿宗 卽位年까지 살았던 朝鮮時代의 武臣으로
本貫은 宜寧이며 太宗의 孫으로 17세 때 武科에 壯元及第하여 世祖의 寵愛를 받았
다. 1467년 北關의 李施愛의 反亂을 討伐하여 敵愾功臣 一等에 올랐으며 이어서 西
北邊 義州衛를 정벌하였고, 27세의 젊은 나이로 兵曹判書가 된다. 이 때 <白頭山石
磨刀盡 豆滿江水飮馬 無 男兒二十未平國 後世誰稱大丈夫>라고 썼던 시는 李施愛의
반란을 討伐하고 回軍할 때 지은 것이었다. 世祖가 죽고 睿宗이 登極한지 얼마 안 되
어 宮中에서 宿直하던날 밤에 彗星이 떨어지는 것을 보고 "이는 除舊布新의 徵兆다
"라고 말하여 평소 그의 승진을 시기하던 柳子光이 엿듯고 말을 덧붙여 南怡가 謀叛
을 꾸민다고 謀陷하여 康純과 함께 誅殺되었다. 1818년(純祖18年) 官職이 復舊되었
다. 諡號는 忠武

② 묘역(墓域)과 묘지(墓誌)의 출토 현황

양혜공(襄惠公) 묘지(墓誌)는 2003년 6월 16일 청주 한씨 양혜공파 종중에서 인천광역시 서구 마전동(능안부락) 산 120 - 4에 있는 한백윤 묘역에서 발굴된 묘지와 묘역안의 신도비와 부속석물(장군석) 및 분묘, 장명등 등에 대한 지방문화재 지정 신청이 들어옴으로 알려지게 되었다.

청주 한씨 양혜공파 종중에서 지방문화재 지정을 신청한 신청서의 요지를 보면

" 지금으로부터 500여년 전 조선조(세종, 연산, 예종, 성종) 오위도총부도총관(五衛都摠府都摠管)과 우의정(右議政)을 지내고 예종대왕의 국구로 청천부원군(淸川府院君)에 봉해지고 양혜공의 시호가 내려진 조선조 공신인 한백윤(韓伯倫)의 묘소에 세워진 신도비(갑오,1474년 8월에 세워진 듯 함, 첨사(僉事) 중추원부사(中樞院府使) 김유(金紐)가 글을 짓다)와 묘역안의 부속석물 및 1981년에 묘역에서 발굴된 묘지(1474년 안장과 함께 부장한 듯 함)는 역사적 가치가 높아 지방문화재로서 보존관리의 필요성이 절실하며 --- " 243)

라고 하여 묘역 안에서 출토된 묘지에 대해 언급해 놓고 있다. 이 글에 보면 500여년전 조선조 예종대왕의 국구 청천부원군 한백윤의 묘소에 세워진 신도비(중추원부사 김유가 지은 것임)와 묘역안의 부속 석물과 묘역에서 발굴된 묘지(墓誌)의 역사적 가치가 높아 지방문화제로서 보존 관리할 필요가 있다는 것이었다. 그리고 한백윤의 인물과 묘지에 수록된 내용의 개요도 소개해 놓고 있어 이를 통해 한백윤의 인물에 대해 좀더 자세하게 알아 볼 수가 있겠다.

---

243) 仁川廣域市 指定文化財 指定申請資料, 仁川廣域市 文化財課. 2003.

" 한백윤은 조선시대 세종 정미(1427년)에 출생하여 성종 갑오(1474년)에 48세로 졸한 양혜공의 시호를 받은 조선조의 공신으로서 예종대왕(睿宗大王)의 국고(國舅)로 안순왕후(安順王后)의 아버지이며 오위도총부도총관(五衛都摠府都摠管)과 의정부우의정(議政府右議政)을 역임했고 총관금병(摠管禁兵) 즉 근위병(近衛兵)을 관할하고 있으면서 남이(南怡) 강순(康純)의 모반을 평정하여 추충정란익재공신(推忠定亂翼載功臣)의 철권을 받았으며 대광보국숭록대부(大匡輔國 崇綠大夫)에 오르고 성종초기 의정부 우의정(議政府右議政) 영경연사(領經筵事) 청천부원군(淸川府院君)에 봉해지고 1471년에 순성명량경제좌리공신(純城明亮經濟佐理功臣)이 된 조선조 공신 " 244)

이라고 적고 있어 한백윤은 조선조 세종대에 출생하여 성종대에 48세를 일기로 졸하신 분으로 양혜공의 시호를 받으신 공신으로 안순왕후의 아버지로 예종의 국구이시었다. 특히 공은 근위병을 관할하고 계시면서 남이와 강순의 모반을 다스리심으로 추충정란익재공신의 철권을 받으셨으며 대광보국숭록대부에 오르시고, 청천부원군에 봉해진 것을 알 수 있다. 그리고 묘역에서 출토된 묘지에 대한 내용도 다음과 같이 적고 있어 그 출토 경위를 알게 해 준다.

" 최근 1981년에 이 묘역에서 조선사 연구에 크게 도움이 될 그 시대적 상황을 알 수 있는 묘지(墓誌 : 청기와 한 장정도 크기) 다섯 장이 발굴되었습니다. 많은 역사학자들은 조선사 연구에 귀중한 자료라고 평가하고 있는데 -- (중략) -- 역사적 인물의 위국 충정의 높은 뜻과 청렴결백하고 헌신 봉사하는 정신과 자세를 후세에 널리 알리고 교육 자료로 삼는 것도 바람직한 일이라고 생각됩니다. " 245)

라고 하여 묘지의 중요성을 강조 해 놓고 있다. 그러나 그 내용을

---

244) 上揭書
245) 上揭書

자세히 알 수가 없을 뿐만 아니라 그 가치에 대한 것도 제대로 검증 된바가 없어 그 중 인천광역시 문화재 위원회 심의를 거쳐 한백윤 묘역과 부속 석물은 인천시 지방문화재로 지정이 되었으나 묘지(墓誌)는 보류되어 있는 상태다. 246)

### 3) 묘지문(墓誌文)의 개관 및 특징

(1) 전문(全文) 개관 247)

명나라 조선국(朝鮮國) 추충정난익대순경명량경제좌리공신(推忠定難翼戴純誠明亮經濟佐理功臣)248) 대광보국숭록대부(大匡輔國崇祿大夫) 의정부우의정영경연사(議政府右議政領經筵事)249) 청천 부원군250) 양혜 한공251)의 묘지는 신유년(1981년) 봄 비석을 다시 세우는 행사 때

---

246) 仁川廣域市 文化財 委員會 審議에서 韓伯倫 墓域과 그 곳에 設置된 石物은 市指定 文化財(文化遺蹟)로 指定키 로 하고 墓誌만은 別途로 市指定文化財로 指定하여 仁川市立博物館으로 옮기자는 意見이 提示되어 일단 保留 하고 그 價値에 대해 硏究 檢討키로 함.
247) 出土 墓誌의 原文은 뒤에 別途 資料로 添附했음으로 이를 參照 할 것(讀者의 便宜를 위해 飜譯文을 中心으로 作成 했음)
248) 翼戴功臣은 1468년(睿宗 元年) 南怡의 獄事를 다스린 공으로 내린 勳號로 推忠定難翼戴功臣은 三等 勳功에 準하는 爵位이다. 佐理功臣은 1471년(成宗 2)에 王을 잘 보필하고 政治를 잘한 功으로 내린 勳號로 純誠明亮經濟佐理功臣은 二等 勳功에 準하는 爵位이다.
249) 議政府는 朝鮮時代 百官의 統率과 庶政을 總括하던 最高의 行政 官廳. 右議政은 議政府에 所屬된 벼슬로 品階는 正一品 大匡輔國崇祿大夫이고 定員은 1명이다. 政領經筵事는 文班 벼슬의 하나로 經筵官(經筵은 王의 앞에서 儒敎 經典을 講義하고 討論하는 일) 가운데 가장 높은 벼슬이다. 대개 領議政·左議政·右議政 3명이 겸하였다.
250) 淸川府院君은 忠淸北道 괴산군 청천면 지역에 있던 朝鮮時代 淸州의 屬縣인 淸川에서 따온 이름인 듯하다.
251) 襄惠 韓公은 1427(世宗 9)에 나서 1474(成宗 5)에 졸한 淸州 韓氏의 始祖 韓蘭으로부터 13世 後孫이시다. 字는 子厚..號는 毅庵 諱는 伯倫. 襄惠는 諡號, 議政府 右議政 벼슬을 지냈다. 睿宗의 繼妃 安順王后의 아버지 시고, 陰補로 司醞直長이 되고, 1463년(世祖 9) 司饔別坐로 있을 때 큰딸이 世子宮의 昭訓으로 選拔됨으로써 1466년

무덤 남쪽의 상석을 들어내다가 그 밑에서 발견한 것이다.

전문의 내용을 개관 해 보면 첫 머리에는 묘주의 휘와 자를 비롯한 성씨를 적었고, 이어서 먼 조상으로부터 조상의 휘와 벼슬명은 물론 공적을 적었으며 계속하여 역대 조상들의 계보와 관직 등을 자세히 언급함으로 공의 가계(家系)가 누대로부터 혁세자영(赫世紫纓)의 빛나는 가문(家門)임을 나타내 주고 있다. 이를 묘지(墓誌)의 기록에서 살펴보면

" 공의 휘는 백륜이요 자는 자후(子厚)요 성은 한씨이다. 먼 조상인 휘(諱) 란(蘭)은 고려 태조(太祖)를 도와 삼한(三韓)을 통일하였고, (그의) 9세 후손인 휘 악(渥)[252]은 후덕중망(厚德重望)하여 벼슬이 삼한삼중대광도첨의좌정승(三韓三重大匡都僉議左政丞) 판전리사사(判典理司事)[253] 상호군(上護軍) 상당부원군(上黨府院君)[254]에까지 이르렀으며 시호는 사숙(思肅)이다. (사숙)공은 다섯 아들을 두었는데[255] 대순(大淳)은 도첨의사사(都僉議司

---

儀賓府都事가 되고 1488년에는 工曹正郞이 되었다. 1468年(睿宗 元年) 10월 소훈이 王后로 冊封됨에 따라 輔國崇祿大夫로 淸川君에 封해지고 같은 해 南怡의 獄事를 다스린 功으로 翼戴功臣 三等에 冊祿되었다. 1469년 五衛都摠府 都摠管이 되고 品階는 大匡輔國崇祿大夫에 올랐다. 1470년(成宗 1) 右議政이 되고 이듬 해 成宗의 卽位를 도운 功으로 佐理功臣 二等에 冊祿되었으며 이어 淸川府院君에 進封되었다. 性品이 寬厚·儉素하였으며 經學에 밝았다.

252) 1274(忠烈王 원년) - 1342(忠惠王 3) 字는 子布, 號는 誠齋, 諡號는 思肅. 高麗의 文臣으로 諫議大夫 韓謝奇의 아들. 贊成事, 中贊 등의 벼슬을 지냄. 1321(忠肅王 8) 元나라에서 임금을 危機로부터 救한 功勞로 一等功臣이 되어 宜力佐理功臣의 號를 받고 上黨府院君에 封해졌다. 漢語와 몽골어에 능하였으며 性品이 愼重하고 器量이 있었다고 한다.

253) 典理司는 高麗의 中央 官府로 文官의 選任·功勳·禮儀·祭亨·朝會·交聘·學校·科學에 관한 일을 管掌하였다. 判事는 이곳의 最高 벼슬이다.

254) 上黨은 淸州의 옛 名稱이며 淸州 韓氏의 옛 本貫名이다.(『高麗三重大匡太尉韓公夫人宋氏合葬墓誌』『上世篇』, p.83 :『姓源考』,『上世篇』, p.59 ;『淸州의 沿革』,『上世篇』, p.61.) 上黨府院君은 여기에서 따온 이름인 듯하다.

255) 大淳, 公義, 仲禮, 公衍, 方信을 말하는 것이나 한편『墓碑銘』에서는 5男 2女를 두었다고 하고(『墓碑銘』,『上世篇』, p.184),『思叔公墓碑銘』에서는 方信 아래로 公端, 方道가 있었으며 모두 7男 2女가 있었다고 하고 있다.(『思叔公墓碑銘』,『上世篇』, p.175)

事)였고, (그 밑으로) 공의(公義)가 있었으며, 중례(仲禮)는 정당문학(政堂文學)이었고 군(君)에 봉해졌으며, 각성(覺星)은 출가하여 대선사(大禪師)가 되었고, 방신(方信)은 막내로 과거에 급제하였는데 장군의 기량이 있어 신축년 (1361) 홍건적의 난256) 때 서울 수복하는 공을 세워 일등 공훈으로 수충병의 협찬공신(輸忠秉義協贊功臣)이 되었으며 첨의찬성사(僉議贊成事) 정당문학 (政堂文學) 수문전대제학(修文殿大提學) 감춘추관사(監春秋舘事) 중대광 (重大匡) 서원군(西原君) 벼슬을 하였다. 서원(군)이 낳은 아들 휘 휴(休)는 봉선대부(奉善大夫) 감문위호군(監門衛護軍)으로 (양혜)공에게는 증조부가 되는데 자헌대부(資憲大夫) 병조판서(兵曹判書)에 추증(追贈) 되었다. 판서가 낳은 휘 계복(季復)은 통정대부(通政大夫) 지고부군사(知古阜郡事)로서 숭정대부(崇政大夫) 의정부우찬성(議政府右贊成)에 추증되었다.257) 찬성이 낳은 휘 창(昌)은 통정대부 강원관찰사(江原觀察使)를 지내면서 능력을 안팎에 날렸는데 그 재능이 칭송되어 순성적덕보조공신(純誠積德補祚功臣) 대광보국숭정대부 의정부영의정겸영경연(議政府領議政兼領經筵) 청천군(淸川君)에 추증되었다. 청천은 가선대부(嘉善大夫) 판나주목사(判羅州牧使) 전의(全義) 이욱(李勗)공의 딸을 아내로 맞아 선덕(宣德) 정미년 가을 7월 경인일에 (양혜)공이 탄생했다. " 258)

---

256) 中國 元末 河北省 일대에서 일어난 漢族 반란. 1359년 이후 수차례 高麗를 侵入하였다. 특히 1361년에는 10만의 兵力으로 高麗를 侵入하여 開京을 陷落하는 等 高麗를 크게 威脅하였다.
257) 右贊成은 朝鮮時代 議政府에 所屬된 벼슬. 品階는 從一品 崇祿大夫 또는 崇政大夫로 定員은 1명이었다. 左贊成・左參贊・右參贊과 함께 三議政을 輔佐하고 國政에 參與하였다. 한편 1980年代 以後 近來의 記錄에 議政府佐贊成이라는 記錄도 있다.(『季復墓表』, 『上世篇』, p.462 :『江原觀察使贈補祚功臣議政府領議政遺事』, 『上世篇』, p.465) 그러나 本文을 비롯한 當時의 記錄은 議政府右贊成이라 하고 있다.『伯倫神道墓碑銘』, 『上世篇』, p.467.
258) 淸川府院君 襄惠 韓公 諱伯倫 墓誌銘(1997年 4月 7日 한명진 譯註를 中心으로 했다, 以下 同一)
公諱伯倫字子厚姓韓氏遠祖諱蘭佐高麗太祖統一三韓至九世孫諱渥以厚德重望官至三韓三重大匡都僉議左政丞判典 理司事上護軍上黨府院君謐肅公生五子曰大淳都僉議司事曰公義曰仲禮政堂封君覺星出家爲大禪師曰方信於次居季登第有將畧辛丑紅寇之變有收復京城功策勳第一賜輸忠秉義協贊功臣官爲僉議贊成事政堂文學修文殿大提監春秋舘事重大匡西原君西原生子諱休奉善大夫監門衛護軍於公爲曾大父追贈資憲大夫兵曹判書判書生諱季復通政大夫知古阜郡事追贈崇政大夫議政府右贊成贊成生諱昌通政大夫江原觀察使揚歷中外以幹能稱追贈純誠積德補祚功臣 大匡輔國崇綠大夫議

라고 하여 국가에 공을 세운 조상들의 공훈을 모두 언급하고 있음을 볼 수 있다. 그리고 이어서 공의 출중한 외모로 생김새가 남달리 장대했으며, 특히 귀가 커서 늙은 관리는 뒤에 분명 귀현(貴顯)해질 것이라 했다고 했다. 물론 공의 벼슬길은 승승장구하여 국가에 공을 세우고 높은 벼슬길에 올랐음을 기록 해 놓고 있는 것을 볼 수 있다. 이를 묘지(墓誌)에서 살펴보면

" 공은 어려서부터 생김새가 남달리 크고 경술(經術)에 뛰어났다. 병인년(1446) 겨울 음서(蔭敍)로 사온직장동정(司醞直長同正)[259]이 되고 임신년(1452) 겨울에는 장사랑(將仕郞) 소격전직장(昭格殿直長) 벼슬을 받았다. 한 늙은 관리는 공을 보고 기특해 하며, 공은 귀가 참으로 크니 뒤에 분명 귀현(貴顯)해질 것이라고 하였다. 이윽고 경복궁사연(景福宮司涓)직으로 옮겨가면서 차차 공을 세웠다. 천순(天順) 임오년(1462) 왕대비[260]가 간택되어 동궁에 들었다. 성화(成化) 병술년(1466) 의흥위부사과(義興衛副司果)를 제수(除授)받고 다시 봉훈랑(奉訓郞), 의빈부도사(儀賓府都事)[261]가 되었으며 무자년(1468)에는 공조정랑(工曹正郞)으로 승진하였다.

(그 해) 가을 9월 예종이 즉위하자 보국숭록대부(輔國崇祿大夫) 벼슬을 받고 청천군 겸 오위도총부도총관(五衛都摠府都摠管)[262]에 봉해졌으며

---

政府領議政兼領經筵清川君清川娶嘉善大夫判羅州牧使全義李諱昷之女宣德丁未秋七月庚寅生

259) 司醞은 司醞署로 朝鮮時代 宮中에 술과 감주 등을 마련하여 바치던 일을 擔當하던 官廳이고 直長은 朝鮮時代 中央의 各 官衙에 두었던 從七品의 벼슬이다. 同正 즉 同正職은 初入仕職으로 一種의 虛職이며, 蔭敍를 通하여 入仕한 사람은 모두 同正職부터 除授 받았고 여기에서 일정한 期間 待期한 뒤에 實職으로 進出하였다.

260) 睿宗妃 安順王后(? - 1498 연산군 4). 睿宗의 繼妃로 韓伯倫의 큰 딸이다. 1460년에 韓明澮의 딸인 章順王后가 世子嬪에 冊封되었으나 이듬해 病死하여 1462년 世子嬪에 揀擇되었고 1468년 睿宗이 卽位하자 王妃에 冊封되었다. 이듬해 睿宗이 病死하여 1471년에 仁惠大妃에 봉해지고 1497년에 다시 明懿大妃에 冊封되었다. 小生으로는 齊安大君과 賢淑公主가 있다. 王大妃는 現 임금의 어머니(할머니는 大王大妃)를 말한다.

261) 儀賓府는 朝鮮時代 公主·翁主·郡主·縣主 등과 婚姻한 駙馬에 관한 일을 맡은 官廳으로 朝鮮 初期에는 駙馬府라고 하였다가 世祖 때 儀賓府로 改稱하였다. 都事는 儀賓府에서 事務를 맡아보던 從五品의 벼슬이다.

역적 무리의 음모263)를 발각하고 척결하는 공을 세워 추충정난익대공신(推
忠定難翼戴功臣) 철권(鐵券)264)을 내려 받았다. "265)

라고 하여 양혜공의 공적과 벼슬을 기록 해 놓았다. 그리고 이어
서 추충정난익대공신(推忠定難翼戴功臣) 철권(鐵券)으로 받은 교서
내용을 그대로 기록해 놓음으로 공의 공훈을 후세에 전하게 해 놓고
있음을 볼 수 있다. 이를 묘지(墓誌)에서 살펴보면 교서는 대략 다
음과 같이 말하고 있다.

" 덕을 칭찬하고 공을 포상함은 곧 고금을 통한 도이다. 내가 어린 나이에
집안을 맡아 이를 제대로 다스리지 못하고 긍긍하다 뜻하지 않게 오랫동안
병을 앓던 차에 강순(康純)266), 남이(南怡)267) 등이 모반을 꾀하여 그 재앙이

---

262) 五衛都摠府는 朝鮮時代 五衛(나라 안의 모든 군사를 統率하는 5개의 군사 단위)를 總
括하던 最高 軍令 機關이고 都摠管은 그 곳의 最高 責任者로 正二品職이다. 原文은
五衛都摠管으로 되어 있다.
263) 1468년 劉子光의 무고로 일어난 南怡·康純의 獄事.
264) 漢나라 高祖가 功臣을 封하는 데 쓴 文書. 金券 또는 金書 鐵券이라고도 한다. 기와
와 같은 형태를 지녔고 겉에는 履歷, 恩數를 새겨 功을 記錄하고 뒤에는 免罪, 減祿
의 양을 새겨 잘못을 減免해 주었다. 글자는 모두 金으로 새겨 넣었고 이를 둘로 나누
어 왼쪽은 功臣에게 주고 오른쪽은 內部에 두어 保證하였다.
265) 淸川府院君 襄惠 韓公 諱伯倫 墓誌銘, 前揭書.
公自幼姿狀奇偉及長通經術有才幹丙寅冬以蔭例調司醞直長同正壬申冬拜將仕郎昭格
殿直長有一老官見公奇之曰公耳大無雙後當貴顯俄遷景福宮司涓階啓功天順壬午王大
妃選入東邸成化丙戌除義興衛副司果再轉奉訓郎儀賓府都事戊子陞工曹正郎秋九月叡
宗卽位拜輔國崇祿大夫封淸川君兼五衛都摠管尋有逆黨搆禍有剷除之勳賜推忠定難翼
戴功臣鐵券.
266) 1390(恭讓王 2)에서 1468(睿宗 元年)까지 살았던 朝鮮 初期의 名將. 北方 防禦에 努
力하였고 그로 인해 世祖의 信任을 받았다. 1467년 李施愛의 亂을 平定한 功勞로 一
等 功臣으로 右議政이 되었다. 1468년 信川府院君에 封해지고 領議政으로 五衛都摠
管에 任命 되었으나 南怡의 獄事에 連累되어 死刑 당했다.
267) 1441(세종 23)에서 1468(睿宗 元年)까지 살았던 朝鮮 前期의 武官. 李施愛의 亂을 平
定한 功勞로 一等 功臣이 되고 宣山君에 封해졌다. 西北邊의 女眞을 討伐한 功으로
二等軍功을 받았으며 工曹判書·五衛都摠府·兵曹判書 等의 벼슬을 하였다. 1468년
劉子光의 誣告로 陵遲處斬되었다.

기운이 급박하게 들이닥쳤으나 천지 조상의 묵묵한 보살핌을 입어 나쁜 음모가 저절로 드러났다. 경은 이러한 때에 총관금병(摠管禁兵)을 관할하고 있던 중 변란의 소식을 듣자마자 일어나서 달려와 온힘을 다해 악당의 두목을 쳐서 없이했다. 아, 경에 대한 나의 믿음은 더욱 깊어졌고 나에 대한 경의 보위는 더욱 신중해졌도다. 진실로 위급한 때가 닥치자 충정(忠貞)의 절개를 다하여 목숨을 아끼지 않고 나의 몸과 법도를 지켜내었다. 경의 노고를 생각하고 경의 공을 밝게 기리는 지금의 포상의 은전은 실로 공의(公議)에서 나온 것이다. 이에 내 감히 헤아려 책(策)을 내리노라. 경을 익대삼등공신(翊戴三等功臣)으로 하고, 각(閣)을 세워 초상을 그리고 비를 세워 그 공을 기리며, 그 부모와 처, 적장(適長)에게는 작위를 내리고 대대로 세습하여 그 복록을 잃지 않게 하고 비록 죄를 범하여도 평생 동안 용서해 주며, (또) 반당(伴倘) 6명, 노비 8명, 구사(丘史) 3명, 토지 80결(結), 은 25냥, 겉·속옷감 1단과 내구마(內廐馬) 1필 내려 사용케 하노라. 아, 팔 다리와 같이 보좌하는 신하가 일찍이 (나와) 더불어 고락을 같이 하였으니 산하대려(山河帶礪)의 맹세268)는 처음부터 끝까지 더욱 단단해 질 것이다." 269)

라고 하여 양혜공의 큰 공적을 높이 찬양하여 굳게 믿는 신하로서 영원히 그 공로를 잊지 않겠다고 맹약한 문건을 내렸음을 알 수 있게 한다. 그리고 그가 평서에 얼마나 검소했으며 또한 죽음을 당하여 자손들에게 교훈한 내용을 기록해 놓고 있으니 이를 살펴보면

---

268) 산이 닳아져 숫돌처럼 납작하게 되고 강이 말라 띠처럼 가늘게 될 때까지 곧 永遠히 功臣의 집안을 保全시킨다는 임금의 約束.
269) 淸川府院君 襄惠 韓公 諱伯倫 墓誌銘, 前揭書
教書略曰褎有德賞有功乃古今之通誼也予以幼冲遭家不造煢煢在疚不意康純南怡等濟圖不軌禍機迫於呼吸賴天地祖宗黙祐兇謀自洩卿於是時摠管禁兵聞變而起奔走宣力克剪兇渠嗚呼予之倚卿愈深卿之衛我愈愼況當危迫之辰克奮忠貞之節舍命不渝捍衛寡躬式保今休念卿之勞紀卿之勳襃賞之典實出公議予其敢稽肆策卿爲翊戴三等功臣立閣圖形樹碑紀功爾其父母及妻適長世襲不失其祿雖有罪犯宥及永世仍賜伴倘六八奴婢八口丘史三名田八十結銀二十五兩表裏一段內廐馬一匹至可領也於戱股肱心膂之資旣與同乎休戚山河帶礪之誓宜益堅於始終.

" 공은 천성이 온후하고 도량이 넓었으며 침착하고 과묵하였고 겸손하게
행동하였다. 재상일 정도로 고귀하고 국구일 정도로 존엄하였으나 자신과
남을 대하는 데 예전과 다름이 없었고 일찍이 교만한 기색이 없었으며 사
는 집도 아주 좁고 누추하였다. 어떤 친구는 이렇게 말하였다. "고귀함은
왕대비와 같으면서 가마도 못 다닐 정도로 이리 좁은가." 공은 웃으며 말하
였다. "이 집은 선인(先人)에서서 물려받은 것이라 비바람만 가림 수 있으
면 족하네. 만일 (왕가의) 가마가 행차하면 따로 막을 치면 되네. 평생 동안
살아 온 것을 다시 헐고 고쳐서 지나치게 할 필요가 있겠는가."성품은 또
밖으로 온화하고 안으로 엄하여 아들 환(懽)이 육부당상(六部堂上)이 되었
음에도 별다른 언색(言色)을 보이지 않았다.

병이 깊어지자 아들 환에게 직접 글을 써서 남기어 "부인이 세상을 뜬 지
3년도 지나지 않아 내가 또 병이 들어 날로 악화되어 다시 회복되기 어려
우니 내가 죽으면 무릇 상례는 주문공가례(朱文公家禮)[270]에 따라 치루
거라"고 말하였다. 또 환에게 "왕대비께서 존엄하신 지위에 계시어 집안의
경사가 이미 크고 내가 또 정승이 되고 여러 번 훈공의 열에 끼였으니 임
금의 은혜가 극히 중하여 갚을 수가 없구나. 이제 죽어도 더 이상 여한이
없다."고 일러 말하였다.[271]

라고 했다. 그리고 그의 죽음을 보고 임금께서는 매우 슬퍼하여
조정과 시정업무를 3일 동안 멈추게 하고 특별히 쌀과 콩 각 100섬
과 무명천 100필을 부조하였으며 따로 관리를 보내어 문상하고 왕
대비도 격식대로 상을 치르니 삶과 죽음의 영화가 가히 지극하다 할

---

270) 朱子家禮 또는 文公家禮. 명나라 丘濬이 家禮에 관한 朱子의 學說을 收集하여 만든
책이다. 주로 冠婚喪祭의 四禮에 관한 禮制로서 高麗 末葉 朱子學의 傳播에 따라 우
리나라에 들어왔다.
271) 淸川府院君 襄惠 韓公 諱伯倫 墓誌銘, 前揭書
公天資溫厚度量寬大凝重寡言謙以自處雖貴爲首相尊爲國舅而持己待物無異平昔未嘗
有嬌色所居第宅甚隘陋親舊惑曰貴第王大妃有時駐輦不可如此狹隘公笑曰此家受之先
人足以庇風雨滿一駕幸別設幕次可也何必改作隨毀隨補乎以過平生性又外和內嚴子懽
雖貴爲六部堂上畧不借辭色病篤手書遺子懽曰夫人卽世未過三年吾又得病日至沉綿理
難逃 免吾死凡喪祭一遵朱文公家禮又謂懽曰王大妃居尊位門闌之慶旣大吾又入廟堂
再參勳列上恩至重無以圖報今日之死固無餘憾

수 있었다272)고 기록 해 놓고 있다.

또한 공의 묘소에 대한 기록을 보면 ' 6월 갑신일 손시273) 김포 (金浦) 서촌(西村) 검단리(檢丹里)274) 병좌임향(丙坐壬向)275)한 자리 에 하관 하였다 '고 했으며, 그의 벼슬은 증(贈)대광보국숭록대부 의 정부우의정 행사헌감찰(行司憲監察)276)로 증직되었음을 기록했다.

그리고 끝으로 가족상황 및 후손들에 대해 기록 해 놓고 있다. 이 를 살펴보면

" 공은 서하(西河) 임유(任柔)공의 딸을 아내로 맞아 4남을 두었는데 환은 통정대부 공조참의(工曹參議)이고 열(悅), 항(恒), 순(恂)은 모두 아직 어리 다. (또) 5녀를 두었는데 왕대비가 맏이고 그 밑은 구성군(龜城君) 준(浚)277)에게 시집갔으며, 그 밑은 돈녕직장(敦寧直長) 남효원(南孝元)278)에 게 시집갔고, 그 밑은 문소전참봉(文昭殿參奉)279) 원치(元蕮)에게 시집갔 으며, 나머지(하나)는 아직 어리다. 왕대비는 아들을 두었는데 이름은 현

---

272) 上悼甚爲之輟朝市三日特賻米豆各一百石綿布一百匹他有加遣官弔祭王大妃服衰如法 生歿之榮可謂至矣
273) 7月 乙卯日 巽時라는 記錄도 있다.『伯倫神道碑銘』,『上世篇』. p.467. 巽時는 辰時 末에서 巳時 初까지의 時間, 즉 午前 8時 30分부터 9時 30分 사이의 時間.
274) 金陵縣 남쪽 수音段里 (『伯倫神道碑銘』,『上世篇』. p.467.) 金浦 남쪽 黔段面 麻田 理.(『伯倫墓表』『上世篇』. p.472.)라는 記錄도 있다. 京畿道 金浦郡 金浦邑 黔丹面麻 田理를 가리키는 듯 하다.
275) 山所의 方向이 북쪽으로 向한 것을 말하는 듯함. 丙方은 正南에서 동쪽으로 15도의 方位를 中心으로 한 15도의 角度 안쪽. 壬方은 丙方의 반대 方向으로 正北에서 서쪽 으로 15도 方位를 中心으로 한 15도의 각도 안쪽.
276) 司憲府의 監察. 司憲府는 政治에 대한 言論 活動, 벼슬아치에 대한 糾察, 風俗 敎 正, 司法 行爲 등의 職務를 修行한 官廳이고 監察은 中央의 각 官署나 地方에 派遣 되어 일의 進行과 處理에 잘못이 있는지의 여부를 觀察하는 司憲府 내의 職責이다.
277) 浚은 1441(世宗 23)에서 1479(成宗 10)까지 살았던 朝鮮 前期의 宗親이며 功臣. 本貫 은 全州. 이름은 浚. 字는 子淸. 諡號는 忠武. 아버지는 世宗의 4男 臨瀛大君 구이 다. 1458년에 龜城正에 봉해지고 이어 龜城尹에 1463년 龜城君에 봉해졌다. 五衛都 摠府都摠管·領議政 벼슬을 하고 敵愾功臣 翼戴功臣..二等에 勳封되었다.
278) 南効元이라는 記錄도 있다.『伯倫神道碑銘』,『上世篇』. p.467.
279) 參奉은 朝鮮時代 各 官衙의 從九品 벼슬이고 殿參奉은 그 가운데 陵殿에 配屬된 官 員.

(珚)으로 제안대군(齊安大君)280)에 봉해졌다. 정숙공주(貞淑公主)와 혜순
공주(惠順公主)는 이미 죽었다.281) 참의(환)는 통정대부 행무장현감(行茂
長縣監)282) 조지산(趙智山)의 딸을 아내로 맞았다. 준은 아직 자녀가 없다.
직장(남효원)은 걸(傑)이라는 아들 하나와 딸 하나를 낳았는데 모두 아직
어리다. 부인 임씨는 공보다 2년 먼저 졸 하였는데 왕대비와의 연고로 서
하부부인(西河府夫人)에 봉해졌다. " 283)

라고 하여 공이 서하 임유(任柔) 공의 딸을 아내로 맞아 4男 5女
를 두었는데 아들 환은 통영대부 공조참의를 지내고 그 아래는 아직
어리다 했고, 딸은 그 맏이가 왕대비가 되고 그 밑은 구성군 준(浚)
에게 시집간 것과 그 외 사위들까지 모두 열거하여 기록 해 놓고
아직 성취하지 못한 자녀까지 적어 놓고 있다. 그리고 외손인 왕대
비의 자녀 손에 대한 내용까지 기록으로 올려놓고 있음을 볼 수 있
다. 맨 마지막에는 부인 임씨가 공보다 2년 먼저 죽었는데 왕대비와
의 연고로 서하부부인(西河府夫人)에 봉해 젓임을 기록하고 기록
연월일284)을 적어 놓고 있다.

---

280) 齊安大君은 1466(世祖 12)부터 1525(中宗 20)까지 살았던 朝鮮 中期의 宗室. 이름은
珚, 字는 國寶. 睿宗의 둘째 아들이며 어머니는 安順王后 韓氏이다. 4세 때 睿宗이
죽자 王位 繼承의 제1후보자였으나 世祖妃인 貞熹王后가 아직 어리고 聰明하지 못하
다고 反對하여 대신 成宗이 王位에 卽位하였다. 1470년 5살의 나이로 齊 安大君에
封해졌다.
281) 賢淑公主는 以後에 낳은 자식으로 보인다.
282) 縣監은 朝鮮時代 最下位의 地方 行政 區劃 單位인 縣에 派遣된 從六品 地方官.
283) 淸川府院君 襄惠 韓公 諱伯倫 墓誌銘, 前揭書.
公娶贈大匡輔國崇祿大夫議政府右議政行司憲監察西河任公諱柔之女生四男日懽通政
大夫工曹參議曰悅曰恒曰恂皆幼五女王大妃居長次適龜城君浚次適敦寧直長南孝元次
適文昭殿參奉元菖餘皆幼王大妃生一子曰珚封齊安大君曰貞淑公主曰惠順公主先逝參
議娶通政大夫行茂長縣監趙智山之女浚無子女直長生一子曰傑一女皆幼夫人任氏先公
二年而卒王大妃之故奉西河府夫人.
284) 成化十甲午(1474)六月 日誌

(2) 본 묘지문(墓誌文)의 특징

묘지문(墓誌文)이나 비지문(碑誌文)은 망자(亡者)의 업적과 사적을 후대에 전하기 위해 작성된 문장으로 문예문(文藝文)보다 실용성이 강한 의례문(儀禮文)으로 인식되고 있는 것이 특징이다. 그러나 중국의 경우 한유나 구양수 등 당송팔대가에 이르러 죽음을 소재로 하는 문예문으로 탈바꿈함으로 문학 향유계층을 민중으로 확대시키고 실리성이 강한 묘지명을 통해 자신의 감성을 표출하면서 고문이라는 높은 성과를 이룩하였다.285) 이와 같은 비지문은 신라이후 지속적인 창작과 발전을 계속하여 조선시대에는 깊이 있는 비지론(碑誌論)이 창출되기도 하였으나 후대로 오면서 망자의 정확한 사실과 신중한 기록이 아닌 허장과 과장의 관행으로 인해 부정적 시각과 비판적 시각이 많았다. 그러므로 퇴계(退溪) 이황(李滉 : 1501 - 1570) 같은 이는 주위의 많은 청탁을 거절했고 신도비문(神道碑文)과 같은 거대한 비문작업에 참여하지 않았다. 286)

대개 묘지문이나 비지문은 망자의 후손들이 청탁하기 때문에 망자의 후손들이 없거나 변변치 못하면 찬술하기 어렵다. 또한 당대의 유명한 문장가들로 하여금 문장을 찬술 해 주기를 바라는 것이 일반 적이었으니 조선 후기 우암의 경우는 다양한 계층을 망라하여 신도비(神道碑), 묘갈(墓碣), 묘표(墓表), 묘지(墓誌), 능지(陵誌), 묘정비(廟庭碑), 정려비(旌閭碑) 등 모든 형식을 두루 망라하고 있어 신도비문이 97편에 이르고 있으며 묘지문도 74편이 전해오고 있다. 287) 묘지문은 대개 망자에 대한 업적을 후대에 전하기 위한 것으로 가급적 긍정적인 면모를 부각하며 과다한 칭찬을 배제하고 인물의 형상화에 정

---

285) 鄭敬薰, 尤庵 宋時烈의 碑誌文 硏究,『語文硏究』, 第45輯, 語文硏究學會, 2004. 8 p.173.
286) 李鍾虎, 退溪의 碑誌不作論,『韓國敎育硏究』, 第5號, 韓國漢文敎育硏究會, 1991.
287) 上揭論文.

확성을 확보하고자 노력하는 것이 보편적 현상이라 할 수 있다.

양혜공의 묘지문을 개관 해 볼 때, 공의 인품과 업적을 매우 긍정적으로 찬술했음을 알 수 있으니 그의 탄생에 대해 ' 공은 어려서부터 생김새가 남달리 크고 경술(經術)에 뛰어났다.'고 한 것이나 ' 한 늙은 관리는 공을 보고 기특해 하며, 공은 귀가 참으로 크니 뒤에 분명 귀현(貴顯)해질 것이라고 하였다.' 라고 하여 신체적 특징을 서술했고, 그의 벼슬길에 오르는 과정에 대해서도 ' 병인년 겨울 음서(蔭敍)로 사온직장동정(司醞直長同正)이 되고 임신년(1452) 겨울에는 장사랑(將仕郎) 소격전직장(昭格殿直長) 벼슬을 받았고 경복궁사연(景福宮司涓)직으로 옮겨가면서 차차 공을 세워 천순(天順) 임오년(1462) 왕대비가 간택되어 동궁에 들게 되어 성화(成化) 병술년(1466) 의흥위부사과(義興衛副司果)를 제수(除授)받고 다시 봉훈랑(奉訓郎), 의빈부도사(儀賓府都事)가 되었으며 무자년(1468)에는 공조정랑(工曹正郎)으로 승진하였다.'고하여 그의 순탄했던 생애를 서술 해 놓고 있다.

다음으로 과다한 칭찬을 배제한 것을 볼 수 있으니 ' 예종이 즉위하자 보국숭록대부(輔國崇祿大夫) 벼슬을 받고 청천군 겸 오위도총부도총관(五衛都摠府都摠管)에 봉해졌으며 역적 무리의 음모를 발각하고 척결하는 공을 세워 추충정난익대공신(推忠定難翼戴功臣) 철권(鐵券)을 내려 받았다.'고 기술하고 있어 사실에 입각한 내용을 그대로 적고 있음을 볼 수 있다. 철권의 내용을 보면 ' 경을 익대삼등공신(翊戴三等功臣)으로 하고, 각(閣)을 세워 초상을 그리고 비를 세워 그 공을 기리며, 그 부모와 처, 적장(嫡長)에게는 작위를 내리고 대대로 세습하여 그 복록을 잃지 않게 하고 비록 죄를 범하여도 평생 동안 용서해 주며, (또) 반당(伴倘) 6명, 노비 8명, 구사(丘史)

3명, 토지 80결(結), 은 25냥, 것·속옷감 1단과 내구마(內廐馬) 1필 내려 사용케 하노라. 아, 팔 다리와 같이 보좌하는 신하가 일찍이 (나와) 더불어 고락을 같이 하였으니 산하대려(山河帶礪)의 맹세는 처음부터 끝까지 더욱 단단해 질 것이다.'라고 하여 어떠한 칭찬을 그 위에 더 할 수 없는 내용으로 인물에 대한 칭찬을 배제하고도 남음이 있는 것이라 하겠다.

그리고 인물의 형상화에도 성공했으니 공은 일찍이 정승이 되었음에도 더욱 신중하게 자신을 절제하여 사람들이 그 도량에 감복했다고 했고. 또한 공은 외척이 조정에 가득 차는 것을 두려워하여 여러 차례 물러갈 것을 아뢰었으나 임금이 모두 허락하지 않아 물러갈 수 없었다 했다. 그리고 신묘년(1471)에 순성명량경제좌리공신(純誠明亮經濟佐理功臣) 칭호와 함께 내린 교서의 내용을 서술하고 있어 공의 인물에 대한 분명한 서술을 하고 있으니 '수고로운 일에 힘쓰고 바른 도를 드러내어 일찍이 널리 구제하려는 공이 있다' 고 했다. 그리고 ' 공은 풍채가 남달리 크고, 도량이 넓고 재주가 뛰어났으며 덕을 중히 여겨 조정에서 흉악한 무리가 난을 일으켰을 때 존엄한 국구(國舅)의 몸으로 함께 일을 도모하여 이들을 제거한 공을 세워 사직과 고락을 같이 하여 그 공을 두터이 잊지 않고 책을 내린다' 288)고 하여 그 인물을 훌륭히 형상화 시켰음을 알 수 있다.

본 묘지문은 양혜공의 인간됨과 그의 보편적 가치를 중심으로 한 공적사항과 그에게 내려졌던 철권을 중심으로 사실 그대로 내용을 기술했고, 인물의 형상화를 통해 한 가문의 역사를 넘어 한 시대적 상황을 후세에 전하기 위한 내용을 그대로 서술 해 놓고 있어 이 글의 특징임을 살펴 볼 수 있었다.

---

288) 淸川府院君 襄惠 韓公 諱伯倫 墓誌銘, 前揭書.

### 4) 문화재(文化財)적 가치

묘지명(墓誌銘)은 무덤 주인공의 생애에 걸친 인적사항, 즉, 성명과 자호(字號)를 위시하여 관향(貫鄕)과 가계(家系), 선덕(先德), 출생과 졸수(卒壽), 천분(天分), 자질(資質), 관력(官歷), 행적과 공업(功業), 학덕과 품행, 처 자녀와 장일(葬日), 장지(葬地) 등을 서(序)로 하여 기술하고 이 내용을 바탕으로 한 산문으로 된 명(銘)을 붙임으로서 결미(結尾)를 삼는 일종의 의식성을 띠는 문장[289]이다. 그러므로 일반적으로 후손들이 당대 문장가들에게 부탁하여 저술되기 때문에 묘주의 삶의 행적을 사실적으로 기술한다는 본래의 취지와는 멀어진 의례적, 관습적인 산문에 불과할 뿐 진지함이 존재하지 않는다는 비판을 면치 못하고 있는 것이 사실이다.

그러나 본 묘지문은 그의 신도비명은 물론 조선왕조실록과도 그 내용이 동일한 것을 볼 수 있어 조선시대 비판의 대상이 되었던 허장성세(虛張聲勢)가 아님을 알 수 있다. 그럼으로 그 문화사적 가치를 높이 평가 할 수 있겠다. 『조선왕조실록』에 나타나는 청천 부원군 한백륜의 졸기에서 보면

> " 청천 부원군(淸川府院君) 한백륜(韓伯倫)이 졸(卒)하니, 철조(輟朝)하고, 조제(弔祭)와 예장(禮葬)을 예(例)와 같이 하였다. 한백륜의 자(字)는 자후(子厚)이고, 본관(本貫)은 청주(淸州)이며, 관찰사(觀察使) 한창(韓昌)의 아들이다. 처음에 내시 별감(內侍別監)에 소속되었으며, 천순(天順) 임오년에 세조(世祖)가 그의 딸을 뽑아 동궁(東宮)에 들이고 소훈(昭訓)으로 삼았으니, 곧 인혜 대왕 대비(仁惠大王大妃)이다. 성화(成化) 병술년에 의빈부 도사(儀賓府都事)에 뛰어올려 제수되고, 무자년에 공조 정랑(工曹正郞)으로 옮겼다. 예종(睿宗)이 즉위하자 왕비의 아버지이므로 보국 숭록 대부(輔國

---

[289] 李東歡, 朴燕巖의 洪德保墓誌銘에 대하여, 『李朝後期漢文學의 再照明』, 創作과 文學社, 1983. p. 81.

崇祿大夫) 청천군(淸川君)에 제수(除授)되고, 남이(南怡)가 모역(謀逆)하
다가 복주(伏誅)되자 추충 정난 익대 공신(推忠定難翊戴功臣)의 호(號)를
받았다. 성종(成宗)이 즉위하여서는 대광 보국 숭록 대부(大匡輔國崇祿大
夫) 의정부 우의정(議政府右議政)에 제수되었으며, 신묘년에 순성 명량 경
제 좌리 공신(純誠明亮經濟佐理功臣)의 호를 받고 갈리어서 청천 부원군
(淸川府院君)에 제배(除拜)되었다. 이때에 이르러 졸(卒)하였는데, 나이는
48세이며, 시호(諡號)는 양혜(襄惠)인데, 일에 따라 공이 있는 것을 양(襄)
이라 하고, 관유(寬柔)하고 자인(慈仁)한 것을 혜(惠)라 한다. 한백륜은 성
품이 순근(淳謹)하나 다른 기능(技能)은 없었다. 정승이 되어서는 외척(外
戚)으로서 번영한 것을 두렵게 여겨 여러 번 사직하고 물러갔으며, 사는 집
이 좁으므로 친구가 고쳐 지으라고 권하면 웃으며 말하기를 ' 이 집은 선
인(先人)에게서 받았으며, 비바람을 막을 만한데, 어찌 고칠 수 있겠는가?
' 하였다. 병이 위독하게 되어서는 손수 아들에게 유서를 써서, 상제(喪制)
는 한결같이 ≪주문공가례(朱文公家禮)≫를 지키도록 하였다. "290)

라고 하여 묘지문의 기록과 일치하고 있음을 볼 수 있어 역사적
사실 기록과 같은 것을 보게 된다. 또한 그 양적인 면에서 볼 때,
보통의 지석류(誌石類)에서 보기 힘든 매우 방대한 자료임을 알 수
있다. 발견된 자료에 의하면 가로 세로 50Cm 정도 크기의 다섯 장
으로 되어 있는 지석에 세필로 쓰인 글자 수만 해도 1,537자라는
방대한 분량으로 이루어 져 있어 특이한 점이라 할 수 있겠다. 그리
고 타지석이 돌에 글자를 새긴 것이라면 본 지석에서는 청자로 구워
서 만들어졌다는 점이 또한 특이한 점이라 하겠다.

그러므로 본 묘지(墓誌)는 내용적으로는 역사적 사실을 그대로 기
록하고 있는 중요한 자료가 됨은 물론 형태적인 면에서도 다른데서
쉽게 찾아 볼 수 없는 청자로 구워서 만들어진 방대한 자료라는 점
에서 그 문화재적 가치는 충분히 인정된다고 본다.

---

290)『朝鮮王朝實錄』成宗實錄, 第九輯 107面. (王室, 儀式, 人物)

Ⅵ. 자료의 발굴과 새로운 탐구  617

본 연구는 조선 초기의 공신 묘역에서 출토된 장문의 문장을 통한 내용을 개관하여 문화재적 가치를 살피는 정도에서 일단락 짓고, 앞으로 본 묘지의 형태 및 서체 등 많은 부분에서 연구 검토되어 그 가치를 높이 평가 해 볼 수 있을 것으로 보아 차후의 과제로 남긴다.

5) 결 론

조상숭배의 전통을 미풍양속으로 삼고 살아온 선조들은 언제나 조상들의 행적을 글로 써서 남기려는 전통이 있어 전의 형식 이외에도 행장(行狀)이나 묘지(墓誌), 비문(碑文) 등을 남기고 있어 인천광역시 지정문화재 한백윤(韓伯倫) 묘역(墓域)에서 출토된 묘지명(墓誌銘)을 중심으로 내용을 개관 해 보고 매장 인물의 가계(家系)를 비롯한 생애와 업적 등을 살펴 문화재적 가치를 찾아보았다.

공은 청천군(淸川君)과 전의(全義) 이씨 사이에서 선덕(宣德) 정미년(세종9년, 1427) 가을 7월 경인일(庚寅日)에 탄생하여 성종 5년 갑오년(1474년)에 48세를 일기로 졸(卒)하니 양혜공의 시호(諡號)를 받게 되었고, 조선조 제8대 예종(睿宗)의 국구(國舅)로 벼슬은 오위도총부도총관(五衛都摠部都摠管)과 의정부 우의정(議政府 右議政)을 역임했으며, 총관금병(摠管禁兵)으로 근위병(近衛兵)을 관할하고 있으면서 남이(南怡)와 강순(康純)의 모반을 평정하여 추충정란익재공신(推忠定亂翼載功臣)의 철권(鐵券)을 받는다. 그리고 대광보국숭록대부(大匡輔國 崇錄大夫)에 오르고 성종(成宗) 초기 의정부 우의정(議政府右議政) 영경연사감(領經筵事監) 춘추관사(春秋館事) 청천부원군(淸川府院君)에 봉해지고 1471년 순성명량경제좌리공신(純城明亮經濟佐理功臣)이 된 조선조 공신(功臣)임을 알 수 있다.

본 묘지(墓誌)에는 양혜공의 인간 됨과 그의 보편적 가치를 중심으로 한 공적사항과 그에게 내려졌던 철권(鐵券)을 중심으로 사실 그대로 내용이 기술되어 있을 뿐만 아니라 인물의 형상화를 통해 한 가문의 역사를 넘어 한 시대적 상황을 후세에 전하기 위한 내용을 그대로 서술 해 놓고 있는 것이 특징이라 할 수 있다.

또한 그 양적인 면에서도 보통의 지석류(誌石類)에서 보기 힘든 가로 세로 50 Cm 정도의 청자로 구운 5장으로 되어 있으며 글자수로 따져서 1,537자라는 방대한 분량으로 이루어 져 있어 특이한 점을 지적할 수 있다.

그러므로 본 묘지(墓誌)는 내용적으로는 역사적 사실을 그대로 기록하고 있는 중요한 자료가 됨은 물론 형태적인 면에서도 다른데서 쉽게 찾아 볼 수 없는 방대한 자료라는 점에서 그 문화재적 가치는 충분히 인정된다.

# VII. 고소설 연구의 국제화 탐색

## 1. 고소설 연구를 통한 국제 교류 방안 - 동아시아 서사

문학을 중심으로 -

한·중 문학의 이해와 국제 관계, 한·일 문학의 이해와 국제 관계

### 1) 들어가며

뉴 밀레니엄의 개막과 함께 세계문화의 흐름은 초고속 통신문화와 교통문화에 의해 시공을 초월한 새로운 동일체문화권으로 바뀌어 가고 있어 새롭게 전개되는 동북아관계에서 한·중·일의 활발한 문화교류는 새로운 세기를 열어 가는 매우 중요한 일이라 하겠다.

본인은 지난해 두 차례의 국제학술회의에 참가하여 논문을 발표할 기회가 있었다. 그 하나는 대만(臺灣)에서 있었던 한·중문화기금회(中·韓文化基金會)와 한·중교육기금회(韓·中敎育基金會)가 공동 주최한 한·중학자회의(韓·中學者會議)에 초청을 받아 "유학(儒學)이 한·중 문화에 끼친 영향"에 대한 학술대회에서 '『열녀전

(列女傳)』의 전래와 한국적 수용' [1])이란 논문을 발표 할 수 있었고, 또 하나는 일본에서 개최되었던 조선학회(朝鮮學會) 제51주년 기념 학술대회에서 조선연구회(朝鮮研究會)의 고서진서(古書珍書) 간행[2])을 중심으로 ' 전통문화(傳統文化)의 이해를 통한 한 · 일 양국 관계[3])에 대한 논문을 발표 한 바 있었다.

그리고 그 연장선상에서 금번 연변 과학기술대학(延邊 科學技術大學)에서 한 · 중 · 일 3개국 학자들이 함께 하여 하계 국제학술대회를 개최하는 자리를 마련하여 동아시아 서사문학을 중심으로 한 '고소설(古小說) 연구를 통한 국제교류의 방안 모색 '에 대해 발표할 기회를 갖게 되었다.

이는 새 시대 새롭게 전개되는 한 · 중 · 일 삼국 관계에서 그 동안 있어왔던 과거의 역사적 잔영에서 벗어나 고소설 연구 모임을 통해 전통문화의 이해라고 하는 새로운 문화교류의 장을 열 수 있다는 확신에서 한 · 중 · 일 삼국문화를 연결할 수 있는 베세토(중국의 북경, 한국의 서울, 일본의 동경) 문화권의 형성[4])이 가능할 것을 예측

---

1) 禹快濟, 列女傳的導入與對韓國的影響, 第二十一屆中韓學者會議, 中華民國臺北,環亞大飯店文化中心, 2000.7.21.
2) 禹快濟, 朝鮮研究會의 古書珍書刊行 意圖 考察,『民族文化論叢』, 第4輯, 仁川大 民族文化研究所, 1999. 12.
3) 禹快濟, 傳統文化의 理解와 韓.日 兩國關係, 朝鮮學會 第51周年 記念 國際學術大會, 日本 天理大學 大講堂, 2000. 10. 8
 ----, 傳統文化의 理解와 韓.日兩國關係 - 朝鮮研究會의 古書珍書刊行을 中心に-,『朝鮮學報』第178輯, 朝鮮 學會( 日本 ), 2001(平成13年). 1. 26.
4) 2000年 10月 19日부터 22日까지 서울 國立劇場에서 아세아정상회의(ASEM)시 慶祝公演으로 韓國 古小說『春香傳』을 韓. 中. 日 合同으로 各國俳優들이 배역을 맡아 公演한 바 있다. 이때第1幕은 사랑 장으로 中國의 越劇으로 공연했고, 第2幕은 受難 장으로 日本의 歌舞伎로 공연했고, 第3幕은 再會 장으로 韓國의 唱劇으로 公演하면서『베세토 연극제 2000 』( BESETO Theatre Festival, Seoul, 2000)라 하여 韓. 中. 日 三國文化의 文化的 交流를 成事시키고 있다.

해 보았다.

그러므로 오늘의 모임에서 한·중·일 삼국을 통한 각기 다른 양상의 기대치를 살펴볼 수 있겠다. 즉, 한·중 양국 간에는 서로의 이해와 교류를 통해 문화적으로는 상호 영향 관계의 계보를 찾아 볼 수 있을 것이며, 또한 정치적으로는 중국의 협조를 얻어 한국의 남북간 화해협력은 물론 통일의 시대를 열어 가야 할 사명이 우리에게 있음을 깨달아 알 수 있는 계기가 될 것이다. 그리고 한·일 양국 간에는 불편했던 과거의 청산은 물론 새로운 세계문화의 창출이라고 하는 막중한 사명감을 갖고 2002년 세계축구대회(FIFA)를 공동으로 개최하게 됨으로 동양문화의 세계화라는 역사적 사명을 부여 받은 것이 아닌가 생각되어 한·중·일 삼국문화의 이해와 교류는 어느 시대보다 막중하다고 생각했다.

그러므로 필자가 지난해 대만에서 발표했던 " 유학이 한·중 문화에 끼친 영향 " 중 ' 『열녀전』의 한국 전래와 수용 ' 을 중심으로 한 논문과, 일본에서 발표했던 조선 후기 서포(西浦) 김만중(金萬重)이 저술한 고소설 『사씨남정기(謝氏南征記)』를 일본 학자들의 모임이었던 조선연구회(朝鮮研究會)에서 고서진서(古書珍書)로 간행[5] 하면서 목적소설론(目的小說論)을 강조하려 했던 의도를 분석하여 발표했던 " 전통문화(傳統文化)의 이해를 통한 한·일 양국 관계 " 의 논문을 중심으로 고소설 연구를 통한 국제 교류의 방안을 모색해 보고자 했다. 이와 같이 한·중·일 삼국의 문화적 교류 방안을 소설 연구를 통해 찾아보려는 것은 매우 의미 있는 일로 생각되어 새로운 문제제기라는 점에서 국제교류의 한 방법으로 제안 해 보고자 했으나 이는 어디까지나 새로운 시도라는 점에서 문제제기일 뿐, 만

---

5) 禹快濟, 朝鮮研究會의 古書珍書刊行 意圖 考察, 『民族文化論叢』 第4輯, 仁川大 民族文化硏究所. 1999.

족한 해답을 얻기까지에는 많은 연구가 천착되어야 할 것이다.


  2) 한·중 문학의 이해와 국제 관계

 한·중양국은 역사적으로 볼 때, 많은 문화교류가 있어왔다. 특히 중국 서사문학의 한국적 전래와 수용은 한국문학의 새로운 지평을 여는 계기가 된다.

 고래로부터 한국을 '동방예의지국(東方禮義之國)'이라 해 온 것은 중국에서의 충·효·열과 같은 유학적 사상의 이념이 생활화된 것으로 소설문학을 통해 나타나고 있어 이를 통해 그 영향관계를 살펴 볼 수 있다. 6)

 문학에 나타난 충·효·열 사상 중 열 사상의 대표적 여인상으로 나타나고 있는 정절적 여인의 효시7)는 중국의 『열녀전』에서부터 찾아 볼 수 있으며 『열녀전』의 한국 전래8)는 곧 한국 여성들을 열녀로 만들어 동양의 대표적 열녀왕국9)이란 칭호를 얻게 했다.

 『열녀전』은 일찍부터 한국에 수입되어 많은 영향을 끼쳤지만10) 조선 중종조 번역되었다고 하는 기록만 있고 실체를 볼 수 없어 연구에서도 중국11)이나 일본12)에 비해 크게 진전되지 못하고 있었다. 13)

---

6) 丁奎福, '韓國小說에 끼친 中國小說의 影響'『韓·中關係 硏究論集』高大亞細亞問題 硏究所, 1983.
   韋旭昇『中國文學在朝鮮』, 中國文學在國外叢書, 花城出版社, 中國, 1990.
   禹快濟, 李海山 共譯,『韓國文學에 끼친 中國文學의 影響』, 亞細亞文化社, 1994.
7) 禹快濟 '古小說에 끼친 二妃傳說의 影響 考察' 仁川大學校 論文集, 第20輯, 1995.
8) 禹快濟 '列女傳의 韓國 傳來本 考'『韓南語文學』, 第15輯, 韓南大學校 國語國文學 科, 1987.
9) 禹快濟 '貞節型 家庭小說 硏究' 仁川大 論文集, 第17輯, 1992.
10) 金台俊,『朝鮮小說史』, 學藝社, 1937. p. 64.
11) 張 敬, 列女傳與其作者,『中國婦女史論集』, 商務印書館, 臺灣, 1982.
12) 笠井淸 '假名草子에 及하는 列女傳의 影響'『比較文學』, 第4卷, 日本 比較文學

최초로 『열녀전』에 대해 언급한 김태준은 『태평광기(太平廣記)』 등과 함께 고려조의 패관문학(稗官文學) 발생의 원인으로 보고 있어 중국 서사문학이 한국에 끼친 영향 관계를 지적한 바 있다.[14]

『열녀전』의 수입은 고려 대 가우본(嘉祐本 : 1063년)을 비롯하여 가정본(嘉定本 : 1214년)과 가정본(嘉靖本 : 1552년), 만력본(萬曆本 : 1606년) 및 도광본(道光本 : 1824년)은 물론 『열녀전보주(列女傳補注_)』(1912년), 『열녀전교주본(列女傳校注本)』(1833년), 『광열녀전교주본(廣列女傳校注本)』(1919年) 및 『열녀전교독본(列女傳校讀本)』(1874년), 그리고 『전고열녀전(典故列女傳)』 등이 현전[15]하고 있는 점으로 보아 수입이 활발하게 전개되었던 것을 알 수 있다.

조선조 세종 대에 유교문화의 창달을 위해 편찬 간행된 『삼강행실도(三綱行實圖)』중 <열녀편>은 기간서가 없어 정사나 내외 제서에서 수록하고 시찬(詩讚)은 새로 지어[16] 만든 것으로 세종이후에도 여러 차례 간행 된다. 특히 성종 대에는 부녀들의 실행이 많다하여

---

會, 1961.
　山崎純一 '近世における列女傳の變遷' 『中國古典研究』, 第12輯, 日本早稻田大學 中國古典研究會, 1964.
13) 日本의 境遇 1960年代부터 硏究가 始作되어 論文이 나오고 있었으며, 中國의 境遇 1980年代 初부터 硏究가 活潑히 이루어져 있었으나 韓國의 境遇 1970年代에 나온 碩士學位 論文이 있었으나 中國 劉向의 作品임을 분명하게 밝히지 못한 채 大略的인 硏究에 머물렀다. 그후 1980年代에 들어 筆者에 의해 여러 편의 論文과 함께 家庭小說 形成의 要因으로 指目되면서 硏究에 活氣를 띠게 되어 東亞細亞 女性의 類型, 그 이미지의 系譜學(中國語文學會 主催, 梨花女大, 人文館, 2001. 5. 12)으로까지 硏究가 發展된다.
14) 金台俊, 『朝鮮小說史』, 學藝社, 1937. p. 40.
　" 高宗朝에 稗官文學이 일어난 原因도 여러 가지로 볼 수 있으니 宋元文化의 輸入됨을 좇아 宋元의 隨筆, 說話, 혹은 說話集과 같은 太平廣記, 列女傳, 等이 操觚者間에 極히 流行됨으로써 그 影響을 받아 豊富한 國內의 資料를 筆端에 下記한 것 "
15) 禹快濟 ' 列女傳의 韓國 傳來本 考 ' 『韓南語文學』 第5輯, 韓南大學校 國語國文學科, 1987.
16) 權 採, 『三綱行實圖』 序.

부녀들에게 읽히기 위한 언해(諺解) <열녀도(烈女圖)>를 별도로 간행하여 경중(京中) 5부(部)와 제도(諸道)에 나누어주어 촌부(村婦) 항녀(巷女)에게 강습하게 함으로17) 부녀 교훈서로 활용하고 있다.

이 책의 체제는 수상본(繡像本)인 중국 『고열녀전(古列女傳)』을 따랐고, 내용에서는 『고금열녀전(古今列女傳)』을 따라 제녀(諸女)적 성격의 녀성 열전(列傳)에서 열녀전(烈女傳)적 성격으로 변모18)되었고, 문장 표현에서도 중국의 『열녀전(列女傳)』에서 원문을 직접 인용하거나 축약 인용하고 있어 직접적으로 수용한 것을 알 수 있다.19)

조선 성종 대 덕종(德宗)의 비였던 소혜 왕후(昭惠王后 : 仁粹大妣) 한씨(韓氏 : 1437 - 1504)에 의해 저술된 『내훈(內訓)』은 자녀들의 교육은 물론 모든 부녀자들에게 그 맡은 바 도리를 바르게 할 것을 강조하기 위해 소학, 열녀, 여교, 명감(明鑑) 等을 한글로 옮겨 쉽게 깨우칠 수 있도록 함20)은 물론 민간의 우매한 부녀자들에게까지 그 내용을 쉽게 익힐 수 있게 하는 서민 교육용으로 하고자 하여 성종 6년(1475년)에 고본(稿本)이 완성 되고 중종 대에 출간된 후 선조 6년(1573년), 광해군 2년(1611년), 효종 7년(1656년), 영조 12년(1736년)에 각각 인쇄된 기록이 있다. 21)

여성들의 수신서로 풍속교화에 널리 활용된 이 책의 내용은 중국 유향(劉向)의 『고열녀전(古列女傳)』을 인용, 초(楚)나라 장희(莊姬)나 번희(樊姬)의 공을 높이 평가하면서 달기(妲己), 포사(褒似), 여희(驪

---

17) 金元龍, '三綱行實圖에 對하여', 『三綱行實圖』 上揭書
18) 이 책의 內容을 烈行別로 分析해 볼 때, 貞節을 지키기 위해 殉死한 境遇가 全體 人物 중 70%로 가장 많으며, 靑孀寡婦로 守節한 境遇가 11%, 그리고 병든 男便을 위한 病夫同居型 烈女가 1% 정도에 그치고 있어 烈女型 人物이 82%를 점하고 있음을 볼 수 있다.
19) 禹快濟, 朝鮮時代 家庭小說의 形成要因硏究 - 列女傳의 傳來와 受容을 中心으로 - 高麗大學校 大學院, 1986.
20) 昭惠王后 韓氏, 『內訓』序文, 上揭書, p. 1.
21) 許 雄, '內訓 女四書 解題' 『內訓 女四書』, 亞細亞文化社, 1974.

姬), 비련(飛燕) 등을 한심스럽게 생각22)하고 있으며 <주실삼모>편
은 <왕계비태임(王季妃太任)>과 <문왕비태사(文王妃太姒)>로 분
리하여 수록하고 있다.

또한 『열녀전(列女傳)』은 소설적 변모를 통해 여성열전으로 자리
를 잡아간다. <열전(列傳)>은 중국 전한 시 사마천(司馬遷 : 기원
전 145 - 68년)의 『사기(史記)』에서 군신제가(群臣諸家)들의 사적을
전기체적 방법으로 인물의 일대기를 기술한데서부터 시작되어 고소
설 형성의 중요한 계기를 만들게 된다.23) 그런데 『사기』<열전>이
남성 중심인데 비해 유향의 『고열녀전(古列女傳)』은 여성 중심의
<열전>으로 고려시대로부터 영향을 받아 『구삼국사(舊三國史)』가
『삼국사기(三國史記)』로 개편되는 과정에서 이미 중국 『사기』의 격
식에 따라 <열전>을 갖추게 되어 역사와 문학이 거리를 좁히면서
인물의 일생에 대해 구체적인 관심을 갖는 서술방식을 모색, 새로운
창작 소설의 길을 열게 된다.

그런데 중국 최초의 여성 열전인 『고열녀전』은 일반여성들에 대
한 제녀(諸女)적 전기였으나 명대에 신편 된 『고금열녀전(古今列女
傳)』이나 청대에 증집 된 『회도본열녀전(繪圖本列女傳)』 등에서는
당대의 많은 정열(貞烈) 순절부인(殉節婦人)들의 전기를 수록하고
있어 제녀적 성격의 『열녀전(列女傳)』에서 열녀(烈女)적 성격의 열
녀전으로 변모되어 후대의 소설이나 창극(唱劇) 등에서 정절을 강조
하는 부덕을 갖춘 열녀의 개념으로 전이된다.

이것은 여성의 절대적 가치를 정절에 두고 선악 판단의 기준을

---

22) 『內訓』 前揭書, p. 1.
" 周文之化 益廣於太姒之明 楚莊之覇 多在於樊姬之功 事君事夫 孰勝於此 余讀書
而至於 妲己之朕 褒姒之寵 驪姬之泣 飛燕之譖 未嘗不廢書寒心 ---- "
23) 趙鍾業, '古代小說 形成上의 史傳體와 變文' 轉移와 受容, 東方文學比較研究會編, 學
文社, 1986, p.257.

삼게 함으로 모든 여성들을 열녀로 만들어 그 기록은 후대까지 여성 열전으로 전해져 『삼국사기(三國史記)』 <열전(列傳)>의 <설씨녀(薛氏女)>를 비롯하여 『동문선(東文選)』 등에 나오는 많은 <열녀전(烈女傳)> 및 세종대 편찬된 『삼강행실도(三綱行實圖)』 <열녀편(烈女篇)> 등으로 남게 되었다.

조선 중기에 이르러 임·병 양란을 겪고 난 후 혼란했던 사회가 안정을 되찾게 되자 국가의 위난기에 충성만을 강조하던 분위기가 일신되면서 효·열의 가정윤리가 강조됨에 따라 문학표현에서도 자아의 각성과 함께 급속한 산문화 현상이 나타난다. 이 때 우리 문학의 새로운 경지를 연 서포 김만중(1637 - 1692)은 당대 예학의 대가였던 광산(光山) 김씨 사계(沙溪) 김장생(金長生)의 증손으로 유복자로 태어나 모부인 윤씨의 지극한 정성으로 훌륭한 교육[24]을 받게 되어 궁중법도에 맞는 교육을 받으며 성장한다. 서포는 모부인윤씨 행장에서 모부인 윤씨는 어릴 때 정혜옹주(貞惠翁主)로부터 입으로 외워서 가르치는 소학을 배웠고, 또 출가 후에도 부도를 어기는 일이 없도록 하라는 훈계를 받았다고 적고 있다.[25]

이것은 모부인 윤씨의 가계가 누대에 걸쳐 명환이 배출된 해평(海平) 윤씨의 가문이라는 점과 시가 역시 예학의 대가인 사계 김장생의 후예라는 점을 들어 예법가문(禮法家門)임을 강조한 것으로 서포의 예학적 근본을 알 수 있게 한다. 이렇게 모부인 윤씨는 조부 문목공(文穆公 : 선조대왕의 부마)과 정혜옹주(貞惠翁主)를 통해 궁중

---

24) 金萬重, 『西浦集』 卷十 行狀 < 先妣貞敬夫人行狀 > 通文館 影印本, 1971, p. 360.
西浦 金萬重의 母夫人 尹氏는 五歲 밖에 안된 兄 萬基와 함께 두 아들을 데리고 親庭에 寄居하면서 안으로는 洪夫人(西浦의 外祖母)을 도와 家事를 돌보며 밖으로는 尹參判(西浦의 外祖父)을 받들어 가며 두 아들을 敎育시켰다.

25) 金萬重, 上揭書, p. 253.
"參判公無他子女 貞惠翁主無他孫 唯大夫人一人 故主親抱養之 口授小學書 大夫人 聰明夙 惠一敎輒上口 主常曰惜哉 其爲子女也 ------ "

예법을 익히게 되었고, 이것은 다시 서포에게 전수되어 서포는 궁중 예법에 의한 예학적 기초가 완성된다. 그러므로 정혜옹주가 궁중에서 읽었던 소혜왕후(昭惠王后)의 『내훈(內訓)』을 비롯한 『열녀전(列女傳)』과 같은 교훈서들은 손녀인 모부인 윤씨에게 그대로 교육 전수26)되었고, 다시 서포에게 전수되어 서포문학을 통해 나타나게 되므로 서포의 『열녀전(列女傳)』 수용 과정은 '정혜옹주(貞惠翁主) - 윤씨부인(尹氏夫人) - 서포(西浦)'로 정리될 수 있다.

서포 문학에서 『열녀전(列女傳)』의 전이를 입증할 수 있는 자료로는 그의 시문학 중 <반첩여전(班婕妤傳)>과 관계되는 작품27)이 2수가 보이고 있다. 뿐만 아니라, 모부인 윤씨에 대한 행장이나 소설 『사씨남정기』는 여성의 일대기적 기록으로 일반여성을 교훈하기 위한 교훈서적 성격의 여성열전으로 발전한 것이라 생각된다. 『사씨남정기』는 중국 전한 시에 있었던 대정치가였고 문인이었던 유향(劉向)이 '여덕선악계어가국치난지효자(女德善惡繫於家國治亂之效者)'라고 생각한 것과 같이 숙종 시의 지식인으로 정치가였으며, 문인이었던 서포 자신이 가정이나 국가의 어려움을 다스리는데 역시 부녀자의 선악이 영향하는 바가 크다는 것을 깨닫고 숙종의 민비 폐출사건을 교훈으로 삼아 왕을 권계하는 한편 일반 부녀자들을 교훈하기 위한 것이었음을 알 수 있다.

원래 문학이란 작가의 가치 있는 체험의 기록이란 점에서 서포가 『열녀전(列女傳)』을 통한 간접체험을 기반으로 당대의 역사적 사건이 소재가 되어 문학의 교훈적 목적성28)이 강조된 허구적 인물 사씨의 일대기를 여성열전 적 성격으로 표현한 작품이라 할 때, 『사씨남정기』는 한 가정을 중심으로 후사를 얻기 위해 야기된 처첩간의 갈

---

26) 金戊祚, 『西浦小說硏究』 螢雪出版社, 1981, p. 31.
27) 金萬重, 『西浦集』 卷之一 雜詩四首와 卷之二. 賦一首.
28) 崔載瑞, 『文學과 知性』 人文社, 1938, p. 18.

등을 그리고 있는 작품으로 여주인공 사씨나 교씨를 설정하여 민비와 장희빈을 풍자, 선악의 대립적 여인상으로 표현[29]하려 한 것은 <반첩여전(班婕妤傳)>이나 <조비련전(趙飛燕傳)>의 복합적 구성으로 볼 수 있다. 이를 여주인공 사씨의 행적과 교씨의 행적만을 분리시킨다면 분명한 『사씨전(謝氏傳)』과 『교녀전(喬女傳)』이라 할 수 있는 여성열전으로 성립된다. 이때 『사씨전』은 <반첩여전>과, 그리고 『교녀전』은 <조비연전>과 대비 될 수 있다. 다시 이를 역사적 인물이었던 민비를 중심으로 그의 행적을 기록한 <민비전(閔妃傳)>(『인현왕후전(仁顯王后傳)』이 있음)과 장희빈(張禧嬪)의 행적을 기록한 <장희빈전(張禧嬪傳)>(가칭)과 같은 여성열전과도 대비될 수 있을 것이다. 즉, 선인으로 표현되고 있는 여주인공은 '반첩여(班捷妤) - 민비(閔妃) - 사씨(謝氏)'로 나타나고 있으며, 악인으로 표현되고 있는 여주인공은 '조비련(趙飛燕) - 장희빈(張禧嬪) - 교녀(喬女)'의 관계로 나타나고 있는 것을 볼 수 있다. 이것은 『사씨남정기』에서 설정한 선악의 대립적 인물인 사씨와 교녀가 모두 『고열녀전』의 인물들과 관련되어 있음을 말해 주는 것이라 할 수 있다.

그러므로 『사씨남정기』는 『열녀전(列女傳)』의 <반첩여전(班捷妤傳)>과 <조비련전(趙飛燕傳)>의 복합적 구성으로 당대의 력사적 사건을 통해 선악의 대립적 여인상을 설정한 『열녀전(列女傳)』의 변형적 수용에 의해 창작된 작품이라 할 수 있다.

또한 『열녀전(列女傳)』의 <주실삼모(周室三母)>에 나오는 태임(太任)이나 태사(太似)와 같은 부덕을 갖춘 여성의 전고를 활용하여 신부를 고르고 있는 것도 볼 수 있다.[30] 즉, 주(周)대의 번영을 이루게 했던 태임·태사의 덕을 비유로 하여 사씨를 칭찬하고 즐거워하는 것을 볼 수 있다.

---

29) 禹快濟 '『謝氏南征記』의 構造的 特徵 考察' 仁川大 論文集, 第5輯, 1984.
30) 『謝氏南征記』, 仁川大 民族文化硏究所, 1983. P. 468.

이렇게 태임·태사의 고사를 자연스럽게 수용했을 뿐만 아니라 남순 길에 올랐던 순임금이 창오산(蒼梧山)에서 죽자 그를 따르던 이비 아황(娥皇)과 여영(女英)이 피눈물을 뿌리며 소상강(瀟湘江) 가에서 죽은 이야기가 기록된 <유우이비전(有虞二妃傳)>에 대한 내용도 자연스럽게 보편화되어 나타나고 있는 것을 볼 수 있다.[31]

이렇게 열녀전적 고사를 소설에 수용하여 표현한 것은 여성을 주인공으로 하는 가정소설에 더욱 두드러지게 나타나고 있어[32] 서포소설 형성의 중요한 요인으로 작용 되어 중국『열녀전(列女傳)』이 한국 소설발달에 끼친 영향이 지대했음을 알수 있다.

### 3) 한·일문학의 이해와 국제 관계

3-1 일본 학자들의 모임이었던 조선연구회(朝鮮研究會)에서 조선후기 서포 김만중이 저술한 고소설『사씨남정기(謝氏南征記)』를 고서진서(古書珍書)로 간행하면서 목적소설론을 강조하려 했던 의도를 분석하여 발표했던 " 전통문화(傳統文化)의 이해를 통한 한·일 량국 관계 "의 논문을 중심으로 문학의 이해를 통한 국제관계를 살펴보고자 한다.

조선연구회의 조직에 참여했던 인물들은 신분이나 위치로 볼 때, 당시로서는 보통 인물들이 아닌 사회에 막대한 영향력을 가진 최고의 명사들로 평의원 수는 총20명으로 구성되어 있었다. 제국대학(帝國大學) 문과교수 추야유지(萩野由之)를 비롯한 문학박사가 4명, 법학박사, 조선총독부참사관(朝鮮總督府參事官), 언론사 사장, 학무편집관 등으로 구성되어 있어[33] 이 회의 성격을 추정해 볼 수 있었다.

---
31) 禹快濟 ' 二妃傳說의 小說的 受容考察 ' 古小說研究, 第一輯, 韓國古小說學會, 1995.
32) 禹快濟『韓國家庭小說研究』高麗大學校 民族文化研究所. 1998.

이와 같이 저명인사들로 구성된 평의원들의 면모만으로 보아도 당시 일본이나 한국 사회에 끼칠 수 있는 영향은 대단했을 것이다. 이들에 의한 한국 문화 연구는 일본의 국익과 직결되어 결과적으로 한국문학을 통해 모순 된 이론적 근거를 찾아내어 식민사적 문화론의 기술은 물론 확대 재생산 해 내는 역할을 충실히 이행해 냈을 것으로 추정된다.

고서진서(古書珍書) 간행의 의의를 대정 삼년 (1914년) 3月 17日에 나온 제1집 원문화역(原文和譯) 대조『사씨남정기·구운몽』전(全)의 후면에 주간 청유남명(靑柳南冥) 명의로 실린 제2기 회원모집 광고에서 보면 '조선의 인문을 연구하여 풍속이나 제도, 습관. 전례 등을 조사하고 계발하는 자료로 제공하기 위하여 이 사업을 시작했다34)'고 밝히고 있어 한·일 양국 관계에서 한국문화 이해에 좋은 자료로 제공되었으나 부정적 측면 또한 무시하지 못할 정도로 컸음을 들지 않을 수 없다.

고서진서 제1집 원문화역 대조『사씨남정기·구운몽』전에는 책 첫머리에 '『사씨남정기』서' 라 하여 청유남명이 쓴 글이 수록되어 있고 다음에 목차와 본문과 번역문이 실려 있다. 원래『사씨남정기』는 서포 김만중(1637 - 1692)이 지은 소설로『구운몽』과 함께 우리 소설사에 중요한 위치를 점하고 있는 작품35)이다. 한국 최초의 국문학사인『조선문학사』에서부터 논의가 시작(始作)된 것을 김태준의『조선

---

33) 『原文和譯 對照 謝氏南征記 · 九雲夢 全』, 朝鮮硏究會 古書珍書刊行, 第一輯, 1914.
34) 上揭書. 後面 朝鮮硏究會 第二期 會員募集 廣告에서
 " 朝鮮の人文を硏究し風俗, 制度, 舊習, 典例を調査し以て啓發の資に供するは 方今時代の要求なり,吾人は此要求に向て貢獻せんが爲め朝鮮の古書を刊行し惑は著述に從ひ旣に三年の 星霜お經だり,今や大正三年三月を期して更に第二期刊行を繼續し以て本會の目的を達するに努力せんごす, 冀くは大方の識者及同志の十奮て入會翼贊せられんこでお希ふ."
35) 禹快濟, 『謝氏南征記』硏究의 綜合的 考察, 仁川大學校 論文集, 第19輯, 1994. p. 2.

소설사』에서는 작품의 경개 소개와 함께 이 소설의 성격을 숙종의 민비 폐출 사건을 풍자코자한 목적소설36)로 규정 해 놓고 있어 작품해석 상의 문제37)를 야기 시키고 있다.

그런데『사씨남정기』의 목적소설론 문제와 관계된 중요한 단서가 조선연구회 간행 고서진서 제1집인 원문화역 대조『사씨남정기·구운몽』전의 서에서 발견 할 수 있어 한.일 량국 관계에서 전통문화의 이해가 매우 중요한 문제가 될 수 있음을 알게 되었다.

즉, 과거 36년 동안 한·일간의 부적절한 관계는 잘못 이해되었던 전통문화 위에 이루어졌던 역사로 고서진서 간행의 긍정적 측면에서의 의의보다 부정적 측면에서 의도하지 않았던 일들이 더 크게 작용되었던 것을 알 수 있다.

조선 연구회에서는 제1기로 15권을 간행해 내고 제2기 회원을 모집하여 매월 400페이지 정도를 발행하여 회원들에게 반포하고 수시로 저서나 편찬물을 발행한 것으로 되어 있다.38)

제1차 간행 중 제1집은『사씨남정기』와『구운몽』으로 대본을 한 문본이었고, 일어 대역 본으로 문학서를 비롯하여 견문록(見聞錄), 역사서(歷史書) 등39)과 함께『노론소론혈전록(老論少論血戰錄)』같은 책을 간행함으로 조선시대에 일어났던 붕당(朋黨) 문제를 일대

---

36) 金台俊,『朝鮮小說史』, 學藝社, 1939. p. 123.
37) 禹快濟, 謝氏南征記硏究,『崇田語文學』, 創刊號, 崇田大學校 國語國文學科, 1972. pp. 49 - 68.
38) 朝鮮硏究會에서 發行한 總體的인 刊行物에 대한 硏究는 此後로 미루고 本考에서는 第1次로 發行된 內容중 第1輯에 收錄된 謝氏南征記와 九雲夢에 대한 잘못된 見解만을 中心으로 했다.
39) 刊行 內容面에서 보면 文學的인 것이 5種으로『謝氏南征記·九雲夢』을 비롯한『廣漢樓記(一名 春香傳)』와 같은 本格的인 小說 作品과『熱河日記』나『海游錄』과 같은 見聞錄과『慕夏堂文集』과 같은 文集類가 있습니다. 그리고 史書에 속하는 것들로『三國史記』를 비롯하여『東國通鑑』이나『小華外史』가 있고, 그 외『農圃集』을 비롯한『鄭勘錄』이나『老論少論血戰錄』,『泗冥集』,『大典會通』,『金石文』등의 책이 있음을 알게 됩니다.

혈전으로 표현 소개하여40) 한국 역사의 부정적인 면을 부각시키고 있는 점 등을 중시하지 않을 수 없다. 즉, 고서진서(古書珍書) 간행을 통해 한국민족의 민족성을 잘못 이해하게 만들고 있다.

이와 같은 문제는 역시 제1집 원문화역 대조『사씨남정기·구운몽』전에서 두드러지게 나타난다. 그 안내문에 보면 숙종과 후궁 장씨와의 관계를 김춘택이 풍자하여 쓴 것으로 단정41) 해 놓고 있을 뿐만 아니라 이 책의 서문에서 역사적인 사건과 함께 작품을 소개하여 그 본질적 문제에 오류를 범하게 하고 있다.42)

이와 같이 조선연구회에서 간행한 고서진서는 한국의 긍정적인 면보다 부정적인 면을 부각시키고 있는 것을 쉽게 찾아 볼 수 있어 잘못 인식된 전통문화를 통한 양국간의 잘못된 문화 인식으로 한·일 문화 관계가 부적절하게 진행되어 왔음을 알 수 있게 해주고 있다.

전통문학의 올바른 이해를 통한 국제관계가 성립되지 못한 좋은 예로써 한국문학사의 중요한 위치를 점하고 있는『사씨남정기』에 대한 일본인 청유남명(靑柳南冥)의 해설이 갖는 의도에 대해 몇 가지 문제를 지적해 볼 수 있겠다.

조선연구회(朝鮮硏究會)가 간행한 고서진서(古書珍書) 제1집 원문화역(原文和譯) 대조『사씨남정기(謝氏南征記)·구운몽(九雲夢)』전(全)에는 청유남명(靑柳南冥)이 쓴『사씨남정기』서가 첫 장부터 4페이지 정도 수록되어 있고 목차가 나오고 '이조지신(李朝之臣) 김춘택(金春澤) 원저(原著)'라 한 한문본『사씨남정기』본문을 싣고, 뒤에 일어 번역문을 싣고, 다음으로『구운몽(九雲夢)』이 나오는데『구운몽』에는 서나 해설은 실려 있지 않고, 작품의 내용만을 간단히 한

---
40) 前揭書. 後面 朝鮮硏究會 第二期 會員募集 廣告에서
41) 上揭書. 後面 朝鮮硏究會 第二期 會員募集 廣告에서
42) 作品의 目的性을 强調하기 위해 歷史的 事件을 詳述하고 있는 이 책의 主幹이었던 靑柳南冥의 意圖 分析은 다음 장에서 詳述하고 있음

페이지도 못되게 적어 놓고 저자도 밝히지 않은 채 각 권별 목차를 싣고, 한문 원본과 일어 번역문을 싣고 있다.

일본인 청유남명(靑柳南冥)이 한국의 고서진서로 첫 번째 뽑은 작품이 바로 『사씨남정기』였다는 점에 주의를 기울여 보면 한국의 1300여 편이나 되는 많은 고소설[43] 중에서 이 작품이 제일 우수하다는 의미로 해석 된다. 또 이 책의 『사씨남정기』서를 살펴보면 간행 자는 이 작품의 문학적 가치를 밝히거나 문학성을 부각시키거나 하는 일에는 전혀 관심을 보이지 않고 오직 역사적 문제에 입각한 정치적, 사회적 문제만을 거론, 작품을 소개하고 있다.

> " 조선 제19대 숙종 임금께서 삼십이 되도록 후사가 없자 서인 장씨를 후궁으로 앉히게 되었는데 장씨는 절세의 미인으로 교언영색(巧言令色)에 능하여 임금님의 총애를 받아 숙원으로 봉하게 된다. 그러자 임금께서는 점점 왕비와 소원해지게 되어 폐위하는 일이 일어나게 된다. 이때 간관 한성우(韓聖佑)가 이르기를 송나라 인종황제(仁宗皇帝)의 고사를 인용하며 눈물을 흘리며 간했지만 임금님께서는 듣지 않으시고 한성우에게 죄를 주어 그 직에서 물러나게 한다 "[44]

라고 하여 당시의 궁중 비사를 열거해 놓고 이어서 조선시대 숙종 대에 있었던 역사적 사건인 민비 폐출 사건과 장희빈의 왕자 탄생 등에 관한 내용을 기술 해 놓고 있다. 이 때 동평군(東平君) 항(杭 : 선대 효종왕의 동생의 아들로 숙종의 숙부에 해당)이 왕의 총애를 받고 출입한 일, 이판 박세채(朴世采)가 글로서 진언한 일, 영상(領相) 남구만(南九萬)이 왕의 진로를 사서 유찬된 일 등, 장씨가 임신하여 아들(후의 경종)을 낳을 때까지 있었던 내용들, 그리고 장씨가 분만할 때가 되어 그 어미가 일개 賤人으로 가마를 타고 드나

---

43) 禹快濟, 古小說 總量의 統計的 考察, 『古小說의 著作과 傳播』, 亞細亞文化社, 1995.
44) 漢文和譯 對照『謝氏南征記・九雲夢』全, 朝鮮研究會 古書珍書刊行 第一輯, 1914. p. 1.

드는 것이 옳지 않다고 한 지평(持平) 이익수(李益壽)를 죽인 일이나 궁중의 비사를 적나라하게 기록하고 있을 뿐만 아니라 영의정 김수항(金壽恒), 이조판서 남용익(南龍翼) 등을 불러 왕자의 명호를 정하라 하고 장씨를 희빈(禧嬪)으로 삼았을 때, 유신(儒臣) 송시열(宋時烈)이 상소를 올려 반대했다가 제주도로 유찬되고 남인 서인으로 붕당이 갈려 영의정 김수항은 파직되어 사사된 일, 그리고 남인의 천하가 되어 정실 민비를 폐서인으로 안국동(安國洞) 사저(私邸)로 내 보내고 장씨를 왕비로 책봉한 일과 그 부친 장형(張炯)을 옥산부원군(玉山府院君), 그 어미를 파산부부인(坡山府夫人)을 제수하고, 그 다음해에 원자(元子)를 책봉하여 왕세자를 삼은 일, 그리고 실권한 서인파 김춘택(金春澤)이 간사한 무리들을 몰아내기 위해 숙종을 풍자해서 쓴 사실소설이란 점과 김춘택이 일면으로 소설에 의탁하고 일면으로 한중혁(韓重爀) 등과 공모하여 폐후 민씨의 복원을 꾀하여 남인파 거두 우상 민암을 죽여 정권의 뿌리를 흔들어 놓고 서인파 남구만을 세워 영상을 삼아 남인내각을 조직한 일, 폐위 민씨를 복위시키고 장씨를 희빈으로 삼은 일, 민비가 복위되어 2년 후 병을 얻었을 때 장희빈이 신당을 설치하여 근친과 노복들로 저주하게 하여 일찍 죽게 한 일이 발각되어 장씨는 사사되고, 장씨와 통한 연고로 동평군도 사사되고, 내인 설향과 무녀 등이 모두 목 베임을 당한 일, 지명과 인명을 명나라에서 취한 것은 필화를 피하기 위한 일이란 것 등이 소상하게 기술되어 있다. 그리고 끝으로 편자는 숙종과 같은 실질적인 역사가 축소된 것 같은 이 책의 권두에 이와 같은 것을 붙이는 것은 독자들에게 편의를 제공하기 위한 것이라 하여 자세히 거론 해 놓고 있다. [45]

---

45) 上揭書, 朝鮮硏究會 古書珍書刊行 第一輯, 1914. pp. 1 - 4

이상과 같은 『사씨남정기』의 해설에서 볼 수 있는 것은 작품 내적인 문제 보다 작품 외적인 매우 지엽적인 문제들을 거론하여 역사적 당파 싸움으로 인한 궁중 내의 비극적 사건들을 소상하게 밝혀 놓고 있는 것을 보게 된다.

그런데 이와는 반대로 문학적 가치가 높이 평가되고 있는 『구운몽(九雲夢)』에 대해서는 전혀 다른 태도를 취하고 있어 서문 자체가 없고 간단한 작품 해설만 하고 있는 것을 볼 수 있다. 그 전문은 다음과 같다.

> " 혹 고승(高僧)의 제자가 계(誡)를 파하고 팔선녀를 희롱한 죄를 얻어 속세에 내려오니 선녀도 또한 같이 인간계로 떨어졌다. 승은 귀공자로 태어나고 선녀는 혹 양가의 영양이나 혹은 예기(藝妓)로 태어나 인간계에서 해후(邂逅)하며 즐기다가 다시 천상계로 돌아가는 것으로 끝맺는 일종의 심리소설로 원본은 6권 3책의 간본이다 "46)

이상으로 끝맺고 있어 이 책의 간행에서 청유남명(靑柳南冥)의 의도를 몇 가지로 정리해 볼 수 있겠다.

첫째, 본 전집의 간행 의도가 고서 정리를 통해 한국의 인문을 연구하기 위한 것이라 했으나47) 한국문학의 대표적 작품으로 『사씨남정기』를 선정한 것은 납득할 수 없는 일이다. 이 책에서는 『구운몽』을 함께 수록하면서 『사씨남정기』를 한국문학의 대표적인 작품인 양 제일 앞에 수록하고 있는 것은 그 의도가 따로 있었다고 보여지기 때문이다.

---

46) 上揭書.『九雲夢』p. 1.
47) 上揭書, 刊記 後面 廣告欄.
" 朝鮮の人文を研究し風俗, 制度, 舊習, 典例を調査し以て啓發の資に共するは方今時代の要求なり, 吾人は此要求に向て貢獻せんか爲め朝鮮の古書を刊行し或は著述に從ひ旣三年の星霜を經たり "

둘째, 같은 책에 고소설 작품 『사씨남정기』와 『구운몽』을 함께 수록하면서 『구운몽』에 대해서는 작자나 저작동기 등 일체의 언급 없이 작품 경개만을 간단히 적어 놓고 있어 『사씨남정기』에 비해 자료적 가치가 못하다는 것인지 이해가 가지 않는다. 서양 선교사 게일은 일찍이 『구운몽』을 번역 소개하면서 작자나 저작동기 등 문학적 가치를 높이 평가한 바 있기 때문이다.

셋째, 본 전집을 간행한 조선연구회는 청유남명(靑柳南冥)을 주간으로 서울에 사무소를 둔 일본인 중심으로 구성된 모임이었음으로 추구하고 목적했던 것이 한국의 올바른 전통문화 이해를 위한 것 보다 일본의 국익을 위한 점이 더 강조될 수밖에 없었던 것으로 보여 진다.

이를 종합해 보면 『사씨남정기』를 『구운몽』보다 우위에 놓고, 한국의 역사적 사건을 부각시켜 당쟁을 앞세운 역사주의적 문학해석으로 목적성을 강조했던 것이라 볼 수 있겠다.

3 - 2. 『사씨남정기』의 저작동기에서 목적성 문제는 작품을 이해하고 해석하는데 중요한 역할을 해오고 있다. 그런데 이 문제를 최초로 제기한 것은 조선 후기의 실학자였던 오주(五洲)이규경(李圭景)[48]의 『오주연문장전산고(五洲衍文長箋散稿)』에서 비롯되어 김태준(金台俊)의 『조선소설사(朝鮮小說史)』에서 『오주연문장전산고』의 문장을 인용하면서 숙종의 민비 폐출 사건을 풍간한 것이라 하여 목적성을 지적한데서 발전하게 된다. [49]

그런데 김태준의 『조선소설사』 초판 간행이 1933년 이고 보면, 그보다 20여 년 전 1914년 조선연구회의 고서진서가 간행, 청유남명

---

[48] 李圭景(1788 - ? ) 朝鮮 憲宗時의 學者, 字는 伯揆, 號는 五洲 또는 嘯雲, 李德懋 (1741 - 1793)의 孫子, 著書로는 六十卷의 방대한 『五洲衍文長箋散稿』등이 있어 寫本으로 傳하고 있다.
[49] 金台俊, 上揭書, pp. 122 - 123.

(靑柳南冥)의 『사씨남정기』서에서 숙종이 민비를 폐출하고 장희빈을 왕비로 삼았던 우리의 역사적 사건을 소상하게 기록해 놓고 있어 그 영향을 받지 않았다고 볼 수 없다.

그런데 그 후에도 신기형(申基亨)[50], 김기동(金起東),[51] 박성의(朴晟義)[52], 정규복(丁奎福)[53] 등은 숙종이 어느 날 궁녀로 하여금 소설을 읽어 달라고 하였는데 이 작품을 읽어주었더니 숙종께서 들으시다가 유한림을 '천하의 고약한 놈'이라고 했다[54]는 서포 문중의 이야기를 그대로 인용하면서 목적소설론을 주장하고 있었던 것입니다. 그런데 이에 새로운 문제가 제기[55]되자 서포문중의 가전설화[56]와 『북헌집(北軒集)』의 기록과 『오주연문장전산고』의 기록을 들어 지금까지의 통설을 주장[57]하고 있다.

그러나 『사씨남정기』의 내용이 당시 역사적인 사회현실과 무관하다고 할 수는 없겠지만 반드시 역사적 사건이었던 숙종의 민비 폐출 사건에 대한 풍자를 목적으로 쓰여 졌다고 보는 데는 문제가 있어 작자의 생애를 통한 모든 체험이 작자의 내면세계에 정착되어 잠재의식으로 침잠되어 있다가 작품으로 표출되는 것이므로 서포 김만중이 살아왔던 생애를 통해 체험한 역사적 사건들이 작품으로 나타난 것.[58]이라 할 수 있음으로 본 작품의 저작동기에 대해서는 작자 자

---

50) 周王山,『朝鮮古代小說史』, 1950. p. 175.
51) 金起東,『李朝時代小說論』, 精研社, 1959.
52) 朴晟義,『古代小說史』, 1958. p. 292.
53) 丁奎福, 南征記論攷,『國語國文學』第26輯, 1963. p. 291.
54) 金起東,『韓國古代小說槪論』, 1956, p. 292.
55) 金鉉龍, 謝氏南征記研究 - 目的性 小說이라는 見解에 대하여 -,『文湖』, 第5輯, 建國大學校, 1969. pp. 136
56) 丁奎福, 南征記의 著作動機에 對하여 - 金鉉龍氏의 謝氏南征記研究를 읽고 - 成大文學, 第15-16 合集 成均館大學校 1970. p. 2. (西浦先生 第10代孫 金大中氏-大田居住-談)
57) 上揭 論文, p. 5.
58) 禹快濟, 謝氏南征記 研究,『崇田語文學』, 創刊號, 1972. pp. 49 - 68.
-----, 謝氏南征記의 構造的 特徵 考察, 仁川大 論文集, 第5輯, 1983. pp. 89 - 109.

신이나 한역한 북헌 김춘택도 구체적 언급이 없었던 것으로 보아 목적소설로만 해석 할 수 없다는 주장이 우세하게 된다.

이 작품이 목적소설로 거론되기 시작한 것은 서포 이후 백여 년 후대인이었던 오주 이규경이 학자적 추측에 의한 자기 이론이었던 것을 활용하기 시작한 것은 바로 일본인 청유남명(靑柳南冥)에 의한 조선연구회였음이 밝혀진 것이다. 그 후 김태준을 비롯한 많은 학자들은 『사씨남정기』의 목적성에 대한 비판보다는 그를 뒷받침 할 수 있는 문헌적 증거만 찾기에 급급했고, 이에 대한 새로운 견해에 귀를 기울이지 않았던 것도 사실이었다.

특히 『오주연문장전산고』에서는 작자를 북헌 김춘택으로 보고 있으면서 세전되고 있는 것들을 기록 해 놓고 있어 『사씨남정기』의 제작 동기가 '위인현왕후민씨손위욕오성심(爲仁顯王后閔氏巽位欲悟聖心)'이라 한 것이나, 『구운몽』의 제작 동기를 '위대부인소수일야제지(爲大夫人銷愁一夜製之)'라 한 것 등을 그대로 믿을 수 없게 합니다. 즉, 원문에 『사씨남정기』의 작자를 북헌 김춘택으로 기록한 결정적인 오류가 있어 세전의 기록인 제작 동기설도 같은 맥락에서 믿을 수 없는 사실로 생각된다.

또한 이를 서포문중의 가전설화와 연결해 보면, 소설이 쓰인 년대가 숙종 15년에서 18년 사이(1689 - 1692)[59]로 이때 북헌 김춘택은 19세에서 22세였다. 당시 그 집안은 크게 화를 입어 유배 또는 투옥된 시기였고[60] 민비가 복위된 것은 숙종 20년(1694년, 북헌의 나이 24세)이었다. 그런데 서포가문의 가전설화에서는 '서포가 이를 국문으로 지어 종손인 북헌 김춘택을 시켜 궁중에 퍼뜨리라 하여 북헌

---

59) 朴晟義, 『九雲夢·謝氏南征記』 校註本, p. 269.
    金戊祚, 西浦小說의 問題點, 『東亞論叢』, 第4輯, 釜山 東亞大學校, 1968. p. 191.
60) 金春澤(1670 - 1717) : 肅宗 15년 己巳換局으로 西人이 除去되자 그 집안이 크게 禍를 입어 그도 여러 번 流配 또는 投獄되었다.

Ⅶ. 고소설 연구의 국제화 탐색   639

이 읽어보고 그대로 퍼뜨렸다가는 더욱 대변을 당할 것을 생각하여 한역하고 작가를 중국인으로 위장하기 위해 사신을 시켜 중국에서 출판하여 국내로 가져오게 한 후 궁중에 퍼뜨려 숙종께서 친히 궁녀로 하여금 그 읽는 소리를 듣고 주인공 유한림을 죽일 놈이라고 욕했다' 고 하고 있습니다. 이에 의하면 북헌이 한역해서 중국 사신으로 하여금 중국에서 출판, 국내에 들여와 궁중에까지 들어가도록 하여 궁녀들이 자유롭게 읽을 수 있도록 되었다는 이야기가 됩니다. 오늘과 같은 교통수단이 있는 것도 아니고, 인쇄술이 발달된 것도 아닌 당시에 기사환국(己巳換局)으로 인하여 온 집안이 크게 화를 입어 유배 또는 투옥생활을 하던 북헌(19세 - 24세)으로서는 도저히 불가능한 일[61]이 되고 보니 이 또한 믿을 수 없게 됩니다.

더구나 최근 『번언남정기(翻諺南征記)』가 발견[62] 됨으로 역자 김춘택이 『남정기』를 한역한 년기와 장소를 적확하게 알려 주고 있어[63] 더욱 가전설화의 신빙성은 떨어지고 맙니다. 『번언남정기』는 의령남씨(宜寧南氏) 최기홍(南基泓)옹(1889 - 1976)의 소장본으로 서장에 서포의 국문본 『남정기』를 번역한데 대한 과정과 결말에 '세기축중추영주적사인(歲己丑仲秋瀛州謫舍引)'이라 기록되고 있으며, 필사년도와 필사 자는 적혀 있지 않으나 필적이 김춘택의 필적이라는 증언[64]이 있고 보면 김춘택이 『남정기』를 한역한 것은 제주 유배시 숙종 35년(1709년) 가을에 이루어졌다[65]는 것이 분명 해 짐으로 더욱 가전설화의 증거력은 약화될 수밖에 없다.

---
61) 禹快濟, 前揭 論文, p. 94.
62) 『翻諺南征記』는 宜寧南氏 南基泓翁(1889 - 1976)의 所藏本으로 南翁의 夫人 光山 金氏(1889 - 1945)가 그 親家인 忠南 論山에서 시집 올 때 姻家로 가져 온 것이라고 함.
63) 丁奎福, 翻諺南征記攷, 『淵民李家源博士 六秩頌壽紀念論叢』, 汎學圖書, 1977. pp. 17 - 26.
64) 淵民 李家源 博士의 證言 (丁奎福의 위의 논문, p. 18 )
65) 丁奎福, 上揭 論文, p. 24.

본 작품을 북헌이 한역하여 출판했다는 것은 사실일지 모르나, 그 번역된 시기가 숙종 35년이라면 인현왕후 복위 이후 15년이 경과된 후의 일임이 분명해 지며, 목적소설 운운한 것도 백여 년 후대인이 었던 이규경이었다는 것은 세전되어 오는 이야기들을 수집하면서 당시 사회현실과 흡사한 점 등을 들어 학자적 추측을 가미하여 기록한 것이라 생각된다.

그러므로 본 작품은 인현왕후의 복위를 꾀하여 숙종 대왕의 마음을 돌리기 위해 쓰여 졌다고 하는 것보다는 당시의 사회적 현실이었던 자신의 생활체험을 토대로 작가적인 시점을 통해서 얻어진 주제에 의해 제작된 순수한 문학작품을 청유남명(靑柳南冥)과 같은 일본인 학자들의 식민사관적 의도로 목적성을 강조한 것이라 생각됩니다. 그러므로 『사씨남정기』저작동기를 목적성으로 해석하여 목적소설로 보는 견해는 새로운 시각에서 새롭게 접근하여 새롭게 해석함으로 올바른 전통문학의 이해를 통해 한·일 양국 관계를 새롭게 발전시켜 나가는 것이 타당하리라 생각된다.

### 3) 결 론

『열녀전』의 전래와 수용을 중심으로 한·중 양국간의 전통문화를 통한 국제관계를 고찰 해 보았다. 그리고 조선연구회의 고서진서 간행을 중심으로 한·일 양국간의 전통문화 이해에 관해 다음과 같은 결론을 정리해 볼 수 있었다. 한·일간 전통문화의 이해 측면에서 보면 일본인 청유남명(靑柳南冥)을 중심으로 조선연구회의 업적이 많은 문화적 왜곡을 가져오게 했다. 그들은 한국의 중요한 고서들을 정리, 제1집으로 대정3년 (1914년) 3월 17일에 원문 화역 대조 『사씨남정기(謝氏南征記)·구운몽(九雲夢)』전을 간행한다. 그리고 계속해서 제1차로 15종 27책을 간행한다.

이 때 간행된 책으로 문학적인 것이 5종으로 『사씨남정기·구운몽』을 비롯한 『광한루기(廣漢樓記 : 일명 춘향전)』와 같은 본격적인 소설 작품과 『열하일기(熱河日記)』나 『해유록(海游錄)』과 같은 견문록과 『모하당문집(慕夏堂文集)』과 같은 문집류가 있고, 사서에 속하는 것들로 『삼국사시(三國史記)』를 비롯하여 『동국통감(東國通鑑)』이나 『소화외사(小華外史)』가 있으며, 그 외 『농포집(農圃集)』을 비롯한 『정감록(鄭勘錄)』이나 『노론소론혈전록(老論少論血戰錄)』, 『사명집(泗冥集)』, 『대전회통(大典會通)』, 『금석문(金石文)』 등의 책이 간행되었다.

그런데 주목되는 점은 한국 역사에서 문제가 되는 『노론소론혈전록』같은 책을 간행함으로 조선시대에 일어났던 붕당(朋黨) 문제를 일대혈전으로 표현 소개하여 한국 역사의 부정적인 면을 부각시킬 뿐만 아니라 한국민족의 민족성을 잘못 이해하게 만들었던 것입니다.

또한 제1집의 『사씨남정기』서는 청유남명(靑柳南冥)이 쓴 글로 제작 동기를 숙종이 민비를 폐출한 역사적 사건을 풍자하여 숙종의 마음을 돌려 인현왕후를 복위케 하고자 한 목적에서 쓰여진 목적소설임을 강조하면서 당시 한국의 궁중에서 일어났던 역사적 사건들을 열거해 놓고 있는 것을 볼 수 있다.

그러나 한국의 고소설 사나 소설론에서는 『사씨남정기』의 목적소설론을 무비판적으로 수용하고 있어 본고에서는 조선연구회 실체와 그들의 의도를 밝혀 보고자 했던 것이다. 『사씨남정기』의 서를 쓴 청유남명(靑柳南冥)은 숙종 대의 궁중사건을 풍자적으로 소설화한 것이라 하여 역사적 사건을 부각시켜 식민사관적 문학관에 이용하고자 했던 것이다.

그러므로 『북헌집(北軒集)』에 분명한 언급이 없는 것을 『오주연문장전산고(五洲衍文長箋散稿)』에서 작자까지 오류를 범하면서 세간의 유언을 기록한 것으로 목적성 운운하는 것은 인정 할 수 없는 일이라 생각된다. 더구나『사씨남정기』와 관련된 가전설화의 신빙성마저 잃게 되고 보면 한낱 세상에 떠도는 이야기 정도로 작품 해석에 절대적 기준으로 삼을 수 없음은 뻔한 일이다.

『사씨남정기』의 목적성 문제는 일본인들의 문학적 식민사관의 의도에서 부각된 것으로 조선연구회에서 간행한 고서진서를 통해 그 중요한 단서가 드러난 이상 작품 해석의 문제로 논의하는 것은 무의미 할 것이라 생각된다.

한·일 양국 간의 국제관계에서 전통문화의 이해는 상호주의 적 우수성을 인정하는 올바른 자세로부터 출발 되어야 함은 재론의 여지가 없다고 본다. 이와 같은 논의를 통해 식민사관적 문화관계를 정리하고 새로운 한·일 양국 문화 창조의 길을 열어 문학 해석상 한계를 극복해야 할 것이다.

새로 시작된 새천년엔 동아시아 서사문학 연구를 통해 더욱 활발한 문화교류가 이루어지기를 기대 해 본다.

## 1. 通過對東亞敍事文學的研究進行的國際交流方案考察*

\* 韓·中間的文學理解和國際關係,韓·日間的文學理解和國際關係

1-1  隨着新千年的到來，交通和通訊技術的飛速發展促進着世界文化圈的形成，在此背景下，以韓國古小說和東亞文學爲主題,韓、中、日三國學者參加的本次學術大會的召開，對于促進國際文化交流的發展具有深遠的意義。

中國的傳統文化途經韓國、對日本也產生了很大影響，這是不爭的曆史事實[1]。由于理念和思想障壁的影響，東方文化曾一度處在與西歐文明相隔離的狀態，但隨着東西合璧的新潮流的到來，東方文化也迎來了其新的發展契機。

中國是擁有56个民族的多民族國家。55个少數民族中朝鮮族的人口所占的比重幷不大，但其在中國的發展狀況却一点都不落后。特別是生活在延邊朝鮮族自制州的朝鮮族人民，國籍雖爲中國籍，但他們一直保持、發展着韓國的傳統文化，筆者認爲在這里進行關于韓國古小說的研討具有很重要的意義。

這次大會爲在中國身爲少數民族的朝鮮族們提供了一个通過小說文學、從多个角度理解認識本國傳統生活方式的機會，這可以說是以上所談的意義之一。另外更重要的是這次大會是聯結孤獨地生活在異國他鄉的中國國內韓國文學研究者們和其母國的紐帶，由此也就成爲促進研究發展的重要契機。

---

\* 第一次東亞細亞敍事文學國際學術大會上的發表論文, 在中國延邊科技大學2001年7月8日
1) 丁奎福, 中國小說對韓國小說的影響, 韓中關系研究論集, 高麗大學亞西亞問題研究所, 1983.

韋旭昇, 中國文學在朝鮮, 中國文學在國外叢書, 花城出版社, 中國, 1990.

禹快濟, 李海山 共譯, 中國小說對韓國小說的影響, 亞西亞文化社, 1994.

1-2　在韓國古小說和東亞文學這个主題下探討促進韓、中、日三國傳統文化的發展，我想從文化傳播的一般論談起。水從高處往低處流，文化也是一樣。高度發達的中國傳統文化途經韓國、傳到日本，通過三國共同的漢字文化形成了儒敎文化圈。特別是在韓國，忠、孝、烈等儒敎指導理念得到了廣泛、深刻的實踐，因此韓國也被稱爲"東方禮儀之國"，從韓國很多敍事文學作品中也不難找到這些思想的痕迹。

儒敎生活文化通過儒敎思想及其實踐傳播到東亞各國，成爲聯結韓、中、日三國文化的紐帶。因此在討論漢字文化的生活化、對祖先的崇拜、對家族的重視、對國家君主的忠誠等思想及東方統治方式時，很難將其和儒敎文化分離開來。

在去年台灣的學術大會上，筆者以＜列女傳＞傳入韓國及其接受爲中心，發表了題目爲＜儒學對韓、中、日文化的影響＞的論文[2]，另外在日本舉行的紀念朝鮮學會成立51周年的學術大會上，以朝鮮研究會的古書珍書刊行爲中心，發表了題爲＜傳統文化和韓日兩國關係＞[3]的論文。現將當時討論的問題作一整理，同時尋找今天的問題的解決方案。

2-1　通過在當地進行的調査[4]，我們發現中國朝鮮族在中國不僅文化敎育程度很高，而且其所持理念的價値也很値得重視。這可

---

[2] 禹快濟, 列女傳的導入與對韓國的影響, 第二十一屆中韓學者會議, 台北,環亞大飯店文化中心, 2000.7.21.
[3] 禹快濟, 傳統文化和韓日兩國關係, 朝鮮學會, 學術大會, 日本天理大學大講堂, 2000.10.8.
　　　, 傳統文化和韓日兩國關係-以古書珍書的刊行爲中心, 『朝鮮學報』 第178 輯・日本, 朝鮮學會, 2001(平成13年).1.26.
[4] 1993年9月到1994年8月, 作爲交換敎授在北京大學, 通過和衆多居住在中國國內的朝鮮族人的面談了解了當地的情況。

以看作是朝鮮族人民的民族自豪感和與之相應的生活實踐結果的體現，正是這種价值觀念使我們民族自身的傳統生活方式和思考方式得以存在和發展。

　　古小說是韓國敘事文學的代表性體裁，在古小說中，從中國傳來的忠、孝、烈等儒教理念的痕迹隨處可見。特別是具有"烈"思想的、具有代表性的女性人物形象，可以從中國前漢時代劉向著的『列女傳』中隨丈夫而死、殉節的烈女身上找到其思想根源[5]。烈女思想傳到韓國，使韓國的女性變得重視貞節，韓國也由此成爲以眞節爲最高价值的烈女之國。

　　2-2 對韓國古小說產生了如此巨大影響的＜列女傳＞嘉祐本(1063年)、嘉定本(1214年)等版本很早就傳入了韓國，成爲高麗時代稗官文學出現的重要原因。朝鮮世宗時代爲了宣揚儒敎文化，發行了『三綱行實圖』，這也可以說是對烈女篇的全盤接受。當時的『三綱行實圖』從系統上來講與中國的繡像本『古列女傳』一脈相承，從內容上看沿襲了由女性列傳轉變爲『烈女傳』的『古今列女傳』的寫法，從表現方法來看多直接引用『列女傳』原文或者將其縮寫后引用[6]。

　　另外朝鮮成宗時曾是德宗之妃的昭惠王后(仁粹大妣)韓氏(1437-1504)在『內訓』中，對楚國莊姬、樊姬的功績給予了極高的評價，對＜周室三母＞也很重視，將＜王季妃太任＞和＜文王妃太姒＞分別收錄，對妲己、褒姒、驪姬、飛燕等人物感到寒心，該書大量引用了劉向的『古列女傳』，是以子女、婦女爲對象的敎訓書。

---

5) 禹快濟, 二妃傳說對古小說影響的考察, 仁川大學論文集, 第20輯, 1995.
6) 禹快濟, 朝鮮時代家庭小說的形成要因研究-以列女傳的傳入和接受爲中心, 高麗大學研究生院, 1986.

其后『列女傳』向小說轉變, 逐漸成爲一部女性列傳。和前漢時代司馬遷(公元前145-68年)的『史記』中以男性爲中心的<列傳>相反, 劉向的『古列女傳』是一部以女性爲中心的列傳, 它刻畫了女性形象, 爲創作小說開辟了新的道路,『三國史記』<列傳>中的<薛氏女>, 以及其后<文選>等中的很多『烈女傳』及世宗時代編纂的『三綱行實圖』中<烈女篇>等等都一直流傳至今。

2-3  朝鮮中期遭受了壬丙兩亂, 在社會恢復安定之后, 人們開始強調在危難時期對國家的忠誠以及以孝、烈思想爲中心的家庭倫理, 與此相應文學上開始強調自我覺醒, 還出現了迅速發展的散文化現象。此時爲韓國文學開辟了新天地的是西浦金萬重(1637-1692), 他是當時禮學大家光山 金氏、沙溪金長生的曾孫, 丙子胡亂時出生在江華島的船上, 是一個遺腹子。金萬重自小從母親尹氏那里接受了符合宮中法度的良好教育[7], 其代表作女性傳記<尹氏行狀>、小說『謝氏南征記』 等作品流傳至今, 這些作品都是具有以一般女性爲對象的敎訓書特点的女性列傳類作品。

特別是他的『謝氏南征記』, 是以對『列女傳』的間接體驗爲基礎, 以當時的歷史事件爲素材, 記述了虛構人物謝氏的一生, 是一部具有女性列傳特点的作品。他在作品中以家庭爲中心, 描述了爲得到后代而產生的妻妾矛盾, 將女主人公謝氏、喬氏分別設定爲代表善惡、彼此對立的兩个女人。這可以看作是中國<列女傳>中的<班婕妤傳>、<趙飛燕傳>的複合結構, 如果將女主人公謝氏和喬氏的故事分別記述的話,<謝氏傳>和<喬女傳>就可以稱得上是女性列傳了。這里 <謝氏傳>和<班捷妤傳>、『列女

---

7) 金萬重, 西浦集 卷十 行狀, 先妣眞敬夫人行狀, 通文館 影印本, 1971, p.360.

傳』和＜趙飛燕傳＞分別具有相同的特點、再將此和歷史人物閔妃的行爲作以比較、并另外記述的話、又可以形成＜閔妃傳＞(有『仁顯王后傳』)，只記述張禧嬪的行爲的話，又可以形成＜張禧嬪傳＞(假稱)類的女性列傳。這時被表現爲善人的女主人公是"班捷妤 -- 閔妃 -- 謝氏"，被表現爲惡人的女主人公是"趙飛燕 -- 張禧嬪 -- 喬女"，由此可知『謝氏南征記』分別代表善惡、處于對立位置的人物謝氏和喬女都和『古列女傳』中的人物有關。

『列女傳』的＜周室三母＞中太任、太似等有關婦德的典故都被給予了很高的評價，舜在南巡途中死于蒼梧山，跟隨他的娥皇、女英二妃抛洒血淚、投瀟湘江殉節[8]的故事＜有虞二妃傳＞衆所周知，被認爲是殉節烈女的典型。類似的內容在韓國古小說中很常見，因此可知『列女傳』已被韓國古小說接受，并導致了女性主人公在家庭小說中的登場。

文學被稱爲生活的痕迹、裝有人際關系形成要諦的容器，通過文學研究我們回顧傳統，這對我們設計嶄新的未來具有很重要的意義。在了解傳統文化時最合適的資料就是叙事文學的代表性文學樣式--古小說。通過對古小說的研究，我們以可以恢復彼此信任的傳統人際關系的方案，在更高層次上探討人際交流，在新的時代創造新的文化時，古小說研究具有極爲重要的作用。

3-1 韓・中文學的理解和國際關系、韓日文學的理解和國際關系可以從很多角度考察，這里筆者只就對傳統文化的錯誤理解所引起的問題談一談。這里以朝鮮研究會刊行的＜古書珍書＞第1輯＜『謝氏南征記』叙＞爲實證資料，探討一下對傳統文學的理解和

---

[8] 禹快濟，韓國家庭小說研究，高麗大學民族文化研究所，1998.

國際交流問題。

　該書的第一章收錄了靑柳南冥的<『謝氏南征記』紋>，該文不談作品的文學特性，只是強調了肅宗的閔妃廢黜事件以及相關的歷史事件，揭示了將該小說划規爲目的小說的根據[9]，這就產生了作品分析上的問題。

　金台俊最早在『朝鮮小說史』中提到了該作品的目的性問題，其后也有衆多學者就該問題展開議論。但是『謝氏南征記』的內容雖然不能說和當時的社會現實毫無關系，但是把對肅宗的閔妃廢黜事件的諷刺看作該作品的創作目的却有些不妥。小說是作者體驗的重建，構成作者生涯的所有事件都會以潛意識的形態存在于作者的內心世界，然后隨作品的產生而得以表露，金萬重經曆的歷史事件自然也會在其作品中被表現出來[10]，但是對于該作品的創作動機，作者本身或將作品翻譯成漢文的北軒金春澤都沒有具體地提起過，因此不能斷定該作品是一部目的小說。

　最早將該作品看作目的小說的是西浦一百多年后的五洲李圭景，他的理論被日本人靑柳南冥在朝鮮研究會開始采用，其后金台俊等學者接受了此種觀点，幷且努力尋找支持這種觀点的文獻類證据。

　本作品被認爲是西浦門中家傳說話具有目的小說性質的根据，該書經北軒翻譯成漢文，在中國出版，翻譯完成時期是肅宗35年，卽仁顯王后復位15年后，提出目的小說論的是金萬重100多年后的李圭景，他將流傳的各種說法收集到一起，指出了作品內容和當時社會現實的一些類似点，提出了自己作爲一个學者的推

---

9) 金台俊，朝鮮小說史，學藝社，1939. p. 123.
10) 禹快濟，謝氏南征記硏究，崇田語文學，創刊號，1972. pp. 49-68
　　-----, 謝氏南征記結構特征考察，仁川大學論文集，第5輯，1983. pp. 89-109

測，并記錄了下來。由此看來，和該書是作者爲了仁顯王后的復位、爲了讓肅宗大王回心轉意而寫的說法相比，筆者認爲這只是身處當時社會現實中的作者以自己的生活經歷爲基礎，以一个作家的眼光捕捉到了主題，由此而創作出的純粹的文學作品，而靑柳南冥等日本學者爲了一些特殊目的而將此作品划規爲目的小說。

由此看來，强調『謝氏南征記』創作動機的目的性、將其規爲目的小說的做法可以說是從殖民史的文化觀出發的對韓國傳統文學錯誤理解的典型事例，筆者認爲只有以基于新的角度、新的分析方法的正確理解，推動兩國關系發展才是拖當的做法。

3-2  朝鮮研究會成立于本世紀一十年代，當時構成該研究會的20名評議員都是有很大影響力的社會名流，除了帝國大學文科敎授萩野由之等文學博士外，還有法學博士、總督府、參事官、言論社社長、學務編輯官等[11]。他們研究朝鮮的目的是爲了創造殖民史的文化論，并爲此建立理論根据。

因此他們對古書珍書的研究及并編輯發行工作是名實不符的。刊行古書珍書的意義是"考察朝鮮的人文、風俗、制度、習慣、典例等，由此提供具有啓發性的資料[12]"，表面上看是爲了更好地理解韓國文化、促進韓日關系，好象是很有積極意義的。

但是我們來看看該會刊行的書。第一次刊行的書中包括漢語對譯本『謝氏南征記』、『九雲夢』等文學類書籍，還有見聞錄、歷史

---

11) 原文和譯對照 謝氏南征記 九云夢 全，朝鮮研究會，古書珍書刊行，1914.
12) 前揭書. 朝鮮研究會第二期會員招集廣告
   "通過研究朝鮮文化，了解其風俗、制度、舊習、典例爲當今時代之要求。本人按照這種要求爲刊行朝鮮古書整整經 曆了三年時光。如今迎接大正三年三月之際，很榮幸將繼續刊行第二期，已基本達到本會之目的，望請諸學者眞誠 相助并加入本會。"

書籍及<老論少論血戰錄>等書，將朝鮮的朋黨問題表現爲一大血戰，介紹給讀者，通過這種做法有意暴露出韓國曆史上一些具有否定意義的史實，甚至使讀者産生對韓民族民族性的錯誤認識。

此時刊行的<『謝氏南征記』敍>的主筆靑柳南冥最先選定的韓國古書珍書是『謝氏南征記』。這就是說他認爲在多達1300多篇[13]的韓國古小說中，『謝氏南征記』是最優秀的。如果是這樣的話，應該對該作品的文學價值作一分析，但是靑柳南冥對此沒有任何解說，只是詳細地記述了閔妃廢黜事件和有關張禧嬪的兒子出生的內容，列擧了宮中秘史，和作品內的問題相比，更關心作品外的問題，記述的只是由黨爭引起的宮廷悲劇。

與此相反，對通常被認爲具有很高文學價値的『九雲夢』却采取了截然相反的態度[14]。一方面將『謝氏南征記』和『九雲夢』一起收錄，告訴讀者『謝氏南征記』是韓國文學的代表作品，而對于曾被西方傳敎士蓋爾認爲具有很高文學價値的『九雲夢』，却對其作者及創作動機只字未提，只是簡單地介紹了作品梗槪，給『謝氏南征記』以比『九雲夢』更高的地位，可以看出這是爲了强調韓國有關黨爭的曆史事件，利用曆史主義的文學分析方法有意强調作品的目的性。

對傳統文化和國際關系正確理解的前提是互相承認對方的優秀性，這是毫無疑問的。由于殖民史的文化觀的影響而被錯誤理解的傳統文化，我們應當重新認識。作爲彼此的伙伴，兩國的文化交流應當向文化創造的新方向發展。

4-1　通過古小說的硏究來探討國際交流的方案是本次會議的主

---

13) 禹快濟，古小說總量統計考察，古小說的創作及傳播，亞西亞文化社，1995.
14) 前揭書. 九云夢 p. 1.

題, 韓、中、日三國的敍事文學研究將成爲國際理解及新時代新文化創造的基礎。

首先, 在韓中文學理解和兩國關係方面, 以『列女傳』傳入韓國爲中心, 闡釋儒學的韓中影響關係, 考察中國文學對韓國文學的影響, 促進對傳統文學的理解和國際交流。

韓國被稱爲"東方禮儀之國"是因爲忠、孝、烈等儒學思想被理念化、而且被生活化了。韓國文學中的烈女可以從中國劉向的<古列女傳>中找到其根源, 隨着<列女傳>傳入韓國, "烈"的思想被重視起來, 而且貞節的女性形象被認爲具有韓國女性的最高价值。以女性的教訓書爲首的很多古小說中都有此類內容。筆者認爲理解傳統文化是韓中兩國交流的根本方案。

其次, 在韓日兩國文學的理解和兩國關係方面, 以朝鮮研究會古書珍書的刊行爲中心了解了傳統文化的理解對于兩國關係的重要性。

對具有一些否定意義的歷史事件可以從不同的層面究其原因, 本文中筆者僅通過在兩國關係中可提起的文學分析對國際關係進行了考察。卽在分析作品時, 聯系當時的宮廷秘史, 擴大對該作品目的性的解釋, 這種對傳統文學的不當理解是兩國關係不確切的原因之一。新千年已經來臨, 未來對傳統文化的正確理解將成爲影響國際關係的重要要素。

4-2 從新千年韓、中、日三國嶄新的文化交流的層面講, 在以對古小說的研究爲手段研究韓中或韓日關系時, 我們應當從過去歷史的陰影中跳出來, 以我們共同的東方傳統文化爲基礎, 作爲嶄新的文化共同體, 形成北漢東(中國的北京, 韓國的漢城, 日本的東京)文化圈[15]。當然韓中、韓日關系的期待値不同, 但是從對傳統文化的理解、對古小說硏究的角度來看幷沒有太大的不同。筆者認爲以韓中傳統文化的正確理解爲基礎, 擴大友好鄰邦關系, 這也是實現朝鮮半島統一的重要契機。韓日之間的文化交流有可能通過2002年兩國共同擧辦的世界杯足球比賽創造出嶄新的世界文化。

本文通過對古小說的硏究, 考察了鄰國間的關系, 幷試圖摸索國際交流的方案, 强調了與日新月異的科技相對應, 對于傳統文化的理解的重要性, 也可以視之爲對于人文科學發展方向的摸索。很久以來韓、中、日三國通過共同使用的漢文文字以及中國儒學的影響形成了共同的傳統文化基礎, 我們期望着以對傳統文化的理解爲基礎的交流變得更加活躍。

---

[15] 在2000年10月19日至22日于漢城國立劇場擧行的亞洲正常會談(ASEM)的慶祝演出中, 中、韓、日三國演員共同演出了根據韓國古小說『春香傳』改編的戲劇。第一幕"相愛"爲中國的越劇, 第二幕"受難"爲日本的歌舞伎, 第三幕"相逢"爲韓國的唱劇, 該劇的演出促進了中、韓、日三國的文化交流。

## 2.『列女傳』的導入與對韓國的影響 *

* 列女傳的傳入- 引進, 飜譯. 對韓國的影響 - 對敎訓書的影響, 對小說的影響

### 壹. 序 言

韓國與中國之地理位置相連爲隣, 所以無論在歷史上或文化上之交流頗爲頻繁, 形成了相互影響 的關係. 邁入二十一世紀的現今, 我們預測國際交流之活潑化是必然之事,所以針對韓,中兩國間之文化關係做一翻研討是深具意義之事.

尤其, 以儒家思想爲中心來探討思想對兩國文化上造成的影響是意義匪淺的事, 也是在這新的世紀中可創出新理念的好機會.

自古以來,韓國以 " 東方禮義之國 "稱之, 本以儒家思想中的忠孝烈之理念透過日常生活化而來的, 所我們要在此回顧一下這種儒家思想是如何反映了韓國文化並進而可以得知儒家思想在韓,中兩國文化上所造成之影響的眞相.

一直以來韓中文化關係上之研究在多方面是不斷的進行著,就文學上而言,我們可以擧中國小說對韓國小說造成的影響[1], 中國文學對韓國文學造成的影響[2]透過諸如此類的文學研究,可探究出中國儒家思想的根本 - 忠孝烈思想在文學上帶來的助益,也可回顧一下韓中在儒學上的影響關係.

---

\* 儒家學說對中韓兩國文化的影響主題下學術研討會時發表論文, 中韓文化基金會並韓中教育基金會共同主催, 第二十一屆中韓學者會議, 中華民國臺北市環亞大飯店文化中心, 2000. 7. 21.
1) 丁奎福, '中國小說對韓國小說造成的影響'『韓.中關係研究論集』 高大亞細亞問題研究所, 1983.
2) 韋旭昇『中國文學在朝鮮』, 中國文學在國外叢書, 花城出版社, 中國, 1990.
   禹快濟, 李海山 共譯,『中國文學對韓國文學造成的影響』, 亞細亞文化社, 1994.

在本文章中我們將針對儒學代表思想之<忠,孝,烈>思想中的<烈>思想做一翻探討. 所謂<烈>思想就是象徵了女人的貞節[3] 我들們就從中國的列女傳開始研究之[4]. 由於列女傳之傳入韓國, 促使韓國女性成爲重視貞節的烈女, 進로而成爲東方烈女王國之代表[5].

本文章以中國前漢代劉向之<古列女傳>爲開瑞, 研究其思想之導進對韓國造成之影響, 因此金台俊在其『朝鮮小說史』中述說了

" 列女傳之傳進朝鮮是在朝鮮太宗四年(明永樂二年), 大明會典中記載 '永樂間賜朝鮮國王 列女傳' 而在靑莊館全書中則記載著 '中國書入本朝者太宗四年有列女傳' 等文獻, 列女傳 繡像小說之始(書林淸話, 卷八), 也是朝鮮揷畫小說之鼻祖, 現今坊間所流傳的劉向之漢文列女傳六十四篇中與朝鮮文列女傳相同的只有三十餘篇."[6]

但原始之飜譯本目前並無據可考, 所以, 韓國在列女傳的研究上遠不如中國[7]或日本[8]. 因에此, 在本文章中我們會以列女傳之韓國傳入爲中心, 硏討其導進時期與引進種類, 進글而硏究儒學之<烈>思想是如何對韓國女性引起了貞節問題.

---

3) 禹快濟 '考察二妃傳說對古小說之影響' 仁川大學校 論文集, 第20輯, 1995.
4) 禹快濟 '列女傳之韓國傳來本考' 韓南語文學, 第15輯, 韓南大學校 國語國文學科, 1987.
5) 禹快濟 '貞節型家庭小說研究' 仁川大 論文集, 第17輯, 1992.
6) 金台俊, 『朝鮮小說史』, 學藝社, 1937. p. 64.
7) 張 敬, 列女傳與其作者, 中國婦女史論文集, 商務印書館, 臺灣, 1982.
8) 笠井淸 '假名草子に及はしい 列女傳の影響' 比較文學, 第4卷, 日本 比較文學會, 1961.
   山崎純一 '近世における列女傳の變遷' 中國古典研究, 第12輯, 日本早稻田大學 中國古典研究會, 1964.

## 貳 列女傳的 傳入

### 一. 列女傳之引進

金台俊認爲中國列女傳之導入應該是永樂二年(1404年),[9] 朝鮮太祖四年[10], 但金台俊之推判並不能明確的判定其依據是從劉向的『古列女傳』,還是明朝에新編之『古今列女傳』而來, 而朴晟義在『海東繹史』中卻明確持出,[11] 金台俊之考據是來『古今列女傳』而不是劉向的『古列女傳』.[12]

針對中國列女傳之傳入最初之記錄是在『朝鮮王朝實錄』 而其中明確的記載著是由明朝社會風氣解放後重新編輯的『古今列女傳』而來,換言之由 ' 先蒙頒賜列女傳 分散不周 再與五百部 '[13] 來看, 明朝之前就已經零零散散的引進過, 但因支離破碎之故又重新申請五百部之傳進, 而『古今列女傳』之刊行年代是在明朝永樂元年(1403年). 由此推算, 當時非常盛行由中國輸入書籍與藏書之際, 列女傳則已經導進過一次(雖記錄中無可考), 再次的導入就是太宗四年(1404年).

劉向 『古列女傳』之導入並沒有任何明確的記載, 但我們可有中國『古列女傳』的刊行年代與高麗時代各種文獻記錄來做推判,『高麗史』中記載著高麗第13代宣宗八年(宋哲宗六年,1091年)年間, 中國遺失之

---

9) 『大明會典』,' 永樂間 賜朝鮮國王 列女傳 ----- '
　『靑莊館全書』,' 中國書入 本朝者 太宗四年 有列女傳 ------ '
10) 金台俊, 前揭書, p. 64.
11) 『海東繹史』, 卷四十四 <藝文志> 三 ' 太宗四年 明宗 賜古今列女傳 ----- '
12) 朴晟義,『韓國古代小說論與史』, 日新社, 1973. p. 72 .
13) 『太祖實錄』 卷八, 探書堂(影印本), pp. 313 - 314.
　" 十一月 己亥朔 進賀使李至 趙希閔 賫帝賜列女傳 ---------- 與王用 來的使臣告說 先蒙頒賜列女傳 分散不周再與五百部 欽此藥材 列女傳交付 差來使臣李至等 麝香二斤 朱砂六斤 沈香五斤 蘇合油一十兩 龍腦一斤 白花蛇三十條 古今列女傳五百部 ---- "

書籍透過高麗走私外輸¹⁴⁾由走私中國劉向之『新序』,『說苑』,『劉向七錄』¹⁵⁾等書籍淸單中可得知該年代的『古列女傳』傳入板本爲最古本之嘉祐本(1063年), 嘉祐本刊行前後30餘年中 劉向的其他書籍與『古列女傳』一併傳進了韓國.¹⁶⁾ 對此金台俊認爲

> " 高宗朝時稗官文學興起之原因很多,其中宋元文化之導入中似類宋元之隨筆, 說話, 或者說話集等之太平廣記, 列女傳, 等極爲盛行, 而其影響豊富了國內文獻資料 ---- "¹⁷⁾

而高麗高宗代(1241 - 1259年)稗官文學之興起原因中, 列女傳被稱爲其影響之一, 由此可解釋出, 『古列女傳』早在稗官文學盛行之前就已被流傳熟讀, 而又依據當時劉向的『古列女傳』嘉祐本之刊行也可推算出, 此書早在高麗中期之就傳進了朝鮮, 與其概念一致的鄭鉒東認爲

> " 中國人一直以爲我國有許多的異書, 而這些異書中也包含了神仙譚, 鬼神譚, 淸譚, 傳奇小說等, 但在前期高麗史中只見少數而已, 此是因爲中國劉向朝鮮尋找自己國家不存在的書籍, 因此高麗史中只記載著中國需求之書籍, 而實際上應該擁有更多稗官小說, 有『說苑』等書籍之傳入可推敲出劉向之『列女傳』的傳入是되一定的 ----- " ¹⁸⁾

他推算列女傳之傳入時期是高麗代, 而此時傳入的應爲嘉祐本

---

14) 『高麗史』, 世家 第十, 宣宗八年條, 延大 東方學硏究所 影印本, 1981, p. 212 .
15) 其中有劉向之『劉向七錄』『洪範五行傳』『新序』『說苑』『列女傳』『列仙傳』等,但『劉向七錄』已去向不明, 所以並不可得知其內容爲何, 也許其中就包含了『列女傳』七篇, 而我們並不可排除其可能性.
16) 禹快濟 ' 列女傳之韓日傳入及其造成之影響的考察 ' 語文硏究, 第21輯, 崇田大學校, 1991.
17) 金台俊, 前揭書, p. 40.
18) 鄭鉒東,『古代小說論』螢雪出版社, p. 27.

(1063年),之後『古列女傳』繼續傳入朝鮮,而在高麗高宗元年刊行嘉定本(1214年)之傳入也是可知的事情, 後來刊行的嘉靖本(明宗 七年, 1552年), 萬曆本(宣祖39年, 1606年), 道光本(純祖24年, 1824年)及王照圓的 『列女傳補注』(壬申本, 1912年), 梁瑞的『列女傳校注本』(癸巳本, 1833年), 劉開的『廣列女傳校注本』(己未本, 1919年)與『列女傳校讀本』(甲戌本, 1874年), 還有作者與年代不詳的『典故列女傳』等, 皆熱絡並蓬勃了其傳入情形[19]。

綜合以上所述, 我們可得知 『列女傳』的傳入朝鮮之時期與種類如下:

第一, 依據『高麗史』中所記載, 我們可得知當時劉向的 『古列女傳』 嘉祐本(1063年)傳入的事實.

第二, 高麗高宗朝時列女傳被例稗官文學盛行原因之一, 因此可推算出劉向的『古列女傳』嘉祐本(1063年)及嘉定本(1214年)之傳入是合理的.

第三, 依據『朝鮮王朝實錄』中所記載, 朝鮮太宗四年(1404年)再次輸入了『古今列女傳』五百部是 明確的事, 在太宗三年(1403年)首次引進了因當時風氣之開放, 而明代解縉等新編的『古今列女傳』(永樂本, 1403年)之一次傳入也是有可考之實的.

第四, 以現傳的異本爲中心觀點時, 可推定出朝鮮朝明宗時代(1546 - 1567年)所刊行之『古列女傳』의 嘉靖本(1553年)與宣祖時代(1568 - 1608年)所刊行的萬曆本(1606年)傳入之事實.

第五, 清代刊行之道光本(1824年)『古列女傳』及『列女傳補注本』與『列女傳校注本』與『列女傳敎讀本』與 『廣列女傳』及『典故列女傳』等所有現傳本刊行之同時傳入事實的.

---

19) 禹快濟 ' 列女傳之韓國傳來本考 ' 韓南語文學, 第5輯, 韓南大學校 國語國文學科, 1987.

二. 列女傳的飜譯

　從中國輸入進韓之衆多典籍是在訓民正音創製以後才開始被諺解的,中宗年間還可追尋出譯解 列女傳的飜譯事業之興起. 魚叔權的『稗官雜記』中記載著癸卯年間(中宗 38年, 1543年) 中宗令禮曹將劉向之列女傳翻들成譯文.20) 對此說法金台俊認爲：

　　" 吸收外國文學是由飜譯開始的, 直到朝鮮成宗年間士林中廣受愛戴的
　　書籍大多數是譯本,『列女傳』則是在中宗三十八年間被飜譯 ----- " 21)

　引用魚叔權的 『稗官雜記』來指摘了『古列女傳』飜譯本之刊行.
　而且金台俊又認爲籍由『列女傳』之飜譯, 促進了朝鮮時代小說飜譯事業的蓬勃發展, 也對宣祖 之後的創作界造成了莫大的影響, 朴晟義則引用『稗官雜記』來敍述了：

　　" 嘉靖癸卯年間(中宗 38年, 1543年)申珽, 柳沆等人奉旨飜譯了列女傳,
　　文字指定了柳耳孫, 而畵圖則指派了李上佐. " 22)

　而鄭鉎東對列女傳之引進與飜譯有如下見解：

　　" 尙未開始使用韓字前之太宗四年時(1404年), 中國漢朝劉向所著作之
　　列女傳已傳進了朝鮮, 嘉靖癸卯時(中宗 38年, 1543年)奉旨飜譯了列女
　　傳. 而韓文本的列女傳首次亮相 " 23)

---

20) 魚叔權,『稗官雜記』民族文化推進會 刊, 1982. p. 774.
　　" 嘉靖 癸卯 中廟出 劉向列女傳 令禮曹飜以諺文 禮曹啓請 申珽 柳沆 飜譯 柳耳孫
　　寫字 舊本本顧愷之畫 而歲久刻說 殊失筆格 令李上佐略倣古畫而更畫之旣成誤依 舊
　　本書於每卷之首日 漢劉向編撰 晉顧愷之畫 正猶班固至今血食之文使此書傳於後世
　　則執知其爲李上佐之畫乎 "
21) 鄭鉎東, 前揭書, p. 44.
22) 朴晟義, 前揭書, p. 93.

而且推測是在中宗38年嘉靖癸卯年間(1543年)所飜成的. 我們依據『稗官雜記』爲中心可整理出下列幾點：

第一, 飜譯年代在嘉靖癸卯年間(中宗 38年, 1543年).

第二, 原始飜譯本爲劉向的『古列女傳』24)

第三, 可由飜譯者, 記載者及圖畫者的姓名判定出當時的年代.

但在此並尋不到飜譯本刊行的任何輿論資料, 因此, 我們也會懷疑列女傳飜譯本刊行之眞實性, 朝鮮初期時發行書籍並不是很容易的事, 所以飜譯本之完成並不能視同爲發行. 中宗38年11月『朝鮮王朝實錄』中明確的記載著, 大提學成世昌上書中提 "發行列女傳的工程頗佳浩大, 完成此事後再刊行農書"25)等.

就此來看『列女傳』之發行是確實的事, 唯尋找不到宣布後的言論記載, 當時刊行的情形目前也已無可考究了. 因此金台俊在『朝鮮小說史』中引用了日本人北村季吟日本語飜譯本中的資料, 議論了此事：

" 北村季吟在書中所提日本人飜譯『列女傳』是在明曆(朝鮮孝宗時)萬治(顯宗時)年間, 比朝鮮晚 一百四十年左右, 其中有母儀, 賢明, 仁智, 貞順, 節義, 辯通, 孽嬖, 續列女傳等八卷(六十四篇),與朝鮮所譯之漢文列女傳相同. "26)

因我們不能查證出中宗年代所飜譯的劉向『古列女傳』之發行, 所以我們可推測出本書可能只刊行在當時宮廷中, 做爲賓妃宮女們的教訓書, 傳流於宮中, 慢慢失傳而消失的, 而現在的飜譯本中 最古

---

23) 鄭鉒東, 前揭書, p. 44.
24) 劉向的古列女傳嘉祐本(1063年)或嘉定本(1214年)之可能性爲最大.
25) 中宗實錄, 卷一百一, 三十八年 十一月條, 國史編纂委員會 影印本, p. 21.
 "大提學 成世昌啓曰 東魯王氏農書 令見之農桑之要備載其中 雖與我國之事似異然亦無可 法之事 但今聞刊烈女傳 工役不小事畢後開刊何如 傳曰 知道"
26) 金台俊, 前揭書, p. 65.

老的是國立中央圖書館本(A). 而此中譯寫的內容較爲完整. 應該是由中宗時代飜譯本中去掉圖畵之後抄寫之稿本, 另外國立中央圖書館本(B)之內容構造與 그 構成體制『古列女傳』較爲相似, 收錄了續列女傳的內容, 所以認定爲再編版.27)

此外舊活字本中記載的是『古列女傳』飜譯本之部分或是簡約內容, 而當時『古列女傳』,『古今列女傳』,『典故列女傳』等之飜譯記錄雖無從考究, 但我們可確定這些書籍一直不斷的被飜譯著, 無論是部分內容或精華版一直流傳到現今.

## 參. 對韓國的影響

### 一. 對敎訓書的影響

#### (一)『三綱行實圖』<烈女篇>

朝鮮王朝世宗年間所編纂刊行的『三綱行實圖』是世宗大王爲了貫徹儒敎文化而實行的政策之一, 世宗大王爲敎育宗親而設宗學, 爲太子(文宗), 太孫(端宗)在成均館舉行入學典禮, 讓他們在成均館受敎育, 積極了推動了儒學文化, 並且普遍發行『孝行錄』,『三綱行實圖』等書籍, 來鼓動儒敎倫理的盛行, 在民間禮儀上推動了遵守『朱者家禮』的策略, 分發『孝行錄』於成均館與四部學堂, 使文人書生徹底實踐其精神, 並命令禮曹去調查有孝子, 節婦, 順孫等事跡的人, 立牌坊表揚其事跡等使儒家思想在民家萌芽生根.28)

世宗大王宣德辛亥年間(世宗13, 1431年) 夏天命令親信們畫出可表徵君臣(忠), 父子(孝), 夫婦(烈)倫理的畫册, 册中還有譜曲可吟唱.29) 孝子篇的內容取自中國孝順事跡及高麗『孝行錄』等, 而忠臣,

---

27) 禹快濟 '列女傳 韓國傳來本考' 前揭論文.
28) 李相栢,『韓國史』, 近世朝鮮篇, 乙酉文化社, 1981, P. 681.

烈女篇因沒有書籍刊行物可尋, 所以收錄了正史及內外諸書中的內容, 詩句則是新作. 30)

此時編纂的書籍在世宗年代以後也刊行了數次, 在成宗年間婦女的行爲較彐爲不端, 特別發行了 諺解<烈女圖>分送給京中五部與諸道, 做爲教育村婦巷女的訓書.31)

在此書中直接引用了中國列女傳之內容, 整理其特徵有如下三點的結論.

第一, 直接吸收了中國『古列女傳』的體裁與『古今列女傳』之內容. 換言之, 在此書收錄的人物 中『古今列女傳』中收錄的人物比『古列女傳』與『古今列女傳』共同出現的人物多, 但]在體裁方面『古今列女傳』(永樂本)爲本文本而『古列女傳』爲圖文本, 所以收錄『古今列女傳』的內容較爲多.

第二, 女人的性情從女性傳記轉變成烈女傳的性情. 換言之, 將此書之內容依照烈行別來探討時, 書中爲守貞節而尋死的例子佔了70%, 年彐少守寡一輩子的例子佔了11%, 還有因丈夫生病而守活寡的佔了1%, 眞正烈女型人物只佔了 82%左右.

第三, 從文章表現上來看也不難發現體裁取自於中國列女傳原文或精華版. 32)


(二) 昭惠王妃韓氏之『內訓』

此書是以朝鮮成宗時代德宗之妃 - 昭惠王妃(仁粹大妣)韓氏(1437 - 1504年)中心人物著作出來的, 身爲世宗大王之子媳的昭惠

---

29)『三綱行實圖』序文, 世宗大王 紀念事業會, 影印本, 1982.
30) 權 採,『三綱行實圖』序,
31) 金元龍, ' 諺三綱行實圖 ' 『三綱行實圖』上揭書
32) 禹快濟 '朝鮮時代家庭小說之形成要因硏究 - 列女傳的傳入與應用爲中心點 - '高麗大學 校大學院, 1986.

王妃, 有著 "恒常孝婦" 之美稱, 世宗大王賜下孝婦圖來表揚了其德行.33) 如此重視孝行的韓氏在子女及其他婦女的教育上, 極爲强調道德行爲正當性, 因而著寫了此書.34) 且爲了使百姓能正確的敎育子女而飜譯了小學, 烈女, 女敎, 明鑑等書籍.35) 而用字之淺可使民間無知的婦女也都能看憧,正推動了庶民教育.

而此書是在朝鮮成宗 6年(1475年)編纂完成, 出刊是在中宗年間, 之後一直都有發行, 宣祖 6年(1573年), 光海君 2年(1611年), 孝宗 7年(1656年), 英祖 12年(1736年) 都有印刷過的記錄,36) 而此書做爲教訓書是很有價值的, 各界的評價也很高, 所以常用來做爲女性們修身養性風敎化的最佳範本.

此書之構成如下 : 第一章有言行章, 孝親章, 婚禮章等 : 第二章爲夫婦章 : 第三章是母儀章, 敦睦章, 廉儉章等, 而內容完全取自中國劉向之『古列女傳』, 其中歌頌著楚國莊姬及樊姬的功德, 而諷刺妲己, 褒似, 驪姬, 飛燕等之行爲.37) 敍述這些人物的內容都收錄在劉向『古列女傳』中,38)

就此다看書『古列女傳』嘉祐本(高麗文宗 17年, 1063年)或是嘉定本(高麗高宗1年, 1214年)在當時已經傳進了韓國, 在宮中已到了隨手可得的地步. 但此書之著作目地在於婦女之敎育, 所以在孼嬖傳並沒引用, 從『古列女傳』, 『古今列女傳』中收錄了十篇, 而在 收錄夫婦章中引用的 <和熹鄧后>則只見於『古今列女傳』中母儀章

---

33) 尙儀 曺氏,『內訓』跋文, 亞細亞文化社 影印本, 1974, P. 141.
34) 上揭書, P. 1.
35) 昭惠王后 韓氏,『內訓』序文, 上揭書, p. 1.
36) 許 雄, '內訓 女四書 解題 ' 內訓 女四書, 亞細亞文化社, 1974.
37)『內訓』前揭書, p. 1.
　"周文之化 益廣於太姒之明 楚莊之覇 多在於樊姬之功 事君事夫 孰勝於此 余讀書而至於妲己之朕 褒似之寵 驪姬之泣 飛燕之讒 未嘗不廢書寒心 ---- "
38) 劉 向之古列女傳中所謂妲己 <殷紂妲己>, 褒似是 <周幽褒似>, 驪姬是 <晋獻驪姬>, 飛燕則是續列女傳中的<漢趙飛燕>.

中에之＜王季妃太任＞或＜文王妃太姒＞則取自於『古列女傳』,中的＜周室三母＞篇, 因을此此書取材自『古列女傳』與『古今列女傳』.

以『內訓』中 ＜楚莊樊姬＞篇爲例, 我們不難看出而其內容是從漢字直接譯成韓字的：

" 樊姬爲楚莊王之夫人也, 莊王卽位時好狩獵 樊姬上諫不可, 乃不可食禽獸之肉也, 莊王則改過, 並勤於政事之 "39)

在來對照列女傳之文章一段：

"樊姬楚莊王之夫人也 莊王卽位 好狩獵 樊姬諫不止 乃不食禽獸之肉 王改過 勤於政事"40)

因此可看出內訓之內容是直接抄之『古列女傳』與『古今列女傳』, 而『古列女傳』中的 ＜周室三母＞, 在『古今列女傳』中分別收錄爲＜太王妃太姜＞, ＜王季妃太任＞, ＜文王妃太姒＞等三篇, 在『內訓』中 則只收錄了＜王季妃太任＞及＜文王妃太姒＞二篇, 從『古列女傳』到 『古今列女傳』, 在從『古今列女傳』到『內訓』其內容讓當時的婦女們受用很多.

(三) 暎嬪李氏的『女範』

此書爲莊憲世子(思悼世子)之母, 英祖之嬪宣禧宮暎嬪李氏爲了教育女性而搜集各方資料抄寫成册的書, 暎嬪親手抄寫的,41) 其內

---

39)『內訓』卷二 夫婦章, 前揭書 p. 55.
40)『古列女傳』(萬曆本) 第二卷 賢明篇 ＜楚莊樊姬＞ 及『古今列女傳』(永樂本) 卷之二 ＜楚莊樊姬＞篇共通的收錄著.
41)『女範』流傳到了日本, 收藏在東京大學圖書館南葵文庫中, 直到1977年韓國大提閣複製寫影印後問名於學界的.

容由中國歷代女性的德行做爲分類, 將123人之傳記分成八篇及 附二篇而構成的, 而就各卷各內容做分析時發現43則是取自『古列女傳』, 45則取自『古今列女傳』, 35則取自『繪圖本列女傳』, 因此此書是由劉向的『古列女傳』, 明朝解縉後新編的 『古今列女傳』及新安汪氏增輯的『繪圖本列女傳』等構成的.

而文章內容中卷之一聖后篇 <聖母太姒>屬於『古列女傳』中卷之一母儀傳 <周室三母>中的一部分, 又與『古今列女傳』中 <文王妃太姒>上同, 都是由中文本直接譯過來的, 韓中文章對比如下: 映嬪李氏的『女範』

" 太姒者武王之母禹後有莘姒氏之女仁而明道文王嘉之 親迎于渭造舟爲梁及入太姒媚思太姜

太任, 旦夕勤勞以進婦道, 太姒號日文母 文王治外文母治內 太姒生十男 ----- "42)

『古今列女傳』

" 太姒者武王之母禹後有莘姒氏之女 仁而明道 文王嘉之 親迎于渭造舟爲梁及入太姒思媚太姜 太任 旦夕勤勞以進婦道 太姒號日文母 文王治外文母治內 太姒生十男 ----- " 43)

由以上兩篇文章中可知『女範』直接取自『古今列女傳』, 而從以分類篇名來看, 『古列女傳』有母儀傳, 賢明傳, 仁智傳等, 『女範』則是聖后篇, 母儀篇, 孝女篇, 辯女篇, 文女篇, 貞女篇及烈女篇等, 因此可分析出『女範』的內容取自『古列女傳』, 『古今列女傳』及『繪圖本列女傳』.

---

42) 暎嬪李氏『女範』卷之一 <聖后篇>, <聖母太姒>, 大提閣 影印本, 1977.
43) 『古今列女傳』(永樂本) 卷之一 周文王之太姒

二. 對小說的影響

(一) 女性列傳之出現

　　＜列傳＞的始祖是中國前漢司馬遷(紀元前 145 - 68年)在『史記』中針對諸多群臣之事蹟以傳記體方式陳述的文章, 是形成古代小說的重要關鍵.[44] 但『史記』＜列傳＞偏重於男性事跡, 而劉向的 『古列女傳』則以女性爲中心, 諸如此類的＜列傳＞對高麗時代的影響很大, 因此將『舊三國史』改編成爲『三國史記』, 其改編過程則依照了『史記』的格式, 縮短了歷史與文學的距離, 並大歷史人物的生平做了一翻細徵的了解, 進了創作出更多的古小說.

　　中國最初女性列傳之首的 『古列女傳』, 在明朝新編爲『古今列女傳』在清朝增輯爲『繪圖本列女傳』, 將女性的事跡收錄在其中, 從一般性質的列女傳, 變相成爲貞節爲首的烈女傳, 因此在後代小說及詞曲中已爲烈女與婦德貞節劃上了等號.

　　列女傳傳到後代其價値都放在女性的貞節上, 成에了女性的善惡判斷的基準, 把每個女性塑造成了烈女, 當時許多女性深受列女傳之影響矜守了貞節, 其事跡一直流傳至今, 如『三國史記』 ＜列傳＞中的 ＜薛氏女＞,『東文選』中的 ＜烈女傳＞及世宗時代編纂的 『三綱行實圖』中的 ＜烈女篇＞ 等.


(二) 西浦小說의 登場

(甲) 西浦在列女傳의 受容

　　朝鮮中期歷經壬·丙兩亂之後, 國難當中忠誠的氣雰高漲, 也帶動了百姓對孝與烈的家庭倫理觀念, 而在文學表現上也偏向於自我醒

---

44) 趙鍾業, '古代小說在形成上的史傳體與變文' 轉移與受容, 東方文學比較研究會編, 學文社, 1986, p. 257.

思, 引起了一陣散文化的現象. 這時禮學大師西浦金萬重掘出, 他結合了文學與禮學, 把文學帶入了新境界.

西浦金萬重(1637 - 1692)爲當代禮學大師光山金氏沙溪金長生的曾孫, 父親金益兼在丙子胡亂時殉身於江華島中時的遺腹子, 他出生時家徒四壁, 但母親尹氏對二子(萬基與萬重)的教育極爲用心,[45] 此種德行只見於朝鮮時代女性身上, 爲徹底實踐著孝與烈思想的代表性人物, 以打點家務而對父母表現了孝誠精神, 在亡夫後不願子女被指點爲寡母扶養的小孩而努力於教育子女, 可以說是對丈夫忠貞的表現, 而金母的一生就是完全符合了所謂貞節的規範.

在克難的環境中依然不失模範女人像, 而全心全意教育了西浦二兄弟的貞敬夫人尹氏, 爲尹家的 獨生女, 出世之後深受祖母貞惠公主的寵愛, 成長科程中受了很多宮中禮節的教育, 而西浦在母親尹氏行狀中也記載著自幼以口傳方式授教小學於貞惠公主, 並在出嫁後爲守婦道曾受過訓戒.[46]

由此可知母親尹氏是名官輩出的海平尹氏之後, 而父親也是禮學大師沙溪金長生之後裔, 因此可尋求出西浦之血源, 母親尹氏是在祖父文穆公(宣祖大王之駙馬)與貞惠公主的薰陶之下學習了宮中禮節, 再由尹氏傳授子西浦, 而這些宮中禮節成爲西浦對禮學的基礎, 當時貞惠翁主在宮中所 授的課業爲昭惠王后的『內訓』等的烈女傳記.[47] 因此西浦的文學養成過程可說是從貞惠翁主到尹氏夫

---

45) 金萬重, 『西浦集』卷十 行狀 < 先妣貞敬夫人行狀 >通文館 影印本, 1971, p. 360.
  "西浦金萬重之母親尹氏獨自扶養著年僅五歲的長兄萬基與萬重寄居在娘家, 金母一方面在幫洪夫人(西浦之外祖母)做家事, 一方面則侍奉著尹參判(西浦之外祖父), 並還要抽空來教育二子"

46) 金萬重, 上揭書, p. 253.
  "參判公無他子女 貞惠翁主無他孫 唯大夫人一人 故主親抱養之 口授小學書 大夫人聰明夙惠一敎輒上口 主常日惜哉 其爲子女也 ------ "

47) 金戊祚, 西浦小說研究, 螢雪出版社, 1981, p. 31.

人, 再從尹氏到西浦.

可由西浦詩文學<班捷妤傳>中得知西浦文學引用了列女傳中的內容.[48] 母親尹氏行狀中或小說『謝氏南征記』也都屬於列女傳記.

(乙)『謝氏南征記』在列女傳之受容

『謝氏南征記』可由兩方面來探討之 : 第一可從著作動機來探討, 第二就內容而言可研究相互影響的關係. 首先在著作動機面, 此書是爲諷刺肅宗無故廢掉仁顯王后之後立張禧嬪爲后而寫的, 目的是在於點醒聖上之愚昧, 希望能 '欲悟聖心' 而作的, 因此此書被稱爲目的小說.

西浦之『九雲夢』은取材於中國<枕中記>及 <南柯太守傳>等, 而做說話的影響,[49] 而『謝氏南征記』則是以肅宗廢閔妃的歷史事件爲素材編寫出來的實事, 因此並未受到太多中國文學的 影響.[50] 身爲禮學大師之後, 又在母親的敎育下成長的西浦思想較爲傳統, 其作品『九雲夢』就是將一夫多妻合理化的作品, 而針對肅宗廢閔妃等之歷史事件, 西浦則引用漢成帝之 班捷妤爲例, 響往著賢淑女人像並歌頌之.[51] 『謝氏南征記』是以張禧嬪禍害事件爲中心並結合了同時期<趙飛燕傳>而編寫的.[52] 列女傳中班捷妤傳,及趙飛燕傳與『謝氏南征記』比較後, 可得之其關係是如何形成的,

第一, 從西浦的生涯與爲人層面可知他的作品偏向女性化, 是因自幼深受母親敎育之故, 列女傳之授受是來自外曾祖母貞惠翁主, 『九雲

---

[48] 金萬重, 西浦集 卷之一 雜詩四首及 卷之二. 賦一首
[49] 丁奎福, '九雲夢의 比較文學的 考察 ' 人文論集, 第16輯, 高麗大學校 文理大, 1971.
[50] 金戊祚, 前揭書, p. 202.
[51] 金萬重, 西浦集, 卷之一 雜詩四首及 卷之二 賦一首
[52] 禹快濟 列女傳의 樣相考察 -『謝氏南征記』在中心 -石軒 丁奎福敎授還曆記念論叢, 1987.

夢』就을是他爲母親而寫的, 還有<母夫人尹氏行狀>及『謝氏南征記』都를是屬於女性化的作品.

　　第二, 他剛直的性格及一貫化的官職生涯使他在黨派分爭受害, 但還是不斷忠諫於聖上, 其作風, 生涯與前漢劉向類似, 應該是深受到了劉向的影響.

　　第三, 透過文學來을啓發了百姓, 他認爲比起歷史事記, 通俗文化較爲讓百姓感動, 因此主張了通俗小說的效用論. 53) 因此他將自己的生涯中所體驗到쒰的歷史事跡編寫成爲小說, 感動了更多的人, 作者透過當時歷史事件來強調夫婦間的倫理爲家庭之基礎, 並警戒女性妻妾間鬪爭會引起　家庭問題, 以爲著寫此書的目的, 而作者除引用了『古列女傳』之內容外, 還引用了序文中的內容.54) 並實踐之.

　　中國劉向在漢成帝時光錄大夫,　親眼目睹了趙飛燕姊妹被孽寵的事件,　爲諷刺此事件而上呈了列女傳, 同樣的作者也爲了諷刺肅宗廢閔妃事件而寫了『謝氏南征記』. 因此本人認爲『謝氏南征記』之寫作動機是來自中國前漢大政治家及文人學家劉向的'女德善惡繫於家國治亂之效者', 身爲肅宗時代的知識分子, 政治家, 西浦認爲婦女的善惡會嚴重影響到國家的安寧. 西浦在『謝氏南征記』裡, 透過虛幻人物　謝氏表現了女性傳記的特性.『謝氏南征記』的內容是以家庭爲中心, 描述妻妾間爲了傳宗接代而明爭暗鬪的作品, 作者以女主角謝氏與喬氏諷刺性比喩成爲閔妃與張禧嬪, 以善惡對比的方

---

53). 金萬重, 前揭書 p. 650.
　　"聽說古話 至說三國事　聞劉玄德敗　嚬蹙有出涕者　聞曹操敗 卽喜唱快　步其羅氏演義之權與乎　今以陳壽史傳　溫　公通鑑 聚衆講說 人未必有出涕者 此通俗小說之所以作也"
54) 王回, 古列女傳, 序（萬曆本）
　　"向爲漢成帝光祿大夫　當趙后姊妹孽寵時　奏此書以諷宮中　其文美刺詩書已來　女德善惡繫於家國治亂之效者"

式呈現出不同的女人像.55)　其構造是由　<班婕妤傳>與<趙飛燕傳>複合而成. 若將女主角謝氏的事跡與喬氏的事跡分開來談時, 也可稱爲『謝氏傳』與『喬女傳』: 而『謝氏傳』與　<班捷妤傳>同類, 『喬女傳』與　<趙飛燕傳>同類, 也可用記載閔妃事跡的<閔妃傳>(有仁顯王后傳)與記載張禧嬪事跡的<張禧嬪傳>(假稱)來做比對, 換言之'班捷妤 - 閔妃 - 謝氏'爲善人之代表, '趙飛燕 - 張禧嬪 - 喬女'則是惡人的代表. 這說明了『謝氏南征記』的善惡對立與『古列女傳』中人物的關聯性.

因此證明了該作品的創作來源爲列女傳中　<班捷妤傳>與　<趙飛燕傳>, 透過歷史人物來描述善惡之對立. 列女傳之　<周室三母>人物中, 像太任或太似般具有婦德的人物爲範例, 進而活用爲挑選媳婦的標準.56)

以太任太似的故事來影射謝氏的德行, 可릏見作著是忻自然的引用了列女傳, 而在　<有虞二妃傳>中, 舜王在南巡歸途中駕崩後, 隨同的二妃娥皇與女英灑著淚水投瀟湘江自盡的故事, 也是引用了列女傳的典故.57)

將列女傳的故事引用於小說中, 並以女人爲主角, 爲家庭小說開啓一遍天地.58)

## 肆. 結 論

在地理環境上相隣的韓中兩國, 無論在歷史上或文化上都相互交流著, 也被此影響著, 其中以儒學爲代表之一, 韓國有'東方禮義

---
55) 禹快濟 '『謝氏南征記』之構造的 特徵 考察' 仁川大 論文集, 第5輯, 1984.
56) 謝氏南征記, 仁川大 民族文化硏究所, 1983. P. 468.
57) 禹快濟 ' 二妃傳說的小說化考察 ' 古小說硏究, 第一輯, 韓國古小說學會, 1995.
58) 禹快濟『韓國家庭小說硏究』高麗大學校 民族文化硏究所. 1998.

之國'之美稱,這表示忠. 孝. 烈等的儒家思想根深抵固的反映在日常生活中,而我們在此依烈思想爲中心來探討儒家思想對韓國文學造成的影響.

韓國文學中的烈女深受中國劉向的『古列女傳』影響,以列女傳之傳入爲中心點來探討其傳入的年代與輸入的種類,並進而探討烈思想是如何在韓國女性的貞節問題題上造成了影響. 分析整理資料如下:

第一, 回顧列女傳的傳入與翻譯過程, 可尋找到朝鮮太祖四年(明永樂二年, 1404年)曾傳入的記錄,但此時傳入的並不是劉向的『古列女傳』,而是明朝解縉之後重新編輯的『古今列女傳』,而此本次不是第一次引進.『古今列女傳』刊刊的時期在明永樂元年(1403年), 因此太宗四年(1404年)的引進應該時第二次(第一次傳入並無記錄可考).

雖然找不到輸入劉向『古列女傳』的記錄, 高麗高宗年間(1241 - 1259年)稗官文學發興起的原因,是受到了列女傳的影響, 並且可推算出高麗中期之前就有嘉祐本(1063年)或嘉定本(1214年)的輸入. 後來刊行的嘉靖本(明宗七年, 1552年), 萬曆本(宣祖39年, 1606年)及道光本(純祖24年, 1824年)與王照圓之『列女傳補注』(壬申本, 1912年), 梁端的『列女傳校注本』(癸巳本, 1833年), 劉開的『廣列女傳校注本』(己未本, 1919年)及『列女傳校讀本』(甲戌本, 1874年), 還有年代作者不詳的 『典故列女傳』等現今尙留存著, 並都可考究出其傳入年代.

訓民正音創製之後, 諸多書籍被翻譯, 中宗38年嘉靖癸卯(1543年)有翻譯列女傳的記錄, 依此資料可尋找到翻譯的年代, 翻譯者, 抄寫者及圖畫者的記錄, 但對列女傳的記載只尋得刊行而沒有推動的資料, 中宗年間刊行的翻譯本也未發現, 現在的翻譯本中, 最古老的是國立中央圖書館本(A)(B)與直譯本系的『續列女傳』, 此外, 時代與譯者雖無從考究的精華版與縮寫版也一直流傳途現今.

第二, 對韓國的影響大約分爲兩大類：一是對敎訓書的影響, 二是對小說的影響.

首先, 在敎訓書的方面, 『三綱行實圖』中 <烈女篇>與昭惠王后(仁粹大妣)韓氏的 『內訓』及暎嬪李氏的『女範』都是深受了其影響. 『三綱行實圖』中 <烈女篇>是朝鮮朝世宗大王爲了推動儒敎文化而編纂的, <孝子篇>則是收錄了中國孝順事跡與高麗 『孝行錄』中的內容, 唯 <忠臣篇>與 <烈女篇>沒有範本, 所以採用了正史或內外諸書中的資料, 而<烈女篇>是直接採用了中國列女傳中的內容.

成宗時代昭惠王后(仁粹大妣)韓氏(1437 - 1504)所撰寫的『內訓』與英祖時代宣禧宮暎嬪李氏所撰寫的 『女範』是取材於劉向 『古列女傳』, 明朝解縉等新編輯的 『古今列女傳』與新安汪氏增輯的 『繪圖本列女傳』中之內容, 做爲當時敎育女性的敎科範本.

另外在小說上 所受的影響中, 可擧西浦的『謝氏南征記』爲例, 在韓國小說文學的發展過程中受中國前漢司馬遷(紀元前 145 - 68年)的『史記』中<列傳>等影響頗深, 列傳拉近了歷史與文學的距離, 籍由人物的敍述給創造小說建立了新的里程碑.

朝鮮中期歷經壬·丙兩亂之後, 國難當中忠誠的氣雰高漲, 也帶動了百姓對孝興烈的家庭倫理理念, 而在文學表現上也偏向的自我醒思, 引起了一陣散文化的現象, 這時禮學大師西浦金萬重掘出, 他結合了文學與禮學, 把文學帶入了新境界.

西浦金萬重(1637 - 1692年)爲當代禮學大師光山金氏沙溪金長生的曾孫, 父親金益兼在丙子胡亂時殉身於江華島中時的遺腹子, 自幼在母親的敎誨下長大, 母親尹由從貞惠公主(外曾祖母)敎導而學習了宮中禮節, 再由尹氏傳授予西浦, 因此西浦的文學養成及對列女傳的吸引過程可說是從貞惠公主到尹氏夫人, 再從尹氏到西浦, 他著有<母親尹氏的行狀>與『謝氏南征記』等女性列傳類作品.

　『謝氏南征記』的內容是以家庭爲中心, 描述妻妾間爲了傳宗接代而明爭暗鬪的作品, 此書取材自 <班婕妤傳>與 <趙飛燕傳>的內容, 作著以女主角謝氏與喬氏諷刺性比喻成爲閔妃與張禧嬪, 以善惡對立的方式呈現出不同的女人像, 換言之' 班婕妤 - 閔妃 - 謝氏 '爲善人之代表, ' 趙飛燕 - 張禧嬪 - 喬女 ' 則是惡人的代表. 這說明了『謝氏南征記』的善惡對立與『古列女傳』中人物的關聯性.

　列女傳 <周室三母>人物中, 像太任或太似般具有婦德的人物爲範例, 進而活用於日常生活中, 西浦的小說大部分是取自於中國列女傳的貞節女人像中, 進而可總結出儒學思想對韓國的影響.

## 3. 傳統文化の 理解と 韓·日 兩國關係* - 朝鮮研究會の 古書珍書 刊行を 中心に -

* 朝鮮研究會の 組織, 役割. 古書珍書 刊行の 意義, 現況, 傳統 文化の 理解と 國際 關係

### 一. 序 言

　新千年紀が始まる、新時代を迎え世界文化の流れは著しい変化を遂げつつある。その一つが、デジタル時代の到来によりインターネットを媒介とする超高速化した通信文化時代の幕開けであり、もう一方では交通の発達に伴ない地域間の格差は解消され同一文化圏の形成をもたらすこととなった。

　新時代を迎え、新たに展開する韓日関係にあってもっとも大切なことは、その間の不幸な過去の残影から抜け出すことであり急務とも言える第一に、禁止されている両国の文化交流を促進することである。反共反日を主張していた過去とは異なり、南北の和解協力の道が開かれ、一段階高い次元で韓日関係の改善を目指すようになったことは、両国文化の活発な交流を通して、新たな世紀を切り開こうという意図によるものであろう。

　第二に、二〇〇二年に開催されるワールドカップ (FIFA) の共同開催が挙げられる。このことは、両国の文化を中心に世界的文化の創出ともいうべき歴史的な使命を賦与されたという点からも、大きな意味を持つといえる。

　本稿では、朝鮮研究会の古書珍書の刊行[59]を中心に、伝統文

---

\* 朝鮮學會 第51周年 記念學術大會(日本 天理大學, 2000. 10. 8.) 特別 招請 發表 論文. 『朝鮮學報』第178輯에 收錄 (2001)

化の理解がもたらす韓日関係の重要性について考察してみる。

　これは、不適切であった過去三六年間における、歴史、社会、文化面における諸問題からすれば、かなり小さな文学的解折の一面からみた問題提起といえるかもしれない。しかしこれには、過去に韓国文化を理解する過程で生じた誤解を見つけ出し、それを解消する方法を模索しつつ新しい未来志向的な新文化創造の礎を築くという意味が込められているのである。

## 二. 朝鮮研究会の組織と役割

　朝鮮研究会の組織と役割についてはその実態を把握する資料がない。唯一、全集第一輯の後にある広告と並んでこの会に参与した人物等を紹介している。これによって研究会の性格を知ることができるし、これを端緒として本全集を刊行した朝鮮研究会の組織の実体と役割を推察することができる。

　まず、組織をみると、朝鮮研究会の主幹は青柳南冥で、評議員と一般会員から構成されており、事務所がソウル（京城永楽町三丁目五九番）に置かれていたことがわかる。

　本全集の刊行を主導したのは評議員と考えられる。朝鮮研究会の評議員の身分や立場から、当時としては普通の一般人でないことが容易に判断できる。当時、社会的に大きな影響力を持つ人々が、本全集の刊行に積極的にその役割を担ったものと思われる。評議員会は総勢二十名で構成されており、次のような顔ぶれであった。

---

59) 禹決濟『朝鮮研究会の 古書珍書 刊行意図　考察』『民族文化論叢』第4輯（仁川大學校 民族文化研究所、一九九九、一二）

東京の井上雅二をはじめとして、帝国大学の文科教授文学博士・萩野由之、琴花の大村友之丞、京城日報社長・吉野太左衛門、早稲田大学講師文学博士・吉田東伍、漢城高等師範学校学監文学士・高橋享、潤上貞助、朝鮮総督府参事官法学博士・秋山雅之介、東洋協会専門学校京城分校講師、鮎貝房之進、帝京大学文科教授文学博士・三上参次、朝鮮総督府事務官文学士・小田省吾、朝鮮新聞社長・萩谷籌夫、東洋協会専門学校京城分校幹事文学士・河合弘民、安東新聞社長・南部重遠、著述家・山路愛山、朝鮮総督府通訳官・福田幹次郎、著述家・福本日南、大邱民団長・菊地謙譲、漢城高等普通学校教諭学務編輯官・上田駿一郎、広島高等師範学校長文学博士・弊原担の人士で構成されている[60]。

これを再度分析してみると、文学博士が四名で、帝京大学文科教授の萩野由之、三上参次をはじめ、早稲田大学講師の吉田東伍、広島高等師範学校長の弊原担、法学博士には朝鮮総督府参事官の秋山雅之介、言論人には京城日報社長の吉野太左衛門と朝鮮新聞社長の萩谷籌夫、安東新聞社長の南部重遠、教育界の人士として漢城高等師範学校学監の高橋享、東洋協会専門学校京城分校講師文学士の鮎貝房之進、河合弘民、漢城高等普通学校教諭学務編輯官の上田駿一郎、総督府の官吏からは事務官・小田省吾、通訳官・福田幹次郎、また大邱民団長の菊地謙譲、著述家の山路愛山と福本日南、そして東京の井上雅二等々である。

このような人士によって構成された朝鮮研究会の役割とはいったい何であったのか、ということが問題の焦点となる。

---

[60] 『原文和訳対照謝氏南征記九雲夢全』、朝鮮研究会古書珍書刊行、第一輯 一九一四.

著名人士で構成された評議員たちの顔ぶれだけを眺めても、当時の日本や韓国社会に及ぼした影響は大変なものであったであろう。彼らが意図した韓国文化研究とは、結局韓国人のためというよりは、朝鮮に植民地を建設しようとする日本国の理論的根拠を拵えるためであったことが充分に窺い知ることができる。それゆえ彼らの理論的根拠は、後日、韓国文化の暗い面だけを浮き彫りにして、韓国文化を日本的植民地文化に転落させる上で主導的役割を果したと言わざるをえない。彼らによる韓国文化研究は、結論的に植民史的文化論の記述であって、このような当時の矛盾した論理的根拠を、韓国文学論から探し出して拡大再生産する役割を忠実に履行したものと思わざるをえない。

本稿で論議する両国文化の矛盾した論理的展開の根拠を明白にするために、当時の叢書の刊行状況とその意図を次の章であきらかにしたい。

### 三. 古書珍書刊行の意義と現況
#### （一）叢書刊行の意義

朝鮮研究会は日本人青柳南冥が中心となって韓国の古書を整理刊行する集まりである。彼らが最初に刊行した本は、大正三年（一九一四年）三月一三日に出版された『原文和訳　対照　謝氏南征記・九雲夢　全[61]』で、朝鮮研究会古書珍書刊行の第一輯となった。

この本の後面に、大正三年二月朝鮮研究会主幹青柳南冥の名で載せられた朝鮮研究会第二期会員募集広告には、

---

61) 前掲書　朝鮮研究会 古書珍書 刊行、第一輯　一九一四

『朝鮮の人文を研究し風俗、制度、旧習、典礼を調査し以て啓発の資に供するは方今時代の要求なり、吾人は此要求に向て貢献せんが為め朝鮮 の古書を刊行或は著述に従ひ既に三年の星霜を経たり、今や大正三年二月を期して更に第二期刊行を継続し以て本会の目的を達するに努力せんとす、冀くは大方の識者及同士の十奮て入会翼賛せられんことを希ふ62)。』

と記されており、朝鮮の人文を研究し、風俗や制度、習慣、典礼等を調査して啓発する資料として提供するためにこの事業を始め、朝鮮の古書を刊行し、これに関連することを著述して三年余の歳月を送った。再び、第二期会員を募集して継続したく思うゆえ全国の識者並びに同士たちの積極的参与を望むというものであった。

会員募集の結果は、今現在では窺い知ることもできず残念であるが、相当な反響があったものと思われる。特に、この時刊行された本はすべて漢文和訳対照となっている。韓国語に精通していない日本人たちにとって、必要な資料となりえたことは間違いない事実である。韓国にたいする好奇心と関心が高かった多くの日本人にとって、五千年の歴史を有する韓国の文化を理解するための必読書となったことは、明らかな事実である。すなわち韓国に関心のある日本人たちにとって、韓国を理解する上での初歩的な道しるべとしての役割を果たし、貴重な資料となったに違いないといえる。

印刷事情が困難であった当時の状況から考えると、韓国の古書珍書を一度に一五巻も翻訳出版したことは、かなりの収穫であった。そのような事業が短期間で成り遂げられたとい

---

62) 前掲書　朝鮮研究会　第二期　会員募集広告から

うことは、大変な労力であったにちがいない。また、資料や翻訳の次元においても相当な成果をもたらしたことも事実である。

現在に伝わる資料的価値は、高く評価すべきであり、韓日両国の関係において、日本人の韓国文化理解に、この上ない良い資料となったことも事実として認めなければならないであろう。この点がまさしく古書珍書刊行の意図に一致した肯定的解釈といえる。しかも問題となる部分は、以下に指摘するとおり誤謬と誤解の素地が大きかった。このような否定的側面、また無視できない点について論及せざるをえない。

古書珍書刊行の最初の事業として出版した第一輯は『原文和訳　対照　謝氏南征記・九雲夢　全』である。そしてこの本の冒頭に〃『謝氏南征記』叙〃として、青柳南冥が記した文書が四頁にわたって収録されている。その次に目次がきて、〃李朝之臣　金春澤　原著〃とした漢文本『謝氏南征記』の本文、日本語訳文と続いている。

もともと『謝氏南征記』は西浦金万重（一六三七～一六九二）が書いた小説で、『九雲夢』とともに、わが国の小説史における重要な位置を占める作品[63]として、韓国最初の国文学史である安自山の『朝鮮文学史』によって論議され始めたのである。金台俊の『朝鮮小説史』では作品の梗概を紹介するとともに、この小説が粛宗の閔妃排斥を諷刺しようとした性格の目的小説であると規定している[64]。

その後、多くの研究者は『謝氏南征記』を目的小説として規定し、粛宗の閔妃排斥事件との関連を中心にした著作動機に重点

---

63) 禹浹濟『謝氏南南征記의 総合的考察』仁川大学校　論文集、第一九輯、一九九四、二頁.

64) 金台俊『朝鮮小説史』学生社　一九三九，一二三頁

を置いて作品を解釈したもの(65)が大部分であった。一時、この作品の目的性をめぐり、論文(66)による学問的論争(67)が展開されて注目を集めた。

かつて筆者もこの問題について作品を分析した結果、作者の生涯と作品との関連を中心にした体験と想像の関係によって著作されたものである、という見解を示した。そして、この作品は、諷刺性を帯びた目的小説というよりは、作者の潜在意識の中にある世界の発露によって完成された、純粋な文学作品として解釈する方が妥当であると、主張したことがある(68)。

その後も、この作品にたいする新たな評価が引き続きなされており、歴史的事件としての意識にとどまらず、西浦の創意的慧眼が、縦横に織り込まれた作品(69)であるとしながら、西浦の創意的性格について強く主張したものもある。また、『謝氏南征記』を独立した一つの芸術作品としてみるのではなく、文学

---

65) 周王山『朝鮮古代小説史』一九五〇、一五七~一七六頁
　　金起東『韓国古代小説概論』一九五六、二九二~二九四頁
　　──『李朝時代小説論』一九五九、三〇三~三〇七頁、四九六頁
　　朴晟義『古代小説史』一九五八、二九二~二九三頁
　　──『九雲夢・謝氏南征記』一九六四、二六七~二六八頁
　　申基亨『韓国小説発達史』一九六〇、一九四~一九五頁
　　丁奎福『南征記論考』『国語国文学』第二六輯　一九六三、二九一~三〇七頁
　　──『南征記の著作動機について』『成大大学』第一五・一六合輯　成均館大学校
　　一九六〇、一~五頁
66) 金鉉龍『南征記南征記研究 ─目的性小説いう見解について─』『文湖』第五輯
　　建国大学校　一九六九、一三六~一四六頁
67) 丁奎福『南征記の著作動機について ─ 金鉉龍の南征記南征記研究を読んで』『成大文学』第一五・一六合輯　成均館大学校　一九七〇、一~五頁
68) 禹決濟『謝氏南征記研究』『崇田語文学』創刊号　崇田大学校 国語国文学科　一九七二、四九~六八頁
69) 蘇在英『古小説通論』二友出版者　一九八三、一七八頁

外的な目的のための手段とみなすために、それが原因となって『謝氏南征記』に関する研究が行き詰まっているという見解もある。すなわち、真の文学的な意味を把握するためには、文学外的な要因である目的性いかんにかかわらず、作品自体の緻密な分析に基づく研究を深化すべきだとい主張70)である。

中国では、『謝氏南征記』を中国小説と誤認71)するケースも起こった。それほど、中国的要素が多く含まれていることもこの作品の一つの特徴といえよう。西浦の中国にたいする認識もこの作品を通して窺うことができるのである72)。

ところで、『謝氏南征記』を論議する上で、重要な比重を占めている目的性の問題と関連して、朝鮮研究会の古書珍書刊行第一輯『原文和訳　対照　謝氏南征記・九雲夢　全』の叙で、新たな事実を提供している。このことが、『謝氏南征記』の目的小説論にたいする新しい接近を試みる過程において、伝統文化の誤った理解によって生じた国際的問題を発見することとなった。

すなわち、不適切な関係にあった過去三六年間の韓日関係において、誤って理解されていた文化的関係を発見することができてたのである。これを是正して、韓日両国の正常な関係を形成する必要性があると考えられる。正しい伝統文化の理解があって初めて、両国間の文化的再創造への道が切り開かれるで

---

70) 李元洙『謝氏南征記의 反省的考察』『文学과 言語』第三輯 一九八二、一三五～一五八

71) 朱眉叔『南行記的 発現與評価』『明清小説論叢』第三輯 中国青風文芸出版者 一九八五

72) 禹決濟『西浦小説의 中国認識 考察』『省谷論叢』第二八輯 省谷学術文化財団 一九九七

あろうし、その意味からもこの発表の重要性を強調したい。

(二) 叢書刊行 現況

本会で刊行された書籍の総量については、調査ができずはっきりとないが、刊行会則によると、第一期に一五卷を刊行してから第二期会員を募集し、事務を継続して進めていたことが分かる。まず、第二期会員を募集する一方、刊行会則で次の様に明示している。

> ○本会の刊行事業は第二期大正三年二月より毎日菊版総クロース第四百頁内外の朝鮮古書珍書一部宛を刊行して会員に頒つものとす。
> ○本会の刊行事業は二期二ヶとす期間中一年以下は退会を謝絶す。
> ○本会の刊行書籍は原文と和訳を対照す。
> ○会員は古書珍書の蒐集、翻訳、編纂、配本基他の費用として毎年配本の都度会費金弐圓を負担せらるべし、但し都合に依り数月分を滞納せらるも差支なし。
> ○京龍以外の会員には小包を以て郵送す、此場合送本料を負担せらるべし。
> ○本会は定期刊行書以外随時著書編纂物を発行して希望会員に頒布すべし[73]。

としながら、第二期会員を募集してからは毎月四頁程の朝鮮古書珍書を発刊して、会員たちに頒布するとなっている。そして刊行書籍は、漢文と和訳を対照して刊行することを原則とし、定期刊行書以外は随時著書と編纂物を発行するとなっている[74]。

---

73) 前掲書, 後面 朝鮮研究会 第二期 会員募集広告から
74) 朝鮮研究会で発行した相対的な刊行物についての研究は今後の課題とし、本稿では第一次発行の内容の中から第一輯に収録されている謝氏南征記と九雲夢について

この時刊行された書籍は全部で一五種類、二七冊である。その内、第一輯として出されたのが、『原文和訳　対照　謝氏南征記・九雲夢　全』で、第二輯は『漢文和訳　対照　三国史記』上下二冊であった。その後継続して、漢文和訳対照として、『漢唐遺事』上下二冊、『海遊録』全一冊、『東国通鑑』六冊、『農圃集　奮忠舒難録』上下二冊、『小華外史』上下二冊、『広漢楼記（一名　春香伝）』一冊、『熱河日記』上下二冊、『鄭勘祿』一冊、『慕夏堂文集(付祿慕夏堂述懐談)』全一冊、『老論少論血戦録』全一冊、『泗冥集』全一冊、『大典会通』上下二冊、『金石録』上下二冊を刊行している。

以上の刊行物を分析してみると、すべて漢文本を台本としているのが特徴といえる。一五種類の内、第一輯で刊行された『謝氏南征記』と『九雲夢』はハングル本が多数存在している。一名『春香伝』といわれる『広漢楼記（一名　春香伝）』のような本格的な小説作品、『熱河日記』、『海遊録』のような見聞録、『慕夏堂文集』のような文集類がある。そして史書に属するものとして、『三国史記』、『東国通鑑』、『小華外史』、それ以外『農圃集』、『鄭勘録』、『老論少論血戦録』、『泗冥集』、『大典会通』、『金石文』等の本があって異彩である。

この中で注目すべきことは、韓国の歴史で問題となっている『老論少論血戦録』が刊行されていることである。この本の説明を見ると、

　　　『李朝の興りしは朋党也、李朝の衰へしも朋党也、老論少論に李朝五百年朋党の一代結晶にして面して一大血戦也、本書は我我録　随感録より出つ[75]』

---

ての誤った見解のみを中心にした。

となっていて、朝鮮時代に起きた朋党問題を一大血戦と表現し、このことを紹介するために古書珍書として刊行したという点である。韓国を理解する上で、朋党問題を深く取り上げたこと自体はそれなりの意味があるといえよう。しかし、このことが韓国民族の民族性に対する誤解をもたらし、それが現代の政党政治の発展に大きな誤謬を犯していると考えられる。東洋的ソンビ（学者）精神による範義的な雰囲気を見つけることができなかったのであろうか。もう一度見直すべき問題だと思う。

この種の問題は、やはり第一輯『原文和訳　対照　謝氏南征記・九雲夢全』の中で、顕著に現れている。その案内文を見ると、

『粛宗王貴人張氏を愛し張氏の寵後宮を傾くて諫臣直言して禍を受くるに至る、文臣金春澤大に之を憂し小説に託して之を諷す、宛然一編の国家騒動記也[76]』

と記されており、粛宗と後宮張氏との関係を金春澤が諷刺して著したものとして断定しているだけでなく、この本の序文で歴史的な事件とともに作品を紹介して、その本質的な問題に過ちを犯させている[77]。

このことからも朝鮮研究会で刊行された一五種類にわたる古書珍書は、一様に韓国の肯定的な面よりは否定的な面ばかりを浮き彫りにしていることがはっきりと窺える。これは、間違っ

---

75) 前掲書　後面　朝鮮研究会　第二期　会員募集　広告から
76) 前掲書　後面　朝鮮研究会　第二期　会員募集　広告から
77) 作品の目的性を強調するために、歴史的事件を詳述しているこの本の主幹であった青柳南冥加の意図の分析については、次の章で詳しく述べる。

た伝統文化の認識であり、韓国文化関係の改善のためにも再整理が必要と思われる箇所である。

　四、伝統文学の理解と国際関係
　（一）『謝氏南征記』敍に現れる青柳南冥の意図
　朝鮮研究会の古書珍書刊行第一輯の『原文和訳　対照　謝氏南征記・九雲夢　全』には、この会の主幹である青柳南冥が著した『謝氏南征記』敍が一番前に記されている。この本は表題を『原文和訳　対照　謝氏南征記・九雲夢　全』としており、朝鮮研究会古書珍書刊行第一輯となっている。奥付は大正三年三月一三日印刷、大正三年三月一七日発行としている。そして、編輯兼發行人は青柳網太郎、印刷者は京城琵琶町一五番戸・森田万吉、印刷所は大和商会となっており、発行所を京城永楽町三丁目朝鮮研究会としている。
　そしてこの本の冒頭に"『謝氏南征記』敍"として青柳南冥が記した文章が四頁にわたって長々と収録され、その次に目次ができ、"李朝之臣　金春澤　原著"とした漢文本『謝氏南征記』の本文、その後に日本語で翻訳文が載せられている。『謝氏南征記』の次に『九雲夢』が出てくるが、『九雲夢』については解説のようなものは無く、作品の内容のみが一頁にも満たないで簡単に書かれていて、著者も明らかさないまま名卷別に目次を載せ、漢文の原文、日本語の翻訳文が載せてある。
　青柳南冥が韓国の古書珍書として最初に選んだ作品がまさしく『謝氏南征記』であったという点に注目せざるをえない。一,三〇〇余りもの韓国の古代小説の中[78]で、この作品がもっとも

---

78) 禹決濟『古小説総量의 総計的 考察』『古小説의 著作과 傳播』亞細亞文化史、一九九五

優秀であるという意味に解釈できうるものかどうかということである。この疑問を解くには、『原文和訳　対照　謝氏南征記・九雲夢　全』の"『謝氏南征記』敍"を考察する必要がる。この敍の中で刊行者は、作品に対する文学的価値や文学性を明らかにすることには全く無関心で、ひたすら歴史的問題に立脚した政治的、社会的問題のみを取り上げて作品を紹介している。

> 『李朝一九代肅宗王御歳三十にして未た儲嗣無く庶民張氏容れて後宮に置けり、張氏を絶世の美人也功言令色能く王の意を迎ふ、王は張氏の容色に溺れて寵愛度なく遂に張氏を封して淑媛と為し漸く王妃を疎んするに至れり、流言涵久しからすして当に廢位の事あるべしと、是に於て諫官韓聖佑と云へる人宋の仁宗皇帝流涕して王徳用進むる所の女み放逐するの故事を引きて王を諫めけれとも徳佑は却て罪を得て其職み転せられけり[79]。』

朝鮮第一九代肅宗王は三〇歳になっても後継ぎが無く、庶民である張氏を後宮に添えたのであるが、張氏は絶世の美人でかつ功言令色に長じており、王様の寵愛を受け淑媛として迎られる。王は次第に王妃と疎遠になるや廃位するという事件が起こる。この時、諫官である韓聖佑が宋の仁宗皇帝の事故を引用しながら涙を流して諫めたが、王はこれを聞き入れず、韓聖佑に罪をきせてその職位から退けた、という当時の宮中秘史を記している。そして、引き続き朝鮮時代肅宗代に起こった歴史的事件である閔妃排斥事件と張氏の王子誕生に関する内容については次のような事柄が述べられている。

東平君杭(先代孝宗王の弟の息子で肅宗の叔父にあたる)が

---

79) 漢文和訳　対照『謝氏南征記・九雲夢』全、朝鮮研究会　古書珍書刊行　第一輯、一九一四、一頁

王の寵愛を受けて出入りしたことや、吏判朴世采が文書でもって進言したこと、領相南九万が王の怒りを買って流罪に処されたことや張氏が妊娠して息子（後の景宗）を産むまでの出来事。また、張氏が分娩する時に、一介の賤人である実母が籠に乗って出入りするのを咎めた持平李益寿を殺害したことや宮中の秘史を赤裸々に記録しているばかりでなく、領議政の金寿恒と吏曹判書の南龍翼を呼んで王子の名と号を決めさせたことも記してある。また、張氏を後宮に迎えると儒臣である宋時列が上疏して反対したところ、濟州道に島流しにあったことや、南人と西人に朋党が分かれて、領議政の金寿恒は罷免となって自決したこと。南人の天下となる正室である閔妃を庶人として安国洞の私邸に帰し、張氏を王姫に冊立したことや、その父親、張炯には玉山府院君、母に坡山府夫人の位を授け、翌年には長男を王世子に册立したこと。また、この小説は、朱權した西人派の金春澤が、ずる賢い輩を追い払うために肅宗を諷刺して著した写実小説であること。金春澤が韓重爀と共謀して閔妃の復権を企て、南人派の巨頭、右相閔黯を殺害して政権を根底から揺るがし、西人派の南九万を領相に立てて西人内閣を組織したこと。閔氏を復位させて張氏を姫嬪としたことや、閔氏が自決したこと。張氏に通じていた東平君も自決し、雪香と巫女たちも首を切られたこと。そして、地名と人名を明の国からとったのは筆禍を免れるためのものである等々、詳細に記述されている。最後に編者は、肅宗の実質的な歴史を縮小したようなこの本の巻頭に、この事柄を載せたのは読者に便宜を図るためであると述べている[80]。

以上、『謝氏南征記』の解説から、作品の内的な問題というよりは非常に外的な枝葉的問題を取り上げながら、歴史的な党派争いによる宮中内の悲劇的事件等を詳細に明らかにしていることが分かる。

 ところが、これは反対に文学的評価が高いとされる『九雲夢』については全く異なる態度をとっている。『九雲夢』に関する紋文などはなく、ただ『九雲夢』と記してあるだけである。

> 『或高僧の弟子誡を破て八仙女と戯れ罪を得て俗界に下れり、仙女も亦同じく人間界に落ちて、僧は　貴公子と生まれ代はり仙女は或は良家の令嬢に或は芸妓に生まれ代はり皆人間界に邂逅を壇まにし再ひ　欲心して天上界に終る一種の心理小説にして原本は六巻三冊刊本也[81]』

 ある高僧の弟子が戒律を破って八仙女と戯弄した罪により、俗世間に下りてきた。仙女もまた一緒に人間界に降りてきた。僧は貴公子として生まれ変わり、仙女は良家の令嬢あるいは芸伎に生まれ変わって人間界で巡り合うこととなるが、再び天上界に戻るという一種の心理小説であり、原本は六巻三冊の刊本である、と記述しているだけである。

 この本の刊行が意味するものは何かということを中心に、問題点をいくつか挙げて当時の状況とその影響を分析してみることにする。

 第一に、本全集の刊行意図に注目する必要がある。本全集は古書の整理を通して韓国の人文を研究するためのものと言われるが、韓国人のどのような点を研究したのか疑問を提起せ

---

80) 前掲書　朝鮮研究会　古書珍書 刊行　第一輯　一九一四、一～四頁
81) 前掲書『九雲夢』一頁

ざるをえない。

　この本の終わりに付してある第二期会員募集の広告には、韓国の古書整理事業の方向と経過が提示されている。この時代に要求されていることは、朝鮮の人文を研究して風俗、制度、旧習、典礼を調査し、資料として提供することであり、この要求に応えるため、朝鮮の古書を刊行、著述する作業に従事して既に三年の歳月が経過したと記してある。82)

　韓国の風俗、制度、旧習、典礼を調査するための最も適した資料として、本全集の第一巻に、韓国文学の代表的作品として『謝氏南征記』が選ばれたことは、容易に納得しがたい反面、彼らの意図を充分に知る上での証拠ともなりえる。即ち、多くの韓国文学作品の中で、彼らの思惑に最も一致したものが『謝氏南征記』であるという点である。もちろんこの作品が韓国文学の代表的作品になりえないという訳ではない。しかしながら、この作品が韓国文学の代表的作品であると自信をもって断言できないところに、当時や現在における問題があるのである。さらに、『九雲夢』も掲載しながら、『謝氏南征記』が韓国文学の代表的作品であるかのように収録されているが、そこには何らかの意図が隠されているものと思われる。

　二番目に、『九雲夢』作者や著作動機等については何ら降れておらず、作品の簡単な梗概だけで解説も記されていない。『九雲夢』の作者や著作動機、また作品に関する解説及び文学的価値

---

82) 前掲書　奥付　後面　広告欄
　『朝鮮人の人文を研究し風俗、制度、旧習、典例を調査に以て啓発の資に共するは方今時代の要求なり、吾人は此要求に向て貢献せんか為め朝鮮の古書を刊行し或は著述に従ひ既三年の星霜を経たり』

等について著述する価値が本当に無かったのであろうか。こ
の点を問題として指摘する必要がある。果して『九雲夢』が『
謝氏南征記』に比べて文学的価値が劣るとして評価されたのか、
或は彼らが追求する韓国の人文研究の一助となりえなかったの
かどうか、というところに問題があるように思われる。

　三番目として、本全集を刊行とた朝鮮研究会の実体に関する
問題である。本全集を刊行した朝鮮研究会は青柳南冥が主幹を
しており、事務所をソウルに置き日本人によって構成されて
いるという点で、その実体についてのおよその見当はつく。
さすれば彼らが追い求めたもの、そして目的が何であったか
を容易に理解できるであろう。

　すなわち、以上の点から鑑みて、『謝氏南征記』を『九雲夢』
よりも優位に位置付けすることによって、黨爭を前面に打ち
出した歴史的事件を浮き彫りにし、それを歴史主義的文学解析
によって強調しようとしたことが推察される。

### (二) 『謝氏南征記』著作動機説の新たな視覚

　『謝氏南征記』の著作動機について、その目的性を最初に問題
として提起したのは、朝鮮後期の実学者であった五洲、 李圭
景[83]の『五洲衍文長箋散稿』である。金台俊の『朝鮮小説史』で
は、その目的性について『五洲衍文長箋散稿』の文章を引用し
ながら、肅宗の閔妃排斥事件を諷諫したものであると述べて
いる。また彼は"南征記小考"の中で『南征記』の梗概を簡單に紹

---

83) 李圭景(一七八八~?) 朝鮮憲宗代の學者，字は伯揆、号は五洲又は嘯雲、李德懋(一
　七四一~一七九三) の孫、著書には60卷の膨大な『五洲衍文長箋散稿』等があり、
　写本として伝えられている。(韓國史大事典,教育出版公社,一九八〇)

介しつつ、閔氏を復位させることによって、妃の位を奪った張氏を再び放逐したとしながら、このような目的小説が少なくないことも指摘している。84)

ところで、金台俊の『朝鮮小説史』が刊行される当時の参考となった資料、そして影響を受けたものとして、どんなものがあっただろうか。このことも、非常に大切な問題といえよう。

金台俊の『朝鮮小説史』の初版刊行が一九三三年だとすると、それより約二〇年前の一九一四年に既に日本人たちによって朝鮮の古典作品が刊行されている。朝鮮研究会の古書珍書刊行第一輯の『原文和訳　對照　謝氏南征記・九雲夢　全』がこの時発行され、『謝氏南征記』の敍文で肅宗が閔妃を排斥し張氏を王妃として迎えた韓国の歴史的事件を詳細に記録している点に注目する必要がある。

『謝氏南征記』の製作動機に関する目的説を主張したのは五洲李圭景が最初であり、これに、青柳南冥の"『謝氏南征記』敍"、金台俊の『朝鮮小説史』が続く。その後、多くの学者が何ら批判も無く追従しており、次のような事柄が問題点として挙げられている。

申基亨は、『謝氏南征記』が家庭内におけるシアッサウム（本妻と妾のけんか）を描寫した最初の家庭小説で、中国を舞臺にした中國小説を翻案或いは翻訳したような感じを与えているが、事実は宮廷悲劇を側面から攻撃した諷刺小説であると指摘している。85)　又、金起東は『朝鮮古代小説概論』の中で、『肅宗が、ある日宮女に小説を読んでくれるよう言ったので、

---

84) 金台俊 前揭書 一二二～一二三頁
85) 周王山『朝鮮古代小説史』一九五〇, 一七五頁

この作品を読んで聞かせたところ、劉翰林のことを〝天下のならず者〟と言った』[86]という話を載せている。その後に出た彼の著書である『李朝時代小說論』[87]や『古典小說論』[88]においても同様に、目的小説論であることに変りないことが分かる。

また、朴晟義は著書『古代小說史』の中で[89]、同じように肅宗の劉翰林に関する話とともに、この小説は目的小説であり宮中悲劇を側面から攻撃した諷刺小説であると記述している。その後に出された『九雲夢・謝氏南征記』註釋本[90]や『韓國古代小說論과 史』においても同じ見解と論旨が述べられている。

その後『謝氏南征記』に関しては、韓國の封建家族制度において必然的に起こるシアッサウムの悲劇を素材とした家庭小説であるとともに、肅宗の時局處理を嚴しく弄した諷刺小説惑いは目的小説[91]という見解が支配的であった。金鉉龍は背景に重點をおいて製作動機説について、肅宗を改心させるための目的小説であり諷刺小説でもあると規定している從來の説には問題があるとして、目的小説論に新たな見解[92]を示している。

彼はこの論文の中で、製作動機説にたいする根拠として、先學たちが提示してきた主張を批判し、作品内容を考察しながら歷史的事實との關係を明らかにしようとした。同時に『九雲夢』との關係も明かしながら、『謝氏南征記』が目的小説であ

---

[86] 金起東『朝鮮古代小說概論』一九五六、二九二頁
[87] 金起東『李朝時代小說論』精研社 一九五九
[88] 金起東『古典小說論』敎學社 一九八三
[89] 朴晟義『古代小說史』一九五八、二九二頁
[90] 朴晟義『九雲夢・謝氏南征記』註釋本 一九六四
[91] 丁奎福『南征記論考』『國語國文學』第二六輯 一九六三 二九一頁
[92] 金鉉龍『謝氏南征記 研究 ─ 目的性小說이라는 見解에 대하여 ─』『文湖』第五輯 建国大学校 一九六九、二九一頁

り諷刺小説であるという從來の立場を否定する結論を[93)]下ろした。卽ちこの小説の製作動機が、仁顯王后を退けた肅宗の心を改めさせることよって、閔妃の復位を企てた目的小説であり諷刺小説であるという見解は是正しなければならないとして、新たに問題を提起している。

これに對して、丁奎福は論文"南征記의著作動機에 대하여 - 金鉉龍의『謝氏南征記硏究』를 읽고[94)]-"の中で、現在まで出版された韓國小説史等で論議されている學說を中心に『謝氏南征記』について述べているが、この本は西浦金万重が肅宗の無辜の閔妃、仁顯王后を排斥して、奸妖な長禧嬪を王后に迎えたことを悔悟させるために諷刺した目的小説であると主張しながら金鉉龍に對して反論している。そして西浦宗家に傳わる家伝說話[95)]を紹介しながれ、この說話は事實として受け入れ難

---

93) 前揭論文 一四五~一四六頁
   本小説を肅宗の閔妃排斥事件に結びつけて諷刺小説とみる見解は、『五洲衍文』『北軒雜說』の記錄を基にしたものであるが、これは前述したように『五洲衍文』の記錄についてのみ言及したもので、『北軒』を『西浦』に置き換えて、みる立場である。『北軒雜說』と比較した場合、記錄そのものをみれば、西浦の作品を北軒がある目的をもって利用したか、後世の人間がそのように考えたとみるほうが妥當であり、…本小説の製作動機に、肅宗を改心させるための目的意識が無かったことが、偶然の一致である可能性が大きいと思われる。なぜなら、小説の中心思想が、このような目的意識とはかけ離れており、當時の作者の狀況と社會的條件が、本小説の內容をこのように考えさせうると、思われるからである。小説の中で、妾によって正妻が追い出され、また元夫人を迎えるといった筋書きが、仁顯王后が排斥された後に再びい復位するという点に似てるところからきたもので、結果だけを取り上げて製作動機に結びいつけるという過誤を犯しているのである。

94) 丁奎福『南征記의 著作動機에 대하여 -金鉉龍의『謝氏南征記硏究』를 읽고-』『成大文学』第一五・一六合輯 成均館大學校 一九七〇、一~五頁

95) 前揭論文 二頁 (西浦先生 第一〇代孫 金大中-大田居住-談)
   西浦는、肅宗이 閔妃를 排斥하고 張禧嬪을 王后에 맞이한 것에 대하여、諷刺 或은 悔悟시키기 위하여 南征記를 國文으로 쓰고、그의 從孫인 北軒、金春澤을 遣하여

いが、否定する根據もなく、散在している文獻の記録を裏付ける資料でもあり、作者及び著作動機が推察できるとしている。また、金鉉龍の主張する、李圭景や靑柳南冥の北軒製作說については、これらは漢譯本だけを讀んだもので、西浦製作說と兩方を論議するのは不當だと指摘している。しかし、『五洲衍文』の中で『九雲夢』の製作動機が詳しく述べられている反面、社會的に重要な事件と關係のある『謝氏南征記』に對する言及が何らされていない点については、『北軒集』の『敦民彛 稗世敎者』を引用しながら、鑑戒主義的な主題を代弁したものと考えられるとしながら、はっきりとした證拠を提示していない。

ただし『謝氏南征記』の著作目的である肅宗の閔妃排斥にたいする諷刺が、極秘裏である以上、當時の文獻『西浦集』や『北軒集』に現れる理由がないことも指摘している。

また、己巳の換局という歷史的事件とかけ離れているという点については、事實と架空を見分けることによって説明している。即ち、これは作者の創作意識として考えるべきものであり[96]、『北軒集』に記されている西浦の意圖と、『五洲衍文長箋散稿』の記録と、西浦家の家傳説話がある限り、今日の通説を否定する理由はないと主張している。[97]

しかし、『謝氏南征記』の內容が當時の歷史的な社會現實と

---

宮中に言觸らすようにした。北軒は、南征記』を讀んでみてそのまま言い觸らしたのでは、大變なことになると思い、これを漢譯してから作者を中國人と僞るために中國で出版し、その後國內に持ちこんでから南征記を宮中に廣めたと言われる。ある日、肅宗が宮廷を散步していたら、宮女が南征記を讀んでいるのを聞いて、その話が閔妃排斥の經緯と似ているゆえ、その小説の出所を問い質したところ、原本が中國小説であることを知り、事無きを得たといわれる。

96) 前揭論文 四頁
97) 前揭論文 五頁

無關係とはいえないが、歴史的事件というべき閔妃排斥事件にたいする諷刺のみを目的として書かれたとみるには問題がある。すなわち、作者の生涯を通しての体験が内面の世界に定着して、潜在意識として沈潜していたものが作品に現れるために、西浦金万重の一生を通して体験した歴史的事件等がこの作品に現れた[98]といえる。それゆえ本作品の著作動機については、作者自身も漢訳した北軒金春澤も具体的な言及をしなかったと考えられるのである。

ただし、この作品が五洲李圭景によって目的小説として論じられるようになったのは刊行後、百余年が経過してからである。それにもっとも興じて活用し始めたのが、青柳南冥の主幹する朝鮮研究會であったことは既に明かされてある。その後、金台俊をはじめ多くの学者は『謝氏南征記』の目的性に関して、批判することよりそれを裏付ける文獻的証拠を見つけ出すのに汲汲とし、新たい見解に耳を貸そうとしなかったことも事實である。

特に『五洲衍文長箋散稿』の中で、作者を北軒金春澤としながら、『謝氏南征記』の製作動機について『為仁顯王后閔氏選位欲悟聖心』としており、その前の『九雲夢』については『爲大夫人銷愁一夜製之』と記してある。原文に『謝氏南征記』の作者を北軒金春澤とする決定的な誤謬をおかしており、世伝されたものをそのまま記録した製作動機説も信用し難い点である。

また、このことと西浦家に伝わる説話を照らし合わせてみる

---

98) 禹快濟『謝氏南征記研究』『崇田語文学』創刊号 一九七二、四九～六八頁
　　禹快濟『謝氏南征記의 構造的 特徵 考察』『仁川大學校 論文集』第五輯、一九八三、八九 ～ 一〇九頁

と、小説が書かれた年代が肅宗一五年から一八年の間（一六八九～
一六九二[99]）、すなわち北軒金春澤が一九～二一歳の時で、当時彼
の家は大きな打撃を受け、彼自身島流や投獄された時期で[100]、閔
妃が復位したのが肅宗二〇年（一六九四、北軒二四歳）である。
ところが、西浦家伝来の説話によると『西浦が南征記を国文で書
き、彼の従孫である北軒金春澤に宮中に言触らすようにさせ
た。北軒が読んでみたところ、そのまま言触らしたのでは、大
変なことになると思い、これを漢訳してから作者を中國人と僞
るために使臣を遣わして中國で出版させた。その後国内に入っ
てから宮中にまで広げ、宮女が肅宗に南征記を読んで聞かせた
ところ、主人公の劉翰林のことをならず者と毒突いた』となっ
ている。これによれば、北軒が漢訳して使臣を遣わして中国で
出版し、その後国内に入ってから宮中にまで広がり宮女たちが
自由に読むようになったということになる。現在のような交
通手段があるわけではなく、印刷技術も發達していない当時、
己巳の換局が起こり島流しや投獄生活を強いられていた北軒
（一九～二四歳）には、全く不可能な作業[101]であり、これも
やはり信賴性に欠ける。

　さらに、最近『飜諺南征記』が発見[102]されて、金春澤が『南征記

---

99) 朴晟義『九雲夢・謝氏南征記』校註本　二六九頁
　　金成祚『西浦小說의 問題點』『東亞論叢』第四輯、釜山東亞大學校、一九六八　一九
　　一頁
100) 金春澤（一九六〇～一七一七）肅宗一五年に西人が政権から除かれ、西人家門は大
　　きな打撃を受け、彼も　また数度、島流や投獄されたことがある（『韓国人名事
　　典』新丘文化社、一九六七、一八六頁）
101) 禹快濟　前揭論文　九四頁
102)『飜諺南征記』は寧南氏、南基泓翁（一八八八～一九七六）の所蔵本で、南翁の夫
　　人、光山金氏（一八八九～一九四五）が稼いだ時、実家（忠清南道論山）から持
　　参したものと言われる。

』を漢訳した年代と場所を的確に示唆しており103)、なおさら家伝説話の信憑性が薄れてしまった。『飜諺南征記』は宜寧南氏、南基泓翁（一八八八～一九七六）の所蔵本で、序章に西浦の国文本『南征記』を翻訳した過程と結末に『歳己丑仲秋　州謫舎引』と記録されており、筆写年度と筆写名は記されていないが、筆跡が金春澤のものであるという証言もある104)。つまり、金春澤が濟州道に島流しにされていた、肅宗三五年（一七〇九）の秋に『南征記』の漢訳が完成した105)ことになり、家伝説話の証拠能力は必然的に弱まる。

　本作品を北軒が漢訳して出版したことは事実かもしれないが、翻訳した時期が肅宗三五年であるとすれば、仁顕王后が復位して一五年後のことであり、李圭景によって目的小説と云々され始めたのは、それから百余年が経過している点に注目すべきである。やはり五州も世伝されてきた話を蒐集して、当時の社会と似ている点等を挙げながら、学者的な推測を加味して記録したと思われる。

　それゆえ、本作品は仁顕王后の復位を企てて、肅宗大王の心を改心させるために書かれたというよりは、当時の社会的現実であった自分自身の生活体験をもとに、作家としての視点を通して得られた主題に立脚した純粋な文学作品とみる方が妥当であろう。

　ただし、青柳南冥のような日本人学者によって意図的に解析

---

103) 丁奎福『飜諺南征記』『淵民李家源博士　六秩頌寿紀年論叢』汎学図書、一九七七、一七～二六頁
104) 淵民李家源博士의 証言（丁奎福 前掲論文、一八頁）
105) 丁奎福　前掲論文、二四頁

されたものは、日帝の植民地史観によるものとして考えなければならない。ゆえに、『謝氏南征記』の著作動機を目的性から解析して目的小説であるという見解は、新たな視覚でもって接近し解析していくことが妥当であると思われる。

　五. 結論

　青柳南冥が中心となった朝鮮研究会では韓国の重要な古書を整理刊行した。彼らが最初に刊行した本は朝鮮研究会古書珍書刊行の第一輯で、大正三年（一九一四）三月一七日発行の『原文　和訳　対照　謝氏南征記・九雲夢　全』であった。

　この本は、"『謝氏南征記』紋"として、青柳南冥が記した文章が四頁にわたって長々と収録され、その次の目次がきて、"李朝之臣　金春澤　原著"とした漢文本『謝氏南征記』の本文、その後に日本語で翻訳文が載せられている。

　青柳南冥は『謝氏南征記』紋の中で、製作動機について、粛宗が閔妃を排斥した歴史的事件を諷刺して、粛宗を改心させて仁顕王后を復位させる目的で書かれた目的小説であることは強調しながら、当時韓国の宮中で起った歴史的事件を長々と列挙し、あたかもこの事件を物語る作品であるかの如く印象付けている。

　我々の先学たちが韓国古小説や小説論において、日本人青柳南冥の論理を無批判に受け入れて、製作動機を目的小説としてそのまま追従したことに問題がある。

　本稿では、まず青柳南冥の朝鮮研究会の実体を明らかにして、彼らの意図するものが何であったのかという問題に焦点をあてた。その結果、彼らは韓国における歴史的事件を浮き彫りにしようとした。すなわち、彼らは明らかに一種の植民史観でもって文学を利用しようとしたことが分かる。このような深い意図を察しようともせずに、ただ『五州衍文長箋劇散稿』の記録を根拠に無批判に受け入れる愚をおかしたことは、日本人の植民史観に無意識に同調したと考えられ、再考の余地があると思われる。

　『北軒集』においてもはっきりとした言及がなく、『五州衍文長箋劇散稿』の中で作者の誤りが認められたならば、目的性の問題についても一度は疑問を提起すべきであって、新たな視覚で接近することが正道と考えられる。『謝氏南征記』に関連する西浦家の家伝説話と作品の著作年代及び漢訳年代等を考察すると、西浦がこの作品を著述したのは粛宗一五年（一六八九）から一八年（一六九二）の間、北軒金春澤によって漢訳されたのは粛宗三五年（一七〇九）と考えられる。ゆえに家伝説話は虚構性が強く、作品を解析する場合、社会に風聞される信憑性のない一介の話を絶対的な基準としてみなすことができない。

　『謝氏南征記』の目的性問題は日本人の文学的植民地史観の意図によって浮き彫りにされ、朝鮮研究会で刊行した古書珍書を通して、その重要な端緒が明らかになったと考えられるゆえ、より多くの問題点を提起し検討する必要があると思われる。

　特に、韓日両国間の国際関係において、伝統文学の理解はお互いにその優秀性を認めるといった姿勢から出発しなければならない。日帝時代における日本人の植民史観との関係を清算できる道をさぐり、抑圧されていた文学的解析の限界を克服できる契機となることを期待する。（天理大學　鈴木陽二　訳）

## 4. A Study of the Effect of Traditional Korean Culture on Immigrant Society Focusing on Women's Sexual Culture in the 『Yeolnyeo-Jeon (列女傳)』-

※ The 『Yeolnyeo-Jeon』(列女傳) and the 『Yeolnyeo-Jeon』(烈女傳). Traditional women's culture, Possibilities for the dual nature of women's sexualit

### 1. Forward

Looking back on one hundred years of Korean immigration to the United States, it is interesting to ask : What kinds of transformations has traditional Korean culture undergone through exposure to culture from the rest of the world? How have Korean immigrants, immersed as they were in their own culture, adjusted to new cultures in their immigrant communities? It is safe to say that traditional culture is at the grassroots of any people, and serves as a culture that breathes immortal life into a people's identity, becoming the central factor in their spiritual existence.[1]

Linda Sue Park's 2002 Newbery Award-winning novel, A Single Shard,[2] attests to the depths of the roots of traditional culture in

---

\* Professor of Korean Classical Literature, Department of Korean Language and Literature, Incheon University

1) Woo, Koae Je, The influence of Confucian learning on the two cultures of China and Korea. In China Taipei 2000, 7. 21.

the spirit of Korean immigrants. This novel, acknowledged by Publisher's Weekly for its vivid depiction of the intense devotion and artistic spirit required of Korean artisans in the creation of their immortal masterpieces, proves the extent to which traditional Korean culture is receiving worldwide appreciation.

Korea is a land that boasts of a traditional culture five thousand years old. Now, in an age that celebrates equality of the sexes, it seems opportune to shed new light on traditional women's culture, as originally consolidated by chauvinistic Confucian culture. Through the Chinese volume 『Yeolnyeo-Jeon(列女傳)』, and its Korean equivalent, the 『Yeolnyeo-Jeon(烈女傳)』, this study will focus on the character of the Yeolnyeo, or 'loyal wives', and study the effects traditional women's culture has had on immigrant society.

## 2. The『Yeolnyeo-Jeon』(列女傳) and the『Yeolnyeo-Jeon』(烈女傳)

The Chinese 『Yeolnyeo-Jeon(列女傳)』 is a series of biographies about women's lives written by Liu Hiang(劉向)[3] during the Early Han under Emperor Cheng. Emphasizing women's virtues and

---

2) Linda Sue Park (Korean name: Pak Myeongjin)'s A Single Shard won the Newbery Prize in January, 2002. The Newbery Prize ranks with the Andersen Prize as one of the most prestigious awards in children's literature.

3) Liu Hiang(BC.77 - AD.6): learned Confucian scholar of the Early Han dynasty who was responsible for overseeing and organizing the books in the Imperial Library. He served under four different emperors : Sojie, Senjie, Wenjie, and Sengjie.

upright Confucian values, this collected volume of biographies is an attempt to save the nation from disaster, and the book in essence is a didactic textbook for women.[4]

Originally, the 『Yeolnyeo-Jeon(列女傳)』 was a collection of women's biographies over the generations up to the time of Emperor Cheng of the Han dynasty, and was the first example of an illustrated book to carry stories of both exemplary good and evil, with each chapter accompanied by both an illustration and words of praise. But when this book was revised in the Ming dynasty under the title 『Gogum Yeolnyeo-Jeon(古今列女傳)』, and again in the Qing dynasty under the title 『Hoidoben Yeolnyeo-Jeon(繪圖本列女傳)』, the wicked Style women(孼嬖傳) of the 『Go-Yeolnyeo-Jeon(古列女傳)』 or "Old Yeolnyeo-Jeon" was deleted, leaving just those women exemplifying good qualities, and by the Tang dynasty, the original 『Yeolnyeo-Jeon(列女傳)』 collection of women's biographies had changed into the 『Yeolnyeo-Jeon(烈女傳)』, depicting only 'loyal wives'.[5]

Being the first collection of women's biographies, the Chinese volume 『Yeolnyeo - Jeon(列女傳)』 was then transmitted to Korea and Japan,[6] becoming the authoritative text on women's roles in society, thus fixing the archetypal image of the East Asian Woman, and stimulating a series of Korea's own versions, now called 『Yeolnyeo-Jeon(烈女傳)』.[7]

---

4) Woo, KoaeJe. 1985. A study of the motives behind the authorship of the Yeolnyeojeon. In : Uri munhak yeongu, vol. 5. Uri Munhak Yeonguhoe.
5) Zhang Gieng. 1982. The Yeolnyeo-Jeon and its author. In : Chaina wmen's Nonmunjip. Taiwan : Shangmuin - shuguan.
6) Woo, KoaeJe. 1991. A study of the advent of and reception of the Yeolnyeojeon in Korea and Japan. In : Eomun yeongu, vol. 21. Eomun Yeonguhoe.

## 3. Traditional women's culture

### (1) The Culture of 'Chaste Women'

The women depicted in the Chinese 『Yeolnyeo-Jeon(列女傳)』 typify the image of the chaste, "loyal and wise wife", while those depicted in, for example <Nie Bi-Jeon(孼嬖傳)>, embody the typical "evil woman." The chaste, loyal women that appear in these texts are willing to sacrifice themselves in order to protect their chastity, or for the sake of saving their nation from disaster. Representative vignettes of this nature include <Songgong Bakhee(宋恭伯姬)>, <Jiehio Manghee(齊孝孟姬)>, <Sikgun Buin(息君夫人)>, <Jiegi Yiangche (齊杞梁妻)>, and <Choso Jenggang(楚昭貞姜)>. And in the Jieyi-Jeon(節義傳) or 'Fidelity and Righteousness' category we find such works as <Dazobuin(代趙夫人)>, <(Nochugielbu(魯秋潔婦)>, <Yiangjelgoma (梁節姑姉)>, <Hapyianguje (郃陽友娣)>.

In <SonggongBakhee(宋恭伯姬)>, a fire breaks out in the palace, but the heroine declines to abandon her post because the governess is absent, and she perishes in the fire. In <JiehioManghee(齊孝孟姬)>, the heroine opts to commit suicide after having ridden in an ill-mannered carriage. In <SikgunBuin(息君夫人)> tells of a woman who refuses the advances of the king of Cho(楚) and occupier of Xik(息), and decides to commit suicide instead. In <Jiegiyiangche(齊杞梁妻)>, the wife of a husband who has died drowns herself in order to protect her chastity. Thus, these works depict women who

---

7) Woo, KoaeJe. 1988. A study of the Korean family novel. In : Seoul Korea Univesity Minjok Munhwa -Yeonguso, pp. 56 - 89.

are willing to sacrifice their lives in order to uphold propriety and protect their chastity.

These examples reflect the conflicts resulting from the dominance of Confucianism and its male-centered ideology over society during the Tang dynasty.[8] In an example taken from <Jiegiyiangche(齊杞梁妻)>, we can read the following:

> " I have no father above me, no husband, and no son to follow me. This being the case, how can I ever remarry? I prefer to die." [9]

With her husband dead and no father or sons, the woman stays loyal to the "three laws of propriety", the Samjongziui(三從之義) [whereby a woman is obliged to submit herself to three men in her lifetime: father, husband and son] and chooses inevitable death, exemplifying nothing but the utmost benevolent and righteous womanly behavior.

(2) The Sexual of 'wicked Style women'

Sima Chian's(司馬遷, B.C. 145 - 86?) 『Shigi(史記)』 from the Han dynasty refers only to Yie Taehu(呂太后, ? - B.C. 180), a

---

[8] Jo, Sukja. 2001. The types of East Asian woman : a genealogy of their images - An examination of the Yeolnyeojeon from the point of view of women's studies. In : Death and its shadows for women of old. Seoul : Ewha Women's University. 2001. 5. 12

[9] Lyu Hyang, Go Yeolnyeojeon, No 4, Jeongsun-pyeon, Je - Gilyang cheo.

woman who made headway despite the dominance of male power, but at the same time excludes women from government and other positions of influence, while Liu Hiang's(劉向) 『Yeolnyeo-Jeon(列女傳)』 includes vignettes such as the <Elpie-Jeon(孼嬖傳)>, which tells of corrupt women, as well as women who have fallen from virtue.

The women in the <Elpie-Jeon(孼嬖傳)> use their elegant outer appearance to tempt the emperors of China, thus bringing disaster to the state and court as a whole, and include women such as: MalHi(末喜), queen of King Jie of Ha(夏); Dalki(妲己), queen of King Zhou(周) of Yin(殷); and Paosa(褒姒), queen of King You of Zhou(周). Besides these, examples of women who dishonor their sovereign or husband or bring disaster to their country include women such as Madam Kang(姜氏), wife of Suan Gong(宣公) of Wei(衛), Mun kang(文姜), wife of Huan Gong(桓公) of Lu(魯); Ai kang(哀姜), wife of Zhuang Gong (莊公) of Lu(魯); YeHi(麗嬉), wife of Hen Gong(獻公) of Jin(晉) ; Mok KAng(穆姜), wife of Sen Gong(宣公) of No(魯), YeHi(夏姬) of the state of Chin(陳) ; Shenghi(聲姬), wife of Lieng Gong(靈公) of Jie(齊) ; Dongguak kang(東郭姜), wife of Dang Gong(棠公) of Jie(齊); Namzia(南子) and Wei Bakhi(衛伯嬉), the two lascivious women of Wei(衛); O Yeo(吳女), the queen of King Muling(武靈王) of Zhao(趙); and Changhou(倡后), queen of King Doyang(悼襄王).

These immoral actions by lascivious women departing from propriety with their sexual freedoms are not unrelated to the power struggles common during the Tang dynasty. By placing their sons as the Crown prince, or installing a new ruler with whom they were connected by immoral relationships, such women challenged the throne with their own aspirations for power, and lost. These images of evil women are characteristic of the Confucian cultural sphere in that these women have been singled out as bearing responsibility for the downfall of their nation. [10]

## 4. Possibilities for the dual nature of women's sexuality

### (1) The Loyal Women of "The Eastern Nation of Propriety"

One work that emphasizes the degree to which women's behavior influences a nation's well-being is the loyal wives or <Yeolnyeo-pyeon (烈女篇)> section of the 『Samgang Haengsilto(三綱行實圖)』 (Illustrated Conduct of the Three Bonds), compiled during the reign of King Sejong and immediately accepted and put into use as a practical, didactic textbook. Soon after, during the Hideyoshi invasions of the 1590s, as many as seven hundred women came forth, their bravery recorded by the Kwanghaegun in the loyal wives <Yeolnyeo-pyeon (烈女篇)> section of the sequel volume to the Samgang Haengsilto, the 『Tongguk Sinsok Samgang Haengsilto (東國新續三綱行實圖)』

---

10) Song, Jinyeong. 2001. Wearing a bword and harborin male thoughts - the Evil Womens of East Asian. In ; The 'Evil Women' of East Asian. Types of East Asian women, their images, and their genealogy - A study of the Yeolnyeojeon from the point of view of women's studies. Ewha Women's University.

("Newly Continued Samgang Haengsilto of the Eastern Nation), winning their nation the nickname of "Eastern Nation of Propriety (東方禮儀之國)." 11)

Accounts of loyal women appear clearly throughout the end of the Choson dynasty in classical literature such as the 『Chunhyang-Jeon (春香傳)』 or the 『Yeolnyeo Hamyang Pak-ssi Jeon (烈女咸陽朴氏傳)』 by Yonam(燕巖) Pak Chiwon(朴趾源), and women's chastity and loyalty are emphasized in works passed down like the 『Yeolnyeo-jeon(烈女傳)』.12) Also, books like the 『Yeolnyeo-YuinLeessiJeon(烈女孺人李氏傳)』 by Yu Inseok(柳麟錫) emphasize Korea's spiritual superiority compared to Japan and the West, especially in the face of outside threats to power and wavering morality.13)

The authors of the 『Yeolnyeo- jeon(烈女傳)』 were mostly from the sadaebu literati gentry class. They based their writings either on personal experiences and meetings with such women, or on stories they had heard, and recorded them for the sake of teaching and passing down correct moral behavior to posterity. These records, spanning from the Korea(高麗) dynasty to the end of Choson(朝鮮), contain in their personal collections roughly one hundred accounts of loyal wives, and are responsible for making their actions public and immortal. 14)

---

11) Woo, KoaeJe. 1992. A study of the 'chastity'-type of Family Novel. In : Incheon University Nonmunjip, vol. 17.
12) Kim kiengmi. 2002. A study of the Yeolnyeo-jeon during the 'Enlightenment Period'. Gugeo gugmunhak, vol. 132, pp. 187 - 211.
13) Lyu Inseok. 2002. Yeolbu Yuin Leessi-jeon. In : Korea's Yeolnyeojeon. Seoul: Worin Publishers.
14) Lee Hyesun. 2002. Types and development of the Yeolnyeo-jeon in the Joseon Dynasty. In

### (2) Free Sexual Discourse and the Culture of "Yunyeo" (遊女)

Present day women's culture has come a very long way. In the award-winning novel from the year 2000 by Lee Mankyo(李萬敎) titled 『Getting Married is Crazy(결혼은 미친 짓이다)』,[15] the heroine of the novel vacillates between two men she is seeing. The scene in which she discusses the choice she faces is described as follows:

" 'I'm telling you, '
She turned to him when they finished having sex.
'I'm going to have to choose between the two of you. The doctor, or...... you ! '
'I haven't made up my mind yet - whether its going to be you, or the doctor.'" [16]

This work was finally turned into a film, and enjoyed great success at the box-office. An article in a weekly magazine quotes the following shocking expression:

" Under the title "Women dreaming of a double life" she writes "Separate Body, Separate Soul -- Getting Married is Crazy" and then, " Extramarital affairs, once the exclusive domain of men, are now universally pursued by women, too -- the significance of the patriarchal marital system has faded, and it is high time to rewrite marital relations" [17]

This article indicates that there is an interest in equal allowances

: Korean's yeolnyeojeon. Seoul : Worin Publishers.
15) Lee Mangyo. 2000. Getting married is crazy. In: Seoul: Mineumsa.
16) Ibid., p. 173.
17) Jugan Donga, special issue: " Women dreaming of dual lives." donga. com. 2002. 5. 24. pp 1 - 17.

for both men and women for promiscuity in relationships, and it is no coincidence that many of the TV soap operas that deal with such issues attract the attention of the housewife viewers. The following report clarifies the rapid changes taking place in the sexual culture of our society:

> " Today, insofar as the notion that marriage and love are two separate things -- as in the movie "Getting Married is Crazy" -- is widely accepted, many married women are confronted with a dilemma -- the managing of a husband and lover at the same time. It is no surprise that these themes as they appear in the hit TV series "Men in Crisis" are drawing a viewing of 20% of middle-aged married women." 18)

One can still recall the incident in which professor Ma Kwangsu (馬光洙)of Yonsei University was forced to leave his academic position following the problematic 1990 publication of 『Lovely Sara (즐거운 사라)』, which was subsequently banned. In the last ten years, however, one can note a palpable change in social attitudes regarding works of explicit sexual content.19) Considering Chong Pisok's (鄭飛石) 1950 publication of 『Liberated Wife(自由婦人)』and the public criticism this work suffered, one cannot help but feel how much times have changed. In this context, it is worthwhile to note the changes in attitudes towards women's sexual culture as seen in the process of change from the focus on women's chastity in the

---

18) Ibid., p. 2.
19) Our concern here is not the literary value of these two works, but rather our focus rests solely on their treatment of women's sexual culture.

hanmun text Yeolnyeo-jeon『烈女傳』to the present.[20]

Following Liu Hiang's(劉向) 『Go-Yeolnyeo-jeon(古列女傳)』 the attitude towards 'evil women' (惡女) changes in favor of depictions of chaste women such as those shown in the 『Yeolnyeo-jeon (烈女傳)』, but later in the Choson dynasty, unchaste women such as Yu Kamdong (俞甘同) and O Urudong (於乙宇同) become a social problem. Women who feel free to enjoy life while living under restrictive Confucian values when chastity is more valuable than life itself reflect yet another facet of sexual culture of the times. This proves that the sort of sexual education enforced during the reigns of King Sejong and King Songjong through the early Chosun work, the 『Samgang Haengsilto(三綱行實圖)』(Illustrated Conduct of the Three Bonds) emphasizing filial piety, loyalty to the sovereign and chaste behavior, was in itself not enough to repress people's instinctual desires.

The Heian(平安) period in Japan is the first time women's sexuality is openly discussed, for example in the representative works of writer Izumi Shikibu (和泉式部). Men's free sexual practices were also openly discussed in Murasaki Shikibu's(紫式部) [21] "The Tale of 『Genji Monokadari (源氏物語)』". As an example of a typical woman connected to the political regime in this period, we can mention Taira Kiomori's (平清盛) "The Power Behind the Throne of the Puppet Emperor Takakura(高倉)." But in the relationship with

---

20) Woo, KoaeJe. 2000. The importation of and influence of the Yeolnyeojeon in Korea. In : Incheon Eomunhak, vol. 16. Incheon Eomunhakhoe.
21) Murasaki Shikibu is one of Japan's most outstanding women writers. However, the details of her birth and death dates are unclear. From her writing activities, it is assumed that she lived a full life for about 45 years.

the Shirabyoshi (白拍子), [22] Kio(祇王) and Hotoke(佛), we can see how women's dependency relationships with men later developed into prostitution as a specialized female profession. [23]

Yanagita Kunio(柳田國男), a prominent Japanese scholar of folk customs, claims that the origins of prostitution can be found in these 'dancing' women, who are in fact women shamans that have fallen from grace. But such discussions can be found in early Japanese customs as well, as pointed out in the following passage about the connection between prostitution and the culture of women entertainers:

> " In ancient Japan, it was customary to offer one's daughter to a visiting guest. Later, women of exceptional beauty and entertaining talents were chosen instead, and these become the "Yunyeo(遊女)" or 'entertaining girls'. With time, these professional entertaining girls included prostitution in their job description. Thus, there is no shame attached to their sexual favors." [24]

Thus, licensed red-light districts were established starting in seventeenth-century Japan during the Bakufu(幕府) period in Shimabara(島原), Kyoto(京都) and Yoshiwara (吉原), Tokyo(東京), and were active until finally closed down in 1946.

The 1655 volume 『Bonjo Yeolnyeo-jeon (本朝列女傳)』, which freely discusses sex, contains biographies that include not only wives

---

[22] Shirabyoshi was the word applied to women in late Heian Japan who were professional entertainers. More precisely, they were women who danced in drinking establishments, where they made their living.
[23] Lee Gyeongdeok(ed.). 1999. Japanese culture seen from the point of view of sexual customs. Garam Gihoek.
[24] Ibid., p. 193.

and concubines but entertaining women as well, and of the 18-volume 『Saikdo Daikeng (色道大鏡)』from 1678, 17 volumes tell the stories of nineteen famous entertaining women who were active in the three cities of Kyoto (東京), Edo (江戶), and Osaka(大阪).[25] The five-volume collection of women's biographies from 1681, 『Miengnyeo Jengbi (名女情比)』, offers amusing tales of entertaining women's sexual adventures.[26] Ihara Saikaku's(井原西鶴) 1686 series of amusing works is composed of three parts : 『Hosaik Oinnyeo(好色五人女)』[27], 『Hosaik Ildainam(好色一代男)』 and 『Hosaik Edainam(好色二代男)』. The author wrote the book in the name of aesthetic consciousness, and by aestheticizing the sexual act arrived at a new definition of sex. Works such as these contain a free discussion of sexuality. They loyally reflect the dual nature of the natural feminine sexual instinct that is also a part of Asian women's sexuality. Thus, the traditional nature of women's sexual culture will come forth according to the degree of cultural adjustment and assimilation of emigrants in their new societies.

(3) Economic Considerations in Women's Sexual Discourse

Economic theories of women's sexuality can be found easily in recent events. The Korean War in the 1950s saw the proliferation of

---

25) Woo, KoaeJe. 1991. A study of the advent of and reception of the Yeolnyeojeon in Korea and Japan. In: Eomun yeongu, vol. 21. Eomun Yeonguhoe.
26) 笠井清. 1961. The influence of the Yeolnyeojeon on the 假名草子. Hikaku Bungaku, vol. 4. Nihon Hikaku Bungakkai.
27) Ihara Saikaku, 1992, Translated and annotated by 暉峻康隆. Hosaik Oinnyeo. Japan : Shogakkan.

nicknames for women who worked at American bases as prostitutes, such as "Yang Kalbo," (yankee prostitute) "Yang Saeksi" (yankee girl) or "Yang Kongju" (yankee Princess). The lives of women who had to sell their bodies to American soldiers in order to survive war times are reflected in such stories as 『Shorty Kim(쇼리 김)』 and 『Angel Wings(천사의 날개)』.

> " He was about to step out the main gate when he heard Cholttugi calling his name from across the Korean camp. "Hey Shorty! You and the Yang Kalbo splitting it thirty-seventy, or fifty-fifty? If you're going fifty-fifty, I'll bet you have five hundred bucks by now... I'll give you two bills (twenty-thousand won) for each dollar you have -- let's make the exchange..." He spoke, flashing him a creepy grin. " 28)
> 
> " So the Yankee girl goes up and throws herself at the officer patrolling the embankment. Some guys will resist, but most Yankees go absolutely crazy over the whole thing. The Yankee girl has to drag him under the embankment and suck his thing while the bolt on the lead pipe is loosened. The Yankee girl from Sungui-dong said that all Yankee girls have to do it at least once. The other Yankee girls beg and plead, saying they'd rather die, but it's no use." 29)

The "Yang Saeksi" that appear in Korean literature are reduced to selling their bodies to survive economic destitution. These characters do not have the luxury of considering the ethical complexities or questioning the human dignity involved in the selling of sexual favors. These women are concerned only with being able to sell sex

---

28) Song Byeongsu. 1960. "Shori Gim." In : Hanguk jeonhu munye jakpumjip, vol, 1. Seoul : Singu Munhwasa, p. 187.
29) Lee Weongyu. 1994. Angel's wings. Seoul : Munhwak gwa jiseongsa, p. 120.

as a commodity for their survival.

If the preceding examples represent the severe trials experienced by Koreans during the Korean war following the Japanese occupation, similar examples can be found from colonial Africa. 30) Regarding the tragedy of women, the Nigerian writer Buchi Emecheta writes the following:

> " Has it always been the fate of women to suffer so? And if we peer into the future tens of thousands of years from now, will women always be so sad? And is all this because of their extra pocket, the womb? If it is the womb that has caused the tragedy of so many women, it would not be a bad idea to gouge it out once and for all." 31)

It is the 'unsatisfying pocket', he concludes, that is responsible for the sad lot of women. So, he says, the womb is the source of women's endless tragedies. This phenomenon is a product of the repression and sacrifice suffered by women in a society dominated my men. Amidst economic difficulties, however, women find that they have the unique power to sell their sex as a means of survival. Considering how traditional values crumble and collapse in the face of the poverty brought on by war, it is impossible to ignore how difficult it is to preserve one's traditional identity in a fiercely competitive society like our own.

Today, approximately 6 million Koreans live abroad, settled in 150

---

30) Gim, Uirak. 2002. " The violence of oppression and dominant ideology: Korean women, African women." In: Comparative Korean Studies, Vol. 10, No. 2, p. 129.
31) Buchi Emecheta, "Mother" (cited in Gim Uirak's paper above).

different countries.32) Essays found in the Shinhan Minbo (New Korean Journal), established by overseas Koreans in the United States in 1909,33) reflect the yearnings of Koreans for their homeland and their desires to go home. They also describe their struggles to maintain their identity.34) The following passage from Clay Walls reflects the concerns of second-generation Koreans :

> " I live with other nation in this country. I don't live with my father's nation. I would live and work with other nation. There are different request between the America White society and my ancestor." 35)

As long as they strive to maintain their ideals of a resilient nationalist spirit and try not to lose their national identity in the face of the temptations of economic wealth, Korean immigrants who go to the US in search of the American dream will continue to develop their traditional culture and their traditional sexual culture will continue to be highly valued.

Considering the dual nature of women's sexuality, it is clear that the traditional values of chastity and moral righteousness are dominant themes in Korean women's culture. However, when

---

32) According to the statistics from the Koreans Overseas Foundation (founded in 1997) published in July, 2001, 5,663,809 Koreans live abroad in 151 countries, with 2,123,167 living in the United States.
33) Jo, Gyuik. 1999. The immigrant literature of Korean Americans prior to Liberation, vols. 1 - 6. Seoul : Worin Publishers.
34) Im Seonae. 2002. A study of the Korean American novel Clay Walls. In: Eomunhak, vol. 8, p. 504. Seoul : Han'guk Eomunhakhoe.
35) Kim, Nanyeong, Clay Walls (cited from Im Seonae's work above).

economic considerations take over in the face of poverty and adversity, becoming a tool for survival and resulting in moral corruption, the lascivious character comes through, and I look forward to further research analysis in this field.

## 5. Conclusions

Coinciding with the 100th anniversary of Korean immigration to th United States, Linda Sue Park's Newbery Award Prize Winning novel, A Single Shard (2002), is a work depicting the importance of tradition and reflects both the roots of the author's culture and the immortality of its inherent identity.

Considering the five thousand years of history dominated by men and strengthened by Confucian ideology, this paper has attempted to inquire into the influence of traditional views of women such as those reflected by the 『Yeolnyeo-jeon (列女傳)』 on immigrant Korean society in this new era of gender equality.

First, I attempted to show how different the Chinese 『Yeolnyeo-jeon(列女傳)』 is from volumes such as Liu Hiang's(劉向) 『Go-Yeolnyeo-jeon(古列女傳)』, the Ming Dynasty revision of the 『Gogum-Yeolnyeo-jeon(古今列女傳)』 and the Qing volume, 『Huituben Yeolnyeo-jeon(繪圖本列女傳)』.

Second, I took a closer look at the 『Yeolnyeo-jeon(列女傳)』, showing how it uniquely presents two types of women, both chaste and loyal, as well as lascivious and evil. One genre of stories presents biographies of women who sacrifice themselves to preserve their chastity. By contrast, the <Elpie-jeon(孼嬖傳)> presents women of great beauty who used their charms to tempt the emperors of China and bring ruin upon their country and State. In addition to these, stories like that of <Jinnyeo-Hahee(陳女夏姬)> record lives of women of great beauty who enjoyed freedom in their relations.

Third, I observed the appearance of free sexual discourse and women entertainers. We saw women like Yu Kamdong(俞甘同) and O Urudong(於乙宇同), who were able to enjoy freedom of sexuality even during the reigns of King Sejong and King Songjong in the Choson dynasty, when women were expected to value chastity and loyalty over their own lives.

Looking at Japan, I pointed out that starting in the Heian period, not only was sex more free but discussion of sex was also abundant. Prime examples are Murasaki Shikibu's (紫式部) 『Genji Monogatari (源氏物語)』, and figures such as the puppet emperor Takakura's power behind the throne, Taira Kiyomori (平清盛).

Free sexual discourse appears also in Ihara Saikaku's (井原西鶴) series of erotic works, 『Hosaik Oinnyeo(好色五人女)』, 『Hosaik Ildainam(好色一代男)』 and 『Hosaik Edainam(好色二代男)』. In this series, he aestheticizes the sexual act and creates a new concept of Erotica as a "Dao" or Way.

In addition, Japanese biographies of woman such as the 『Bonjo Yeolnyeo-jeon (本朝列女傳)』and 『Saikdo Daikeng(色道大鏡)』include not only stories of wives and concubines, but also include famous entertainers. Moreover, works like the 『Miengnyeo Jengbi(名女情比)』

boast amusing stories about the love affairs of the entertaining women, thus capturing the interest of an avid readership among women of the upper classes and informing them of a freer discourse of sex.

Fourth, we observed how women's sex is used for economic reasons. During the Korean War, for example, we see examples of women who sell their bodies to American soldiers around US army camps in order to survive the hard times brought on by war. For these women, prostitution does not pose an ethical problem or challenge concepts of human dignity but is rather a purely economic tool. The commercialization of sex is a tragedy that affects women not only in Japan, Korea and China, but also in Nigeria as well. Difficult environments in which sexual traditions easily break down and collapse bring with them questions of the continuity of traditional sexual roles and pose a challenge to the preservation of identity to immigrants struggling for survival in often harsh competition in their new societies.

Fifth, sex is double-faceted for women On the one hand there is a tradition of loyalty and chastity, but on the other hand, we cannot deny that there is also a danger that this will disintegrate into moral degradation in the face of economic challenges. Given that both possibilities -- the sexual cultures of chaste women and lascivious women -- can coexist, the question of which option will prevail and in which directions, remains a topic for future research.

< References >

Samgang Haengsildo, Yeolnyeo-pyeon (Illustrated Conduct of the Three Bonds, Loyal Wives section). Sejong Daewang Ginyeom Saeophoe reproduction, 1982.

Oryun Haengsildo(Illustrated Conduct of the Five Relations). Euryu Munhwasa reproduction, 1961.

Hoidobon-Yeolnyeojeon. 1972. (Reproduction in three volumes). Taiwan : Jengjoong - seguk.

Dongguk Sinsok Samgang Haengsildo, Yeolnyeo-pyeon(Newly Continued Illustrated Conduct of the Three Bonds of the Eastern Nation, Loyal Wives section). Gungnip Jungang Doseowan reproduction, 1960.

JoseonWangjo-Sillok (Veritable Records of the Joseon Dynasty). Tamgudang reproduction and diskette.

Jugan Donga, special issue: " Women dreaming of dual lives]." donga. com. 2002. 5. 24.

Lyu, Hyang, Go-Yeolnyeojeon, Manlyek-bon, Gyujanggak Library copy.

Lyu, Hyang, Yeolnyeojeon, translated by Lee-Sugin. Seoul: Yemun Seoweon, 1996.

Lyu, Inseok, 2002. Yeolbu Yuin Yissi-jeon. In: Korea's Yeolnyeojeon. Seoul: Worin Publishers.

Lyu, Inseok, Hyoyeolbu Lyang-ssi jeon. In: Uiamjip, vol. 30.

Kim, Manjung. 1983. Sassi Namjeonggi (The record of Lady Sa's Peregrinations to the South). In: Hwaljabon gososeol jeonjip.

Incheon University Minjok Munhwa Yeonguso.

Pak, Jiweon. 1961. Yeolnyeo Hamyang Bak-ssi jeon [The tale of the Loyal Wife, Lady Bak of Hamyang]. In: Yijo hanmun soseol-seon. Minjung Seogwan.

Lee, Mangyo. 2000. Getting married is crazy. In : Seoul : Mineumsa.

Lee, Weongyu. 1994. Angel's wings. Seoul : Munhwak gwa jiseongsa.

Kim, Taejun. 2002. Understanding Japanese women's literature]. Han'guk gojeon yeoseong munhakhoe, 3rd summer workshop. Kyeonweon University.

Kim, Uirak. 2002. " The violence of oppression and dominant ideology: Korean women, African women." In: Comparative Korean Studies, Vol. 10,

Kim, Kiengmi. 2002. A study of the Yeolnyeo-jeon during the 'Enlightenment Period'. Gugeo gungmunhak, vol. 132.

Im, Seonae. 2002. A study of the Korean American novel Clay Walls. In: Eomunhak, vol. 8. Seoul : Han'guk Eomunhakhoe.

Jeong, Seonghui. 2001. The sexual customs of Joseon. Karam Gihoek.

Jo, Gyuik. 1999. The immigrant literature of Korean Americans prior to Liberation, vols. 1 - 6. Seoul : Woerin Publishers.

Jo, Sukja. 2001. The types of East Asian woman : a genealogy of their images - An examination of the Yeolnyeojeon from the point of view of women's studies. In : Death and its shadows for women of old. Seoul : Ewha Women's University.

Song, Jinyeong. 2001. Wearing a bword and harborin male thoughts - the Evil Womens of East Asian. In ; The 'Evil Women' of East Asian. Types of East Asian women, their images, and their genealogy - A study of the Yeolnyeojeon from the point of view of women's studies. Ewha Women's University.

Song, Byeongsu.1960. "Shori Gim." In: Hanguk jeonhu munye jakpumjip 1. Seoul: Singu Munhwasa.

Woo, Koaeje. 1985. A study of the motives behind the authorship of the Yeolnyeojeon. In : Uri munhak yeongu, vol. 5. Uri Munhak Yeonguhoe.

Woo, Koaeje. 1988. A study of the Korean family novel. Seoul : Korea University Minjok Munhwa Yeonguso.

Woo, Koaeje. 1991.A study of the advent of and reception of the Yeolnyeojeon in Korea

and Japan. In: Eomun yeongu, vol. 21. Eomun Yeonguhoe.

Woo, Koaeje. 1992. A study of the 'chastity'- type of Family Novel. In : Incheon University, Nonmunjip, vol. 17.

Woo, Koaeje. 2000. The importation of and influence of the Yeolnyeojeon in Korea. In : Incheon Eomunhak, vol. 16. Incheon Eomunhakhoe.

Woo, Koaeje. 2000. The influence of Confucian learning on the two cultures of China and Korea. In : Caina Taipei.

Lee, Gyengdeok(ed.). 1999. Japanese culture seen from the point of view of sexual customs]. Garam Gihoek.

Lee, Hyesun. 2002. Types and development of the Yeolnyeo-jeon in the Joseon Dynasty, In : Korean's yeolnyeojeon. Seoul : Weorin Publishers.

Lee, Sugin. 2002. The philosophical background of the 'loyal wife' discourse -- 'loyal wives' seen as a problem of women's sexuality. Joseon sidae ui yeolnyeo damnon. Han'guk gojeon yeoseong munhakhoe. Weorin Publishers.

Zhang, Kieng. 1982. The Yeolnyeo-Jeon and its author. In : Chaina funushi Nonmunjip. Taiwan : Shangmuin - shuguan.

Ihara Saikaku, 1992, Translated and annotated by 暉峻康隆. Hosaik Oinnyeo. Japan : Shogakkan.

笠井淸. 1961. The influence of the Yeolnyeojeon on the 假名草子. Hikaku Bungaku, vol.4 Nihon Hikaku Bungakkai.

## 古小說의 探究

인쇄일 초판1쇄 2007년 3월 5일 / 발행일 초판1쇄 2007년 3월 15일
지은이 우쾌제
발행처 **국학자료원** / 등록일 1980. 12. 15 제17-423호
총무 한선희, 손화영, 박지연 / **영업** 정구형
편집 이현아, 김은희, 이초희, 박지혜
인터넷 이재호 / 물류 박홍주, 김종효

서울시 강동구 암사동 463-25 2층 / Tel : 442-4623~4 Fax : 442-4625
www.kookhak.co.kr / E- mail : kookhak2001@hanmail.net
ISBN 978-89-958827-9-5 *93880 / 가 격 37,000원

저자와의 협의하에 인지는 생략합니다.